古文献学著录文选

主 编 葛怀东
编 委（排名不分先后）
陈 英　颜 丽　戎辉兵
郑利峰　惠联芳　黄玉琰
杨卫军　杜小钰　许剑颖

南京大学出版社

图书在版编目(CIP)数据

古文献学著录文选 / 葛怀东主编. —— 南京：南京大学出版社，2014.11
ISBN 978-7-305-14202-4

Ⅰ. ①古… Ⅱ. ①葛… Ⅲ. ①古文献学—文献著录—文集 Ⅳ. ①G254.31-53

中国版本图书馆CIP数据核字(2014)第263565号

出版发行	南京大学出版社		
社　　址	南京市汉口路22号	邮　编	210093
出 版 人	金鑫荣		

书　　名	古文献学著录文选
主　　编	葛怀东
责任编辑	赵荣蔚　王抗战　　编辑热线　025-83686531
照　　排	南京南琳图文制作有限公司
印　　刷	常州市武进第三印刷有限公司
开　　本	787×1092　1/16　印张 25.25　字数 578 千
版　　次	2014 年 11 月第 1 版　2014 年 11 月第 1 次印刷
ISBN	978-7-305-14202-4
定　　价	52.00 元

网址：http://www.njupco.com
官方微博：http://weibo.com/njupco
官方微信号：njupress
销售咨询热线：(025) 83594756

* 版权所有，侵权必究
* 凡购买南大版图书，如有印装质量问题，请与所购图书销售部门联系调换

自　序

　　在21世纪的第一个十年里,我国的古籍保护工作进入一个新的发展阶段,尤其是国务院办公厅下发的《关于进一步加强古籍保护工作的意见》以及随后全面实施的中华古籍保护计划,极大地推进了全国性古籍保护的进程。这对保护我国丰富的文化遗产、弘扬中华优秀的传统文化、建设社会主义先进文化和构建社会主义和谐社会产生了重要的作用。

　　古籍保护工作的良性发展关键在于高素质的人才队伍建设。因此,无论是在《关于进一步加强古籍保护工作的意见》中,还是在实施"中华古籍保护计划"的过程中,都将古籍保护人才的培养作为先期进行的重要工作。秉承"分层培养,长短结合"的原则,2004年起,金陵科技学院人文学院就创办了"古籍修复"专业。国家图书馆副馆长张志清先生曾在《中国古籍保护的历史机遇》一文中指出:"南京金陵科技学院在国内第一次创办了古籍保护修复大学本科专业,培养素质较高的专业人才,大学与图书馆的结合是古籍人才培养走向良性循环的重要标志,体现着古籍保护的人才培养工作正在全面迈向一个新时代。"

　　十几年来,我们逐步完善了古籍修复专业的课程设置和教学计划,参与了专业建设的全过程。如果说在古典文献学上我能窥得一二门径,这仰赖于潘树广先生的悉心培养。

　　古文献学是关于古文献阅读、整理、研究和利用的一门学问,涉及古籍版本、目录、校勘、辨伪、辑佚等。在教学实践中,深感为学之道,既重门径,也重资料。为了培养学生阅读古文献学专业文献的能力,丰富他们的古文献学知识、理论和方法,遂与诸同仁一起,出入书林,积稿盈箧,以彰文献学辨章学术、考镜源流的目的。

　　本书所选的文章与上述古文献学的各个分支学科有关。选文以常见、实用的版本为据,并注明出处及所用版本。选文力求完整,还包括了对作者、体例及内容的简要介绍。

　　本书从计划选编至今,秉精要简易之旨,屡加删芟。期间,教研室同仁陈英、颜丽、惠联芳、黄玉琰、戎辉兵、郑利峰、杨卫军、杜小钰、许剑颖等老师付出很大的辛劳。在此,对诸位同仁兢兢敬慎之情表示感谢。

　　在编写过程中,吸取了一些前贤及当代学者的研究成果,恕未一一注明。由于水平所限,书中错误与疏漏,敬请批评与指正。

编者

2014年10月

目 录

卷一 官修书目及史志目录文选 ... 1

别录 ... 1
别录·叙录(节选) ... 2

汉书 ... 6
汉书·艺文志(节选) ... 7

隋书 ... 17
隋书·经籍志(节选) ... 17

旧唐书 ... 39
旧唐书·经籍志(节选) ... 40

新唐书 ... 45
新唐书·艺文志(节选) ... 46

宋史 ... 50
宋史·艺文志(节选) ... 51

明史 ... 56
明史·艺文志(节选) ... 57

国史经籍志 ... 62
国史经籍志·序(节选) ... 63

崇文总目 ... 74
崇文总目(节选) ... 75
《崇文总目》(四库全书总目提要) ... 80

四库全书总目 ... 83
四库全书总目·凡例 ... 84
四库全书总目(节选) ... 87

卷二 私家撰修目录及著述文选 ... 94

七录 ... 94
七录·序(节选) ... 95

郡斋读书志 ... 98
郡斋读书志(节选) ... 99
衢本昭德先生郡斋读书志(节选) ... 100

直斋书录解题 ... 104
直斋书录解题(节选) ... 105

玉海 ... 107

玉海•艺文(节选)	108
南雍志•经籍考	116
南雍志•经籍考(节选)	117
百川书志	120
百川书志(节选)	120
古今书刻	124
古今书刻(节选)	124
万卷堂书目	126
万卷堂书目(节选)	127
红雨楼书目	129
徐氏红雨楼书目(节选)	130
千顷堂书目	133
千顷堂书目(节选)	133
述古堂书目	137
述古堂书目(节选)	138
汲古阁珍藏秘本书目	141
汲古阁珍藏秘本书目(节选)	142
士礼居藏书题跋记	144
士礼居藏书题跋记(节选)	145
拜经楼藏书题跋记	149
拜经楼藏书题跋记(节选)	150
爱日精庐藏书志	153
爱日精庐藏书志(节选)	154
善本书室藏书志	156
善本书室藏书志(节选)	157
书目答问补正	159
书目答问•略例	160
书目答问补正•柳诒徵序	161

卷三　版本学著作文选　164

遂初堂书目	164
遂初堂书目(节选)	165
天禄琳琅书目	169
天禄琳琅书目(节选)	170
增订四库简明目录标注	174
增订四库简明目录标注(节选)	175
读书敏求记	178
读书敏求记(节选)	178

士礼居藏书题跋记 ·· 182
    士礼居藏书题跋记(节选) ···································· 182
邵亭知见传本书目 ·· 186
    邵亭知见传本书目·莫绳孙序 ·································· 186
    《邵亭知见传本书目》卷一　独山莫友芝子偲 ·················· 187
    《邵亭知见传本书目》卷四 ···································· 188
藏园群书经眼录 ·· 190
    藏园群书经眼录(节选) ·· 190
书林清话 ·· 194
    自序 ·· 194
    谬序 ·· 195
    卷一·板本之名称 ·· 195
    卷三·宋司库州军郡府县书院刻书 ······························ 196
贩书偶记 ·· 200
    贩书偶记(节选) ·· 201
中国版刻图录 ·· 204

卷四　校勘著述文选 ·· 207

颜氏家训 ·· 207
    《颜氏家训》卷六·书证第十七(节选) ························ 208
经典释文 ·· 211
    经典释文(节选) ·· 212
廿二史考异 ·· 216
    《廿二史考异》卷四十二(节选) ································ 217
十七史商榷 ·· 220
    《十七史商榷》卷八十九(节选) ································ 221
廿二史札记 ·· 224
    《廿二史札记》卷七(节选) ···································· 225
古书疑义举例 ·· 229
    《古书疑义举例》卷五(节选) ·································· 229
涉园序跋集录 ·· 233
    涉园序跋集录(节选) ·· 234
校史随笔 ·· 238
    校史随笔·史记(节选) ·· 239
校勘学释例 ·· 242
    《校勘学释例》卷六校例 ······································ 243
史讳举例 ·· 246
    《史讳举例》卷七(节选) ······································ 247

经义述闻 …………………………………………………… 250
　　　　《经义述闻》卷三十二通说下(节选) ……………… 251

卷五　辨伪著述文选 …………………………………………… 253
　　诸子辨 ……………………………………………………… 253
　　　　诸子辨(节选) ………………………………………… 254
　　四部正讹 …………………………………………………… 261
　　　　《四部正讹》卷上(节选) …………………………… 262
　　尚书古文疏证 ……………………………………………… 265
　　　　《尚书古文疏证》卷一(节选) ……………………… 265
　　古今伪书考 ………………………………………………… 271
　　　　古今伪书考·经类 …………………………………… 271
　　伪书通考 …………………………………………………… 278
　　　　伪书通考(节选) ……………………………………… 278
　　新学伪经考 ………………………………………………… 290
　　　　新学伪经考·史记经说足证伪经考第二 …………… 290
　　古史辨 ……………………………………………………… 297
　　　　古史辨(节选) ………………………………………… 298

卷六　辑佚著述文选 …………………………………………… 302
　　诗考 ………………………………………………………… 302
　　　　诗考·自序 …………………………………………… 303
　　　　诗考·韩诗(节选) …………………………………… 303
　　汉魏遗书钞 ………………………………………………… 307
　　　　伏胜《尚书大传》序录 ……………………………… 307
　　　　《孟子章指》卷上(节选) …………………………… 308
　　汉学堂丛书(黄氏逸书考) ………………………………… 310
　　　　汉学堂丛书(黄氏逸书考)序 ………………………… 311
　　　　汉学堂丛书(黄氏逸书考)凡例 ……………………… 312
　　玉函山房辑佚书 …………………………………………… 313
　　　　玉函山房辑佚书序 …………………………………… 313
　　　　《玉函山房辑佚书·归藏》自序 …………………… 314
　　宋会要辑稿 ………………………………………………… 316
　　　　选举一·贡举(节选) ………………………………… 317
　　　　职官一·三省(节选) ………………………………… 318
　　世本 ………………………………………………………… 320
　　　　辑《世本》序 ………………………………………… 321
　　　　《世本》后序 ………………………………………… 322

《世本》卷第一·作篇(节选) ………………………………………… 322
全上古三代秦汉三国六朝文 …………………………………………… 324
　　全上古三代秦汉三国六朝文总叙 …………………………………… 325
　　《全上古三代文》卷一(节选) ………………………………………… 325
　　《全汉文》卷十四(节选) ……………………………………………… 326
古本竹书纪年辑校 ……………………………………………………… 328
　　古本竹书纪年辑校自序 ……………………………………………… 329
　　古本竹书纪年辑校(节选) …………………………………………… 329
古小说钩沉 ……………………………………………………………… 332
　　古小说钩沉·序 ……………………………………………………… 332
　　青史子 ………………………………………………………………… 333
宋诗话辑佚 ……………………………………………………………… 335
　　唐宋名贤诗话 ………………………………………………………… 336
　　潜溪诗眼(节选) ……………………………………………………… 337
先秦汉魏晋南北朝诗 …………………………………………………… 340
　　先秦诗卷一(节选) …………………………………………………… 340
　　魏诗卷七(节选) ……………………………………………………… 343

卷七　古文献学理论著述文选 ……………………………………… 345

通志 ……………………………………………………………………… 345
　　通志·序(节选) ……………………………………………………… 346
　　通志·二十略(节选) ………………………………………………… 351
文献通考 ………………………………………………………………… 361
　　文献通考·总序(节选) ……………………………………………… 362
　　文献通考·经籍考(节选) …………………………………………… 364
澹生堂藏书约 …………………………………………………………… 368
　　《澹生堂藏书约》(节选) ……………………………………………… 369
文史通义 ………………………………………………………………… 378
　　《文史通义》(节选) …………………………………………………… 379
校雠通义 ………………………………………………………………… 384
　　校雠通义(节选) ……………………………………………………… 384

卷一　官修书目及史志目录文选

别　录

〔书名〕

梁代阮孝绪《七录·序》曾说过："昔刘向校书，辄为一录，论其指归，辨其讹谬，随竟奏上，皆载在本书。时又别集众录，谓之《别录》，即今之《别录》是也。"

〔作者〕

刘向（约前77—前6），西汉经学家，目录学家，文学家。原名更生，字子政，沛（今江苏沛县）人。汉皇族楚元王（刘交）的四世孙。历经宣帝、元帝、成帝三朝，历任散骑谏大夫、散骑宗正、光禄大夫、中垒校尉等。

刘向少时即受家学熏陶，于儒、道、阴阳、五行诸学均有涉猎。学问博洽，通诸子百家，善为文章。成帝时主持整理校勘国家藏书，具体校理经传、诸子和诗赋等。典校时，撰有《别录》，在我国目录学史上产生重大影响。又作有《九叹》等辞赋三十三篇，绝大部分已亡佚。另著有《新序》、《说苑》、《古列女传》、《洪范五行传》等。所作《五经通义》已佚，清马国翰《玉函山房辑佚书》中辑存有一卷。

〔体例与内容〕

《别录》，官修书目，20卷。西汉河平三年（前26）秋八月，成帝下诏命"光禄大夫刘向校中秘书。谒者陈农使，使求遗书于天下"，开始了中国早期历史上一次有深远意义的大规模典籍整理工作。《汉书·艺文志》详细记录了当时校书的具体情况："光禄大夫刘向校经传诸子诗赋，步兵校尉任宏校兵书，太史令尹咸校数术，侍医李柱国校方技。每一书已，向辄条其篇目，撮其指意，录而奏之"。当时的校书工作，以刘向总领其事。每校一书完毕后，刘向便写成一篇介绍该书内容的总结性文章，称作"叙录"，后汇编成《别录》。其子刘歆据此序录删繁就简，编成《七略》。

刘向所撰写的叙录，主要记其新定篇目，版本来源，校雠经过，以及作者生平，学术流派，著作旨意等。《别录》唐代已佚，现存较为完整的"叙录"有《孙卿书叙录》、《战国策叙录》、《晏子叙录》、《管子叙录》、《列子叙录》、《韩非子叙录》、《邓析子叙录》、《说苑叙录》及刘歆的《上山海经表》等，皆附于原书的宋元旧本而行。

〔版本〕

《别录》原书早已亡佚，今有辑本多种，包括：洪颐煊的《经典集林》本、严可均的《全汉文编》本、马国翰的《玉函山房辑佚书》本、王仁俊《玉函山房辑佚书补编》本、张选青的《受经堂丛书》本、姚振宗的《快阁师石山房丛书》本、顾观光的《别录》、《七略》辑本等诸家。

上海古籍出版社2008年出版了据（清）姚振宗辑录、邓骏捷校补的《七略别录佚文》。

别录·叙录（节选）

【导读】

本篇从现存"叙录"中选取《战国策叙录》、《管子叙录》、《晏子叙录》与《孙卿叙录》等。叙录又称解题或提要，其作用是揭示并概括一书的作者生平、思想内容及其学术源流。刘向创始了这一体例及其内容。

刘向写定叙录的义例，大致包括：（1）著录书名、篇目；（2）叙述雠校原委；（3）介绍著者生平；（4）说明书名含义和书的性质；（5）考辨书之真伪；（6）评说思想、史实；（7）叙述学术源流；（8）判定书之价值。从以上列举的情况看来，可知刘向校书除雠校文字异同、订正讹误以外，涉及面很广，实际包括了版本、目录、校勘、辨伪诸方面的内容。他所写的"叙录"，更寓有"辨章学术，考镜源流"的重大作用，成为后世解题目录的开端。

◎战国策书录

护左都水使者、光禄大夫臣向言：所校中《战国策》书，中书余卷，错乱相糅莒。又有国别者八篇，少不足。臣向因国别者，略以时次之，分别不以序者以相补，除复重，得三十三篇。本字多误脱为半字，以"赵"为"肖"，以"齐"为"立"，如此字者多。中书本号，或曰《国策》，或曰《国事》，或曰《短长》，或曰《事语》，或曰《长书》，或曰《修书》。臣向以为，战国时游士辅所用之国，为之策谋，宜为《战国策》。其事继春秋以后，讫楚、汉之起，二百四十五年间之事，皆定以杀青，书可缮写。

叙曰：周室自文、武始兴，崇道德，隆礼义，设辟雍、泮宫、庠序之教，陈礼乐、弦歌移风之化，叙人伦，正夫妇。天下莫不晓然论孝悌之义，惇笃之行，故仁义之道，满乎天下，卒致之刑错四十余年。远方慕义，莫不宾服，雅颂歌咏，以思其德。下及康、昭之后，虽有衰德，其纲纪尚明。

及春秋时，已四五百载矣，然其余业遗烈，流而未灭。五伯之起，尊事周室。五伯之后，时君虽无德，人臣辅其君者，若郑之子产，晋之叔向，齐之晏婴，挟君辅政，以并立于中国，犹以义相支持，歌说以相感，聘觐以相交，期会以相一，盟誓以相救。天子之命，犹有所行。会享之国，犹有所耻。小国得有所依，百姓得有所息。故孔子曰："能以礼让为国乎？何有？"周之流化，岂不大哉！

及春秋之后，众贤辅国者既没，而礼义衰矣。孔子虽论《诗》、《书》，定《礼》、《乐》，王道粲然分明,以匹夫无势,化之者七十二人而已,皆天下之俊也。时君莫尚之,是以王道遂用不兴。故曰:"非威不立,非势不行。"

仲尼既没之后,田氏取齐,六卿分晋,道德大废,上下失序。至秦孝公,捐礼让而贵战争,弃仁义而用诈谲,苟以取强而已矣。夫篡盗之人,列为侯王;诈谲之国,兴立为强。是以传相放效,后生师之,遂相吞灭,并大兼小。暴师经岁,流血满野。父子不相亲,兄弟不相安。夫妇离散,莫保其命,愍然道德绝矣。晚世益甚,万乘之国七,千乘之国五,敌侔争权,盖为战国。贪饕无耻,竞进无厌。国异政教,各自制断。上无天子,下无方伯。力功争强,胜者为右。兵革不休,诈伪并起。当此之时,虽有道德,不得施谋。有设之强,负阻而恃固。连与交质,重约结誓,以守其国。故孟子、孙卿儒术之士,弃捐于世,而游说权谋之徒,见贵于俗。是以苏秦、张仪、公孙衍、陈轸、代、厉之属,生从横短长之说,左右倾侧。苏秦为从,张仪为横。横则秦帝,从则楚王。所在国重,所去国轻。然当此之时,秦国最雄,诸侯方弱。苏秦结之,时六国为一,以傧背秦。秦人恐惧,不敢窥兵于关中。天下不交兵者二十有九年。然秦国势便形利,权谋之士,咸先驰之。苏秦初欲横,秦弗用,故东合从。及苏秦死后,张仪连横,诸侯听之,西向事秦。是故始皇因四塞之固,据崤、函之阻,跨陇、蜀之饶,听众人之策,乘六世之烈,以蚕食六国,兼诸侯,并有天下。杖于谋诈之弊,终无信笃之诚。无道德之教,仁义之化,以缀天下之心。任刑罚以为治,信小术以为道。遂燔烧《诗》、《书》,坑杀儒士。上小尧、舜,下邈三王。二世愈甚,惠不下施,情不上达。君臣相疑,骨肉相疏。化道浅薄,纲纪坏败。民不见义,而悬于不宁。抚天下十四岁,天下大溃,诈伪之弊也。其比王德,岂不远哉!孔子曰:"道之以政,齐之以刑,民免而无耻。道之以德,齐之以礼,有耻且格。"夫使天下有所耻,故化可致也。苟以诈伪偷活取容,自上为之,何以率下?秦之败也,不亦宜乎!

战国之时,君德浅薄。为之谋策者,不得不因势而为资,据时而为。故其谋扶急持倾,为一切之权,虽不可以临国教化,兵革救急之势也。皆高才秀士,度时君之所能行,出奇策异智,转危为安,运亡为存。亦可喜,皆可观。护左都水使者、光禄大夫臣向所校《战国策》书录。

◎管子书录

护左都水使者、光禄大夫臣向言:所校雠中《管子》书三百八十九篇,大中大夫卜圭书二十七篇,臣富参书四十一篇,射声校尉立书十一篇,太史书九十六篇,凡中外书五百六十四篇,以校除复重四百八十四篇,定著八十六篇,杀青而书可缮写也。

管子者,颍上人也,名夷吾,号仲父。少时尝与鲍叔牙游,鲍叔知其贤。管子贫困,常欺叔牙,叔牙终善之。鲍叔事齐公子小白,管子事公子纠。及小白立为桓公,公子纠死,管仲囚,鲍叔荐管仲。管仲既任政于齐,齐桓公以霸,九合诸侯,一匡天下,管仲之谋也。故管仲曰:"吾始困时,与鲍叔分财,多自予,鲍叔不以我为贪,知我贫也。尝为鲍叔谋事而更穷困,鲍叔不以我为愚,知我有利有不利也。公子纠败,召忽死之,吾幽囚受辱,鲍叔不以我为耻,知吾不羞小节,而耻功名不显于天下也。生我者父母,知我者鲍叔。"鲍叔既进管仲,而己下之。子孙世禄于齐,有封邑者十馀世,常为名大夫。

管子既相，以区区之齐在海滨，通货积财，富国强兵，与俗同好丑。故其书称曰："仓廪实而知礼节，衣食足而知荣辱。上服度，则六亲固。四维不张，国乃灭亡。下令犹流水之原，令顺人心，故论卑而易行。俗所欲，因予之；俗所否，因去之。"其为政也，因祸为福，转败为功。贵轻重，慎权衡。桓公怒少姬，南袭蔡。管仲因伐楚，责包茅不入贡于周室。桓公北征山戎，管仲因而令燕修召公之政。柯之会，桓公背曹沫之盟，管仲因而信之，诸侯归之。管仲聘于周，不敢受上卿之命，以让高国，是时诸侯为管仲城穀，以为之乘邑。《春秋》书之，褒贤也。管仲富拟公室，有三归反坫，齐人不以为侈。管子卒，齐国遵其政，常强于诸侯。孔子曰："微管仲，吾其被发左衽矣。"

太史公曰："余读管氏《牧民》、《山高》、《乘马》、《轻重》、《九府》，详哉言之也。"又曰："将顺其美，匡救其恶，故上下能相亲爱。岂管仲之谓乎？"《九府》书民间无有，《山高》一名《形势》。凡《管子》书，务富国安民，道约言要，可以晓合经义。向谨第录。

◎晏子书录

护左都水使者、光禄大夫臣向言：所校中书《晏子》十一篇，臣向谨与长社尉臣参校雠太史书五篇，向书一篇，参书十三篇，凡中外书三十篇，为八百三十八章。除复重二十二篇，六百三十八章，定著八篇二百一十五章。外书无有三十六章，中书无有七十一章，中外皆有以相定。中书以"天"为"芳"，"又"为"备"，"先"为"牛"，"章"为"长"，如此类者多，谨颇略楠，皆已定以杀青，书可缮写。

晏子名婴，谥平仲，莱人。莱者，今东莱地也。晏子博闻强记，通于古今，事齐灵公、庄公、景公，以节俭力行，尽忠极谏道齐，国君得以正行，百姓得以附亲。不用则退耕于野，用则必不诎义，不可胁以邪。白刃虽交胸，终不受崔杼之劫。谏齐君悬而至，顺而刻。及使诸侯，莫能诎其辞。其博通如此，盖次管仲。内能亲亲，外能厚贤。居相国之位，受万钟之禄，故亲戚待其禄而衣食五百余家，处士待而举火者亦甚众。晏子衣苴布之衣，麋鹿之裘，驾敝车疲马，尽以禄给亲戚朋友，齐人以此重之。晏子盖短。其书六篇，皆忠谏其君，文章可观，义理可法，皆合六经之义。又有复重，文辞颇异，不敢遗失，复列以为一篇。又有颇不合经术，似非晏子言，疑后世辩士所为者，故亦不敢失，复以为一篇。凡八篇。其六篇可常置旁御观。谨第录。臣向昧死上。

◎孙卿书录

护左都水使者、光禄大夫臣向言：所校雠中《孙卿》书凡三百二十二篇，以相校除复重二百九十篇，定著三十二篇，皆以定杀青，简书可缮写。

孙卿，赵人，名况。方齐宣王、威王之时，聚天下贤士于稷下，尊宠之。若邹衍、田骈、淳于髡之属甚众，号曰列大夫，皆世所称，咸作书刺世。是时，孙卿有秀才，年五十始来游学，诸子之事，皆以为非先王之法也。孙卿善为《诗》、《礼》、《易》、《春秋》。至齐襄王时，孙卿最为老师。齐向修列大夫之缺，而孙卿三为祭酒焉。齐人或谗孙卿，乃适楚。

楚相春申君以为兰陵令。人或谓春申君曰："汤以七十里，文王以百里。孙卿，贤者也，今与之百里地，楚其危乎？"春申君谢之。孙卿去之赵。后客或谓春申君曰："伊尹去夏入殷，殷王而夏亡。管仲去鲁入齐，鲁弱而齐强。故贤者所在，君尊国安。今孙卿天下贤人，所去之国，其不安乎！"春申君使人聘孙卿，孙卿遗春申君书，刺楚国，因为歌赋以遗春申君。春申君恨，复固谢孙卿。孙卿乃行，复为兰陵令。春申君死而孙卿废，因家兰陵。

李斯尝为弟子，已而相秦。及韩非号韩子，又浮丘伯，皆受业为名儒。孙卿之应聘于诸侯，见秦昭王。昭王方喜战伐，而孙卿以三王之法说之，及秦相应侯，皆不能用也。至赵，与孙膑议兵赵孝成王前。孙膑为变诈之兵，孙卿以王兵难之，不能对也，卒不能用。

孙卿道守礼义，行应绳墨，安贫贱。孟子者，亦大儒，以人之性善。孙卿后孟子百余年，以为人性恶，故作《性恶》一篇，以非孟子。苏秦、张仪以邪道说诸侯，以大贵显。孙卿退而笑之曰："夫不以其道进者，必不以其道亡。"至汉兴，江都相董仲舒亦大儒，作书美孙卿。

孙卿卒不用于世，老于兰陵。疾浊世之政，亡国乱君相属，不遂大道而营乎巫祝，信禨祥。鄙儒小拘如庄周等，又滑稽乱俗。于是推儒墨道德之行事，兴坏序列，著数万言而卒，葬兰陵。而赵亦有公孙龙为坚白异同之辨，处子之言。魏有李悝尽地力之教，楚有尸子、长庐子、芋子皆著书，然非先王之法也，皆不循孔氏之术，惟孟轲、孙卿为能尊仲尼。兰陵多善为学，盖以孙卿也。长老至今称之，曰："兰陵人喜字为卿。"盖以法孙卿也。

孟子、孙卿、董先生，皆小五伯，以为仲尼之门，五尺童子皆羞称五伯。如人君能用孙卿，庶几于王，然世终莫能用。而六国之君残灭，秦国大乱，卒以亡。观孙卿之书，其陈王道甚易行，疾世莫能用。其言凄怆，甚可痛也。呜呼！使斯人卒终于闾巷，而功业不得见于世。哀哉！可为霣涕。其书比于记传，可以为法。谨第录。臣向昧死上言。护左都水使者、光禄大夫臣向言，所校雠中《孙卿》书录。

据上海古籍出版社2008年版《七略别录佚文》

汉 书

〔书名〕

《汉书》的书名为班固所定。到南朝梁元帝时,始相对《后汉书》而将《汉书》称为《前汉书》。

〔作者〕

班固(32—92),字孟坚。扶风安陵(今陕西咸阳东北)人,东汉著名史学家、文学家。少年时能作文诵诗赋,及长,博览群书。父彪为续作《史记》,曾撰《后传》,固以为彪所续前史未详,欲竟其业,被人诬告私改作国史,下狱。弟超上书申辩。明帝召他到京师校书部,为兰台令史。与陈宗、伊敏、孟异等共同撰《世祖本纪》。升迁为郎,典校秘书,又撰功臣、平林、新市、公孙述等列传、载记二十八篇(《世祖本纪》与此二十八篇,是《东观汉纪》的一部分)。又奉诏继续撰写《汉书》。从此,以"著述为业",经二十余载,于建初七年(82)完成《汉书》。建初四年(79)参加了在白虎观诸儒讨论《五经》异同的会议,并任记录,撰成《白虎通德论》一书。和帝永元初(89),随大将军窦宪出征匈奴,为中护军,行中郎将事,撰《燕然山铭》,纪汉威德。后窦宪事败,连坐免官。后宪因擅权被杀,因受牵连被捕,死于狱中,时年六十一。

〔体例与内容〕

《汉书》是我国第一部纪传体断代史。它沿用《史记》的纪传体例而略有变更:改本纪为纪,改书为志,取消世家,并入列传,由纪、表、志、传四部分组成,共100篇,后人析为120卷,80余万字。《汉书》断代为史,记载了西汉高祖元年(前206)建汉至王莽地皇四年(23)败亡间230年的史事。正如唐刘知几指出:"如《汉书》者,究西都之首末,穷刘氏之废兴,包举一代,撰成一书,言皆精炼,事甚该密。故学者寻讨,易为其功,自尔迄今,无改斯道"(《史通·六家》)。

〔版本〕

1962年,中华书局出版的标点铅印本《汉书》(全十二册),是目前的通行本。
有关《汉书·艺文志》的著作包括:
上海商务印书馆1955年出版(唐)颜师古注《汉书艺文志一卷》
顾实《汉书艺文志讲疏》(上海古籍出版社,1987年)
陈国庆《汉书艺文志注释汇编》(中华书局,1983年)
张舜徽《汉书艺文志通释》(湖北教育出版社,1990年)

汉书·艺文志（节选）

【导读】

本文选自《汉书》卷三十艺文志第十。本文是当时公家藏书的分类目录，也是我国现存最早的一部文献目录，它是今人研究先秦秦汉文化学术史的重要参考数据。我国有悠久的文化传统，自周代以来，官修私著，书籍繁多，内容宏富，故需校理群书，以为目录。刘向校书，著有《别录》；刘歆继承父业，又著《七略》。《七略》分辑略、六艺、诸子、诗赋、兵书、术数、方技等七个部分；班氏自言，"今取其要，以备篇籍"。本志名曰"艺文"，所谓"艺"，以《诗》、《书》、《礼》、《乐》、《易》、《春秋》六者为六艺；所谓"文"，指文学百家之说而言。其内容，在简短的序言之后，分为六艺、诸子、诗赋、兵书、术数、方技等六部分，共收书三十八种，五百九十六家，一万三千二百六十九卷。每种之后有小序，每部分之后有总序，对先秦、秦汉学术思想的源流和演变，都作了简明的叙述。可以想见，班氏对《七略》做了些删繁取要的工作，加上吸收刘氏观点及掺以自己学术见解而成之。其辨章学术、考镜源流之功，不可磨灭。

昔仲尼没而微言绝，七十子丧而大义乖。故《春秋》分为五，《诗》分为四，《易》有数家之传。战国从衡，真伪分争，诸子之言纷然殽乱。至秦患之，乃燔灭文章，以愚黔首。汉兴，改秦之败，大收篇籍，广开献书之路。迄孝武世，书缺简脱，礼坏乐崩，圣上喟然而称曰："朕甚闵焉！"于是建藏书之策，置写书之官，下及诸子传说，皆充秘府。至成帝时，以书颇散亡，使谒者陈农求遗书于天下。诏光禄大夫刘向校经传诸子诗赋，步兵校尉任宏校兵书，太史令尹咸校数术，侍医李柱国校方技。每一书已，向辄条其篇目，撮其指意，录而奏之。会向卒，哀帝复使向子侍中奉车都尉歆卒父业。歆于是总群书而奏其《七略》，故有《辑略》，有《六艺略》，有《诸子略》，有《诗赋略》，有《兵书略》，有《术数略》，有《方技略》。今删其要，以备篇籍。

《易经》十二篇，施、孟、梁丘三家。

《易传·周氏》二篇。字王孙也。《服氏》二篇。

……

凡《易》十三家，二百九十四篇。

《易》曰："宓戏氏仰观象于天，俯观法于地，观鸟兽之文，与地之宜，近取诸身，远取诸物，于是始作八卦，以通神明之德，以类万物之情。"至于殷、周之际，纣在上位，逆天暴物，文王以诸侯顺命而行道，天人之占可得而效，于是重《易》六爻，作上下篇。孔氏为之《彖》、《象》、《系辞》、《文言》、《序卦》之属十篇。故曰《易》道深矣，人更三圣，世历三古。及秦燔书，而《易》为筮卜之事，传者不绝。汉兴，田何传之。讫于宣、元，有施、孟、梁丘、京氏列于学官，而民间有费、高二家之说，刘向以中《古文易经》校施、孟、梁丘经，或脱去"无咎"、"悔亡"，唯费氏经与古文同。

《尚书古文经》四十六卷。为五十七篇。

《经》二十九卷。大、小夏侯二家。《欧阳经》三十二卷。

……

凡《书》九家,四百一十二篇。入刘向《稽疑》一篇。

《易》曰:"河出图,洛出书,圣人则之。"故《书》之所起远矣,至孔子纂焉,上断于尧,下讫于秦,凡百篇,而为之序,言其作意。秦燔书禁学,济南伏生独壁藏之。汉兴亡失,求得二十九篇,以教齐鲁之间。讫孝宣世,有《欧阳》、《大小夏侯氏》,立于学官。《古文尚书》者,出孔子壁中。武帝末,鲁共王怀孔子宅,欲以广其宫。而得《古文尚书》及《礼记》、《论语》、《孝经》凡数十篇,皆古字也。共王往入其宅,闻鼓琴瑟钟磬之音,于是惧,乃止不坏。孔安国者,孔子后也,悉得其书,以考二十九篇,得多十六篇。安国献之。遭巫蛊事,未列于学官。刘向以中古文校欧阳、大小夏侯三家经文,《酒诰》脱简一,《召诰》脱简二。率简二十五字者,脱亦二十五字,简二十二字者,脱亦二十二字,文字异者七百有余,脱字数十。《书》者,古之号令,号令于众,其言不立具,则听受施行者弗晓。古文读应尔雅,故解古今语而可知也。

《诗经》二十八卷,鲁、齐、韩三家。

《鲁故》二十五卷。《鲁说》二十八卷。

……

凡《诗》六家,四百一十六卷。

《书》曰:"诗言志,歌咏言。"故哀乐之心感,而歌咏之声发。诵其言谓之诗,咏其声谓之歌。故古有采诗之官,王者所以观风俗,知得失,自考正也。孔子纯取周诗,上采殷,下取鲁,凡三百五篇,遭秦而全者,以其讽诵,不独在竹帛故也。汉兴,鲁申公为《诗》训故,而齐辕固、燕韩生皆为之传。或取《春秋》,采杂说,咸非其本义。与不得已,鲁最为近之。三家皆列于学官。又有毛公之学,自谓子夏所传,而河间献王好之,未得立。

《礼古经》五十六卷,《经》十七篇。后氏、戴氏。

《记》百三十一篇。七十子后学者所记也。

……

凡《礼》十三家,五百五十五篇。入《司马法》一家,百五十五篇。

《易》曰:"有夫妇父子君臣上下,礼义有所错。"而帝王质文世有损益,至周曲为之防,事为之制,故曰:"礼经三百,威仪三千。"及周之衰,诸侯将踰法度,恶其害己,皆灭去其籍,自孔子时而不具,至秦大坏。汉兴,鲁高堂生传《士礼》十七篇。讫孝宣世,后仓最明。戴德、戴圣、庆普皆其弟子,三家立于学官。《礼古经》者,出于鲁淹中及孔氏,与十七篇文相似,多三十九篇。及《明堂阴阳》、《王史氏记》所见,多天子诸侯卿大夫之制,虽不能备,犹愈仓等推《士礼》而致于天子之说。

《乐记》二十三篇。

《王禹记》二十四篇。《雅歌诗》四篇。

……

凡《乐》六家,百六十五篇。出淮南刘向等《琴颂》七篇。

《易》曰:"先王作乐崇德,殷荐之上帝,以享祖考。"故自黄帝下至三代,乐各有名。孔子曰:"安上治民,莫善于礼;移风易俗,莫善于乐。"二者相与并行。周衰俱坏,乐尤微眇,以音律为节，又为郑、卫所乱，故无遗法。汉兴，制氏以雅乐声津，世在乐宫，颇能纪其铿锵鼓舞，而不能言其义。六国之君，魏文侯最为好古，孝文时得其乐人窦公，献其书，乃《周官·大宗伯》之《大司乐》章也。武帝时，河间献王好儒，与毛生等共采《周官》及诸子言乐事者，以作《乐记》，献八佾之舞，与制氏不相远。其内史丞王定传之，以授常山王禹。禹，成帝时为谒者，数言其义，献二十四卷记。刘向校书，得《乐记》二十三篇。与禹不同，其道浸以益微。

《春秋古经》十二篇，《经》十一卷。公羊、穀梁二家。

《左氏传》三十卷。左丘明，鲁太史。

《公羊传》十一卷。公羊子，齐人。

《穀梁传》十一卷。穀梁子，鲁人。《邹氏传》十一卷。

……

凡《春秋》二十三家，九百四十八篇。省《太史公》四篇。

古之王者世有史官。君举必书，所以慎言行，昭法式也。左史记言，右史记事，事为《春秋》，言为《尚书》，帝王靡不同之。周室既微，载籍残缺，仲尼思存前圣之业，乃称曰："夏礼吾能言之，杞不足征也；殷礼吾能言之，宋不足征也。文献不足故也，足则吾能征之矣。"以鲁周公之国，礼文备物，史官有法，故与左丘明观其史记，据行事，仍人道，因兴以立功，就败以成罚，假日月以定历数，借朝聘以正礼乐。有所褒讳贬损，不可书见，口授弟子，弟子退而异言。丘明恐弟子各安其意，以失其真，故论本事而作传，明夫子不以空言说经也。《春秋》所贬损大人当世君臣，有威权势力，其事实皆形于传，是以隐其书而不宣，所以免时难也。及末世口说流行，故有《公羊》、《穀梁》、《邹》、《夹》之《传》。四家之中，《公羊》、《穀梁》立于学官，邹氏无师，夹氏未有书。

《论语》古二十一篇。出孔子壁中，两《子张》。《齐》二十二篇。多《问王》、《知道》。《鲁》二十篇，《传》十九篇。

《齐说》二十九篇。《鲁夏侯说》二十一篇。《鲁安昌侯说》二十一篇。《鲁王骏说》二十篇。

……

凡《论语》十二家，二百二十九篇。

《论语》者，孔子应答弟子时人及弟子相与言而接闻于夫子之语也。当时弟子各有所记。夫子既卒，门人相与辑而论纂，故谓之《论语》。汉兴，有齐、鲁之说。传《齐论》者，昌邑中尉王吉、少府宋畸、御史大夫贡禹、尚书令五鹿充宗、胶东庸生，唯王阳名家。传《鲁论语》者，常山都尉龚奋、长信少府夏侯胜、丞相韦贤、鲁扶卿、前将军萧望之、安昌侯张禹，皆名家。张氏最后而行于世。

《孝经古孔氏》一篇。二十二章。

《孝经》一篇。十八章。长孙氏、江氏、后氏、翼氏四家。

……

凡《孝经》十一家，五十九篇。

《孝经》者，孔子为曾子陈孝道也。夫孝，天之经，地之义，民之行也。举大者言，故曰《孝经》。汉兴，长孙氏、博士江翁、少府后仓、谏大夫翼奉、安昌侯张禹传之，各自名家。经文皆同，唯孔氏壁中古文为异。"父母生之，续莫大焉"，"故亲生之膝下"，诸家说不安处，古文字读皆异。

《史籀》十五篇。周宣王太史作大篆十五篇，建武时亡六篇矣。

《八体六技》。

……

凡小学十家，四十五篇。入扬雄、杜林二家二篇。

《易》曰："上古结绳以治，后世圣人易之以书契，百官以治，万民以察，盖取诸《夬》。""夬，扬于王庭"，言其宣扬于王者朝廷，其用最大也。古者八岁入小学，故《周官》保氏掌养国子，教之六书，谓象形、象事、象意、象声、转注、假借，造字之本也。汉兴，萧何草律，亦著其法，曰："太史试学童，能讽书九千字以上，乃得为史。又以六体试之，课最者以为尚书、御史、史书令史。吏民上书，字或不正，辄举劾。"六体者，古文、奇字、篆书、隶书、缪篆、虫书，皆所以通知古今文字，摹印章，书幡信也。古制，书必同文，不知则阙，问诸故老，至于衰世，是非无正，人用其私。故孔子曰："吾犹及史之阙文也，今亡矣夫！"盖伤其浸不正。《史籀篇》者，周时史官教学童书也，与孔氏壁中古文异体。《苍颉》七章者，秦丞相李斯所作也；《爰历》六章者，车府令赵高所作也；《博学》七章者，太史令胡母敬所作也；文字多取《史籀篇》，而篆体复颇异，所谓秦篆者也。是时始造隶书矣，起于官狱多事，苟趋省易，施之于徒隶也。汉兴，闾里书师合《苍颉》、《爰历》、《博学》三篇，断六十字以为一章，凡五十五章，并为《苍颉篇》。武帝时司马相如作《凡将篇》，无复字。元帝时黄门令史游作《急就篇》，成帝时将作大匠李长作《元尚篇》，皆《苍颉》中正字也。《凡将》则颇有出矣。至元始中，征天下通小学者以百数，各令记字于庭中。扬雄取其有用者以作《训纂篇》，顺续《苍颉》，又易《苍颉》中重复之字，凡八十九章。臣复续扬雄作十三章，凡一百二章，无复字，六艺群书所载略备矣。《苍颉》多古字，俗师失其读，宣帝时征齐人能正读者，张敞从受之，传至外孙之子杜林，为作训故，并列焉。

凡六艺一百三家，三千一百二十三篇。入三家，一百五十九篇；出重十一篇。

六艺之文：《乐》以和神，仁之表也；《诗》以正言，义之用也；《礼》以明体，明者著见，故无训也；《书》以广听，知之术也；《春秋》以断事，信之符也。五者，盖五常之道，相须而备，而《易》为之原。故曰"《易》不可见，则乾坤或几乎息矣"，言与天地为终始也。至于五学，世有变改，犹五行之更用事焉。古之学者耕且养，三年而通一艺，存其大体，玩经文而已，是故用日少而畜德多，三十而五经立也。后世经传既已乖离，博学者又不思多闻阙疑之义，而务碎义逃难，便辞巧说，破坏形体；说五字之文，至于二三万言。后进弥以驰逐，故幼童而守一艺，白首而后能言；安其所习，毁所不见，终以自蔽。此学者之大患也。序六艺为九种。

《晏子》八篇。名婴，谥平仲，相齐景公，孔子称善与人交，有《列传》。

《子思》二十三篇。名伋，孔子孙，为鲁缪公师。

《曾子》十八篇。名参，孔子弟子。

……

右儒五十三家，八百三十六篇。入杨雄一家三十八篇。

儒家者流，盖出于司徒之官，助人君顺阴阳明教化者也。游文于六经之中，留意于仁义之际,祖述尧舜,宪章文武,宗师仲尼,以重其言,于道最为高。孔子曰:"如有所誉,其有所试。"唐虞之隆,殷周之盛,仲尼之业,已试之效者也。然惑者既失精微,而辟者又随时抑扬,违离道本,苟以哗众取宠。后进循之,是以《五经》乖析,儒学浸衰,此辟儒之患。

《伊尹》五十一篇。汤相。

《太公》二百三十七篇。吕望为周师尚父,本有道者。或有近世又以为太公术者所增加也。《谋》八十一篇,《言》七十一篇,《兵》八十五篇。

……

右道三十七家,九百九十三篇。

道家者流,盖出于史官,历记成败存亡祸福古今之道,然后知秉要执本,清虚以自守,卑弱以自持,此君人南面之术也。合于尧之克攘,《易》之嗛嗛,一谦而四益,此其所长也。及放者为之,则欲绝去礼学,兼弃仁义,曰独任清虚可以为治。

《宋司星子韦》三篇。景公之史。

《公梼生终始》十四篇。传邹奭《始终》书。

……

右阴阳二十一家,三百六十九篇。

阴阳家者流,盖出于羲和之官,敬顺昊天,历象日月星辰,敬授民时,此其所长也。及拘者为之,则牵于禁忌,泥于小数,舍人事而任鬼神。

《李子》三十二篇。名悝,相魏文侯,富国强兵。

《商君》二十九篇。名鞅,姬姓,卫后也,相秦孝公,有《列传》。

……

右法十家,二百一十七篇。

法家者流,盖出于理官。信赏必罚,以辅礼制。《易》曰"先王以明罚饬法",此其所长也。及刻者为之,则无教化,去仁爱,专任刑法而欲以致治,至于残害至亲,伤恩薄厚。

《邓析》二篇。郑人,与子产并时。

《尹文子》一篇。说齐宣王。先公孙龙。

……

右名七家,三十六篇。

名家者流,盖出于礼官。古者名位不同,礼亦异数。孔子曰:"必也正名乎!名不正则言不顺,言不顺则事不成。"此其所长也。及警者为之,则苟钩鈲析乱而已。

《尹佚》二篇。周臣,在成、康时也。

《田俅子》三篇。先韩子。

……

右墨六家,八十六篇。

墨家者流,盖出于清庙之守。茅屋采椽,是以贵俭;养三老五更,是以兼爱;选士大射,是以上贤;宗祀严父,是以右鬼;顺四时而行,是以非命;以孝视天下,是以上同:此其所长也。及蔽者为之,见俭之利,因以非礼,推兼爱之意,而不知别亲疏。

《苏子》三十一篇。名秦,有《列传》。

《张子》十篇。名仪,有《列传》。

……

右从横十二家,百七篇。

从横家者流,盖出于行人之官。孔子曰:"诵《诗》三百,使于四方,不能颛对,虽多亦奚以为?"又曰:"使乎,使乎!"言其当权事制宜,受命而不受辞,此其所长也。及邪人为之,则上诈谖而弃其信。

孔甲《盘盂》二十六篇。黄帝之史,或曰夏帝孔甲,似皆非。

《大禹》三十七篇。传言禹所作,其文似后世语。

《五子胥》八篇。名员,春秋时为吴将,忠直遇谗死。

……

右杂二十家,四百三篇。入兵法。

杂家者流,盖出于议官。兼儒墨,合名、法,知国体之有此,见王治之无不贯,此其所长也。及荡者为之,则漫羡而无所归心。

《神农》二十篇。六国时诸子疾时(念)[怠]于农业,道耕农事,托于神农。

《野老》十七篇。六国时,在齐、楚间。

……

右农九家,百一十四篇。

农家者流,盖出于农稷之官。播百谷,劝耕桑,以足衣食,故八政一曰食,二曰货。孔子曰"所重民食",此其所长也。及鄙者为之,以为无所事圣王,欲使君臣并耕,誖上下之序。

《伊尹说》二十七篇。其语浅薄,似依托也。

《鬻子说》十九篇。后世所加。

……

右小说十五家,千三百八十篇。

小说家者流,盖出于稗官。街谈巷语,道听涂说者之所造也。孔子曰:"虽小道,必有可观者焉,致远恐泥,是以君子弗为也。"然亦弗灭也。闾里小知者之所及,亦使缀而不忘。如或一言可采,此亦刍荛狂夫之议也。

凡诸子百八十九家,四千三百二十四篇。出蹵鞠一家,二十五篇。

诸子十家,其可观者九家而已。皆起于王道既微,诸侯力政,时君世主,好恶殊方,是以九家之术蜂出并作,各引一端,崇其所善,以此驰说,取合诸侯。其言虽殊,辟犹水火,相灭亦相生也。仁之与义,敬之与和,相反而皆相成也。《易》曰:"天下同归而殊涂,一致而百虑。"今异家者各推所长,穷知究虑,以明其指,虽有蔽短,合其要归,亦《六经》之支与流裔。使其人遭明王圣主,得其所折中,皆股肱之材已。仲尼有言:"礼失而求诸野。"方今去圣久远,道术缺废,无所更索,彼九家者,不犹愈于野乎?若能修六艺之术,而观此九家之言,舍短取长,则可以通万方之略矣。

屈原赋二十五篇。楚怀王大夫,有《列传》。

唐勒赋四篇。楚人。

……

右歌诗二十八家,三百一十四篇。

凡诗赋百六家,千三百一十八篇。入扬雄八篇。

传曰:"不歌而诵谓之赋,登高能赋可以为大夫。"言感物造耑材知深美,可与图事,故可以为列大夫也。古者诸侯卿大夫交接邻国,以微言相感,当揖让之时,必称《诗》以谕其志,盖以别贤不肖而观盛衰焉。故孔子曰"不学《诗》,无以言"也。春秋之后,周道浸坏,聘问歌咏不行于列国,学《诗》之士逸在布衣,而贤人失志之赋作矣。大儒孙卿及楚臣屈原离谗忧国,皆作赋以风,咸有恻隐古诗之义。其后宋玉、唐勒,汉兴,枚乘、司马相如,下及扬子云,竞为侈丽闳衍之词,没其风谕之义。是以扬子悔之,曰:"诗人之赋丽以则,辞人之赋丽以淫。如孔氏之门人用赋也,则贾谊登堂,相如入室矣,如其不用何!"自孝武立乐府而采歌谣,于是有代赵之讴,秦楚之风,皆感于哀乐,缘事而发,亦可以观风俗,知薄厚云。序诗赋为五种。

《吴孙子兵法》八十二篇。图九卷。

《齐孙子》八十九篇。图四卷。

……

右兵权谋十三家,二百五十九篇。省伊尹、太公、《管子》、《孙卿子》、《鹖冠子》、《苏子》、蒯通、陆贾,淮南王二百五十九种,出《司马法》入礼也。

权谋者,以正守国,以奇用兵,先计而后战,兼形势,包阴阳,用技巧者也。

《楚兵法》七篇。图四卷。

《蚩尤》二篇。见《吕刑》。

……

右兵形势十一家,九十二篇。图十八卷。

形势者,雷动风举,后发而先至,离合背乡,变化无常,以轻疾制敌者也。

《太壹兵法》一篇。

《天一兵法》三十五篇。

……

右阴阳十六家,二百四十九篇,图十卷。

阴阳者,顺时而发,推刑德,随斗击,因五胜,假鬼神而为助者也。

《鲍子兵法》十篇。图一卷。

《五子胥》十篇。图一卷。

……

右兵技巧十三家,百九十九篇。

技巧者,习手足,便器械,积机关,以立攻守之胜者也。

凡兵书五十三家,七百九十篇,图四十三卷。省十家二百七十一篇重,入《蹴鞠》一家二十五篇,出《司马法》百五十五篇入礼也。

兵家者,盖出古司马之职,王官之武备也。《洪范》八政,八曰师。孔子曰为国者"足食足兵","以不教民战,是谓弃之",明兵之重也。《易》曰"古者弦木为弧,剡木为矢,弧矢之利,以威天下",其用上矣。后世耀金为刃,割革为甲,器械甚备。下及汤武受命,以师克乱而济百姓,动之以仁义,行之以礼让,《司马法》是其遗事也。自春秋至于战国,出奇设伏,变诈之兵并作。汉兴,张良、韩信序次兵法,凡百八十二家,删取要用,定著三十五家。诸吕用事而盗取之。武帝时，军政杨朴捃摭遗逸，纪奏兵录，犹未能备。至于孝成，命任宏论次兵书为四种。

《泰壹杂子星》二十八卷。

《五残杂变星》二十一卷。

……

右天文二十一家，四百四十五卷。

天文者，序二十八宿，步五星日月，以纪吉凶之象，圣王所以参政也。《易》曰："观乎天文，以察时变。"然星事妶悍，非湛密者弗能由也。夫观景以谴形，非明王亦不能服听也。以不能由之臣，谏不能听之王，此所以两有患也。

《黄帝五家历》三十三卷。

《颛顼历》二十一卷。

……

右历谱十八家，六百六卷。

历谱者，序四时之位，正分至之节，会日月五星之辰，以考寒暑杀生之实。故圣王必正历数，以定三统服色之制，又以探知五星日月之会。凶阨之患，吉隆之喜，其术皆出焉。此圣人知命之术也，非天下之至材，其孰与焉！道之乱也，患出于小人而强欲知天道者，坏大以为小，削远以为近，是以道术破碎而难知也。

《泰一阴阳》二十三卷。

《黄帝阴阳》二十五卷。

……

右五行三十一家，六百五十二卷。

五行者，五常之形气也。《书》云"初一曰五行，次二曰羞用五事"，言进用五事以顺五行也。貌、言、视、听、思心失，而五行之序乱，五星之变作，皆出于律历之数而分为一者也。其法亦起五德终始，推其极则无不至。而小数家因此以为吉凶，而行于世，浸以相乱。

《龟书》五十二卷。

《夏龟》二十六卷。

……

右蓍龟十五家，四百一卷。

蓍龟者，圣人之所用也。《书》曰："女则有大疑，谋及卜筮。"《易》曰："定天下之吉凶，成天下之亹亹者，莫善于蓍龟。""是故君子将有为也，将有行也，问焉而以言，其受命也如向，无有远近幽深，遂知来物。非天下之至精，其孰能与于此！"及至衰世，解于齐戒，而娄烦卜筮，神明不应。故筮渎不告，《易》以为忌；龟厌不告，《诗》以为刺。

《黄帝长柳占梦》十一卷。

《甘德长柳占梦》二十卷。

……

右杂占十八家，三百一十三卷。

杂占者，纪百事之象，候善恶之征。《易》曰："占事知来。"众占非一，而梦为大，故周有其官。而《诗》载熊罴虺蛇众鱼旟旐之梦，著明大人之占，以考吉凶，盖参卜筮。《春秋》之说訞也,曰:"人之所忌,其气炎以取之,訞由人兴也。人失常则訞兴,人无衅焉,訞不自作。"故曰:"德胜不祥,义厌不惠。"桑谷共生,大戊以兴;鸲雉登鼎,武丁为宗。然惑者不稽诸躬,而忌訞之见,是以《诗》刺"召彼故老,讯之占梦",伤其舍本而忧末,不能胜凶咎也。

《山海经》十三篇。

《国朝》七卷。

……

右形法六家,百二十二卷。

形法者,大举九州之势以立城郭室舍形,人及六畜骨法之度数、器物之形容以求其声气贵贱吉凶。犹律有长短,而各征其声,非有鬼神,数自然也。然形与气相首尾,亦有有其形而无其气,有其气而无其形,此精微之独异也。

凡数术百九十家,二千五百二十八卷。

数术者,皆明堂羲和史卜之职也。史官之废久矣,其书既不能具,虽有其书而无其人。《易》曰:"苟非其人,道不虚行。"春秋时鲁有梓慎,郑有裨灶,晋有卜偃,宋有子韦。六国时楚有甘公,魏有石申夫。汉有唐都,庶得粗觕。盖有因而成易,无因而成难,故因旧书以序数术为六种。

《黄帝内经》十八卷。

《外经》三十七卷。

……

右医经七家,二百一十六卷。

医经者,原人血脉经落骨髓阴阳表里,以起百病之本,死生之分,而用度箴石汤火所施,调百药齐和之所宜。至齐之得,犹磁石取铁,以物相使。拙者失理,以愈为剧,以生为死。

《五藏六府痹十二病方》三十卷。

……

右经方十一家,二百七十四卷。

经方者,本草石之寒温,量疾病之浅深,假药味之滋,因气感之宜,辩五苦六辛,致水火之齐,以通闭解结,反之于平。及失其宜者,以热益热,以寒增寒,精气内伤,不见于外,是所独失也。故谚曰:"有病不治,常得中医。"

《容成阴道》二十六卷。

……

右房中八家,百八十六卷。

房中者,情性之极,至道之际,是以圣王制外乐以禁内情,而为之节文。传曰:"先王之所乐,所以节百事也。"乐而有节,则和平寿考。及迷者弗顾,以生疾而陨性命。

《宓戏杂子道》二十篇。

……

右神仙十家,二百五卷。

神仙者,所以保性命之真,而游求于其外者也。聊以荡意平心,同死生之域,而无怵惕于胸中。然而或者专以为务,则诞欺怪迂之文弥以益多,非圣王之所以教也。孔子曰:"索隐行怪,后世有述焉,吾不为之矣。"

凡方技三十六家,八百六十八卷。

方技者,皆生生之具,王官之一守也。太古有岐伯、俞拊,中世有扁鹊、秦和,盖论病以及国,原诊以知政。汉兴有仓公。今其技术晻昧,故论其书,以序方技为四种。

大凡书,六略三十八种,五百九十六家,万三千二百六十九卷。入三家,五十篇,省兵十家。

据中华书局 1975 年版《汉书》

隋 书

〔书名〕

《隋书》共八十五卷,其中帝纪五卷,列传五十卷,志三十卷。本书由多人共同编撰,分为两阶段成书,从草创到全部修完共历时三十五年。唐武德四年(621),令狐德棻提出修梁、陈、北齐、北周、隋等五朝史的建议。次年,唐朝廷命史臣编修,但数年过后,仍未成书。贞观三年(629),重修五朝史,由魏征"总知其务",并主编《隋书》。

〔作者〕

魏征(580—643),字玄成,馆陶(今属河北)人,从小丧失父母,家境贫寒,但喜爱读书,不理家业,曾出家当过道士。隋大业末年,魏征被隋武阳郡(治所在今河北大名东北)丞元宝藏任为书记。元宝藏举郡归降李密后,他又被李密任为元帅府文学参军,专掌文书卷宗。著有《隋书》序论,《梁书》、《陈书》、《齐书》的总论等。其言论多见《贞观政要》。

〔体例与内容〕

《隋书》八十五卷,实由两部书组成,其中纪传部分五十五卷,是贞观十年(636)由魏征领衔修成,记载隋代37年史事。志三十卷,高宗显庆元年(656)由长孙无忌奏进,记录梁、陈、齐、周、隋五代制度,原名《五代史志》。由于这一原因,《隋书》有单署魏征等撰和分署魏征与长孙无忌的不同方式。《隋书》撰修于唐初,相距甚近,有王劭《隋书》、王胄《大业起居注》等可为基础,预修诸人又均曾经历隋末变故,故所记大多较为翔实。同时,也不免因与现实政治有关而多有讳饰。《隋书》诸志历来颇受好评,其中《经籍志》著录了当时得知的秦汉以来典籍,尤为重要。

〔版本〕

《隋书》宋刻仅存两种残本,通行本有涵芬楼百衲本影印元大德饶州路刊本和中华书局1973年校点本。岑仲勉撰《隋书求是》(商务印书馆,1958年版),对《隋书》有较多订补。此外,《北史》也记及隋代史事,于《隋书》略有增补。

隋书·经籍志(节选)

【导读】

本文选自《隋书》卷三十二。《隋书·经籍志》四卷,是继《汉书·艺文志》后,我国现存最古的第二部史志目录。

《隋书·经籍志》按四部分类,先有总序一篇,记叙目录学演变和编写经籍志的原因。

此后,每部下有大序,类下又有小序。序中简要说明了每类的学术源流及其演变。类下著录书名及卷数,又常常附以简要注释,指明注者,记其时代爵衔,间或注明该书的内容真伪及存亡残缺,如称"宋有"、"梁有或亡",并以夹注,附入亡佚书目。充分体现了目录书"辨章学术,考镜源流"的优点,具有极高的学术价值。

◎经籍一(经)

夫经籍也者,机神之妙旨,圣哲之能事,所以经天地,纬阴阳,正纪纲,弘道德,显仁足以利物,藏用足以独善。学之者将殖焉,不学者将落焉。大业崇之,则成钦明之德;匹夫克念,则有王公之重。其王者之所以树风声,流显号,美教化,移风俗,何莫由乎斯道。故曰:其为人也,温柔敦厚,《诗》教也;疏通知远,《书》教也;广博易良,《乐》教也;洁静精微,《易》教也;恭俭庄敬,《礼》教也;属辞比事,《春秋》教也。遭时制宜,质文迭用,应之以通变,通变之以中庸。中庸则可久,通变则可大。其教有适,其用无穷。实仁义之陶钧,诚道德之橐籥也。其为用大矣,随时之义深矣,言无得而称焉。故曰:不疾而速,不行而至。今之所以知古,后之所以知今,其斯之谓也。是以大道方行,俯龟象而设卦;后圣有作,仰鸟迹以成文。书契已传,绳木弃而不用;史官既立,经籍于是兴焉。

夫经籍也者,先圣据龙图,握凤纪,南面以君天下者,咸有史官,以纪言行。言则左史书之,动则右史书之。故曰"君举必书",惩劝斯在。考之前载,则《三坟》、《五典》、《八索》、《九丘》之类是也。下逮殷、周,史官尤备,纪言书事,靡有阙遗,则《周礼》所称,太史掌建邦之六典、八法、八则,以诏王治;小史掌邦国之志,定世系,辨昭穆;内史掌王之八柄,策命而贰;外史掌王之外令及四方之志,三皇、五帝之书;御史掌邦国都鄙万民之治令,以赞冢宰。此则天子之史,凡有五焉。诸侯亦各有国史,分掌其职。则《春秋传》,晋赵穿弑灵公,太史董狐书曰"赵盾杀其君",以示于朝。宣子曰"不然。"对曰:"子为正卿,亡不越境,反不讨贼,非子而谁?"齐崔杼弑庄公,太史书曰"崔杼弑其君",崔子杀之。其弟嗣书,死者二人。其弟又书,乃舍之。南史闻太史尽死,执简以往,闻既书矣,乃还。楚灵王与右尹子革语,左史倚相趋而过。王曰:"此良史也,能读《三坟》、《五典》、《八索》、《九丘》。"然则诸侯史官,亦非一人而已,皆以记言书事,太史总而裁之,以成国家之典。不虚美,不隐恶,故得有所惩劝,遗文可观,则《左传》称《周志》,《国语》有《郑书》之类是也。

暨夫周室道衰,纪纲散乱,国异政,家殊俗,褒贬失实,隳紊旧章。孔丘以大圣之才,当倾颓之运,叹凤鸟之不至,惜将坠于斯文,乃述《易》道而删《诗》、《书》,修《春秋》而正《雅》、《颂》。坏礼崩乐,咸得其所。自哲人萎而微言绝,七十子散而大义乖,战国纵横,真伪莫辨,诸子之言,纷然淆乱。圣人之至德丧矣,先王之要道亡矣。陵夷蹉驳,以至于秦。秦政奋豺狼之心,划先代之迹,焚《诗》、《书》,坑儒士,以刀笔吏为师,制挟书之令。学者逃难,窜伏山林,或失本经,口以传说。

汉氏诛除秦、项,未及下车,先命叔孙通草绵蕝之仪,救击柱之弊。其后张苍治律历,陆贾撰《新语》,曹参荐盖公言黄老,惠帝除挟书之律,儒者始以其业行于民间。犹以去圣既远,经籍散逸,简札错乱,传说纰缪,遂使《书》分为二,《诗》分为三,《论语》有齐、鲁之殊,《春秋》有数家之传。其余互有蹉驳,不可胜言。此其所以博而寡要,劳而少功者也。武帝置太史公,命天下计书,先上太史,副上丞相,开献书之路,置写书之官,外有太常、太史、博士之藏,内有延阁、广内、秘室之府。司马谈父子世居太史,探采前代,断自轩皇,逮于孝武,作《史记》一百三十篇。详其体制,盖史官之旧也。至于孝成,秘藏之书,颇有亡散,乃使谒者陈农,求遗书于天下。命光禄大夫刘向校经传诸子诗赋,步兵校尉任宏校兵书,太史令尹咸校数术,太医监李柱国校方技。每一书就,向辄撰为一录,论其指归,辨其讹谬,叙而奏之。向卒后,哀帝使其子歆嗣父之业。乃徙温室中书于天禄阁上。歆遂总括群篇,撮其指要,著为《七略》:一曰《集略》,二曰《六艺略》,三曰《诸子略》,四曰《诗赋略》,五曰《兵书略》,六曰《术数略》,七曰《方技略》。大凡三万三千九十卷。王莽之末,又被焚烧。光武中兴,笃好文雅,明、章继轨,尤重经术。四方鸿生巨儒,负袠自远而至者,不可胜算。石室、兰台,弥以充积。又于东观及仁寿阁集新书,校书郎班固、傅毅等典掌焉。并依《七略》而为书部,固又编之,以为《汉书·艺文志》。董卓之乱,献帝西迁,图书缣帛,军人皆取为帷囊。所收而西,犹七十余载。两京大乱,扫地皆尽。

魏氏代汉,采掇遗亡,藏在秘书中、外三阁。魏秘书郎郑默,始制《中经》,秘书监荀勖,又因《中经》,更著《新簿》,分为四部,总括群书。一曰甲部,纪六艺及小学等书;二曰乙部,有古诸子家、近世子家、兵书、兵家、术数;三曰丙部,有史记、旧事、皇览簿、杂事;四曰丁部,有诗赋、图赞、汲冢书。大凡四部合二万九千九百四十五卷。但录题及言,盛以缥囊,书用缃素。至于作者之意,无所论辩。惠、怀之乱,京华荡覆,渠阁文籍,靡有孑遗。

东晋之初,渐更鸠聚。著作郎李充,以勖旧簿校之,其见存者,但有三千一十四卷。充遂总没众篇之名,但以甲乙为次。自尔因循,无所变革。其后中朝遗书,稍流江左。宋元嘉八年,秘书监谢灵运造《四部目录》,大凡六万四千五百八十二卷。元徽元年,秘书丞王俭又造《目录》,大凡一万五千七百四卷。俭又别撰《七志》:一曰《经典志》,纪六艺、小学、史记、杂传;二曰《诸子志》,纪今古诸子;三曰《文翰志》,纪诗赋;四曰《军书志》,纪兵书;五曰《阴阳志》,纪阴阳图纬;六曰《术艺志》,纪方技;七曰《图谱志》,纪地域及图书。其道、佛附见,合九条。然亦不述作者之意,但于书名之下,每立一传,而又作九篇条例,编乎首卷之中。文义浅近,未为典则。齐永明中,秘书丞王亮、监谢朏,又造《四部书目》,大凡一万八千十卷。齐末兵火,延烧秘阁,经籍遗散。梁初,秘书监任昉,躬加部集,又于文德殿内列藏众书,华林园中总集释典,大凡二万三千一百六卷,而释氏不豫焉。梁有秘书监任昉、殷钧《四部目录》,又《文德殿目录》。其术数之书,更为一部,使奉朝请祖暅撰其名。故梁有《五部目录》。普通中,有处士阮孝绪,沉静寡欲,笃好坟史,博采宋、齐已来王公之家凡有书记,参校官簿,更为《七录》:一曰《经典录》,纪六艺;二曰《记传录》,纪史传;三曰《子兵录》,纪子书、兵书;四曰《文集录》,纪诗赋;五曰《技术录》,纪数术;六曰《佛录》;七曰《道录》。其分部题目,颇有次序,割析辞义,浅薄不经。梁武敦悦诗书,下化其上,四境之内,家有文史。元帝克平侯景,收文德之书及公私经籍,归于江陵,大凡七万余卷。周师入郢,咸自焚之。陈天嘉中,又更鸠集,考其篇目,遗阙尚多。

其中原则战争相寻,干戈是务,文教之盛,苻、姚而已。宋武入关,收其图籍,府藏所有,才四千卷。赤轴青纸,文字古拙。后魏始都燕代,南略中原,粗收经史,未能全具。孝文徙都洛邑,借书于齐,秘府之中,稍以充实。暨于尔朱之乱,散落人间。后齐迁邺,颇更搜聚,迄于天统、武平,校写不辍。后周始基关右,外逼强邻,戎马生郊,日不暇给。保定之始,书止八千,后稍加增,方盈万卷。周武平齐,先封书府,所加旧本,才至五千。

隋开皇三年,秘书监牛弘表请分遣使人,搜访异本。每书一卷,赏绢一匹,校写既定,本即归主。于是民间异书,往往间出。及平陈已后,经籍渐备。检其所得,多太建时书,纸墨不精,书亦拙恶。于是总集编次,存为古本。召天下工书之士,京兆韦霈、南阳杜頵等,于秘书内补续残缺,为正副二本,藏于宫中,其余以实秘书内、外之阁,凡三万余卷。炀帝即位,秘阁之书,限写五十副本,分为三品:上品红琉璃轴,中品绀琉璃轴,下品漆轴。于东都观文殿东西厢构屋以贮之,东屋藏甲乙,西屋藏丙丁。又聚魏已来古迹名画,于殿后起二台,东曰妙楷台,藏古迹;西曰宝迹台,藏古画。又于内道场集道、佛经,别撰目录。

大唐武德五年,克平伪郑,尽收其图书及古迹焉。命司农少卿宋遵贵载之以船,溯河西上,将致京师。行经底柱,多被漂没,其所存者,十不一二。其《目录》亦为所渐濡,时有残缺。今考见存,分为四部,合条为一万四千四百六十六部,有八万九千六百六十六卷。其旧录所取,文义浅俗、无益教理者,并删去之。其旧录所遗,辞义可采,有所弘益者,咸附入之。远览马史、班书,近观王、阮志、录,挹其风流体制,削其浮杂鄙俚,离其疏远,合其近密,约文绪义,凡五十五篇,各列本条之下,以备《经籍志》。虽未能研几探赜,穷极幽隐,庶乎弘道设教,可以无遗阙焉。夫仁义礼智,所以治国也,方技数术,所以治身也;诸子为经籍之鼓吹,文章乃政化之黼黻,皆为治之具也。故列之于此志云。

《归藏》十三卷(晋太尉参军薛贞注。)

《周易》二卷(魏文侯师卜子夏传,残缺。梁六卷。)

……

右六十九部,五百五十一卷。通计亡书,合九十四部,八百二十九卷。

昔宓羲氏始画八卦,以通神明之德,以类万物之情,盖因而重之,为六十四卦。及乎三代,实为三《易》,夏曰《连山》,殷曰《归藏》;周文王作卦辞,谓之《周易》。周公又作《爻辞》,孔子为《彖》、《象》、《系辞》、《文言》、《序卦》、《说卦》、《杂卦》,而子夏为之传。及秦焚书,《周易》独以卜筮得存,唯失《说卦》三篇。后河内女子得之。汉初,传《易》者有田何,何授丁宽,宽授田王孙,王孙授沛人施仇、东海孟喜、琅邪梁丘贺。由是有施、孟、梁丘之学。又有东郡京房,自云受《易》于梁国焦延寿,别为京氏学。尝立,后罢。后汉施、孟、梁丘、京氏,凡四家并立,而传者甚众。汉初又有东莱费直传《易》,其本皆古字,号曰《古文易》。以授琅邪王璜,璜授沛人高相,相以授子康及兰陵毋将永。故有费氏之学,行于人间,而未得立。后汉陈元、郑众,皆传费氏之学。马融又为其传,以授郑玄。玄作《易注》,荀爽又作《易传》。魏代王肃、王弼,并为之注。自是费氏大兴,高氏遂衰。梁丘、施氏、高氏,亡于西晋。孟氏、京氏,有书无师。梁、陈郑玄、王弼二注,列于国学。齐代唯传郑义。至隋,王注盛行,郑学浸微,今殆绝矣。《归藏》,汉初已亡,案晋《中经》有之,唯载卜筮,不似圣人之旨。以本卦尚存,故取贯于《周易》之首,以备《殷易》之缺。

《古文尚书》十三卷(汉临淮太守孔安国传。)

《今字尚书》十四卷(孔安国传。)

《尚书》十一卷(马融注。)

……

右三十二部,二百四十七卷。(通计亡书,合四十一部,共二百九十六卷。)

《书》之所兴，盖与文字俱起。孔子观《书》周室，得虞、夏、商、周四代之典，删其善者，上自虞，下至周，为百篇，编而序之。遭秦灭学，至汉，唯济南伏生口传二十八篇。又河内女子得《泰誓》一篇，献之。伏生作《尚书传》四十一篇，以授同郡张生，张生授千乘欧阳生，欧阳生授同郡倪宽，宽授欧阳生之子，世世传之，至曾孙欧阳高，谓之《尚书》欧阳之学。又有夏侯都尉，受业于张生，以授族子始昌，始昌传族子胜，为大夏侯之学。胜传从子建，别为小夏侯之学。故有欧阳、大、小夏侯，三家并立。讫汉东京，相传不绝，而欧阳最盛。初汉武帝时，鲁恭王坏孔子旧宅，得其末孙惠所藏之书，字皆古文。孔安国以今文校之，得二十五篇。其《泰誓》与河内女子所献不同。又济南伏生所诵，有五篇相合。安国并依古文，开其篇第，以隶古字写之，合成五十八篇。其余篇简错乱，不可复读，并送之官府。安国又为五十八篇作传，会巫蛊事起，不得奏上，私传其业于都尉朝，朝授胶东庸生，谓之《尚书古文》之学，而未得立。后汉扶风杜林，传《古文尚书》，同郡贾逵为之作训，马融作传，郑玄亦为之注。然其所传，唯二十九篇，又杂以今文，非孔旧本。自余绝无师说。

晋世秘府所存，有《古文尚书》经文，今无有传者。及永嘉之乱，欧阳、大、小夏侯《尚书》并亡。济南伏生之传，唯刘向父子所著《五行传》是其本法，而又多乖戾。至东晋，豫章内史梅赜，始得安国之传，奏之，时又阙《舜典》一篇。齐建武中，吴姚方兴，于大桁市得其书，奏上，比马、郑所注，多二十八字，于是始列国学。梁、陈所讲，有孔、郑二家，齐代唯传郑义。至隋，孔、郑并行，而郑氏甚微。自余所存，无复师说。又有《尚书逸篇》，出于齐、梁之间，考其篇目，似孔壁中书之残缺者，故附《尚书》之末。

《韩诗》二十二卷（汉常山太傅韩婴，薛氏章句。）

《韩诗翼要》十卷（汉侯苞传。）

……

右三十九部，四百四十二卷。（通计亡书，合七十六部，六百八十三卷。）

《诗》者，所以导达心灵，歌咏情志者也。故曰："在心为志，发言为诗。"上古人淳俗朴，情志未惑。其后君尊于上，臣卑于下，面称为谄，目谏为谤，故诵美讥恶，以讽刺之。初但歌咏而已，后之君子，因被管弦，以存劝戒。夏、殷已上，诗多不存。周氏始自后稷，而公刘克笃前烈，太王肇基王迹，文王光昭前绪，武王克平殷乱，成王、周公化至太平，诵美盛德，踵武相继。幽、厉板荡，怨刺并兴。其后王泽竭而诗亡，鲁太师挚次而录之。孔子删诗，上采商，下取鲁，凡三百篇。至秦，独以为讽诵，不灭。汉初，有鲁人申公，受《诗》于浮丘伯，作诂训，是为《鲁诗》。齐人辕固生亦传《诗》，是为《齐诗》。燕人韩婴亦传《诗》，是为《韩诗》。终于后汉，三家并立。汉初，又有赵人毛苌善《诗》，自云子夏所传，作《诂训传》，是为"毛诗"古学"，而未得立。后汉有九江谢曼卿，善《毛诗》，又为之训。东海卫敬仲，受学于曼卿。先儒相承，谓之《毛诗》。序，子夏所创，毛公及敬仲又加润益。郑众、贾逵、马融，并作《毛诗传》，郑玄作《毛诗笺》。《齐诗》，魏代已亡；《鲁诗》亡于西晋；《韩诗》虽存，无传之者。唯《毛诗郑笺》，至今独立。又有《业诗》，奉朝请业遵所注，立义多异，世所不行。

《周官礼》十二卷（马融注。）

《周官礼》十二卷（郑玄注。）

……

右一百三十六部，一千六百二十二卷。（通计亡书，二百一十一部，二千一百八十六卷。）

　　自大道既隐,天下为家,先王制其夫妇、父子、君臣、上下、亲疏之节。至于三代,损益不同。周衰,诸侯僭忒,恶其害己,多被焚削。自孔子时,已不能具,至秦而顿灭。汉初,有高堂生传十七篇,又有古经,出于淹中,而河间献王,好古爱学,收集余烬,得而献之,合五十六篇,并威仪之事。而又得《司马穰苴兵法》一百五十五篇,及《明堂阴阳》之记,并无敢传之者。唯古经十七篇与高堂生所传不殊,而字多异。自高堂生,至宣帝时后苍,最明其业,乃为《曲台记》。苍授梁人戴德,及德从兄子圣,沛人庆普,于是有大戴、小戴、庆氏,三家并立。后汉唯曹元传庆氏,以授其子褒。然三家虽存并微,相传不绝。汉末,郑玄传小戴之学,后以古经校之,取其于义长者作注,为郑氏学。其《丧服》一篇,子夏先传之,诸儒多为注解,今又别行。而汉时有李氏得《周官》。《周官》盖周公所制官政之法,上于河间献王,独阙《冬官》一篇。献王购以千金不得,遂取《考工记》以补其处,合成六篇奏之。至王莽时,刘歆始置博士,以行于世。河南缑氏及杜子春受业于歆,因以教授。是后马融作《周官传》,以授郑玄,玄作《周官注》。汉初,河间献王又得仲尼弟子及后学者所记一百三十一篇献之,时亦无传之者。至刘向考校经籍,检得一百三十篇,向因第而叙之。而又得《明堂阴阳记》三十三篇、《孔子三朝记》七篇、《王史氏记》二十一篇、《乐记》二十三篇,凡五种,合二百十四篇。戴德删其烦重,合而记之,为八十五篇,谓之《大戴记》。而戴圣又删大戴之书,为四十六篇,谓之《小戴记》。汉末马融,遂传小戴之学。融又定《月令》一篇、《明堂位》一篇、《乐记》一篇,合四十九篇;而郑玄受业于融,又为之注。今《周官》六篇、古经十七篇、《小戴记》四十九篇,凡三种。唯《郑注》立于国学,其余并多散亡,又无师说。

　　《乐社大义》十卷（梁武帝撰。）
　　《乐论》三卷（梁武帝撰。梁有《乐义》十一卷,武帝集朝臣撰,亡。）
　　……
　　右四十二部,一百四十二卷。（通计亡书,合四十六部,二百六十三卷。）
　　乐者,先王所以致神祇,和邦国,谐万姓,安宾客,悦远人,所从来久矣。周人存六代之乐,曰《云门》、《咸池》、《大韶》、《大夏》、《大护》、《大武》。其后衰微崩坏,及秦而顿灭。汉初,制氏虽纪其铿锵鼓儛,而不能通其义。其后窦公、河间献王、常山王、张禹,咸献《乐书》。魏、晋已后,虽加损益,去正转远,事在《声乐志》。今录其见书,以补乐章之阙。

　　《春秋经》十一卷（吴卫将军士燮注。）
　　《春秋左氏长经》二十卷（汉侍中贾逵章句。）
　　……
　　右九十七部,九百八十三卷。（通计亡书,合一百三十部,一千一百九十二卷。）
　　《春秋》者,鲁史策书之名。昔成周微弱,典章沦废,鲁以周公之故,遗制尚存。仲尼因其旧史,裁而正之,或婉而成章,以存大顺;或直书其事,以示首恶。故有求名而亡,欲盖而彰,乱臣贼子,于是大惧。其所褒贬,不可具书,皆口授弟子。弟子退而异说,左丘明恐失其真,乃为之传。遭秦灭学,口说尚存。汉初,有公羊、穀梁、邹氏、夹氏,四家并行。王莽之乱,邹氏无师,夹氏亡。初齐人胡母子都,传《公羊春秋》,授东海嬴公。嬴公授东海孟卿,孟卿授鲁人眭孟,眭孟授东海严彭祖、鲁人颜安乐。故后汉《公羊》有严氏、颜氏之学,与穀梁三家并立。汉末,何休又作《公羊解说》。而《左氏》,汉初出于张苍之家,本无传者。

至文帝时,梁太傅贾谊为训诂,授赵人贯公。其后刘歆典校经籍,考而正之,欲立于学,诸儒莫应。至建武中,尚书令韩歆请立而未行。时陈元最明《左传》,又上书讼之。于是乃以魏郡李封为《左氏》博士。后群儒蔽固者,数廷争之。及封卒,遂罢。然诸儒传《左氏》者甚众。永平中,能为《左氏》者,擢高第为讲郎。其后贾逵、服虔并为训解。至魏,遂行于世。晋时,杜预又为《经传集解》。《穀梁》范甯注、《公羊》何休注、《左氏》服虔、杜预注,俱立国学。然《公羊》、《穀梁》,但试读文,而不能通其义。后学三传通讲,而《左氏》唯传服义。至隋,杜氏盛行,服义及《公羊》、《穀梁》浸微,今殆无师说。

《古文孝经》一卷(孔安国传。梁末亡逸,今疑非古本。)

《孝经》一卷(郑氏注。梁有马融、郑众注《孝经》二卷,亡。)

……

右十八部,合六十三卷。(通计亡书,合五十九部,一百一十四卷。)

夫孝者,天之经,地之义,人之行。自天子达于庶人,虽尊卑有差,及乎行孝,其义一也。先王因之以治国家,化天下,故能不严而顺,不肃而成。斯实生灵之至德,王者之要道。孔子既叙六经,题目不同,指意差别,恐斯道离散,故作《孝经》,以总会之,明其枝流虽分,本萌于孝者也。遭秦焚书,为河间人颜芝所藏。汉初,芝子贞出之,凡十八章,而长孙氏、博士江翁、少府后苍、谏议大夫翼奉、安昌侯张禹,皆名其学。又有《古文孝经》,与《古文尚书》同出,而长孙有《闺门》一章,其余经文,大较相似,篇简缺解,又有衍出三章,并前合为二十二章,孔安国为之传。至刘向典校经籍,以颜本比古文,除其繁惑,以十八章为定。郑众、马融,并为之注。又有郑氏注,相传或云郑玄,其立义与玄所注余书不同,故疑之。梁代,安国及郑氏二家,并立国学,而安国之本,亡于梁乱。陈及周、齐,唯传郑氏。至隋,秘书监王劭于京师访得《孔传》,送至河间刘炫。炫因序其得丧,述其议疏,讲于人间,渐闻朝廷,后遂著令,与郑氏并立。儒者谊谊,皆云炫自作之,非孔旧本,而秘府又先无其书。又云魏氏迁洛,未达华语,孝文帝命侯伏侯可悉陵,以夷言译《孝经》之旨,教于国人,谓之《国语孝经》。今取以附此篇之末。

《论语》十卷(郑玄注。梁有《古文论语》十卷,郑玄注;又王肃、虞翻、谯周等注《论语》各十卷。亡。)

《论语》九卷(郑玄注,晋散骑常侍虞喜赞。)

……

右七十三部,七百八十一卷。(通计亡书,合一百一十六部,一千二十七卷。)

《论语》者,孔子弟子所录。孔子既叙六经,讲于洙、泗之上,门徒三千,达者七十。其与夫子应答,及私相讲肄,言合于道,或书之于绅,或事之无厌。仲尼既没,遂缉而论之,谓之《论语》。汉初,有齐、鲁之说。其齐人传者,二十二篇;鲁人传者,二十篇。齐则昌邑中尉王吉、少府宗畸、御史大夫贡禹、尚书令五鹿充宗、胶东庸生。鲁则常山都尉龚奋、长信少府夏侯胜、韦丞相节侯父子、鲁扶卿、前将军萧望之、安昌侯张禹,并名其学。张禹本授《鲁论》,晚讲《齐论》,后遂合而考之,删其烦惑。除去《齐论·问王》、《知道》二篇,从《鲁论》二十篇为定,号《张侯论》,当世重之。周氏、包氏为之章句,马融又为之训。又有古《论语》,与《古文尚书》同出,章句烦省,与《鲁论》不异,唯分《子张》为二篇,故有二十一篇。孔安国为之传。汉末,郑玄以《张侯论》为本,参考《齐论》、古《论》而为之注。魏司空陈群、太常王肃、博士周生烈,皆为义说。吏部尚书何晏,又为集解。是后诸儒多为之注,《齐论》遂亡。古《论》先无师说,梁、陈之时,唯郑玄、何晏立于国学,而郑氏甚微。周、齐,郑学独立。至隋,何、郑并行,郑氏盛于人间。其《孔丛》《家语》,并孔氏所传仲尼之旨。《尔雅》诸书,解古今之意,并五经总义,附于此篇。

《河图》二十卷(梁《河图洛书》二十四卷,目录一卷,亡。)

《河图龙文》一卷

……

右十三部,合九十二卷。(通计亡书,合三十二部,共二百三十二卷。)

《易》曰:"河出图,洛出书。"然则圣人之受命也,必因积德累业,丰功厚利,诚著天地,泽被生人,万物之所归往,神明之所福飨,则有天命之应。盖龟龙衔负,出于河、洛,以纪易代之徵,其理幽昧,究极神道。先王恐其惑人,秘而不传。说者又云,孔子既叙六经,以明天人之道,知后世不能稽同其意,故别立纬及谶,以遗来世。其书出于前汉,有《河图》九篇,《洛书》六篇,云自黄帝至周文王所受本文。又别有三十篇,云自初起至于孔子,九圣之所增演,以广其意。又有《七经纬》三十六篇,并云孔子所作,并前合为八十一篇。而又有《尚书中候》《洛罪级》《五行传》《诗推度灾》《泛历枢》《含神务》《孝经勾命决》《援神契》《杂谶》等书。汉代有郗氏、袁氏说。汉末,郎中郗萌,集图纬谶杂占为五十篇,谓之《春秋灾异》。宋均、郑玄并为谶律之注。然其文辞浅俗,颠倒舛谬,不类圣人之旨。相传疑世人造为之后,或者又加点窜,非其实录。起王莽好符命,光武以图谶兴,遂盛行于世。汉时,又诏东平王苍,正五经章句,皆命从谶。俗儒趋时,益为其学,篇卷第目,转加增广。言五经者,皆凭谶为说。唯孔安国、毛公、王璜、贾逵之徒独非之,相承以为妖妄,乱中庸之典。故因汉鲁恭王、河间献王所得古文,参而考之,以成其义,谓之"古学"。当世之儒,又非毁之,竟不得行。魏代王肃,推引古学,以难其义。王弼、杜预,从而明之,自是古学稍立。至宋大明中,始禁图谶,梁天监已后,又重其制。及高祖受禅,禁之逾切。炀帝即位,乃发使四出,搜天下书籍与谶纬相涉者,皆焚之,为吏所纠者至死。自是无复其学,秘府之内,亦多散亡。今录其见存,列于六经之下,以备异说。

《三苍》三卷(郭璞注。秦相李斯作《苍颉篇》,汉扬雄作《训纂篇》,后汉郎中贾鲂作《滂喜篇》,故曰《三苍》。梁有《苍颉》二卷,后汉司空杜林注,亡。)

《埤苍》三卷(张揖撰。梁有《广苍》一卷,樊恭撰,亡。)

……

右一百八部,四百四十七卷。(通计亡书,合一百三十五部,五百六十九卷。)

孔子曰:"必也正名乎!"名谓书字。"名不正则言不顺,言不顺则事不成。"说者以为书之所起,起自黄帝苍颉。比类象形谓之文,形声相益谓之字,著于竹帛谓之书。故有象形、谐声、会意、转注、假借、处事六义之别。古者童子示而不诳,六年教之数与方名。十岁入小学,学书计。二十而冠,始习先王之道,故能成其德而任事。然自苍颉迄于汉初,书经五变:一曰古文,即苍颉所作。二曰大篆,周宣王时史籀所作。三曰小篆,秦时李斯所作。四曰隶书,程邈所作。五曰草书,汉初作。秦世既废古文,始用八体,有大篆、小篆、刻符、摹印、虫书、署书、殳书、隶书。汉时以六体教学童,有古文、奇字、篆书、隶书、缪篆、虫鸟,并藁书、楷书、悬针、垂露、飞白等二十余种之势,皆出于上六书,因事生变也。魏世又有八分书,其字义训读,有《史籀篇》、《苍颉篇》、《三苍》、《埤苍》、《广苍》等诸篇章,训诂,《说文》、《字林》、音义、声韵、体势等诸书。自后汉佛法行于中国,又得西域胡书,能以十四字贯一切音,文省而义广,谓之婆罗门书,与八体六文之义殊别,今取以附体势之下。又后魏初定中原,军容号令,皆经夷语,后染华俗,多不能通,故录其本言,相传教习,谓之"国语",今取以附音韵之末。又后汉镌刻七经,著于石碑,皆蔡邕所书。魏正始中,又立三字石经,相承以为七经正字。后魏之末,齐神武执政,自洛阳徙于邺都,行至河阳,值岸崩,遂没于水。其得至邺者,不盈太半。至隋开皇六年,又自邺京载入长安,置于秘书内省,议欲补缉,立于国学。寻属隋乱,事遂寝废,营造之司,因用为柱础。贞观初,秘书监臣魏征,始收聚之,十不存一。其相承传拓之本,犹在秘府,并秦帝刻石,附于此篇,以备小学。

凡六艺经纬六百二十七部,五千三百七十一卷。(通计亡书,合九百五十部,七千二百九十卷)。

《传》曰:"玉不琢,不成器;人不学,不知道。"古之君子,多识而不穷,畜疑以待问。学不踰等,教不陵节;言约而易晓,师逸而功倍;且耕且养,三年而成一艺。自孔子没而微言绝,七十子丧而大义乖,学者离群索居,各为异说。至于战国,典文遗弃,六经之儒,不能究其宗旨,多立小数,一经至数百万言。致令学者难晓,虚诵问答,唇腐齿落而不知益。且先王设教,以防人欲,必本于人事,折之中道。上天之命,略而罕言,方外之理,固所未说。至后汉好图谶,晋世重玄言,穿凿妄作,日以滋生。先王正典,杂之以妖妄;大雅之论,汩之以放诞。陵夷至于近代,去正转疏,无复师资之法。学不心解,专以浮华相尚,豫造杂难,拟为雠对,遂有芟角、反对、互从等诸翻竞之说。驰骋烦言,以紊彝叙,譊譊成俗,而不知变,此学者之蔽也。班固列六艺为九种,或以纬书解经,合为十种。

◎经籍二史

《史记》一百三十卷(目录一卷,汉中书令司马迁撰。)
《史记》八十卷(宋南中郎外兵参军裴骃注。)
……
右六十七部,三千八十三卷。(通计亡书,合八十部,四千三十卷。)

古者天子诸侯,必有国史,以纪言行,后世多务,其道弥繁。夏殷已上,左史记言,右史记事,周则太史、小史、内史、外史、御史,分掌其事,而诸侯之国,亦置史官。又《春秋国语》引周志、郑书之说,推寻事迹,似当时记事,各有职司,后又合而撰之,总成书记。其后陵夷衰乱,史官放绝,秦灭先王之典,遗制莫存。至汉武帝时,始置太史公,命司马谈为之,以掌其职。时天下计书,皆先上太史,副上丞相,遗文古事,靡不毕臻。谈乃据《左氏》、《国语》、《世本》、《战国策》、《楚汉春秋》,接其后事,成一家之言。谈卒,其子迁又为太史令,嗣成其志。上自黄帝,讫于炎汉,合十二本纪、十表、八书、三十世家、七十列传,谓之《史记》。迁卒以后,好事者亦颇著述,然多鄙浅,不足相继。至后汉扶风班彪,缀后传数十篇,并讥正前失。彪卒,明帝命其子固续成其志。以为唐、虞、三代,世有典籍,史迁所记,乃以汉氏继于百王之末,非其义也。故断自高祖,终于孝平、王莽之诛,为十二纪、八表、十志、六十九传。潜心积思,二十余年。建初中,始奏表及纪传,其十志竟不能就。固卒后,始命曹大家续成之。先是明帝召固为兰台令史,与诸先辈陈宗、尹敏、孟冀等,共成《光武本纪》。擢固为郎,典校秘书。固撰后汉事,作《列传载记》二十八篇。其后刘珍、刘毅、刘陶、伏无忌等,相次著述东观,谓之《汉记》。及三国鼎峙,魏氏及吴,并有史官。晋时,巴西陈寿删集三国之事,唯魏帝为纪,其功臣及吴、蜀之主,并皆为传,仍各依其国,部类相从,谓之《三国志》。寿卒后,梁州大中正范颍表奏其事,帝诏河南尹、洛阳令,就寿家写之。自是世有著述,皆拟班、马,以为正史,作者尤广。一代之史,至数十家。唯《史记》、《汉书》,师法相传,并有解释。《三国志》及范晔《后汉》,虽有音注,既近世之作,并读之可知。梁时,明《汉书》有刘显、韦棱,陈时有姚察,隋代有包恺、萧该,并为名家。《史记》传者甚微。今依其世代,聚而编之,以备正史。

《纪年》十二卷(《汲冢书》,并《竹书同异》一卷。)

《汉纪》三十卷(汉秘书监荀悦撰。)

……

右三十四部,六百六十六卷。

自史官放绝,作者相承,皆以班、马为准。起汉献帝,雅好典籍,以班固《汉书》文繁难省,命颍川荀悦作《春秋左传》之体,为《汉纪》三十篇。言约而事详,辩论多美,大行于世。至晋太康元年,汲郡人发魏襄王冢,得古竹简书,字皆科斗。发冢者不以为意,往往散乱。帝命中书监荀勖、令和峤,撰次为十五部,八十七卷。多杂碎怪妄,不可训知,唯《周易》、《纪年》,最为分了。其《周易》上下篇,与今正同。《纪年》皆用夏正建寅之月为岁首,起自夏、殷、周三代王事,无诸侯国别。唯特记晋国,起自称殇叔,次文侯、昭侯,以至曲沃庄伯,尽晋国灭。独记魏事,下至魏哀王,谓之"今王"。盖魏国之史记也。其著书皆编年相次,文意大似《春秋经》。诸所记事,多与《春秋》、《左氏》扶同。学者因之,以为《春秋》则古史记之正法,有所著述,多依《春秋》之体。今依其世代,编而叙之,以见作者之别,谓之古史。

《周书》十卷(《汲冢书》,似仲尼删书之余。)

《古文琐语》四卷(《汲冢书》。)

……

右七十二部,九百一十七卷。(通计亡书,七十三部,九百三十九卷。)

自秦拨去古文,篇籍遗散。汉初,得《战国策》,盖战国游士记其策谋。其后陆贾作《楚汉春秋》,以述诛锄秦、项之事。又有《越绝》,相承以为子贡所作。后汉赵晔,又为《吴越春秋》。其属辞比事,皆不与《春秋》、《史记》、《汉书》相似,盖率尔而作,非史策之正也。灵、献之世,天下大乱,史官失其常守。博达之士,愍其废绝,各记闻见,以备遗亡。是后群才景慕,作者甚众。又自后汉已来,学者多钞撮旧史,自为一书,或起自人皇,或断之近代,亦各其志,而体制不经。又有委巷之说,迂怪妄诞,真虚莫测。然其大抵皆帝王之事,通人君子,必博采广览,以酌其要,故备而存之,谓之杂史。

《赵书》十卷(一曰《二石集》,记石勒事。伪燕太傅长史田融撰。)

《二石传》二卷(晋北中郎参军王度撰。)

……

右二十七部,三百三十五卷。(通计亡书,合三十三部,三百四十六卷。)

《传》曰:"不有君子,其能国乎?"自晋永嘉之乱,皇纲失驭,九州君长,据有中原者甚众。或推奉正朔，或假名窃号，然其君臣忠义之节，经国字民之务，盖亦勤矣。而当时臣子，亦各记录。后魏克平诸国，据有嵩、华，始命司徒崔浩，博采旧闻，缀述国史。诸国记注，尽集秘阁。尔朱之乱，并皆散亡。今举其见在，谓之霸史。

《穆天子传》六卷（《汲冢书》。郭璞注。）

《汉献帝起居注》五卷

……

右四十四部，一千一百八十九卷。

起居注者，录纪人君言行动止之事。《春秋传》曰："君举必书。书而不法，后嗣何观？"《周官》：内史掌王之命，遂书其副而藏之，是其职也。汉武帝有《禁中起居注》，后汉明德马后撰《明帝起居注》，然则汉时起居，似在宫中，为女史之职。然皆零落，不可复知。今之存者，有汉献帝及晋代已来《起居注》，皆近侍之臣所录。晋时，又得《汲冢书》，有《穆天子传》，体制与今起居正同，盖周时内史所记王命之副也。近代已来，别有其职，事在《百官志》。今依其先后，编而次之。其伪国起居，唯《南燕》一卷，不可别出，附之于此。

《汉武帝故事》二卷

《西京杂记》二卷

……

右二十五部，四百四卷。

古者朝廷之政，发号施令，百司奉之，藏于官府，各修其职，守而弗忘。《春秋传》曰"吾视诸故府"，则其事也。《周官》：御史掌治朝之法，太史掌万民之约契与质剂，以逆邦国之治。然则百司庶府，各藏其事，太史之职，又总而掌之。汉时，萧何定律令，张苍制章程，叔孙通定仪法，条流派别，制度渐广。晋初，甲令已下，至九百余卷，晋武帝命车骑将军贾充，博引群儒，删采其要，增律十篇。其余不足经远者为法令，施行制度者为令，品式章程者为故事，各还其官府。搢绅之士，撰而录之，遂成篇卷，然亦随代遗失。今据其见存，谓之旧事篇。

《汉官解诂》三篇（汉新汲令王隆撰，胡广注。）

《汉官》五卷（应劭注。）

……

右二十七部，三百三十六卷。（通计亡书，合三十六部，四百三十三卷。）

古之仕者，名书于所臣之策，各有分职，以相统治。《周官》：冢宰掌建邦之六典，而御史数凡从正者。然则冢宰总六卿之属，以治其政，御史掌其在位名数，先后之次焉。今《汉书百官表》列众职之事，记在位之次，盖亦古之制也。汉末，王隆、应劭等，以《百官表》不具，乃作《汉官解诂》、《汉官仪》等书。是后相因，正史表志，无复百僚在官之名矣。搢绅之徒，或取官曹名品之书，撰而录之，别行于世。宋、齐已后，其书益繁，而篇卷零叠，易为亡散；又多琐细，不足可纪，故删。其见存可观者，编为职官篇。

《汉旧仪》四卷（卫敬仲撰。梁有卫敬仲《汉中兴仪》一卷，亡。）

《晋新定仪注》四十卷（晋安成太守傅瑗撰。）

……

右五十九部，二千二十九卷。（通计亡书，合六十九部，三千九十四卷。）

仪注之兴,其所由来久矣。自君臣父子,六亲九族,各有上下亲疏之别。养生送死,吊恤贺庆,则有进止威仪之数。唐、虞已上,分之为三,在周因而为五。《周官》:宗伯所掌吉、凶、宾、军、嘉,以佐王安邦国,亲万民,而太史执书以协事之类是也。是时典章皆具,可履而行。周衰,诸侯削除其籍。至秦,又焚而去之。汉兴,叔孙通定朝仪,武帝时始祀汾阴后土,成帝时初定南北之郊,节文渐具。后汉又使曹襃定汉仪,是后相承,世有制作。然犹以旧章残缺,各遵所见,彼此纷争,盈篇满牍。而后世多故,事在通变,或一时之制,非长久之道,载笔之士,删其大纲,编于史志。而或伤于浅近,或失于未达,不能尽其旨要。遗文余事,亦多散亡。今聚其见存,以为仪注篇。

《律本》二十一卷(杜预撰。)

《汉晋律序注》一卷(晋僮长张斐撰。)

……

右三十五部,七百一十二卷。(通计亡书,合三十八部,七百二十六卷。)

刑法者,先王所以惩罪恶,齐不轨者也。《书》述唐、虞之世,五刑有服,而夏后氏正刑有五,科条三千。《周官》:司寇掌三典以刑邦国;司刑掌五刑之法,丽万民之罪;太史又以典法逆于邦国;内史执国法以考政事。《春秋传》曰:"在九刑不忘。"然而刑书之作久矣。盖藏于官府,惧人之知争端,而轻于犯。及其末也,肆情越法,刑罚僭滥。至秦,重之以苛虐,先王之正刑灭矣。汉初,萧何定律九章,其后渐更增益,令甲已下,盈溢架藏。晋初,贾充、杜预删而定之,有律,有令,有故事。梁时,又取故事之宜于时者为《梁科》。后齐武成帝时,又于麟趾殿删正刑典,谓之《麟趾格》。后周太祖,又命苏绰撰《大统式》。隋则律令格式并行。自律已下,世有改作,事在《刑法志》。《汉律》久亡,故事驳议,又多零失。今录其见存可观者,编为刑法篇。

《三辅决录》七卷(汉太仆赵岐撰,挚虞注。)

《海内先贤传》四卷(魏明帝时撰。)

……

右二百一十七部,一千二百八十六卷。(通计亡书,合二百一十九部,一千五百三卷。)

古之史官,必广其所记,非独人君之举。《周官》:外史掌四方之志,则诸侯史记,兼而有之。《春秋传》曰:"虢仲、虢叔,王季之穆,勋在王室,藏于盟府。"臧纥之叛,季孙命太史召掌恶臣而盟之。《周官》:司寇凡大盟约,莅其盟书,登于天府。太史、内史、司会,六官皆受其贰而藏之。是则王者诛赏,具录其事,昭告神明,百官史臣,皆藏其书。故自公卿诸侯,至于群士,善恶之迹,毕集史职。而又间胥之政,凡聚众庶,书其敬敏任恤者,族师每月书其孝悌睦渊有学者,党正岁书其德行道艺者,而入之于乡大夫。乡大夫三年大比,考其德行道艺,举其贤者能者,而献其书。王再拜受,登于天府,内史贰之。是以穷居侧陋之士,言行必达,皆有史传。自史官旷绝,其道废坏,汉初,始有丹书之约,白马之盟。武帝从董仲舒之言,始举贤良文学。天下计书,先上太史,善恶之事,靡不毕集。司马迁、班固,撰而成之,股肱辅弼之臣,扶义俶傥之士,皆有记录。而操行高洁,不涉于世者,《史记》独传夷齐,《汉书》但述杨王孙之俦,其余皆略而不说。又汉时,阮仓作《列仙图》,刘向典校经籍,始作《列仙》、《列士》、《列女》之传,皆因其志尚,率尔而作,不在正史。后汉光武,始诏南阳,撰作风俗,故沛、三辅有耆旧节士之序,鲁、庐江有名德先贤之赞。郡国之书,由是而作。魏文帝又作《列异》，以序鬼物奇怪之事，嵇康作《高士传》，以叙圣贤之风。因其事类，相继而作者甚众，名目转广，而又杂以虚诞怪妄之说。推其本源，盖亦史官之末事也。载笔之士，删采其要焉。鲁、沛、三辅，序赞并亡，后之作者，亦多零失。今取其见存，部而类之，谓之杂传。

《山海经》二十三卷（郭璞注。）

《水经》三卷（郭璞注。）

……

右一百三十九部，一千四百三十二卷。（通计亡书，合一百四十部，一千四百三十四卷。）

昔者先王之化民也，以五方土地，风气所生，刚柔轻重，饮食衣服，各有其性，不可迁变。是故疆理天下，物其土宜，知其利害，达其志而通其欲，齐其政而修其教。故曰广谷大川异制，人居其间异俗。《书》录禹别九州，定其山川，分其圻界，条其物产，辨其贡赋，斯之谓也。周则夏官司险，掌建九州之图，周知山林川泽之阻，达其道路。地官诵训，掌方志以诏观事，以知地俗。春官保章，以星土辨九州之地，所封之域，以观祅祥。夏官职方，掌天下之图地，辨四夷八蛮九貉五戎六狄之人，与其财用九谷六畜之数，周知利害，辨九州之国，使同其贯。司徒掌邦之土地之图与其人民之教，以佐王扰邦国，周知九州之域，广轮之数，辨其山林川泽丘陵坟衍原隰之名物，及土会之法。然则其事分在众职，而冢宰掌建邦之六典，实总其事。太史以典逆冢宰之治，其书盖亦总为史官之职。汉初，萧何得秦图书，故知天下要害。后又得《山海经》，相传以为夏禹所记。武帝时，计书既上太史，郡国地志，固亦在焉。而史迁所记，但述河渠而已。其后刘向略言地域，丞相张禹使属朱贡条记风俗，班固因之作《地理志》。其州国郡县山川夷险时俗之异，经星之分，风气所生，区域之广，户口之数，各有攸叙，与古《禹贡》、《周官》所记相埒。是后载笔之士，管窥末学，不能及远，但记州郡之名而已。晋世，挚虞依《禹贡》、《周官》，作《畿服经》，其州郡及县分野封略事业，国邑山陵水泉，乡亭城道里土田，民物风俗，先贤旧好，靡不具悉，凡一百七十卷，今亡。而学者因其经历，并有记载，然不能成一家之体。齐时，陆澄聚一百六十家之说，依其前后远近，编而为部，谓之《地理书》。任昉又增陆澄之书八十四家，谓之《地记》。陈时，顾野王抄撰众家之言，作《舆地志》。隋大业中，普诏天下诸郡，条其风俗物产地图，上于尚书。故隋代有《诸郡物产土俗记》一百五十一卷，《区宇图志》一百二十九卷，《诸州图经集》一百卷。其余记注甚众。今任、陆二家所记之内而又别行者，各录在其书之上，自余次之于下，以备地理之记焉。

《世本王侯大夫谱》二卷

《世本》二卷（刘向撰。）

……

右四十一部，三百六十卷。（通计亡书，合五十三部，一千二百八十卷。）

氏姓之书，其所由来远矣。《书》称"别生分类"。《传》曰："天子建德，因生以赐姓。"周家小史定系世，辨昭穆，则亦史之职也。秦兼天下，划除旧迹，公侯子孙，失其本系。汉初，得《世本》，叙黄帝已来祖世所出。而汉又有《帝王年谱》，后汉有《邓氏官谱》。晋世，挚虞作《族姓昭穆记》十卷，齐、梁之间，其书转广。后魏迁洛，有八氏十姓，咸出帝族。又有三十六族，则诸国之从魏者；九十二姓，世为部落大人者，并为河南洛阳人。其中国士人，则第其门阀，有四海大姓、郡姓、州姓、县姓。及周太祖入关，诸姓子孙有功者，并令为其宗长，仍撰谱录，纪其所承。又以关内诸州，为其本望。其《邓氏官谱》及《族姓昭穆记》，晋乱已亡。自余亦多遗失。今录其见存者，以为谱系篇。

《七略别录》二十卷（刘向撰。）

《七略》七卷（刘歆撰。）

《晋中经》十四卷（荀勖撰。）

《晋义熙已来新集目录》三卷

《宋元徽元年四部书目录》四卷（王俭撰。）

《今书七志》七十卷（王俭撰。）

《梁天监六年四部书目录》四卷（殷钧撰。）

……

右三十部，二百一十四卷。

古者史官既司典籍，盖有目录，以为纲纪，体制堙灭，不可复知。孔子删书，别为之序，各陈作者所由。韩、毛二《诗》，亦皆相类。汉时刘向《别录》、刘歆《七略》，剖析条流，各有其部，推寻事迹，疑则古之制也。自是之后，不能辨其流别，但记书名而已。博览之士，疾其浑漫，故王俭作《七志》，阮孝绪作《七录》，并皆别行。大体虽准向、歆，而远不逮矣。其先代目录，亦多散亡。今总其见存，编为簿录篇。

凡史之所记，八百一十七部，一万三千二百六十四卷。（通计亡书，合八百七十四部，一万六千五百五十八卷。）

夫史官者，必求博闻强识、疏通知远之士，使居其位，百官众职，咸所贰焉。是故前言往行，无不识也；天文地理，无不察也；人事之纪，无不达也。内掌八柄，以诏王治，外执六典，以逆官政。书美以彰善，记恶以垂戒，范围神化，昭明令德，穷圣人之至赜，详一代之亹亹。自史官废绝久矣，汉氏颇循其旧，班、马因之。魏、晋已来，其道逾替。南、董之位，以禄贵游，政、骏之司，罕因才授。故梁世谚曰："上车不落则著作，体中何如则秘书。"于是尸素之俦，盱衡延阁之上，立言之士，挥翰蓬茨之下。一代之记，至数十家，传说不同，闻见舛驳，理失中庸，辞乖体要。致令允恭之德，有阙于典坟，忠肃之才，不传于简策。斯所以为蔽也。班固以《史记》附《春秋》，今开其事类，凡十三种，别为史部。

◎经籍三子

《晏子春秋》七卷（齐大夫晏婴撰。）

《曾子》二卷（目一卷。鲁国曾参撰。）

……

右六十二部，五百三十卷。（通计亡书，合六十七部，六百九卷。）

儒者，所以助人君明教化者也。圣人之教，非家至而户说，故有儒者宣而明之。其大抵本于仁义及五常之道，黄帝、尧、舜、禹、汤、文、武，咸由此则。《周官》：太宰以九两系邦国之人，其四曰儒是也。其后陵夷衰乱，儒道废阙。仲尼祖述前代，修正六经，三千之徒，并受其义。至于战国,孟轲、子思、荀卿之流,宗而师之,各有著述,发明其指。所谓中庸之教,百王不易者也。俗儒为之,不顾其本,苟欲哗众,多设问难,便辞巧说,乱其大体,致令学者难晓,故曰"博而寡要"。

《鬻子》一卷(周文王师鬻熊撰。)

《老子道德经》二卷(周柱下史李耳撰。汉文帝时河上公注。梁有战国时河上丈人注《老子经》二卷,汉长陵三老丘望之注《老子》二卷,《汉》徵士严遵注《老子》二卷,虞翻注《老子》二卷,亡。)

《老子道德经》二卷(王弼注。梁有《爵子道德经》二卷,张嗣注;《老子道德经》二卷,蜀才注。亡。)

……

右七十八部,合五百二十五卷。

道者,盖为万物之奥,圣人之至赜也。《易》曰:"一阴一阳之谓道。"又曰:"仁者见之谓之仁,智者见之谓之智,百姓日用而不知。"夫阴阳者,天地之谓也。天地变化,万物蠢生,则有经营之迹。至于道者,精微淳粹,而莫知其体。处阴与阴为一,在阳与阳不二。仁者资道以成仁,道非仁之谓也;智者资道以为智,道非智之谓也;百姓资道而日用,而不知其用也。圣人体道成性,清虚自守,为而不恃,长而不宰,故能不劳聪明而人自化,不假修营而功自成。其玄德深远,言象不测。先王惧人之惑,置于方外,六经之义,是所罕言。《周官》九两,其三曰师,盖近之矣。然自黄帝以下,圣哲之士,所言道者,传之其人,世无师说。汉时,曹参始荐盖公能言黄老,文帝宗之。自是相传,道学众矣。下士为之,不推其本,苟以异俗为高,狂狷为尚,迂诞谲怪而失其真。

《管子》十九卷(齐相管夷吾撰。)

《商君书》五卷(秦相卫鞅撰。梁有《申子》三卷,韩相申不害撰,亡。)

……

右六部,合七十二卷。

法者,人君所以禁淫慝,齐不轨,而辅于治者也。《易》著"先生明罚饬法",《书》美"明于五刑,以弼五教"。《周官》,司寇"掌建国之三典,以佐王刑邦国,诘四方";司刑"以五刑之法,丽万民之罪"是也。刻者为之,则杜哀矜,绝仁爱,欲以威劫为化,残忍为治,乃至伤恩害亲。

《邓析子》一卷(析,郑大夫。)

《尹文子》二卷(尹文,周之处士,游齐稷下。)

……

右四部,合七卷。

名者,所以正百物,叙尊卑,列贵贱,各控名而责实,无相借滥者也。《春秋传》曰:"古者名位不同,节文异数。"《孔子》曰:"名不正则言不顺,言不顺则事不成。"《周官》,宗伯"以九仪之命,正邦国之位,辩其名物之类",是也。拘者为之,则苛察缴绕,滞于析辞而失大体。

《墨子》十五卷、目一卷(宋大夫墨翟撰。)

《隋巢子》一卷(巢,似墨翟弟子。)

《胡非子》一卷（非，似墨翟弟子。梁有《田俅子》一卷，亡。）

右三部，合一十七卷。

墨者，强本节用之术也。上述尧、舜、夏禹之行，茅茨不剪，粝梁之食，桐棺三寸，贵俭兼爱，严父上德，以孝示天下，右鬼神而非命。《汉书》以为本出清庙之守。然则《周官》宗伯"掌建邦之天神地祇人鬼"，肆师"掌立国祀及兆中庙中之禁令"，是其职也。愚者为之，则守于节俭，不达时变，推心兼爱，而混于亲疏也。

《鬼谷子》三卷（皇甫谧注。鬼谷子，周世隐于鬼谷。梁有《补阙子》十卷，《湘东鸿烈》十卷，并元帝撰。亡。）

《鬼谷子》三卷（乐一注。）

右二部，合六卷。

从横者，所以明辩说，善辞令，以通上下之志者也。《汉书》以为本出行人之官，受命出疆，临事而制。故曰："诵《诗》三百，使于四方，不能专对，虽多亦奚以为？"《周官》，掌交"以节与币，巡邦国之诸侯及万姓之聚，导王之德意志虑，使辟行之，而和诸侯之好，达万民之说，谕以九税之利，九仪之亲，九牧之维，九禁之难，九戎之威"是也。佞人为之，则便辞利口，倾危变诈，至于贼害忠信，覆邦乱家。

《尉缭子》五卷（梁并录六卷。尉缭，梁惠王时人。）

《尸子》二十卷、目一卷（梁十九卷。秦相卫鞅上客尸佼撰。其九篇亡，魏黄初中续。）

……

右九十七部，合二千七百二十卷。

杂者，兼儒、墨之道，通众家之意，以见王者之化，无所不冠者也。古者司史历记前言往行，祸福存亡之道。然则杂者，盖出史官之职也。放者为之，不求其本，材少而多学，言非而博，是以杂错漫羡，而无所指归。

《泛胜之书》二卷（汉议郎泛胜之撰。）

《四人月令》一卷（后汉大尚书崔寔撰。）

……

右五部，一十九卷。

农者，所以播五谷，艺桑麻，以供衣食者也。《书》叙八政，其一曰食，二曰货。孔子曰："所重民食。"《周官》：冢宰"以九职任万民"，其一曰"三农生九谷"，地官司稼"掌巡邦野之稼，而辨穜稑之种，周知其名与其所宜地，以为法而悬于邑闾"，是也。鄙者为之，则弃君臣之义，徇耕稼之利，而乱上下之序。

《燕丹子》一卷（丹，燕王喜太子。梁有《青史子》一卷；又《宋玉子》一卷、录一卷，楚大夫宋玉撰；《群英论》一卷，郭颁撰；《语林》十卷，东晋处士裴启撰。亡。）

《杂语》五卷

……

右二十五部，合一百五十五卷。

小说者，街说巷语之说也。《传》载舆人之诵，《诗》美询于刍荛。古者圣人在上，史为书，瞽为诗，工诵箴谏，大夫规诲，士传言而庶人谤。孟春，徇木铎以求歌谣，巡省观人诗，以知风俗。过则正之，失则改之，道听途说，靡不毕纪。《周官》：诵训"掌道方志以诏观事，道方慝以诏辟忌,以知地俗";而训方氏"掌道四方之政事,与其上下之志,诵四方之传道而观衣物"是也。孔子曰:"虽小道,必有可观者焉,致远恐泥。"

《司马兵法》三卷(齐将司马穰苴撰。)

《孙子兵法》二卷(吴将孙武撰,魏武帝注。梁三卷。)

……

右一百三十三部,五百一十二卷。

兵者,所以禁暴静乱者也。《易》曰:"古者弦木为弧,剡木为矢,弧矢之利,以威天下。"孔子曰:"不教人战,是谓弃之。"《周官》:大司马"掌九法九伐,以正邦国",是也。然皆动之以仁,行之以义,故能诛暴静乱,以济百姓。下至三季,恣情逞欲,争伐寻常,不抚其人,设变诈而灭仁义,至乃百姓离叛,以致于乱。

《周髀》一卷(赵婴注。)

《周髀》一卷(甄鸾重述。)

……

右九十七部,合六百七十五卷。

天文者,所以察星辰之变,而参于政者也。《易》曰:"天垂象,见吉凶。"《书》称:"天视自我人视,天听自我人听。"故曰:"王政不修,谪见于天,日为之蚀。后德不修,谪见于天,月为之蚀。"其余孛彗飞流,见伏陵犯,各有其应。《周官》:冯相"掌十有二岁、十有二月、十有二辰、十日、二十有八星之位,辨其叙事,以会天位",是也。小人为之,则指凶为吉,谓恶为善,是以数术错乱而难明。

《四分历》三卷(梁《四分历》三卷,汉修历人李梵撰。梁又有《三统历法》三卷,刘歆撰,亡。)

《赵隐居四分历》一卷

……

右一百部,二百六十三卷。

历数者,所以揆天道,察昏明,以定时日,以处百事,以辨三统,以知厄会,吉隆终始,穷理尽性,而至于命者也。《易》曰:"先王以治历明时。"《书》叙:"期,三百有六旬有六日,以闰月定四时,成岁。"《春秋传》曰:"先王之正时也,履端于始,举正于中,归余于终。"又曰:"闰以正时,时以序事,事以厚生,生民之道。"其在《周官》,则亦太史之职。小人为之,则坏大为小,削远为近,是以道术破碎而难知。

《黄帝飞鸟历》一卷(张衡撰。)

《黄帝四神历》一卷(吴范撰。)

……

右二百七十二部,合一千二十二卷。

五行者,金、木、水、火、土,五常之形气者也。在天为五星,在人为五藏,在目为五色,在耳为五音,在口为五味,在鼻为五臭。在上则出气施变,在下则养人不倦。故《传》曰:"天生五材,废一不可。"是以圣人推其终始,以通神明之变,为卜筮以考其吉凶,占百事以观于来物,观形法以辨其贵贱。《周官》则分在保章、冯相、卜师、筮人、占梦、眡祲,而太史之职,实司总之。小数者才得其十觕,便以细事相乱,以惑于世。

《黄帝素问》九卷（梁八卷。）

《黄帝甲乙经》十卷（音一卷。梁十二卷。）

……

右二百五十六部，合四千五百一十卷。

医方者，所以除疾病，保性命之术者也。天有阴阳风雨晦明之气，人有喜怒哀乐好恶之情。节而行之，则和平调理，专壹其情，则溺而生火。是以圣人原血脉之本，因针石之用，假药物之滋，调中养气，通滞解结，而反之于素。其善者，则原脉以知政，推疾以及国。《周官》，医师之职"掌聚诸药物，凡有疾者治之"，是其事也。鄙者为之，则反本伤性。故曰："有疾不治，恒得中医。"

凡诸子，合八百五十二部，六千四百三十七部。

《易》曰："天下同归而殊途，一致而百虑。"儒、道、小说，圣人之教也，而有所偏。兵及医方，圣人之政也，所施各异。世之治也，列在众职，下至衰乱，官失其守。或以其业游说诸侯，各崇所习，分镳并骛。若使总而不遗，折之中道，亦可以兴化致治者矣。《汉书》有《诸子》、《兵书》、《数术》、《方伎》之略，今合而叙之，为十四种，谓之子部。

◎经籍四集　道经　佛经

《楚辞》十二卷（并目录。后汉校书郎王逸注。）

《楚辞》三卷（郭璞注。梁有《楚辞》十一卷，宋何偃删王逸注，亡。）

……

右十部，二十九卷。（通计亡书，十一部，四十卷。）

《楚辞》者，屈原之所作也。自周室衰乱，诗人寝息，谄佞之道兴，讽刺之辞废。楚有贤臣屈原，被谗放逐，乃著《离骚》八篇，言己离别愁思，申杼其心，自明无罪，因以讽谏，冀君觉悟，卒不省察，遂赴汨罗死焉。弟子宋玉，痛惜其师，伤而和之。其后，贾谊、东方朔、刘向、扬雄，嘉其文彩，拟之而作。盖以原楚人也，谓之"楚辞"。然其气质高丽，雅致清远，后之文人，咸不能逮。始汉武帝命淮南王为之章句，旦受诏，食时而奏之，其书今亡。后汉校书郎王逸，集屈原已下，迄于刘向，逸又自为一篇，并叙而注之，今行于世。隋时有释道骞，善读之，能为楚声，音韵清切，至今传《楚辞》者，皆祖骞公之音。

楚兰陵令《荀况集》一卷（残缺。梁二卷。）

楚大夫《宋玉集》三卷

……

右四百三十七部，四千三百八十一卷。（通计亡书，合八百八十六部，八千一百二十六卷。）

别集之名，盖汉东京之所创也。自灵均已降，属文之士众矣，然其志尚不同，风流殊别。后之君子，欲观其体势，而见其心灵，故别聚焉，名之为集。辞人景慕，并自记载，以成书部。年代迁徙，亦颇遗散。其高唱绝俗者，略皆具存，今依其先后，次之于此。

《文章流别集》四十一卷（梁六十卷，志二卷，论二卷，挚虞撰。）

《文章流别志》、《论》二卷（挚虞撰。）

……

右一百七部,二千二百一十三卷。(通计亡书,合二百四十九部,五千二百二十四卷。)

总集者,以建安之后,辞赋转繁,众家之集,日以滋广,晋代挚虞,苦览者之劳倦,于是采摘孔翠,芟剪繁芜,自诗赋下,各为条贯,合而编之,谓为《流别》。是后文集总钞,作者继轨,属辞之士,以为覃奥,而取则焉。今次其前后,并解释评论,总于此篇。

凡集五百五十四部,六千六百二十二卷。(通计亡书,合一千一百四十六部,一万三千三百九十卷。)

文者,所以明言也。古者登高能赋,山川能祭,师旅能誓,丧纪能诔,作器能铭,则可以为大夫。言其因物骋辞,情灵无拥者也。唐歌虞咏,商颂周雅,叙事缘情,纷纶相袭,自斯已降,其道弥繁。世有浇淳,时移治乱,文体迁变,邪正或殊。宋玉、屈原,激清风于南楚,严、邹、枚、马,陈盛藻于西京,平子艳发于东都,王粲独步于漳、滏。爰逮晋氏,见称潘、陆,并黼藻相辉,宫商间起,清辞润乎金石,精义薄乎云天。永嘉已后,玄风既扇,辞多平淡,文寡风力。降及江东,不胜其弊。宋、齐之世,下逮梁初,灵运高致之奇,延年错综之美,谢玄晖之藻丽,沈休文之富溢,辉焕斌蔚,辞义可观。梁简文之在东宫,亦好篇什,清辞巧制,止乎衽席之间,雕琢蔓藻,思极闺闱之内。后生好事,递相放习,朝野纷纷,号为宫体。流宕不已,讫于丧亡。陈氏因之,未能全变。其中原则兵乱积年,文章道尽。后魏文帝,颇效属辞,未能变俗,例皆淳古。齐宅漳滨,辞人间起,高言累句,纷纭络绎,清辞雅致,是所未闻。后周草创,干戈不戢,君臣戮力,专事经营,风流文雅,我则未暇。其后南平汉、沔,东定河朔,讫于有隋,四海一统,采荆南之杞梓,收会稽之箭竹,辞人才士,总萃京师。属以高祖少文,炀帝多忌,当路执权,逮相摈压。于是握灵蛇之珠,韫荆山之玉,转死沟壑之内者,不可胜数,草泽怨刺,于是兴焉。古者陈诗观风,斯亦所以关乎盛衰者也。班固有《诗赋略》,凡五种,今引而伸之,合为三种,谓之集部。

凡四部经传三千一百二十七部,三万六千七百八卷。(通计亡书,合四千一百九十一部,四万九千四百六十七卷。)

经戒三百一部,九百八卷。饵服四十六部,一百六十七卷。房中十三部,三十八卷。符箓十七部,一百三卷。

右三百七十七部,一千二百一十六卷。

道经者,云有元始天尊,生于太元之先,禀自然之气,冲虚凝远,莫知其极。所以说天地沦坏,劫数终尽,略与佛经同。以为天尊之体,常存不灭。每至天地初开,或在玉京之上,或在穷桑之野,授以秘道,谓之开劫度人。然其开劫非一度矣,故有延康、赤明、龙汉、开皇,是其年号。其间相去经四十一亿万载。所度皆诸天仙上品,有太上老君、太上丈人、天真皇人五方天帝及诸仙官,转共承受,世人莫之豫也。所说之经,亦禀元一之气,自然而有,非所造为,亦与天尊常在不灭。天地不坏,则蕴而莫传,劫运若开,其文自见。凡八字,尽道体之奥,谓之天书。字方一丈,八角垂芒,光辉照耀,惊心眩目,虽诸天仙,不能省视。天尊之开劫也,乃命天真皇人,改嗾天音而辩析之。自天真以下,至于诸仙,展转节级,以次相授。诸仙得之,始授世人。然以天尊经历年载,始一开劫,受法之人,得而宝秘,亦有年限,方始传授。上品则年久,下品则年近。故今授道者,经四十九年,始得授人。推其大旨,盖亦归于仁爱清静,积而修习,渐致长生,自然神化,或白日登仙,与道合体。其受道之法,初受《五千文箓》,次受《三洞箓》,次受《洞玄箓》,次受《上清箓》。箓皆素书,纪诸天曹官属佐吏之名有多少,又有诸符,错在其间,文章诡怪,世所不识。受者必先洁斋,然后赍金环一,并诸赘币,以见于师。师受其赘,以箓授之,仍剖金环,各持其半,云以为约。弟子得箓,缄而佩之。

其洁斋之法,有黄箓、玉箓、金箓、涂炭等斋。为坛三成,每成皆置绵蕝峤,以为限域。傍各开门,皆有法象。斋者亦有人数之限,以次入于绵蕝之中,鱼贯面缚,陈说愆咎,告白神祇,昼夜不息,或一二七日而止。其斋数之外有人者,并在绵蕝之外,谓之斋客,但拜谢而已,不面缚焉。而又有诸消灾度厄之法,依阴阳五行数术,推人年命书之,如章表之仪,并具赘币,烧香陈读。云奏上天曹,请为除厄,谓之上章。夜中于星辰之下,陈设酒脯饼饵币物,历祀天皇太一,祀五星列宿,为书如上章之仪以奏之,名之为醮。又以木为印,刻星辰日月于其上,吸气执之,以印疾病,多有愈者。又能登刀入火而焚敕之,使刃不能割,火不能热。而又有诸服饵、辟谷、金丹、玉浆、云英,蠲除滓秽之法,不可殚记。云自上古黄帝、帝喾、夏禹之传,并遇神人,咸受道箓,年代既远,经史无闻焉。

推寻事迹,汉时诸子,道书之流有三十七家,大旨皆去健羡,处冲虚而已,无上天官符箓之事。其《黄帝》四篇,《老子》二篇,最得深旨。故言陶弘景者,隐于句容,好阴阳五行,风角星算,修辟谷导引之法,受道经符箓,武帝素与之游。及禅代之际,弘景取图谶之文,合成"景梁"字以献之,由是恩遇甚厚。又撰《登真隐诀》,以证古有神仙之事;又言神丹可成,服之则能长生,与天地永毕。帝令弘景试合神丹,竟不能就,乃言中原隔绝,药物不精故也。帝以为然,敬之尤甚。然武帝弱年好事,先受道法,及即位,犹自上章,朝士受道者众。三吴及边海之际,信之逾甚。陈武世居吴兴,故亦奉焉。后魏之世,嵩山道士寇谦之,自云尝遇真人成公兴,后遇太上老君,授谦之为天师,而又赐之《云中音诵科诫》二十卷。又使玉女授其服气导引之法,遂得辟谷,气盛体轻,颜色鲜丽。弟子十余人,皆得其术。其后又遇神人李谱,云是老君玄孙,授其图箓真经,劾召百神,六十余卷,及销炼金丹云英八石玉浆之法。太武始光之初,奉其书而献之。帝使谒者,奉玉帛牲牢,祀嵩岳,迎致其余弟子,于代都东南起坛宇,给道士百二十余人,显扬其法,宣布天下。太武亲备法驾而受符箓焉。自是道业大行,每帝即位,必受符箓,以为故事,刻天尊及诸仙之象而供养焉。迁洛已后,置道场于南郊之傍,方二百步。正月、十月之十五日,并有道士哥人百六人,拜而祠焉。后齐神武帝迁邺,遂罢之。文襄之世,更置馆宇,选其精至者使居焉。后周承魏,崇奉道法,每帝受箓,如魏之旧,寻与佛法俱灭,开皇初又兴,高祖雅信佛法,于道士蔑如也。大业中,道士以术进者甚众。其所以讲经,由以《老子》为本,次讲《庄子》及《灵宝》、《升玄》之属。其余众经,或言传之神人,篇卷非一。自云天尊姓乐名静信,例皆浅俗,故世甚疑之。其术业优者,行诸符禁,往往神验。而金丹玉液长生之事,历代糜费,不可胜纪,竟无效焉。今考其经目之数,附之于此。

大乘经六百一十七部,二千七十六卷。……

右一千九百五十部,六千一百九十八卷。

佛经者,西域天竺之迦维卫国净饭王太子释迦牟尼所说。释迦当周庄王之九年四月八日,自母右胁而生,姿貌奇异,有三十二相,八十二好。舍太子位,出家学道,勤行精进,觉悟一切种智,而谓之佛,亦曰佛陀,亦曰浮屠,皆胡言也。华言译之为净觉。其所说云,人身虽有生死之异，至于精神则恒不灭。此身之前，则经无量身矣。积而修习，精神清净，则成佛道。天地之外，四维上下，更有天地，亦无终极，然皆有成有败。一成一败，谓之一劫。自此天地已前，则有无量劫矣。每劫必有诸佛得道，出世教化，其数不同。今此劫中，当有千佛。自初至于释迦，已七佛矣。其次当有弥勒出世，必经三会，演说法藏，开度众生。由其道者，有四等之果。一曰须陀洹，二曰斯陀含，三曰阿那含，四曰阿罗汉。至罗汉者，则出入生死，去来隐显，而不为累。阿罗汉已上，至菩萨者深见佛性，以至成道。每佛灭度，遗法相传，有正、象、末三等淳樗之异。年岁远近，亦各不同。末法已后，众生愚钝，无复佛教，而业行转恶，年寿渐短，经数百千载间，乃至朝生夕死。然后有大水、大火、大风之灾，一切除去之，而更立生人，又归淳朴，谓之小劫。每一小劫，则一佛出世。

初，天竺中多诸外道，并事水火毒龙，而善诸变幻。释迦之苦行也，是诸邪道，并来嬲恼，以乱其心，而不能得。及佛道成，尽皆摧伏，并为弟子。弟子，男曰桑门，译言息心，而总曰僧，译言行乞。女曰比丘尼。皆剃落须发，释累辞家，相与和居，治心修净，行乞以自资，而防心摄行。僧至二百五十戒，尼五百戒。俗人信凭佛法者，男曰优婆塞，女曰优婆夷，皆去杀、盗、淫、妄言、饮酒，是为五诫。释迦在世教化四十九年，乃至天龙人鬼并来听法，弟子得道，以百千万亿数。然后于拘尸那城娑罗双树间，以二月十五日，入般涅盘。涅盘亦曰泥洹，译言灭度，亦言常乐我净。初释迦说法，以人之性识根业各差，故有大乘小乘之说。至是谢世，弟子大迦叶与阿难等五百人，追共撰述，缀以文字，集载为十二部。后数百年，有罗汉菩萨，相继著论，赞明其义。然佛所说，我灭度后，正法五百年，像法一千年，末法三千年，其义如此。

推寻典籍，自汉已上，中国未传。或云久以流布，遭秦之世，所以堙灭。其后张骞使西域，盖闻有浮屠之教。哀帝时，博士弟子秦景使伊存口授浮屠经，中土闻之，未之信也。后汉明帝夜梦金人飞行殿庭，以问于朝，而傅毅以佛对。帝遣郎中蔡愔及秦景使天竺求之，得佛经四十二章及释迦立像。并与沙门摄摩腾、竺法兰东还。愔之来也，以白马负经，因立白马寺于洛城雍门西以处之。其经缄于兰台石室，而又画像于清凉台及显节陵上。章帝时，楚王英以崇敬佛法闻，西域沙门，赍佛经而至者甚众。永平中，法兰又译《十住经》。其余传译，多未能通。至桓帝时，有安息国沙门安静，赍经至洛，翻译最为通解。灵帝时，有月支沙门支谶、天竺沙门竺佛朔等，并翻佛经。而支谶所译《泥洹经》二卷，学者以为大得本旨。汉末，太守竺融，亦崇佛法。三国时，有西域沙门康僧会，赍佛经至吴译之，吴主孙权，甚大敬信。魏黄初中，中国人始依佛戒，剃发为僧。先是西域沙门来此，译《小品经》，首尾乖舛，未能通解。甘露中，有朱仕行者，往西域，至于阗国，得经九十章，晋元康中，至邺译之，题曰《放光般若经》。太始中，有月支沙门竺法护，西游诸国，大得佛经，至洛翻译，部数甚多。佛教东流，自此而盛。

石勒时，常山沙门卫道安，性聪敏，诵经日至万余言。以胡僧所译《维摩》《法华》，未尽深旨，精思十年，心了神悟，乃正其乖舛，宣扬解释。时中国纷扰，四方隔绝，道安乃率门徒，南游新野，欲令玄宗所在流布，分遣弟子，各趋诸方。法性诣扬州，法和入蜀，道安与慧远之襄阳。后至长安，苻坚甚敬之。道安素闻天竺沙门鸠摩罗什，思通法门，劝坚致之。什亦闻安令问，遥拜致敬。姚苌弘始二年，罗什至长安，时道安卒后已二十载矣，什深慨恨。什之来也，大译经论，道安所正，与什所译，义如一，初无乖舛。

初，晋元熙中，新丰沙门智猛，策杖西行，到华氏城，得《泥洹经》及《僧祇律》，东至高昌，译《泥洹》为二十卷。后有天竺沙门昙摩罗谶复赍胡本，来至河西。沮渠蒙逊遣使至高昌取猛本，欲相参验，未还而蒙逊破灭。姚苌弘始十年，猛本始至长安，译为三十卷。昙摩罗谶又译《金光明》等经。时胡僧至长安者数十辈，惟鸠摩罗什才德最优。其所译则《维摩》、《法华》、《成实论》等诸经，及昙无忏所译《金光明》，昙摩罗忏译《泥洹》等经，并为大乘之学。而什又译《十诵律》，天竺沙门佛陀耶舍译《长阿含经》及《四方律》，兜佉勒沙门昙摩难提译《增一阿含经》，昙摩耶舍译《阿毗昙论》，并为小乘之学。其余经论，不可胜记。自是佛法流通，极于四海矣。东晋隆安中，又有罽宾沙门僧伽提婆译《增一阿含经》及《中阿含经》。义熙中，沙门支法领从于阗国得《华严经》三万六千偈，至金陵宣译。又有沙门法显，自长安游天竺，经三十余国，随有经律之处，学其书语，译而写之。还至金陵，与天竺禅师跋罗参共辩定，谓《僧祇律》，学者传之。

齐梁及陈，并有外国沙门。然所宣译，无大名部可为法门者。梁武大崇佛法，于华林园中，总集释氏经典，凡五千四百卷。沙门宝唱撰《经目录》。又后魏时，太武帝西征长安，以沙门多违佛律，群聚秽乱，乃诏有司，尽坑杀之，焚破佛像。长安僧徒，一时歼灭。自余征镇，豫闻诏书，亡匿得免者十一二。文成之世，又使修复。熙平中，遣沙门慧生使西域，采诸经律，得一百七十部。永平中，又有天竺沙门菩提留支，大译佛经，与罗什相埒。其《地持》、《十地论》，并为大乘学者所重。后齐迁邺，佛法不改。至周武帝时，蜀郡沙门卫元嵩上书，称僧徒猥滥，武帝出诏，一切废毁。

开皇元年，高祖普诏天下；任听出家，仍令计口出钱，营造经像。而京师及并州、相州、洛州等诸大都邑之处，并官写一切经，置于寺内；而又别写，藏于秘阁。天下之人，从风而靡，竞相景慕，民间佛经，多于六经数十百倍。大业时，又令沙门智果，于东都内道场撰诸经目，分别条贯，以佛所说经为三部：一曰大乘，二曰小乘，三曰杂经。其余似后人假托为之者，别为一部，谓之疑经。又有菩萨及诸深解奥义、赞明佛理者，名之为论，及戒律并有大、小及中三部之别。又所学者，录其当时行事，名之为记。凡十一种。今举其大数，列于此篇。

右道、佛经二千三百二十九部，七千四百一十四卷。

道、佛者，方外之教，圣人之远致也。俗士为之，不通其指，多离以迂怪，假托变幻乱于世，斯所以为弊也。故中庸之教，是所罕言，然亦不可诬也。故录其大纲，附于四部之末。

大凡经传存亡及道、佛，六千五百二十部，五万六千八百八十一卷。

据中华书局1973年版《隋书》

旧唐书

〔书名〕

唐代(618—907)是中国封建社会的一个重要时期。五代后晋时官修的《旧唐书》,是现存最早的系统记录唐代历史的一部史籍。它原名《唐书》,宋代欧阳修、宋祁等编写的《新唐书》问世后,才改称《旧唐书》。《旧唐书》共二百卷,包括本纪二十卷,志三十卷,列传一百五十卷。

〔作者〕

刘昫(887—946),字耀远,涿州归义(今属河北雄县)人,五代时期历史学家,后晋政治家。后唐庄宗时任太常博士、翰林学士。后晋时,官至司空、平章事。后晋出帝开运二年(945)受命监修国史,负责编纂《旧唐书》。

〔体例与内容〕

《旧唐书》二百卷,署后晋刘昫等撰,其实此书从天福六年(941)始修,开运二年(945)修成,历时四年多,主要由赵莹监修,张昭远、贾纬、赵熙等编修,刘昫素无学识,仅监修七个月,适当完成奏进,就由他署名了。

《旧唐书》的史料来源,主要包括两部分:一是唐历朝实录,当时从高祖到武宗的十五朝实录相当完整,足资利用。二是唐人四次所修国史,其中韦述天宝间所修国史利用较充分。此外,如《礼仪志》用《大唐开元礼》,《经籍志》用《古今书录》,其他各志用《通典》。由于编修时尚处五代乱世,编修馆臣的这些权宜办法是可以理解的。

《旧唐书》的优点和缺点都非常显著。优点是较忠实于实录、国史,不少特定时代痕迹的表述也未改尽。由于唐实录、国史都已亡逸,《旧唐书》所录尤为可贵。凡唐代的诏令、奏议,《旧唐书》也都保存原貌,很少改动。缺点在于因用实录、国史,于当时史实颇多讳饰;宣宗后实录未修,故宣宗后史事缺落甚多,重要人物未立传者亦多,宣宗后本纪堆垛朝报,十分芜杂,错误多有。重要文学家大多有传,然多据史料拼凑,如李白、杜甫等传,出入颇多。

〔版本〕

《旧唐书》宋绍兴刊本仅存六十九卷,涵芬楼百衲本配明闻人诠本影印。中华书局1975年校点本是以闻人诠本为底本,参校各本而校定。清人岑建功从《太平御览》等书中辑出《旧唐书逸文》十二卷(道光惧盈斋刊本),岑仲勉《旧唐书逸文辨》(《史语所集刊》第12本)认为所录为唐国史佚文,并非《旧唐书》文字。

旧唐书·经籍志（节选）

【导读】

本文选自《旧唐书》卷四十六志第二十六。《旧唐书·经籍志》分上下两卷，共著录4部（经、史、子、集）51 852卷，所著录的书籍以毋煚《古今书录》为蓝本，"录开元盛时四部诸书，以表艺文之盛"。

《旧唐书·经籍志》前有志序，每部有大序，小类有小序，全书最后又有一后序。志序不仅介绍了唐玄宗开元至唐昭宗天祐年间国家组织的几次编书情况，还扼要地谈到了安史之乱后直至后梁迁都洛阳期间国家图书的残损情况。志序以甲乙丙丁为次介绍了四部下的小类，并介绍了每一小类以收何种书为主。接着引用了毋煚等人所做的序，"煚等所序四部都录以明新修之旨，今略载之"。最后对于没有收录天宝以后的著述做了解释："天宝已后，名公各著文章，儒者多有撰述，或记礼法之沿革，或裁国史之繁略，皆张部类，其徒实繁。臣以后出之书，在开元四部之外，不欲杂其本部，今据所闻，附撰人等传。其诸公文集，亦见本传，此并不录。"

《旧志》大序先注明著录图书的部数和卷数，然后列举了每部所分的类目。小序注明每类著录图书的部数和卷数。后序介绍了秦汉至唐代以来书籍的流传情况。

◎经籍上

夫龟文成象，肇八卦于庖牺；鸟迹分形，创六书于苍颉。圣作明述，同源异流。《坟》、《典》起之于前，《诗》、《书》继之于后，先王陈迹，后王准绳。《易》曰："观乎人文以化成天下。"《礼》曰："君子如欲化民成俗，其必由学乎！"学者非他，方策之谓也。琢玉成器，观古知今，历代哲王，莫不崇尚。自仲尼没而微言绝，七十子丧而大义乖。嬴氏坑焚，以愚黔首。汉兴学校，复创石渠。雄、向校雠于前，马、郑讨论于后，两京载籍，由是粲然。及汉末还都，焚溺过半。爰自魏、晋，迄于周、隋，而好事之君，慕古之士，亦未尝不以图籍为意也。然河北江南，未能混一，偏方购辑，卷帙未弘。而荀勖、李充、王俭、任昉、祖暅，皆达学多闻，历世整比，群分类聚，递相祖述。或为七录，或为四部，言其部类，多有所遗。及隋氏建邦，寰区一统，炀皇好学，喜聚逸书，而隋世简编，最为博洽。及大业之季，丧失者多。贞观中，令狐德棻、魏征相次为秘书监，上言经籍亡逸，请行购募，并奏引学士校定，群书大备。

开元三年，左散骑常侍褚无量、马怀素侍宴，言及经籍。玄宗曰："内库皆是太宗、高宗先代旧书，常令宫人主掌，所有残缺，未遑补缉，篇卷错乱，难于检阅。卿试为朕整比之。"至七年，诏公卿士庶之家，所有异书，官借缮写。及四部书成，上令百官入乾元殿东廊观之，无不骇其广。九年十一月，殷践猷、王惬、韦述、余钦、毋煚、刘彦真、王湾、刘仲等重修成《群书四部录》二百卷，右散骑常侍元行冲奏上之。自后毋煚又略为四十卷，名为《古今书录》，大凡五万一千八百五十二卷。禄山之乱，两都覆没，乾元旧籍，亡散殆尽。肃宗、代宗崇重儒术，屡诏购募。文宗时，郑覃侍讲禁中，以经籍道丧，屡以为言。诏令秘阁搜访遗文,日令添写。开成初,四部书至五万六千四百七十六卷。及广明初,黄巢干纪,再陷两京,宫庙寺署,焚荡殆尽,曩时遗籍,尺简无存。及行在朝诸儒购辑,所传无几。昭宗即位,志弘文雅。秘书省奏曰:"当省元掌四部御书十二库,共七万余卷。广明之乱,一时散失。后来省司购募,尚及二万余卷。及先朝再幸山南,尚存一万八千卷。窃知京城制置使孙惟晟收在本军,其御书秘阁见充教坊及诸军人占住。伏以典籍国之大经,秘府校雠之地,其书籍并望付当省校其残缺,渐令补辑。乐人乞移他所。"并从之。及迁都洛阳,又丧其半。平时载籍,世莫得闻。今录开元盛时四部诸书,以表艺文之盛。

四部者,甲、乙、丙、丁之次也。

甲部为经,其类十二:一曰《易》,以纪阴阳变化。二曰《书》,以纪帝王遗范。三曰《诗》,以纪兴衰诵叹。四曰《礼》,以纪文物体制。五曰《乐》,以纪声容律度。六曰《春秋》,以纪行事褒贬。七曰《孝经》,以纪天经地义。八曰《论语》,以纪先圣微言。九曰图纬,以纪六经谶候。十曰经解,以纪六经谶候。十一曰诂训,以纪六经谶候。十二曰小学,以纪字体声韵。

乙部为史,其类十有三:一曰正史,以纪纪传表志。二曰古史,以纪编年系事。三曰杂史,以纪异体杂纪。四曰霸史,以纪伪朝国史。五曰起居注,以纪人君言动。六曰旧事,以纪朝廷政令。七曰职官,以纪班序品秩。八曰仪注,以纪吉凶行事。九曰刑法,以纪律令格式。十曰杂传,以纪先圣人物。十一曰地理,以纪山川郡国。十二曰谱系,以纪世族继序。十三曰略录,以纪史策条目。

丙部为子,其类一十有四:一曰儒家,以纪仁义教化。二曰道家,以纪清净无为。三曰法家,以纪刑法典制。四曰名家,以纪循名责实。五曰墨家,以纪强本节用。六曰纵横家,以纪辩说诡诈。七曰杂家,以纪兼叙众说。八曰农家,以纪播植种艺。九曰小说家,以纪刍辞舆诵。十曰兵法,以纪权谋制度。十一曰天文,以纪星辰象纬。十二曰历数,以纪推步气朔。十三曰五行,以纪卜筮占候。十四曰医方,以纪药饵针灸。

丁部为集,其类有三:一曰楚词,以纪骚人怨刺。二曰别集,以纪词赋杂论。三曰总集,以纪文章事类。

煚等撰集,依班固《艺文志》体例,诸书随部皆有小序,发明其指。近史官撰《隋书·经籍志》,其例亦然。窃以纪录简编异题,卷部相沿,序述无出前修。今之杀青,亦所不取,但纪部帙而已。而煚等所序四部都录以明新修之旨,今略载之:

窃以经坟浩广,史图纷博,寻览者莫之能遍,司总者常苦其多,何暇重屋复床,更繁其说?若先王有阙典,上圣有遗事,邦政所急,儒训是先,宜垂教以作程,当阐规而开典,则不遑启处,何获宴宁。曩之所修,诚惟此义,然礼有未惬,追怨良深。于时秘书省经书,实多亡阙,诸司坟籍,不暇讨论。此则事有未周,一也。其后周览人间,颇睹阙文,新集记贞观之前,永徽已来不取;近书采长安之上,神龙已来未录。此则理有未弘,二也。书阅不遍,事复未周,或不详名氏,或未知部伍。此则体有未通,三也。书多阙目,空张第数,既无篇题,实乖标榜。此则例有所亏,四也。所用书序,咸取魏文贞;所分书类,皆据隋《经籍志》。理有未允,体有不通。此则事实未安,五也。昔马谈作《史记》,班彪作《汉书》,皆两叶而仅成;刘歆作《七略》,王俭作《七志》,踰二纪而方就。孰有四万卷目,二千部书,名目首尾,三年便令终竟,欲求精悉,不其难乎?所以常有遗恨,窃思追雪。乃与类同契,积思潜心,审正旧疑,详开新制。永徽新集,神龙近书,则释而附也;未详名氏,不知部伍,则论而补也。空张之目,则检获便增;未允之序,则详宜别作。纰缪咸正,混杂必刊。改旧传之失者,三百余条;加新书之目者,六千余卷。凡经录十二家,五百七十五部,六千二百四十一卷。史录十三家,八百四十部,一万七千九百四十六卷。子录十七家,七百五十三部,一万五千六百三十七卷。集录三家,八百九十二部,一万二千二十八卷。凡四部之录四十五家,都管三千六十部,五万一千八百五十二卷,成书录四十卷。其外有释氏经律论疏,道家经戒符箓,凡二千五百余部,九千五百余卷。亦具翻译名氏,序述指归,又勒成目录十卷,名曰开元内外经录。若夫先王秘传,列代奥文,自古之粹籍灵符,绝域之神经怪牒,尽载于此二书矣。

夫经籍者,开物成务,垂教作程,圣哲之能事,帝王之达典。而去圣已久,开凿遂多,苟不剖判条源,甄明科部,则先贤遗事,有卒代而不闻,大国经书,遂终年而空泯。使学者孤舟泳海,弱羽凭天,衔石填溟,倚杖追日,莫闻名目,岂详家代?不亦劳乎!不亦弊乎!将使书千帙于掌眸,披万函于年祀,览录而知旨,观目而悉词,经坟之精术尽探,贤哲之睿思咸识,不见古人之面,而见古人之心,以传后来,不其愈已!

其序如此。

煚等四部目及释道目,并有小序及注撰人姓氏,卷轴繁多,今并略之,但纪篇部,以表我朝文物之大。其释道录目附本书,今亦不取,据开元经籍为之志。天宝已后,名公各著文章,儒者多有撰述,或记礼法之沿革,或裁国史之繁略,皆张部类,其徒实繁。臣以后出之书,在开元四部之外,不欲杂其本部,今据所闻,附撰人等传。其诸公文集,亦见本传,此并不录。四部区分,详之于下。

甲部经录,十二家,五百七十五部,六千二百四十一卷。

易类一

书类二

诗类三

礼类四

乐类五

春秋类六

孝经类七

论语类八

谶纬类九

经解类十

诂训类十一

小学类十二

归藏十三卷(殷易,司马膺注。)

周易二卷(卜商传。)

……

右易七十八部,凡六百七十三卷。

…………

乙部史录,十三家,八百四十四部,一万七千九百四十六卷。
正史类一
编年类二
伪史类三
杂史类四
起居注类五
故事类六
职官类七
杂传类八
仪注类九
刑法类十
目录类十一
谱牒类十二
地理类十三
史记一百三十卷(司马迁作。)
又八十卷(裴骃集解。)
又一百三十卷(许子儒注。)
....

◎经籍下

丙部子录,十七家,七百五十三部,书一万五千六百三十七卷。
儒家类一
道家类二
法家类三
名家类四
墨家类五
纵横家类六
杂家类七
农家类八
小说类九
天文类十
历算类十一
兵书类十二
五行类十三
杂艺术类十四
事类十五
经脉类十六

医术类十七

曾子二卷（曾参撰。）
晏子春秋七卷（晏婴撰。）
……
右儒家二十八部，凡七百七十六卷。
……
右集录楚词七家，帝王二十七家，太子诸王二十一家，七国赵、楚各一家，前汉二十家，后汉五十家，魏四十六家，蜀二家，吴十四家，西晋一百一十九家，东晋一百四十四家，宋六十家，南齐十二家，梁五十九家，陈十四家，后魏十家，北齐四家，周五家，隋十八家，唐一百一十二家，沙门七家，妇人七家；总集一百二十四家。凡八百九十二部，一万二千二十八卷。

三代之书，经秦燔炀殆尽。汉武帝、河间王始重儒术，于灰烬之余，拓纂亡散，篇卷仅而复存。刘更生石渠典校之书，卷轴无几。逮歆之《七略》，在《汉艺文志》者，裁三万三千九百卷。后汉兰台、石室、东观、南宫诸儒撰集，部帙渐增。董卓迁都，载舟西上，因罹寇盗，沉之于河，存者数船而已。及魏武父子，采掇遗亡，至晋总括群书，裁二万七千九百四十五卷。及永嘉之乱，洛都覆没，靡有孑遗。江表所存官书，凡三千一十四卷。至宋谢灵运造《四部书目录》，凡四千五百八十二卷。其后王俭复造书目，凡五千七十四卷。南齐王亮、谢朏《四部书目》，凡一万八千一十卷。齐末兵火延烧秘阁，书籍煨烬。梁元帝克平侯景，收公私经籍归于江陵，凡七万余卷。盖佛老之书，计于其间。及周师入郢，咸自焚炀。周武保定之中，官书裁盈万卷。平齐所得，数止五千。及隋氏平陈，南北一统，秘书监牛弘奏请搜访遗逸，著定书目，凡三万余卷。炀帝写五十副本，分为三品。国家平王世充，收其图籍，溯河西上，多有沉没，存者重复八万卷。自武德已后，文士既有修纂，篇卷滋多。开元时，甲乙丙丁四部书各为一库，置知书官八人分掌之。凡四部库书，两京各一本，共一十二万五千九百六十卷。皆以益州麻纸写。其集贤院御书，经库皆钿白牙轴，黄缥带，红牙签，史书库钿青牙轴，缥带，绿牙签，子库皆雕紫檀轴，紫带，碧牙签，集库皆绿牙轴，硃带，白牙签，以分别之。

据中华书局 1975 年版《旧唐书》

新唐书

〔书名〕

五代时期就曾有《唐书》(即后来《旧唐书》)编成,但宋仁宗认为《唐书》"纪次无法,详略失中,文采不明,事实零落",庆历四年(1044)下诏重修。宋仁宗嘉祐五年(1060)全书完成,宋祁负责列传部分,始终其事,欧阳修后期参加六年多,负责本纪、志、表部分。

〔作者〕

宋祁(998—1061),北宋文学家。字子京,安州安陆(今湖北安陆)人,后迁居开封雍丘(今河南杞县)。天圣二年(1024)进士,官翰林学士、史馆修撰。与欧阳修等合修《新唐书》,书成,进工部尚书,拜翰林学士承旨。卒谥景文,与兄宋庠并有文名,时称"二宋"。诗词语言工丽,因《玉楼春》词中有"红杏枝头春意闹"句,世称"红杏尚书"。著作除《新唐书》列传部分外,有《宋景文公集》,有《湖北先正遗书》本。近人赵万里辑有其词《宋景文公长短句》1卷,唐圭璋据以收入《全宋词》时又稍有增补。

欧阳修(1007—1073),字永叔,号醉翁,又号六一居士。谥号文忠,世称欧阳文忠公,北宋卓越的文学家、史学家。仁宗时,累擢知制诰、翰林学士;英宗,官至枢密副使、参知政事;神宗朝,迁兵部尚书,以太子少师致仕。卒谥文忠。其于政治和文学方面都主张革新,既是范仲淹庆历新政的支持者,也是北宋诗文革新运动的领导者。又喜奖掖后进,苏轼、苏辙二兄弟、苏洵及曾巩、王安石皆出其门下。创作实绩亦灿烂可观,诗、词、散文均为一时之冠。散文说理畅达,抒情委婉;诗风与散文近似,重气势而能流畅自然;其词深婉清丽,承袭南唐余风。晚年自号六一居士,曰:"吾集古录一千卷,藏书一万卷,有琴一张,有棋一局,而常置酒一壶,吾老于其间,是为六一。"

〔体例与内容〕

《新唐书》记载中国唐代历史的纪传体史书。二百二十五卷,包括本纪十卷,志五十卷,表十五卷,列传一百五十卷。《新唐书》所增列传多取材于本人的章奏或后人的追述,碑志石刻和各种杂史、笔记、小说都被采辑编。

〔版本〕

由于《新唐书》历宋、元、明至清初一直占有正统地位,一般人只读《新唐书》而不读《旧唐书》,所以《新唐书》宋以来的版本远多于《旧唐书》。通行的版本有商务印书馆百衲本,以静嘉堂本为主,配合"北图"、"双鉴楼"及"嘉业堂"藏本,保存了《新唐书》旧刻的真面目,胜于殿本。中华书局标点本,1975年版,底本用百衲本。2000年,中华书局又推出了简体横排本。

新唐书·艺文志(节选)

【导读】

　　《新唐书·艺文志》四卷,北宋欧阳修(1007—1072)等撰。此《志》以唐代毋煚的《古今书录》为蓝本,收书除据《古今书录》照录外,还增加了《旧唐书·经籍志》所不录的唐人著述二万七千一百二十七卷。在每个类目内,分"著录"与"不著录"两部分,"著录"是指《古今书录》原有的著录;"不著录"是指欧阳修所新增入的唐代著作。在分类体系上仍按经、史、子、集四部分类法,其中经部分《易》、《书》、《诗》、《礼》、《乐》、《春秋》、《孝经》、《论语》、《谶纬》、《经解》、《小学》十一大类,较《隋书·经籍志》多出《经解》一类,共著录文献四百四十家,五百九十七部,六千一百四十五卷;"不著录",一百一十七家,三千三百六十卷。其中《易》类七十六家,八十八部,六百六十五卷(自李鼎祚《周易集注》以下十一家、三百二十九卷为"不著录"者);《书》类二十五家,三十三部,三百零六卷(自王元感《尚书纠谬》以下四家、二十卷为"不著录"者);《诗》类二十五家,三十一部,三百二十二卷(自许叔牙《毛诗纂义》以下三家、三十三卷为"不著录"者);《礼》类六十九家,九十六部,一千八百二十七卷(自元行冲《类礼义疏》以下十六家、二百九十五卷为"不著录"者);《乐》类三十一家,三十八部,二百五十七卷(自张文收《新乐书》以下十家、九十三卷为"不著录"者);《春秋》类六十六家,一百部,一千一百六十三卷(自王玄度《春秋左氏传注》以下二十二家、四百零三卷为"不著录"者);《孝经》类二十七家,三十六部,八十二卷(自尹知章《孝经注》以下六家、十三卷为"不著录"者);《论语》类三十家,三十七部,三百二十七卷(自韩愈《论语注》。以下二家、十二卷为"不著录"者)《谶纬》类二家,九部,八十四卷;《经解》类十九家,二十六部,三百八十一卷(自赵英《五经对诀》以下十家、一百二十七卷为"不著录"者);《小学》类六十九家,一百零三部,七百二十一卷(自徐浩《书谱》以下二十三家、二百四十五卷为"不著录"者)。子部儒家类六十九家,九十二部,七百九十一卷(自陆善经《孟子注》以下三十九家、三百七十一卷为"不著录"者)。经部后无大序,每类后亦无小序;著录时首为撰者,次为书名、卷数,绝大多数无注释,有者仅为极少数。

◎艺文一

　　自六经焚于秦而复出于汉,其师传之道中绝,而简编脱乱讹缺,学者莫得其本真,于是诸儒章句之学兴焉。其后传注、笺解、义疏之流,转相讲述,而圣道粗明,然其为说固已不胜其繁矣。至于上古三皇五帝以来世次,国家兴灭终始,僭窃伪乱,史官备矣。而传记、小说,外暨方言、地理、职官、氏族,皆出于史官之流也。自孔子在时,方修明圣经以纠缪异,而老子著书论道德。接乎周衰,战国游谈放荡之士,田骈、慎到、列、庄之徒,各极其辩;而孟轲、荀卿始专修孔氏,以折异端。然诸子之论,各成一家,自前世皆存而不绝也。夫王迹熄而《诗》亡,《离骚》作而文辞之士兴。历代盛衰,文章与时高下。然其变态百出,不可穷极,何其多也。自汉以来,史官列其名氏篇第,以为六艺、九种、七略;至唐始分为四类,曰经、史、子、集。而藏书之盛，莫盛于开元，其著录者，五万三千九百一十五卷，而唐之学者自为之书者，又二万八千四百六十九卷。呜呼，可谓盛矣！

六经之道，简严易直而天人备，故其愈久而益明。其余作者众矣，质之圣人，或离或合。然其精深闳博，各尽其术，而怪奇伟丽，往往震发于其间，此所以使好奇博爱者不能忘也。然凋零磨灭，亦不可胜数，岂其华文少实，不足以行远欤？而俚言俗说，猥有存者，亦其有幸不幸者欤？今著于篇，有其名而亡其书者，十盖五六也，可不惜哉。

初，隋嘉则殿书三十七万卷，至武德初，有书八万卷，重复相糅。王世充平，得隋旧书八千余卷，太府卿宋遵贵监运东都，浮舟沂河，西致京师，经砥柱舟覆，尽亡其书。贞观中，魏征、虞世南、颜师古继为秘书监，请购天下书，选五品以上子孙工书者为书手，缮写藏于内库，以宫人掌之。玄宗命左散骑常侍、昭文馆学士马怀素为修图书使，与右散骑常侍、崇文馆学士褚无量整比。会幸东都，乃就乾元殿东序检校。无量建议：御书以宰相宋璟、苏颋同署，如贞观故事。又借民间异本传录。及还京师，迁书东宫丽正殿，置修书院于著作院。其后大明宫光顺门外、东都明福门外，皆创集贤书院，学士通籍出入。既而太府月给蜀郡麻纸五千番，季给上谷墨三百三十六丸，岁给河间、景城、清河、博平四郡兔千五百皮为笔材。两都各聚书四部，以甲、乙、丙、丁为次，列经、史、子、集四库。其本有正有副，轴带帙签皆异色以别之。安禄山之乱，尺简不藏。元载为相，奏以千钱购书一卷，又命拾遗苗发等使江淮括访。至文宗时，郑覃侍讲，进言经籍未备，因诏秘阁搜采，于是四库之书复完，分藏于十二库。黄巢之乱，存者盖尠。昭宗播迁，京城制置使孙惟晟敛书本军，寓教坊于秘阁，有诏还其书，命监察御史韦昌范等诸道求购，及徙洛阳，荡然无遗矣。

甲部经录，其类十一：一曰易类，二曰书类，三曰诗类，四曰礼类，五曰乐类，六曰春秋类，七曰孝经类，八曰论语类，九曰谶纬类，十曰经解类，十一曰小学类。凡著录四百四十家，五百九十七部，六千一百四十五卷。不著录一百一十七家，三千三百六十卷。

连山十卷

司马膺注归藏十三卷

周易卜商传二卷

....

右易类七十六家，八十八部，六百六十五卷。（失姓名一家，李鼎祚以下不著录十一家，三百二十九卷。）

古文尚书孔安国传十三卷

谢沈注十三卷

....

右书类二十五家，三十三部，三百六卷。（王元感以下不著录四家，二十卷。）

....

◎艺文二

乙部史录，其类十三：一曰正史类，二曰编年类，三曰伪史类，四曰杂史类，五曰起居注类，六曰故事类，七曰职官类，八曰杂传记类，九曰仪注类，十曰刑法类，十一曰目录类，十二曰谱牒类，十三曰地理类。凡著录五百七十一家，八百五十七部，一万六千八百七十四卷；不著录三百五十八家，一万二千三百二十七卷。

　　司马迁史记一百三十卷
　　裴骃集解史记八十卷
　　............
　　凡集史五家，六部，一千二百二十二卷。（高峻以下不著录三家，四百四十卷。）
　　............
　　刘向《七略别录》二十卷
　　刘歆《七略》七卷
　　荀勖《晋中经簿》十四卷
　　又《新撰文章家集叙》五卷
　　丘深之《晋义熙以来新集目录》三卷
　　王俭《宋元徽元年四部书目录》四卷
　　............
　　右目录类十九家，二十二部，四百六卷。（失姓名二家，毋煚以下不著录十二家，一百一十四卷。）
　　............

◎艺文三

　　丙部子录，其类十七：一曰儒家类，二曰道家类，三曰法家类，四曰名家类，五曰墨家类，六曰纵横家类，七曰杂家类，八曰农家类，九曰小说类，十曰天文类，十一曰历算类，十二曰兵书类，十三曰五行类，十四曰杂艺术类，十五曰类书类，十六曰明堂经脉类，十七曰医术类。凡著录六百九家，九百六十七部，一万七千一百五十二卷；不著录五百七家，五千六百一十五卷。

　　《晏子春秋》七卷（晏婴。）
　　《曾子》二卷（曾参。）
　　............
　　右儒家类六十九家，九十二部，七百九十一卷。（陆善经以下不著录三十九家，三百七十一卷。）
　　............

◎艺文四

　　丁部集录，其类三：一曰《楚辞》类，二曰别集类，三曰总集类。凡著录八百一十八家，八百五十六部，一万一千九百二十三卷；不著录四百八家，五千八百二十五卷。

　　王逸注《楚辞》十六卷
　　刘杳《离骚草木虫鱼疏》二卷

……………

右《楚辞》类七家,七部,三十二卷

赵《荀况集》二卷

楚《宋玉集》二卷

……………

右别集类七百三十六家,七百五十部,七千六百六十八卷。(失姓名一家,玄宗以下不著录四百六家,五千一十二卷。)

挚虞《文章流别集》三十卷

杜预《善文》四十九卷

……………

右总集类七十五家,九十九部,四千二百二十三卷。(李淳风以下不著录七十八家,八百一十三卷。)总七十九家,一百七部。

据中华书局1975年版《新唐书》

宋 史

〔书名〕

《宋史》于元末至正三年(1343)由丞相脱脱和阿鲁图先后主持修撰，《宋史》与《辽史》、《金史》同时修撰。《宋史》全书有本纪47卷，志162卷，表32卷，列传255卷，共计496卷，约500万字，是二十五史中篇幅最庞大的一部官修史书。

〔作者〕

脱脱(1314—1355)，亦作托克托，亦作脱脱帖木儿，蔑里乞氏，字大用，蒙古族蔑儿乞人。脱脱幼养于伯颜家，从浦江吴直方学。元朝元统二年(1334)，脱脱任同知宣政院事，迁中政使、同知枢密院事、御史大夫、中书右丞相。当时伯颜为中书右丞相，权倾朝野，向为元顺帝所忌，脱脱恐受其累，与顺帝密谋逼退伯颜。至正一年(1341)脱脱为相，大改伯颜旧政，复科举取士。至正三年(1343)，脱脱主编《辽史》、《宋史》、《金史》，任都总裁官。至正四年(1344)，脱脱因病辞职，到至正九年(1349)复出为相，发行新钞票"至正交钞"，并派贾鲁治理黄河，成绩斐然卓著，赢得水患灾民的民心，上赐号答剌罕(意谓：自在)，被赞誉为"贤相"。至正十二年(1352)九月，脱脱亲率大军镇压徐州芝麻李红巾军起义，执意屠城，军事成就卓著，功封太师。至正十四年(1354)，脱脱被派往讨伐高邮(今属江苏)张士诚起义军，正酣战即将攻陷士诚之际，为朝中弹劾，功亏一篑。事因皇太子不满"未授册宝之礼"，而支持康里人哈麻弹劾脱脱，致使脱脱于至正十五年(1355)，革职流放云南，后被中书平章政事哈麻假传元顺帝诏令自尽。至正二十二年(1362)，昭雪复官。脱脱的死使得他殚精竭虑修补元王朝统治的堤坝付诸东流，也成为元王朝走向崩溃灭亡的转折点。

阿尔拉·阿鲁图(生卒年待考)，蒙古族，蒙古阿儿剌部人。元朝著名末期重臣。元顺帝(元惠宗)孛儿只斤·妥欢贴睦尔执政时期，中书右丞相蔑里乞·脱脱于元至正四年(1344)农历5月因病辞职，由阿尔拉·阿鲁图继任中书右丞相。

阿尔拉·阿鲁图继脱脱之后，主持了纂修辽、金、宋三史，颁《至正条格》等工作，特别是三史中的《宋史》部分，是由阿尔拉·阿鲁图主持的。

虽然在参与修纂《宋史》的人之中，阿尔拉·阿鲁图名为都总裁，但他素不识汉字，因而并没有参与实际编修，但他在财政、管理、史料提供上给予了莫大支持，因此在元至正五年(1345)农历10月，三史皆修成，中书右丞相阿鲁图奏进。《宋史》在三史中虽然是最后完成，但只历时两年半。

阿尔拉·阿鲁图主持《宋史》的修撰，在时间上是相当仓促的，因而不可避免地存在许多问题和缺陷，尽管如此，《宋史》仍为极其重要的史书，为二十四史之一，至今仍发挥着不可取代的作用。在这一方面，阿尔拉·阿鲁图功不可没。

〔体例与内容〕

《宋史》的特点是史料丰富,叙事详尽。两宋时期,经济繁荣,文化学术活跃,雕版印刷盛行,编写的史书,便于刊布流传。科举制的发展,形成庞大的文官群,他们的俸禄优厚,有很好的条件著述。加之统治者重视修撰本朝史,更促成宋代史学的发达。修撰本朝史的工作,在北宋前期由崇文院承担;王安石变法改革官制后,主要由秘书省负责。官修的当代史有记载皇帝言行的起居注,记载宰相、执政议事及与皇帝问对的时政记,根据起居注、时政记等按月日编的日历,详细记载典章制度的会要,还有编年体的"实录"和纪传体的"国史"。元末修撰的这部宋史,是元人利用旧有宋朝国史编撰而成,基本上保存了宋朝国史的原貌。

除官修的当代史外,私家撰述的历史著作也不少,像南宋初年史学家李焘编撰的《续资治通鉴长编》,专记北宋一代史实;南宋孝宗时的涂梦莘修撰的《三朝北盟会编》,专记徽宗、钦宗、高宗三朝与金和战的关系。因此元朝修《宋史》时,拥有足够的资料。以志来说,《宋史》共十五志,一百六十二卷,约占全书三分之一篇幅,仅次于列传。其例目之多,分量之大,也是二十五史所仅见。其中的《职官志》,详细地记述了宋朝从中央到地方各级官僚机构的组织情况,还包括职官的食邑、荫补、俸禄等,从中可以看出宋朝专制主义中央集权的加强。此外,《地理志》、《职官志》、《食货志》、《兵志》编得也比较好。《宋史》的志书基本上能反映当时政治、经济、军事和文化各方面的情况。

〔版本〕

元至正六年(1346)杭州路刻印的至正本;

明成化十六年(1480)的成化本(朱英在广州按元刻本的抄本刻印,后来的版本大都以此为底本);还有明嘉靖南京国子监本(南监本)、明万历北京国子监本(北监本);

清乾隆四年武英殿本(殿本)与清光绪元年浙江书局本(局本);

1934年上海商务印书馆百衲本(1958年缩印本个别卷帙有抽换)。百衲本是用至正本和明成化本配补影印而成,又同殿本作了对校,修补和改正了某些错字,是一个较好的版本。

1977年中华书局出版《宋史》标点校勘本,是以百衲本为工作本,同时吸收叶渭清《元椠宋史校记》和张元济《宋史校勘记》稿本的成果,参校了殿本和局本,是目前较好的版本。但中华书局校点本中亦有不少错误,故百衲本仍不可废。

宋史·艺文志(节选)

【导读】

《宋史·艺文志》,八卷,是继《旧唐书·经籍志》、《新唐书·艺文志》后,又一部重要的史志目录。《宋史·艺文志》据宋代4部《国史艺文志》汇编而成,于宁宗嘉定后稍有增补,仿新《唐志》以"未著录"字别之。共记宋藏书9 819部119 972卷。分经史子集四部44

类。卷首有总序,无小序、解题。所据各志之叙说一概删除。《四库提要》于《崇文总目》条评及《宋志》,责其"纰漏颠倒,瑕隙百出,于诸史志中最为丛脞"。梁启超则以为"较旧唐经籍志尚觉此善",仍为后人查考宋代藏书之重要依据。有《八史经籍志》本等,另商务印书馆1957年排印《宋史艺文志·补·附编》本。

◎艺文一

《易》曰:"观乎天文,以察时变;观乎人文,以化成天下。"文之有关于世运,尚矣。然书契以来,文字多而世代日降;秦火而后,文字多而世教日兴,其故何哉?盖世道升降,人心习俗之致然,非徒文字之所为也。然去古既远,苟无斯文以范防之,则愈趋而愈下矣。故由秦而降,每以斯文之盛衰,占斯世之治忽焉。

宋有天下,先后三百余年,考其治化之污隆,风气之离合,虽不足以拟伦三代,然其时君汲汲于道艺,辅治之臣莫不以经术为先务,学士搢绅先生,谈道德性命之学,不绝于口,岂不彬彬乎进于周之文哉!宋之不竞,或以为文胜之弊,遂归咎焉,此以功利为言,未必知道者之论也。

历代之书籍,莫厄于秦,莫富于隋、唐。隋嘉则殿书三十七万卷。而唐之藏书,开元最盛,为卷八万有奇。其间唐人所自为书,几三万卷,则旧书之传者,至是盖亦鲜矣。陵迟逮于五季,干戈相寻,海寓鼎沸,斯民不复见《诗》、《书》、《礼》、《乐》之化。周显德中,始有经籍刻板,学者无笔札之劳,获睹古人全书。然乱离以来,编帙散佚,幸而存者,百无二三。

宋初,有书万余卷。其后削平诸国,收其图籍,及下诏遣使购求散亡,三馆之书,稍复增益。太宗始于左升龙门北建崇文院,而徙三馆之书以实之。又分三馆书万余卷,别为书库,目曰"秘阁"。阁成,亲临幸观书,赐从臣及直馆宴。又命近习侍卫之臣纵观群书。

真宗时,命三馆写四部书二本,置禁中之龙图阁及后苑之太清楼,而玉宸殿、四门殿亦各有书万余卷。又以秘阁地隘,分内藏西库以广之,其右文之意,亦云至矣。已而王宫火,延及崇文、秘阁,书多煨烬。其仅存者,迁于右掖门外,谓之崇文外院,命重写书籍,选官详覆校勘,常以参知政事一人领之,书成,归于太清楼。

仁宗既新作崇文院,命翰林学士张观等编四库书,仿《开元四部录》为《崇文总目》,书凡三万六百六十九卷。神宗改官制,遂废馆职,以崇文院为秘书省,秘阁经籍图书以秘书郎主之,编辑校定,正其脱误,则主于校书郎。

徽宗时,更《崇文总目》之号为《秘书总目》。诏购求士民藏书,其有所秘未见之书足备观采者,仍命以官。且以三馆书多逸遗,命建局以补全校正为名,设官总理,募工缮写。一置宣和殿,一置太清楼,一置秘阁。自熙宁以来,搜访补辑,至是为盛矣。

尝历考之,始太祖、太宗、真宗三朝,三千三百二十七部,三万九千一百四十二卷。次仁、英两朝,一千四百七十二部,八千四百四十六卷。次神、哲、徽、钦四朝,一千九百六部,二万六千二百八十九卷。三朝所录,则两朝不复登载,而录其所未有者。四朝于两朝亦然。最其当时之目,为部六千七百有五,为卷七万三千八百七十有七焉。迨夫靖康之难,而宣和、馆阁之储荡然靡遗。高宗移跸临安,乃建秘书省于国史院之右,搜访遗阙,屡优献书之赏,于是四方之藏,稍稍复出,而馆阁编辑,日益以富矣。当时类次书目,得四万四千四百八十六卷。至宁宗时续书目，又得一万四千九百四十三卷，视《崇文总目》，又有加焉。自是而后，迄于终祚，国步艰难，军旅之事，日不暇给，而君臣上下，未尝顷刻不以文学为务，大而朝廷，微而草野，其所制作、讲说、纪述、赋咏，动成卷帙，参而数之，有非前代之所及也。虽其间鈲裂大道，疣赘圣谟，幽怪恍惚，琐碎支离有所不免，然而瑕瑜相形，雅郑各趣，譬之万派归海，四渎可分，繁星丽天，五纬可识，求约于博，则有要存焉。

宋旧史，自太祖至宁宗，为书凡四。志艺文者，前后部帙，有亡增损，互有异同。今删其重复，合为一志，盖以宁宗以后史之所未录者，仿前史分经、史、子、集四类而条列之，大凡为书九千八百十九部，十一万九千九百七十二卷云。

经类十：一曰《易》类，二曰《书》类，三曰《诗》类，四曰《礼》类，五曰《乐》类，六曰《春秋》类，七曰《孝经》类，八曰《论语》类，九曰《经解》类，十曰《小学》类。

《周易古经》一卷

薛贞注《归藏》三卷

....

右《易》类二百十三部，一千七百四十卷。（王柏《读易记》以下不著录十九部，一百八十六卷）

《尚书》十二卷（汉孔安国传）

《古文尚书》二卷（孔安国隶）

....

右《书》类六十部，八百二卷。（王柏《读书记》以下不著录十三部，二百四十四卷）

《韩诗外传》十卷（汉韩婴传）

《毛诗》二十卷（汉毛苌为诂训传，郑玄笺）

....

右《诗》类八十二部，一千一百二十卷。（陈寅《诗传》以下不著录十四部，二百四十五卷）

《仪礼》十七篇（高堂生传）

《大戴礼记》十三卷（戴德纂）

....

右《礼》类一百十三部，一千三百九十九卷。（石墪《中庸集解》以下不著录二十六部，四百六十九卷）

蔡琰《胡笳十八拍》四卷

孔衍《琴操引》三卷

....

右《乐》类一百十一部，一千七卷。

《春秋》七卷（正经）

杜预《春秋左氏传经传集解》三十卷

....

右《春秋》类二百四十部，二千七百九十九卷。（王柏《左氏正传》以下不著录二十三部，四百八十八卷）

《古文孝经》一卷(凡二十二章)

郑氏注《孝经》一卷

....

右《孝经》类二十六部,三十五卷。(袁甫《孝经说》以下不著录二部,六卷)

《论语》十卷(何晏等集解)

皇侃《论语疏》十卷

....

右经解类五十八部,七百五十三卷。(沈贵瑶《四书要义》以下不著录九部,一百四十六卷、篇)

《尔雅》三卷(郭璞注)

孔鲋《小尔雅》一卷

....

右小学类二百六部,一千五百七十二卷。(刘绍祐《字学撮要》以下不著录六部,六十九卷)

凡经类一千三百四部,一万三千六百八卷。

◎艺文二

史类十三:一曰正史类,二曰编年类,三曰别史类,四曰史钞类,五曰故事类,六曰职官类,七曰传记类,八曰仪注类,九曰刑法类,十曰目录类,十一曰谱牒类,十二曰地理类,十三曰霸史类。

司马迁《史记》一百三十卷(裴骃等集注)

又《史记》一百三十卷(陈伯宣注)

班固《汉书》一百卷(颜师古注)

....

右正史类五十七部,四千四百七十三卷。(葛炳奎《国朝名臣叙传》不著录一部,二十卷)

荀悦《汉纪》三十卷

袁宏《后汉纪》三十卷

....

右编年类一百五十一部,一万五百七十五卷。(《宁宗实录》以下不著录六部,无卷。曾恺《通鉴补遗》以下不著录十五部,九百六十八卷)

《马史精略》五十六卷

赵世逢《两汉类要》二十卷

....

左史钞类七十四部,一千三百二十四卷。(李焘《历代宰相年表》以下不著录八部,七十五卷)

班固《汉武故事》五卷
蔡邕《独断》二卷
……
右故事类一百九十八部,二千九十四卷。(彭百川《治迹统类》以下不著录七部,二百二十一卷)
……
刘向《古列女传》九卷
《汉武内传》二卷(不知作者)
……
右传记类四百一部,一千九百六十四卷。(张九成《无垢心传录》以下不著录二十一部,三百十二卷)
……

◎艺文七

集类四:一曰楚辞类,二曰别集类,三曰总集类,四曰文史类。
《楚辞》十六卷(楚屈原等撰)
洪兴祖《补注楚辞》十七卷
……
右别集类一千八百二十四部,二万三千六百四卷。

◎艺文八

孔逭《文苑》十九卷
萧统《文选》六十卷(李善注)
……
右文史类九十八部,六百卷。
凡集类二千三百六十九部,三万四千九百六十卷。

据中华书局1977年版《宋史》

明 史

〔书名〕

明史,一部纪传体的史书,是二十四史中的最后一部。顺治二年五月,清廷组成《明史》的纂修人员。全书记载了从明太祖洪武元年(1368)到明思宗崇祯十七年(1644)共277年的明朝历史。

〔作者〕

张廷玉(1672—1755),字衡臣,号研斋,安徽桐城人,清朝保和殿大学士、吏部尚书、军机大臣、太保,封三等伯,历三朝元老,居官五十年。曾参与编纂《平定朔北方略》、《御选咏物诗》、《佩文韵府》,并充《明史》《四朝国史》《三朝实录》《大清会典》《治河方略》《皇清文颖》《玉牒会典》总纂官。

〔体例与内容〕

《明史》共三百三十二卷,包括本纪二十四卷,志七十五卷,列传二百二十卷,表十三卷。记载了自朱元璋洪武元年(1368)至朱由检崇祯十七年(1644)二百多年的历史。其卷数在二十四史中仅次于《宋史》,但其修纂时间之久,用力之勤却大大超过了以前诸史。修成之后,得到后代史家的好评,认为它超越了宋、辽、金、元诸史。清史学家赵翼在《廿二史札记》卷31中说:"近代诸史自欧阳公《五代史》外,《辽史》简略,《宋史》繁芜,《元史》草率,惟《金史》行文雅洁,叙事简括,稍为可观,然未有如《明史》之完善者。"

在二十四史中,《明史》以编纂得体、材料翔实、叙事稳妥、行文简洁为史家所称道,是一部水平较高的史书。这反映出编者对史料的考订、史料的运用、对史事的贯通、对语言的驾驭能力都达到较高的水平。虽然它的篇幅在二十四史中仅次于《宋史》,但读者并不感到冗长而生厌。

为补《明史》记述之不足,后人陆续有些补编之作。如刘廷燮的《建文逊国之际月表》,黄大华的《明宰辅考略》和《明七卿考略》,吴廷燮的《明督抚年表》,傅以礼的《残明宰辅年表》和《残明大统历》等,都收在《二十五史补编》中。

〔版本〕

乾隆四十二年,清朝继改修《明史》本纪后,又以于敏中、钱汝为等为总裁,考证明史,但未刊行。光绪时,户部侍郎王颂蔚入值军机,得见考证明史之稿本、正本和进呈本,已多残缺不全。王颂蔚将其整理汇编,成《明史考证攟逸》四十二卷,民国五年(1916)收入《嘉业堂丛书》。现通行的《明史》版本是乾隆四年的武英殿原刊本,1974年中华书局又据以校勘、标点,铅印出版。

明史·艺文志（节选）

【导读】

《明史·艺文志》四卷，出目录学名家黄虞稷之笔。黄虞稷撰有《千顷堂书目》，于目录之学甚为博知。《艺文志序》另出倪灿之手，文中申明本志体例，仅录有明一代名家著述，此与前史不同。"前史兼录古今载籍，以为皆其时柱下之所有也。明万历中，修撰焦竑修国史，辑《经籍志》，号称详博。然延阁广内之藏，竑亦无从遍览，则前代陈编，何凭记录，区区掇拾遗闻，冀以上承《隋志》，而赝书错列，徒滋讹舛。故今第就二百七十年各家著述，稍为厘次，勒成一志。凡卷数莫考、疑信未定者，宁阙而不详云。"

自《汉书·艺文志》、《隋书·经籍志》之修，搜罗历代图书，考其存亡，为目录学整理之大功业。《明史·艺文志》不采用此种修纂方法，专取有明一代之书，似简而实详，确是颇有用心者。然智者百虑，不免一失，如其著录邓名世《古今姓氏书辨证》四十卷，乃宋人之作，以其体例而论，必为误录之书。

《明史·艺文志》四卷，依经、史、子、集排述。一曰经，共十类：《易》、《书》、《诗》、《礼》、《乐》、《春秋》、《孝经》、《诸经》、《四书》、《小学》。二曰史，共十类：正史、杂史、史钞、故事、职官、仪注、刑法、传记、地理、谱牒。三曰子，共十二类：儒家、杂家、农家、小说家、兵书、天文、历数、五行、艺术、类书、道家、释家。四曰集，共三类：别集、总集、文史。其经部收书目九百零五部，史部一千三百十六部，子部九百七十部，集部一千三百九十八部，共计收书四千五百八十九部。虽然并未能将有明一代图书尽收其中，仍不失为一大功绩，而为了解明代目录书籍之不可少者。

◎艺文一

明太祖定元都，大将军收图籍致之南京，复诏求四方遗书，设秘书监丞，寻改翰林典籍以掌之。永乐四年，帝御便殿阅书史，问文渊阁藏书。解缙对以尚多阙略。帝曰："士庶家稍有余资，尚欲积书，况朝廷乎？"遂命礼部尚书郑赐遣使访购，惟其所欲与之，勿较值。北京既建，诏修撰陈循取文渊阁书一部至百部，各择其一，得百柜，运致北京。宣宗尝临视文渊阁，亲披阅经史，与少傅杨士奇等讨论，因赐士奇等诗。是时，秘阁贮书约二万余部，近百万卷，刻本十三，抄本十七。正统间，士奇等言："文渊阁所贮书籍，有祖宗御制文集及古今经史子集之书，向贮左顺门北廊，今移于文渊阁、东阁，臣等逐一点勘，编成书目，请用宝钤识，永久藏弆。"制曰"可"。正德十年，大学士梁储等请检内阁并东阁藏书残阙者，令原管主事李继先等次第修补。先是，秘阁书籍皆宋、元所遗，无不精美，装用倒摺，四周外向，虫鼠不能损。迄流贼之乱，宋刻元镌胥归残阙。至明御制诗文，内府镂板，而儒臣奉敕修纂之书及象魏布告之训，卷帙既夥，文藻复优，当时颁行天下。外此则名公卿之论撰，骚人墨客一家之言，其工者深醇大雅，卓卓可传。即有怪奇驳杂出乎其间，亦足以考风气之正变，辨古学之源流，识大识小，掌故备焉。挹其华实，无让前徽，可不谓文运之盛欤！

四部之目，昉自荀勖，晋、宋以来因之。前史兼录古今载籍，以为皆其时柱下之所有也。明万历中，修撰焦竑修国史，辑《经籍志》，号称详博。然延阁广内之藏，竑亦无从遍览，则前代陈编，何凭记录，区区掇拾遗闻，冀以上承《隋志》，而赝书错列，徒滋讹舛。故今第就二百七十年各家著述，稍为厘次，勒成一志。凡卷数莫考、疑信未定者，宁阙而不详云。

经类十：一曰《易》类，二曰《书》类，三曰《诗》类，四曰《礼》类，五曰《乐》类，六曰《春秋》类，七曰《孝经》类，八曰诸经类，九曰《四书》类，十曰小学类。

朱升《周易旁注前图》二卷、《周易旁注》十卷

梁寅《周易参义》十二卷

赵汸《大易文诠》八卷

....

右《易》类，二百二十二部，一千五百七十卷。

明太祖注《尚书洪范》一卷（帝尝命儒臣书《洪范》，揭于御座之右，因自为注。）

仁宗《体尚书》二卷（释《尚书》中《皋陶谟》、《甘誓》、《盘庚》等十六篇，以讲解更其原文。）

....

右《书》类，八十八部，四百九十七卷。

周是修《诗小序集成》三卷

梁寅《诗演义》八卷，《诗考》四卷

....

右《诗》类，八十七部，九百八卷。

方孝孺《周礼考次目录》一卷

何乔新《周礼集注》七卷，《周礼明解》十二卷

....

右《礼》类，一百七部，一千一百二十一卷。

湛若水《古乐经传全书》二卷

张敔《雅乐发微》八卷，《乐书杂义》七卷

....

右《乐》类，五十四部，四百八十七卷。

《春秋本末》三十卷（洪武中，懿文太子命宫臣傅藻等编。）

赵汸《春秋集传》十五卷，《附录》二卷，《春秋属辞》十五卷，《左传补注》十卷

....

右《春秋》类，一百三十一部，一千五百二十五卷。

宋濂《孝经新说》一卷

孙贲《孝经集善》一卷

....

右《四书》类五十九部，七百十二卷

危素《尔雅略义》十九卷

李文成《博雅志》十三卷
....

右小学类,一百二十三部,一千六十四卷。

◎艺文二

史类十:一曰正史类,编年在内。二曰杂史类,三曰史钞类,四曰故事类,五曰职官类,六曰仪注类,七曰刑法类,八曰传记类,九曰地理类,十曰谱牒类。

明《太祖实录》二百五十七卷(建文元年,董伦等修。永乐元年,解缙等重修。九年,胡广等复修。起元至正辛卯,讫洪武三十一年戊寅,首尾四十八年。万历时,允科臣杨天民请,附建文帝元、二、三、四年事迹于后。)

《日历》一百卷(洪武中,詹同等编,具载太祖征讨平定之绩,礼乐治道之详。)

《宝训》十五卷(《日历》即成,詹同等又请分类更辑圣政为书,凡五卷。其后史官随类增至十五卷。)
....

右正史类一百十部,一万二百三十二卷

刘辰《国初事迹》一卷

俞本《记事录》二卷
....

右杂史类,二百十七部,二千二百四十四卷。

杨维桢《史义拾遗》二卷

范理《读史备忘》八卷
....

右史钞类三十四部,一千四十三卷

....

《集礼》五十卷(洪武中梁寅等纂修。初系写本,嘉靖中,诏礼部校刊。)

《孝慈录》一卷(宋濂等考定丧服古制为是书,太祖有序。)
....

右仪注类五十七部,四百二十四卷。

《大明律》三十卷(洪武六年,命刑部尚书刘惟谦详定。篇目皆准唐律,合六百有六条。九年复厘正十有三条,余仍故。)

《更定大明律》三十卷(洪武二十八年,命词臣同刑官参考比年律条,以类编附,凡四百六十条。)
....

右刑法类,四十六部,五百九卷。
....

《大明志书》(洪武三年诏儒士魏俊民等类编天下州郡地理形势、降附颠末为书。卷亡。)

《寰宇通志》一百十九卷(景泰中修。)
....
右地理类,四百七十一部,七千四百九十八卷。

《天潢玉牒》一卷,《宗支》二卷(男女各一册),《宗谱》一卷,《主婿谱牒》一卷(已上皆明初修。)

朱睦㮮《帝系世表》一卷,《周国世系表》一卷,《周乘》一卷,《镇平世系录》二卷
....
右谱牒类,三十八部,五百四卷。

◎艺文三

子类十二:一曰儒家类,二曰杂家类(前代艺文志列名法诸家,然寥寥无几,备数而已。今总附杂家),三曰农家类,四曰小说家类,五曰兵书类,六曰天文类,七曰历数类,八曰五行类,九曰艺术类(医书附),十曰类书类,十一曰道家类,十二曰释家类。

《圣学心法》四卷(永乐中编,为类四:曰君道、臣道、父道、子道。成祖制序。)

《性理大全》七十卷(永乐中,既命胡广等纂修《经书大全》,又以周、程、张、朱诸儒性理之书类聚成编。成祖制序。)
....
右杂家类,六十七部,二千二百八十四卷。

刘基《多能鄙事》十二卷

周定王《救荒本草》四卷
....
右农家类,二十三部,一百九十一卷。

《永乐大典》二万二千九百卷(永乐初,解缙等奉敕编《文献大成》既竣,帝以为未备,复敕姚广孝等重修,四历寒暑而成,更定是名。成祖制序。后以卷帙太繁,不及刊布,嘉靖中,复加缮写。)

张九韶《群书备数》十二卷

袁均哲《群书纂数》十二卷,《类林杂说》十五卷(杨士奇《文籍志》云明初人所编。)
....
右类书类,八十三部,二万七千一百八十六卷。

《道藏目录》四卷

《道经》五百十二函
....
右道家类,五十六部,二百六十七卷

《释藏目录》四卷

《佛经》六百七十八函
....

右释家类,一百十五部,六百四十五卷。

◎艺文四

集类三:一曰别集类,二曰总集类,三曰文史类。
《明太祖文集》五十卷,《诗集》五卷
《仁宗文集》二十卷,《诗集》二卷
....
右别集类,一千一百八十八部,一万九千八百九十六卷。
《历代名臣奏议》三百五十卷(永乐中黄淮等奉敕纂辑。)
王恕《历代谏议录》一百卷
谢铎《赤城论谏录》十卷(铎与黄孔昭同辑天台人文之有关治道者,宋十人,明六人。)
....
右总集类,一百六十二部,九千八百一十卷
《诗学梯航》一卷(宣德中,周叙等奉敕编。)
宁献王《癯仙文谱》八卷,《诗谱》一卷,《诗格》一卷,《西江诗法》一卷
宁靖王奠培《诗评》一卷
....
右文史类,四十八部,二百六十卷。

据中华书局 1974 年版《明史》

国史经籍志

〔书名〕

万历二十二年(1594),大学士陈于陛建议修国史,欲焦竑专领其事,竑逊谢,乃先撰经籍志。

〔作者〕

焦竑(1540—1620),字弱侯,号漪园,又号澹园。江宁(今南京)人。万历十七年(1589)以殿试第一名而授翰林院修撰。后任东宫讲官,万历二十五年(1597)被张位等人弹劾,贬为福宁州(今福建霞浦县)同知,次年,又被降级,遂辞官归家。后虽一度被用,任南京国子监司业,但其懒于官场,专心从事著述,并曾讲学于崇正书院。

焦竑博及群书,曾集书万卷,自经史至稗官、杂说,"无不淹贯","善为古文,典正驯雅,卓然成名家"。他与耿定向、耿定理、李贽交注甚密,且笃信李贽之学。认为"佛学即为圣学",对王阳明的辟佛之语,多加驳斥,力图调和儒佛思想,时人以禅学讥讽之。

万历四十八年(1620),焦竑逝世,享年80岁。死后追谥文端。他一生著述甚丰,传世的著作达三十余种,其中史学著作有《献征录》120卷、《熙朝名臣实录》27卷、《逊国忠节录》4卷、《国史经籍志》6卷、《玉堂丛语》8卷、《皇明人物考》6卷、《京学志》8卷、《词林历官表》3卷,此外尚有汇录大量考史笔记的《焦氏笔乘》6卷和《续笔乘》8卷等。

〔体例与内容〕

《国史经籍志》,通史式史志目录,六卷。本书体例多遵《隋书·经籍志》,各类皆有小序,以明分类之旨。而其分类方法,又参考《通志·艺文略》,全书含经部11类、史部15类、子部17类、集部5类。附录"纠缪"1卷,条举汉、隋、唐、宋各史志及《崇文总目》等8部书目之分类错误。

《国史经籍志》以"类例不立则书亡"为指导思想,重分类,不以书之存佚为主。于经史子集四部之前立"制书"类,收御制及中宫著作、记注、时政、敕修诸书。著录之书多抄自旧书目,《四库全书总目》以为"不足凭"。《国史经籍志》以类代部,分制书类、经类、史类、子类、集类等五大类,其具体类目体系如下:

- 制书类:御制、中宫御制、勅修、纪注时政等四子目,末仅有一小序。
- 经类:易、书、诗、春秋、礼、乐、孝经、论语、孟子、经总解、小学等十一子目,各子目后,皆有小序。
- 史类:正史、编年、霸史、杂史、起居注、故事、职官、时令、食货、仪注、法令、传记、地里、谱牒、簿录等十五子目,各子目后,皆有小序。
- 子类:儒家、道家、释家、墨家、名家、法家、纵横家、杂家、农家、小说家、兵家、天文家、五行家、医家、艺术家、类家等十六子目,各子目后,皆有小序。惟天文家分天文及历数,并有小序,故十六子目而有小序十七篇。

・集类:制诏、表奏、赋颂、别集、总集、诗文评等六子目,除诗文评无小序外,其余子目之后,皆有小序。

・附录:纠缪,凡汉艺文志、隋经籍志、唐艺文志、唐四库书目、宋艺文志、崇文总目、郑樵艺文略、晁氏读书志、马瑞临经籍考等九家书目,其分类隶属不当者,或书名卷数记载缪误者,或作者误举者,并有正确的纠正。

〔版本〕

《国史经籍志》自万历三十年首次刊刻到清末至少已有20多种版本。其中主要的有万历三十年陈汝元函三馆刻本、万历末年涂象耘曼山馆刻本、清顺治二十九年抄本、雍正六年《古今图书集成》本、伍崇曜《粤雅堂丛书》本、光绪十六年上海同文书局石印本,以及曹琰、卢文弨等多种名家抄本。

国史经籍志・序(节选)

【导读】

自书契以来,靡不以稽古右文为盛节,见于方策可考已。我太祖高皇帝伐燕,首命大将军收秘书监图书及太常法服、祭器、仪象、版籍,即定燕,复诏求四方遗书。永乐移都北平,命学士陈循摹文渊阁书以从。且辎轩之使,四出搜讨。其时睿藻宸章,既悬象魏,而延阁、广内之藏,如触目琳琅,莫可注视,何其盛也。累朝通集库、皇史宬,所在充轫,而宣德以来,世际升平,笃念文雅,广寒、清暑二殿及东西琼岛,游观所至,悉置坟典。迨鸡林、土蕃遣使求书,文教远播,直与奎壁日月激冲光明,而委宛羽陵之有,方之蔑如矣。由此观之,运祖则铅椠息,治盛则典策兴,盖不独人主风尚系之,而世道亦往往以为候,可无志哉! 刘歆《七略》类例精已,荀勖乃更著《新录》,析为四部,合兵书、术数、方伎于诸子;《春秋》之内,别出《史记》;经子文赋,一仍其旧。由近世史籍猥众,若循《七略》,多寡不均,故谢灵运、任昉悉以勖例铨书,良谓此也。今以所录,亦准勖例,以当代见存之书,统于四部,而御制诸书,则冠其首焉。史官焦竑序。

◎各类叙

制书类 御制,中宫御制,敕修,记注时政。

古之圣哲,无意于文也,理至而文从之,如典谟、训诰是已。然或谓皋、夔、旦、奭代为属笔,盖间有之。若梁武、唐文,赡于辞学,至与寒畯之士,兢为雕虫,何其小也。我圣祖投戈讲艺,间有撰造,朝出九重,暮行四海,风动草偃,晓然如推赤心置于人腹中,窃伏而读之,亹亹乎如家人父子提耳以命,惟恐其不尽也;如导师之于弟子,惟恐其不达也。书之赞敷言曰:天子作民父母,以为天下王。嗟乎,此非真有父母之心者,敦能为之? 而文殆不足言矣。虽然,迹其震越辉煌,魁奇硕大,虽以凌跨百代而轶驾三王,其何让之有? 列圣代兴,著作相望,今备列首篇。至于辞苑之编摩,一禀指授,私家之纪载,识其小大,莫不有文武之道焉。咸缀末简,以资宪章。

经类 易、书、诗、春秋、礼、乐、孝经、论语、孟子、经总解、小学。

易:古易、石经、章句、传注、集注、疏义、论说、例、谱、考正、数、图、音、纖纬。

蜀张生有言:《连山》,天易也;《归藏》,地易也,有法数而未有书;《周易》,人易也,始有书矣,而未详于义也。商瞿受《易》孔子,五传而至田何,虽有异家,一以象数为宗。自王弼之说出,阴阳、占筮,皆视为术数之流,而《易》晦矣。子曰:《易》有圣人之道四焉,非直以其辞而已。盖尝譬之,象数者,水之源,木之本也。卦有定名,则水出木生,而某水某木可知已。六爻,则其派与枝叶也。派之通塞,枝叶之华悴,则爻之吉凶也。辞,则水之经,木之本也。学者执经与谱,而不复寻其源本,谓学《易》,可乎?世儒王主理,郑主象,二家局见,今古所同,顾承学左袒王氏者为多,由象无筌蹄可寻,而理则管蠡可测,折杨黄华,嗑然而笑,无足怪也。今并列于篇,以俟采择。

书:石经、章句、传注、集解、疏义、问难、图谱、名数、音、纬候。

古者言为《尚书》,事为《春秋》,盖左右二史分职之。秦置尚书,禁中通章奏;汉诏命在尚书,主王言;故秦汉因以名官。《七略》曰:《尚书》,直言也。而以为上古之书者,失之矣。始伏生授晁错书二十八篇。汉魏数百年间,诸儒所治仅此耳。至东晋梅赜增多二十五篇,即所称壁藏书也。考《汉志》有古经十六卷,以其后出,别于经,不以相淆,其慎如此。唐人不能深考,猥以晚晋杂乱之书,定为义疏,而汉魏专门之学,遂以芜废。近吴幼清叙录一出,乃悉还伏生之旧。而赵子昂、归熙甫之流,各著为书,靡不悬合,盖涣然有当于心。夫古书殽于后人,至不可胜数,其文辞格制之异,固可望而知也。朱元晦尝深疑之,而未及是正。今学官既有著令,学士大夫往往循习不辨,遂使唐虞三代之遗,掇拾于故老者,尽乱于伪人之手而不觉,可胜惜哉!故于胪列诸家而特著其事,俟广石渠、白虎之义者,有所考镜焉。

诗:石经、故训、传注、义疏、问辨、统说、名物、图谱、音、纬。

诗三百十一篇,亡其辞者六。考之《仪礼》,皆笙诗也。笙诗有谱以记音节,而无其辞,非轶之也。春秋诸侯卿大夫赋诗道志,率无所择,至考其入乐,自邶迄豳,无一在数。享之用《鹿鸣》,乡饮酒之笙《由庚》《鹊巢》射之奏《驺虞》《采蘋》靡匪雅与南也。然后知南、雅、颂之为乐无疑矣。故曰:以雅以南,以籥不僭。季札观舞象箾南籥者,南籥,二南之籥也。箾,雅也,象舞,颂之《维清》也。《文王世子》又曰"胥鼓南",则南之为乐益明已。窃尝论他经可以诂解,而诗当以声论,后世不得其声,而独辞之知。韩、毛诸家于鸟兽虫鱼之细,竭力以争,而问其音节,不能解也。古者审声以知治,作乐以成教者,其亦几于绝矣。夫以声感者于性近,而以义求者离性远,学诗而不知此也,与耳食何异?今录其见存诸编,令学者与乐部类而观焉。

春秋:石经、左氏、公羊、谷梁、通解、诘难、论说、条例、图谱、音、纬、外传。

孔子西观周室,令子夏等十四人求周史记,得诸国宝书,而《春秋》作焉。秦虙曰:书非史记周图,仲尼不采,其自谓述而不作也。以此汉初博士,唯公羊一家,宣帝益以谷梁,至平帝时左氏始立。大抵左氏传事不传义,是以详于史而事未必覈,公、谷传义不传事,是以详于经而义未必当。及乎后儒,保残守陋,往往主传而宾经,失乃弥甚。夫圣人之作经,岂冀有三子者为之传耶？无三传，经遂不可明耶？善乎赵鹏飞之言：学者当以无传求《春秋》，不可以有传求《春秋》。得之矣。说经者总若干家，而余得并列于篇。

礼类：周礼、仪礼、丧服、二戴礼、通礼。

汉初，礼经出鲁淹中，河间献王得而奏之，乃高堂生独传十有七篇，即今之《仪礼》也。后苍从堂讲业，寻以授戴德兄弟及沛人庆普。后三家益微。郑玄明小戴之学，自为之注，书乃盛行。《丧服》一篇，相传出于子夏，而献王又从李生得《周官》书，以《冬官》阙，取《考工记》足成之，顾不知《冬官》未尝阙也。盖冢宰六属，属六十，今冬官之数才二十八，而五官数各有羡，天官六十有三，地官七十八，春官七十，夏官六十九，秋官六十六，遗编断简，错出乃尔。取其羡数还之冬官，不独百工得归其部，而六官伪舛，因可类考，亦足快矣。《仪礼》多轶，永乐中，御史刘有年献《逸经》十有八篇，时未加表章，旋就湮没。夫以古经出千百世之后，而不为宝惜，刘歆所谓杜道馀灭微学，宁独汉人而已。余深慨之，特附著于篇，令好古者有所闻焉。

乐类：乐书、歌辞、曲簿、声调、钟磬、管弦、舞、鼓吹、琴。

《汉志》以礼乐著之六艺，皆非孔氏之旧也。然今所传三礼，为汉遗书，而乐六家者，不可复睹矣。窦公《大司乐》章，既见于《周礼》，河间献王之《乐记》，亦录于小戴，则古乐已不复有书，而诸史相沿，至取乐府教坊琵琶羯鼓之类，以充乐部，而欲与圣经埒，可乎？虽然，今之乐犹古之乐也。儒者睹礼乐崩坏，痛为惋惜，不知贾人之铎，谐黄钟之律；庖丁之刀，中桑林之舞。牧童之吹叶，闺妇之鸣砧，悉闇与音会，乐固未尝亡也。宋李照、胡瑗改铸钟磬，冀还之古。蜀人房庶盖深非之，谓上古气与声朴，后世稍稍更易，而其意自存。金石、钟磬也，易为方响；丝竹、琴瑟也，易为筝笛。匏，笙也，攒之以斗。埙，土也，变而为瓯。击鼓而为革，贯板而为木，于用亦甚适已，泥者必指庙乐镈磬镈钟为正，而斥谓胡部、卤部为淫，是欲反杯盂于俎豆，更榻桉为簟席，亦何益哉！藉令由今之器，寄古之声，去其恣懑靡曼，而一归雅正，非识礼乐之情者不能也。语具乐志中，今备录其书，以俟考定。

孝经：古文、传注、义疏、考正、外传、音、纬。

孔子为曾子言孝道，门人录之，谓之《孝经》。遭秦燔书，为河间颜芝所藏。汉除挟书律，芝子贞始出之。长孙氏、江翁、后苍、翼奉、张禹所说，皆十八章，后复出古文二十二章。刘向比量二本，除其烦惑，仍以十八章为定。五代兵燹，二本旧注多轶。周显德中，新罗献别序《孝经》，至邢昺乃合元行冲所疏为正义以行。顾圣言简严易直，而天人之道备，非一家所能究也。故并著之，而以纬书缀于篇末。

论语：古文、正经、传注、疏义、辨正、名氏谱、音释、续语、专纪、庙典。

《论语》，孔子应答弟子、时人语，而柳宗元以为曾子之门人记之者也。《物理论》曰：《论语》，圣人之至教，王者之大化，砥行之卓范，造性之微言。《乡党》则有朝廷聘享之礼；《尧曰》则有禅代之事，亹亹乎无弗备矣。汉初有齐鲁二家，张禹本授《鲁论》，晚讲《齐论》，因合而考之，除去《齐论》问王、知道二篇，从《鲁论》二十篇为定。当世重之。后有孔安国、马融、郑玄、陈群、王肃、周生烈、何晏之流为注疏者数十家。近代疏解，至不可殚述。蠡测管窥，时有所中，不可芟废也。今悉著之，而他仲尼遗言类附于篇。

孟子：

孟子著书，崇仁义，叙万类，赵岐所称帝王公侯遵之，可以致隆平，颂清庙；卿士大夫蹈之,可以尊君父,立忠信;守志历操者仪之,可以崇高节,抗浮云。非虚也。前史夷于诸子,莫为甄别。孝文时与《论语》、《孝经》、《尔雅》同置博士,其识卓矣,而旋即罢去。赵宋设科,《语》《孟》并列,注疏之家,常相表里,学者咸尊曰孔孟,不能为轩轾也。其外书四篇,不能闳深,疑为后人所假托,今废不存。

经总解:

孔子手自删述者,六艺而已。唐定注疏,始为十三经,宋改九经,国朝罢《周官》、《仪礼》、《孝经》、《春秋》三传不立;而以四子五经制诏颁行之。盖不欲以脱遗影响之文,疑误来者,而令归雅正,厥意美矣。汉石渠、白虎大集名儒,讲议经术,时称独盛。我朝笃意儒雅,方驾汉代而不啻过之。《书》与《春秋》,圣祖亲相指授,作为成书。至永乐中,又悉为大全,播于黉序。念北方书籍鲜至,时优赐之。文教彬彬,风行雷动,有不奋兴于学者,非夫也。故诸经著述,日新月盛。今与前籍既部分之,而贯穿群言难于离析者,别为总解,以附此篇。

小学:尔雅、书、数、近世蒙书。

古者八岁入小学,习六甲、四方与书数之众,成童而授之经。迨其大成也,知类通达,靡所不晰,而小学始基之矣。《尔雅》津涉九流,标正名物,讲艺者莫不先之,于是有训故之学。文字之兴,随世转易,讹舛日繁。三苍之说,始志字法,而《说文》兴焉,于是有偏傍之学。五声异律,清浊相生,孙炎、沈约始作字音,于是有音韵之学。保氏以数学教子弟而登之,重差、夕桀、勾股与九章并传,而乡三物备焉,于是有算数之学。盖古昔六艺,乘其虚明,肆之以适用,而精神心术之微寓焉矣。古学久废,世儒采拾经籍格言,作为小学以辅亡。夫昔人所叹,谓数可陈而义难知;今之所患,在义可知而数难陈。孰知不得其数,则影响空疏,而所谓义者可知已。顾世所显行,不能略也。今悉次于篇,以备小学。

史类　正史、编年、霸史、杂史、起居注、故事、职官、时令、食货、仪注、法令、传记、地里、谱牒、簿录。

正史:《史记》、汉、后汉、三国、晋、宋、齐、梁、陈、后魏、北齐、后周、隋、唐、五代、宋、辽、金、元、通史。

古天子诸侯必有国史,以纪时事。孔子西观周室,论史记旧闻,兴于鲁而作《春秋》,其迹可考已。嬴秦史职放绝。汉兴,马《记》班《书》,始变编年之体,后之为史者祖之。顾二子皆因父业,绪而成书,况迁既收功于商毅,固仍丐馥于逵歆。语云"千金之裘,非一狐之腋",非虚言也。继是作者代兴,胜劣互异,然莫不钩深故府,囊括辞林,一代兴衰,赖以考见。傥谓迁、固亡而无史学,不亦谬乎?《汉志艺文》,原无史部,但以列于《春秋》。近世史籍日多,述作异体,总之成一家之言,难于附载也。辄依其世次,叙而缀之,以备正史。

编年:古魏史、两汉、魏、吴、晋、宋、齐、梁、陈、后魏、北齐、隋、唐、五代、宋、运历、纪录。

述史者,体有不一,而编年、纪传其概也。编年者,以年系事,详一国之治体,盖本左氏。纪传者,以人系事,详一人之事迹,盖本史迁。大较各有所长,而编年为古矣。何者纪、表、志、传,自为篇章,不无烦复,故萧颖士谓子长创为,不合典训,尝深非之。然左氏依经为传,而《国语》一书,国别事殊,或越数十年而竟其义,亦知事词散出,难于缀属,而自相错综如此矣。荀悦、袁宏、干宝、褚袞之著作,一程《春秋》。乃若《通鉴》,一编,通群哲之归趣,总百代之离词,虽其涉津九流,钤键六艺,而实王侯之龟镜,经济之潭奥也。今取其体裁相近者,并列于篇,以具当代得失之林焉。

霸史：孔子卜阳豫之卦，刳心著作，集百二十国书而成《春秋》。然则古者国皆有史，不独天子矣。《周礼》，外史掌四方之事，达四方之志。诸侯之书，则书国中之事，以达于王朝者也。而天子又时巡以内之内史以董之，故列国之史，多藏周室。孔子观于周，而论次史记，其采撷者宏已。后世史学中绝，唯一统之代，率修阙文，备观听。至于群雄割据，多未暇纂述之事也。然或推奉正朔，或假窃名号，其匡定之伟略，制驭之密谋，不无可观者。当时方闻之士，私相缀述，以示劝戒，盖往往有之。通人达士，必博采广览，以酌其要。故备而存之，谓之霸史。

杂史：古杂史、两汉、魏、晋、南北朝、隋、唐、五代、宋、金元。

前志有杂史，盖出纪传编年之外，而野史者流也。古天子诸侯，皆有史官。自秦汉罢黜封建，独天子之史存。然或屈而阿世，与贪而曲笔，虚美隐恶，失其常守者有之。于是岩处奇士，偏部短记，随时有作，冀以信已志而矫史官之失者多矣。夫良史如迁，不废群籍，后有作者，以资采拾，奚而不可。但其体制不醇，根据疏浅，甚有收摭鄙细而通于小说者，在善择之而已。

起居注：起居注、实录、时政记。

史官记注时事，略有数等。书榻前之厝置，有时政记；载柱下之见闻，有起居注；类例则为会要，粹编则为实录。总之以待异日之采择，非正史也。昉于萧梁，历世靡缺。宜夫执简而书，尽由摭实，借箸之策，无不目睹。而来鹄于此乃有三叹焉。谓宰臣密画，史官不闻，次第周行，检录制奏，与冗吏同工而已。嗟乎！史者，当国之龟镜，万载之眉目也。以彼云谘波访，卷编刊笔，犹难胜其任，而顾令失职如此哉。会要列于故事，三者旧自为部，今合为一，而先后仍以类从云。

故事：

古者百司政典藏于官府，各修其职，守而弗忘。《周官》，御史掌治朝之法，太史掌万民之约契与质剂，以逆邦国之治。盖赋事行刑，必问遗训而咨故实，史职尚已。汉建武初，政鲜成宪，朝无故老，识者虑之。独侯霸明习故事，收录遗文，一时倚以为重。后世条流派别，制度渐广，虽未必悉能经远，而各有救于沦敝，亦一时之良也。惜随代湮没，十不一存。今据所传者，部而类之，谓之故事。

职官：

上世官修其方，故物不抵伏；后世弗安厥官，其方莫修，而职业举以放废。夫方者，书也。究其原本所思营者悉书之，法术具焉。令居是官者奉以周旋，古之制也。周官三百六十，属官各有书，小行人适四方，则物为一书至五书，盖将有行也。举必及三，惟始衷终，依据精审，斯其厝置也无不当者。今史策中《汉官解诂》《汉官仪》《晋公卿礼秩故事》《唐六典》，皆其类也。但官曹名品，撰录甚繁，其猥琐鄙细者，盖多有之。特删其存而可睹者为职官篇。

时令：

礼有之，夏时曰夏，四时之书也。其存者，《夏小正》是已。《月令》虽晚出，而实古之遗法。盖王政之施敛，民用之出藏，与夫摄养种植随俗嬉游，亦可考见承平之遗风。故其书代有作者，尝试丹青，众言恧几以睇四时，物色惨舒荣槁，粲然如将接之。而其宏巨者，虽以磅礴天地，呼吸阴阳，而成岁功，可也。前史类入农家，顾诸籍鳞次，非专为农设。今特立岁时一条,从《中兴馆阁》例云。

食货:货宝、器用、酒茗、食经、种艺、豢养。

《洪范》八政,食货先之,非先人所至急乎?顾自养之资少,役生之路繁,风流波荡,日以弥甚。于是明珠翠羽,无足而驰;异石奇花,飞不待翼。远畜未名之货,竞收罕至之珍,而一罹岁凶,卒无疗于饥渴,则何益矣。昔醇人未漓,情嗜疏寡,奉生赡己,差不为劳。一夫耕则馀餐委室,匹妇织而兼衣被体。鸡犬声闻,而老死不相往来,岂非圣人所深羡者乎?在投珠捐璧之主倡之而已。今编列诸籍,劝戒具存,谓之食货篇。

仪注:礼仪、吉礼、凶礼、宾礼、军礼、嘉礼、封禅、汾阴、诸祀仪、陵庙制、东宫仪、后仪、王国州县仪、会朝仪、耕籍仪、车服、谥、国玺、家礼祭仪、射仪、书仪。

孔子之适周也,于柱下史学礼焉,叹曰:"大哉圣人之道,洋洋乎礼仪三百,威仪三千。"而与弟子言仁也,曰:"克己以复礼。"盖宫室得其度量,鼎得其象,味得其时,乐得其节,车得其式,鬼神得其飨,丧纪得其序,辨说得其党,官政得其施,凡众之动得其宜,礼备而仁在矣。后世礼教放失,遗经出鲁淹中者,什不得一。然明君察相,因时立制,制定而民安之,即谓礼至今存,可也。汉兴,叔孙通、曹褒杂定其仪,唐宋以来,斟酌损益,代有不同。而适物观时,类有救于崩敝,亦何必身及商周,揖让登降于其间,乃为愉快乎哉!故具列而叙之。其谥法国玺,原出他部,余以谓礼之类也,特改而传著于篇。

法令:律、令、格、式、敕、总类、古制、专条、贡举、断狱、法守。

汉初,萧何定律令,张苍制章程,叔孙通定仪法,一代之制粲然矣。晋《令甲》九百馀卷,杜预、贾充删采其要,有律,有令,有故事,各还官府,傥所云章程者非乎?国家创制立法,莫重于此。史称魏相明经有师法,好观汉故事及便宜章奏,故知前事不忘,后事之师也,其可忽诸?旧史有刑法一目,而《汉名臣奏事》、《魏台杂访》、贡举、监学、役法,参错其间,近于不伦。今更名法令,以律令为首,而诸条皆检括之。其职官仪注,又以其重大别出云。

传记:耆旧、孝友、忠烈、名贤、高隐、家传、交游、列女、科第、名号、冥异、祥异。

古者史必有法,大事书之策,小则简牍而已。至于流风遗迹,故老所传,史不及书,则传记兴焉。如先贤、耆旧、高士、列女,代有其书,即高僧、列仙、鬼神、怪妄之说,往往不废也。夫以六经之文,皎如日月,诸家异学,说或不同,况乎幽人处士,岩居川观而以载当世之务者乎?然或具一时之所得,或发史官之所讳,旁搜互证,未必无一得焉。列之于篇,以广异闻。杂史、传记,皆野史之流,然二者体裁自异。杂史、纪志,编年之属也,纪一代若一时之事;传记,列传之属也,纪一人之事。外此若小说家,与此二者易溷而实不同,当辨之。

地里:地里、都城宫苑、郡邑、图经、方物、川渎、名山洞府、朝聘、行役、蛮夷。

古郡国计书,上于兰台,盖地志之属,往往在焉。《尚书》九州之志,谓之九邱。邱,聚也。言九州所有皆聚此书也。《周官》别山川,分圻界,条物产,辨贡赋,六卿分掌之,而总于冢宰。太史以典逆冢宰治其书,盖昔之史职如此。汉承百王之末,壤地变改,刘向始略言其分域。丞相张禹,使属颍川朱赣,条其风俗而宣究之,后世地志之滥觞也。挚虞《畿服经》至百七十卷,可谓备矣,而世罕传。后人因其所经,自为纂述,即未必成一家之体,而夷险之迹,区域之界,土风之宜,星经之分,考览者率有资焉。悉次左方,以补图经之缺。

谱系:帝系、皇族、总谱、韵谱、郡谱、家谱。

古为春秋学者,有年历谱谍。桓谭云:"太史公三代世表,旁行邪上,并效周谱。"则谱系所从来远矣。古小史主次第先王之世,昭穆之系,述其德行。瞍瞽主诵诗若世系,以戒劝人君。故《国语》曰:"工史书世系,宗祝书昭穆。"宗庙之有昭穆,以次世之长幼,等胄之亲疏,若此者。凡以教之世,而为之昭明德,废幽昏,其意远矣。江左以来,谱籍渐盛。太元中,贾弼笃好簿状,广集诸家,撰十八州百十六郡,合七百十二卷。凡诸大品,略无遗厥,斯为独备。嗣后刘湛、王俭、王僧孺、路敬淳、柳冲、韦述,世多称之。大抵周汉之敝,智役愚;魏晋之敝,贵役贱。甚至三公之子,傲九棘之家;黄散之孙,蔑令长之室。即至权力如父皇,不能夷崔干于寒畯,他可知也。迨至中叶,此风都废,公靡常产,士无旧德,冠冕舆皂,混然莫分,则又甚矣。夫氏族勋格,史之流例,故区而列之,以备览焉。

簿录:总目、家藏总目、文章目、经史目。

记有之,进退有度,出入有局,各司其局。书之有类例,亦犹是也。故部分不明则兵乱,类例不立则书亡。向、歆剖判百家,条纲粗立。自是以往,书名徒具,而流别莫分。官滕私楮,衷脱几尽,无足怪者。尝观老释二氏,虽历废兴,而篇籍具在,岂尽其人之力哉!二家类例既明,世守弥笃,虽亡而不能亡也。古今簿录,胜劣不同。郑樵弹射,不遗馀力。而伦类涠皷,或自蹈之,目论之讥,谁独能免?今备列之,而别为《纠缪》一卷,以附末篇。

子类 儒家、道家、释家、墨家、名家、法家、纵横家、杂家、农家、小说家、兵家、天文家、五行家、医家、艺术家、类家。

儒家:

子语子夏曰:"女为君子儒,无为小人儒。"天子诸侯曰君,卿大夫曰子。孔子非欲以此名也,冀以并包兼容而勿区区自营之谓也。子夏学不见大,而硁硁于言行之信果,此与细民何异。荀卿氏有言:儒耨耕不如农夫,斫削不如工匠,贩货不如商贾,谈词荐撙不如惠施、邓析。若夫商德而定次,量能而授官,使贤不肖皆得其位,能不能皆以官,万物得其宜,事变得其应,四海一家,归命辐凑,盖九流皆其用也,岂与小道曲学仅仅自名者同乎哉!史迁叙诸家,儒者才居其一,彼未得其真,而即所睹记者当之,故以寡要少功为诟病。嗟乎!此不敢以望子夏,何论君子。古今作者,言人人殊,稍为缀叙。而或不纯为儒也,亦备列之,殆益明儒之为大也已。

道家:老子、庄子、诸子、阴符经、黄庭经、参同契、诸经、传、记、论、杂著、吐纳、胎息、内视、导引、辟谷、内丹、外丹、金石药、服饵、房中、修养、科仪、符箓。

九流唯道家为多端。昔黄、老、列、庄之言,清净无为而已,炼养服食所不道也。赤松子、魏伯阳则言炼养而不言清静。卢生、李少君则言服食而不言炼养。张道陵、寇谦之则言符箓而不言炼养服食。迨杜光庭以来,至近世黄冠,独言经典科教,盖不惟清静之旨趣,懍焉无闻。而炼养服食之书,亦未尝过而问焉矣。而悉宗老氏,以托于道家者流,不亦谬乎?夫道以深为根,以约为纪,以虚极静笃为至。故曰:虚者道之常,因者君之纲。此古圣人秉要执中而南面无为之术也,岂有几于长生哉?然以彼翛然元览,独立垢梦之外,则乘云御雨,挥斥八极,超无有而独存,特馀事耳。昧者至弃本逐末,诞欺迂怪因而乘之,假托之书弥以益众。嗟乎!世惟卓识殚洽者,能辨学之正伪。彼方士非研精教典,独会于心,乌能知其纯驳,择善而从也。世行道藏,视隋唐宋著录,尤泛滥不经,今稍删次之如左。

释家:经、律、论、义疏、语录、偈、杂著、传记、塔寺。

世之与释氏辨者多矣,大抵病其寂灭虚无,毁形弃伦,而不可为天下国家也。夫道,一而已。以其无思无为谓之寂,以其不可睹闻谓之虚,以其无欲谓之静,以其知周万物而不过谓之觉,皆儒之妙理也。自儒学失传,往往束于形器见闻而不知其陋。一闻语上者,顾以为异说而咻之。昔齐国守其神圣之法,传世数百年,一旦田氏据国,并其神圣之法而盗之。徒知田氏之有齐,不知神圣之法,本齐之故物也。今之为儒佛辨者,大率类此。故学者与其拒之,莫若其兼存之,节取所长,而不蹈其敝,如雕题卉服之伦,合沓内向,而王者巍然,开明堂以临之,讵不足以明大一统之盛哉!视之遏巢曲防以封畛自域者,狭亦甚矣。汉初,佛未盛行,九流不载,至范蔚宗始述之。今琳宫梵宇,殆遍天下,不能使其泯泯也。故因其籍而删次以列于篇。

墨家:

墨氏见天下无非我者,故不自爱而兼爱也,此与圣人之道济何异?故贾谊、韩愈往往以孔、墨并名。然见俭之利而因以非礼,推兼爱之意而不殊亲疏,此其敝也。庄生曰:墨子虽独任,如天下何?其太觳而难遵,有以也。夫墨子死,有相里氏之墨,相芬氏之墨,邓陵氏之墨,世皆不传。《晏子春秋》旧列儒家,其尚同、兼爱、非乐、节用、非厚葬、久丧、非儒、明鬼,无一不出墨氏。柳宗元以为墨子之徒,尊著其事,以增高为己术者得之,今附著于篇。

法家:

古有九流,暨近世几于绝矣。而墨、纵横、名、法为甚,其篇籍多轶。以此,夫三家于理不衷,于用非亟,固也。至法也者,人君所以纪纲人伦,而遏绝乱略,顾可一日废哉!百家蜂起,皆率其私智,自附于圣人,以哗世而惑众,然其失由各奋其私智,而其长盖或出于圣人,在善用之而已。不然,骀衔委驭,四牡横奔,而欲以和銮节奏,救皇路之险倾,其可几乎?今仍列其书,以备法家。

名家:

名家之凡三:有命物之名,有毁誉之名,有况谓之名。盖古者名位不同,事实亦异。孔子曰:"必也正名乎。名不正则言不顺,言不顺则事不成。"论治者不覈其名实,御众课功,反上浮淫而诎功实,难以为国矣。晋鲁胜曰:荀卿、庄周,皆非毁名家,而不能易其论。有以也。至舛驳不中之失,并见于篇,俟博雅者折衷焉。

纵横家:

孔子曰:"诵诗三百,使于四方,不能专对,虽多,亦奚以为?"盖谓言有其道也。前代若吕相之绝秦,子产之献捷,鲁连倜傥以全赵,左师委曲而悟主,斯亦何恶于词哉!乃苏、张、罪首,得其术而以召败,非术之罪也。史言魏征谏诤,靡出弗从,而其初实学纵横,顾用之者如何耳。《战国策》或曰《国事》,或曰《短长》,或曰《事语》,或曰《长书》,前志列之史家,晁氏谓其纪事非尽实录,附于纵横者近是,今从之。

杂家:

《说文》,五采合曰杂,从衣,从集,佳聚木上,亦其义也。人情美绣而恶杂,顾绘事必兼五色,采色具而绣成。若之何其恶之。前史有杂家,譬之制锦然,巨细奇正,典常俶诡,并包兼总,而王治贯焉矣。微独诸子而有之。《易》之兴也,盖非其杂物撰德不备,皆是物也,第明天地之性,则神怪不能惑;知万物之情,则非类不能罔,虽昆虫水草,樝梨橘柚,缩唇涩齿,日陈于其前;恃以养生,则不能胜五谷也。在学者精择之而已。

农家:

圣王播百谷,劝耕稼,以足衣食,非以务地利而已。人农则朴,朴则易用,易用则边境安而主势尊。人农则少私义,少私义则公法立。人农则其产复,其产复则重流徙而无二心。天下无二心,即轩辕几蘧之理不过也。今大江以南,土沃力勤,甲于寓内;而斥卤瘠空,西北为甚。雨泽不时,辄倚耜而待槁;霆潦一至,龙蛇鱼鳖,且据皋隰而宫之,岂独天运人事有相刺戾哉!斯民皆窳偷惰而教率之者疎耳。古有农官,颛董其役,而田野不闢,则有让。播殖之宜,蚕缫之节,如管子、李悝之书多具之,惜不尽传,姑列其见存者于篇。

小说家:

张衡之赋二京也,曰"小说九百,本自虞初"。知古秘书所掌,其流实繁。班固列之诸家,见王治之悉贯,与小道之可观,其言韪已。何者?阴阳相摩,古今相嬗,万变拸起,嵬琐弔诡,不可胜原。欲一格以咫尺之义,如不广何。故古街谈巷议,必有稗官主之,譬之菅蒯丝麻,悉无捐弃,道固然也。余故仍列于篇。盖立百体而马系乎前,尝闻之蒙庄矣。

兵家:兵书、军律、营阵、兵阴阳、边策。

兵之兴也,或谓权舆于涿鹿。然紫太二垣,将卫环跱。将军羽林,梧枪旗弧。骑官陈车,铁钺精卒,靡不错列于经星之次。天垂象见吉凶,其来尚已。盖木行惟文,金行惟武。春序文,秋序武。经事文,纬事武。东西相反而不能相无也。代之下也,《司马法》废矣。然本阴阳者惟德胜。顺时日以制敌。尚伎巧者,习手足,便器械以立胜。识形势者,雷动风举,离合背向,务变化轻疾以信威。至委以铦刃而无瓦解之心,则壹禀于人和,谁能易之? 古法不同,具列篇籍,神而明之,存乎其人。

天文家:天文、历数。

天文:天象、天文总占、天竺国天文、星占、日月占、风云气候物象占、宝气。

天地之化运诸气,天地阴阳之气随乎时。圣人与时消息发敛,而常守乎平。出则育物,入则复命,千变万化,而不离乎出入之门。故能从八风之顺,守二极之中,而适八候之平也。盖五星有嬴缩圜角,日有薄蚀晕珥,月有盈亏侧匿之变。王政有违,天下祸福变移,所在皆应焉,其重如此。班史以日晕五星之属列天文,薄蚀彗孛之比入五行。夫七曜等耳,而分为二志,疑于不类,今一定为天文篇。

历数:正历、历术、七曜历、杂星历、刻漏。

古今善治历者三家:汉太初以钟律,唐大衍以蓍策,元授时以晷景。三者之中,晷景为近。而其久也类不能无忒。则随时刊定,不可不讲也。刘洪有言:"历不差不改,不验不用。"李文简叹为至言。顾必有专门之裔,明经之儒,精算之士,如班氏所称,乃足任之。有虞羲和,与四岳九官同重,而后世至以文史星历,介于卜祝之间。盖畴人子弟,贸贸然不测其原,抑已久矣。夫闰以正时,时以序事,事以厚生,其在《周官》,皆史职也。故录见存诸书为历数篇,以俟考焉。

五行家:易占、轨革、筮占、龟卜、射覆、占梦、杂占、风角、鸟情、逆刺、遁甲、太一、九宫、六壬、式经、阴阳、元辰、三命、相法、相笏、相印、相字、堪舆、易图、婚嫁、产乳、登坛、宅经、葬书。

古有大事,以八命赞三兆、三易、三梦之占。夫龟具阴阳四方之体,蓍备天地六子之象,泊然无欲也。乃梦则思为不作,而神与通之,占者以此明吉凶,征得丧,恶能匿诸。后世诸术繁兴,非尽古法,然风角、鸟占、堪舆、壬遁,与夫人伦、禄命之类,虽甚浮浅,皆得古人之一法,故巧发奇中,往往有之。旧史杂出,略无甄叙。今总列于五行,而其中又以类从焉。管辂有言:"物不精不为神,数不妙不为术,得数者妙,得神者灵。"而其卒也,弟发箧书,皆世所常有,叹曰:"世患无才,不由无书。"谅哉!

医家:经论、明堂针灸、本草、种采炮炙、方书、单方、夷方、寒食散、伤寒、脚气、杂病、疮肿、眼疾、口齿、妇人、小儿、岭南方。

医经昉于《素问》,经方原于《本草》,《七略》分二家,实王官之一守也。许嗣宗曰:"医,特意耳。"脉候幽而难明,吾意所解,口不能宣也。虚著方剂,于世何益。顾自六尘伐性,七窍移情,卫生亏摄,机速蹙痿。求缓龄于金液,假息于银丸,则五色所书,鸿宝所录,又可尽废耶? 第方匪对症,药或误人。语曰:疾不治,得中医。非虚言也。代历古今,篇籍猥众,今稍稍次之为医家。

艺术家:艺术、射、骑、啸、画录、投壶、奕棋、博塞、象经、樗蒲、弹棋、打马、双陆、打球、彩选、叶子格、杂戏。

《易》曰:"言天下之至赜而不可恶也。"昔曾子论道贵其大,而归笾豆于有司,以反本也。然语于道器之际则离,庄子至以稊稗瓦砾,悉名之道,其说靡矣。君子顾有取焉。故至人独禀全懿,而偏长小艺,足以当缓急而狎世机,亦取而折衷之,未尝恶其赜也。史有艺术篇,今甄列如前,傥所称犹贤乎已者乎。

类家:

流览贵乎博,患其不精;强记贵乎要,患其不备。古昔所专,必凭简策。综贯群典,约为成书,此类家所由起也。自魏《皇览》而下,莫不代集儒硕,开局编摩;乃私家所成,亦复猥众。大都包络今古,原本始终,类聚胪列之,而百世可知也。韩愈氏所称钩玄提要者,其谓斯乎。盖施之文为通儒,厝于事为达政,其为益亦甚巨已。前史有杂家,无类书,近代纂述丛杂,乃为别出。要之杂家出自一人,类书兼总诸籍,自不容溷也。他如《嘉祐谥法》、《淳熙孝史》、《乾道翰苑群书》,虽驰骋古今,而首尾一事,自归其部,此不复列云。

集类 制诏、表奏、赋颂、别集、总集、诗文评

制诏:

王者渊默黼扆,而风行乎四表,其唯制诏乎。故授官选贤,则气含风雨;诘戎燮伐,则威凛浡雷。肆赦而春日同温,敕法则秋霜比烈。盖文章之用极于此矣。两汉诏令,最为近古。然敕邓禹、侯霸,体例有乖,难于行远。武帝以淮南多士,属草相如,良有谓也。后世材者弗任,而任不必材,欲令腾义飞辞,而慑服遐迩,不可得已。顾王治人心,卜于纶绋,考览者不能废也。古惟诰誓,近有诏,有令,有制敕,有策书,名目小异,总为王言,今悉列之为制诏篇。

表奏:

古人臣言事,皆称上书。嬴秦改书为奏,至汉章奏表议,定为四品,其流一也。三代君臣,面相献替,而伊周书诰,已盈简牍。迨世益下,帝远堂高,所以披见情愫,觉寤主心者,赖有此耳。世称左雄、胡广,奏议第一,文举、孔明,志畅辞美,不独身文所在,抑亦国华系之,故足重也。世人经世无术,竞于诋诃;吹毛求瑕,次骨为庚。夫能阙礼门以悬规,标义路而植矩,自令踰垣者折肱,捷径者灭趾,亦何必躁言丑句,诟病为切哉。书曰:"辞尚体要。"体要并蟿,辞则何观。《汉志艺文》靡细不录。至于经国枢机,阙而不纂,乃各有故事,备于司存也。余恐随世遗失,特具列之,缀于制诏之次。

赋颂:

诗有赋比兴,而颂者,四诗之一也。后世篇章蔓衍,自开途辙,遂以谓二者于诗文,如鱼之于鸟兽,竹之于草木,不复为诗属,非古矣。屈平、宋玉,自铸伟辞;贾谊、相如,同工异曲。自此以来,递相师祖,即芜音累气,时或不无,而标能擅美,辉映当时者,每每有之,悉著于篇。语曰:"登高能赋,可以为大夫。"学者吟讽迴环,可以慨然而赋矣。

别集:

汉初著作,未以集名,梁阮孝绪始有《文集录》,《隋志》因之。至今众士慕尚,波委云属,不可胜收矣。顾兵燹流移,百不存一。以彼掉鞅辞场,风雨生于笔札,金璧耀乎简编,岂不谓独映一时,垂声千古哉!而一如烟云过眼,转盼以尽,以此知士之所恃,不在徒言也。然而名谈玮论,阐道济时者,盖间有之。今具列于篇,仍为别集。

总集:

古者人别为集,盖起于东汉。然轨辙不同,机杼亦异,各名一家之言。挚虞苦其凌杂,汇为《流别》,后世述之,因为总集,如昭明所选是已。昔人有言,文之辩讹,升降系焉。鉴之颇正,好恶异焉。作之固难,解亦不易。故长编巨轴,半就湮没,而其仅存者,又未尽雅驯可观,盖亦有幸不幸焉。今次其时代,总为此篇。

据中华书局 1985 年版《丛书集成初编》本

崇文总目

〔书名〕

景祐元年(1034),宋仁宗命翰林学士张观、李淑、宋祁等校定整理三馆与秘阁藏书,去芜存菁,刊其讹舛,编成书目。不久又命翰林学士王尧臣、聂冠卿、郭稹、吕公绰、王洙、欧阳修等人校正条目,讨论撰次,又仿唐代《开元群书四部录》,编列书目。历七年至庆历元年七月完成。庆历元年(1041)十二月,由翰林学士王尧臣上奏,赐名《崇文总目》。

〔作者〕

王尧臣(1003—1058),字伯庸,北宋应天府虞城(今河南省虞城县北)人。仁宗天圣五年(1027),丁卯科状元,授将作监丞,通判湖州。改秘书省著作郎,值集贤院。为三司度支判官,擢知制诰,同知通进银台司,提举诸司库务,入翰林为学士,知审官院,权三司使。转右谏议大夫,拜枢密副使,户部侍郎,为参知政事。工诗词,擅书,以文学名。仁宗景祐元年(1034)与王洙、欧阳修等,审定三馆及秘阁藏书,校正之前张观、李淑、宋祁等初定的条目,讨论撰次。又仿唐代《开元群书四部录》,编列书目。

〔体例与内容〕

《崇文总目》是北宋朝廷藏书的总目录,也是中国现存最早的一部官修目录,反映东京开封府(今河南开封)的昭文、史馆、集贤三馆(三馆新修书院称崇文院)及别贮禁中书籍的秘阁4处的藏书,由王尧臣、王洙、欧阳修等奉宋仁宗赵祯之命编制。

《崇文总目》共66卷,另有叙录1卷,有类序、解题,收书 3 445 部、30 669 卷。《崇文总目》上承唐代《开元群书四部录》之余绪,下启清代《四库全书总目》之先河,其间八百多年间,是唯一一部卷帙浩繁、体例完备的官修目录,并第一次将"道书类"、"释书类"立于子部之中。宋朝崇文三馆和秘阁曾多次失火,补缺多靠《崇文总目》。清初开四库馆,清儒自《永乐大典》等书辑出叙释。《四库全书总目》赞之"册府之骊渊,艺林之玉圃"。

《崇文总目》南宋起流行无序释的一卷本,至清代据《永乐大典》、天一阁藏本和《欧阳修集》等辑成12卷,收入《四库全书》史部目录类之首。嘉庆中钱侗等又成《辑释》本5卷,侗又别为《补遗》1卷,《附录》1卷。

〔版本〕

《崇文总目》今有《汗筠斋丛书》本、《粤雅堂丛书》本、《知不足斋丛书》本、《丛书集成初编》本、《缀学堂丛稿初集》本、《四部备要》本、《四部丛刊》本等。

中华书局1985年再版了《崇文总目》的《丛书集成初编》本。

北京现代出版社1987年出版《中国历代书目丛刊》本。

崇文总目(节选)

【导读】

本篇选录了钱侗所作的《崇文总目》"辑释小引"及各类叙。

《崇文总目》著录丰富、体例完备,每类有叙释即类序,每书有解题。部类有四部45类,著录书目30 669卷。《崇文总目》与《古今书录》、《旧唐志》类数相同,而类目则略有损益,如经部删去谶纬,因为这一类书入宋以后已经不传,经解则附入《论语》之中,小学则包有训诂;史部删去故事增加岁时;子部将历算分为算术、历数,天文析为天文占书、卜筮,合并经脉、医术为医书,新增道书、释书;集部去掉《楚辞》,另从总集分出文史。其馀则是类名略有改易,这些增改大都为后代的四部目录所沿用,其体例为后来的晁公武、陈振孙所效法。

《崇文总目》因篇帙繁多,牴牾之处自所难免,后代有所修订,如黄伯思《东观余论》摘17条,焦竑《国史经籍志》有22条。郑樵作《通志·艺文略》,建议废《崇文总目》之解题,更在《校雠略》中讥讽每书下的序释文繁无用。

目录

经部

易、书、诗、礼、乐、春秋、孝经、论语、小学

史部

正史、编年、实录、杂史、伪史、职官、仪注、刑法、地理、氏族、岁时、传记、目录。

子部

儒家、道家、法家、名家、墨家、纵横家、杂家、农家、小说、兵家、类书、算术、艺术、医书、卜筮、天文占书、历数、五行、道书、释书。

集部

总集、别集、文史

◎辑释小引

钱 侗

《崇文总目》六十六卷,宋翰林学士王尧臣等奉诏仿《开元四部录》为之。诸儒皆有论议,《通志·校雠略》尝讥其每书之下,据标类自见,不必一一彊为之说,使人意怠。朱锡鬯撰《经义考》及集中《总目跋》,遂断为绍兴中因郑渔仲之言,删去叙释。近人杭大宗跋颇辨之,谓马贵与、王伯厚生后夹漈百余年,而其书皆引证其说。嘉定时蔡骥刻《列女传》,首简亦引之,则知此书宋时原未有阙,后世传钞者,因其繁重删去。侗按此论诚是。然《郡斋读书志》、《直斋书录解题》著录已止一卷,陈伯玉所藏,且题曰绍兴改定,则二说皆未得矣。考绍兴十二年,权发遣盱眙军向子固言,乞下本省,以唐《艺文志》及《崇文总目》所阙之书,注阙字于其下,付诸州军照应搜访,见于《续宋会要》。盖因书中著说有云:阙某卷某篇,或

阙若干卷若干篇。散见解题中者,播诸民间,殊费寻阅。因仅录六十六卷之目,或注阙字,以便按籍而求。于是南宋时流传遂有二本。晁子止、陈伯玉所见,即今世传本,绍兴中从向子固言改定者也。马贵与、王伯厚所见,乃当时原本而佚其后半帙者也。锡鬯跋又谓总目叙释,《欧阳子集》尚具大凡,私欲钞为一本,以复旧观。大宗亦云两书之外,余无所考。以今观之,《欧阳集》一百三卷,具录经、史、子三部原叙,《文献通考》多半采总目之文,独集部全未称引,子部又加略耳。馀如《玉海》各类,其述《崇文目》尤多。而《欧阳全集》、《南丰文集》、《东观馀论》、《读书志》、《书录解题》、《通志》校雠、艺文二略、《孟子疏》、《舆地碑目》、《云谷杂记》、《困学纪闻》、《三家诗考》、《汉艺文志考证》、《宋史艺文志》、《陕西通志》、《经义考》诸书,暨宋元人丛书叙跋,间一及之,皆足以资考订,亦不仅如朱、杭二跋所云也。侗家旧藏四明范氏天一阁钞本,止载卷数,时或标注撰人,然惟经部十有一二,其馀不过因书名相仿,始加注以别之,此外别无所见,读者病焉。秦君照若偶见是书,叱为秘籍,欲受而付之梓人,因偕伯兄既勤、仲兄以成、金秬和姊倩,凡五人,区类搜採,其引见古今载籍者,辑而缀之,犹锡鬯之志也。雠校方半,又属友人于文渊阁中借钞四库馆新定之本,互勘异同,总得原叙三十篇,原释九百八十条,引证四百二十条,或原释无从考见,乃为博稽史志,补释撰人。其中标卷参差,称名错杂,以暨阙漏之字,讹舛之文,传诸来兹,易滋疑义,则仿赵君锡考异、随斋批注、王伯厚考证之例,间为一二商榷语。而陈君令华亦时与参校其间,所益益伙矣。至原本书共三千四百四十五部,三万六百六十九卷,较诸今本,多寡悬殊。盖七百馀年来转辗传钞,未免脱佚,故有群书所引而今无其目者。侗又别为补遗,附著卷后。凡阅半载而事竣,命曰"辑释",釐卷以五。经部为伯兄辑,史部为仲兄辑,子部下为秬和辑,集部为照若辑,其子部之上,则侗所辑也。博雅君子,谅而教之。时己未岁,嘉庆四年二月,嘉定钱侗书。

◎各类叙

易类原叙 前史谓秦焚三代之书,《易》以卜筮而得不焚。及汉募群书,类多散逸,而《易》以故最讹。及学者传之,遂分为三。一曰田何之易,始自子夏,传之孔子。卦象、爻、象与文言、说卦等离为十二篇,而说者自为章句,《易》之本经也。二曰焦赣之易,无所师授。自言得之隐者,第述阴阳灾异之言,不类圣人之经。三曰费直之易,亦无师授,专以彖、象、文言等参解卦爻,凡以彖、象、文言杂入卦中者,自费氏始。田何之学,施、孟、梁邱之徒最盛。费氏初微,止传民间,至后汉时,陈元、郑众、康成之徒,皆学费氏,费氏兴而田学遂息,古十二篇之《易》,遂亡其本。及王弼为注,亦用卦、象相杂之经。自晋以后,弼学独行,遂传至今。然《易》比五经,其来最远,自伏羲画卦,下更三代,别为三《易》。其变卦五十有六,命名皆殊,至于七八九六筮占之法亦异。周之末世,夏商之《易》已亡,汉初虽有《归藏》,已非古经,今书三篇莫可究矣。独有《周易》,时更三圣,世历三古,虽说者各自名家,而圣人法天地之缊,则具存焉。见《欧阳文忠公集》、《玉海艺文类》引"田何之易"至"易之本经也",无"始自子夏"句,又引汉初以下四句。

书类原叙 《书》原于号令而本之史官。孔子删为百篇,断尧讫秦,序其作意。遭秦之故,孔子末孙惠与济南伏胜各藏□本于家。楚汉之际,胜失其所藏,但口以传授。胜既耄昏,乃缪合二十四篇为二十九。欧阳、夏侯之徒皆学之,写以汉世文字,号《今文尚书》。至武帝时,孔惠之书,始出屋壁,百篇皆在,而半已磨灭,又皆科斗文字。惠孙安国以隶古定之,得五十八篇,为之作传,号《古文尚书》。至陈、隋之間,伏生之学废绝,而《孔传》独行。先是《孔传》亡其《舜典》,东晋梅赜乃以王肃所注伏生《舜典》足其篇,至唐孝明不喜隶古,始更以今文行于世。见《欧阳文忠公集》。

诗类原叙 昔孔子删古诗三千余篇,取其三百一十一篇著于经。秦、楚之际亡其六。汉兴,诗分为四:一曰鲁人申公作训诂,号《鲁诗》;二曰齐人辕固生作传号《齐诗》;三曰燕人韩婴作内外传,号《韩诗》;四曰河间人毛公作故训传,号《毛诗》。三家并列学官,而毛以后出,至平帝时始列于学。其后马融、贾逵、郑众、康成之徒皆发明毛氏,其学遂盛。魏、晋之间,齐、鲁之诗废绝,《韩诗》虽在而益微。故毛氏独行,遂传至今。韩婴之书,至唐犹在,今其存者十篇而已,《汉志》婴书五十篇,今但传其外传,非婴传诗之详者,而其遗说,时见于他书,与毛之义绝异,而人亦不信。去圣既远,诵习各殊,至于考风、雅之变正,以知王政之兴衰,其善恶美刺,不可不察焉。见《欧阳文忠公集·三家诗考》引"韩婴之书"至与"毛之说绝异",无"汉《汉志》婴书五十篇"句。

礼类原叙 礼乐之制,盛于三代,而大备于周。三代之兴,皆数百年,而周最久。始武王、周公,修太平之业,画天下以为九服,上自天子,至于庶人,皆有法度。方其郊祀天地,开明堂以会诸侯,其车旗服器,文章烂然,何其盛哉。及幽、厉之乱,周室衰微,其后诸侯渐大,然齐桓赐胙而拜,晋文不敢必请隧,以礼维持又二百馀年,礼之功亦大矣。下更战国,礼乐殆绝。汉兴,礼出淹中,后、戴诸儒共为补缀,得百馀篇。三郑、王肃之徒,皆精其学,而说或不同。夫礼极天地,朝廷宗庙,凡人之大伦,可谓广矣。虽二东垣按:一本作百家殊说,岂不博哉。自汉以来,沿革之制,有司之传著于书者,可以览焉。见《欧阳文忠公集》。

乐类原叙 三代礼乐,自周之末,其失已多,又经秦世灭学之暴,然《书》及《论语》、《孝经》,得藏孔氏之家,《易》以卜筮不焚,而《诗》本讽诵,不专在于竹帛,人得口以传之,故独礼之于六经,其亡最甚。而乐又有声器,尤易为坏失。及汉兴,考求典籍,而乐最缺绝。学者不能自立,遂并其说于礼家书为五经,流别为六艺。夫乐所以达天地之和而饬化万物,要之感格人神,象见功德。记曰:"五帝殊时,不相沿乐。"所以王者有因时制作之盛,何必区区求古遗缺。至于律吕钟石,圣人之法,虽更万世,可以考也。自汉以来,乐之沿革,惟见史官之志,其书不备,隋、唐所录,今著其存者云。见《欧阳文忠公集》。

春秋原叙 昔周法坏而诸侯乱,平王以后,不复雅而下同列国。吴楚徐夷并僭称王,天下之人不禀周命久矣。孔子生其末世,欲推明王道以扶周,乃骋诸侯,极陈君臣之理,诸侯无能用诸。退而归鲁,即其旧史,考诸行事,加以王法,正其是非。凡其所书,一用周礼,为《春秋》十二篇,以示后世。后世学者传习既久,其说遂殊。公羊高、谷梁赤、左邱明、邹氏、夹氏分为五家。邹、夹最微,自汉世已废,而三家盛行。当汉之时,《易》与《论语》分为三,《诗》分为四,《礼》分为二。及学者散亡,仅存其一,而余家皆废。独《春秋》三传并行至今。初,孔子大修六经之文,独于《春秋》欲以礼法绳诸侯,故其辞尤谨约而义微隐,学者不能极其说,故三家之传于圣人之旨,各有得焉。太史公曰:"为人君者,不可不知《春秋》。"岂非王者之法具在乎?见《欧阳文忠公集》。

论语类原叙 《论语》者,盖孔子相与弟子时人讲问应答之言也。孔子卒,群弟子论次其言而撰之。汉兴,传者三家:鲁人传之,谓之《鲁论》;齐人传之,谓之《齐论》;而《齐论》增《问王》、《知道》二篇,今文无之;出于孔子壁中者则曰古论,有两《子张》。是三家者,篇第先后皆所不同。考今之次,即所谓《鲁论》者也。见《欧阳文忠公集》。

小学类原叙 古者教学之法,八岁而入小学,以习六甲四方、书数之艺,至于成童,而后授经。儒者究极天地人神事物之理,无所不通,故其学有次第,而后大成焉。《尔雅》出于汉世,正名命物,讲说者资之,于是有训诂之学。文字之兴,随世转易,务趋便省,久后乃或亡其本。三苍之说,始志字法。而许慎作《说文》,于是有偏旁之学。五声异律,清浊相生,而孙炎始作《字音》,于是有音韵之学。篆隶古文,为体各略,秦汉以来,学者务极其能,于是有字书之学。先儒之立学,其初为法,未始不详而明,而后世犹或讹失,故虽小学不可缺焉。见《欧阳文忠公集》。《玉海·艺文类》两引《尔雅》出于汉世"至"于是有字书之学",词句稍节。

正史类原叙 昔孔子删《书》,上断《尧典》,下迄《秦誓》,著为百篇。观其尧舜之际,君臣相与,吁俞和谐于朝,而天下治。三代以下,约束赏罚,而民莫敢违。考其典诰誓命之文,纯深简质,丁宁委曲,为体不同。周衰史废,《春秋》所书,尤谨密矣。非惟史有详略,抑由时君功德薄厚异世而殊文哉。自司马氏上採黄帝,迄于汉武,始成《史记》之一家。由汉以来千有馀岁,其君臣善恶之迹,史氏详焉。虽其文质不同,要其治乱兴废之本,可以考焉。见《欧阳文忠公集》。

编年类原叙 昔春秋之后,继以战国,诸侯交乱,而史官(绎按:一本作"氏")废失。策书所载纪次不完。司马迁始为纪传表志之体,网罗千载,驰骋其文,其后史官悉用其法。《春秋》之义,书元最谨,一时无事,犹空书其首月,以谓四时不具,则不足成年。所以上尊天纪,下正人事。自晋荀悦为《汉纪》,始复编年之体,学徒称之,后世作者,皆与正史并行云。见《欧阳文忠公集》。

实录类原叙 实录起于唐世,自高祖至于武宗,其后兵盗相交,史不暇录,而贾纬始作补录,十或得其二三。五代之际,尤多故矣。天下乖隔,号令并出,传记之士(绎按:一本作"事"),讹谬尤多。幸而中国之君,实录粗备,其盛衰善恶之迹较然,而著者不可泯矣。见《欧阳文忠公集》。

杂史类原叙 周礼,天子、诸侯皆有史官,晋之《乘》,楚之《梼杌》,考其纪事,为法不同。至于周衰,七国交侵,各尊其主,是非多异,寻亦磨(绎按:一本作"靡")灭,其存无几。若乃史官失职,畏怯回隐,则游谈处士,亦必各记其说,以伸所怀。然自司马迁之多闻,当其作《史记》,必上採《帝系》《世本》,旁及战国荀卿所录,以成其书,则诸家之说,可不备存乎。见《欧阳文忠公集》。

伪史类原叙 周室之季,吴楚可谓强矣。而仲尼修《春秋》,书荆以狄之,虽其屡进,不过子爵,所以抑黜僭乱,而使后世知惧。三代之弊也,乱极于七雄并主。汉之弊也,乱极于三国。魏、晋之弊也,乱极于永嘉以来。隋、唐之弊也,乱极于五代之际。天下分为十三四,而私窃名号者七国。及大宋受命,王师四征,其係累负质,请死不暇,九服遂归于有德。历考前世,僭窃之邦,虽(绎按:一本有"甚"字)因时苟偷,自强一方,然卒归于祸败。故录于篇,以为贼乱之戒云。见《欧阳文忠公集》。

职官类原叙 尧舜三代,建官名数不同,而周之六官备矣。然汉唐之兴,皆因秦隋官号而损益之,足以致治兴化。由此而言,在乎举职勤、事代公、治物一而已。至于车服印绶,爵秩俸廪,因时为制,著于有司。《书》曰:"无旷庶官。"又曰:"允釐百工。"夫百官象物,奉职恭位,此虞舜所以端拱无为,而化成天下。可不重哉!见《欧阳文忠公集》。

仪注类原叙 昔汉诸儒得《古礼》十七篇,以为《仪礼》,而《大射》之篇独曰"仪"。盖射主于容,升降揖让不可以失,记曰:"礼之末节,有司掌之。"凡为天下国家者,莫不讲乎。三代之制,其采章文物,邦国之典,存乎礼官,秦汉以来,世有损益。至於车舆服器,有司所记,遗文故事,凡可录者,附于史官云。见《欧阳文忠公集》。

刑法类原叙 刑者,圣人所以爱民之具也。其禁暴止杀之意,必本乎至仁。然而执梃刃刑人而不疑者,审得其当也。故法家之说,务原人情,极其真伪,必使有司不得铢寸轻重出入,则其为书,不得不备。历世之治,因时制法,缘民之情,损益不常。故凡法令之要,皆著于篇。见《欧阳文公集》。

地理类原叙 昔禹去水害,定民居,而别九州之名,记之《禹贡》。及周之兴,画为九畿而宅其中。内建五等之封,外抚四荒之表,职方之述备矣。及其衰也,诸侯并争,并吞削夺。秦汉以来,郡国州县废兴治乱,割裂分属,更易不常。至于日月所照,要荒附叛,山川风俗,五方不同,行师用兵,顺民施政,考于图牒,可以览焉。见《欧阳文忠公集》。

氏族类原叙 昔黄帝之子二十五人,得姓命氏,由其德之薄厚。自尧舜夏商周之先,皆同出于黄帝,而姓氏不同。其后世封为诸侯者,或以国为姓,至于公子、公孙、官邑谥族,遂因而命氏。其源流次序,《帝系》《世本》言之甚详。秦汉以来,官邑、谥族,不自别而为姓,又无赐族之礼。至于近世,迁徙不常,则其得姓之因,与夫祖宗世次人伦之纪,尤不可以不考焉。见《欧阳文忠公集》。

岁时类原叙 诗曰:"民生在勤,勤则不匮。"故尧舜南面而治。考星之中,以授人时。秋成春作,教民无失。《周礼》六官,亦因天地四时分其典职。然则天时者,圣人之所重也。自夏有《小正》,周公始作时训、日星、气节、七十二候。凡国家之政,生民之业,皆取则焉。孔子曰:"吾不如老圃。"至于山翁野夫,耕桑树艺,四时之说,其可遗哉。见《欧阳文忠公集》。

儒家类原叙 仲尼之业,垂之六经。其道闳博,君人治物,百王之用,微是无以为法。故自孟轲、扬雄、荀况之徒,又驾其说,扶而大之。历世诸子,转相祖述,自名一家,异端其言,或破碎于大道,然计其作者之意,要之孔氏不有殊焉。见《欧阳文忠公集》及《玉海·艺文类》。

道家类原叙 道家者流,本清虚,去健羡,泊然自守。故曰我无为而民自化,我好静而民自正。虽圣人南面之术,不可易也。至或不究其本,弃夫仁义而归之自然,以因循为用,则儒者病之。见《欧阳文忠公集》。

法家类原叙 法家者流,以法绳天下,使一本于其术。商君申韩之徒,乃推而大之,挟其说以干世主,收取功名。至其尊君抑臣,辨职分,辅礼制,于王治不为无益。然或狃细苛,持深刻,不可察者也。见《欧阳文忠公集》。

名家类原叙 名家者流,所以辨覈名实,流别等威,使上下之分不相踰也。仲尼有云:"必也正名乎。"言为政之大本,不可不正者也。见《欧阳文忠公集》。

墨家类原叙 墨家者流,其言贵俭、兼爱、尊贤、右鬼、非命、上同,此墨家之所行也。孟子之时,墨与杨其道塞路。轲以墨子之术,俭而难遵,兼爱而不知亲疏,故辞而辟之。然其强本啬用之说,有足取焉。见《欧阳文忠公集》。

纵横家类原叙 春秋之际，王政不明，而诸侯交乱，谈说之士，出于其间，各挟其术，以干时君。而因时适变，当权事而制宜，有足取焉。见《欧阳文忠公集》。

杂家类原叙 杂家者流，取儒墨名法合而兼之，其言贯穿众说，无所不通。然亦有补于治理，不可废焉。见《欧阳文忠公集》。

农家类原叙 农家者流，衣食之本原也。四民之业，其次曰农。稷播百谷，勤劳天下，功炳后世，著见书史。孟子聘列国，陈王道，未始不究耕桑之勤。汉兴劭农勉人为之著令。今集其树艺之说，庶取法焉。见《欧阳文忠公集》。

小说家类原叙 《书》曰："狂夫之言，圣人择焉。"又曰："询于刍荛。"是小说之不可废也。古者惧下情之壅于上闻，故每岁孟春以木铎徇于路，采其风谣而观之。至于俚言巷语，亦足取也。今特列而存之。见《欧阳文忠公集》。

兵家类原叙 《周礼》夏官司马掌军戎，以九伐之法正邦国。《书》之《洪范》"八曰师"，《易》之《系辞》，"取诸睽"，此兵之所由始也。汤武之时，胜以仁义。春秋战国，出奇狙变，其术无穷。自田齐始著《司马之法》。汉兴，张韩之徒，叙次其书。武帝之世，杨仆又捃摭之，谓之纪奏。孝成命任宏，乃以权谋、形势、阴阳、技巧析为四种。由是兵家之文，既修列矣。然而《司马之法》，本之礼让，后世莫行焉。惟孙武之书，法术大详。考今之列，非特四种，又杂以卜筮刑政之说，存诸篇云。见《欧阳文忠公集》。

据中华书局1985年版《丛书集成初编》本

《崇文总目》（四库全书总目提要）

宋王尧臣等奉敕撰，盖以四馆书并合著录者也。宋制：以昭文、史馆、集贤为三馆。太平兴国三年，于左升龙门东北建崇文院，谓之"三馆新修书院"。端拱元年，诏分三馆之书万余卷，别为书库，名曰"秘阁"，以别贮禁中之籍，与三馆合称四馆。景祐元年闰六月，以三馆及秘阁所藏或谬滥不全，命翰林学士张观、知制诰李淑、宋祁等看详，定其存废。讹谬者删去，差漏者补写。因诏翰林学士王尧臣、史馆检讨王洙、馆阁校勘欧阳修等校正条目，讨论撰次，定著三万六百六十九卷。分类编目，总成六十六卷，于庆历元年十二月己丑上之，赐名曰《崇文总目》。后神宗改崇文院曰秘书省，徽宗时因改是书曰《秘书总目》。然自南宋以来，诸书援引，仍谓之《崇文总目》，从其朔也。李焘《续通鉴长编》云，《崇文总目》六十卷，《麟台故事》亦同。《中兴书目》云六十六卷，江少虞《事实类苑》则云六十七卷，《文献通考》则云六十四卷，《宋史·艺文志》则据《中兴书目》作六十六卷。其说参差不一。考原本于每条之下具有论说，迄南宋时郑樵作《通志》，始谓其文繁无用，绍兴中遂从而去其序释，故晁公武《读书志》、陈振孙《书录解题》著录皆云一卷。是刊除序释之后，全本已不甚行。南宋诸家，或不见其原书，故所记卷数各异也。考《汉书·艺文志》本刘歆《七略》而作，班固已有自注。《隋书·经籍志》参考《七录》，互注存佚，亦沿其例。《唐书》于作者姓名不见纪传者，尚间有注文，以资考核。后来得略见古书之崖略，实缘于此，不可谓之繁文。郑樵作《通志》二十略，务欲凌跨前人，而《艺文》一略，非目睹其书则不能详究原委。自揣海滨寒畯，不能窥中秘之全，无以驾乎其上，遂恶其害己而去之。此宋人忌刻之故智，非出公心。厥后脱脱等作《宋史·艺文志》,纰漏颠倒,瑕隙百出,于诸史志中最为丛脞。是即高宗误用樵言,删除序释之流弊也。宋人官私书目,存于今者四家。晁氏、陈氏二目,诸家藉为考证之资。而尤袤《遂初堂书目》及此书则若存若亡,几希湮灭。是亦有说无说之明效矣。此本为范钦天一阁所藏,朱彝尊抄而传之,始稍见于世,亦无序释。彝尊《曝书亭集》有康熙庚辰九月作是书跋,谓欲从《六一居士集》暨《文献通考》所载,别抄一本以补之。然是时彝尊年七十二矣,竟未能办也。今以其言考之,其每类之序,见于《欧阳修集》者,只经、史二类及子类之半。马端临《文献通考》所载论说亦然。晁公武《读书志》、陈振孙《书录解题》皆在《通考》之前,惟晁公武所见多《通考》一条。陈氏则但见六十六卷之目,题曰"绍兴改定"者而已。《永乐大典》所引,亦即从晁、陈二家目中采出,无所增益,已不能复睹其全。然蒐辑排比,尚可得十之三四,是亦较胜于无矣。谨依其原次,以类补入,厘为一十二卷。其六十六卷之原次,仍注于各类之下。又《续宋会要》载,大观四年五月,秘书监何志同言:"庆历间,集四库为籍,今案籍求之,十才六七。宜颁其名类于天下,《总目》之外,别有异书,并借传写。"绍兴十二年十二月,权发遣盱眙军向子固言:"乞下本省,以《唐艺文志》及《崇文总目》所阙之书,注阙字于其下,付诸州军,照应搜访"云云。今所传本,每书之下多注阙字,盖由于此。今亦仍之。王应麟《玉海》称,当时国史,谓《总目》序录,多所谬误。黄伯思《东观余论》有校正《崇文总目》十七条。郑樵《通志·校雠略》则全为攻击此书而作,李焘《长编》亦云《总目》或有相重,亦有可取而误弃不录者。今观其书,载籍浩繁,抵牾诚所难保。然数千年著作之目,总汇于斯。百世而下,藉以验存佚、辨真赝、核同异,固不失为册府之骊渊,艺林之玉圃也。

崇文總目卷三

儒家類

共四十四部計三百二十卷．

侗按今核計實三百三十卷．

晏子春秋十二卷　晏嬰撰．原釋晏子八篇今亡此書後人採嬰行事為之以為嬰撰則非也 通致

侗按玉海引崇文目同隋志舊唐志唐志並七卷今本八卷

曾子二卷

侗按卽從大戴禮中錄出別行者原本一卷宋汪晫所編．

孟子十四卷　原釋趙岐注 見天一閣鈔本．

孟子七卷　原釋陸善經注善經唐人以軻書初為七篇因刪去趙岐章旨與其注之繁重者復為七篇 云通致 見天一閣鈔本．

侗按孟子題辭正義云皇朝崇文總目孟子獨存趙岐注十四卷唐陸善經注孟子七卷凡二家．

續孟子二卷　原釋林慎思撰慎思以為孟子七篇非軻自著書而弟子共記其言不能盡軻意因傳其

二十一卷

四库全书总目

〔书名〕

清代官修书目,亦称《四库全书总目提要》。乾隆三十八年(1773)清朝设立《四库全书》馆,纂修《四库全书》。凡收入《四库全书》的书籍和"无碍"未毁(存目)的书籍,都由馆臣撰写提要,后由总纂修官纪昀、陆锡熊据乾隆皇帝弘历的旨意加以修改,于乾隆四十六年(1781)汇辑成《四库全书总目》200卷,乾隆五十八年(1793)由武英殿刊行。

〔作者〕

永瑢,为乾隆皇帝第六子。

纪昀(1724—1805),字晓岚,一字春帆,今河北献县人。著名学者,官至礼部尚书、协办大学士。能诗及骈文,著有《阅微草堂笔记》、《纪文达公遗集》等。

〔体例与内容〕

《四库全书总目》200卷。共收录书籍10 254种,172 860卷。其中收入《四库全书》的3 461种,79 309卷;"存目"6 793种,93 551卷。《四库全书总目》所收书籍包括了先秦至清初尚传世的重要书籍,尤其对元代以前的书籍收录较全。《四库全书总目》分经、史、子、集四部,大类下根据需要各分设若干小类。如史部又分"正史、编年、纪事本末、别史、杂史"等。《四库全书总目》的部、类前有大、小序,以说明该类书籍的学术源流,这对"辨章学术,考镜源流"具有重要意义。

《四库全书总目》初稿完成后,由于卷帙浩繁,翻阅不便,纪昀等又删节提要,不录存目,于清乾隆四十七年(1782)编成《四库全书简明目录》20卷。《四库全书简明目录》只为收进《四库全书》的3 461余种古籍附以提要,文字极其简明。

〔版本〕

中华书局1965年据乾隆六十年(1795)浙江刻本影印出版,由王伯祥断句,附书名及著者姓名索引。另附录《四库撤毁书提要》、《四库未收书提要》和《四库全书总目校记》。此为通行本。

中华书局1997年又出版整理本《钦定四库全书总目》,由李学勤、傅璇琮等点校,采用新式标点。河北人民出版社2000年出版标点本《四库全书总目提要》。

四库全书总目·凡例

【导读】

本篇选自《四库全书总目·凡例》20则,记载著《四库全书总目》编写体例,也是《总目》编纂的宗旨与原则。

《四库全书总目》在目录编纂体例、文献分类、提要撰写和文献考订等方面均有独特成就,是中国古典书目的集大成之作,在中国目录学史上占有重要地位。它也为今人了解和查考中国古代典籍提供了方便,一些学者把阅读该书视为读书治学的门径。

◎凡例二十则

一、是书卷帙浩博,为亘古所无。然每进一编,必经亲览。宏纲巨目,悉禀天裁。定千载之是非,决百家之疑似,权衡独运,衮钺斯昭。睿鉴高深,迥非诸臣管蠡之所及。随时训示,旷若发蒙,八载以来,不能一一殚记。谨录历次恭奉圣谕为一卷,载诸简端,俾共知我皇上稽古右文,功媲删述。悬诸日月,昭示方来。与历代官修之本,泛称御定者迥不相同。

一、是书以经史子集提纲列目,经部分十类,史部分十五类,子部分十四类,集部分五类。或流别繁碎者,又分析子目,使条理分明,所录诸书,各以时代为次,其历代帝王著作从《隋书经籍志》例,冠各代之首。至于列朝圣制二十则,皇上御撰,揆以古例,当弁冕全书。而我皇上道秉大公,义求至当,以四库所录包括古今,义在衡鉴千秋,非徒取尊崇昭代。特命各从门目,弁于国朝著述之前。此尤圣裁独断,义惬理精,非馆臣所能仰赞一词者矣。

一、前代藏书,率无简择,萧兰并撷,珉玉杂陈,殊未协别裁之义。今诏求古籍,特创新规,一一辨厥妍媸,严为去取。其上者悉登编录,罔致遗珠。其次者亦长短兼胪,见瑕瑜之不掩。其有言非立训,义或违经,则附载其名,兼匡厥缪。至于寻常著述,未越群流,虽咎誉之咸无,究流传之已久,准诸家著录之例,亦并存其目,以备考核。等差有辨旌别兼施,自有典籍以来,无如斯之博且精矣。

一、自《隋志》以下,门目大同小异,互有出入,亦各具得失,今择善而从。如诏令奏议《文献通考》入集部,今以其事关国政,诏令从《唐志》例入史部,奏议从《汉志》例亦入史部,《东都事略》之属不可入正史而亦不可入杂史者,从《宋史》例立别史一门。香谱、笋谱之属,旧志无所附丽,强入农家,今从尤袤《遂初堂书目》例立谱录一门。名家、墨家、纵横家历代著录各不过一二种,难以成帙,今从黄虞稷《千顷堂书目》例,并入杂家为一门。又别集之有诗无文者,《文献通考》别立诗集一门,然则有文无诗者,何不别立文集一门?多事区分,徒滋繁碎,今仍从诸史之例,并为别集一门。又兼诂群经者,《唐志》题曰经解,则不见其为群经。朱彝尊《经义考题》曰群经,又不见其为经解,徐乾学通志堂所刻改名曰总经解,何焯又讥其杜撰。今取《隋志》之文,名之曰五经总义。凡斯之类,皆务求典据,非事更张。

一、焦竑《国史经籍志》多分子目,颇以饾饤为嫌。今酌乎其中,惟经部之小学类,史部之地理、传记、政书三类,子部之术数、艺术、谱录、杂家四类,集部之词曲类,流派至为繁夥,端绪易至茫如。谨约分小学为三子目,地理为九子目,传记为五子目,政书为六子目,术数为七子目,艺术、谱录各为四子目,杂家为五子目,词曲为四子目,使条理秩然。又经部之礼类,史部之诏令奏议类、目录类,子部之天文算法类、小说家类,亦各约分子目,以便检寻,其余琐节,檠为删并。

一、古来诸家著录,往往循名失实,配隶乖宜。不但《崇文总目》以《树萱录》入之种植,为郑樵所讥。今并考校原书,详为厘定。如《笔阵图》之属,旧入小学类,今惟以论六书者入小学,其论八法者不过笔札之工,则改隶艺术。《羯鼓录》之属,旧入乐类,今惟以论律吕者入乐。其论管弦工尺者,不过世俗之音,亦改隶艺术。《左传类对赋》之属,旧入春秋类,今以其但取俪词,无关经义,改隶类书。《孝经集灵》旧入孝经类,《穆天子传》旧入起居注类,《山海经》《十洲记》旧入地理类,《汉武帝内传》《飞燕外传》旧入传记类,今以其或涉荒诞,或涉鄙猥,均改隶小说。他如扬雄《太玄经》,旧入儒家类,今改隶术数。俞琰《易外别传》,旧入易类,今改隶道家。又如《倪石陵书》名似子书,而实文集,陈埴《木钟集》名似文集,而实语录。凡斯之流,不可殚述,并一一考核,务使不失其真。

一、诸书刊写之本不一,谨择其善本录之,增删之本亦不一,谨择其足本录之。每书名之下,钦遵谕旨,各注某家藏本,以不没所自。其坊刻之书,不可专题一家者,则注曰通行本。至其编次先后,《汉书艺文志》以高帝、文帝所撰杂置诸臣之中,殊为非体。《隋书经籍志》以帝王各冠其本代,于义为允,今从其例。其余概以登第之年、生卒之岁为之排比,或据所往来倡和之人为次,无可考者,则附本代之末。释道闰阁亦各从时代,不复区分宦寺之作,虽不宜厕士大夫间,然汉志小学家尝收赵高之《爰历》,史游之《急就》。今从其例,亦间存一二外国之作,前史罕载,然既归王化,即属外臣,不必分疆绝界,故木增郑麟趾徐敬德之属,亦随时代编入焉。

一、诸书次序虽从其时代,至于笺释旧文,则仍从所注之书,而不论作注之人,如儒家类明曹端《太极图述解》,以注周子之书则列于张子全书前。国朝李光地注解正蒙,以注张子之书,则列于二程遗书前是也。他如《史记疑问》,附《史记》后,《班马异同》附《汉书》后之类,亦同此例,以便参考。至于汪晫所辑之《曾子》《子思子》则仍列于宋。吕柟所辑之《周子》,钞释诸书则仍列于明。盖虽裒辑旧文,而实自为著述,与因原书而考辨者事理固不同也。

一、刘向校理秘文,每书具奏。曾巩刊定官本,亦各制序文。然巩好借题抒议,往往冗长,而本书之始末源流转从疏略。王尧臣《崇文总目》、晁公武《郡斋读书志》、陈振孙《书录解题》稍具崖略,亦未详明。马端临《经籍考》荟萃群言,较为赅博,而兼收并列,未能贯串折衷。今于所列诸书,各撰为提要,分之则散弁诸编,合之则共为总目。每书先列作者之爵里以论世知人,次考本书之得失,权众说之异同,以及文字增删,篇帙分合,皆详为订辨,巨细不遗。而人品学术之醇疵,国纪朝章之法戒,亦未尝不各昭彰瘅,用著劝惩,其体例悉承圣断,亦古来之所未有也。

一、四部之首各冠以总序,撮述其源流正变,以挈纲领。四十三类之首亦各冠以小序,详述其分并改隶,以析条目。如其义有未尽,例有未该,则或于子目之末,或于本条之下,附注案语，以明通变之由。

一、历代敕撰官书如《周易正义》之类，承诏纂修不出一手，一一详其爵里则末大于本，转病繁冗，故今但记其成书年月，任事姓名，而不缕陈其爵里。又如汉之贾董，唐之李杜韩柳，宋之欧苏曾王以及韩范司马诸名臣，周程张朱诸道学，其书并家弦户诵，虽村塾童竖皆能知其为人，其爵里亦不复赘。至一人而著数书，分见于各部中者，其爵里惟见于第一部，后但云某人有某书，已著录，以省重复。如二书在一卷之中，或数页之内，易于省记者，则第二部但著其名。（如明戴原礼已见所校补朱震亨《金匮钩元》条下，其《推求师意》二卷，仅隔五条之类。）

一、刘勰有言：意翻空而易奇，词征实而难巧。儒者说经论史，其理亦然。故说经主于明义，然不得其文字之训诂，则义理何自而推。论史主于示褒贬，然不得其事迹之本末，则褒贬何据而定。如成风为鲁僖公之母，明载《左传》，而赵鹏飞《春秋经筌》谓不知为庄公之妾，为僖公之妾？是不知其人之名分，可定其礼之得失乎？刘子翼入唐为著作郎、宏文馆直学士，明载《唐书·刘祎之传》，而朱子《通鉴纲目》书贞观元年，征隋秘书刘子翼不至。尹起莘发明称特书隋官以美之，与陶潜称晋一例，是未知其人之始终，可定其品之贤否乎？今所录者率以考证精核，论辨明确为主，庶几可谢彼虚谈，敦兹实学。

一、文章流别，历代增新，古来有是一家，即应立是一类作者。有是一体，即应备是一格，斯协于全书之名。故释道外教，词曲末技，咸登简牍，不废搜罗。然二氏之书，必择其可资考证者，其经忏章咒，并凛遵谕旨，一字不收。宋人朱表青词，亦概从删削。其倚声填调之作，如石孝友之《金谷遗音》，张可久之《小山小令》，臣等初以相传旧本，姑为录存，并蒙皇上指示，命从屏斥。仰见大圣人敦崇风教，厘正典籍之至意，是以编辑虽富，而谨持绳墨，去取不敢不严。

一、圣贤之学主于明体以达用，凡不可见诸实事者，皆属卮言。儒生著书，务为高论，阴阳太极，累牍连篇，斯已不切人事矣。至于论九河则欲修禹迹，考六典则欲复周官，封建井田，动称三代，而不揆时势之不可行。至黄谏之流，欲使天下笔札皆改篆体。顾炎武之流，欲使天下言语皆作古音，迂谬抑更甚焉。又如明之曲士，人喜言兵。《二麓正议》欲掘坑藏锥以刺敌，《武备新书》欲雕木为虎以临阵，陈禹谟至欲使九边将士人人皆读左传，凡斯之类，并辟其异说，黜彼空言，庶读者知致远经方，务求为有用之学。

一、汉唐儒者，谨守师说而已。自南宋至明，凡说经讲学论文，皆各立门户。大抵数名人为之主，而依草附木者嚣然助之。朋党一分，千秋吴越，渐流渐远，并其本师之宗旨亦失其传。而仇隙相寻，操戈不已，名为争是非，实则争胜负也。人心世道之害，莫甚于斯。伏读御题朱弁《曲洧旧闻》，致遗憾于洛党，又御题顾宪成《泾皋藏稿》，示炯戒于东林，诚洞鉴情伪之至论也。我国家文教昌明，崇真黜伪，翔阳赫耀，阴翳潜消，已尽涤前朝之敝俗。然防微杜渐，不能不虑远思深，故甄别遗编，皆一准至公。铲除畛蜮，以预消芽蘗之萌。至诗社之标榜声名，地志之矜夸人物，浮辞涂饰，不尽可凭，亦并详为考订，务核其真，庶几公道大彰，俾尚论者知所劝戒。

一、文章德行，自孔门既已分科，两擅厥长，代不一二，今所录者如龚诩杨继盛之文集，周宗建黄道周之经解，则论人而不论其书。耿南仲之说易，吴开之评诗，则论书而不论其人。凡兹之类，略示变通，一则表章之公，一则节取之义也。至于姚广孝之《逃虚子集》，严嵩之《钤山堂诗》，虽词华之美足以方轨文坛，而广孝则助逆兴兵，嵩则怙权蠹国，绳以名义，匪止微瑕。凡兹之流，并著其见斥之由，附存其目，用见圣朝彰善瘅恶，悉准千秋之公论焉。

一、儒者著书，往往各明一义，或相反而适相成，或相攻而实相救，所谓言岂一端，各有当也。考古者无所别裁，则多歧而太杂。有所专主，又胶执而过偏。左右佩剑，均未协中。今所采录，惟离经畔道、颠倒是非者，掊击必严，怀诈挟私、荧惑视听者，屏斥必力。至于阐明学术，各撷所长，品骘文章，不名一格，兼收并蓄，如渤澥之纳众流，庶不乖于全书之目。

一、《七略》所著古书，即多依托。班固《汉书艺文志》注可覆按也。迁流洎于明季，诡妄弥增，鱼目混珠，猝难究诘。今一一详核，并斥而存目，兼辨证其非。其有本属伪书，流传已久，或掇拾残剩，真赝相参，历代词人已引为故实，未可概为捐弃，则姑录存而辨别之。大抵灼为原帙者，则题曰某代某人撰。灼为赝造者，则题曰旧本题某代某人撰，其踵误传讹，如吕本中《春秋传》，旧本称吕祖谦之类，其例亦同。至于其书虽历代著录而实一无可取，如《燕丹子》陶潜《圣贤群辅录》之类，经圣鉴洞烛其妄者，则亦斥而存目，不使滥登。

一、九流自《七略》以来即已著录，然方技家递相增益，篇帙日繁，往往伪妄荒唐，不可究诘。抑或卑琐微末，不足编摩。今但就四库所储，择其稍古而近理者，各存数种，以见彼法之梗概，其所未备，不复搜求。盖圣朝编录遗文，以阐圣学、明王道者为主，不以百氏杂学为重也。

一、是书主于考订异同，别白得失，故辨驳之文为多，然大抵于众说互殊者，权其去取，幽光未耀者，加以表章。至于马班之史，李杜之诗，韩柳欧苏之文章，濂洛关闽之道学，定论久孚，无庸更赘一语者，则但论其刊刻传写之异同，编次增删之始末，著是本之善否而已。盖不可不辨者，不敢因袭旧文。无可复议者，亦不敢横生别解，凡以求归至当，以昭去取之至公。

据中华书局1965年版《四库全书总目》

四库全书总目（节选）

【导读】

《四库全书总目》所收书籍按四部分类法编排，共分四部44类，其中经部10类、史部15类、子部14类、集部5类，有些类下再分若干小类，同一小类图书以时代为序，经、史、子、集每部之前有总序，每类之前有类序，小类后间有按语，旨在说明某类图书的学术源流及立类理由。

本篇选自《四库全书总目》的四部"总叙"及书类、小学类、目录类、类书类、小说家类等5类小叙。通过该选文可以了解传统四部分类法的分类及其所收文献类别等，以便更好地利用该书目。

《四库全书总目》的类目包括：

经部十类

易类、书类、诗类、礼类(周礼、仪礼、礼记、三礼总义、通礼、杂礼)、春秋类、孝经类、五经总义类、四书类、乐类、小学类。

史部十五类

正史类、编年类、纪事本末类、别史类、杂史类、诏令奏议类(诏令、奏议)、记类(圣贤、名人、总录、杂录)、史钞类、载记类、时令类、地理类(总志、都会郡县、河渠、边防、山川、古迹、杂记、外记)、职官类(官制、官箴)、政书类(通制、典礼、邦计、军政、法令、考工)、目录类(经籍、金石)、史评类。

子部十四类

儒家类、兵家类、法家类、农家类、医家类、天文算法类(推步、算书)、术数类(数学、占候、相宅相墓、占卜、命书相书、阴阳五行、杂技术)、艺术类(书画、琴谱、篆刻、杂技)、谱录类(器物、食谱、草木鸟兽虫鱼)、杂家类(杂学、杂考、杂说、杂品、杂纂、杂编)、类书类、小说家类(杂事、异闻、琐语)、释家类、道家类。

集部五类

楚辞类、别集类(汉至五代、北宋建隆至靖康、南宋建炎至德祐、金至元、明洪武至崇祯、清朝)、总集类、诗文评类、词曲类(词集、词选、词语、词谱词韵、南北曲)。

◎经部·总叙

经禀圣裁,垂型万世。删定之旨,如日中天,无所容其赞述,所论次者,诂经之说而已。自汉京以后垂二千年,儒者沿波,学凡六变:其初专门授受,递禀师承。非惟诂训相传,莫敢同异。即篇章字句,亦恪守所闻,其学笃实谨严,及其弊也拘;王弼、王肃稍持异议,流风所扇,或信或疑,越孔、贾、啖、赵,以及北宋孙复、刘敞等,各自论说,不相统摄,及其弊也杂;洛闽继起,道学大昌,摆落汉唐,独研义理,凡经师旧说,俱排斥以为不足信,其学务别是非,及其弊也悍(如王柏、吴澄攻驳经文,动辄删改之类)。学脉旁分,攀援日众,驱除异己,务定一尊,自宋末以逮明初,其学见异不迁,及其弊也党(如《论语集注》误引包咸、夏瑚、商琏之说,张存中《四书通证》即缺此一条,以讳其误。又如王柏删《国风》三十二篇,许谦疑之,吴师道反以为非之类);主持太过,势有所偏,材辨聪明,激而横决,自明正德、嘉靖以后,其学各抒心得,及其弊也肆(如王守仁之末派皆以狂禅解经之类);空谈臆断,考证必疏,于是博雅之儒,引古义以抵其隙,国初诸家,其学征实不诬,及其弊也琐(如一字音训动辨数百言之类)。要其归宿,不过汉学、宋学两家互为胜负。夫汉学具有根柢,讲学者以浅陋轻之,不足服汉儒也;宋学具有精微,读书者以空疏薄之,亦不足服宋儒也。消融门户之见,而各取所长,则私心祛而公理出,公理出而经义明矣。盖经者非他,既天下之公理而已。今参稽众说,务取持平,各明去取之故,分为十类:曰易、曰书、曰诗、曰礼、曰孝经、曰五经总类、曰四书、曰乐、曰小学。

……

◎书类·小叙

《书》以道政事,儒者不能异说也。《小序》之依托,《五行传》之附会,久论定矣。然诸家聚讼,犹有四端:曰今文古文,曰错简,曰《禹贡》山水,曰《洪范》畴数。夫古文之辨,至阎若璩始明。朱彝尊谓是书久颁于学官,其言多缀辑逸经成文,无悖于理,汾阴汉鼎,良亦善喻,吴澄举而删之,非可行之道也。禹迹大抵在中原,而论者多当南渡。昔疏今密,其势则然。然尺短寸长,互相补苴,固宜兼收并蓄,以证异同。若夫刘向记《酒诰》、《召诰》,脱简仅三,而诸儒动称数十,班固牵《洪范》于《洛书》,诸儒并及《河图》,支离轇轕,淆经义矣。故王柏《书疑》、蔡沈《皇极数》之类,非解经之正轨者,咸无取焉。

《尚书正义》二十卷(内府藏本)

旧本题汉孔安国传。其书至晋豫章内史梅赜始奏于朝。唐贞观十六年,孔颖达等为之疏,永徽四年长孙无忌等又加刊定。孔《传》之依托,自朱子以来递有论辩。至国朝阎若璩作《尚书古文疏证》,其事愈明。其灼然可据者:梅鷟《尚书考异》攻其注《禹贡》"瀍水出河南北山"一条、"积石山在金城西南羌中"一条,地名皆在安国后。朱彝尊《经义考》攻其注《书序》"东海驹骊、扶馀馯貊之属"一条,谓驹骊王朱蒙至汉元帝建昭二年始建国,安国武帝时人,亦不及见。若璩则攻其注《泰誓》"虽有周亲,不如仁人"与所注《论语》相反。又安国《传》有《汤誓》,而注《论语》"予小子履"一节乃以为《墨子》所引《汤誓》之文(案安国《论语》注今佚,此条乃何晏《集解》所引)。皆证佐分明,更无疑义。至若璩谓定从孔《传》,以孔颖达之故,则不尽然。考《汉书·艺文志叙》,《古文尚书》但称安国献之,遭巫蛊事,未立于学官,不云作《传》。而《经典释文叙录》乃称《艺文志》云安国献《尚书传》,遭巫蛊事,未立于学官,始增入一"传"字,以证实其事。又称今以孔氏为正,则定从孔《传》者乃陆德明,非自颖达。惟德明于《舜典》下注云:"孔氏《传》亡《舜典》一篇,时以王肃《注》颇类孔氏,故取王《注》从'慎徽五典'以下为《舜典》,以续孔《传》。"又云:"'曰若稽古帝舜曰重华协于帝'十二字,是姚方兴所上,孔氏《传》本无。阮孝绪《七录》亦云,方兴本或此下更有'濬哲文明温恭允塞玄德升闻乃命以位'凡二十八字,异聊出之,于王《注》无施也。"则开皇中虽增入此文,尚未增入孔《传》中,故德明云尔。今本二十八字,当为颖达增入耳。梅赜之时,去古未远,其《传》实据王肃之《注》,而附益以旧训,故《释文》称王肃亦注今文,所解大与古文相类,或肃私见孔《传》而秘之乎?此虽以末为本,未免倒置,亦足见其根据古义,非尽无稽矣。颖达之《疏》,晁公武《读书志》,谓因梁费甝《疏》广之。然颖达原《序》称为《正义》者蔡大宝、巢猗、费甝、顾彪、刘焯、刘炫六家,而以刘焯、刘炫最为详雅。其书实因二刘,非因费氏。公武或以《经典释文》所列义疏仅甝一家,故云然欤?《朱子语录》谓"《五经》疏《周礼》最好,《诗》、《礼记》次之,《易》、《书》为下",其言良允。然名物训故,究赖之以有考,亦何可轻也。

◎小学类·小叙

古小学所教,不过六书之类,故《汉志》以《弟子职》附《孝经》,而《史籀》等十家四十五篇列为小学。《隋志》增以金石刻文,《唐志》增以书法、书品,已非初旨。自朱子作《小学》以配《大学》,赵希弁《读书附志》遂以《弟子职》之类并入小学,又以蒙求之类相并参列,而小学益多岐矣。考订源流,惟《汉志》根据经义,要为近古。今以论幼仪者别入《儒家》,以论笔法者别入《杂艺》,以蒙求之属隶属《故事》,以便记诵者别入《类书》,惟以《尔雅》以下编为《训诂》,《说文》以下编为《字书》,《广韵》以下编为《韵书》。庶体例谨严,不失古义。其有兼举两家者,则各以所重为主(如李焘《说文五音韵谱》实字书,袁子让《字学元元》实论等韵之类)。悉条其得失,具于本篇。

◎史部·总叙

　　史之为道,撰述欲其简,考证则欲其详。莫简于《春秋》,莫详于《左传》。《鲁史》所录,具载一事之始末,圣人观其始末,得其是非,而后能定以一字之褒贬。此作史之资考证也。丘明录以为传,后人观其始末,得其是非,而后能知一字之所以褒贬。此读史之资考证也。苟无事迹,虽圣人不能作《春秋》。苟不知其事迹,虽以圣人读《春秋》,不知所以褒贬。儒者好为大言,动曰舍传以求经。此其说必不通。其或通者,则必私求诸传,诈称舍传云尔。司马光《通鉴》,世称绝作,不知其先为《长编》,后为《考异》。高似孙《纬略》,载其《与宋敏求书》,称到洛八年,始了晋、宋、齐、梁、陈、隋六代。唐文字尤多,依年月编次为草卷,以四丈为一卷,计不减六七百卷。又称光作《通鉴》,一事用三四出处纂成,用杂史诸书凡二百二十二家。李焘《巽严集》,亦称张新甫见洛阳有《资治通鉴》草稿盈两屋。(案焘集今已佚,此据马端临《文献通考》述其父廷鸾之言。)今观其书,如淖方成祸水之语,则采及《飞燕外传》;张彖冰山之语,则采及《开元天宝遗事》,并小说亦不遗之。然则古来著录,于正史之外兼收博采,列目分编,其必有故矣。今总括群书,分十五类。首曰《正史》,大纲也;次曰《编年》,曰《别史》,曰《杂史》,曰《诏令奏议》,曰《传记》,曰《史钞》,曰《载记》,皆参考纪传者也;曰《时令》,曰《地理》,曰《职官》,曰《政书》,曰《目录》,皆参考诸志者也;曰《史评》,参考论赞者也。旧有《谱牒》一门,然自唐以后,谱学殆绝。玉牒既不颁于外,家乘亦不上于官,徒存虚目,故从删焉。考私家记载,惟宋、明二代为多。盖宋、明人皆好议论,议论异则门户分,门户分则朋党立,朋党立则恩怨结。恩怨既结,得志则排挤于朝廷,不得志则以笔墨相报复。其中是非颠倒,颇亦荧听。然虽有疑狱,合众证而质之,必得其情;虽有虚词,参证众说而核之,亦必得其情。张师棣《南迁录》之妄,邻国之事无质也。赵与峕《宾退录》证以金国官制而知之。《碧云騢》一书诬谤文彦博、范仲淹诸人,晁公武以为真出梅尧臣,王铚以为出自魏泰,邵博又证其真出尧臣,可谓聚讼。李焘卒参互而辨定之,至今遂无异说。此亦考证欲详之一验。然则史部诸书,自鄙倍冗杂,灼然无可采录外,其有稗于正史者,固均宜择而存之矣。

　　《隆平集》二十卷(两江总督采进本)
　　旧本题宋曾巩撰。巩,字子固,南丰人。嘉祐二年进士。调太平州司法参军,召为集贤校理,出知福、明诸州。神宗时官至中书舍人。事迹具《宋史》本传。是书纪太祖至英宗五朝之事,凡分目二十有六,体似会要。又立传二百八十四,各以其官为类。前有绍兴十二年《赵伯卫序》。其记载简略琐碎,颇不合史法。晁公武《读书志》摘其记《太平御览》与

《总类》为两书之误,疑其非巩所作。今考巩本传,不载此集。曾肇作巩《行状》,及韩维撰巩《神道碑》,胪述所著书甚备,亦无此集。据《玉海》,元丰四年七月,巩充史馆修撰。十一月,巩上《太祖总论》,不称上意,遂罢修五朝史。巩在史馆,首尾仅五月,不容遽撰此本以进。其出于依托,殆无疑义。然自北宋之末已行于世。李焘作《续通鉴长编》,如李至拜罢等事,间取其说,则当时固存而不废。至元修《宋史》,袁桷作《搜访遗书条例》,亦列及此书,以为可资援证。盖虽不出于巩,要为宋人之旧笈。故今亦过而存之,备一说焉。

◎目录类·小叙

郑玄有《三礼目录》一卷,此名所昉也。其有解题,胡应麟《经义会通》谓始于唐之李肇。案《汉书》录《七略》书名,不过一卷,而刘氏《七略》《别录》至二十卷,此非有解题而何?《隋志》曰:"刘向《别录》,刘歆《七略》,剖析条流,各有其序,推寻事迹。自是以后,不能辨其流别,但记书名而已。"其文甚明,应麟误也。今所传者以《崇文总目》为古,晁公武、赵希弁、陈振孙并准为撰述之式。惟郑樵作《通志·艺文略》,始无所诠释,并建议废《崇文总目》之解题,而尤袤《遂初堂书目》因之。自是以后,遂两体并行。今亦兼收,以资考核。金石之文,隋唐《志》附《小学》,《宋志》乃附《目录》。今用《宋志》之例,并列此门。而别为子目,不使与经籍相淆焉。

《郡斋读书志》四卷、《后志》二卷、《考异》一卷、《附志》一卷(两江总督采进本)

《郡斋读书志》四卷,宋晁公武撰。《后志》二卷,亦公武所撰,赵希弁重编。《附志》一卷则希弁所续辑也。公武字子止,钜野人。冲之之子。官至敷文阁直学士、临安少尹。岳珂《桯史》记隆兴二年汤思退罢相,洪适草制作平语,侍御史晁公武击之,则亦骨鲠之士。希弁,袁州人,宋宗室子。自题称江西漕贡进士,秘书省校勘。以辈行推之,盖太祖之九世孙也。始南阳井宪孟为四川转运使,家多藏书,悉举以赠公武。乃躬自雠校,疏其大略为此书。以时方守荣州,故名《郡斋读书志》。后书散佚,而志独存。淳祐己酉,鄱阳黎安朝守袁州,因令希弁即其家所藏书目参校。删其重复,摭所未有,益为《附志》一卷,而重刻之,是为袁本。时南充游钧守衢州,亦取公武门人姚应绩所编蜀本刊传,是为衢本。当时二书并行于世。惟衢本分析至二十卷,增加书目甚多。卷首公武自序一篇,文亦互有详略。希弁以衢本所增乃公武晚年续裒之书,而非所得井氏之旧,因别摘出为《后志》二卷。又以袁、衢二本异同,别为《考异》一卷,附之编末。盖原志四卷为井氏书,《后志》二卷为晁氏书,并至南渡而止。《附志》一卷则希弁家书,故兼及于庆元以后也。马端临作《经籍考》,全以是书及陈氏《书录解题》为据。然以此本与《经籍考》互校,往往乖迕不合。如《京房易传》,此本仅注三十余字,而马氏所引,其文多至十倍。又如《宋太祖实录》、《太宗实录》、《建康实录》、《汲冢周书》之类,此志本仅述其撰人时代及卷数而止,而马氏所引,尚有考据议论凡数十言。其余文之多寡,词之增损互异者,不可胜数。又希弁《考异》称,袁本《毗陵易传》,衢本作《东坡易传》。袁本《芸阁先生易解》,衢本作《吕氏章句》。今《经籍考》所题,并同衢本,似马端临原据衢本采摭。然如《晋公谈录》、《六祖坛经》之类,希弁《考异》称袁本所载而衢本所遗者,今《经籍考》实并引晁氏之说。则当时亦兼用袁本。疑此书已经后人删削,不特衢本不可复见,即袁本亦非尽旧文,故与马氏所引,不能一一符合欤?又前志《子部·序录》，称九曰《小说类》，十曰《天文历算类》，十一曰《兵家类》，十二曰《刑家类》，十三曰《杂艺类》，十四曰《医家类》，十五曰《神仙类》，十六曰《释家类》，而志中所列小说类《鸡跖集》后即为《群仙会真记》、《王氏神仙传》、葛洪《神仙传》三种。是《天文》、《历算》等五类全佚，而《神仙类》亦脱其标目。则其它类之残阙，盖可例推矣。然书虽非旧，而梗概仍存，终为考证者所取资也。

◎子部·总叙

自六经以外，立说者皆子书也。其初亦相淆，自《七略》区而列之，名品乃定。其初亦相轧，自董仲舒别而白之，醇驳乃分。其中或佚不传，或传而后莫为继，或古无其目今增，古各为类而今合，大都篇帙繁富。可以自为部分者，儒家之外有兵家，有法家，有农家，有医家，有天文算法，有数术，有艺术，有谱录，有杂家，有类书，有小说家，其别教则有释家，有道家。叙而次之，凡十四类。儒家尚矣。有文事者有武备，故次之以兵家，兵刑类也。唐虞无皋陶，则寇贼奸宄无所禁，必不能风动时雍，故次以法家。民，国之本也；谷，民之天也；故次以农家。本草经方，技术之事也，而生死系焉。神农黄帝以圣人为天子，尚亲治之，故次以医家。重民事者先授时，授时本测候，测候本积数，故次以天文算法。以上六家，皆治世者所有事也。百家方技，或有益，或无益，而其说久行，理难竟废，故次以术数。游艺亦学问之余事，一技入神，器或寓道，故次以艺术。以上二家，皆小道之可观者也。《诗》取多识，《易》称制器，博闻有取，利用攸资，故次以谱录，群言歧出，不名一类，总为荟粹，皆可采撷菁英，故次以杂家。隶事分类，亦杂言也，旧附于子部，今从其例，故次以类书。稗官所述，其事末矣，用广见闻，愈于博弈，故次以小说家。以上四家，皆旁资参考者也。二氏外学也，故次以释家、道家终焉。夫学者研理于经，可以正天下之是非；征事于史，可以明古今之成败；余皆杂学也。然儒家本六艺之支流，虽其间依草附木，不能免门户之私。而数大儒明道立言，炳然俱在，要可与经史旁参。其余虽真伪相杂，醇疵互见，然凡能自名一家者，必有一节之足以自立，即其不合于圣人者，存之亦可为鉴戒。虽有丝麻，无弃菅蒯；狂夫之言，圣人择焉，在博收而慎取之尔。

◎类书类·小叙

类事之书，兼收四部，而非经非史，非子非集。四部之内，乃无类可归。《皇览》始于魏文，晋荀勖《中经》部，分隶何门，今无所考。《隋志》载入《子部》，当有所受之。历代相承，莫之或易。明胡应麟作《笔丛》，始议改入集部，然无所取义，徒事纷更，则不如仍旧贯矣。此体一兴，而操觚者易于检寻，注书者利于剽窃，转辗稗贩，实学颇荒。然古籍散亡，十不存一。遗文旧事，往往托以得存。《艺文类聚》、《初学记》、《太平御览》诸编，残玑断璧，至捃拾不穷，要不可谓之无补也。其专考一事如《同姓名录》之类者，别无可附，旧皆入之类书，今亦仍其例。

◎小说家类·小叙

　　张衡《西京赋》曰："小说九百，本自虞初"。《汉书·艺文志》载《虞初周说》九百四十三篇，注称武帝时方士，则小说兴于武帝时矣。故《伊尹说》以下九家，班固多注依托也。(《汉书·艺文志》注凡不注姓名者，皆班固自注。)然屈原《天问》，杂陈神怪，多莫知所出，意即小说家言。而《汉志》所载《青史子》五十七篇，贾谊《新书·保傅篇》中先引之，则其来已久，特盛于虞初耳。迹其流别，凡有三派：其一叙述杂事，其一记录异闻，其一缀辑琐语也。唐宋而后，作者弥繁，中间诬谩失真，妖妄荧听者固为不少，然寓劝戒，广见闻，资考证者，亦错出其中。班固称小说家流盖出于稗官，如淳注谓王者欲知闾巷风俗，故立稗官，使称说之。然则博采旁搜，是亦古制，固不必以冗杂废矣。今甄录其近雅驯者，以广见闻。惟猥鄙荒诞，徒乱耳目者，则黜不载焉。

◎集部·总序

　　集部之目，楚辞最古，别集次之，总集次之，诗文评又晚出，词曲则其闰余也。古人不以文章名，故秦以前书无称屈原、宋玉工赋者。洎乎汉代，始有词人，迹其著作，率由追录。故武帝命所忠求相如遗书，魏文帝亦诏天下上孔融文章。至于六朝，始自编次。唐末又刊版印行(事见贯休《禅月序集》)。夫自编则多所爱惜，刊版则易于流传。四部之书，别集最杂，兹其故欤。然典册高文，清辞丽句，亦未尝不高标独秀，挺出邓林。此在劘刘厄言，别裁伪体，不必以猥滥病也。总集之作，多由论定。而《兰亭》、《金谷》，悉觞咏于一时，下及《汉上题襟》、《松陵倡和》、《丹阳集》惟录乡人，《箧中集》则附登乃弟。虽去取未孚众议，而履霜有渐，已为诗社标榜之先驱。其声气攀援，甚于别集。要之浮华易歇，公论终明，岿然而独存者，《文选》、《玉台新咏》以下数十家耳。诗文评之作，著于齐梁。观同一八病四声也，钟嵘以求誉不遂，巧致讥排；刘勰以知遇独深，继为推阐。词场恩怨，亘古如斯。冷斋曲附乎豫章，石林隐排乎元祐。党人余衅，报及文章，又其已事矣。固宜别白存之，各核其实。至于倚声末技，分派诗歌，其间周柳苏辛，亦递争轨辙。然其得其失，不足重轻，姑附存以备一格而已。大抵门户构争之见，莫甚于讲学，而论文次之。讲学者聚党分朋，往往祸延宗社。操觚之士笔舌相攻，则未有乱及国事者。盖讲学者必辨是非，辨是非必及时政，其事与权势相连，故其患大。文人词翰，所争者名誉而已，与朝廷无预，故其患小也。然如艾南英以排斥王李之故，至以严嵩为察相，而以杀杨继盛为稍过当。岂其扪心清夜，果自谓然？亦朋党既分，势不两立，故决裂名教而不辞耳。至钱谦益《列朝诗集》，更颠倒贤奸，彝良泯绝。其贻害人心风俗者，又岂鲜哉！今扫除畛域，一准至公。明以来诸派之中，各取其所长，而不回护其所短。盖有世道之妨焉，不仅为文体计也。

据中华书局1965年版《四库全书总目》

卷二　私家撰修目录及著述文选

七　录

〔书名〕

阮孝绪所著《七录》将文献分为七个大类,即"其方内经史至于术伎,合为五录,谓之内篇;方外佛道,各为一录,谓之外篇。凡有录为七,故名《七录》"。

〔作者〕

阮孝绪(479—536),字士宗,南朝梁陈留尉氏(河南尉氏)人,目录学家。以清高隐逸见称,淡于进取,悉心治学,遍通五经。他遍访藏书之家,收其目录,立志"总集众家,更为新录"。梁普通四年(523)起在建康(今南京)编《七录》12卷,著录图书 6 288 种、44 526 卷,并写有解题,后为《隋书·经籍志》的主要依据之一。《七录》今佚,惟自序尚见于道藏《弘明集》内。

〔体例与内容〕

《七录》是继汉刘歆《七略》、南朝齐王俭《七志》之后的一部图书目录分类专著。它在一定程度上总结了前代目录学的成就,在中国目录学史上占有重要地位。《七录》自定新法,分为内外 2 篇。内篇有经典录、纪传录、子兵录、文集录、术技录;外篇有佛法录、仙道录。共著录图书 55 部,6 288 种,44 521 卷。

该目录在分类上有创新,将《七志》中的"经典志"的史记杂传别出"纪传录",而将"军书志"改为兵部,与诸子志合并归入"子兵录",并增加"佛法录"、"仙道录",以集中反映社会上出现较多的佛、道之书,著录图书时,对作者事迹及书籍流传情况,悉加提要介绍,继承《七略》撰写提要的传统。

《七录》五十五部之分类表如下:

· 经典录内篇一:易部,尚书部,诗部,礼部,乐部,春秋部,论语部,孝经部,小学部。

· 记传部内篇二:国史部,注历部,旧事部,职官部,仪典部,法制部,伪史部,杂传部,鬼神部,土地部,谱状部,簿录部。

· 子兵录内篇三:儒部,道部,阴阳部,法部,名部,墨部,纵横部,杂部,农部,小说部,兵部。

· 文集录内篇四:楚辞部,别集部,杂文部。

・术技录内篇五：天文部、纬谶部、历算部、五行部、卜筮部、杂占部、刑法部、医经部、经方部、杂艺部。

・佛法录外篇一：戒津部、禅定部、智慧部、疑似部、论记部。

・仙道录外篇二：经戒部、服饵部、房中部、符图部。

七录・序（节选）

【导读】

本篇选自唐代释道宣的《广弘明集》卷三的《七录・序》，该文是研究中国古典目录学的一篇重要文献。

日月贞明，匪光景不能垂照；嵩华载育，非风云无以悬感。大圣挺生，应期命世，所以匡济风俗，矫正彝伦。非夫《丘》《索》《坟》《典》，诗书礼乐，何以成穆穆之功，致荡荡之化也哉！故洪荒道丧，帝昊兴其爻画；结绳义隐，皇颉肇其文字。自斯已往，沿袭异宜，功成治定，各有方册。正宗既殄，乐崩礼坏，先圣之法，有若缀旒。故仲尼叹曰："大道之行也，与三代之英，丘未逮也，而有志焉。"夫有志以为古，文犹好也，故自卫反鲁，始立素王。于是删《诗》《书》，定礼乐，列五始于《春秋》，兴《十翼》于《易》道。夫子既亡，微言殆绝，七十并丧，大义遂乖。

逮于战国，殊俗异政，百家竞起，九流互作。嬴政嫉之，故有坑焚之祸。

至汉惠四年，始除挟书之律。其后外有太常、太史、博士之藏，内有延阁、广内、秘室之府。开献书之路，置写书之官。至孝成之世，颇有亡逸，乃使谒者陈农求遗书于天下，命光禄大夫刘向及子俊、歆等雠校篇籍。每一篇已，辄录而奏之。会向亡丧，帝使歆嗣其前业，乃徙温室中书于天禄阁上。歆遂总括群篇，奏其《七略》。

及后汉，兰台犹为书部。又于东观及仁寿闼撰集新记。校书郎班固、傅毅并典秘籍。固乃因《七略》之辞，为《汉书・艺文志》。其后有著述者，袁山松亦录在其书。

魏晋之世，文籍逾广，皆藏在秘书、中、外三阁。魏秘书郎郑默删定旧文，时之论者，谓为朱紫有别。晋领秘书监荀勖因魏《中经》，更著《新簿》。虽分为十有余卷，而总以四部别之。惠怀之乱，其书略尽。江左草创，十不一存。后虽鸠集，淆乱已甚。及著作佐郎李充始加删正，因荀勖旧簿四部之法，而换其乙丙之书，没略众篇之名，总以甲乙为次。自时厥后，世相祖述。宋秘书监谢灵运、丞王俭，齐秘书丞王亮、监谢朏等，并有新进，更撰目录。宋秘书殷淳撰《大四部目》，俭又依《别录》之体，撰为《七志》。其中朝遗书，收集稍广，然所亡者，犹太半焉。

齐末，兵火延及秘阁。有梁之初，缺亡甚众。爰命秘书监任昉，躬加部集。又于文德殿内别藏众书，使学士刘孝标等重加校进。乃分数术之文，更为一部，使奉朝请祖暅撰其名录。其尚书阁内别藏经史杂书，华林园又集释氏经论。自江左篇章之盛，未有踰于当今者也。

孝绪少爱坟籍，长而弗倦，卧病闲居，傍无尘杂。晨光才启，缃囊已散，宵漏既分，绿裹方掩,犹不能穷究流略,探尽秘奥。每披录内省,多有缺然。其遗文隐记,颇好搜集。凡自宋齐已来,王公搢绅之馆,苟能蓄聚坟籍,必思致其名簿。凡在所遇,若见若闻,校之官目,多所遗漏,遂总集众家,更为新录。其方内经史,至于术伎,合为五录,谓之内篇;方外佛道,各为一录,谓之外篇。凡为录有七,故名《七录》。

昔司马子长记数千年事,先哲愍其勤,虽复称为良史,犹有掊拾之责,况总括群书四万余卷,皆讨论研核,标判宗旨,才愧疏通,学惭博达,靡班嗣之赐书,微黄香之东观,倪欲寻检,内寡卷轴,如有疑滞,傍无沃启。其为纰缪,不亦多乎!将恐后之罪予者,岂不在于斯录?如有刊正,请俟君子。

昔刘向校书,辄为一录,论其指归,辨其讹谬,随竟奏上,皆载在本书。时又别集众录,谓之《别录》,即今之《别录》是也。子歆撮其指要,著为《七略》,其一篇即六篇之总最,故以《辑略》为名,次《六艺略》,次《诸子略》,次《诗赋略》,次《兵书略》,次《数术略》,次《方伎略》。王俭《七志》改《六艺》为《经典》,次《诸子》,次《诗赋》为《文翰》,次《兵书》为《军书》,次《数术》为《阴阳》,次《方伎》为《术艺》。以向、歆虽云《七略》,实有六条,故别立图谱一志,以全七限。其外又条《七略》及二汉《艺文志》、《中经簿》所阙之书,并方外之经,佛经、道经各为一录。虽继《七志》之后,而不在其数。

今所撰《七录》,斟酌王、刘。王以六艺之称不足标榜经目,改为经典,今则从之,故序《经典录》为内篇第一。

刘、王并以众史合于《春秋》。刘氏之世,史书甚寡,附见《春秋》,诚得其例。今众家记传,倍于经典,犹从此志,实为繁芜。且《七略》诗赋不从六艺诗部,盖由其书既多,所以别为一略。今依拟斯例,分出众史,序《记传录》为内篇第二。

诸子之称,刘、王并同。又刘有《兵书略》,王以"兵"字浅薄,"军"言深广,故改"兵"为"军"。窃谓古有兵革兵戎、治兵用兵之言,斯则武事之总名也。所以还改"军"从"兵"。兵书既少,不足别录,今附于子末,总以"子兵"为称,故序《子兵录》为内篇第三。

王以诗赋之名不兼余制,故改为文翰。窃以顷世文词,总谓之集,变翰为集,于名尤显,故序《文集录》为内篇第四。

王以数术之称,有繁杂之嫌,故改为阴阳;方伎之言,事无典据,又改为"艺术"。窃以阴阳偏有所系,不如数术之该通。术艺则滥,六艺与数术不逮方伎之要显,故还依刘氏,各守本名。但房中、神仙,既入仙道,医经、经方,不足别创,故合术伎之称,以名一录,为内篇第五。

王氏图谱一志,刘略所无。刘数术中虽有历谱,而与今谱有异。窃以图画之篇,宜从所图为部,故随其名题,各附本录谱。既注记之类,宜与史体相参,故载于记传之末。自斯已上,皆内篇也。

释氏之教,实被中土,讲说讽味,方轨孔籍。王氏虽载于篇而不在志限,即理求事,未是所安,故序《佛法录》为外篇第一。

仙道之书,由来尚矣,刘氏神仙,陈于方伎之末。王氏道经,书于《七志》之外。今合序《仙道录》为外篇第二。

王则先道而后佛,今则先佛而后道,盖所宗有不同,亦由其教育浅深也。凡内外两篇,合为《七录》。天下之遗书秘记,庶几穷于是矣。有梁普通四年,岁维单阏仲春十有七日,于建康禁中里宅,始述此书。通人平原刘杳从余游,因说其事。杳有志积久,未获操笔,闻余已先著鞭,欣然会意,凡所抄集,尽以相与。广其闻见,实有力焉。斯亦康成之于传释尽归子慎之书也。

据上海古籍出版社 1993 年版《广弘明集》(影印本)

郡斋读书志

〔书名〕

晁公武先世曾居汴京(今河南开封)昭德坊,故人称昭德先生。晁氏曾为四川转运使井度的属官,守荣州(今四川荣县),荣州南宋称和义郡,而郡守之所居称郡斋。其又好读书,喜校雠,写提要,故将其所成之书名为《昭德先生郡斋读书志》。《自序》称曾获井度所赠秘籍"五十箧,合吾家私藏,除其重复,得二万四千五百卷有奇……日夕躬以朱黄,雠校舛误,终篇撮其大旨论之。"

〔作者〕

晁公武(约1104—约1183),字子止,号昭德先生,澶州清丰(今山东巨野县)人,著名目录学家。二十余岁逢"靖康之乱",入蜀寓居嘉州(今四川乐山)。南宋高宗绍兴二年(1132),登进士第,为四川转运副使井度属官。井度"天资好书",是南宋初四川的一位藏书家,临终前将藏书尽送晁公武,成为撰录《郡斋读书志》的主要依据。

〔体例与内容〕

该志基本包括了南宋以前的各类重要著述。书首有总序,每部之前有大序称"总论",二十五个类目前有小序。(袁本《前志》九个类目前有小序。)小序未标明,置该类第一部书的题要中。每类之内,各书大体依时代先后编次。史部立史评类,衢本集部立文说类,具有开创的意义。

〔版本〕

公武原志刊于蜀。其后蜀中姚应绩编二十卷本,有所增益。淳祐九年(1249),南充游钧翻刻姚本于衢州,是为衢州本;淳祐十年(1250),李安朝刊于原志四卷之后,另录赵希弁所作《附志》一卷、《后志》二卷,以及增订的《考异》一卷,刻于袁州(今江西宜春),是为袁州本。

"袁本"四卷,收书一千四百六十种。宋刻"袁本"失传,1925年清室善后委员会清点故宫图书时才发现。袁本有1936年、1937年上海商务印书馆影宋原刊本,分别收入《续古逸丛书》、《四部丛刊三编》、《万有文库二集》。

"衢本"二十卷,收书一千四百六十一种。宋刻"衢本"早已失传,今有清嘉庆二十四年(1819)汪氏艺芸书舍重刻衢州本,经清李富孙、黄丕烈校过。又有清光绪六年(1880)会稽章氏重刻本。此外,又有清光绪十年(1884)王先谦以袁、衢二本合校刊行的二十卷本。

今有北京现代出版社1987年影印衢州本二十卷,附志二卷。上海古籍出版社1990年出版孙猛校正本《郡斋读书志校证》,附索引,使用最为方便。

郡斋读书志(节选)

【导读】

  本篇选录了"衢本昭德先生郡斋读书志序"、《郡斋读书志》卷一、卷五、卷十、卷十一、卷十七。

  该志是现存最早的、具有题要的私家藏书目录,具有多方面的学术价值。首先,收入的图书基本上包括了宋代以前各类重要的典籍,尤以搜罗唐代和北宋时期的典籍更为完备。这些典籍至今不少已亡佚和残缺,后世可据书目的提要而窥其大略。其次,体例有严谨的安排,全目分经、史、子、集四部,部下再分小类——"袁本"分43小类,"衢本"分45小类;每部有总序(称为"总论"),每类有小序;每书有解题,从而形成了一个严谨完备的体系。全书的大序、小序中,注意阐述各部各类的学术渊源和流变,发挥了古代目录学"辨章学术,考镜源流"的优良传统。尤其是他对经学素有研究,因此在经部大序、小序中,叙先秦、两汉、魏晋、中唐经学的演变和流弊富有独特的见解。第三,由于所录各书为晁氏实藏,所以在提要中对典籍情况的介绍,咸有凭据,自非其它丛抄旧录的书目所能比拟。晁氏撰写的提要不仅翔实有据,而且注重考订,内容详略得当。如在集部别集类《蔡邕集》的提要中说:"凡文集其人正史有传者,止掇论其文学之辞,及略载乡里,所终爵位,或死非其理亦附见……若史逸其事者,则杂取它书详载焉,庶后有考。"其介绍作者生平、成书原委、学术渊源及有关典章制度、轶闻掌故,皆能引用唐宋实录、宋朝国史、登科记及有关史传目录,并详加考证。这些材料许多今已失传,因此晁氏所撰提要内容,很多具有较高史料价值。第四,《郡斋读书志》是我国现存最早的、具有提要内容的私藏书目,对于后世目录学影响很大。比晁公武稍后的目录学家陈振孙说:"其所发明,有足观者。"陈氏所作的《直斋书录解题》就是效法《郡斋读书志》撰成的,有不少内容引用了晁氏的书目提要。宋末学者王应麟的《困学纪闻》、《汉书艺文志考证》、《玉海》也大量征引了《郡斋读书志》。至于元代马端临的《文献通考·经籍考》,则主要是以晁、陈二书目为蓝本编纂的。直至清代的目录巨编《四库全书总目》,仍采用《郡斋读书志》的材料多达三百多条。由此可见《郡斋读书志》在我国目录学史上的重要地位。

◎衢本昭德先生郡斋读书志·序

  杜邺从张京兆之子学问,王粲为蔡中郎所奇,皆尽得其家书,故邺以多闻称而粲以博物显。下逮国朝,宋宣献公亦得毕文简、杨文庄家书,故所藏之富,与秘阁等,而常山公以赡博闻于时。夫世之书多矣,顾非一人之力所能聚;设令笃好而能聚之,亦老将至而耄且及,岂暇读哉!然则,二三子所以能博闻者,盖自少时已得先达所藏故也。公武家自文元公来,以翰墨为业者七世,故家多书,至于是正之功,世无与让焉。然自中原无事时,已有火厄,及兵戈之后,尺素不存也。公武仕宦连蹇,久益穷空,虽心志未衰,而无书可读,每恨之。南阳公天资好书,自知兴元府至领四川转运使,常以俸之半传录。时巴、蜀独不被兵,人间多有异本，闻之未尝不力求，必得而后已。历二十年，所有甚富。既罢，载以舟，即庐山之下居焉。宿与公武厚。一日，贻书曰："某老且死，有平生所藏书，甚秘惜之。顾子孙稚弱，不自树立。若其心爱名，则为贵者所夺；若其心好利，则为富者所售；恐不能保也。今举以付子，他日其间有好学者，归焉。不然，则子自取之。"公武惕然从其命。书凡五十箧，合吾家旧藏，除其复重，得二万四千五百卷有奇。今三荣僻左少事，日夕躬以朱黄，雠校舛误。终篇，辄撮其大指论之。岂敢效二三子之博闻，所期者不坠家声而已。书则固自若也。倘遇其子孙之贤者，当如约。

绍兴二十一年元日，昭德晁公武序

衢本昭德先生郡斋读书志（节选）

◎卷一

自汉武帝之后，虽世有治乱，无不知崇尚典籍。刘歆始著《七略》，总录群书：一曰《辑略》，二曰《六艺略》，三曰《诸子略》，四曰《诗赋略》，五曰《兵书略》，六曰《术数略》，七曰《方技略》。至荀勖更著《新簿》，分为四部：一曰甲部，纪六艺及小学等书；二曰乙部，有古、今诸子家及兵书、术数；三曰丙部，有史记及故事；四曰丁部，有诗赋、图赞。勖之《簿》盖合《兵书》、《术数》、《方技》于诸子，自春秋类摘出史记，别而为一，《六艺》、《诸子》、《诗赋》，皆仍歆旧。其后历代所编书目，如王俭、阮孝绪之徒，咸从歆例；谢灵运、任昉之徒，咸从勖例。唐之分经史子集，藏于四库，是亦祖述勖而加详焉。欧阳公谓其始于开元，误矣。今公武所录书，史集居其半，若依《七略》，则多寡不均，故亦分为四部焉。经之类凡十。其一曰《易》，二曰《书》，三曰《诗》，四曰《礼》，五曰《乐》，六曰《春秋》，七曰《孝经》，八曰《论语》，九曰经解，十曰小学，合二百五十五部，计三千二百四十四卷。孔氏之教，别而为六艺数十万言，其义理之富，至于不可胜原，然其要片言可断，曰修身而已矣。修身之道，内之则本于正心诚意，致知格物；外之则推于齐家、治国、平天下；内外兼尽，无施而不宜。学者若以此而观六艺，犹坐璇玑以窥七政之运，无不合者。不然，则悖谬乖离，无足怪也。汉承秦后，六艺皆出于灰烬之余，学者颛门名家，故《易》有田氏、焦氏、费氏，《诗》有《鲁诗》、《韩诗》、《齐诗》，《春秋》有邹、夹、左丘明、公羊高、谷梁赤，《礼》、《乐》有大戴、小戴之殊，《书》有古文、今文之异：各尊其师说，而伐其异己者，党枯骸，护蠹简，至于忘父子君臣之分，争辩不少屈，其弊甚矣。迨至晋、魏之后，此弊虽衰，而学者徒剽贼六艺之文，饰其辞章，以哗世取宠，而不复有明道之意，无以议为。及唐之中叶，海内乂安，士稍知宗尚经术，而去圣愈远，异端并兴。学《书》者，则以今文易古文，而颇改其辞；学《春秋》者，则合三《传》之同异而杂举其义，不本所承，决以胸臆，以迄于今。释、老、申、韩之说，杂然满于《六经》之中，虽与汉儒之学不同，而其失一也。凡此者岂有他哉！皆不能探修身之道，及刻意于章句，是以迢迢千载之间，悖谬乖离，殊途而同归，至此其极，悲夫！今所录汉、唐以来之书甚备，观者其慎择焉。《论语》、《孝经》，自班固以来，皆附经类。夫《论语》，群言之首，《孝经》，百行之宗，皆《六经》之要，其附于经固不可易。又《艺文志》有小学类，《四库书目》有经解类，盖有补于经而无所系属,故皆附于经,今亦从之。

◎书类

△《尚书》十三卷

右本古文孔安国传五十九篇。安国取序一篇,分诸篇之首,更定五十八篇。晋之乱,欧阳、夏侯《尚书》并亡。晋梅赜始得此《传》,阙《舜典》一篇,乃以王肃注足成上之。齐建武中,吴姚方兴得之于大稚,比王注多二十八字。唐孝明不喜古文,以今文易之,又颇改其辞,如旧"无颇",今改"无陂"之类是也。按安国既定古文,会有巫蛊事,不复以闻,藏于私家而已。是以郑康成注《礼记》,韦昭注《国语》,杜预注《左氏》,赵岐注《孟子》,遇引今《尚书》所有之文,皆曰"逸《书》",盖未尝见古文故也。然尝以《礼记》校《说命》,《孟子》较《泰誓》,大义虽不远,而文不尽同。意者安国以隶古定时失之耳。

……

◎卷五

史之类十有三:其一曰正史,二曰编年,三曰实录,四曰杂史,五曰伪史,六曰史评,七曰职官,八曰仪注,九曰刑法,十曰地里,十一曰传记,十二曰谱牒,十三曰目录。合二百八十三部,七千三百八十八卷。后世述史者,其体有三:编年者,以事系月日而总之于年,盖本于左丘明;纪传者,分记君臣行事之终始,盖本于司马迁;实录者,其名起于萧梁,至唐而盛,杂取两者之法而为之,以备史官采择而已,初无制作之意,不足道也。若编年、纪传,则各有所长,殆未易以优劣论。虽然,编年所载,于一国治乱之事为详;纪传所载,于一人善恶之迹为详,用此言之,编年似优,又其来最古。而人皆以纪传便于披阅,独行于世,号为正史,不亦异乎!旧以职官、仪注等,凡史氏有取者,皆附之史,今从焉。

◎正史类

△《史记》一百三十卷

右汉太史令司马迁续其父谈书。创为义例,起黄帝,迄汉武获麟之岁。撰成十二纪以序帝王,十年表以贯岁月,八书以纪政事,三十世家以叙公侯,七十列传以志士庶。上下三千余载,凡为五十二万六千五百言。迁没后,缺《景》、《武纪》、《礼》、《乐》、《律书》、《三王世家》、《汉兴以来将相年表》、《日者》、《龟策传》、《靳蒯列传》等十篇。元、成间,褚少孙追补,及益以武帝后事,辞旨浅鄙,不及迁书远甚。迁书旧有裴骃为之解,云:班固尝讥迁"论大道则先黄老而后《六经》,序游侠则退处士而进奸雄,述货殖则崇势利而羞贫贱"。后世爱迁者多以此论为不然,谓迁特感当世之所失,愤其身之所遭,寓之于书,有所激而为此言耳,非其心所谓诚然也。当武帝之世,表章儒术而罢黜百家,宜乎大治,而穷奢极侈,海内凋弊,反不若文、景尚黄老时人主恭俭,天下饶给。此其所以先黄老而后《六经》也。武帝用法刻深,群臣一言忤旨,辄下吏诛,而当刑者得以货免。迁之遭李陵之祸,家贫无财贿自赎,交游莫救,卒陷腐刑。其进奸雄者,盖迁叹时无朱家之伦,不能脱己于祸,故曰:"士穷窘得委命。"此非人所谓贤豪者耶!其羞贫贱者,盖自伤特以贫故,不能自免于刑戮,故曰:"千金之子,不死于市。"非空言也。固不察其心而骤讥之,过矣。

……

◎卷十

子类总论

子之类凡十八：其一曰儒家，二曰道家，三曰法家，四曰名家，五曰墨家，六曰纵横家，七曰杂家，八曰农家，九曰小说，十曰天文，十一曰星历，十二曰五行，十三曰兵家，十四曰类书，十五曰艺术，十六曰医书，十七曰神仙，十八曰释书，合五百五十五部，计七千七百六十卷。序九流者，以为皆出于先王之官，咸有所长，及失其传，故各有弊，非道本然，特学者之故也，是以录之。至于医、卜、技、艺，亦先王之所不废，故附于九流之末。夫儒、墨、名、法，先王之教；医卜、技艺，先王之政，其相附近也固宜。昔刘歆既录神仙之书，而王俭又录释氏，今亦循之者，何哉？自汉以后，九流浸微，隋、唐之间，又尚辞章，不复问义理之实，虽以儒自名者，亦不知何等为儒术矣，况其次者哉！百家壅底，正途之弊既息，而神仙服食之说盛，释氏因果之教兴，杂然与儒者抗衡而意常先之。君子虽有取焉，而学之者不为其所误者鲜矣，则为患又甚于汉。盖彼八家，皆有补于时，而此二教，皆无意于世也。八家本出于圣人，有补于时，特学者失之，而庄、老犹足以亡晋，申、商犹足以灭秦，况二教无意于世，不自附于圣人，若学而又失之，则其祸将如何？故存之以为世戒云。

◎卷十七

集部其类有四：一曰楚辞类，二曰别集类，三曰总集类，四曰文说类。内别集猥多，复分为上、中、下，合四百八部，计六千一百六十一卷。昔屈原作《离骚》，虽诡谲不可为训，而英辨藻思，闳丽演迤，发于忠正，蔚然为百代词章之祖。众士慕向，波属云委。自时厥后，缀文者接踵于斯矣。然轨辙不同，机杼亦异，各名一家之言。学者欲矜式焉，故别而序之，命之为集。盖其原起于东京，而极于有唐至七百余家。当晋之时，挚虞已患其零杂难观，尝自诗赋以下汇分之，曰《文章流别》。后世祖述之而为总集，萧统所选是也。至唐亦且七十五家。呜呼，盛矣！虽然，贱生于无所用，或其传不能广，值水火兵寇之厄，因而散落者十八九。亦有长编巨轴，幸而得存，属目者几希。此无他，凡以其虚词滥说，徒为美观而已，无益于用故也。今录汉迄唐，附以五代、本朝作者，其数亦甚众。其间格言伟论，可以扶持世教者，为益固多。至于虚词滥说如上所陈者，知其终当泯泯无闻，犹可以自警，则其无用亦有用也，是以不加铨择焉。

◎楚辞类

△《楚辞》十七卷

右后汉校书郎王逸叔师注。楚屈原，名平，为怀王左徒，博闻强志，娴于辞令。后同列心害其能而谮之，王怒，疏平，平自伤忠而被谤，乃作《离骚经》以讽，不见省纳。及襄王立，又放之江南，复作《九歌》、《天问》、《九章》、《远游》、《卜居》、《渔父》、《大招》，自沉汨罗以死。其后，楚宋玉作《九辩》、《招魂》，汉贾谊作《惜誓》，淮南王小山作《招隐士》，东方朔作《七谏》，严忌作《哀时命》，王褒作《九怀》，刘向作《九叹》，皆拟其文，而哀平之死于忠。至汉武时，淮南王安始作《离骚传》，刘向典校经书，分为十六卷。东京班固、贾逵各作《离骚章句》，余十五卷，阙而不说。至逸自以为南阳人，与原同土，悼伤之，复作十六卷《章句》，又续为《九思》，取班固二序附之，为十七篇。按《汉书志》屈原赋二十五篇，今起《离骚经》

至《大招》凡六,《九章》、《九歌》又十八,则原赋存者二十四篇耳,并《国殇》、《礼魂》在《九歌》之外为十一,则溢而为二十六篇。不知《国殇》、《礼魂》何以系《九歌》之末,又不可合十一为九,然则谓《大招》为原辞,可疑也。夫以"招魂"为义,恐非自作,或曰景差,盖近之。其卷后有蒋之翰跋,云晁美叔家本也。

据上海古籍出版社 1990 年版《郡斋读书志校证》。

直斋书录解题

〔书名〕

陈振孙好学,喜藏书,所至之地,刻书业兴盛,藏家密集,书院亦富藏书,购求传录,收藏日富,仿照《郡斋读书志》的体例,作解题,极其精详,编为《直斋书录解题》,因其号直斋,故该书命名为《直斋书录解题》。

〔作者〕

陈振孙(1183?—1262?),初名瑗,字伯玉,号直斋,浙江安吉州(今浙江安吉县)人,一作永嘉(今浙江温州)人。南宋时期目录学家。

幼年好学,"尝于《班书》志传录出诸诏,与纪中相附,以便览阅",嘉定十二年(1219),为浙江鄞县县学,官溧水教授。宝庆二年(1226),任兴化军(今福建莆田)通判。端平三年(1236),以朝散大夫知台州兼浙东提举。嘉熙三年(1239),调任浙西提举。淳祐四年(1244),入京为国子监司业。大约淳祐九年,以宝章阁待制致仕。卒谥光禄大夫。

幼时,家无积书,当官后游历四方,随处搜访,传抄夹漈郑氏、方氏、林氏和吴氏等藏书,累积藏书5万余卷。周密《齐东野语》称:"近年唯直斋陈氏书最多。"又以20年的光阴撰成《直斋书录解题》56卷,将历代书籍分为53类,此书与晁公武的《郡斋读书志》齐名。原书已佚,《永乐大典》曾采录此书。

〔体例与内容〕

陈振孙把古代图书分为五十三类,保存了四部的顺序。前十类为经部书,十一至二十六类为史部书,二十七至四十六为子部书,四十七至五十三为集部书。著录各书记其书名、卷帙、作者、成书时间,更重要的是阐述学术源流,介绍书的内容,有的还作出简要评价。此外,还著录版本类别、款式、版刻特点、得书经过。既记印本,也记抄本、拓本,是这部书的特点。周密《齐东野语》卷十二赞扬其书"极其精详"。《直斋书录解题》是目录学、版本学的重要著作,是我国最早以"解题"命名的提要式目录。

〔版本〕

《直斋书录解题》原为五十六卷,著录图书三千零九十六种,明初佚失,直到清修《四库全书》时,由《永乐大典》中辑出,校定为二十二卷,即今之流传本。

(宋)陈振孙.直斋书录解题.上海:上海古籍出版社,1987

直斋书录解题（节选）

【导读】

本篇选录了《四库全书总目提要·直斋书录解题》、《直斋书录解题》卷四。

《直斋书录解题》全面反映了南宋以前的藏书，收书量超过了官修目录《中兴馆阁书目》著录图书的总数。《四库全书总目提要》在提到本书的参考价值时写道："古书之不传于今者，得藉是以求其崖略；其传于今者，得藉是以辨其真伪，核其异同，亦考证之所必资，不可废也。"《直斋书录解题》虽仿《郡斋读书志》编辑体例而成，但却更为宏富。陈氏以著录今书为主，著录的图书也均为当时实有图书，甚至不少还是编者亲自手抄笔录之书。因其著录南宋以前所有的图书最为全面，使不传于今天的古书，借此书目可以了解当时流传的情况。《直斋书录解题》作为我国现存的第二部私家提要体编辑目录，承《郡斋读书志》之绪而又更加精详，在图书编辑分类体系、编目著录方法以及解题内容等各方面，都有独到的见解和卓越的贡献，在目录学史上占有重要的地位，与《郡斋读书志》"同为目录之冠"。

在编辑著录方法上，《直斋书录解题》远承刘向、刘歆父子"提要"的传统，近仿晁氏《郡斋读书志》的"解题"体例，虽不能称之为创新，但直接用"解题"为书名，却开目录学著作之先河。陈氏虽然仿照晁氏的《郡斋读书志》的写法，然而自有侧重，并未一味抄袭。《直斋书录解题》的特点在于把传统的目录学和新兴的版本学结合起来，关注图书版本的源流与优劣，细述书之款式、版刻、抄本内容特点、拓本特色等。在介绍版本时，或说明所得善本书之经过，或记述古书刻本的时间地点，或比较版本之优劣，叙述其校勘、流传。

◎四库全书总目提要·直斋书录解题

《直斋书录解题》·二十二卷（永乐大典本）

宋陈振孙撰。振孙字伯玉，号直斋，安吉人。厉鹗《宋诗纪事》称其端平中仕为浙西提举，改知嘉兴府。考周密《癸辛杂识》"莆田阳氏子妇"一条，称陈伯玉振孙，以倅摄郡。又"陈周士"一条，称周士，直斋侍郎振孙之长子。则振孙始仕州郡，终官侍郎，不止浙江提举，鹗盖考之未详也。《癸辛杂识》又称："近年惟直斋陈氏书最多，盖尝仕于莆，传录夹漈郑氏、方氏、林氏、吴氏旧书至五万一千一百八十余卷，且仿《读书志》作解题，极其精详"云云。则振孙此书，在宋末已为世所重矣。其例以历代典籍分为五十三类，各详其卷帙多少、撰人名氏，而品题其得失，故曰"解题"。虽不标经史子集之目，而核其所列，经之类凡十，史之类凡十六，子之类凡二十，集之类凡七，实仍不外乎四部之说也。马端临《经籍考》惟据此书及《读书志》成编。然《读书志》今有刻本，而此书久佚，仅《永乐大典》尚载其完帙。惟当时编辑潦草，讹脱宏多，又卷帙割裂，全失其旧，谨详加校订，定为二十二卷。方今圣天子稽古右文，搜罗遗籍，列于四库之中者，浩如烟海。此区区一家之书，诚不足以当万一。然古书之不传于今者，得藉是以求其崖略；其传于今者，得藉是以辨其真伪，核其异同。亦考证之所资，不可废也。原本间于解题之后附以随斋批注。随斋不知何许人。

然补阙拾遗，于本书颇有所裨，今亦仍其旧焉。

据中华书局 1965 年版《四库全书总目》

◎直斋书录解题·卷四（节选）

○正史类

△《史记》一百三十卷

汉太史令夏阳司马迁子长撰。宋南中郎参军河东裴骃集注。案班固云："迁据《左氏》、《国语》，采《世本》、《战国策》，述《楚汉春秋》，接其后事，迄于大汉，斯以勤矣。十篇缺，有录亡书。"张晏曰："迁没之后，亡《景武纪》、《礼乐兵书》、《汉兴将相年表》、《三王世家》、《日者》、《龟策传》、《靳歙傅宽列传》。元、成之间，褚先生补作《武纪》、《三王世家》、《日者》、《龟策传》。言辞鄙陋，非迁本意也。"颜师古曰："本无《兵书》，张说非也。"今案此十篇者，皆具在，褚所补《武纪》，全写《封禅书》，《三王世家》但述封拜策书，二列传皆猥酿不足进，而其余六篇，《景纪》最疏略，《礼》、《乐书》膺荀子《礼论》、河间王《乐记》，《傅靳列传》与《汉书》同，而《将相年表》迄鸿嘉，则未知何人所补也。褚先生者，名少孙。裴骃即注《三国志》松之之子也。始，徐广作《史记音义》，骃本之以成《集解》。窃尝谓著书立言，述旧易，作古难。六艺之后，有四人焉：摭实而有文采者，左氏也；凭虚而有理致者，庄子也；屈原变《国风》、《雅》、《颂》而为《离骚》；及子长易编年而为纪传，皆前未有其比，后可以为法，非豪杰特起之士，其孰能之？

△《汉书》一百卷

汉尚书郎扶风班固孟坚撰。唐秘书监京兆颜师古注。本传称字籀，恐当名籀，而以字行也。固父彪叔皮，以司马氏《史记》太初以后阙而不录，故作《后传》数十篇。固以所续未详，探撰前纪，缀集所闻，以为《汉书》。起高祖，终孝平王莽之诛，二百三十年，为春秋考纪、表、志、传凡百篇。自永平受诏，至建初中乃成。案《班昭传》云，八表并《天文志》未竟而卒。和帝诏昭就东观藏书踵成之。今《中兴书目》以为章帝时，非也。固坐窦宪死永元初，不在章帝时。师古以太子承乾之命，总先儒注解，服虔、应劭而下二十余人，删繁补略，裁以己说，遂成一家。世号杜征南、颜监为左氏、班氏忠臣。

△《后汉书》九十卷

宋太子詹事顺阳范蔚宗撰。唐章怀太子贤注。案《唐艺文志》，为后汉史者，有谢承、薛莹、司马彪、刘义庆、华峤、谢沈、袁山松七家，其前又有刘珍等《东观记》，至蔚宗乃删取众书，为一家之作。其自视甚不薄，谓诸传、序、论，精意深旨，实天下之奇作。然颇有略取前人旧文者，注中亦著其所从出。至于论后有赞，尤自以为杰思，殆无一字虚设。自今观之，几于赘矣。蔚宗父泰、祖宁皆为时名臣，蔚宗乃以怨望反逆至于灭族，其与迁、固之人祸天刑不侔矣。然则岂作史之罪哉！十志未成而诛，为谢俨蜡以覆车，故惟存纪、传。贤，高宗太子，招集诸儒庶子张大安、洗马刘讷言等共为之注。贤坐明崇俨得罪武后，废死，大安、讷言亦流贬。

据上海古籍出版社 1987 年版《直斋书录解题》

玉 海

〔书名〕

胡助《玉海》序:"先生在宋季以词学显融,其天才绝识有大过人者,且尽读秘府所藏天下未见之书,故能博洽贯穿,网罗包括,著为此书。……虽然,粹焉如玉,浩乎似海,玉海之名斯亦奇矣。"

〔作者〕

王应麟(1223—1296),南宋学者。字伯厚,号深宁居士。先世居浚仪(今河南开封),后迁居庆元(路治今浙江宁波)。淳祐进士,官至礼部尚书兼给事中。对经史百家、天文地理等都有研究;熟悉掌故制度,长于考证。九岁通六经,1241年中进士第,仅仅十八岁。学问渊博,于经史百家、天文地理等皆有研究,熟悉掌故制度,考证博洽。他一生著作甚丰,有《困学纪闻》、《玉海》、《诗考》、《诗地理考》、《汉艺文志考证》、《玉堂类稿》、《深宁集》等六百多卷,其中以《玉海》和《困学纪闻》最为著名。

〔体例与内容〕

《玉海》200卷,是一部规模宏大的类书。全书分天文、律历、地理、帝学、圣文、艺文、诏令、礼仪、车服、器用、郊祀、音乐、学校、选举、官制、兵制、朝贡、宫室、食货、兵捷、祥瑞等21门,门下再分240多类。书中采辑丰富,所引材料自经、史、子、集至百家传记,包罗万象。其中宋代的掌故,多取材于实录、国史、日历等文献,为后世史志所未详,比唐宋其它类书浩博。此外,编排也比较特殊,每类下按隶属关系以事物或图书名称列若干小标目,在类、目下先撰写"提要",简释类目名称,或撮述事实梗概,然后才汇集有关资料。类目之间还时有"参见"。纪事一般以年代为序,并详今略古。每遇异说,还略引古籍加以考证。因此,它虽然卷帙浩大,却并不繁杂、凌乱,文人学士使用起来得心应手,颇为学界称道。

〔版本〕

本书在元代有至正六年(1269)庆元路儒学始刊本,明代有正德二年(1507)南京国子监补刊印本。清时辗转刻印者有数种,通行本有清光绪九年(1883)浙江书局重刊本。

近年江苏广陵古籍刻印社、广陵书社、上海书店、台湾大华书局等均曾影印出版,尤以台湾华文书局1964年版为优。明人刘鸿训鉴于此书部头太大,携带和查找都有不便,遂在原书基础上,摘编成《玉海纂》二十二卷,有清金閶王允明刊本,光绪五年(1879)涂氏八杉斋校刊本。

玉海·艺文（节选）

【导读】

"艺文"收录在《玉海》卷三十五至六十三，是这部类书中有关目录学方面的资料汇编。其中卷五十二专门为"书目"，辑录自周秦至南宋以来公私目录学方面目录凡百十余种，条分缕析，提供了翔实丰富的中国历代目录学史料。《玉海》所辑录的相关文献，范围远比公修书目广泛得多，也实用得多，能够充分显示其类书的特点。因此，《玉海·艺文》的价值在于，它不仅仅限于书目的罗列，还附以史传、序跋等内容。最值得称道的是，该书不仅客观地辑录资料，还根据目验，记录古籍的板式、卷数，为后人保存了大量的宋版信息。

书目（藏书） 刘歆著《七略》，荀勖分四部。合兵书、术数、方技于诸子，自春秋类摘出，《史记》别为一。六艺、诸子、诗、赋，皆仍歆旧。其后历代所编，如王俭、阮孝绪之徒，咸从歆例。谢灵运、任昉之徒，咸从勖例。唐之四库，亦祖述勖而加详焉。欧阳公谓其始于开元，误矣。

周策府 《穆天子传》：天子东还，至群玉之山，容氏之所守，先王所谓策府。古帝王藏书策之府，所谓藏之名山也。读书于蔾丘口，蠹书于羽陵。注：谓暴书中蠹虫。序云："登昆仑，见西王母竹简素丝，皆是古书。"《礼》：外史掌四方之志，志，记也，若鲁《春秋》、晋《乘》、楚《梼杌》。掌三皇五帝之书。所谓《三坟》、《五典》。《小史》掌邦国之志。周志，郑书之属。《书》：大训在西序，河图在东序。记礼在瞽宗，书在上庠。《左传》昭二年春，韩宣子来聘，观书太史氏，见《易·象》、鲁《春秋》。曰："周礼尽在鲁。"《庄子》：孔子西藏书于周室。

周古今篇籍 《汉儒林传》序：周道既衰，孔子兴，云云。究观古今篇籍，乃称曰："大哉，尧之为君。"又曰："吾从周。"于是叙书则断《尧典》，称乐则法《韶》舞，论诗则首《周南》。缀周之礼，因鲁《春秋》，举十二公行事，绳之以文武之道，成一王法。晚而好《易》，读之，韦编三绝，而为之传。仲尼之后，《春秋》分为五，《诗》分为四，《易》有数家之传。

汉七略、六略、别录 《艺文志》：汉兴，大收篇籍，广开献书之路。惠帝四年三月，甲子，除挟书律。应劭注：挟，藏也。孝武世，书缺简脱，于是建藏书之策，置写书之官。注，如淳曰：刘歆《七略》曰：外则有太常、太史博士之藏，内则延阁、广内秘室之府。《文选》注：刘歆《七略》曰：《尚书》有青丝编目录。孝武敕丞相公孙弘广开献书之路，百年之间，书积如山。歆移书曰：孝文使朝错受《尚书》，初出屋壁，《诗》始萌牙，天下众书颇出，皆诸子传说，犹广立于学官，为置博士。至孝武，然后邹、鲁、梁、赵颇有《诗》、《礼》、《春秋》，先师皆起。建元之间，故诏书曰："书缺简脱，朕甚闵焉。"庾信有《汉武帝藏书赞》。下及诸子传说，皆充秘府。成帝以书颇散亡，使陈农求遗书。《成纪》：河平三年八月乙卯，光禄大夫刘向校中秘书，谒者陈农使求遗书于天下。诏光禄大夫刘向校经传、诸子、诗赋，步兵校尉任宏校兵书，太史令尹咸校数术，侍医李柱国校方技。每一书已，向辄条其篇目，录而奏之。会向卒，哀帝复使子歆卒父业。于是总群书而奏其《七略》。故有辑略、六艺略、诸子略、诗赋略、兵书略、术数略、方技略。

六艺略：自《易经》十二篇，《易传周氏》、《服氏》、《杨氏》、《蔡公》、《韩氏》、《王氏》各二篇,《丁氏》八篇,至《章句》施、孟、梁丘,凡《易》十三家,二百四十九篇。秦燔书,而《易》为筮卜之事,传者不绝。汉兴,田何传之,讫于宣、元,有施、孟、梁丘、京氏列于学官,而民间多有费、高二家之说。刘向以中古文《易经》校施、孟、梁丘。中者,天子之书也。或脱去《无咎》、《悔亡》。自《尚书》古文经,次《欧阳》,次《夏侯章句》、议奏,凡《书》九家,四百一十二篇。入刘向《稽疑》一篇。书者,古之号令。自《诗经》,齐、鲁、韩三家,次鲁故、鲁说,至《毛诗故训传》,凡《诗》六家,四百一十六卷。古者有采诗之官,王者所以观风俗,知得失,自考正也。自《礼古经》至议奏,凡《礼》十三家,五百五十五篇。入《司马法》一家,百五十五篇。帝王质文,世有损益。至周,曲为之防,事为之制,故曰:《礼》经三百,威仪三千。周衰,诸侯去其籍。自《乐记》,次《王禹记》,至《雅琴师氏》、《龙氏》,凡《乐》六家,百六十五篇。出淮南、刘向等《琴颂》七篇。《易》曰:"先王作乐崇德,殷荐之上帝,以享祖考。"故自黄帝,下至三代,乐各有名。自《春秋古经》,次《公羊》、《谷梁》、《左氏》微,至《汉大年纪》,凡《春秋》二十三家,九百四十八篇。省太史公四篇。古之王者,世有史官,君举必书,所以谨言行,昭法式也。左史记事,事为《春秋》,言为《尚书》。自《论语》古二十一篇,次齐、鲁,至《孔子徒人图法》,凡《论语》十二家,二百二十九篇。《论语》孔子应答弟子、时人及弟子相与言,而接闻于夫子之语。自《孝经古孔氏》、《长孙》、《江氏》、《何氏》,至《说》三篇,凡《孝经》十一家,五十九篇。《孝经》,孔子为曾子陈孝道也。自《史籀》、《八体六技》,次《苍颉》、《凡将》、《急就》,至孔林《苍颉故》,凡小学十家,三十五篇。入扬雄、杜林二家二篇。凡六艺九种,一百三家,一百二十三篇。入三家,一百五十九篇,出篇,重十一篇。六艺之文,《乐》以和神,仁之表也。《诗》以正言,义之用也。《礼》以明体,明者著见,故无训也。《书》以广听,知之术也。《春秋》以断事,信之符也。序六艺为九种。

诸子略:自《晏子》、《子思》至扬雄所序,儒五十三家,八百三十六篇。入扬雄一家,三十八篇。注三十一家,战国人二十一家,汉人内,《高祖传》十三篇,注云:高祖与大臣述古语与诏策。《孝文传》十一篇,文帝所称及诏策。儒家者流,出于司徒之官。助人君,顺阴阳,明教化者也,于道最为高。然惑者既失精微,而辟者又随时抑扬,违离道本,苟以哗众取宠。自《伊尹》、《太公》、《辛甲》、《鬻子》,至《楚子》及《道家言》,道家三十七家,九百九十三篇。道家盖出于史官,历记成败存亡,古今祸福之道,然后知秉要执本。清虚以自守,卑弱以自持,及放者为之,则欲绝去礼学,兼弃仁义,曰独任清虚,可以为治。自《宋司星子韦》至《杂阴阳》,阴阳二十一家,三百六十九篇。阴阳者流,盖出于羲和之官,拘者为之,则牵禁忌,泥小数,舍人事而任鬼神。自《李悝》、《商君》至《法家言》,法十家二百一十七篇。法家者流,盖出于理官,信赏必罚,以辅礼制。及刻者为之,专任刑法,欲以致治。自《邓析》、《尹文子》至《毛公》,名七家,三十六篇。名家者流,盖出于礼官。古者名位不同,礼亦异数。孔子曰:"必也正名乎。"及警者为之,则苟钩铄析乱而已。自《尹佚》、《田俅子》至《墨子》,墨六家,八十六篇。墨家者流,盖出于清庙之守。贵俭、兼爱、上贤、右鬼、非命、上同。及蔽者为之,因以非礼,推兼爱之意,而不知别亲疏。自《苏子》、《张子》至《庄安》、《待诏金马聊苍》,凡纵横家十二家,百七篇。纵横家者流,盖出于行人之官,当权事制宜,受命而不受辞。及邪人为之,则上诈谖,而弃其信。自孔甲《盘盂》,次《大禹》,言禹所作,至《杂家言》,杂二十家,四百三篇。入兵法。杂家盖出于议官,兼儒、墨,合名、法,知国体之有在,见王治之无不贯。及荡者为之,则漫羡而无所归心。自《神农》、《野老》至《祭癸》,农九家,百一十四篇。农家者流,出于农稷之官。八政曰食货。孔子曰:"所重民食。"及鄙者为之,欲使君臣并耕,悖上下之序。自《伊尹说》至《虞初周说》、《百家》,小说十五家,千三百八十篇。小说者流,盖出于稗官,街谈巷语,道听途说者之所造也。闾里小知者之所及,亦使缀而不忘。或一言可采,亦刍荛狂夫之议。凡诸子十种,百八十九家,四千三百二十四篇。出蹵鞠一家,二十五篇。诸子十家,其可观者,九家而已。异家各推所长,穷知究虑,以明其指。虽有蔽短,合其要归,亦六经之支与流裔。若能修六艺之术,而观此九家之言,舍短取长,则可以通万方之略矣。

诗赋略:始屈原,至王褒,赋二十三家,三百六十二篇。始陆贾至朱宇,赋二十一家,二百七十四篇。始孙卿至路恭,二十五家,百三十六篇。赋三种,合六十六家,七百七十二篇。自《客主赋》至《隐书》,杂赋十二家,二百三十三篇。自《高祖歌诗》,至《南郡诗》,二十八家,三百一十四篇。凡诗赋五种,入扬雄八篇。百六家,千三百一十八篇。内《泰一杂甘泉寿宫歌诗》十二篇,《宗庙歌诗》五篇。传曰:"不歌而诵谓之赋,登高能赋可以为大夫。"古者诸侯卿大夫交接邻国,必称诗以谕其志,盖以别贤不肖而观盛衰。故孔子曰"不学诗,无以言"也。春秋之后聘问歌咏不行于列国,学诗之士逸在布衣,而贤人失志之赋作矣。

兵书略:自《吴孙子兵法》至《韩信》,凡权谋十三家,二百五十九篇。省伊尹、太公、管子、孙卿子、颛冠、苏子、蒯通、陆贾、淮南王二百九十九种,出《司马法》入礼。自《楚兵法》至《项王》,凡形势十一家,九十二篇,图十八卷。自《太一兵法》至《辟兵威胜方》,阴阳十六家,二百四十九篇,图十卷。自《鲍子兵法》至《蹵鞠》,兵技巧十三家,百九十九篇。省《墨子》,重入《蹵鞠》,余见兵书。凡兵书五十三家,七百九十篇,图四十三卷。省十家,一百七十一篇,重入一家十五篇,出百五十五篇。兵家者,盖出古司马之职,王官之武备也。

术数略:自《泰一杂子星》至《图书秘记》,天文二十一家,四百四十五卷。自《黄帝五家历》至《杜忠算术》,历谱十八家,六百六卷。自《太一阴阳》至《五音定名》,五行三十一家,六百五十二卷。自《龟书》至《易卦八具》,蓍龟十五家,四百一卷。自《黄帝长柳占梦》至《种树藏果相蚕》,杂占十八家,三百一十三卷。自《山海经》至《相六畜》,刑法六家,百二十二卷。术数六种,百九十家,二千五百二十八卷。术数者,皆明堂羲和史卜之职。

方技略:自《黄帝内经》至《旁篇》,医经七家,二百一十六篇。自《五藏六府方》至《食禁》,经方十一家,二百七十四卷。自《容成阴道》至《内房方》,房中八家,百八十六卷。自《宓戏》至《泰一黄冶》,神仙十家,二百五卷。凡方技三十六家,八百六十八卷。方技者,皆生生之具,王官之一守也。

大凡书,六略三十八种,五百九十六家,万三千二百六十九卷。入三家五十篇,省兵十家。

《刘向传》:成帝即位,向迁光禄大夫。时帝元舅王凤为大将军,秉政,倚太后专国权。兄弟七人皆封为列侯。时数有大异,向以为外戚贵盛之咎。上方精于诗书,观古文,诏向领校中五经秘书。向见《尚书洪范》,箕子为武王陈五行阴阳休咎之应。向乃集上古以来,历春秋六国,至秦汉符瑞灾异之说,推迹行事,连传祸福,著其占验。比类相从,各有条目,凡十一篇,号《洪范五行传》。河平中,刘歆受诏,与父向领校秘书,讲六艺、传记、诸子、术数、方技,无所不究。《志》注《别录》云:长社尉杜参同向校中秘书。向死,哀帝即位,复领五经,卒父前业。歆乃集六艺群书,种别为《七略》。丞相史尹咸以能治左氏,与歆共校经传。本传赞:《七略》剖判艺文,总百家之绪,有意推本之也。《叙传》:班笼为右曹中郎将,与刘向校秘书,每奏事,笼以选受诏进读群书,上器其能,赐以秘书之副。《隋志》:孝成命谒者陈农求遗书于天下,刘向校中秘书。哀帝使子歆嗣父之业,乃徙温室中书于天禄阁上。歆遂总括群书,著为《七略》,大凡三万三千九十卷。又曰向《别录》、歆《七略》,剖析条流,各有其部。《唐志》:刘向《七略别录》二十卷,刘歆《七略》七卷。《隋志》同。《簿录篇》曰:史官典籍,有目录以为纲纪,孔子删书,别为之序,韩、毛二诗,亦皆相类。《旧唐志》:刘更生石渠典校之书,卷轴无几。据歆之《七略》,在《汉艺文志》者,裁三万三千九百卷。后汉兰台、石室、东观、南宫诸儒,撰集部类渐增。《西都赋》注引刘向《七略》,裴松之注《蜀志》亦引刘向《七略》。《文选》注引刘歆《七略》。《南史》:宋秘书丞王俭依《七略》撰《七志》四十卷,表献之,又撰定《元徽四部书目》。

汉七略要籍、九流目录 《志》:刘歆奏《七略》,今删其要,以备篇籍。注:师古曰:"删去浮冗,取其指要。"书家人刘向《稽疑》,《礼》入《司马法》。乐出淮南,刘向等《琴颂》。春秋省《太史公》,小学家入扬雄、杜林。凡六艺略,人三家一百五十九篇,出篇重十一篇,此六艺之删其要也。兵权谋则省伊尹、太公、管子、孙子、颍冠子、苏子、蒯通、陆贾、淮南王,而出《司马法》入礼。兵技巧则省《墨子》,而入《蹴鞠》。凡兵书略省十家,二百七十一篇,重入《蹴鞠》二十五篇。此兵书之删其要也。至于儒家之入扬雄,杂家之入兵法,诸子家之出《蹴鞠》,诗赋家之入扬雄八篇,此诸子、诗赋略之删其要也。师古曰:"凡言入者,谓《七略》之外班氏新入之。"云出者,与此同。按《隋志》,《七略》凡三万三千九十卷。《艺文志》之末曰:"大凡书,六略三十八种,五百九十六家,万三千二百六十九卷,入三家,五十篇,省兵十家。"《叙传》:"秦人是灭,汉修其缺。刘向司籍,九流以别。爰著目录,略序洪烈。"《张衡传》:上疏:"刘向父子领校秘书,阅定九流,亦无谶录。"司马谈论六家要指,阴阳、儒、墨、名、法、道德。

汉兰台图籍、经牒秘书 《表》:御史中丞在殿中兰台掌图籍秘书。《礼小宰》注:"若今御史中丞"。疏:应劭云:"秩千石,朝会独坐副贰。御史大夫,内掌兰台图籍,外督刺史纠察百寮,故举汉法以况之。"《通典》:"汉氏图籍所在,有石渠、石室、延阁、广内贮之于外府。"又,"御史中丞居殿中,掌兰台秘书及麒麟、天禄二阁藏之于内禁。后汉,图书在东观。延熹二年,始置秘书监一人,典图书,属太常。"魏兰台亦藏书籍,而御史掌之。薛夏云:兰台为外台,秘书为内阁。《后五行志》:云台,周家所造,图书术籍所藏。《后儒林传》:"光武迁洛,其经牒秘书,载之二千馀两。自此之后,参倍于前。及董卓移都,自辟雍、东观、兰台、石室、宣明、鸿都诸藏典策文章,竞共剖散。王允所收,裁七十馀乘,道艰复弃其半。长安焚荡,莫不泯尽。"《史记》:"秦损去古文,明堂、石室、金匮、玉版、图籍散乱。"《高纪》:"元年冬十月,还军霸上,萧何尽收秦丞相府图籍文书。"《张安世传》:"上行幸河东,尝亡书三箧,诏问,莫能知,唯安世识之。"《后法真传》:博通内外图典,田弱荐真曰,体兼四业,诗、书、礼、乐也。学穷典奥。

《三辅故事》:天禄、石渠阁在未央宫大殿北,以藏秘书。刘歆曰:古文旧书,藏于秘府。

汉西京图籍 《宋百官志》:汉西京图籍所藏,有天禄、石渠、兰台、石室、延阁、广内之府是也。东京图书在东观。又云:东京图籍,在东观,故使名儒硕学著作东观,撰述国史。班固《西都赋》:"天禄石渠,典籍之府。"

汉东观仁寿阁新书详见宫室观类 《隋志》:"光武中兴,笃好文雅。明、章继轨,尤重经术。四方鸿生鉅儒,负帙自远而至者,不可胜算。石室、兰台,弥以充积。又以东观及仁寿阁集新书,校书郎班固、傅毅等典掌焉。并依《七略》而为书部,固又编之以为《汉书艺文志》。董卓之乱,献帝西迁,图书缣帛,军人皆取为帷囊,所收而西,犹七十馀载。"《后汉传》:班昭就东观藏书阁踵成《汉书》。黄香诣东观,读所未尝见书。窦章人东观。刘瑜上书曰:陛下开东序金縢史官之书。

魏中经、晋中经簿、四部、秘阁四部书 《隋志》:"魏氏代汉,采掇遗亡,藏在秘书中外三阁。魏秘书郎郑默始制《中经》。默删省旧文,著魏《中经》。时中书令虞松曰:而今而后,朱紫别矣。祕书监荀勖,又因《中经》,更著《新簿》,分为四部,总括群书。一曰甲部,纪六艺及小学等书。二曰乙部,有古诸子家、近世子家、兵书术数。三曰丙部,有史记旧事、皇览簿杂事。四曰丁部,有诗、赋、图、赞、汲冢书。勖传云:得汲冢中古文竹书,诏勖撰次,以为《中经》列在秘书。《穆天子传》序:谨以二尺黄纸写上,请付祕书缮写,藏之中经,副在三阁。《春秋正义》:太康元年得《竹书》七十五卷,有《周易》上下经二卷、《纪年》十二卷、《琐语》十一卷、《周王游行》五卷,今谓《穆天子传》。此四部差为整顿,诏荀勖和峤以隶字写之。大凡四部,合二万九千九百四十五卷。但录题及言,盛以缥囊,书用细素。至于作者之意,无所论辨。"勖与中书令张华,依刘向《别录》整理记籍。"东晋之初,渐更鸠聚。著作郎李充,以勖旧簿校之,其见存者,但有三千一十四卷。充遂总没众篇之名,但以甲乙为次。"《充传》云:字弘度,为大著作郎。时典籍混乱,充删除烦重,以类相从,分作四部。五经为甲,史记为乙,诸子为丙,诗赋为丁。甚有条贯,祕阁以为永制。晋《中经》十四卷,荀勖撰。《唐志》云:晋《中经簿》十四卷。《晋义熙以来新集目录》三卷。《唐志》:丘深之归藏。案:晋《中经》有之。《续晋阳秋》:孝武宁康十六年诏著作郎徐广校秘阁四部。见书凡三万六千卷。《魏志》注:周生烈所著述,见晋武帝《中经簿》。

晋撰定官书 《张华传》:尝徙居,载书三十乘,祕书监挚虞撰定官书,皆资华本以取正。《荀崧传》:西阁东序,河图祕书禁籍。《志》:成帝建始四年,置尚书五人,一人为仆射,四人分为四曹,通掌图书、祕记、章奏之事。《文选》注:"晋令曰:祕书郎掌中外三阁经书。"《南史》:"何宪该通群籍,天阁宝祕无遗漏焉。"任昉、刘苏共执祕阁四部书,问其所知,自甲至丁,莫见所遗。任昉诗,刘《略》、班《艺》、虞《志》、荀《录》。

宋四部目录、七志 《隋志》:"其后中朝遗书,稍流江左。宋元嘉八年,祕书监谢灵运造四部目录,大凡六万四千五百八十二卷。元徽元年,祕书丞王俭又造目录,大凡万五千七百四卷。俭又别撰《七志》,一曰《经典志》,纪六艺、小学、史记、杂传。二曰《诸子志》,纪今古诸子。三曰《文翰志》,纪诗赋。四曰《军书志》,纪兵书。五曰《阴阳志》,纪阴阳图书。六曰《术艺志》,纪方技。七曰《图谱志》,纪地域及图书。其道、佛附见,合九条。然亦不述作者之意,但于书名之下,每立一传,而又作九篇条例,编乎首卷之中,文义浅近,未为典则。"《七志》、《七录》,大体虽准向,歆而远不逮。《宋书》:"元徽元年八月辛亥,祕书丞王俭表上《七志》三十卷。"《南史》本传云四十卷。《齐书》:"俭撰定《元徽四部书目》。"俭《集》序云:"采公曾之《中经》,刊弘度之四部,依刘歆《七略》,更撰《七志》。"《隋志》:宋元徽元年,《四部书目录》四卷,王俭撰。今书《七志》七十卷,王俭撰。《唐志》:贺纵补注。《文选》、《后汉书》注引今书《七志》。中原"文教之盛,苻、姚而已。宋武入关,收其图籍,才四千卷。赤轴青纸,文字古拙。"魏孝文徙都洛邑,借书于齐。魏《阙书目录》一卷。远览马《史》、班《书》,近观王、阮《志》、《录》。挹其风流体制,削其浮杂鄙俚。唐《韦述传》:开元初,为栎阳尉,祕书监马怀素奏述与诸儒,即秘书,续《七志》,

112

五年而成。《旧唐志》：晋总括勋书，裁二万七千九百四十五卷。江表所存官书，凡三千一十四卷。至宋谢灵运造《四部书目录》，凡四千五百八十二卷。其后王俭复造书目，凡五千七十四卷。卷数与前不同。

宋祕书阁《四部书目》 《宋书》："殷淳为秘书丞，在祕书阁，撰《四部书目》，凡四十卷，行于世。"谢灵运为秘书监，整理秘阁书。《史通》："宋孝王《关东风俗传》亦有《坟籍志》。其所录皆邺下文儒之士，雠校之司。所列书名，惟取当时撰者。"

齐《四部要略》、《四部书目》、明观四部书 《齐史》："竟陵王子良，集学士，抄五经百家，依《皇览》例，为《四部要略》千卷。永明三年，省总明观，于王俭宅开学士馆，以总明四部书充之。"《隋志》："齐永明中，祕书丞王亮、监谢朓，又造《四部书目》，大凡一万八千一十卷。"梁缵为祕书郎，帝执《四部书目》曰：读此毕，可言优仕矣。

梁《四部》、《七录》、《五部目录》 《隋志》："齐末，兵火延烧秘阁，经籍遗散。梁初，祕书监任昉躬加部集，又于文德殿内，列藏众书。华林园中，总集释典，大凡二万三千一百六卷，而释氏不预焉。梁有祕书监任昉、殷钧《四部目录》。《任昉传》：'自齐永元以来，四部篇卷纷杂，昉手自雠校，由是第目定焉。'《殷钧传》：'校定秘阁四部书，更为目录。'又有《文德殿目录》，术数之书，更为一部，使奉朝请祖暅撰其名。故梁有《五部目录》。武帝敕到洽抄用部书为十二卷。普通中，有处士阮孝绪，沈静寡欲，笃好坟史，博采宋、齐以来王公之家，凡有书记，参校官簿，更为《七录》。一曰经典录，纪六艺；二曰记传录，纪史传；三曰子兵录，纪子书、兵书；四曰文集录，纪诗赋；五曰技术录，纪数术；六曰佛录；七曰道录。其分部题目，颇有次序。割析词义，浅薄不经。"《史通》曰：阮孝绪《七录》书有文德殿者，丹笔写其字。元帝收文德之书，及公私经籍，归江陵，大凡七万馀卷。陈天嘉中，又更鸠集。考其篇目，遗阙尚多。《七录》十二卷，阮孝绪撰。《唐志》同。《梁天监以来四部书目》四卷，殷钧撰。《唐志》：丘宾卿。梁东宫《四部目录》四卷，刘遵撰。梁《文德殿四部目录》四卷，刘孝标撰。《古今四部书目》五卷，梁刘杳撰。陈《祕阁图书法书目录》一卷。陈天嘉六年，寿安殿《四部目录》、德教殿《四部目录》各四卷，承香殿《五经史记目录》二卷。《唐志》有陈天嘉《四部书目》四卷。《史记正义》引《七录》。

魏《甲乙新录》 《北史》："孙惠蔚迁祕书丞，见典籍新故杂揉，首尾不全，请依前丞卢昶所撰《甲乙新录》，欲禅残补缺损，併有无，校练句读，以为定本。其无本者，广加搜求。"

隋《嘉则殿藏书》、《开皇书目》、《祕阁书三品》、《四部》、《七林》 《北史》："隋西京嘉则殿有书三十七万卷，炀帝命秘书监柳顾言等诠次，除其重复猥杂，得正御本三万七千馀卷，纳于东都修文殿。又写五十副本，简为三品，分置西京、东都宫、省、官府。其正御书，皆装剪华绮，宝轴锦标，于观文殿前为书室十四间。窗户褥幔，咸极珍丽。"大业十一年，增祕书省，百二十员，并以学士补之。《隋志》："开皇三年，祕书监牛弘，表请搜访异本，每卷赏绢一匹。于是异书间出。平陈已后，经籍渐备，于是总集编次为正副二本，藏于宫中，其馀以实祕书内外之阁，凡三万馀卷。炀帝即位，祕阁书写五十副本，分为三品，上品红琉璃轴，中品绀琉璃轴，下品漆轴，于东都观文殿东西厢贮之。东屋藏甲乙，西屋藏丙丁。又聚古迹名画，于殿后起二台。东曰妙楷台，藏古迹，西曰宝台，藏古画。又集道、佛经，别撰目录。帝好著述，成新书三十一部，万七千馀卷。唐武德五年，平伪郑，收图书古迹，命宋遵贵载之。行经底柱，多被漂没，存者十不一二。其目录亦为所渐濡，时有残缺。今考见存，分为四部,合条为一万四千四百六十六部,有八万九千六百六十六卷。"六艺经纬六百二十七部,五千三百七十一卷。班固列六艺为九种,合纬书为十种。史之所记,八百一十七部,一万三千二百六十四卷。凡十三种诸子,合八百五十三部,六千四百三十七卷。叙为十四种。集部凡五百五十四部,六千六百二十二卷。合为三种。凡四部经传三千一百二十七部,三万六千七百八卷。通计亡书,合四千一百九十一部,四万九千四百六十七卷。五经三百七十七部,一千二百一十六卷。佛经一千九百五十部,六千一百九十八卷。大凡经传存亡及道、佛,六千五百二十部,五万六千八百八十一卷。约文绪义,凡五十五篇,各列本条之下,以备《经籍志》。《唐志》:牛弘,隋开皇四年《书目》四卷。《隋志》云《四部目录》。王劭,隋开皇二十年《书目》四卷。《隋志》又有开皇八年《四部书目录》四卷。《大业正御书目录》九卷。《许善心传》:"时图籍淆乱,效阮孝绪《七录》更制《七林》,各为总叙,冠于篇首。"《牛弘传》:开皇初上表,请开献书之路,曰:《周官》:外史掌三皇五帝之书及四方之志。武王问黄帝、颛顼之道,太公曰:'在丹书。'有国家者,曷尝不以《诗》、《书》而为教。孔子制《礼》、刊《诗》、修《春秋》、弘《易》道。及秦皇驭寓,下焚书之令。此书之一厄也。汉建藏书之策,置校书之官。及王莽末,并从焚烬。此书之二厄也。光武下车求文雅,肃宗亲临讲肄,和帝数幸书林,及孝献移都,图书缣帛皆取为帷囊。此书之三厄也。魏文更集经典,皆藏在祕书内外三阁,遣祕书郎郑默删定旧文。论者美其朱紫有别。晋荀勖定魏内经,更著《新簿》,刘、石恁陵,从而失坠。此书之四厄也。刘裕平姚,收图籍四千卷。借伪之盛,莫过二秦。齐、梁之间,经史弥盛,王俭撰《七志》,阮孝绪为《七录》,总其书数,三万馀卷。萧绎有江陵,收文德殿书及公私典籍七万馀卷,悉送荆州。周师入郢,悉焚之,所收十几有二三。此书之五厄也。今御书,单本合一万五千馀卷,部秩残缺,比梁旧目,止有其半。年逾千载,数遭五厄,兴集之期,属膺圣世。"上纳之。于是下诏,献书一卷,赍缣一疋。一二年间,篇籍稍备。

唐十九家目录 《志》目录类,十九家,二十二部,四百六卷。始于《七略别录》,终于《群书四录书目》,有刘向、歆《别录》、《七略》,荀勖《中经簿》,丘深之《义熙集目》,王俭《元徽书目》,今书《七志》,阮孝绪《七录》,丘宾卿《天监书目》,刘遵梁《东宫书目》,牛弘《开皇书目》,王劭《开皇目录》,殷淳《四部书目序录》,杨松珍《史目》,虞龢《法书目录》,元行冲《四录》。文章叙录则有荀勖新撰《文章家集叙》,挚虞、宋明帝、沈约、傅亮《文章志》。失姓名者,《陈天嘉书目》及《名手画录》二家。不著录者十二家,一百十四卷。始于毋煚之录,韦述、吴兢、蒋彧之目,宗谏《十三代史目》,李肇《经史释题》,常宝鼎《文选著作人目》,尹植文《枢秘要目》、《唐书叙例》及孙玉汝《唐宝录目》、《河南东斋史目》,终杜信《东斋籍》。六典史类十三曰:略,录纪、史、策条目《七略》等三十部,二百一十四卷。《隋志簿录篇》同。《旧志》书目十八部,凡二百十七卷。

唐秘书省四部图籍 《百官志》:秘书省监一人,少监二人,丞一人,监掌经籍图书之事。郎三人,掌四部图籍,以甲乙丙丁为次,皆有三本,曰正、曰副、曰贮。校书郎正字掌雠校典籍。六典秘书郎掌四部图籍,分库藏之。经类十,史类十有三,子类十有四,集类三。《崇文总目》:《唐秘书阁书目》四卷。

唐贞观内库书、内府四部群书 《志》:"初,隋嘉则殿书三十七万卷,至武德初,有书八万卷,重复相糅。王世充平,得隋旧书八千馀卷。太府卿宋遵贵监运东都,浮舟泝河,西致京师。经砥柱舟覆,尽亡其书。贞观中,魏征、虞世南、颜师古继为秘书监,请求天下书,选五品以上子孙工书者为书手,缮写藏于内库。以宫人掌之。"《百官志》:内官有司籍、典籍掌籍,各二人,掌供御经籍。分四部,部别为目,以时暴凉焉。《会要》:"武德五年,秘书监令狐德棻奏经籍亡逸,请求遗书,重加钱帛,增置楷书缮写。数年间群书毕备。贞观二年,监魏征以典章纷杂,奏引学者校定四部书。祕府粲然毕备。《魏征传》:引诸儒校集祕书,国家图籍粲然全整。乾封元年十月十四日,上以四部群书传写讹谬,兼亦缺少,诏仁本等集儒学之士刊正缮写。"《颜师古传》:拜少监专刊正事。"景云三年六月十七日,以经籍多缺,令京官有学行者分行天下,搜检图籍。"《崔行功传》:"太宗命祕书监魏征写四部群书,将藏内府。置雠正二十员,书工百员,征徒职。又诏虞世南、颜师古踵领。功不就。显庆中,罢雠正员,听书工写于家,使散官校正。诏东台侍郎赵仁本、舍人张文辥及司文郎中行功、兰台侍郎李怀俨充使检校。置详正学士,代散官。"《岐王范传》:"初隋亡,禁内图书湮放。唐兴募访,稍稍复出,藏秘府长安。初张易之奏潢治,乃密使摹肖,窃其真,藏于家。"

据广陵书社 2003 年版《玉海》

南雍志·经籍考

〔作者〕

黄佐(1490—1566),广东香山人,正德中举乡试第一,据《广东通志》卷四十五《黄佐传》记载,他于庚辰(1520)年考取进士,曾担任过翰林院编修、南京国子监祭酒等官职,著有《乐典》三十六卷、(嘉靖)《广西通志》六十卷、《翰林记》二十卷、《泰泉集》十卷等著作。《四库全书总目》于《泰泉集》提要称其"官翰林,明习掌故,博综今古,生平著述至二百六十馀卷,在明人之中,学问最有根底。"《明史》有传。

梅鷟(约1483—1553),明学者,字致斋,旌德(今属安徽)人。武宗正德八年(1513)举人,官南京国子监助教、盐课司提举。著《尚书考异》、《尚书谱》,力攻古文之伪。在目录学方面,撰《南雍志·经籍考》(亦名《明太学经籍志》、《南雍书目》)。其它著作有《古易考原》、《春秋指要》、《仪礼翼经》等。

〔体例与内容〕

《南雍志》据国子监祭酒吴节一十八卷本增损而成,共二十四卷。事纪四,职官表二,杂考十二,列传六。详述明代南京国子监规模、沿革、规制,学官设置及藏书等;亦略及北京国子监,是研究明代国子监教育和管理的重要文献。是书成于嘉靖二十二年(1543),然杂有万历间事,当是后人续添。

《南雍志·经籍考》编纂体例如下:

(1) 详细记载了书版的完缺好坏情况。作为图书出版目录,《南雍志·经籍考》附注了所著录的每一部书的书版的完缺好坏情况,以及书版的数量,体现了出版目录的特征。

(2) 详细说明了书版的来源以及刊刻情况。

(3) 介绍与评价了书的内容。作者注注通过附注、按语、内容提要的方式介绍与评价书的内容。附注均在标目下,附注后有圆圈表示附注结束。其附注与内容提要充分显示了《南雍志·经籍考》的学术价值。

(4) 在图书分类方面做了新的探索。南京国子监是明代重要教育机构与出版机构,这就决定了其出版图书的内容与特点,《南雍志·经籍考》的图书分类也体现了这一点。

〔版本〕

黄佐,梅鷟.南雍志.江苏省立国学图书馆影印本,1931年版。

冯惠民,李万建选编.明代书目题跋丛刊上.北京:书目文献出版社1994年版。

南雍志·经籍考(节选)

【导读】

本篇选录了"重刻明《南雍志·经籍考》叙"、叙例及正文。

《南雍志·经籍考》的编纂者为梅鷟。在编纂过程中,梅鷟参考了吴节的《南雍志》及其他相关资料。

《南雍志·经籍考》是《南雍志》的一个组成部分,它是明代南京国子监的藏书目录与出版目录。图书出版目录,虽然宋代已经出现,但是到了明代才获得蓬勃发展,而《南雍志·经籍考》中的出版目录堪称明代图书出版目录的代表作,它全面反映了南京国子监的出版成就,从中也可窥见明代文化教育事业的发展状况。

《南雍志·经籍考》在目录学上的突出成就是它堪称明代出版书目的代表。由于明代图书出版发行业的蓬勃发展,出现了一批图书出版发行目录。如北京金台书铺刊《文选注》目录后附录的所刻古书目录、《酌中志·内板经书纪略》、《经厂书目》、《古今书刻》、《汲古阁校刻书目》等。《南雍志·经籍考》著录书板306种,对每种书板的情况都作了介绍,是其中最典型、水平最高的出版目录。

◎重刻明《南雍志·经籍考》叙

叶德辉

明《南雍志》中《经籍考》二卷,余丙申还朝,从刘笏云学正抄得之。明时监本多从宋元板补修,近日藏书家群相推重,而当时收藏之原委,补刻之名姓,问之或茫然不知,则以此书见者甚少故也。书中司编校者为梅鷟。梅鷟曾著《古文尚书考异》,以攻伪孔各经,下胪举注疏家得失,及著书人宗旨是非,不谬于前贤。尚书下驳正《隋志》叙录《尚书》传授之讹、文句之失,使毛西河一辈,不能以尊经借口,颠倒是非,尤为有功经传不小。宜其著述名家,雄视胜代,而为乾嘉汉学诸儒所倚重矣。《南雍志》屡经修纂,此二卷已湮灭无存。幸有监中孤本流传,俾余寓目。又幸刘君嗜古同志,手校相贻,若不寿之枣梨,使前明列帝右文之盛心,宋元二代刻书之美业,无以贻示于来兹,不有负刘君之雅意乎?爰命梓人刊成之,距抄此时已七年矣。传书之难有如此。

据书目文献出版社1994年版《明代书目题跋丛刊上》

◎南雍志·经籍考叙例

先民有言,皋夔稷契,何书可读?愚窃以为非通论也。后启誓师,徵于政典;说命告君,学于古训。而周官三皇五帝之书,掌于外史,何为者邪?孔门谓何必读书然后为学,则学在于读书,亦可见矣。删述以来,天之牖民,矕书是赖,其可废邪?然《春秋》绝笔,而迁、固诸史作,日入于赘矣,孟轲云亡,而荀、扬诸子作,日入于驳矣。论说辞序则《易》统其首;诏策章奏则《书》发其源,赋颂歌赞则《诗》立其本,铭诔箴祝则《礼》总其端,韩、欧不作,而诸家之文日以支离矣,至于类书以文,韵书以字,图本、石刻之属,何以纷纷也。及《太极》《西铭》《定性》与夫《通鉴》之书出,而朱子集其大成,孔孟之道,复明于世。皇明圣神继作,形诸尧言,浑浑灏灏,与典、诰相表里,万世之所诵法者,皆于胄监乎颁焉,奚可无纪邪?夫汉不患无兰台而患无刘中垒,唐不患无芸阁而患无颜秘书,宋不患无石室金匮而患无宋集贤。然则去取之当,校雠之精,亦存乎其人焉尔。今依旧志,以官书为上篇,梓刻为下篇,系之曰经籍考。

上篇　官书本末

《金陵新志》所载,集庆路儒学官书有宋御书石经本。且多诸家奇书,卷帙以数千计。经兵火后,元人收购,亦略全备。及改为国子学,而元书皆不存。今本监所藏,乃我累朝所颁及递年所积之书也。正统末,祭酒陈敬宗,嘉靖中,祭酒费寀所奏请赐者皆在焉。独《大明集礼》近所颁者与旧十九史,多失于祭酒陈寰时,惟沈约《宋书》巍然独存,是不可以不纪也。旧志有总目,有给六堂数目,皆重复书之。岁久逸者过半,或名存而实亡。今独贮于彝伦堂之东西及东堂东厢者,及旧总目之遗也。六堂所贮,则近年请于工部新印二十一史而已。今考其颠末,著其存亡于下,以备观者得有所考焉。其分给六堂数目者,既贮于彝伦堂,今不复重书云。尝见天顺年间官书,往往笔其后曰:某堂失亡某书,今抄写赔补若干篇。呜呼,此亦卫书之铁钺也,后之人可不慎哉。

下篇　梓刻本末

《金陵新志》所载,集庆路儒学史书梓数,正与今同,则本监所藏诸梓,多自旧国子学而来也明矣。自后四方多以书板送入。洪武、永乐时,两经钦依修补。然板既丛乱,每为刷印匠窃去刻他书以取利,故旋补旋亡。至成化初,祭酒王懊会计诸书,亡数已逾二万篇。时巡视京畿南京河南道御史上海董纶,乃以赃犯赎金送充修补之费,《文献通考》补完者几二千页焉。弘治初,始作库楼贮之。嘉靖七年,锦衣卫闲住千户沈麟奏准校勘史书,礼部议以祭酒张邦奇、司业汪汝壁博学有闻,才猷亦裕,行文使逐一考对修补,以备传布。于顺天府收贮变卖庵寺银取七百两发本监,将原板刊补。其广东布政司原刻《宋史》,差人取付该监,一体校补。辽、金二史原无板者,购求善本翻刻,以成全史。完日通印进呈,以验劳绩。制曰:"可。"于是邦奇等奏称:《史记》、前后《汉书》残缺模糊,原板脆薄,剜补随即脱落,莫若重刊,又于吴下购得辽、金二史,亦行刊刻,共该用工价银一千一百七十五两四钱七分,刷印等费,不在数内。其余十五史费用尚多,合于本监师生折干鱼银,寄贮南京户部羡余银内动支一千八百两以给费用。已而邦奇、汝璧升迁去任,祭酒林文俊、司业张星继之,乃克进呈。然多有遗脱,不如新刻之精致也。今委助教梅鹭盘校,分有九类,鹭以己见附焉。一曰制书类,二曰经类,三曰子类,四曰史类,五曰文集类,六曰类书类,七曰韵书类,八曰杂书类,九曰石刻类。亡缺者,视成化初又过半矣。将来何以处之,意欲奏闻,尽籍留都刻印工匠于本监而日补之,或庶乎可完也。

据书目文献出版社 1994 年版《明代书目题跋丛刊上》

◎南雍志·经籍考（书影）

共脱三十一板至元六年重抄於白雲方丈蓋元時已新之至我朝蓋屢新之矣文獻通考六十本三百四十八卷禮記纂言八本三十六卷臨川吳澄撰標表註釋特為詳盡月令一篇弓自謂愜意但諸家註有相駁者兼收之而繕寫者亦有差訛正德庚辰年寧國府刊後送板應天府六本二套 洪武十七年甲子閏二月二十七日進 前漢書二十四本二套 後漢書二十四本二套 三國志十五本一套 晉書三十三套 前宋書三十本三套 南齊書十二本一套 梁書十本一套 陳書六本一套 魏書三十本三套 北齊書八本一套 後周書十本一套 南史二十本二套 北史三十本

据台北伟文图书出版社有限公司1976年影印本

百川书志

〔书名〕

作者高儒，因其号为百川子，故定其书名《百川书志》。

〔作者〕

高儒，字子醇，号百川子，古涿人。明嘉靖时武弁，好藏书，尝谓："书无目，犹兵无统驭，政无教令，聚散无稽矣。"他费了六年的考索，将自家藏书仿晁公武《郡斋读书志》的体例编成书志。

〔体例与内容〕

《百川书志》二十卷，是明代唯一的带有提要的综合性目录。《百川书志》分经、史、子、集四志，下分子目九十三门，收书二千一百一十九种，每一书有扼要的题解，是一部重要的提要目录。《百川书志》的提要方法主要有两种。一种是对一种书的提要。另外一种方式是把两种或两种以上的书放在一起编写提要。《百川书志》有异于其他目录，在史部之下收录小说、戏曲，以演义、传奇编入"野史"、"外史"、"小史"目录，成为今日研究金、元、明文学的重要资料。《百川书志》是一部较早著录和评论传奇与通俗长篇小说的目录著作。从其简短的说明文字中，可见作者颇具小说的眼力。他既重视小说"言寓劝戒"等思想教育意义，又十分强调要有"文采"、"文华"。他指出传奇的特征是"托事兴辞"或"托物兴辞"，"取其文采词华，非求其实也"，应该说是比较中肯的。特别是他对《三国志通俗演义》的评价，言虽不多，却较全面。这些话实际上对评价历史演义小说具有普遍的意义。

〔版本〕

1957年《百川书志》流传很少，《四库全书》中没有著录，1914年叶德辉才据抄本刻行。《百川书志》较早的是1915年长沙叶德辉刊本，1919年叶氏《观古堂书目丛刻本》，上海古典文学出版社排印本与明周弘祖《古今书刻》合订出版，很便于利用。2005年，上海古籍出版社重印此本。

百川书志（节选）

【导读】

本篇选录了《百川书志》"自序"、卷六、卷七。

高儒在《百川书志》自序称："以类相从，少著大意，条目昭明。一览之余，仰见千载圣贤用心之确。"丁丙《善本书室藏书志》称《百川书志》："每书之下，略叙简要。不冗不漏，可为成法。"周中孚《郑堂读书记》的评价则是："间有注崖略者,亦皆习见之文。"《百川书志》的提要内容,以揭示图书内容为主,间或有评论之语,但其内容,大多流为"习见之文",即对图书内容和特点的揭示缺乏深度,甚至缺乏准确性。高儒在《百川书志》自序中称"注陈书后",可见他是有意识地采用"注释"方法。

高儒把罗贯中的《三国志通俗演义》和施耐庵的《忠义水浒传》列入了史部的野史类,王实甫、关汉卿等的戏曲列入了史部的外史类,瞿佑的《剪灯新话》列入了史部的小史类,把这些在封建时代士大夫所视为不登大雅之堂的作品,不收入子部小说类而收入了史部,这是他独特的看法。说明高儒已突破书目小说、戏曲之陈旧规范,为古典小说之研究提供了重要资料。

◎百川书志自序

古者圣人代天宣化,化非言弗宣,言非书弗传,书籍其来远矣。古者左史纪言,典谟是也;右史纪事,《春秋》是也。六经之后便有诸子,各以行义名家。三代之下,御世者咸设史官,迨及革除,老师宿儒,必秉史笔,定为一代之征献。河山钟秀,或文雄绝代,或诗继风骚,各擅名家,著书集录,虽采摭精华,效颦英哲,未尝逾此。秦火之后,汉、隋、唐、宋史志、艺文、通志、通考、类编、经籍、七目、四部,于斯昭见。然天府之储,独传中秘;类书之载,仅见源名。又兵灾迭侵,世传悠远,咸慨斯文存亡无据,在昔有万轴之藏,于今悉乏崇文博古之流也。圣朝积书,高士名贤一时,非富而好礼,贵而志道莫能也。予遭际文明之运,叨承祖荫,致身武弁,素餐无补,日恐流于污下,盖闻至乐莫逾读书,典籍流散,见遇人间者,不校乏力,故虽赢卖金之厚,聚非一日;虽有万轴之储,读可一时乎?此重积书之功,书目所由作也。书无目犹兵无统驭,政无教令,聚散无稽矣。闲居启先世之藏,发数年之积,不啻万卷,各以类从,少著大意,条目昭明,一览之余,仰见千载圣贤用心之确,非擅虚名,实资自励。庶慰先人教子之心,以谊聚散不常之消也。时大明庚子岁嘉靖五月端阳日书于志道堂之楹。

《百川书志》既成,追思先人昔训之言曰:"读书三世,经籍难于大备,亦无大阙,尔勉成世业,勿自取面墙之叹。"予对曰:"小子谨书绅。"至今数年,音容迥隔,遗言犹在,愈勉先志,锐意访求,或传之士大夫,或易诸市肆,数年之间,连床插架。经籍充藏,难于检阅。闲中次第部帙,定立储盛。又恐久常无据,淆乱逸志。故六年考索,三易成编,损益古志,大分四部,细列九十三门,裁钉二十卷。书志不备者,盖聚多而未已也。书刻类中注陈书后,顿忘寒暑,蠹检篇章,志略始成,襟怀方遂,珍藏芸笥,以勉成先志,玩绎身心,稽验清聚云耳。后三日吉,百川子再志于藏书室。

据古典文学出版社1957年版《百川书志 古今书刻》

◎百川书志·卷六

野史

《三国志通俗演义》二百四卷。晋平阳侯陈寿史传,明罗本贯中编次。据正史,采小说,证文辞,通好尚,非俗非虚,易观易入,非史氏苍古之文,去瞽传诙谐之气,陈叙百年,该括万事。

《忠义水浒传》一百卷,钱塘施耐庵的本,罗贯中编次。宋寇宋江三十六人之事,并从副百有八人,当世尚之。周草窗《癸辛杂识》中具百八人混名。

小史

《剪灯新话》四卷,附录一卷。钱塘瞿佑宗吉著,古传记之派也。托事兴辞,共二十一段。但取其文采词华,非求其实也。后皆仿此,俱国朝人物。

《剪灯余话》四卷,广西左布政史庐陵李昌祺续著。

《效颦集》三卷,汉阳教谕南平赵弼撰述,凡二十五篇。言寓劝戒,事关名教,有严正之风,无淫放之失,更兼诸子所长,文华让瞿大意迥高一步。

◎百川书志·卷七

纵横家

《战国策》十卷,汉刘向定著《战国策》三十三篇。先秦纪事之书也。载西周、东周、赵、魏、齐、楚、韩、燕、宋、卫、中山十一国事。凡四百九十七章。太史公作《史记》,尝据此书。今参诸本,分为十卷。

据古典文学出版社1957年版《百川书志 古今书刻》

百川书志·卷六（书影）

夏忠靖公遗事一卷

皇明太师户部尚书夏原吉之事也其子太常少卿蕴辉纪公字维谐

文史

游文小史十三卷

国朝浮梁兰庄子闵文振道充汇编古今载籍托物与辞采其事迹设为史传以文滑稽圣门者也惜其散出故成此编足以见文字之愈出愈奇而游艺之学不可废也自南北朝以迄于今作者五十二人为本纪三世家三列传一百七十七

野史

三国志通俗演义二百四卷

晋平阳侯陈寿史传明罗本贯中编次据正史采小说证文辞通好尚非俗非虚易观易入非史氏苍古之文去医传诙谐之气陈叙百年该括万事

忠义水浒传一百卷

钱塘施耐庵的本罗贯中编次宋寇宋江三十六人之事并从副百有八人当世尚之周草

外史

衡癸辛杂志中具百八人混名

据上海古籍出版社2005年版《百川书志 古今书刻》

古今书刻

〔作者〕

周弘祖(约1529—1595),湖广麻城人,明嘉靖三十八年(1559)进士。任吉安推官,证授御史;出任督管屯田、马政事务。穆宗即位后,下令购珍宝异玩,他极力苦谏。迁福建提学副使,后为高拱所嫉,贬为安顺判官,迁广平推官。万历中,迁南京光禄卿,后因事免官。

〔体例与内容〕

本书是我国第一部按地域著录出版物的专题书目,是作者对明代各公私机构所刻书籍及各地石刻所作的记录。

书分上、下两编。上编纪录明代各公私机构所刻印的书籍,按中央政府、北直隶、南直隶、浙江、江西、福建、湖广、河南、山东、山西、陕西、四川、广东、广西、云南、贵州16个地区编排,包括176个部门,总计刻书2 306种。下编记各地所存石刻(多为碑文),备录其撰人、具体位置,以及风蚀情况等等,对了解这些石刻在明代的状况,极有意义,除没有中央政府石刻外,其它15个地区130个部门,共存石刻920种。本书不注卷数,仅于个别书下注明册数,上编间有小注,下编几乎均有小注。著录石刻虽非本书首创,但将石刻与书刻等量齐观,只视有"古今"之别,亦颇有新意。此书因传本甚少,《四库全书》未采入,亦未存目。本书所作的版刻与石刻的记录,对于目录学者和文化史学者,均有很多用途,可资考证版本源流、研究图书存佚,是一本研究我国400年前版刻、石刻的翔实可靠的资料。

〔版本〕

1957年,上海古典文学出版社排印本,与《百川书志》合并出版。2005年,上海古籍出版社重印此本。

古今书刻(节选)

【导读】

本篇选录了福建刻书目录。

由于本书写于明末万历年间,故可视本书为有明一代图书刊刻的总纪录,它对我们了解明代图书刊刻业的规模及其分布情况,都有很高的参考价值。从《古今书刻》著录的图书看,明代刻书有一个最大特点,那就是地方政府和地方监察司法机构——布政司与按察司都参与刻书。明代刻书,还有另一个较大特点,那就是封在各地的藩王大都参与刻书,世称藩府本。

福建刻书481种,成为全国之冠,主要在于那里书坊林立。对于各坊主来说,刻书既是其经营的事业,又是其谋生的手段,故全力以赴,甚至累代相传。在福建所刻的481种图书中,书坊竟刻了其中的369种,占总数的四分之三还有余。早在宋代,福建所刻书就"几遍天下"(见叶梦得《石林燕语》卷八),足见福建的刻书业历宋、元直到明,一直呈发展势头。

◎古今书刻(书影)

福建

布政司
大明會典 大明律 理數日抄 聖學格物通
醫林集要 醫方選要 韓柳文 自警編
金匱要略 東海文集 敎家要略 國初事蹟
感應編 玉壺冰 櫻寧方 笙吉肘後經
問刑條例 荔枝考

按察司
五經集註 四書集註 晦菴文集 薛文清公全集
梓溪全集 家教節儀 贈言錄 胡端敏公奏議
洗冤錄 麻衣相訣

五經書院
通志略 杜氏通典 東西漢書 十三經註疏
皇明進士登科考

据上海古籍出版社2005年版《百川书志 古今书刻》

万卷堂书目

〔书名〕

朱睦㮮倾资收书,筑万卷堂庋藏其书,故以"万卷"题其目。又名《万卷堂艺文目》、《聚乐堂艺文目》、《聚乐堂艺文志》等。

〔作者〕

朱睦㮮(约1516—1580),字灌甫,号西亭,又号东陂居士,祖籍安徽凤阳,后迁居河南开封。明宗室子弟,周定王朱橚的六世孙。万历五年(1577)举文行卓异,为周藩宗正,领宗学。生平附见《明史·周王橚传》。朱睦㮮覃精经学,勤于著述,所著《授经图》、《易学拾遗》、《春秋诸传辨疑》、《五经稽疑》等十部专著俱为《四库全书总目》收录。其又喜好聚书,曾与"中吴、西浙、东郡、跃州、澶渊、应山诸处"借书,"或写录,或补缀",经数年积累,得图籍五万余卷,于是,在"宅西建堂五楹",名"万卷堂",以所储书环列其中。

〔体例与内容〕

《万卷堂书目》是朱睦㮮根据家藏编制而成。其体例,据朱氏自言,"仿唐人法,分经、史、子、集,编为四部",似乎一尊前法,无所更动。然而,检查内容,则子目划分与唐人之法并不相同,如史部,《旧唐书·经籍志》、《新唐书·艺文志》俱分十三类,而其分十二类,其中"制书"、"杂志"类也为两《唐书》所未有。由此可见,朱睦㮮在编制《万卷堂书目》时,曾多所用心。经类凡11,收书680部,6 120卷;史类凡12,收书930部,1 800卷;子类凡10,收书1 200部,6 070卷;集类凡3,收书1 500部,12 560卷。四部共收书4 311部,42 750卷。

《万卷堂书目》是登记性书目,书名下间有附注,注明卷数、著者姓名和朝代。朱睦㮮身居大梁,据自言,其收书以来,"无四方之缘,不能多见多致。大梁又自金元以来,屡经兵燹,藏书之家甚少;即有,亦皆近代之刻,求唐以前则稀矣"。虽然其四处抄缀,但所收大部仍为普通书籍,珍本秘册甚少。因此,在藏书家眼中,其藏书质量不高,《万卷堂书目》的价值亦不大。然而,从考订明代艺文,考索明代版刻而言,《万卷堂书录》多录"近代之刻",正是其长处。且所录大部分为朱氏在大梁所购之书,正好为研究明代地域文化的发展提供了参考资料。因此,《万卷堂书录》的考订功用不可轻视。

〔版本〕

《万卷堂书目》初编于明穆宗隆庆四年(1570),以后朱氏继续买书,又对原来书目加以补充。因此,其就有许多不同的抄本流传。但是,从其问世至清光绪以前未曾付梓,直到光绪二十九年(1903)才有观古堂刻本,宣统二年(1910)《玉简斋丛书》收入。观古堂本和玉简斋本出于同一底本,但玉简斋本经过校勘,错字、差误较少,故玉简斋本较佳。

万卷堂书目（节选）

【导读】

　　本篇选录了万卷堂家藏艺文自记、万卷堂书目叙及卷一。

　　在明代私人藏书家中，宗藩藏书占有很重要的地位，朱睦㮮是宗藩藏书的代表。他一生爱书、藏书，以毕生精力搜集典籍，藏书达四千三百一十一部，四万二千七百五十卷，成为国内著名、北方独秀的著名藏书家。他的藏书主要来自于购买和访求。他倾其所有购买了当时国内著名的藏书家江都葛氏、章丘李氏的所有藏书共一万二千五百六十卷。为了收集家藏所缺，朱氏四处奔走，足迹遍及江浙、山东、河南等地。他在《万卷堂家藏艺文自记》中叙述其搜访之艰难时说："大梁又自金、元以来，屡经兵燹，藏书之家甚少，即有，亦皆近代之刻，求唐以前则希矣。间或假之中吴、两浙、东郡、澶州、应山诸处，或写录或补缀，盖亦有年。"他在其宅西建有广五楹的藏书处，贮藏一生所积累的典籍。为了提高所藏典籍的价值，他不但对家藏进行分类，并在隆庆四年（1570）编成《万卷堂书目》，还依唐人方法，以各色牙签进行标识，而且对典籍进行精细校雠，丹铅圈点，撰写题评。

◎万卷堂家藏艺文自记

　　余宅西乃游息之所，建堂五楹，以所储书环列其中。仿唐人分经史子集，用各色牙签识别。经类凡十一：易、书、诗、春秋、礼乐、孝经、论语、孟子、经解、小学，凡六百八十部，凡六千一百二十卷。史类凡十二：正史、编年、杂史、制书、传记、职官、仪注、刑法、谱牒、目录、地志、杂志，凡九百三十部，凡一万八千卷。子类凡十：儒、道、释、农、兵、医、卜、艺、小说、五行家，凡一千二百部，凡六千七十卷。集类凡三：楚辞、别集、总集，凡一千五百部，凡一万二千五百六十卷。编为四部，人代姓名，各具撰述之下。东陂子曰：余垂髫时即喜收书，然无四方之缘，不能多见多致。大梁又自金元以来，屡经兵燹，藏书之家甚少，即有，亦皆近代之刻，求唐以前则希矣。间或假之中吴、两浙、东郡、耀州、澶渊、应山诸处，或写录，或补缀，盖亦有年，所得仅此，信积书之难也。隆庆庚午秋日，余多暇，值积雨初霁，命童出曝，因取而观，其内或有丹铅圈点，或有校勘题评，平生心迹，历历在目，亦足以自镜矣。本余所好，或资记述，若云蓄德，则吾岂敢。

庚午八月中秋日东陂居士睦㮮书。

◎万卷堂书目叙

　　有明宗室工文艺者，莫多于隆、万，而灌甫宗正为之最。考其持躬谨洁，多门内之行，蒙敕奖风诸藩。今观其书目，部分完整，卷逾数万，所嗜在此，故难划削豪习，与古作者并驰也。孙北海少宰初令详符，犹就其第抄经注二百余册，载归京师。崇祯壬午，贼决河堤，书堂付之巨浸，徒其目存耳。予日慨太平难睹，以二百七十年金瓯无缺，而自杨文贞葺《文渊阁书目》外，未尝一遣求书之使，设校雠之官，亦当时之缺典也。道不终衰，固宜有若灌甫出任其责，然灌甫竭一生心力，止于斯，异书所致，犹不谓尽出，今之号为藏书者，不过斥金帛有余，罗市肆所习见，吾知圣贤典籍，其不致渐渐澌灭者，亦幸焉而已。

据上海古籍出版社《续修四库全书》

◎万卷堂书目卷一（书影）

周易义海撮要十二卷 李衡	萬卷堂書目卷一
东坡易解四册九卷 苏轼	經部
述衍一卷 郑滁孙	易經
中天述玟一卷 郑滁孙	周易乾鑿度一卷 蒼頡
大易法象通赞七卷 郑滁孙	坤鑿度一卷 赵熬
谦斋周易详解二十卷 李杞	京氏易傳一卷 陸績
南轩易说四卷 张栻	閔氏易傳一卷 趙蕤
周易纂註十四卷 董真卿	元包經傳五卷 喬元嵩
历代因革一卷	元包數總義二卷 張行成
大衍索隐三卷 丁易東	周易要義十卷 長孫無忌
周易本义二卷 朱熹	橫渠易說二卷 張載
朱程易传十卷 吕祖谦	程氏易傳十二卷 程頤
萬一	周易集解十卷 李鼎祚

红雨楼书目

〔书名〕

　　徐𤊹为文儒之家,父兄徐熛、徐㷋都喜收藏典籍,家积书达五万余卷,"五典三坟,六经诸子,诗词集说总兼,乐府稗官咸备",建"红雨楼"庋之。作为藏书家,很希望自己的藏书为人所用。《红雨楼书目》是整理家藏,编写而成。徐氏书目之名,最早见于黄虞稷《千顷堂书目》卷一〇"簿录类",称为《徐氏家藏书目》。称《红雨楼书目》当始于道光时期的刘燕庭。刘氏在其味经书屋抄本的识语中说:"兴公书斋名红雨楼,余即以题其书目云。"故其抄本题为"三山徐氏红雨楼书目"。但今抄本各卷卷首却又题作"徐氏家藏书目",且卷首徐𤊹自序中亦称"家藏书目",此则当是仍底本之旧。其后缪荃孙《艺风藏书记》卷五"金石类"即沿用刘氏所题,著录为《红雨楼书目》。缪氏《重编红雨楼题跋》中所录徐𤊹自序称作"红雨楼藏书目序",则应为缪氏所改题。

〔作者〕

　　徐𤊹,字惟起,又字兴公,闽县人,以布衣终其身,博闻多识,其诗典雅清稳。明万历中主闽诗坛,后世称为"兴公诗派"。勤于著述,所著《笔精》、《榕阴新检》、《闽南唐雅》等书为《四库全书总目》收录。

〔体例与内容〕

　　《红雨楼书目》编写多仿郑樵《通志·艺文略》之体例,分类以四部,子目有所增出。《红雨楼书目》颇能代表明代书目著录简明的风格。主要有如下特点:

　　1. 著录简明　包括书目卷数、著者时代、籍贯、姓名、著作方式、间或有关内容、主旨、版本以及其它内容或形式的著录。

　　2. 表格式著录　表格式著录为明代目录学的又一大发明。其方式是上面一层著录文集的名称,下面一层著录著者姓名,且在姓名前用小字注明字或别号。其优点是:① 可以省略一些繁文。如所录著者都是宋人,"宋代"字样可以省略;② 既是诗集,也没有多大必要指出其特点,因为其内容或体裁很难具有特点;③ 书者、著者一目了然。

　　该书四卷本、七卷本两种版本分卷的具体情况是:四卷本分经、史、子、集四部,部各一卷;七卷本则是卷一经部,卷二史部,卷三、卷四为子部,卷五、六、七为集部。二者在"经、史、子"三部的著录基本一致,最大的差别在集部。七卷本卷六的"文集类"分"唐、北宋、南宋、金元"四类,四卷本则分为"唐、宋诗、元诸家姓氏"三类,不仅如此,其"宋诗类"还改用表格形式著录,数量上多于七卷本,只是著录较为简单,不录卷数,甚至有的只有作者而不著书名。"元诸家姓氏类"则著录更是粗疏,前半部分(73人)尚著有作者、字号、籍贯、别集,后半部分(185人)则仅录人名,数量上也远远多于七卷本的七十一种。而七卷本此卷著录图书数量虽少于四卷本,但著录却完整详细得多。

其差别最显著者是在对明代别集的著录上。七卷本卷七"别集类",专录明人别集,对作者的字号、籍贯、科第、履历、别集刊刻流传等情况均作了介绍。这在此前后的书目中很少见到,此当是学习王俭《七志》之法,于传人下各列一小传,以为知人论世之资。这部分著录内容非常丰富,有1 011人的小传,按照地区划分,分省分府著录,便于查找,对于研究明代文学帮助很大。四卷本在卷四亦有"明初诸家姓氏"(323人)、"明集诸家姓氏"(142人)、"明诗选姓氏"(315人)三类著录明人别集,与七卷本相比较为简单,人数亦较少,且三类划分没有统一标准,多次出现重复。对作者也没有具体介绍,仅在"明诗选姓氏"部分有小传,但非常简单,有的甚至只录人名而未有小传。

〔版本〕

《红雨楼书目》编定后,未能刊行,传世者俱为抄本,直到1957年,上海古典文学出版社以抄本校印,其才得以广为流传。

该书目今日可见者有两种传本:一为古典文学出版社1957年版的四卷本,据传抄本排印,与《晁氏宝文堂书目》合刊,题名《徐氏红雨楼书目》;一为1994年书目文献出版社出版的《明代书目题跋丛刊》本,据刘燕庭味经书屋抄本影印,又改题作《徐氏家藏书目》。

徐氏红雨楼书目(节选)

【导读】

本篇选录了《徐氏红雨楼书目》序、四卷本红雨楼书目卷四中"明诗选姓氏"。

徐𤊹一生嗜书如命,经过十余年的积累,至万历三十年(1602)终于编成《红雨楼书目》。

《红雨楼书目》的主要价值在于为文学史研究提供了大量的刻字考订的资料。

(1) 著录小说、戏曲甚丰。徐氏一生未曾做官,较少文官的假道学面孔,且其生活的时代,资本主义萌芽产生,市民文学勃兴,因而徐氏收藏了大量的文艺书籍。《红雨楼书目》卷三"子部·传奇"类著录元明杂剧和传奇有一百四十多种。如《温太真玉镜台》、《吕洞宾桃柳升仙梦》、《南北西厢记》、《香囊记》等,这些目录是元明时期小说、戏曲发展的重要佐证,可以供研究我国古代小说史和戏曲史者参考。

(2) 收录明代诗文甚多。徐氏雅好诗文,尤喜收藏当代诗文集。《红雨楼书目》内著录了很多明人文集。这些文集目录是研究明代艺文的宝贵资料,如果将其与收录明人文集较多的黄虞稷《千顷堂书目》互勘,可以互为补充,并可由此入手,对明代文艺的发展状况加以研究。又,其"明诗选"一类,对作者的履历注释详尽,如:"高启季迪,长州人,洪武中官至户部侍郎。坐死法,有《缶鸣》等集。"在这些作者中,有许多人不见史书记载,因此,可籍以考订明代作家。

七卷本著录项目比较齐全,明人别集部分著录内容极为丰富,有很高的文学文献价值,对考查作者的生平与书籍的刊刻流传情况有很大帮助。在数量上和内容上都可以补《千顷堂书目》、《明史·艺文志》等书志之不足。四卷本著录上的诸多讹误(实际上是删节传录时造成的),都可借此七卷本加以订正。四卷本是一个传录较为草率的删节本,但亦有其特别价值。因所据底本较晚,故"宋诗类"、"元人著作类"收录颇有多出七卷本者;又因现存七卷本非完帙,集部未收闽人著作、"处士"、"闺秀"、"羽士"、"高僧"等类,而这类文献著作在四卷本中都有所反映。我们在一般研究中自当选用七卷本,而在考察图书存佚及全面研究红雨楼藏书时则当参酌使用四卷本。要之,二本之间虽有详略优劣之别,而仍各有价值,学人当参而用之。

◎徐氏红雨楼书目序

予少也贱,性喜博览。间尝取父书读之,觉津津有味。然未知载籍无尽,而学者耳目难周也。既长,稍费编摩,始知访辑。然室如悬磬,又不能力举群有也。会壬辰、乙未、辛丑,三为吴越之游。庚子又有书林之役。乃撮其要者购之,因其未备者补之。更有罕睹难得之书,或即类以求,或因人而乞,或有朋旧见贻,或借故家抄录。积之十年,合先君子、先伯兄所储,可盈五万三千余卷,存之小楼,堆林充栋。颇有甲乙次第,铭椠暇日,遂仿郑氏《艺文略》、马氏《经籍考》之例,分经、史、子、集四部。部分众类,著为书目四卷,以备稽览。客有讥予者曰:"子之蓄书,拮据劳瘁。书愈富而囊愈空,不几于成癖成淫乎?好书之劳,不若不好之为逸也。"予曰:"否否。昔宋尤延之积蓄数万卷,尝自谓'饥读之以当肉,寒读之以当裘,孤寂读之以当朋友,幽忧读之以当金石琴瑟'。予生平无他嗜好,所嗜惟书。虽未能效古人下帏穿榻闭户杜门之苦,然四体不勤,此心难恝。岂敢安于逸豫,息于钻研者耶?至于发书簏之诮,蒙武库之誉,非予之所可几也,亦非予之所敢望也。"客曰:"美哉!徐仲子之言。"唯唯而退,万历壬寅初秋,三山徐𤊹兴公序。

据古典文学出版社1957年版《晁氏宝文堂书目 徐氏红雨楼书目》

◎《红雨楼书目》卷四·明诗选姓氏(节选)

高启、季迪,长州人,洪武中官至户部侍郎,坐死法。有《缶鸣》等集。
刘基、伯温,青田人,洪武中封诚意伯,谥文成。著《郁离子》等集。
杨基、孟载,吴郡人,洪武间历官山西按察使。有《眉庵集》。
张羽、来仪,乌程人,洪武中官至太常丞。有《静居集》。
徐贲、幼文,长洲人,洪武中官河南布政。著《北郭集》。
郭奎、子章,巢县人,尝从余阙学治经,朱文正节镇洪都,子章为参谋,以累诛。
戴良、叔能,浦江人,洪武初隐士,以逸死。
林鸿、子羽,福清人,洪武初官礼部郎中,为闽中诗人之冠。
鲁渊、道原,淳安人,国初处士。
王蒙、叔明,吴兴人,号黄鹤山樵,洪武初隐士。
浦源、长源,无锡人,洪武中授晋府引礼舍人。
任亨泰、吉雍,襄阳人,洪武末廷尉第一,官礼部尚书。

先彦昌,号东皋钓叟,临川人,洪武处士。

卓敬、惟恭,瑞安人,洪武中进士,户部侍郎,靖难殉节,谥忠贞。

袁凯、景文,华亭人,洪武中征为御史,永乐初伪为狂疾,放归,有《海叟集》行世。

张以宁、志道,古田人,元末进士,洪武中官至学士。

汪广洋、朝宗,以功封忠勤伯,入中书省,后坐法诛。

乌斯道、继善,四明人,洪武官永新令。

方孝孺

董良史

蓝智、明之,崇安人,洪武中官按察使。

刘崧、子高,太和人,洪武中官礼部尚书。

章閤,国初人。

据古典文学出版社 1957 年版《晁氏宝文堂书目　徐氏红雨楼书目》

千顷堂书目

〔书名〕

黄氏藏书甚丰,筑室名"千顷堂"存之。其父黄居中在世时,家中藏有《千顷堂藏书目录》6卷,后经黄虞稷在家中藏书的基础上,加以增益,以《千顷堂藏书目录》为基础,增修为《千顷堂书目》32卷。

〔作者〕

黄虞稷(1629—1691),字俞邰,号楮园,福建泉州府晋江县安平(今晋江市安海)人。明末清初藏书家。生于明崇祯二年(1629),受父亲黄居中影响,嗜书成癖,16岁进县学,与丁雄飞有往来。1667年撰写《赖古堂印谱序》一文。康熙十八年(1684)参与编修《明史》,康熙二十八年又随涂乾学注太湖包山书局编纂《大清一统志》。

黄虞稷与其父共藏书八万卷,书房名"千顷斋","常与江左诸名士约为经史会,以资浏览,借阅者无虚日",钱谦益编纂《列朝诗集》,曾向虞稷借书。其书籍多用"黄虞稷印"、"俞邰"。康熙三十年(1691)七月,归江宁,五日后卒,享寿六十三岁。著有《千顷堂书目》32卷,《我贵轩集》、《建初集》、《朝爽阁集》、《蝉巢集》、《史传纪年》等。

〔体例与内容〕

《千顷堂书目》共32卷。著者着意集录明代著述,另录《宋史·艺文志》所录及宋以前书目概不收录者编成此书。辽、金、元三史无艺文志,为补《宋志》遗漏,在各类后附南宋及辽、金、元三代书目。本书分经、史、子、集4部,经部11类,史部18类,子部12类,集部8类,共49类。集部又按科第序次排列。每种著述均注有书名、作者和卷数、间及著者略历,其中明人著述记录尤详。

〔版本〕

现今流传的《千顷堂书目》的刻本,是1913—1917年间吴兴张钧衡刻的《适园丛书》本。

1990年,上海古籍出版社出版了由瞿凤起、潘景郑整理点校本。

千顷堂书目(节选)

【导读】

本篇选录了"杭世骏黄氏书录序"、千顷堂书目卷一。

在《杭世骏黄氏书录序》中,杭氏所云"俞邰本",即黄虞稷入明史馆在《千顷堂书目》的基础上编的《明史·艺文志》14卷,他认为横云山人(即王鸿绪)《明史稿·艺文志》是据黄氏《明史艺文志稿》删削的。杭世骏深知黄虞稷工作的价值,明白黄虞稷补宋、辽、金、元四代艺文,是填补我国史志目录发展史上的一个空白,故对王鸿绪删削四代艺文,大为不满。只因王鸿绪是明史馆总裁,碍于官方身份,也无可奈何,只能大发感慨。

杭世骏赞赏黄虞稷的工作,又将得到的黄氏目录加以排比研究,发现其不足,即没有吸收张萱、吴大山《内阁书目》的成果,便将其所见,加以补苴。他补《千顷堂书目》未收罗之书,大大丰富《千顷堂书目》的内容。

《千顷堂书目》的参考价值表现在如下几个方面:

1.《千顷堂书目》是一部侧重明代著述的书目,故对考察明人著述有重要价值。

2.《千顷堂书目》分类编目工作比较精详。虞稷一生不仅能藏书聚书,穷年累月研习经史,其学术的淹博,更为他编目分类提供了优越条件。每一书著录书名、卷数、作者的姓氏爵里、科第、考订成书的先后。其叙录详赡,扼要而不繁冗,足称深得史家笔法。

例如卷十史部政刑类《大明律》三十卷下的叙录云:

洪武六年命刑部尚书刘惟谦详定其篇目,皆准唐律,采用旧律三百八十八条、旧令改律三十六条,因事制律三十一条。掇唐律以补遗一百二十三条,合六百有六条,其间损益务合轻重之宜。每成一篇,辄缮写以进,上令揭于两庑之壁,亲加裁定。及成篇,命学士宋濂为表以进。九年十月又谓犹有疑议,命右丞相胡惟庸、御史大夫汪广洋复详加考定厘正者,凡十有三条,余如故颁行。

这短短一百五十余字,却能概括地说明了明初制订律令的经过,同时,又详考了这书纂辑的源流。

《千顷堂书目》以丛书附类书之后,而对丛书之有子目的,无不详载。从《文献汇编》到《宝颜堂秘籍》也都逐一不厌其烦地列出子目各书的书名、卷数与作者,节省了读者再查其它丛书子目索引之烦。

3.《千顷堂书目》实即《明史·艺文志》的初稿,它可补《明史·艺文志》的缺漏,并可用以校勘正误。

4.《千顷堂书目》开有清一代辑补各史艺文志的先例。

◎杭世骏《黄氏书录序》(道古堂文集卷六)

江宁黄俞邰氏搜辑有明一代作者,详述其爵里,门分类聚,比于唐、宋《艺文志》之例。予披览粗竟,窃叹俞邰用力之勤,而悲其志之不得试也。往者传尚书维鳞编纂明书,标王守仁以勋武,列沈周、唐寅于方技。至抄《文渊总目》以志艺文,三长之士,恒相顾而齿冷。既而横云山人奉勅重编,始依俞邰本为准的,特去其幽僻不传与无卷帙氏里可考者,稍诠整有史法。今之为此志者,既不屑蹈袭其旧,又不克详考四代史志之源流,又不能悉知篇目存佚之数,更思恢张以所未备,并取前世之书而附益之,是何异秦延君注《尧典》,刘公昭赋《六合》也。今夫兰台志汉,何尝不因向、歆,然秦火之后,非此不彰。于志宁等编《隋书》,合五代以成志,匪特补宋、齐两书之阙,且以订范晔以下不著经籍之非。史家自宋志

《艺文》以后，辽、金、元以来公私著述，皆涣散而无统。不佞补辑《金史》，尝次《艺文》为一卷。辽、元二代，见于王圻《续通考》、焦竑《经籍志》者，又杂乱少体例。观俞邰所排比，自南宋以迄元末，皆以灿然大备，盖其《志》直以《中经新簿》之责为己任，为有明二百七十载王、阮，惜乎其不得与于馆阁之职也。辛酉春，不佞修《浙志经籍》，需此书甚亟。当湖陆陆堂检讨尝携二册来，有经史而无子集。暨居京师，句甬全孝廉复携五册见示，皆从史馆录出，祇有明人而缺南宋以后。诸公盖为《明史》起见，固未知俞邰网罗四代之苦心矣！第神宗时，张萱、吴大山等重编内阁之目，他书多讹阙不可信，独地理一类，详核不支，俞邰亲见此书，乃独之不采用，所挂漏者伙颐，为不可解。因取所见闻者稍足成之。一则以备史职之考信，一则以完此书之阙遗，且慰俞邰九原也。秦亭老民杭世骏。

据上海古籍出版社2001年版《千顷堂书目》

◎千顷堂书目卷一（节选）

○【易类】

《周易传义大全》二十四卷，《义例》一卷【永乐十二年十一月命翰林院学士胡广、侍讲杨荣、金幼孜等纂修《五经四书大全》，《周易》则取程传及朱子本义，博采《二程遗书》、《外书》、《朱子语类》、《文集》之论《易》者，与诸家之说羽翼之，明年九月书成，颁行六部并两京国子监及天下郡县学。】

《周易直指》十卷【仁宗在东宫时，命杨士奇纂卦爻朱氏本义要旨为是书，以备观，赐今名。】

朱升《周易旁注前图》十二卷

鲍恂《大易钩元》三卷【字仲孚，嘉兴人，领元乡荐，明初以明经老儒召为文华殿大学士，固辞归。恂受《易》于吴草庐。】

梁寅《周易参义》十二卷【经文上下二卷，十翼十卷。寅以程朱二家释经义殊，乃融洽二家，合以为一。】

周南老《易传集说》

欧阳贞《周易问辩》三十卷【分宜人，洪武初以《易》魁江西省试，官考城主簿，一名《易疑》。】（卢补）

叶仪《周易集解》【金华人，明太祖下婺州，与范祖干等同被征。】（卢补）

张洪《周易传义会通》十五卷

方孝孺《大易枝辞》【与《周礼考次》皆逸不传】

赵撝谦《易学提纲》

丰寅初《古易略说》【鄞县人，洪武中国子司业，建文壬午，弃官归隐。】

丰庆《古易筮法》【寅初子，河南布政使】

张廷芳《易经十翼章图蕴义》十卷【晋江人，自号退密翁。】

王达《易经选注》

程仲贤《周易参微录》【婺源人。】

程汝器《周易集传》十卷【名昆,以字行,休宁人,师事赵汸,洪武中举明经,永乐中官蕲州知州。】

胡琏《易学会通》【字商用,高安人,博通经史,尤邃于《易》,明初兵至瑞州,琏说其主将刘左丞奉书降,后以荐为句容教谕。】

刘髦《易传撮要》一卷【撮程传之要。永新人,永乐戊子乡魁,不仕,大学士刘定之父。】

江克宽《周易程朱传义音考》

林大同《易原奥义》二卷【常熟人,洪武中开封府学训导。】

郑宏味《易余吟》【字以仁,直隶嘉定人,少受《易》于鲍恂,洪武中为礼部郎中。】

王廉《周易参疑》【字熙阳,处州人,与修《元史》,后官山西布政。苏州知府况锺刊行。】

何英《易经发明》【字积中,鄱阳人,学于元儒王松坞,自号梅谷。】

汪有训《周易句解》【字得时,休宁人。】

高暲《读易日录》【字汝晦,浙江临安人,永乐甲申进士,累官四川按察司佥事。】

林志《周易集说》三卷

汪思敬《易学象数举隅》四卷,又《易传通释》三卷【名敬,以字行,祁门人,工诗文,中侍郎杨宁尝荐之朝。】

王义朝《易论》十二卷,又易说十卷【上虞人。】

刘定之《周易图释》十二卷

李贤《读易记》一卷

胡居仁《易通解》

吾冔《周易传义会同》

倪复《易系辞解》【余本尝师之。】

传宽《太极图说》【正统七年宽为东昌府通判进,上谓僻谬悖理,斥之,勿令误后学,见《野获编》。(吴补)】

刘诚《周易衍辞》【专辨焦赣纳甲飞伏之非。诚,难泽人,天顺丁丑进士,湖广参政。】

据上海古籍出版社2001年版《千顷堂书目》

述古堂书目

〔书名〕

述古堂,作者藏书室名。其族曾祖钱谦益取《论语·述而》"述而不作,信而好古"语以名其堂。清钱谦益《述古堂记》:"孔子曰:'述而不作,信而好古,窃比于我老彭。'包咸曰:'老彭,商贤大夫,即彭祖也。'《世本》云:'姓籛名铿,在商为守藏史。'……吾钱固籛后人也,顷有事世谱,自谓可信不诬。族曾孙曾,字遵王,粪除厥父室庐,读书其中,以新堂来请名,余遂名曰述古而告之曰:'子有志学古,请言吾钱氏之古……考吾先世之大宗,彭祖至于予九十五世,而子又加三矣。遗经旧史不与古人俱注者,俨然在此堂也。以余之老耄,犹将冀墙仰止,况子少壮努力者乎?'昔以述古名堂者有矣,习于钱之故,数祖典,遵圣谟,考德问业,莫斯堂宜也。谨书之以为记,俾刻石陷置壁间,而余亦将游息于斯,以交儆焉。"

〔作者〕

钱曾(1629—1701),字遵王,号也是翁。清初常熟(今属江苏)人。学者、鉴赏家、藏书家。父亲钱裔肃和族曾祖钱谦益都是藏书家,受其影响,钱曾年轻时即有志于收藏古籍,访求图书不遗余力。他入清后便无意仕途,顺治十八年(1661)在江南奏销案中因欠赋被革去生员。他继承了其父的藏书,后来又得到了钱谦益的绛云楼焚余之书,使藏书聚至4 100余种,其中有很多宋元刻本和精抄本,成为继钱谦益绛云楼和毛晋汲古阁之后的江南藏书名家。钱曾重视宋元刻本及旧抄本,并认真校书,为古籍存真起了一定的作用。他还与当时的毛晋、毛扆父子,陆贻典,李振宜,冯舒、冯班兄弟,叶奕,顾湄等藏书家互通有无,易书抄校,从而使一些珍本秘籍得以流传。著有《读书敏求记》,辑有《述古堂书目》、《也是园书目》。

〔体例与内容〕

《述古堂书目》每书著书名、卷数、册数,有的还注明版本、出处。共著录图书2 295种,其中宋版114种,为世所珍,有其未见之书。说明书目编成时钱曾藏书有收入和流出情况。采用非四部的一级分类,共分78类,所列门类有琐碎冗杂之弊,但因其恢复并发展了书目版本著录,在清代目录学史上颇有学术意义。

〔版本〕

书目被收入《四库全书总目》。有清道光三十年(1850)南海伍氏刊《粤雅堂丛书》本;1935年商务印书馆《丛书集成初编》本;1985年中华书局《丛书集成初编》本。

述古堂书目(节选)

【导读】

本篇选录了述古堂书目自序、《述古堂书目》卷一。

钱曾少年时候就跟随父亲读书和游历,帮助父亲收藏和整理图书。后来,他又到钱谦益那里,协助他收藏和整理图书,并学到了收藏、校勘图书及读书治学的本领。十七岁那年,父亲去世了,钱曾继承了父亲一生收藏的大批图书,并正式开始了自己的收藏事业。

因为青少年时期打下了良好基础,加上后来的辛勤实践,到三十多岁时,他已成为一个很有经验的,能有计划地收藏图书的专家了。他曾说:"余二十年,食不重味,衣不完采,摒当家资,悉藏典籍中。"(《述古堂书目序》)他形容自己就象书虫一样,全身心都钻进了藏书之中。他最喜爱宋版书,简直到了如痴如迷的地步。他的朋友称他为"佞宋刻",就是"宋刻迷"的意思,他认为此雅号自己当之无愧,决心更进一步地迷上藏书事业。

在江浙一带,钱曾结交了许多学者和藏书家,如吴伟业、顾湄、金俊明、叶树廉、陆贻典、曹溶、毛扆等人,都与他有交往。钱曾经常向这些人借校、借抄善本珍籍。钱曾抄书,所用纸墨精良,抄本质量很高,可以同著名的毛晋汲古阁影抄本媲美。他所抄的书,都严加校勘,仔细更正讹误。他说,如果有人认为我的藏书中有许多是手抄本,因而不能作为治学根据的话,这样的人则是"假好书之名,而无真好书之乐者",可以说他是不懂书的人,"不足与言可也"。钱曾认为喜欢收藏图书,必须懂得图书,善于识别好书。能理解和认识图书,才是真正爱书。真爱书,才能真懂书,也才能收集到好书。他曾说:"真好与真知实难其人。是必知之真而后好之始真。然好之既真,不遇于真知者,吾未之见也。"(《述古堂书目序》)

◎述古堂书目·自序

己酉清和,诠次家藏书目告藏,放笔而叹,盖叹乎聚之艰而散之易也。竭予二十余年之心力,食不重味,衣不完采,摒挡家资,悉藏典籍中。如虫之负版,鼠之搬姜,甲乙部居,粗有条理。忆年驱雀时,从先生长者游,得闻其绪论,经经文纬,颇知读书法。逮壮,有志藏弄,始次第访求,问津知途。幸免于冥行摘埴。然生平所酷嗜者,宋椠本为最。友人冯定远每戏予曰:"昔人佞佛,子佞宋刻乎?"相与一笑,而不能已于佞也。丙午丁未之交,胸中茫茫然,意中惘惘然,举家藏宋刻之重复者,折阅售之泰兴季氏,殆将塞聪蔽明,仍为七日以前之混沌与?抑亦天公怜予佞宋之癖,假手沧苇以破予之惑与?穆参军卖书相国寺中,逢人辄曰:"有能读得韩柳文成句者,便以一部相赠。"人知为伯长,皆引去。予之卖书,不及伯长之高,而聊以解嘲者,在夫已氏之豕肉喻也。夫已氏曰:"知味者谓擘龙脯不能鼓腹,不如豕肉,足口放箸,得以一饱,今子所去之宋刻,龙脯也,所藏之善本,豕肉也,老饕差足自慰,又何用过屠门而大嚼乎?"予曰:"固矣,更有进焉者。椎埋洗削之夫,盘列市中豚蹄,操刀而割,目味之以为太羹弗若也。易牙过而笑其失饪矣。今予虽爱豕肉,不正不食,

138

凛然有圣训存焉,又何龙脯之足以荒其志乎?嗟嗟!好书者不少概见,而真好与真知者,实难其人。是必知之真,而后好之始真;然好之既真,而不造于真知者,吾未之见也。"癸卯冬,予过云上轩,见架上列张以宁《春王正月考》一书,援据详洽,牧翁叹其绝佳。少间走札往借,已混乱帙中,老人懒于检觅而止,耿耿挂胸臆间者五六年。去秋初度,有人插标以数册败书来售,而此书俨然在焉,得之如获拱璧。因感墨汁因缘,艰于荣名利禄。然世间聚散何常,百六飙回,绛云一烬,图史之厄,等于秦灰。今吾家所藏,不过一毛片羽,焉知他年不为有力者捆载而去,抑或散于面肆酒坊,论秤而尽,俱未可料。总之,不满达人之一哂耳。江湖散人出所藏皆正定可传。予之书,咸手自然勘疑讹,后有识者,细心翻阅,始知其苦志。若谓藏书多缮写本,本未足援据。此乃假好书之名,而无真好书之乐者,竟谓之不知书,不足与言可也。

据中华书局1985年版《述古堂书目》(附宋版书目)

述古堂藏書目卷一

虞山錢曾遵王氏攷藏

經

孔穎達易經注疏十卷五本　孔穎達書經注疏二十卷六本　孔穎達詩經注疏二十七本　孔穎達春秋左傳注疏六十卷十六本　公羊注疏二十八卷六本　楊士勛穀梁注疏二十卷五本　孔穎達禮記注疏六十三卷十六本　賈公彥周禮注疏四十二卷十四本　賈公彥儀禮注疏十七卷十二本　邢昺孝經注疏九卷一本　邢昺爾雅注疏十一卷三本　邢昺論語注疏二十卷四本　孫奭孟子注疏二十八卷五本抄本叢書堂　篆書五經十卷　張參五經文字一卷抄　賈昌朝羣經音辨十卷一本抄　劉敞七經小傳三卷抄　何異孫十一經問對五卷二本板　楊伯嵒九經補韻一卷抄　毛居正六經正誤六卷抄　鄭夾漈六經奧論六卷一本宋　胡寅六經圖三卷三本　李景喆六經正文二卷二本　經書補註一卷抄　馮保經書音釋二卷二本　呂涇野經說十卷十本　熊朋來五經說七卷二本　蕫蓼四書經疑問對八卷一本　明道改本大學一卷抄　古本大學一卷　程復心四書章圖一卷　晦菴改本大學一卷抄　考亭家山圖書一卷一本影宋本抄　何晏論語集解十卷十本抄高麗　伊川改本大學一卷抄　昌黎論語筆解十卷一本抄　張九成論語絕句一卷抄東坡論

汲古阁珍藏秘本书目

〔书名〕

汲古阁,为明毛扆之父毛晋藏书阁名。《汲古阁图》题云:"子晋社主结藏书阁于隐湖之滨,颜曰'汲古',次以甲乙,分为四库,非宋元绣梓不在列焉。"汲古,谓钻研古籍如汲水于井。

〔作者〕

毛扆(1640—1713),字斧季,一作黼季,江南常熟(今属江苏)人。毛晋季子,陆贻典典婿。承晋家学,耽于校雠。古籍有"海虞毛扆手校"、"西河汲古后人"、"叔郑后裔"朱记者,是其所校。尝校订毛晋旧所编《诗词杂俎》,又与陆贻典在汲古阁同校《金荃集》。兼精小学。一时名流,如归庄、魏禧、吴历都先后至汲古阁访扆。何焯亦极重扆。康熙四十九年,焯曾从扆借宋本校《李贺歌诗编》。扆著有《汲古阁珍藏秘本书目》一卷,收入《士礼居黄氏丛书》。有题跋文章传世。生平事迹见《清史列传》卷七一《文苑传》二本传、《常昭合志稿》毛晋传附。

〔体例与内容〕

本目是毛扆在经济困难时忍痛将其父毛晋毕生所搜善本书转让给潘耒时的清单。共收录图书四百八十一种。按四部序次,经史书籍一百三十九种,子书二百零二种,集部书一百二十四种,附续寄书目十六种。其中宋元刊本抄本一百一十二种,明刊明抄本三百六十九种。明本中,洪武本四十六种、永乐本四十种、洪熙本八种、宣德本三十种、景泰本九十二种、成化本三十四种、弘治本三十一种、正德本四十种、嘉靖本三十八种。明初本多,嘉靖本少,万历本不入,反映了当时书林对明板的认识观念。当然,这不是汲古阁藏书总目,而是诗沽的部分善本简目。

各书著录体例依次是版本、书名、卷数、册数、作者、抄本品类及售价,部分书目有题识,对其珍善程度作简要评价。有时记录抄写过程。作为一部鬻书目录,为突出其经济价值,毛扆在著录各书时,对版本的各个著录项目尤其详细。其特点有:(1)标注版本;(2)标明价格;(3)附有解题。但并不是每书都有解题,只有在该书确有增值因素的情况下,才予以题识,共有79则。

〔版本〕

《书目》撰成后,并未印行,而是以抄本广泛流行。现存最早的抄本为嘉庆三年(1798)吴德庆抄本,又有清同治八年(1869)刘履芬抄本,清光绪郑文焯抄本等等。在传抄近百年后,其抄本为黄丕烈所得,并刊于嘉庆五年(1800),收录在《士礼居丛书》中。之后,又有光绪十年(1884年)朱记荣槐庐家塾刻本;民国初商务印书馆据《士礼居丛书》本排印收入

《丛书集成初编》中;《续修四库全书》据《士礼居丛书》本影印。通行本为《士礼居丛书》本。

今主要有如下版本:

毛扆. 汲古阁珍藏秘本书目 1 卷. 北京:商务印书馆 1935 年版。

毛扆. 汲古阁珍藏秘本书目. 北京:中华书局 1985 年版。

汲古阁珍藏秘本书目(节选)

【导读】

《汲古阁珍藏秘本书目》著录之书,并非每本书都有解题,只有在该书确有增值因素的情况下,才予以题识,共有 79 则。解题或是介绍购书典故,或是介绍抄者和笔法,或是介绍版本的校勘价值。

朱性甫手书《铁网珊瑚》14 本:当年宋中丞初下车,访其书在常熟,特托陶令物色之。陶令许每本六两购之。余以先君当年得此,曾有咏歌,一时同人酬和,成一大卷,不忍轻弃。李海防每本加二两,余亦不允。后车驾南巡时,高江村托徽州友人戴姓来许十两一本,欲以进上。余亦辞之。去年病中,无资觅参,止当银二十四两,买参四两,得以病愈,今犹未赎也。

元人手抄本《古文苑》2 册:元人手抄二、三两卷。陈在兹补抄。卷末尾张冯定远先生补。

元人手抄本《两汉策要》14 册:元人手抄二书(另一书指《古文苑》),一笔赵字,或者谓赵文敏者尔?其笔法之妙,不可殚述,一见便知尔!

《礼记集说》四十二本:世无其书,止有此影抄宋本一部。今昆山所刻借此写样,而新刻后半部为顾伊人紊乱次第。幸存此本为正。公自跋云:"绍定辛卯,其备员江东漕管,大资政赵公善湘见余《集说》,欣然捐资锓木。次年秋,余秩满而归,迨嘉熙己亥越九年矣。里居,需次搜访新闻,遇有可采,随笔添入。视前所刊增十之三。揭来严濑别刊此本。庚子六月跋也。"所以有卷第几之后添入几条者,乃赵公刻后所增也。昆山刻书时,下半部乃伊人校对,竟将后添者移入前去,失之矣。幸赖此本犹存卫公之旧。绵纸旧抄,二十两。

据中华书局 1985 年版《汲古阁珍藏秘本书目》

◎汲古閣珍藏秘本書目（节选）

唐明皇御注孝經一本　宋板影抄　五錢

墨池編八本　舊抄明朝有刻本，批謬已極，曾有校本將來奉覽，此其真本也。四兩

書苑菁華四本　李中麓家精抄，籤頭保中麓手書。二兩

東觀餘論四本　一兩六錢

皇宋書錄一本　影宋板精抄　八錢

翰林要訣一本　陳繹曾　紅格舊抄　三錢

法書通釋一本　張紳　精抄　三錢

書史會要六本舊抄　一兩八錢

金壺記一本　影宋板精抄　一兩二錢

盛熙明法書考舊紙舊抄　一兩

雪菴字要一本　洪敻　舊抄本　三錢　洪武間跋云，得於琴川陳蒼崖先生家，後有成化十七年辛丑琴川會

古器款識二本　綿紙舊抄　後有許潮跋，知為沈竹東家藏秘本也。三兩

墨刻考古圖四本　四兩

增廣鐘鼎篆韻七本一套　楊鈞字信文從文淵閣原本鈔，抄價大致十四兩

集篆古文韻海五本一套　宋人杜從古字唐稽世不知有此書，十兩

汲古閣珍藏秘本書目　三

据1935年商务印书馆《丛书集成初编》版

士礼居藏书题跋记

〔书名〕

黄丕烈购得宋刊严州本和景德官本《仪礼》两种,"仪礼"一名"士礼",因题室名士礼居。黄丕烈精于版本鉴定之学,每得一善本书,往往为之题跋,以叙版本之特点。这些题跋都以单篇形式存在。黄丕烈去世后,其藏书归于汪士钟,不久,又分别流入杨绍和、陆心源等人家中。光绪年间,潘祖荫多方觅求,搜得黄丕烈所作书跋352篇,辑成一编,名《士礼居藏书题跋》,由滂喜斋刊印出版。

〔作者〕

黄丕烈(1763—1825),清代著名藏书家。字绍武,号荛圃,或题荛夫,又号复翁、佞宋主人。江苏吴县人。乾隆五十三年(1788)举人。嘉庆六年大挑一等,为直隶知县,不愿就职,纳资得兵部主事,旋归里从事校书、著述。生平好藏书,尤嗜宋本,自号佞宋主人。其书斋名读未见书斋,又名士礼居。历年购得宋刻百余种,著名文士顾莼为其书室题名"百宋一廛"。

他既广搜异本,又精于鉴别,每获一书,常详加研讨,或据以校勘,并撰为题记。在藏书、读书、校书之余,还刊有《士礼居丛书》,其中影宋刻数种,如影宋刻严州本《仪礼》、影宋天圣明道刻本《国语》、影宋刻《战国策》、《舆地广记》等,向为学者所重。黄丕烈对古籍版本及古籍流传的重要论述甚有见地,是古籍收藏家和研究工作者的必读参考书。

黄丕烈晚年因生计窘迫,藏书逐渐流散,一度曾为艺芸书舍、海源阁、铁琴铜剑楼、皕宋楼等收藏。现存于国内者,大部分已归公,分藏于北京图书馆、上海图书馆、南京图书馆、北京大学图书馆、台北"中央图书馆"等。由皕宋楼流往国外的,则藏于日本静嘉堂文库。

黄丕烈精于校勘和版本鉴定,为藏书撰写了大量题跋,有时一书题跋竟多至五、六次。这些题跋不仅叙述了图书收藏流传的经过和轶事,而且记下了他多年积累下来的搜集、鉴定、校勘图书的经验和心得。后人将这些题跋编辑成书的有潘祖荫辑的《士礼居藏书题跋记》(6卷,1884,收题跋240篇),缪荃孙辑的《士礼居藏书题跋记续》(2卷,1896,在《灵鹣阁丛书》中),《士礼居藏书再续记》(2卷,1912,在《古学汇刊》中),《荛圃藏书题识》(10卷,1916—1919),王大隆辑《荛圃藏书题识续录》(4卷,1933)和《再续录》(3卷,1940)等。总计800余篇。这几部题跋集,对于古籍版本、目录、校勘研究都有参考价值。

〔体例与内容〕

《题跋记》所收题跋最早为乾隆五十四年(1789),最晚为道光四年(1824),包括了黄丕烈各个时期的藏书题识,他一生中各阶段的研究成果和学术思想,书中都有反映。

《士礼居藏书题跋记》内容及材料来源是:

1. 采自前代书目。多摘取《郡斋读书志》、《直斋书录解题》、《文献通考·经籍考》、《文渊阁书目》、《汲古阁珍藏秘本书目》、《读书敏求记》、《季沧苇藏书目》等目录书。

2. 总结自己研究成果。黄氏将自己多年读书、校书、鉴别版本诸学科的研究心得与经验,运用于题跋撰写之中。

3. 吸取别人的研究成果。黄氏遇有疑难问题时,不耻下问,亲身采访许多友人、学者,故题跋中收录了不少其他学者的研究成果。

《士礼居藏书题跋记》所收,包括了黄丕烈各个时期的藏书题识。其中有评述内容要旨、版本行款、特色的内容,还常常记述收书、藏书的佚闻。该书能全面反映他一生中各个阶段的研究成果和学术思想。

〔版本〕

光绪时藏书家潘祖荫辑黄丕烈所撰各书题记为《士礼居藏书题跋记》6卷,有光绪十年(1884)潘氏滂喜斋刻本;江标又辑《续录》2卷,刻入《灵鹣阁丛书》。其后缪荃孙、章钰、吴昌绶又集南北各藏书家所见,辑成《荛圃藏书题识》10卷、《补遗》1卷、《刻书题识》1卷,有1919年刻本。近人王大隆辑《荛圃藏书题识续录》4卷,附《杂著》1卷,有1933年王氏学礼斋刻本。

今有如下版本:

潘祖荫辑.周少川点校.士礼居藏书题跋记.书目文献出版社1989年版。

屠友译校注.荛圃藏书题识.上海远东出版社1999年版。

士礼居藏书题跋记(节选)

【导读】

本篇选录了士礼居藏书题跋记跋、《士礼居藏书题跋记》卷二。

《题跋记》的学术价值可概括为以下三个方面:

1. 对版本学的贡献

有关版本学的论述,是全书主要篇幅所在。黄丕烈对宋刻本的鉴别,可称独到。这固然是他潜心钻研文献资料的结果,也更因为他有长期经眼实物的实践。他自称"佞宋"成癖,癖之所成也就是学识的积累过程,他把这些学识笔之于书,为后学识别宋本指示了途径。宋刻书避讳甚严,凡属讳字都要缺笔或改字。黄丕烈正是利用宋刻的这一特点,鉴别了一批宋本书。

2. 对校勘学的贡献

黄丕烈是有名的校勘学家,张之洞《书目答问》附《国朝著述家姓名略》把他列入清校勘学家三十一人之中。他自27岁起开始抄书、校书。据《题跋记》所收300余种书籍题跋来看,每一部书都经他亲手校勘,有的甚至复勘两三遍。他校勘认真,又多据善本,故他校勘的书籍历来为学术文化界所珍重。他的《题跋记》也为后人留下了这方面的丰富成果和宝贵经验。首先,《题跋记》在校勘的基础上,记录了对有关古籍的正误补阙。其次,《题跋记》中探讨了古籍致误的规律。

3. 对目录学的贡献

《题跋记》不仅是有较高水平的版本目录学专著，也是旧刻精抄的善本书录。总观全书所录古籍300多种，皆宋元明精刻及精抄，对著录的每种书籍，大都记载了它们本身的有关状况。

◎士礼居藏书题跋记·跋

潘祖荫

吾乡黄荛圃解元好藏书，尤好宋、元本，与先祖文恭公相善。嘉庆时曾刻《四元唱和诗》，字仿宋，刻甚工致，与其所刻影宋《国语》、《国策》书数种盛行于时，所谓《黄氏丛书》者也。其子同叔茂才寿凤善篆刻，其篆专师钱十兰，舆先世父小浮先生最相得。犹记道光甲辰、己酉荫归里时，无日不见于凤池园座上，园中楹联扁额皆其所篆。先世父"梦印"三十六方，亦所刻也，未几下世。荛圃先生所藏书，晚年尽以归之汪阆源观察。汪之冢妇，荫姑母也。其所藏荫犹及见之，前年曾为刻其《宋元本书目》，未渐，汪氏亦渐散失。道光辛亥、壬子间，往往为杨致堂河督所得。至庚申而尽出矣。今吴平斋丈、陆存斋观察亦颇得之。咸丰庚申三月，荫所藏书存申衙前汪氏义庄书四十箱既失，八月中澄怀园之所藏亦尽，于是荫之书荡然矣。而结习未忘，又复时时收之，得先生藏书不及十种，因思先生一生精力尽在于是，乃从杨致堂河督之子协卿太史录得先生手跋百余条，又从平斋、存斋录寄跋若干条，柳门侍读、筱珊太史、苐卿太史助我搜辑若干条，聚而刻之，古书面目赖此以存，荛圃之书虽散犹不散也，且以见吾乡承平时士大夫耽书好古，其风尚类如是也，可慨也夫！光绪壬午十二月吴县潘祖荫识。先生之印曰士礼居，曰读未见书斋，曰百宋一廛，曰陶陶室，曰老荛，曰复翁，合附记之。

据书目文献出版社1989年版《士礼居藏书题跋记》

◎《士礼居藏书题跋记》卷二史类（节选）

前汉书（残宋本）

海宁吴槎客先生藏书甚富，考核尤精。每过吾郡，必承枉访，并出一二古书相质。然舣舟匆匆，未及畅谈，余亦不获举所藏以邀鉴赏。顷同陈仲鱼过访，茶话片时，历历述古书源流，俾得闻所未闻，实为忻幸。其行囊携得《汉书》残宋本数册，字大悦目，在宋椠中信为佳刻。余所藏景祐本外，却无别本可对，惟《范史》亦有此十六行、十六字本，与此本当是同出一时。卷第下撰书、注书亦分两行，盖款式同也。其中字句之不同，与注释之详略，余固未及取景祐本相勘，而纸墨精好，有过之无不及矣。且余所深服乎槎客者，如此种残编断简，几何不为敝屣之弃，而装潢什袭，直视为千金之比，可谓爱书如性命。又得同志之人。劝其翻雕，以惠后学。始幸天壤之大，不乏好古之士。特恐卷帙繁富，窘于资力，尽与孙氏等耳。槎客当亦以余言为然。

后汉书一百二十卷（元大德本）

今岁正月，鳣从武林得元本《汉书》，携之中吴别业。吾友黄君荛圃过而见之，云："家藏有元本《后汉书》，当以持赠。"越数日，冒雨载书而来，欣然受读，楮墨精良，实胜《前汉书》远甚。中有钱陆灿名号印，知为湘灵曾藏，标题皆其手书，卷末云"右奉淳化五年七月二十五日敕重刊正"，后有"景祐元年九月秘书丞余靖上书"，盖系景祐间所刊淳化本，而元时重刊者。版心识有"大德九年刊补"，而"徵"、"竟"、"敬"、"慎"等字皆避讳缺笔，犹不失宋本面目也。因取汲古阁本校之，凡刘刊、吴补及近刻惠氏补注所已辨者，俱不具论。如今本《和帝纪》云"孝和皇帝讳肇"，注："伏侯《古今注》曰：肇之字曰始。肇，音兆。臣贤案：许慎《说文》：'肁，音大可反，上讳也'。但伏侯、许慎并汉时人，而帝讳不同，盖应别有所据。"是本正文作讳肇，注伏说作肇，许说仍作肁。按《说文》云："肁，上讳"，在戈部，当从肇声；惟伏侯《古今注》从支作肇，故云伏、许并汉时人，而帝讳不同。若如今本溷而为一，何不同之有邪？斯可宝一也。今本《郑康成传》云"师事京兆第五元"，是本"元"下多"先"字；又云"吾家旧贫，不为父母群弟所容"，是本无"不"字，俱与唐史承节所撰《郑公碑》合。吾师阮抚使《山左金石志》云："'为父母群弟所容'，犹言幸为亲包覆成就，盖不欲举亲之失如此。"自后校书者，因前不乐为吏，父数怒之，遂疑此书为"父母群弟所容"不相合，辄妄加"不"字，踵谬至今。是碑远胜今本《后汉书》，鳣今得见元本《后汉书》无"不"字，斯可宝二也。今本《阜城王延传》云："以汝南之长平、西华、新阳、扶桑四县益淮阳国"注："扶桑故城在陈州太康县北。"是本作"扶乐"。按钱詹事《考异》云："扶桑当依闽本作扶乐。"鳣谓"桑"、"乐"形似致误，刘隆、马援二传皆作"扶乐"，《郡国志》陈国有扶乐可证，斯可宝三也。今本《郭太传》云："初，太始至南州，过袁奉高不宿而去，从叔度累日不去。或以问太，太曰：'奉高之器，譬之泛滥，虽清而易挹；叔度之器，汪汪若千顷之波，澄之不清，挠之不浊，不可量也。'已而果然，太以是名闻天下。"凡七十四字，是本皆章怀注引谢承之文。按《考异》云："初读此传至此数行，疑其词句不伦，后得闽中旧本，乃知本章怀注，今本皆搀入正文。闽本系嘉靖己酉按察使周采等校刊，其原出于宋刻，较之它本为善。如左原以下十人附书《林宗传》末，今本皆各自跳行，闽本独否。"鳣于是本，益叹詹事之言信而有征，其左原以下十人并不跳行，斯可宝四也。今本《律历志》云"五者以备"，是本作"五是以备"。《考异》云："闽本及古本作'五者'，此后人以今本《尚书》易之。"鳣按：《李云传》云"五氏来备"，注"是与氏，古字通"。盖惟古本《尚书》作"是"，故章怀云然。三国时"氏仪"亦作"是仪"。闽本虽出于宋，然此等舛讹犹未尽善，斯可宝五也。约举五事，已见其凡。古人云："日读误书，亦是一适。"然而古书未宜轻心从事。荛圃尝曰："汲古阁刻书富矣，每见所藏底本极精，曾不一校，反多臆改，殊为恨事。"斯言良然。安得好古者悉照元本精摹付梓，嘉惠艺林，厥功不亦懋哉。嘉庆十年三月识。

《后汉书》本宋刻佳者，淳化不可得见。景祐本残者有之。此外如建安刘原起刊于家塾敬室本，又有一大字，皆名为宋，而实则不及元、明刊本。何以明之？盖所从出本异也。惟正统本最称善，以所从出为淳化本也。大德本，亦自淳化本出。此又有景祐间余秘书丞者，乃翻淳化本耳。景祐至大德，大德至宏治，递为修补，故版刻字样各有不同，非如正统十年一例专刻也。余向在京师收得《前、后汉》正统本，甚为宝爱；后因旅囊空匮，欲商诸仲鱼，慨然以几十金相易，而书魔故态仍复，固留未予，带诸南归，心甚怏怏。及归，而又为一友人豪夺而去。顷仲鱼得大德本《汉书》,问及前所欲易书。余无以应,因检旧藏大德本《后汉书》赠之。此书书友携来,余未知贵重,不过以几金相易,而仲鱼展阅之下,颇得其佳处,作为跋语表之,非特书之幸,亦余之幸也。向使藏诸箧笥,而以寻常本视之,书不且因余而转晦哉。爰重跋数语,以著余过,以著仲鱼之鉴赏云。荛圃。

据书目文献出版社 1989 年版《士礼居藏书题跋记》

拜经楼藏书题跋记

〔书名〕

　　吴骞笃嗜典籍,遇善本不惜倾囊购之,所得不下五万卷,筑拜经楼藏之。他每得一书,常与吴门、武林各藏书家研讨抄校,校后撰写跋语,由其次子寿旸汇录为《拜经楼藏书题跋记》。

〔作者〕

　　吴骞(1733—1813),字槎客,一字葵里,号兔床,浙江海宁人。祖籍安徽休宁,世代经商,家饶资财,并不失诗礼之习,是典型的徽州儒商。明天启间,吴氏流寓海宁,是海宁盐业的开创者。及至骞时,家道中落,已无雄财。骞自幼羸弱多疾,不得已弃举业,但他博文赡学,诗名早著,对经学、金石诸学素谙研究,撰辑之作多达五十种,主要有《愚谷文存》、《尖阳丛笔》、《拜经楼诗集》、《拜经楼诗话》、《桃溪客语》、《国山碑考》、《阳羡名陶录》、《海昌经籍志备考》、《海宁倭事始末》、《东江遗事》等等。辑刻《愚谷丛书》、《海昌丽则》两部丛书,后被重编成《拜经楼丛书》。

　　吴寿旸,清海宁(今浙江海宁)人,字虞臣,骞之子。骞以宋椠百家注《东坡集》授之,因自号苏阁。取拜经楼书有题跋者手录成帙为《题跋记》五卷。亦喜抄书,常用毛泰纸,无栏格。《拜经楼书目》今有传本行世。室名"拜经楼"、"苏阁"。著有《后汉书校勘记》、《读书日益篇》、《古铜印考》、《富春轩杂著》。

〔体例与内容〕

　　《拜经楼藏书题跋记》五卷。卷一"群经小学"凡六十一种。卷二"正史载记"凡四十九种。卷三"地志目录"凡三十种。卷四"诸杂家"凡七十九种,卷五"别集总集"凡一百零二种。共收书四百二十余种。

　　《题跋记》在编撰体例方面具有鲜明的特色。《题跋记》包括三方面内容,即吴骞题跋、众学者方家题跋、吴寿旸的按语。

　　吴骞题跋是《拜经楼藏书题跋记》内容的主要成分。书中凡称"先君子书"、"先君子识"、"先君子云"、"先君子题"、"先君子跋"者皆是。但吴寿旸对先父遗墨并非悉录无遗。或已收入《愚谷文存》的不录,但予说明。或仅作注记"先君子有题记数条",不录全文,估计是跋文内容于考证书籍无大补的缘故。抉精择要,《拜经楼藏书题跋记》共录入吴骞藏书题跋二百余首。吴骞题跋极少揭示图书内容主旨,主要是对版本的考订和鉴赏,以及叙述藏弆和刊印的源流。另外,有的题跋考稽作者,比勘文字。

　　诸家藏书题跋并非有跋必录,一般的只予注记。

　　吴寿旸按语大约有三个方面的内容。一是用三言两语把选录的吴骞题跋和诸家题跋贯串起来。二是对版本特征予以著录,凡作者、卷次、版式、原序、藏印、批校、题识等,皆多关照,但记注并无一致体例、一定顺序。三是对吴骞题跋和诸家题跋的补充考订。

〔版本〕

《拜经楼藏书题跋记》版本较多,有清道光二十七年(1847)海宁蒋光煦刊本;清咸丰六年(1856)海宁蒋氏《别下斋丛书》本;清光绪五年(1879)会稽章硕卿刻《式训堂丛书》本。近代据上述丛书重印、影印本多种,主要有:

《丛书集成初编》本;中华书局1985年标点本;上海古籍出版社2007年标点本。

拜经楼藏书题跋记(节选)

【导读】

本篇选录了拜经楼藏书题跋记序、拜经楼藏书题跋记蒋光煦跋、《拜经楼藏书题跋记》卷一。

乾嘉时代的大多数藏书家从历史的教训中认识到藏书"秘不示人"的弊害,于是破除旧习,传观交通,互为得益,如车幅蚁舟,在江浙私家藏书最兴盛的地区结成一张经纬纵横的藏书信息交流网络。吴骞是处于网络中心的一个重要的活动分子,"生平得一异本,必传示知交,共相抄校,非私为己有者"。(拜经楼藏书题跋记序)

在《拜经楼藏书题跋记·蒋光煦跋》中指出,版本作伪的手段:"旧刻抄本之中,苫贾弊更百出:割首尾,易序目,别画以就讳,刓字以易名,染色以伪旧。卷有缺,划他版以杂之;本既亡,录别种以代之。反复变幻,殆不可枚举。"《拜经楼藏书题跋记·蒋光煦跋》中指出,"乃得假拜经楼善本以校所藏之缺失焉"。因《拜经楼藏书题跋记》收录图书之丰富,故可为校勘的依据。

《拜经楼藏书题跋记》收录的图书,从内容和著述时代来看,有以下几个特点:多近世和当世人著述;多桑梓文献、乡贤著述;多地方志和书目,卷三为此单独分卷,可见其多。

从版本上看,《拜经楼藏书题跋记》收录的图书有以下几个特点:

(1) 多抄本。《拜经楼藏书题跋记》收录各种抄本二百余种,占总数三分之二弱。

(2) 多名家批校本。这是拜经楼藏书最有特色的部分。

(3) 较多宋元旧本。

《拜经楼藏书题跋记》的学术价值表现在:

(1)《拜经楼藏书题跋记》以其与众不同的编纂体例和内容特征,创造了一种题跋记目录体裁的新形式。

(2)《拜经楼藏书题跋记》是研究清代藏书楼史的重要文献。当然,首先是它反映了乾嘉时代浙东第一家藏书情况,是了解拜经楼藏书的唯一目录文献,而拜经楼藏书的珍贵价值,决定了这部藏书题跋记的重要参考价值,同时,由于书中记有吴骞与武林、吴门藏书家交往踪迹,保存了不少鲜为人知的书林夫事,提供了丰富的资料。

(3)《拜经楼藏书题跋记》是了解和研究吴骞版本学、校勘学思想、方法的主要参考文献。

◎拜经楼藏书题跋记·序

客有问于余曰："昔钱遵王成《读书敏求记》秘不示人，盖虑异本著闻，则巧偷豪夺，日无已时，不遂所求，或且召衅也。今蒋生沐刻《拜经楼题跋记》，广传于世，是岂楼主人累世保守遗书之意乎？"余曰："不然。丛残之帙虽古香馣䔲，非若金玉玩好之足以娱俗也。同此嗜好者，大都博物君子，岂忍攘人累世之藏以自私箧衍哉？况兔床先生生平得一异本，必传示知交，共相抄校，非私为己有者。其所题记，正讹纠谬，既详备矣。世之君子得读其文，已如目睹旧本，获益神智，何必私有其书而后快然自足耶？"客既去，生沐属为序文，乃录问答之语以告世之读此书者，且冀吴氏后人皆如苏阁父子之善承先志，保护旧籍，勿损于虫蚁，勿夺于豪势，择人通假，责归如期，则拜经楼当与四明范氏天一阁并峙而为浙东西宛委之藏也。道光丁未九秋既望，甘泉乡人钱泰吉识于可读书斋。

据上海古籍出版社 2007 年版《拜经楼藏书题跋记》

◎拜经楼藏书题跋记·蒋光煦跋

光煦少孤，先人手泽，半为蠹鱼所蚀。顾自幼即好购藏，三吴间贩书者皆苕人，来则持书，入白太安人，请市焉。辄叹曰："昔人有言，积金未必能守，积书未必能读，若能读，即为若市。"以故架上书日益积。稍长，欲得旧刻旧抄本，而苕贾射利之术，往往索时下诸刻与易，而益之金，则辗转贸易，所获倍蓰。未几，凡余家旧藏，世所恒有之书，易且尽矣。今计先后裒集者盖得四五万卷，露抄雪购，其值已不赀。而旧刻旧抄本之中，苕贾弊更百出：割首尾，易序目，剔画以就讳，刓字以易名，染色以伪旧；卷有缺，划他版以杂之。本既亡，录别种以代之，反复变幻，殆不可枚举。故必假旧家藏本，悉心雠勘，然后可安。而吾邑藏书家近数陈简庄征君士乡堂、吴兔床明经拜经楼。顾余生也晚，均不获接其绪论。征君没，书籍亦亡失。惟吴氏犹世守之，洎与其孙鲈乡茂才交，乃得假拜经楼善本，以校所藏之缺失焉。岁丙午，鲈乡下世，吴氏所藏亦不若曩时之易于借观矣。而是书为鲈乡尊人苏阁先生所记述，鲈乡曾手录其稿以见遗，因授之梓，而附其父子诗文若干首于后，以广其传，并著平日所阅历，以见购藏之不易。苟非若兔床先生之精于鉴别，虽拥书数万卷，未足傲南面百城也。道光丁未九月朔，蒋光煦跋。

据上海古籍出版社 2007 年版《拜经楼藏书题跋记》

◎拜经楼藏书题跋记·卷一

宋本《周易兼义》十卷,末一卷为《略例》,并附陆氏《释文》。每半页十行,每行大字十八、小字二十四。版心有校正、重校等衔名,盖明时修版,古字率多改窜,间有未经改尽者,如"明辨晳也"、"兼三材而两之故六"、"伤于外者必反于家"之类,犹可见古本之仿佛。首卷抄补《五经正义表》,后署"永徽四年二月二十四日太尉扬州都督上柱国赵国公臣无忌等上"。为钱孙保求赤影抄宋本《周易注疏》中所有,梓本皆无之。乾隆庚子,姚江卢抱经学士录以寄先君子,因补入卷首。学士跋云:"元本半页九行,每行十七字。其'勑'字唐人皆作'勅',今并提行皆仍之,以不失其旧。至于阙笔避讳之处,今无取于相沿耳。"先君子跋见《愚古文存》中。

《毛诗指说》一卷,唐成伯瑜述。分兴述、解说、传受、文体四类。后跋云:"唐成伯瑜有《毛诗指说》一卷、《断章》二卷,载于本志。《崇文总目》谓《指说》略叙作诗大旨及师承次第,《断章》大抵取《春秋》赋诗断章之义,撷诗语彚而出之。克先世藏书偶存《指说》,会分教京口,一日同官毘陵沈必豫子顺见之,欲更访《断章》,合为一帙。盖久而未获,乃先刊《指说》于泮林,庶与四方好古之士共焉。乾道壬辰三月十九日,建(下阙)。"此旧抄与前《周易议卦》合一册,先君子以通志堂刊本校,抄本较胜。覃溪先生《通志堂经解目录》云:"其《传受》一篇足资考核,唐世说《诗》、《正义》而外,传者惟此书耳。其中尚有阙字。'瑜'《新唐志》作'璵'。"

据上海古籍出版社 2007 年版拜经楼藏书题跋记

爱日精庐藏书志

〔书名〕

爱日精庐,作者藏书室名。其先人取《大戴礼·曾子主事》"君子爱日以学,及时以行"语义以名其室。爱:爱惜、珍惜;日:时日、时间;爱日:珍惜时间。精庐:精舍,讲读之所。张金吾《诒经堂记》:"诒经堂凡三楹,古今诂经之书藏焉。堂之西曰爱日精庐,则金吾读书之所,而仅以藏先君子手泽者也。"依此定书名。

〔作者〕

张金吾(1787—1829),字慎旃,又字月霄,昭文(今江苏常熟)人。少孤,依其叔父张海鹏,嘉庆十三年(1808)中秀才。乡试不第,遂无意科名,笃志藏书。张海鹏为当时江南著名的藏书家与刻书家,金吾继承叔父家学,以刻书、藏书为务,十余年中,合旧藏新获,得图书八万余卷,贮于藏书室爱日精庐。著有《言旧录》,编有《金文最》一百二十卷、《诒经堂续经解》一千四百三十六卷以及《续资治通鉴长编》等书。

〔体例与内容〕

《爱日精庐藏书志》三十六卷、《续志》四卷。本书正文前有《例言》九则,说明藏书宗旨及书目体例。本书的选录宗旨,一是宋元旧椠、世鲜传本诸书;一是考证经史的著作,所谓"编录遗书,当以穷经研史为主,不以百氏杂学为重"(《例言》),重视古本稀本和经史著作,反映了清代藏书家的传统思想,这一思想在《自序》中体现出来。本书还有一个突出的特点就是附录原书序跋,并规定"所载序跋,断自元止"。本书著录全依原本,增注的撰者时代以阴文区别。每书先列某氏刻本,其次序列有关序跋及名人题识,再就原书加以考证校勘,撰成解题。全书体例完善,多为后世编撰藏书志所仿效,为版本目录学之重要参考文献。

〔版本〕

《爱日精庐藏书志》四卷本有清嘉庆二十五年(1820)常熟张氏木活字本。三十六卷本有清道光七年(1827)常熟张金吾家刻本并附续志四卷。道光十三年(1887)吴县(今苏州市)涂氏灵芬阁木活字合刊本。

今主要有如下版本:

台北文史哲出版社,1982年版;

中华书局1990年版;

上海古籍出版社1995年版。

爱日精庐藏书志(节选)

【导读】

本篇选录了《爱日精庐藏书志·例言》、卷八、卷三十一。

张金吾不仅是一位精于版本的藏书家,而且还是一位有见识的学者。他藏书的目的并非好古玩物,而是求学术的精进。他曾经说过:"藏书而不知读书,犹弗藏也。读书而不知研精覃思,随性分所近,成专门绝业,犹弗读也。"(《爱日精庐读书志》自序)此语实足为张金吾有志于学之证。《爱日精庐藏书志》卷首有例言阐明其撰述体例。从而知其所著录者乃经撰者之选择,即"止取宋元旧椠及抄帙之有关实学而世鲜传本者,其习见之书概不登录",可见是书之价值,又非一般藏书家全面登录入藏图书之目录可比。《爱日精庐藏书志》于著录之宋元旧椠及旧抄之珍本皆著其版式,录元以前序跋,为研究版本学的要著。尤可贵者为所录之时贤手跋,实刊本之外所不经见者,极富参考价值,亦可谓尽目录学之极致。是书本泛释无义例,凡已为四库所著录者,概不作提要,其例言中称:"或书出较后,未经拣入四库者,依晁、陈两家例、略附解题,以识流别",亦以见撰者之审慎。是志凡经部7卷、史部13卷、子部8卷、集部8卷,共36卷。最后有续志4卷:经史子集各1卷。所载多侧重版本,为翻检版本所必备。

◎爱日精庐藏书志　例言

是编所载止取宋元旧椠及抄帙之有关实学而世鲜传本者。其习见之书,概不登载。若明以后诸书,时代既近,搜罗较易,择其尤秘者间录数种,余俱从略。

是编义取阐明经训,考证古今,故经史两门所录较备。若别集一类,古人精神所寄,要皆卓然可传,故亦兼收并采,不名一格。至若艺术、谱录、九流小说,以及二氏之书,择其稍古而近理者,略存数种,以备一家。盖编录遗书,当以穷经研史为主,不以百氏杂学为重也。

我朝文治休明,典籍大备。伏读《钦定四库全书总目》,考核源流,折衷至当,草茅愚贱,何敢复赘一词?其或书出较后,未经采入四库者,仿晁、陈两家例,略附解题,以识流别。至若医家一类,金吾素未究心,不敢妄为之说。

自来书目无载序跋者,有之,自马氏《经籍考》始。是编略仿其体,诸书序跋,凡世有刊本,暨作者有专集行世,其序其跋载于集中者,以及经部之见于《经义考》、《小学考》,唐文之见于《全唐文》者,不更录入外,余则备载全文,俾一书原委灿然可考。

所载序跋断自元止。惟《真西山集》载十世祖端严公及莆阳黄巩两序、《水利刍言》载十一世祖果斋公一序,以先世手泽,变例录之。至先辈时贤手迹题识、校雠岁月、藏弃姓名,皆古书源流所系,悉为登录,不在此例。

先辈时贤手跋以"某氏手跋曰"五字冠之。

所载序跋,抄帙居多,转辗传写,类多舛误。是编所录,凡无别本可据者,虽显然谬误,一仍其旧，不敢以一知半解妄下雌黄也。

标题一依原书旧式，所增时代及撰著等字以阴文别之。

一书而两本俱胜者，仿《遂初堂书目》例，并存之。

◎《爱日精庐藏书志》卷八　史部　正史类

后汉书一百二十卷　北宋刊本

宋范晔撰，唐章怀太子贤注，志三十卷，晋司马彪撰，宋刘昭注补。是书纸质莹洁（纸背有济道两字朱印），字画清朗，"桓"字"构"字其不缺笔。版心有注"大德九年、元统二年补刊"者。盖北宋刊版，元代补修之本也。每页二十行，行十九字，注二十五字。……

后汉书一百二十卷　宋刊元修本

宋范晔撰，唐章怀太子贤注，志三十卷，晋司马彪撰，梁刘昭注补。款式与《前汉书》同，盖同时刊版、同时补修之本也。

◎《爱日精庐藏书志》卷三十一

黄氏手跋曰："《北山小集》为宋人集中罕有之本，且其中多与吾郡典实有涉，钱潜研老人取其集中文字入《养新录》中，谓他日修志可资考证。噫！潜研往矣，是集余不能守，归之艺芸书舍。当日家藏时无暇传录副本，此余平生缺憾事也。岁辛巳，郡中有修志之举，遂向艺芸主人借归传录，而作一小跋记其原委，归之。海虞月霄张君爱书好古，收弄秘册甚多，著有《爱日精庐藏书志》，于一书之源流，纤悉毕具，余所归之书，亦得附名简末，此真读书者之藏书也。闻余有此，欲传其副，遂复从余传录本仍分写予之，并雠校之。古云'书经三写，鲁鱼亥豕'，自谓此写本出余士礼居，虽未经老人过眼，然儿孙辈颇习闻校书绪论，一一手校，当不致为抄胥所误。回忆初得时及复写此，已历三朝，世有三本，可为此书幸，即可为余补过。幸安得世有好事者尽如月霄其人，悉举世间未见之书传录其副，是真大乐事。……"

据文史哲出版社1982年版《爱日精庐藏书志　附续志》

善本书室藏书志

〔书名〕

丁丙受家庭影响,亦嗜藏书。孙峻作《八千卷楼书目·叙》中说到丁丙搜求图书的情况,说他"恶衣恶食,朝访夕求,凡齐、楚、燕、赵、吴、越、秦、晋之间,闻有善本,辄邮筒注复之,期必得而后已;内而秘殿所储,外而岛夷所蓄,力之能至,鲜不证求。"历三十余年,求书达四万多卷。为贮藏这些图书。于光绪十四年,建成藏书楼,名曰嘉惠堂。堂之上名"八千卷楼",沿祖上之旧名。后楼曰"小八千卷楼(亦称后八千卷楼),在"小八千卷楼"西边开辟一室,名曰"善本书室",专门贮藏丁氏家藏善本图书。宋元刊本约200种有奇。又将明刊之精者,旧抄之佳者,及著述稿本、校雠秘册,计2 000余种,藏至善本书室之左右两侧。为了插架与阅读之便,编制书目,命名为"善本书室藏书志"。

〔作者〕

丁丙(1832—1899),字松生,晚号松存,浙江钱塘(今杭州)人。出生于藏书世家,延用祖传的"八千卷楼"作为其藏书室名。数十年来,孜孜访书、抄书,终于成为晚清四大藏书家之一。太平天国战乱时期,曾与其兄丁申在兵火中抢救杭州文澜阁散失的《四库全书》,"久以名闻海内"(缪荃孙《善本书室藏书志·序》)。丁丙著作有《八千卷楼书目》二十卷、《庚辛泣杭录》、《北隅赘录》、《续东河棹歌》、《三塘渔唱》等。

〔体例与内容〕

《善本书室藏书志》是私藏善本书目,共四十卷。选录宋元刊本、珍本二百多种,明精刊本、精抄本、稿本二千多种,以及清代黄丕烈、孙星衍等名家的精校本。著名版本目录学家缪荃孙指出,该书目在收书方面有两大长处:第一,"在收明人之著述"(《善本书室藏书志·序》)。晁公武和陈振孙的书目只收到南宋,而晚清离明末已有二百五十余年,离明初则有五百年了。时间愈久,传本愈难收集;而且书经过多次翻刻,更难考订。清代一些善本书目注注不收明版书,而《善本书室藏书志》收录明代精刊精抄本,对于保存明代典籍是很有益的。第二,"在拾乡先辈之丛残"(同上)。《爱日精庐藏书志》收录清朝未刻之书,《善本书室藏书志》仿其例,特别留意于浙东乡土文献,"虽一卷半帙,亦必详悉备载,如有贤子孙欲求先集,可望流播以免散遗,宅心仁厚于此可见。"(同上)在编撰体例方面,该书目按四部分类;书名之下大多注有藏书来源,便于读者了解藏书来源;有详细提要。提要注明版式行格,版本源流等情况,并对其版本作出精审的评价。不仅详载版本情况,还对图书的内容"考其事实,胪其得失"(缪荃孙《善本书室藏书志·序》)。缪荃孙指出,清代目录学有考订和赏鉴两大家。考订家"释作书之宗旨……扬其所长,纠其不逮",以《四库提要》为代表。赏鉴家则"辨版刻之朝代,订抄校之精粗",以黄丕烈《士礼居藏书题跋记》为代表。而《善本书室藏书志》的提要既考图书内容,又辨其版刻,"赏鉴、考订两家合而为一"(同上)。由于《善本书室藏书志》收书精审,考证精确,兼考订鉴赏之长,缪荃孙称之为"书目中惊人之秘籍"(同上)。

〔版本〕

丁丙.善本书室藏书志.光绪二十七年(1901)钱塘丁氏刻本。

丁丙.《善本书室藏书志》.《清人书目题跋丛刊》本.中华书局,1990。

善本书室藏书志(节选)

【导读】

本篇选录了钱塘丁氏八千楼藏书志序、《周易十卷》、《漱玉词》一卷。

《善本书室藏书志》对善本范围举了四条:一旧刻,指宋、元、明遗刊,日远日鲜的;二精本,指刻印精良的;三旧抄,指昔人手写,笔墨精妙者;四旧校,指校雠精审者。《善本书室藏书志》首先列书名、卷数,其次注明书的版本,另列书著者,紧接著者的是丁氏的解题。其体例与《爱日精庐藏书志》体例几乎相同,不同之处在张氏将序言、手跋原版录入,丁氏则是把序言、手跋的内容消化到解题中,体例上更显简洁明了。

◎钱塘丁氏八千楼藏书志·序

目录之学,肇自西京,更生撰《别录》于前,子骏成《七略》于后,条流派别,兼具解题。班氏《艺文》,因斯而就。私家编辑,始于梁处士阮孝绪,隋《经籍志》据订存亡,今所传者,则以南宋晁、陈两家为书林之矩矱焉。《遂初》兼载重本,《敏求》独嗜宋刻,踵事增华,例益加密。至于考撰人之仕履,释作之宗旨,显征正史,僻采稗官,扬起所长,纠其不逮,《四库提要》实集古今之大成。若夫辨板刻之朝代,订抄校之精粗,则黄氏尧圃蹊径独辟,惜《所见古书录》未能手订成书,而掇拾丛残犹觉空前绝后,非他书目可比。钱塘丁丈松生博极群书,于学无所不通,与贤兄竹舟先生有双丁之目,庚辛之乱于兵火中扶持文澜阁书,俾出于险,久已名闻海内,迨乱定,请帑修阁,书有缺者为之抄写补足,数十年未已。而己之收藏亦日益富,造八千卷楼庋藏之,又为考其事实,胪其得失,载其行款,陈其同异,成《藏书志》四十卷。实能上窥《提要》,下兼士礼居之长,赏鉴考订,两家合而为一,可谓书目中惊人秘笈矣。慨自粤逆跳梁,东南沦陷,缥缃之厄,几等秦灰。近海内称藏书家曰海源阁杨氏、曰铁琴铜剑楼瞿氏、曰皕宋楼陆氏、与八千卷楼为南北四大家。三家各有书目行世,而此志独晚出,其所长则有二焉:一在收明人之著述也。晁陈收至南宋时代最近,今距明末二百五十余年,距明初则五百年。阅世愈远,传本愈难,一刻再刻,业难考订,何敢轻弃,非变例也。一在拾乡先辈之丛残也。《爱日精庐》间收国朝人未刊之书,今仿其例,尤留意于乡人,虽一卷半帙,亦必详悉备载。如有贤子孙欲求先集,可望流播以免散遗,宅心仁厚于此可见。荃孙幼嗜缥素,得一异书,寝食俱废,虽无力不能多购,然旧家所藏,廠肆所出,得寓目者亦复甚伙。岁在丙子,与修甫中翰订交于京师,时作一瓻之借。戊戌游浙,丈已老病,请见未能,深憾来游之晚。今修甫昆仲命襄校雠,兼志原委,挂名简末,诚不胜附骥之幸。光绪庚子四月,江阴缪荃孙序于钟山讲舍。

据1990年版中华书局《善本书室藏书志》

◎《善本书室藏书志》卷一 经部

《周易》十卷,宋刊本,孙氏寿松堂藏书,王弼注。此书每半页八行,行十七字。首行顶格题"周易上经乾传第一",次行低十字题"王弼注",三行顶格")☰(乾下乾上)下接经文、经注、系辞,首行题"《周易·系辞》第七",次行低十格题"韩康伯注",三行以下刻系辞。卷九说卦传格式通卷十,首行题"周易略例",次行低六格题"唐四门助教邢璹注",三行刻序文,序后另行题"周易略例卷第十",次行顶格题"明篆"三行,顶格刻略例,每卷后半页边框外之上……此书据颐谷跋,藏其家已五世,今阅百余年为余所有,仍不出武林一步,足为吾杭藏书佳话。(《善本书室藏书志》卷一 经部)

◎《善本书室藏书志》卷四十 集部词曲类

《漱玉词》一卷,旧抄本。宋李清照。清照姓李氏,号易安居士,济南人。李格非之女,适东武赵挺之仲子明诚,有《漱玉词》一卷,颇多佳句。末附《金石录后序》,毛晋刻附《六十家词》。世谓清照于明诚故后,再适张汝舟,未几反目,其事见《云麓漫抄》及《系年要录》。近俞理初有《事辑》,凡七千言,辨诬晰疑,洵足为易安吐气也。(卷四十 集部词曲类,词类之属)

据光绪二十七年(1901)钱塘丁氏刻本《善本书室藏书志》

书目答问补正

〔书名〕

《书目答问》初为应"诸生好学者来问应读何书,书以何本为善"之询而编,因定书名。斯书分作五卷,意在指示学者读书门径、辨别版本内容良窳、提示选书标准等。

〔作者〕

张之洞(1837—1909),字孝达,号香涛,又号香严,晚年自号抱冰老人,直隶南皮人(今河北省南皮县),出身于官宦之家。年幼时曾受学于胡林翼,十六岁举乡试第一,后又进士及第,授翰林院编修。同治十二年授四川学政。光绪时授翰林院侍讲,历任两江总督、两广总督、山西巡抚等职。光绪末年为军机大臣,掌管学部。卒谥文襄公。

张之洞任四川学政时,常有学生提出"应读何书,书以何本为善"的问题。于是,他用了两年多的时间,筛选二千二百多种常见的重要书籍,分门别类,编成《书目答问》。此书一问世就受到普遍欢迎,因为它确实为学生们读书指示了门径,为士子们通过科考提供了极大的便利。

范希曾(1899—1930),字耒研,江苏淮阴人。据《范君墓志铭》等材料记载,他毕业于南京高等师范,"用力于目录校雠之学"。柳诒徵任南京国学图书馆长,"招君编纂三年,成目录若干卷"。1930年7月病故,年仅三十岁。遗著除《书目答问补正》外,有《南献遗征笺》、《评清史稿艺文志》、《天问校语》等。

〔体例与内容〕

《书目答问》,举要目录。该书共收录古籍2 200种左右,以常见、实用为收录原则,其中《四库全书》未收者占十之三四,《四库全书》收录其书而校本注本晚出者占十之七八。每书先列书名,次注作者,再注各种版本,不单纯追求古本,而以不缺不少、习见常用为主。全书按经、史、子、集、丛5部、30类编排。附有"别录目"与"清代著述诸家姓名考略"。从"考略"中可窥见清代学术流别,具有总结学术研究成绩之价值。

《书目答问》流传后又不断有新的学术著作问世,古籍也陆续有翻刻、重印。1931年,范希曾的《书目答问补正》刊印。该书收书1 200多种,小部属《书目答问》未收书,大部为光绪二年后几十年整理和研究中国古籍的新著述,着重收录为要籍做过辑补、校注的本子,补录了一些丛书本、影印本,纠正了《书目答问》所记书名、卷数、作者方面的错误,原所记"今人",均补上了姓名。

〔版本〕

《书目答问》初刻于光绪二年(1874),曾多次翻刻重印。较好的版本有:(1) 光绪五年(1879)王秉恩的贵阳刻本;(2) 光绪二十三(1897)卢靖《慎始基斋丛书》本;(3) 光绪三十年（1904）江人度《书目答问笺补》本；（4）1929年上海自强书局石印本《书目答问标注》本。

《书目答问补正》最初由国学图书馆于1931年印行，1935年重印时，对少数明显错别字予以改正。后人在重版或整理补正时，因此而多依后者为底本。所刊行的版本有：（1）1963年中华书局出版的影印本；（2）1983年上海古籍出版社出版由瞿凤起点校的排印本；（3）1998年北京三联书店出版由陈居渊、朱维铮点校的排印本；（4）2000年江苏古籍出版社出版由方霏点校排印本；（5）2008年国家图书馆出版社出版王伯祥点校的批注本。

书目答问·略例

【导读】

本篇节选自《书目答问·略列》。

同治十三年（1874）张之洞任四川学政时，因"诸生好学者，来问应读何书，书以何本为善，遍举既嫌挂漏，志趣学业，亦各不相同，因录此以告初学"。

《书目答问》共分五大类，即经、史、子、集、丛，突破了传统的四部分类法，其编撰的特色通过"略例"加以说明。首先是《书目答问》的编纂是为指引学子读书而编，不是什么书都收；其次，既然是为读书而编，所收书在当时都是能够买得到或找得到的；三是对所收书，从版本到内容上都是经过仔细推敲和筛选的；四是在对书籍的分类上的互见以及据学术源流发展进行的细分。

此编为告语生童而设，非是著述，海内通人见者，幸补正之。

诸生好学者来问应读何书，书以何本为善。偏举既嫌挂漏，志趣学业亦各不同，因录此以告初学：读书不知要领，劳而无功；知某书宜读而不得精校精注本，事倍功半。此编所录，其原书为修四库书时所未有者十之三四。四库虽有其书，而校本、注本晚出者十之七八。今为分别条流，慎择约举，视其性之所近，各就其部求之。又于其中详分子目，以便类求。一类之中，复以义例相近者使相比附。再叙时代，令其门径秩然，缓急易见。

凡所著录，并是要典雅记，各适其用。皆前辈通人考求论定者。总期令初学者易买易读，不致迷罔眩惑而已。孤陋者当思扩其见闻，泛滥者当知学有流别。

凡无用者、空疏者、偏僻者、淆杂者不录，古书为今书所包括者不录，注释浅陋者、妄人删改者、编刻讹谬者不录。古人书已无传本、今人书尚未刊行者不录，旧椠旧抄偶一有之、无求购求者不录。若今人著述有关经史要义，确知已成书者，间附录其书名，以备物色，且冀好事为刊行之。

经部举学有家法、实事求是者，史部举义例雅饬、考证详核者，子部举近古及有实用者，集部举最著者。每一类之后，低一格者为次录。

多传本者举善本，未见精本者举通行本，未见近刻者举今日见存明本。子史小种多在通行诸丛书内，若别无精本及尤要而希见者，始偶一举之。有他善本，既不言通行本。凡云又某本者,有异同。

近人撰述,成而未刊、刊而未见者尚多,要其最著者约略在是。至旧籍习闻者,此录未及,其书可缓。京师藏书,未在行箧,蜀中无从借书,订补俟诸他日。

兹乃随手记录,欲使初学便于翻检,非若藏书家编次目录,故不尽用前人书目体例。学海堂本即皇清经解,津逮本即津逮秘书,问经堂本即问经堂丛书。皆取便省,他丛书仿此。官书据提要称臣工编辑者,止注敕编,以别于御撰。

《汉书艺文志》有互见例,今于两类相关者,间亦互见,注其下。

凡不书时代者,皆国朝人。此为求书计,故生存人著述亦有录者,用《经世文编》例,录其书,阙其名。

所举二千余部,疑于浩繁,然分类以求,亦尚易尽,较之泛滥无归者为少矣。诸生当知其约,勿骇其多。

光绪元年九月日,提督四川学政、侍读衔翰林院编修张之洞记。

书目答问补正·柳诒徵序

【导读】

本篇节选自《书目答问补正·柳诒徵序》。

范希曾补正的《书目答问补正》一书,对原书贡献最大,补录了图书1 200种,补入140余种未刊稿本信息,对原书存在的少量错误予以改正,这些对于构成完整的《书目答问》体系,提高该书的使用价值,起着重要作用。综观他所补的一千多种书,大多是经过认真选择。如果不是明于典籍、善于斟酌损益、汲取学术界定论,是做不到这种地步的。因此,柳诒徵在《序》里说:"(《答问》)在光绪初足为学人之津逮者,至晚近则病其漏略矣。郋园(叶德辉)批校增辑之三四本未印行,江氏笺补亦未广,希曾所辑最后而较备。"

淮阴三范,俱以抗志绩学闻于南雍。伯冠东,治周秦诸子;仲绍曾,攻物理化学;叔希曾,为归、方散体文。既先后卒业为中等学校师,希曾慨然谓空文无用,砧教席,发愤闭户,覃研流略,欲洞究学术根极支裔,竟古今之经变,而自跻于通儒。家贫不能多得书,广勾公私书目,时时札记于《书目答问》上下方,朱墨狼籍,盖以之为问学之基,非欲名撰述也。

丁卯夏,余馆盋山,要希曾助编馆目,希曾大喜,谓藉是读未见书,假以岁月,学其有成。居山馆阅三稔,日孜孜勘藏书,体羸善病,不懈益勤。馆书逾四十万卷,希曾创意厘析,为目若干卷,分别部居največ独到。长日饭罢,坐陶风楼下啜茗,或休沐,徙倚乌龙潭,联袂登清凉山,纵谈平生蕲向及编摩所得,翠然有刘子政、曾子固之遗风,不屑屑与近世人较铢黍,余恒幸山馆之与希曾交难得也。

希曾植鹄既伟远,所业未易竟,出旧所治《南献遗征》及《书目答问》实馆刊,世咸重其赅恰。希曾雅不以是自画。一夕风雪中语余,来岁将归淮阴,约守数书,植古谊,积雅诂,颛力为文,庶以垂世行远,徒断断于刊本传目,若贾胡價宝,无当也。余慰勉之曰:博约并事,以子之年,夫何难。然自是希曾日蕉萃,患干咳,日晡寒热间作,羸然不胜衣。经春涉夏,病益甚。所居薛庐,距馆数十武,晨夕往返至不能支。冠东来视之,将护以归,且过别余,余期其善摄卫,秋爽仍南来,希曾黯然无一语。归未几,遂不起。冠东、绍曾恸其弟年之不永,撰述不能充其志,为重印《南献遗征笺》于邗上;余亦检其遗箧,斥馆金印《书目答问补正》之全稿。忽忽迨今夏,距别时垂一期矣。每循山楼抚书椟,音尘犹若接视听,诚不意其英年玉貌而止于斯也。

  文襄之书,故缪艺风师代撰,叶郋园氏亟称之。第其书断自乙亥,阅五十余年,宏编新著,影刻丛抄,晚出珍本,概未获载,故在光绪初足为学人之津逮者,至晚近则病其漏略矣。郋园批校增辑之三四本未印行,江氏笺补亦不广。希曾所辑最后而较备,虽亦有限于见闻,或浏览虽及而未暇胪写者,要已可备俭学之检阅。艺风之传,倘赖以益广乎!校印既竣,为述其缘起,庶阅者哀希曾之志事,而闵余之不能护持斯人使康强耆老,乃仅与其两兄累欷于此附庸先哲之书也。辛未夏五月柳诒徵。

据1983年上海古籍出版社《书目答问补正》排印本

◎书目答问补正(书影)

右别史类

抉择甚审宣统闰结一官刻本

雑史弟六 録其有関政訓風俗軼事者

玉函山房輯佚書史編 種 馬國翰 濟南刻本 補 史編僅八種 光緒間酉南重刻 黄奭輯漢学堂叢書史編九十一種 光緒十九年甘泉黄氏修版本 長沙刻大小二本大本多譌小本善

帝王世紀 一卷 晉皇甫謐 宋翔鳳輯 浮溪精舍本 指海本一卷 附補遺 補 潮州鄭氏龍溪精舍重刻半津館 章宗源輯 重刻宋輯本 楊氏訓纂室本 又顧観光輯本

古史考 一卷 漢譙周 平津館輯本 補 潮州鄭氏龍溪精舎重刻半津館 楊氏訓纂室本

路史四十七卷 宋羅泌 通行本 補 子萃注 錢曾洪氏校刻本 乾隆元年羅氏刻本善

春秋別典十五卷 明薛虞畿 南遺墨本 補 孫星衍補注出典 守山閣本 金壷本 嶺補 孫星衍春秋集證一名春秋長編未刊稿本藏武昌柯愻 處凡春秋事迹見於諸子百家者悉采輯遠勝薛氏書

楚漢春秋一卷 漢陸賈 茆氏輯十種古書本 補 書重刻茆輯本附考證 又洪頥煊輯経典集林本 吳縣朱氏槐廬叢

伏侯古今注一卷 漢伏無忌 茆輯十種本 補 精舎重刻本 潮州鄭氏龍溪

建康實錄二十卷 唐許嵩 海鵬刻本 張補 氏刻本 江南甘

貞觀政要十卷 唐吳兢 明經廠本大字本 補 寫本卷五卷六殘卷附佚篇一卷 掃葉山房本 上虞羅振玉影印古

奉天錄四卷 唐趙元一 粤雅堂本 補 秦校本 指海本 江陰繆荃孫刻雲自在龕叢書本附補遺

南部新書十卷 宋錢易 粤雅堂本 學津本 明高承埏古稽室本日鈔本

据国学图书馆 1935 年（民国二十四年）排印本

163

卷三　版本学著作文选

遂初堂书目

〔书名〕

《遂初堂书目》是宋代私家藏书目录,南宋尤袤撰。尤袤藏书极富,取孙绰《遂初赋》作藏书楼名,筑"遂初堂"于九龙山下,由宋光宗赐书匾额。《遂初堂书目》就是他的家藏图书目录。

〔作者〕

尤袤,字延之,号遂初居士,无锡人,生于北宋钦宗靖康二年(1127)。他自幼聪颖,甚爱读书,颇有文才,人称奇童,少年以诗名闻于乡。宋高宗绍兴十八年(1148)中进士,官泰兴(今江苏省泰兴县)县令,官至礼部尚书。宋光宗绍熙五年(1194)卒,谥文简。尤袤著述颇丰,除《遂初堂书目》外,还著有《梁溪集》五十卷,《遂初小稿》六十卷。惜多已散佚,传世极少,现有尤侗辑刻的《梁溪遗稿》二卷行世。

〔体例与内容〕

《遂初堂书目》(今传本)共收录图书3 000余种。分为44类,对四部分类体系作了调整,突出本朝著作与新出现的图书,设有"小说"、"类书"、"乐曲"等小类。仅著录书名,部分款目著录作者。在经部书和一些史部书名之下简记版本情况,如记《史记》有"川本"、"严州本"。该目录中著录的版本有旧本、旧监本、秘阁本、京本、旧杭本、杭本等10余种,但未确记刻书地点与年月,开创了中国古代书目著录版本的先例。

〔版本〕

清顺治三年(1646)两浙督学周南、李际期宛委山堂刻《说郛》本;

景印文渊阁《四库全书》本;

清道光二十六年(1846)番禺潘仕成刻《海山仙馆丛书》本;

清光绪二十二年(1896)武进盛宣怀刻《常州先哲遗书》本;

民国二十四年(1935)尤侗排印《锡山尤氏丛刊甲集》本;

民国二十四年至二十六年(1935—1937)上海商务印书馆排印《丛书集成初编》本。

遂初堂书目（节选）

【导读】

《遂初堂书目》最为人所称道的是开一书兼载各种版本体例之先河。叶德辉《书林清话·古今藏书家纪板本》中说："自镂板兴，于是兼言板本，其例创于宋尤袤《遂初堂书目》。目中所录，一书多至数本，有成都石经本、秘阁本、旧监本、京本、江西本、吉州本、杭本、旧杭本、严州本、越州本、湖北本、川本、川大字本、川小字本、高丽本。此类书以正经正史为多，大约皆州郡公使库本也。"姚名达亦在《中国目录学史·体质篇》中说："如有数种版本，则兼载之。此例一开，遂成后世最习用之体质，现存明清二代之藏书目录，十分之八皆此类也。"在我国古代目录学史上，尤氏《目》是首先将一种书的不同版本明确地著录于书目中，对后世目录学的发展影响很大。

◎遂初堂书目（四库全书总目提要）

《遂初堂书目》一卷（两江总督采进本），宋尤袤撰。袤字延之，无锡人。绍兴十八年（1148）进士，官至礼部尚书。谥文简。事迹具《宋史》本传。陈振孙《书录解题》称其遂初堂藏书为近世冠。杨万里《诚斋集》有为袤作《益斋书目序》，其名与此不同。然《通考》引万里《序》列《遂初堂书目》条下，知即一书。今此本无此序，而有毛开一序，魏了翁、陆友仁二跋。其书分经为九门：曰《经总类》、《周易类》、《尚书类》、《诗类》、《礼类》、《乐类》、《春秋类》、《论语》、《孝经》、《孟子类》、《小学类》。分史为十八门：曰《正史类》、《编年类》、《杂史类》、《故事类》、《杂传类》、《伪史类》、《国史类》、《本朝杂史类》、《本朝故事类》、《本朝杂传类》、《实录类》、《职官类》、《仪注类》、《刑法类》、《姓氏类》、《史学类》、《目录类》、《地理类》。分子为十二门：曰《儒家类》、《杂家类》、《道家类》、《释家类》、《农家类》、《兵家类》、《数术家类》、《小说家类》、《杂艺类》、《谱录类》、《类书类》、《医书类》。分集为五门：曰《别集类》、《章奏类》、《总集类》、《文史类》、《乐典类》。其例略与史志同。惟一书而兼载数本，以资互考，则与史志小异耳。诸书解题，检马氏《经籍考》无一条引及袤说，知原本如是。惟不载卷数及撰人，则疑传写者所删削，非其原书耳。其子部别立《谱录》一门，以收香谱、石谱、蟹录之无类可附者，为例最善。间有分类未安者，如《元经》本史，而入《儒家》；《锦带》本类书，而入《农家》；《琵琶录》本杂艺，而入《乐》之类。亦有一书偶然复见者，如《大历浙东联句》一入《别集》，一入《总集》之类。又有姓名讹异者，如《玉澜集》本朱槔作，而称朱乔年之类。然宋人目录存于今者，《崇文总目》已无完书，惟此与晁公武《志》为最古，固考证家之所必稽矣。

◎遂初堂书目·原序

夫结绳既代，图籍肇兴；缮领有作，典章爰著。周官所掌三皇、五帝之书，楚史能通《八索》、《九丘》之故。韩子东聘,始见旧经;李叟西游,仅窥藏室。志昆丘之放者,固已缪悠;探禹穴之奇者,曾何彷佛。遐哉邈矣,有足征乎?更秦焚灭之余,遭汉搜寻之盛,輶轩遍于天下,竹简出于壁中,世主之所讨论,群儒之所缀辑,前称《七略》,末有《中经》,刘苍终莫得之,黄香所未见者,罕归私室,悉入内朝。然自雒邑初迁,多从亡逸;建安重扰,半杂煨尘;近则散落间阎,远或流布海隅。由是博雅君子、荐绅先生踵尚风流,迭相传写,壮武牛车兼两,邺侯籖袠累万,雌黄审其未正,杀青存夫不刊,而家藏之积,殆与中秘侔矣。

且夫商盘周鼎,世以为古,而无适时之用;晁采夜光,人以为宝,而非畜德之器。识天道之精微,揆人事之终始,究物理之变化者,其唯书乎!故六艺立言之训,九流经世之要、传注之学、辞赋之宗,技巧之方、族姓之考、齐谐之志、丘里之谈,虽云殊途,皆有可用。诚应世之先务,资身之大本欤!

晋陵尤延之,始自青衿,追夫白首,嗜好既笃,网罗斯备,日增月益,昼诵夕思,重之不以借人,新若未尝触手。耳目所及,有虞监之亲钞;子孙不忘,多杜侯之手校。表层楼而俪富,托名山而共久,不已盛乎!若其剖析条流,整齐纲纪,则有目录一卷,甲乙丙丁之别,可以类知;一十百千之凡,从于数举。仆雅窃通书之好,每资余烛之光,猥辱话言,属为序引。研精覃思,固不逮于扬雄;单见浅闻,复有惭于袁豹。勉濡翰墨,祇尘简牍而已。太末毛开平仲序。

经总类

成都石刻九经　论语孟子尔雅　杭本周易　旧监本尚书　京本毛诗　旧监本礼记　杭本周礼　仪礼　旧监本左传

周易类

周易正义　晁氏古周易　吕氏古周易　吴氏古周易　程氏古周易考　乾凿度　汉焦氏易林　汉京氏易传

尚书类

古文尚书　尚书大传　汲冢周书　三坟书　三皇书　续尚书　尚书正义　叶氏书传　吴氏书裨　九畴图

诗类

郑氏诗谱　韩诗外传　陆玑草木虫鱼疏　鲜于侁诗传　毛诗正义　唐成伯瑜诗指说　成伯瑜毛诗断章

礼类

大戴礼　礼记正义　周礼疏　仪礼疏　陆右丞仪礼正义

乐类

乐髓新经　古今乐录　历代乐议　乐苑　大乐令壁记　乐本书

春秋类

左公穀传并释文　国语　左氏膏肓　春秋决事比　春秋繁露　汲冢周书

论语类孝经孟子附

古文孝经　郑玄注孝经　唐明皇注孝经　司马温公古文孝经指解　范太史古文孝经解蔡子高注孝经

小学类
郭璞注尔雅　孙炎注尔雅　孔鲋小尔雅　晋张揖博雅　陆佃埤雅　尔雅正义

正史类
川本史记　严州本《史记》　川本《前汉书》　吉州本《前汉书》　越州本《前汉书》　湖北本《前汉书》

编年类
竹书纪年　袁宏《后汉纪》　晋阳秋　晋春秋　魏典　宋略

杂史类
古文　高氏小史　旧杭本《战国策》　遂初先生手校《战国策》　姚氏本《战国策》　鲍氏注《战国策》　战国策补注

故事类
唐朝纲领图　元和国计录　唐国镜　历代宫殿名　文宗朝备问　卓绝记

杂传类
穆天子传　王子年拾遗记　汉武故事　汉武内传　西京杂记　梁四公记　赵飞燕外传　杨太真外传

伪史类
华阳国志　和苞汉赵记　十六国春秋　三十国春秋　江表志　十国纪年

国史类
三朝国史　两朝国史　四朝国史　神宗国史　哲宗国史

本朝杂史
建隆遗事　祖宗独断　温公记闻　温公朔记　儒林公议　王文公日录

本朝故事
中书备类　蜀公事始　近事会元　元圭议　铸钱故事

本朝杂传
本朝名臣言行录　名贤遗范录　王文正家录　富文忠家传　范文正遗事

实录类
建康实录　唐十五帝实录　唐懿祖献祖纪年录　梁太祖实录　汉高祖隐帝实录

职官类
应仲豫汉官仪　汉官制　汉官旧仪　刘贡父《汉官职选》　历代官号　唐六典

仪注类
汉旧仪　汉蔡邕《独断》　崔豹《古今注》　服饰变古元录　颜鲁分历古创仪制

刑法类
刑统　律文　开元格并律令　唐式　开宝格　天圣令　元符敕令

姓氏类
元和姓纂　十史姓纂　千姓编　古今姓氏书

史学类
史记音义　史记正义　史记索隐　集注天官书　前汉考异　萧该《汉书音义》

目录类
唐艺文志　唐毋煚《古今书录》　梁阮孝绪《七录》　经史品题
地理类
秘阁本山海经　池州本山海经　郭璞山海经图赞　水经　神异经　十洲经　三辅黄图
儒家类
曾子　晏子春秋　晏子内外篇　孟子　荀子　孔丛子
道家类
古文老子　王弼注老子　傅奕老子音义　汉安丘注老子　严遵老子指归

据凤凰出版社2011年版《无锡文库》第二辑《遂初堂书目》（涵芬楼旧藏影印本）

天禄琳琅书目

〔书名〕

《天禄琳琅书目》又名《钦定天禄琳琅书目》,清代官修藏书目录。乾隆九年(1744)开始在乾清宫昭仁殿收藏内府藏书,题室名为"天禄琳琅";乾隆四十年(1775)于敏中等编出《天禄琳琅书目》10卷;嘉庆二年(1797),彭元瑞等又编《天禄琳琅书目后编》20卷。《天禄琳琅书目》著录清宫所藏宋元以来精刻精钞善本书籍1 000余部。

〔作者〕

于敏中(1714—1779),字叔子,一字重棠,号耐圃,江苏金坛人。乾隆二年(1737)进士,官至文华殿大学士兼军机大臣。在乾隆朝为汉臣首揆执政最久者。乾隆三十八年(1773),诏议开馆校书,初刘统勋反对,于敏中力主开馆。四库全书馆开,于敏中为正总裁。于敏中擅长翰墨,书风近董其昌,是当时颇有影响的书法家。卒谥文襄。有《临清纪略》。

〔体例与内容〕

乾隆九年(1745),清高宗命内直诸臣检阅秘府藏书,择其善本,进呈御览。于昭仁殿列架庋置,赐名曰"天禄琳琅"。三十余年,秘籍珍函,搜罗益富。又以诏求遗籍,充四库之藏。因掇其菁华,重加整比。并命编为目录,以垂示后来,即《钦定天禄琳琅书目》十卷。冠以丁卯御题昭仁殿诗,及乙未重华宫茶宴用"天禄琳琅"联句诗。其书亦以经、史、子、集为类,而每类之中,宋、金、元、明刊板及影写宋本各以时代为次。或一书而两刻皆工致,则两本并存;一板而两印皆精好,亦两本并存。每书各有解题,详其镂梓年月及收藏家题识印记,并一一考其时代爵里,著授受之源流。至于每书之首,有御制诗文题识,则恭录于旧跋之前。后嘉庆二年(1797)大学士彭元瑞等续撰《后目》二十卷,体例仿前。《四库简明目录标注》云:"前目世多钞本,后目罕见。"

《天禄琳琅书目》著录清代内廷藏书,以宋版、影宋钞、元版、明版为分卷,以经、史、子、集四库分类,依次记录,清晰显示了清代乾隆时期大内藏书的情况,对考察我国典籍的典藏与流传,具有重要的意义。

〔版本〕

文渊阁四库全书本;
清光绪十年(1884)长沙王氏刻本;
中华书局1995年影印本。

天禄琳琅书目（节选）

【导读】

《天禄琳琅书目》著录清代内廷藏书，以宋版、影宋钞、元版、明版为分卷，以经、史、子、集四库分类，依次记录，清晰显示了清代乾隆时期大内藏书的情况，对考察我国古籍的典藏与流传，具有重要的意义。

◎天禄琳琅书目（四库全书总目提要）

《钦定天禄琳琅书目》十卷，乾隆四十年（1775）奉敕撰。初，乾隆九年，命内直诸臣检阅秘府藏书，择其善本，进呈御览。于昭仁殿列架庋置，赐名曰"天禄琳琅"，迄今三十余年，秘籍珍函，搜罗益富，又以诏求遗籍，充四库之藏，宛委丛编，㛠嬛坠简，咸出应昌期。因掇其菁华，重加整比，并命编为目录，以垂示方来，冠以丁卯御题昭仁殿诗，及乙未重华宫茶宴用"天禄琳琅"联句诗。其书亦以经、史、子、集为类，而每类之中，宋、金、元、明刊板及影写宋本，各以时代为次，或一书而两刻皆工致，则两本并存，犹尤袤《遂初堂书目》例也。一板而两印皆精好，亦两本并存，犹汉秘书有副例也。（案事见《汉书·叙传》）每书各有解题，详其锓梓年月及收藏家题识印记，并一一考其时代、爵里、著授受之源流。按张彦远《历代名画记》，有论十六篇，其十一记鉴识收藏阅玩，十二记自古跋尾押署，十三记自古公私印记，自后赏鉴诸家递相祖述，至《铁网珊瑚》所载书画始，于是事特详，然藏书著录则未有辨订及此者，即钱曾于《也是园书目》之外，别出《读书敏求记》述所藏旧刻旧钞，亦粗具梗概，不能如是之条析也。至于每书之首，多有御制诗文题识并恭录于旧跋之前，奎藻光华，增辉简册，旁稽旧典，自古帝王惟唐太宗有《赋尚书》一篇、《咏司马彪续汉志》一篇，宋徽宗有《题南唐旧本〈金楼子〉》一篇而已，未有乙览之博，宸章之富，鉴别之详明，品题之精确如是者。臣等缮录之下，益颂圣学，高深超轶乎三古也。

◎ 凡 例

一、天禄琳琅汇自乾隆甲子年(1744),册府重装标函列架,阅今三十余载,钦惟皇上久道化成,文治覃洽,《钦定四库全书》珍储三阁,美富备臻,而古椠之藏于内殿者,视旧益加广焉,爰以旧藏续入诸种编辑书目,以合于古者,秘书分中外之义。

一、书首冠以丁卯(1747)御题昭仁殿诗,并乙未(1775)重华宫茶宴廷臣及内廷翰林等用天禄琳琅联句诗,天文焕朗,缥帙生光,亦以识弆藏之由与兹观成之盛事焉。

一、宋元明版书,各从其代,每代各以经史子集为次,金椠仅止一种,正如吉光片羽,增重书林,至明影宋钞,虽非剞氏之旧,然工整精确,亦犹昔人论法书以唐临晋帖为贵,均从选入。

一、同一书而两椠均工,同一刻而两印各妙者,俱从并收,以重在鉴藏,不嫌博采也。一卷中于每书首举篇目,次详考证,次订鉴藏,次胪阙补,至考证于锓刻加详,与向来志书目者少异,则是编体例宜然尔。

一、诸书中有经御制题识者,尤为艺林至宝,珍逾琬琰,敬登鉴藏之首。至旧人题跋,亦为附录,其印记则仿《清河书画舫》之例,皆用真书摹入,以资考据。

一、书名悉依本书,首行及版心标目籖题旧未画一者,今悉更正,套籖于旧藏者添识乙未,重订续入者则识乾隆乙未重装,用志裒集次第。

一、诸书每册前后皆钤用御玺二:曰乾隆御览之宝,曰天禄琳琅。其宋金版及影宋钞,皆函以锦,元板以蓝色绨,明板以褐色绨,用示差等。

乾隆四十年岁次乙未新正上澣,臣于敏中、臣王际华、臣梁国治、臣王杰、臣彭元瑞、臣董诰、臣曹文埴、臣沈初、臣金士松、臣陈孝泳奉敕编校。

◎《钦定四库全书钦定天禄琳琅书目》卷一

宋版经部

周易　一函五册

上下经六卷,魏王弼注,系辞以下三卷,晋韩康伯注,《周易略例》一卷,王弼著,唐邢璹注,俱唐陆德明《音义》,共十卷。是书不载刊刻年月,而字法圆活,刻手精整,且于宋光宗以前讳皆缺笔,又每卷末详记经注音义字数,宋版多此式,其为南宋刊本无疑。琴川毛晋藏书,类以甲乙为次,是书于宋本印记之下,复加甲字印,乃宋椠之最佳者。晋,元名凤苞,字子晋,苏州常熟人,好古博览,构汲古阁,藏书数万卷,刻十三经、十七史、古今百家之书,手自校雠,僮仆皆能抄书,著述甚富,见《苏州府志》。阙补卷三(一二)、卷九(全)、卷十(全)。

宋版子部

纂图互注荀子　一函八册

周荀况撰,三十二篇,唐杨倞注,分二十卷,前载杨序,后有《欹器》、《大路》、《龙旗九斿》三图,宋陈振孙《书录解题》曰《汉志》作孙卿子者,避宣帝讳也,至杨倞始复改为荀,分二十卷而注释之。淳熙中,钱佃耕道用元丰监本参校刊之江西漕司,其同异著之篇末,凡二百二十六条,视他本最为完善云云,据此则宋时刊刻《荀子》已非一本。是书标为纂图互注,书中于倞注外,又加重言重意互注,诸例与经部宋本《毛诗》、《周礼》、《春秋经传集解》三书正同,图样字体版式亦复相等,盖当时帖括之书,不独有经也,序首董珏生章一印,无考。阙补卷三(一)、卷十八(一)、卷二十(二)。

纂图互注南华真经　二函十册

篇目同前首,有郭象序,次节录《庄子·大宗师》为太极说,而绘宋周敦颐《太极图》于后,并载图说。是书于郭象注、陆德明《音义》外,复标互注合之《荀子》,皆一时所刊之书。书中有世祯印,未知其姓,又华善卿氏,亦无考。按明有华爱,字仁卿,鄞人,正德进士,历桂林守直道,忤人被劾,落职家居,镇日以诗书自娱,精古书法,尤工羲、献行草,为诗希盛唐风格,见凌迪知《万姓统谱》。善卿氏,或其雁行也。

◎钦定天禄琳琅书目卷四

影宋钞　经部

论语集说　一函五册

宋蔡节撰,十卷,前载节《进书表》并集说例,宋姜文龙序。考《浙江通志》载,蔡节,永嘉人,于宋理宗时,历知湖州明州衢州诸军。姜文龙,丽水人,登理宗淳祐元年辛丑进士,是书于淳祐五年(1245)经进节表后,结衔为朝散郎试太府卿兼枢密副都承旨。姜文龙序作于淳熙六年(1249),云刊是书于湖㿝,自置为文学掾,皆省志所未载,影钞字画通体匀整,其摹姜序行书,学黄庭坚笔法,尤得神理。

◎钦定天禄琳琅书目卷八

明版史部

史记　四函二十四册

汉司马迁撰,宋裴骃《集解》,唐司马贞补《三皇本纪》并《索隐》,张守节《正义》,一百三十卷,前守节《正义序》,贞《索隐序》、《补史记序》,裴骃《集解序》,后贞《索隐后序》,明仿宋刊,略得形似而已。明赵宧光藏本。按《姑苏志》,宧光,字凡夫,太仓人,卜居寒山,所著书多至数十种,而尤专精字学,创作草篆,《说文长笺》是其所独解也。余印无考。

◎钦定天禄琳琅书目卷十

明版　集部

曹子建集　一函四册

魏曹植著,十卷。考子建集见于《隋志》者称三十卷,见于《唐志》及《书录解题》者皆二十卷,见于《读书志》及《宋史·艺文志》者则止十卷,此本前后俱无序跋,目录后有元丰五年(1082)万玉堂刊木记,亦分十卷,与《读书志》《宋志》同,其书橅印甚精,印纸有金粟山印记,古色可爱,惟目录末叶、卷一首叶纸色不同,字体亦异,当是先有宋本,阙此二叶,因为翻刻并以原书所阙,重写补刊,或旧有序跋俱经私汰,未可知也。

陶靖节集　一函八册

晋陶潜著,十卷,前梁昭明太子萧统序,次陶集总论,次统撰《陶渊明传》。此书亦不载刊刻年月,卷十末于颜延之撰《陶征士诔》、休之序录之外,凡宋人刊刻陶集诸序,皆附录于卷中,则此本之非宋椠无可疑矣,况其橅刻本不甚工也。收藏诸印无考。

昌黎先生集　四函三十六册

唐韩愈著,四十卷,《外集》十卷,《遗文》一卷。前昌黎集叙说,次凡例,次集传,书中凡例、集传之后以及各卷中,皆有原刊姓氏木记,而尽为割去,补以别纸,无复存者,盖此书橅刻极精,书贾遂欲逞其作伪之计而校刊,苦心之人其名转不可得而传矣。怀永堂印,未知谁氏所钤。

据中华书局 1995 年版《清人书目题跋丛刊十·天禄琳琅书目》

增订四库简明目录标注

〔书名〕

《增订四库简明目录标注》，邵懿辰撰，邵章续录。

〔作者〕

邵懿辰(1810—1861)，字位西，清仁和(今杭州)人。道光十一年(1831)举人，授内阁中书，后升刑部员外郎。咸丰四年(1854)，在济宁防河无效，被罢官归里。十一年(1861)，太平军围攻杭州，他助浙江巡抚王有龄对抗太平军，在战乱中身亡。他对经学颇有研究。文宗"桐城派"，与曾国藩、梅曾亮、朱次琦等时有往来，探讨学问。他久官于京师，熟悉朝章国政，朝廷不少大典、礼制、诰文均出其手，且博览典章，撰有《礼经通论》、《尚书传授同异考》、《杭谚诗》、《孝经通论》等。并精于目录学，所编《四库简明目录标注》20卷，是研究古籍版本的重要参考书。

〔体例与内容〕

本书共二十卷，是一部版本目录书。清乾隆时编纂的《四库全书简明目录》，分经、史、子、集四部，共收录三千四百多种古籍，但未著录版本。邵懿辰将所知所见诸书历代主要版本，列举分注于每书之下，还补充了一些有关书籍。对各本的存佚，刻本的善否，时有论述。之后，孙诒让等人又进行补注。1911年邵章将补注列为附录，与邵注一并刊印，名曰《四库简明目录附注》。此外，邵章又作续录，侧重收录清咸丰以后版本，增补了不少资料。1959年整理出版时，进行增订，续录也一并收入，使本书成为一部比较完善的版本目录书，从中可以了解《四库全书》所收诸书主要本子，孰优孰劣，足与不足等情况。作者对《四库简明目录附注》著录书众多善本、别本进行批注，并且收载《四库全书》未加栏入的重要典籍，因此它是一部较全面地介绍我国古籍版本的目录工具书。

〔版本〕

《增订四库简明目录标注》，中华书局，1959年版。
《增订四库简明目录标注》，上海古籍出版社，1979年版。

◎增订四库简明目录标注(节选)

经 部

《易》类

子夏易传十一卷。旧本题卜子夏撰。此书晁以道云,唐张弧伪作。通志堂本,又非张弧之旧。

通志堂本。学津讨原本。又王谟辑一卷,汉魏遗书本。又孙堂辑一卷。二十一家易注本。张惠言辑本。吴骞义疏二卷。皆非此易传,自于他书辑出。孙堂诸家,不如吴骞之精审。

【附录】子夏易传,有孙冯翼问经堂丛书。张澍二酉堂丛书。马国翰玉函山房丛书诸辑本。(绍箕)

【续录】吴骞义疏二卷。释存二卷。李氏木犀轩均有稿本。

新本郑氏周易三卷。汉郑玄撰。清惠栋编。

雅雨堂丛书本十卷。又孙堂二十一家易注本、张惠言杂著本。

【续录】孔广森通德遗书所见录本。袁钧郑氏佚书本。古经解汇函本。据清孙堂二十一家易注本刊。附补遗一卷。京氏易八卷,首一卷。汉京房撰。清王保训辑。严可均补辑。稿本。

周易玩词十六卷。宋项安世撰。

通志堂本。许氏有影宋钞本,元大德中重刊,虞集、马端临、徐之祥并有序。

【附录】陆有影元钞本。(绍箕)

【续录】北平图书馆有宋刊本。元大德丁未刊本,佳。吴尺凫有明初钞本。

《诗》类

诗序二卷,作自何人,众说不一。注疏及各本小序,分冠各篇之首。朱传以后,始合附卷末。然亦未尝离本经而别自为书也。此目想因丛书中有单刻诗序者,故别为一条。然书小序并未著录。何独于诗而异之耶。

【续录】汲古阁本。学津讨原本。津逮秘书本。经余必读本。唐宋丛书本·经德堂刊。蒋氏刊本。诗经二卷。日本宽永五年刊本。

史 部

正史类

隋书八十五卷。唐魏征等撰。

内府有南宋嘉定间刊本。昭文张氏有元刊本,纸背系洪武初年文册。天一阁有景泰元年夏昶刊本。许氏有十行邋遢本,板式小。振绮堂有隋经籍志考证三册。许氏亦有钞本三册。题清章宗源撰。云止史子二部。子部亦未全。

【附录】章氏手稿三册,今存仪征刘副贡寿会所,内有许周生校正数条。原稿无子部。(诒让)见隋志第十九至二十止一册。前题太尉扬州都督监修国史上柱国越国公长孙无忌奉敕撰。每半叶十行。行十九字。(懿荣)

【续录】元大德本。明嘉靖间补刊本。五十卷。扬州局本。同文局本。竹简斋本。隋经籍志考证。有光绪三年湖北崇文局本。隋书详节二十卷,宋吕祖谦撰,元刊本。隋书地理志考证九卷,清杨守敬撰,光绪二十二年邻苏园刊本。

编年类

稽古录二十卷。宋司马光撰。

天禄后目有宋刊本。弘治辛酉杨璋刊本。学津讨原本。明陈凤梧刊本。天一阁刊本。

【续录】陈本明崇祯中刊。清同治十一年湖北崇文局本。

别史类

续后汉书九十卷。元郝经撰,苟宗道注,原本久佚,今从永乐大典录出。

郁氏宜稼堂刊本,附札记四卷。

目录类

崇文总目十二卷。宋王尧臣等撰。旧本佚其解题。今从永乐大典补辑。

天一阁有钞本六十五卷。许氏有钞本。又有钱东垣等撰崇文总目辑释五卷。钱氏汗筠斋丛书校补本五卷。附录一卷。

【附录】粤雅堂刻辑释本。(绍箕)朱竹垞从天一钞出。(星诒)

【续录】粤雅堂刊钱东垣六卷本。后知不足斋本。秘书省续编到四库阙书二卷。宋绍兴中改定颁行。张目有旧钞本。

子部

儒家类

新书十卷。汉贾谊撰。

汉魏丛书本。抱经堂校刊本,佳。子汇本,二卷。明弘治乙丑刊本。明正德甲戌陆相补刊本。明正德乙亥吉府刊本。明正德己卯何孟春刊本。胡维新本。

【续录】宋建宁本。后有建宁府陈八郎书铺印一行。会见盛意园藏黑口本,八行十八字,字大而疏,疑元刊。弘治本,吴郡沈颉重刊。见莫邵亭藏正德陆相本,十行十八字,字大行疏,颇有古拙之致,前有黄宝序。莫又藏明刻本,十行十八字,兴建本合七八,与潭本合三四,或李空同所翻刻,而疑为元本也。傅沅叔收得明正德何孟春刊订注本,题贾太傅新书,十行二十字,何跋称河南崔子钟太史有手校本,未得见。子书百种本。卢文弨手校旧钞本。光绪元年浙局刊二十二子本。明钞本。广汉魏丛书本。四部丛刊本。

贾子次诂十六卷,清王耕心撰,光绪二十九年王氏刊本。董子二卷,汉董仲舒撰,清谭献校定,宣统三年刊本。

小说家类

玉泉子一卷。不著撰人名氏。

稗海本。

【续录】明刊本。子书百种本。唐人说荟本。

集部

楚辞类

楚辞补注十七卷。宋洪兴祖撰。

明刻本。汲古阁刊本。惜阴轩丛书本。

【续录】天禄后目有宋刊本。黎氏影刻元至正本。金陵局刻本。四部丛刊本。

别集类

昭明太子集六卷。梁昭明太子撰。原本久佚。此本为明叶绍泰所刊。

明叶绍泰刊本，六卷。明杨慎等校定辽府宝训堂刊本，五卷。在嘉靖乙卯。较叶刊本为古。扬州刊本。　天禄后目有宋淳熙八年杨说友刊本，五卷。又明汪士贤刊本，亦五卷。

【续录】明张燮刊五卷本。百三家集本一卷。明重刊辽府本。明闵氏编辑本。盛氏刊本。

孟东野集十卷。唐孟郊撰。

汲古阁刊本。席氏刊本。明嘉靖丙辰武康令秦禾重刊宋本，佳。黄丕烈有宋刊本，小字十一行，行十六字。　闵氏套板本。　康熙庚申武康县令韩逢庥刊本二卷。

【续录】　秦本覆宋景定壬戌本。　皕宋目有宋临安书棚本，十行十八字，与景定本互勘，大略相同。汪氏有宋刊残本。明弘治刊本，十行十八字，有张汝晟序。当是秦州刻本也。见于吴印臣处。四部丛刊本。

据上海古籍出版社2000年版《增订四库简明目录标注》

读书敏求记

〔书名〕

《读书敏求记》最初手稿名曰《述古堂藏书目录题词》,述古堂是钱曾书室名。

〔作者〕

钱曾(1629—1701),字遵王,号也是翁。江苏常熟人。清初著名藏书家,其藏书室名"述古堂"和"也是园",著有《述古堂书目》和《也是园书目》,并选择其中珍贵之书,撰《读书敏求记》。

〔体例与内容〕

《读书敏求记》专记宋元精椠或旧抄,共601种,是钱氏藏书中的精粹。采用读书札记的形式,在目录体例上作了创新,恢复了汉代以来私家藏书目录的解题传统,每书之下各记其版本的类型与篇卷的完缺,兼及流传的原委。书中评说缮写刊刻的工拙,辨析甚精,但略于考证,为目录讲究版本、突出版本的风格奠定了基础,称为赏鉴书志的先导,对后世版本目录学影响极大。

〔版本〕

乾隆十年(1745)嘉兴沈尚杰双桂草堂刻本;
雍正四年(1762)吴兴赵孟升刻本;
道光五年(1825)番禺潘仕诚海山仙馆丛书本;
北京书目文献出版社,1983年丁瑜点校本;
管庭芬、章钰,读书敏求记校证,上海古籍出版社2007年版。

◎读书敏求记(节选)

经

周易十卷 钰案:《虞山钱遵王述古堂藏书目录题词》有。此条以下省称题词本有。凡未见者不注。校语称题词本。○阮氏琅嬛仙馆刊本无。此条以下称阮本无。凡有者不注。校语称"阮本"。○入《述古堂藏书目》,并入《宋板书目》。此《记》各书大都入《述古堂藏书目》,否则见《也是园藏书目》,宋板则入《宋板书目》。今悉据目注明。如已见《记》文,或不更注。《述古目》及《宋板书目》系用粤雅堂刻本,《也是园目》系用旧钞本。用他本者另行注明何本。○以上三类以下不加"钰案"字。

北宋刻本。经传一之六,王弼注;系辞钰案:刊本"辞"误"传"。○以下凡言刊本,皆指沈尚杰重修赵孟升本。七之八、说卦、序卦、杂卦九,韩康伯注;略例十,邢璹注。卷首有"贞元"、

"伯雅"二图记,知是凤洲先生藏书也。[补]劳权云:"《绛云目》:宋板周易王弼注,五册。"钰案:凡见管氏汇录本均直接《记》文。钰据各家校本添入者,以下均加[补]字。○钰案:常熟瞿氏《铁琴铜剑楼藏书目》有宋乾道间刻本。又各家校本以瞿氏《目》考证此《记》,皆标《恬裕目》,今通行本作《铁琴铜剑楼目》,以下凡钰案省称瞿《目》。

苏东坡易解九卷 案:《直斋》有《易传》十卷。又晁氏《志》有《毗陵易传》十一卷,云"苏轼子瞻撰",疑即一本。钰案:"毗陵"二字系据袁本。凡管氏引晁《志》皆据袁本。○题词本有。○阮本无。○《述古目》注"钞"字。又有苏轼《毗陵易传》十二卷,注"钞"字。[补]黄录《采遗》云:"轼自言其学出于老泉。"○钰案:《天禄目》有明闵齐伋朱墨本,八卷。后附王弼《论易》一卷。

明初人钞本,缮写极精好。

古三坟书三卷 案:《直斋》作一卷。晁《志》云:张商英撰,以比李筌《阴符经》。○题词本有。○入《述古目》,注"宋板"二字。入《宋板书目》。○缪荃孙云:"明刊本作一卷,为范氏奇书二十种之一。"

三坟,山气形[补]阮本同。宋校本作"形气"。也。元丰七年,毛渐正仲奉使京西,得之唐州民舍。一本下有"见"字。劳校本云:"'见'字涉下'晁'字而误衍。"[补]刊本、阮本均无。晁公武以为伪,郑夹漈以为真,世自有辨之者。[补]劳权云:"严修能谓夹漈以《连山》、《归藏》等书,皆以为真,好异之僻也。"绍兴十七年五月重五日,三衢沈斐刻于婺州学[补]邓邦述云:"沈钞本、劳校本'学'下有'舍'字。"中,即此本也。

史

史记一百三十卷 题词本有。○《述古目》注"宋板"二字,入《宋板书目》。

唐尊老子为玄元皇帝,开元二十三年敕升于《史记》"列传"之首,处伯夷上。予昔藏宋刻《史记》有四,而开元本亦其一焉。钰案:《四库提要》云,钱曾云开元本尚有宋刻,今未之见。又案:管氏《待清书屋散记》云,高安释圆至《书宣和〈史记〉后》云:"予居临安,有持示大板《史记》,而'列传'以老子为首,心甚怪之,莫知所从出。阅国朝《会要》,见宣和某年有旨升老子于'列传'之首,乃悟所见为宣和本,今不行矣。"见筠溪《牧潜集》,是赵宋亦有此本,足广异闻。今此本乃集诸宋板共成一书,小大长短,[补]题词本、阮本均作"短长"。各种咸备。李汧[原校]"汧"作"沂"。[补]沈钞本作"汧"。阮本作"沂"。公取桐丝之精者,杂缀为一琴,谓之"百衲"。钰案:《铁围山丛谈》:唐李汧公号善琴,乃自聚灵材为之,曰百衲琴。王隐《晋书》:董威辇于市,得残缯,辄结以为衣,号曰百衲衣。此"百衲"二字之最初见者。又蔡君谟书《书锦堂记》,每字一纸,择其不失法度者,连成碑形,当时谓百衲本。见董逌《广川书跋》。予亦戏名此为百衲本《史记》,以发同人一笑焉。[原校]陈鳣云:"百衲《史记》,每卷作一册。纸墨俱极精好。渌饮尝从吴中购得十册,友人竟析而分之,有获数叶者,皆装界为册叶而宝藏焉。昔为百衲之琴,今又散为千狐之腋。世有好古之君子,当必为之抚卷而三叹也。"[补]劳权云:"黄荛圃《百宋一廛赋》误解百衲之意。"钰案:《赋》注谓合宋残本《昌黎先生集》四种为一种,作述古堂主人百衲《史记》之流裔。劳谓误解,未知何指。○蒋凤藻云:"百衲本《史记》今在姚彦侍方伯处。"钰案:蒋说与上陈说抵牾。百衲本《史记》当时拼配成部,必不止入此《记》之一本。大兴朱氏亦有百衲本《史记》,见《楹书偶录》宋本《莆阳居士集》后朱锡庚跋。孙从添《藏书纪要》亦载汲古主人集大小各种宋刻《史记》成一部,名曰"百合锦",知此类游戏神通不止遵王一人也。

刘知几史通二十卷 [原校]《读书后志》作刘子玄。钰案:王祭酒师刊衢本校语云袁本十四,不云《后志》。疑原校有误。○见《也是园目》。

陆文裕公刻蜀本《史通》,钰案:卢文弨尝得华亭朱氏影钞宋本,不云出蜀刻。俨山嘉靖中官四川左布政使,故刻于蜀耳。"蜀本史通"四字似不词。其《补注》、《因习》、《曲笔》、[原校]改"笔"作"笔"。[补]阮本不误。《鉴识》四篇,残脱疑误,不可复[补]阮本、胡校本"可复"作"复可"。读。文裕题其篇末,而无从是正。举世罕观全书,殊可惜也。钰案:俨山别有《史通会要》三卷,入《四库存目》。此本于脱简处一一补录完好,又经前辈勘对精允。凡标题行间者,皆另出手眼,览之真有头白汗青之感。[补]劳权云:"《群书拾补》云得冯巳苍、何义门、钱遵王三家校本,而不著明钱本钞刻。又云《恬裕目》有校本,亦云以此三家校,署'丙申元旦后一日立斋校',当是传卢校。立斋不审为谁某。"钰案:立斋为昆山徐元文别字,与义门同时,未必即校义门本。疑别有其人。

五代会要三十卷 题词本有。○《述古目》注"钞"字。[补]黄录《采遗》云:"朱彝尊跋:'五代干戈俶扰,未暇修其礼乐政刑。然当日咸有实录可采,而欧阳子作史仅成《司天》、《职方》二考,余概置之,微是书,典章制度无征矣。'"劳权云:"竹垞跋本钞自古林曹氏。康熙甲戌春,复从商邱宋氏借旧钞本,勘对无异。编中阙纸数番,两本亦同也。○钰案:陆心源影宋钞本作五十卷。跋云:"卷首有王溥纂衔名一行,卷末有校勘官宋彰衔名一行。又文彦博、施之两跋,皆活字本所无。自宋迄今,凡三刊。文潞公始刊于蜀,施元之复刊于徽,至本朝乾隆中,始有活字本,元明无刊本。"

王溥纂。凡五代仪物章程,官名文法,因革损益之由,多可于此考见。钰案:后唐长兴经籍镂板事,此书载之,欧《史》所缺略,此其一也。见《四库提要》。

子

孔丛子七卷 题词本有。○《述古目》注"钞"字。[补]劳权云丹铅精舍有影宋巾箱本。钰案:宋巾箱本《孝慈目》云系安正堂刊本。瞿《目》云明人翻梓,有"程以进"一行。《四库》著录作三卷。黄丕烈于此目上注"名钞"二字。

孔子八世孙鲋,字子鱼,论集仲尼、子思、子上、子高、子顺之言及己之事,凡二十一篇,为六卷,名《孔丛子》,言有善而丛聚刊本作"集"。[补]题词本、阮本均作"聚"。之也。汉孝武朝,太常孔臧又以其所为赋与书,谓之《连丛》上下篇,为一卷附于末。嘉祐三年,宋咸注成表进。案:赵氏《附志》云《连丛》上下篇,其书不见于汉、唐《艺文志》。嘉祐四年,提点广南西路刑狱公事兼本路劝农事朝散郎守尚书屯田郎中上轻车都尉宋咸始为注释以进。此则空居阁藏本,[补]黄丕烈云空居阁是冯氏。从至正二年元人所钞录出者也。

郭象注庄子十卷 《述古目》注"宋板"二字,入《宋板书目》。○钰案:何焯云项子京家有宋板《庄子》,郭象序改作王雾。"雾"字当与"雾"同,必东京新学盛行时,有为此射利者。见与其弟煌书。

《晋书·郭象传》:"象刊本、阮本无'象'字。窃向秀解《庄子》为己注,乃自注《秋水》、《至乐》二篇。又易《马蹄》一篇,其余点定文句而已。"案:晁氏《志》云:"《汉书·志》书本五十二篇,晋向秀、郭象合为三十三篇,内篇八,外篇十五,杂篇十一。唐世号为《南华真经》。"钰案:王祭酒师校云,三十三篇当作三十四篇。予览陆氏《释文》,引向注者非一处。疑秀尚有别本行世,时代辽远,[补]胡校本"远"作"邈"。传闻异词,[补]胡校本"词"作"辞"。《晋书》云云恐未必信然也。钰案:《四库提要》即据《释文》证明郭窃向书,点定文句为有据。斥曾说谓曲为之解,其文极详。

陶弘景注鬼谷子三卷 案:《唐志》作二卷。钰案:《四库》本一卷,不云陶弘景注。○《述古目》作六卷,注"钞"字。[补]劳权云:"此是旧钞本,后归知不足斋,今在清吟阁。"钰案:入《清吟阁目》。又云:"江都秦氏石研斋初用藏本刊刻,后卢抱经学士得此本校正,属重刊之。所校殊有漏略。予有萧山徐北溟先生传校本,甚精到。"钰案:北溟名鲲,与编《经籍篹诂》,有校勘名。

鬼谷子,无乡里俗钰案:"俗"为"族"之误。姓名字,战国时隐居颍川钰案:《史记正义》作"雒

180

州"。阳城之鬼谷,故以为号。其《转丸》、《胠箧》二篇,今亡。贞白曰:"或云即《本经》、《中经》刊本"中经"下有"是"字。[补]阮本亦有。也。"此书《唐志》直以为苏秦自撰,似误。钰案:《提要》云《隋志》称皇甫谧注,则为魏晋以来旧书,固无疑也。

茅亭客话十卷 《读书志》云:"茆亭,其所居也。暇日宾客话言及虚无变化、谣俗卜筮,虽异端而合道旨属劝惩者,皆录之。"○《述古目》注"宋板"二字,入《宋板书目》。[补]黄丕烈云:"癸亥秋,予得宋刻本。"○蒋凤藻云:"在沪曾得吴枚庵手钞宋本,跋云借自尧翁家,意即此本所出与?"○钰案:《结一目》亦有影写本。

江夏黄休复集。多记西蜀事。案:《直斋》云休复又有《成都名画记》。钰案:聚珍本作《益州名画录》三卷。元祐癸酉,西平清真子石京为后序,募工镂板以广其传。此则太庙前尹家书籍铺刊刊本无"刊"字。[补]阮本有。行本也。

据上海古籍出版社 2007 版《读书敏求记校证》

士礼居藏书题跋记

〔书名〕

"士礼居"是黄丕烈的居所名。黄丕烈购得宋刊严州本和景德官本《仪礼》两种,《仪礼》一名《士礼》,因题所居之处为"士礼居"。

〔作者〕

黄丕烈(1763—1825),字绍武,号荛圃,又号复翁。江苏吴县人。清乾隆举人,官分部主事。喜藏书,搜购宋本图书百余种,专藏一室,名为"百宋一廛",顾广圻为之撰《百宋一廛赋》,黄丕烈自作注释,说明版刻源流和收藏传授。勤于校勘,每得珍本,即作题跋,后人编集为《士礼居藏书题跋》。

〔体例与内容〕

《士礼居藏书题跋记》由江苏吴县藏书家潘祖荫在黄丕烈身后辑刻。全书收黄氏题跋三百四十一篇,虽分量不多,但题记之书多为宋元旧刻或著名校本、抄本,是黄氏藏书中的精华。书中对某些书籍的著录、校刻以至内容进行纠谬补缺,并进而探讨古书致误的规律,是黄氏长期从事校勘、考订的成果。书中还转引了毛晋、钱曾、何焯、钱大昕、孙星衍、鲍廷博、顾广圻、潘未等人的大量题跋,而且其中有些是原作者文集、札记中失载的,可据以补其亡佚。

〔版本〕

(清)黄丕烈.士礼居藏书题跋记.清刻本.吴县:潘祖荫,光绪八年(1882).

(清)黄丕烈.士礼居藏书题跋记.清刻本.滂喜斋,光绪十年(1884).

(清)黄丕烈撰,潘祖荫辑,周少川点校.士礼居藏书题跋记.北京:书目文献出版社,1989.

◎士礼居藏书题跋记(节选)

经 类

周礼二卷(残蜀大字本)

倚树吟轩杨氏,余幼时读书处也。其主人延名师课诸子,有伯子,才而夭。余就读时,与仲氏偕时同笔砚,情意殊投合也。其家有残宋蜀大字本《周礼·秋官》二册,盖书友诡称样本,持十金去以取全书,久而未至,亦遂置之。余稍长,喜讲求古书,从偕时乞得,登诸《百宋一廛赋》中,偕时亦不以余为豪夺也。客岁,偕时病殁,年才五十又四。从此失一良友,甚可伤也。余今春耳目之力渐衰,偶有小恙,即畏风寒,久不至外堂。日于下楼西厢静坐养疴,检点群书,偶及此册,因记曩事如此。人往风微,睹此赠物,益增伤感。而此残鳞片甲,犹见蜀本规模,胜似后来诸宋刻。(余所见有纂图互注本,有点校京本,有余氏万卷堂本,有残岳本)幸叨良友之赠,物以人重,人又以物重也。甲戌闰二月一日,复斋黄丕烈识。时积雪盈庭,春寒透骨,窗外又飘飘未止也,奈何奈何!

余年来家事日增,精神日减,校书一事久废,然由博反约,尚喜手校经籍。此《周礼》蜀本残帙向未校出,今秋新收残岳本地,春二《官》,手校于嘉靖本上,因复校此《秋官》,以俪之,《周礼》善本,六《官》有半矣,岂不幸哉!乙亥冬。二十有五日。复翁。

大戴礼记十三卷(校本)

乾隆庚戌小春,下弦后二日,假滋兰堂所藏惠松崖手校本对勘一过。荛圃烈识。

长至日又取卢雅雨本覆校一过。烈记。

乾隆壬子暮秋,滋兰堂所藏惠松崖校本适归余架,然惠校仍有未尽善处,反不如此本之精妙也,后之览者勿以其为临本而忽视之。荛圃识。

十一月中于书肆得宋刻本,适余友顾抱冲欲得惠校本,因照原值归去,以惠校即据宋本也。(以上各跋均在末卷后。)

论语集解十卷(钞本)

何晏《论语集解》十卷,有高丽本,此见诸《读书敏求记》者也。《记》云:"此书乃辽海道萧公讳应宫监军朝鲜时所得。甲午初夏,予以重价购之于公之仍孙。"似遵王之言甚的矣,其实不然。余向在京师遇朝鲜使臣,询以此书,并述行间所注字。答以此乃日本书。余尚未信之,顷获交翁海村。海村著有《吾妻镜补》,举正平年号问之。海村云:"其年号正平,实系日本年号,并非日本国王之号。是其出吉野僭窃其国,号曰南朝,见《日本年号笺》。"据此,则书出日本,转入朝鲜。遵王但就其得书之所,故误认为高丽钞本耳。是书向藏碧风坊顾氏,余曾见之,后归城西小读书堆,今复散出。因亦以重价购得。展读一过,信遵王所云,笔画奇古,似六朝、初唐人隶书碑版,不啻获一珍珠船也。原有查二瞻诗一纸,仅粘附卷端,兹命工重装入册,记其颠末如此。己卯中秋五日,不烈识。

史 类

后汉书一百二十卷(元大德本)

今岁正月,鳣从武林得元本《汉书》,携之中吴别业。吾友黄君荛圃过而见之,云:"家藏有元本《后汉书》,当以持赠。"越数日,冒雨载书而来,欣然受读,楮墨精良,实胜《前汉书》远甚。中有钱陆灿名号印,知为湘灵曾藏,标题皆其首书。卷末云"右奉淳化五年七月二十五日敕重刊正",后有"景祐元年九月秘书丞余靖上书",盖系景祐间所刊淳化本,而元时重刊者,版心识有"大德九年刊补",而"徵"、"竟"、"敬"、"慎"等字皆避讳缺笔,犹不失宋本面目也。因取汲古阁本校之,凡刘刊、吴补及近刻惠氏补注所已辨者,俱不具论。如今本《和帝纪》云"孝和皇帝讳肇",注:"伏侯《古今注》曰:肇之字曰始。肇,音兆。臣贤按:许慎《说文》'肇,音大可反,上讳也'。但伏侯、许慎并汉时人,面帝讳不同,盖应别有所据。"是本正文作讳肇,注伏说作肇,许说仍作肇。按《说文》云"肇,上讳",在戈部,当从庫声;惟伏侯《古今注》从支作肇,故云伏、许并汉时人,而帝讳不同。若如今本溷而为一,何不同之有邪？斯可宝一也。今本《郑康成传》云"师事京兆第五元"，是本"元"下多"先"字；又云"吾家旧贫，不为父母群弟所容"，是本无"不"字，俱与唐史承节所撰《郑公碑》合。吾师阮抚使《山左金石志》云："'为父母群弟所容'，犹言幸为亲包覆成就，盖不欲举亲之失如此。"自后校书者，因前不乐为吏，父数怒之，遂疑此书"为父母群弟所容"不相合，辄妄加"不"字，踵谬至今。是碑远胜今本《后汉书》，鳝今得见元本《后汉书》无"不"字，斯可宝二也。今本《阜城王延传》云："以汝南之长平、西华、新阳、扶桑四县益淮阳国。"注："扶桑故城在陈州太康县北。"是本作"扶乐"。按钱詹事《考异》云："扶桑当依闽本作扶乐。"鳝谓"桑"、"乐"形似致误，刘隆、马援二传皆作"扶乐"，《郡国志》陈国有扶乐可证，斯可宝三也。今本《郭太传》云："初，太始至南州，过袁奉高不宿而去，从叔度累旧不去。或以问太，太曰：'奉高之器，譬之泛滥，虽清而易挹；叔度之器，汪汪若千顷之波，澄之不清，挠之不浊，不可量也。'已而果然，太以是名闻天下。"凡七十四字，是本皆章怀注引谢承之文。按《考异》云："初读此传至此数行，疑其词句不伦，后得闽中旧本，乃知本章怀注，今本皆搀入正文。闽本系嘉靖己酉按察使周采等校刊，其原出于宋刻，较之它本为善。如左原以下十人附书《林宗传》末，今本皆各自跳行，闽本独否。"鳝于是本，益叹詹事之言信而有征，其左原以下十人并不跳行，斯可宝四也。今本《律历志》云"五者以备"，是本作"五是以备"。《考异》云："闽本及古本作'五者'，此后人以今本《尚书》易之。"鳝按：《李云传》云"五氏来备"，注"是与氏，古字通"。盖惟古本《尚书》作"是"，故章怀云然。三国时"氏仪"亦作"是仪"。闽本虽出于宋，然此等舛讹犹未尽善，斯可宝五也。约举五事，已见其凡。古人云："日读误书，亦是一适。"然而古书未宜轻心从事，荛圃尝曰："汲古阁刻书富矣，每见所藏底本极精，曾不一校，反多臆改，殊为恨事。"斯言良然。安得好古者悉照元本精摹付梓，嘉惠艺林，厥功不亦懋哉！嘉庆十年三月识。

　　《后汉书》本宋刻佳者，淳化不可得见，景祐本残者有之。此外如建安刘原起刊于家塾敬室本，又有一大字，皆名为宋，而实则不及元、明刊本。何以明之，盖所从出本异也。惟正统本最称善，以所从出为淳化本也。大德本亦自淳化本出。此又有景祐间余秘书丞者，乃翻淳化本耳。景祐至大德，大德至宏治，递为修补，故版刻字样各有不同，非如正统十年一例专刻也。余向在京师收得《前、后汉》正统本，甚为宝爱；后因旅橐空匮，欲商诸仲鱼，慨然以几十金相易。而书魔故态仍复，固留未予，带诸南归，心甚怏怏。及归而又为一友人豪夺而去。顷仲鱼得大德本《汉书》，问及前所欲易书。余无以应，因捡旧藏大德本《后汉书》赠之。此书书友携来，余未知贵重，不过以几金相易，而仲鱼展阅之下，颇得其佳处，作为跋语表之，非特书之幸，亦余之幸也。向使藏诸箧笥，而以寻常本视之，书不且因余而转晦哉。爰重跋数语，以著余过，以著仲鱼之鉴赏云。荛圃。

大唐创业起居注二卷（校本）

　　甲戌秋校此《大唐创业起居注》，用旧钞本。因案无副本，借张讱庵藏《秘册汇函》本校之，殊草草也。既从元妙观东冷摊亦获一《秘册汇函》本，重用旧钞本校如右，中有素纸三，即照旧钞补之。旧钞虽脱落殊甚，然如"垒和"之"和"，"试难"之"难"，皆胜于《秘册》本，则其余之佳概可知矣。乙亥端阳后十日，廿止醒人识。

　　红笔校旧钞竣，覆以墨笔圈其佳处，旧钞误者间从此刻焉。不知此外尚有古本否？复翁又识。（俱在卷末。）

历代纪年十卷（宋本）

　　此《历代纪年》，述古堂旧物也。初，书友以是书求售，亦知其为宋刻，需值二十金。余曰："此书诚哉宋刻，且系钱遵王所藏，然残缺损污，究为瑜不掩瑕。以青蚨四金易之可乎？"书友亦以余言为不谬，遂交易而退。按是书传布绝少，故知者颇希，余素检《读书敏求记》，留心述古旧物，故装潢式样一见即识。然遵王所记不甚了了，即如此书首缺第一卷，并未标明。其云始之以正统，而后以历代年号终焉。似首尾完善矣，然十卷外又有《国朝典礼》五叶，此附录于本书者，而《记》未之及，何耶？又按《书录解题》云："《历代纪年》十卷，其自为序，当绍兴七年。"或者此缺第一卷，故自序不传尔。余友陶蕴辉为余言，向在京师见一钞本，是完好者，未知尚在否也。俟其入都，当嘱访之。大清嘉庆元年清明前三日，棘人黄丕烈书于故居之养恬轩。

据书目文献出版社 1989 年版《士礼居藏书题跋记》

邵亭知见传本书目

〔书名〕

《邵亭知见传本书目》是莫友芝著录所知见的典籍版本的目录,是我国目录学史上重要的一部版本目录,与邵懿辰《四库简明目录标注》并列,同为著录古籍版本的重要目录。

〔作者〕

莫友芝(1811—1871),字子偲,自号邵亭,又号紫泉,眲叟,贵州独山人。晚清金石学家、目录版本学家、书法家,宋诗派重要成员。家世传业,通文字训诂之学,与遵义郑珍并称"西南巨儒"。莫友芝出生在一个书香之家。其父莫与俦(字犹人),清代嘉庆四年(1799)进士,曾任翰林院庶吉士、四川盐源知县和贵州遵义府学教授,著有《二南近说》、《仁本事韵》、《贞定先生遗集》等书。

〔体例与内容〕

《邵亭知见传本书目》以经、史、子、集四部分类法排列群书,著录了所知见的书籍的版本情况,资料翔实,条分缕析,真实再现了当时所能见知的一些古籍的流传版式,为我们今日目录学、版本学的研究提供了宝贵的资料。

〔版本〕

(清)莫友芝. 邵亭知见传本书目. 上海:国学扶轮社,清末印本;
(清)莫友芝. 邵亭知见传本书目. 上海:扫叶山房,民国十二年(1923)。

◎邵亭知见传本书目·莫绳孙序

先君子于经籍刊板善劣、时代,每笺志《四库简目》当条之下,间及存目,其四库未收者亦记诸上下方。又采录邵位西年懿辰所见经籍笔记益之。邵本有汪铁樵先生家骧朱笔记并取焉。同治辛未,先君子弃养。绳孙谨依录为十六卷。凡经部四库存目者三,四库未收者百十八;史部存目者二十八,未收者二百有十;子部存目者十四,未收者百九十八;集部存目者一,未收者百二十一。其四库已著录,未笺传本者并阙之。盖是书当与《简明目录》合观也。癸酉长夏第二男绳孙谨志。

◎《邵亭知见传本书目》卷一　独山莫友芝子偲

经部一

《五经》古注
乾隆中仿宋相台岳氏本刊。道光中，贵州、广东皆有翻本。贵州本无卷端玺印。

《十三经》古注
明永怀堂葛氏刊，又有翻本。（今在浙犹存，同治辛卯见新印本。）江西稽古楼《十三经》古注巾箱本。其《春秋》三《传》用闽齐伋删注，与葛本同。其《四书》古注、朱注并列。

经部二

书类
单《孔传》，武英殿仿宋岳本、葛本。《天禄后目》有《纂图注尚书》十二卷。单《孔传》，《石经考文提要》所据南宋巾箱单注本，似即此书。

《尚书正义》二十卷
汉孔安国撰。唐孔颖达疏。闽刊本。北监本。汲古阁本。殿本。江西本。明永乐二年甲申刊《尚书注疏》二十卷。阮氏《校勘记》未列此本。日本国于道光丁亥年新刊影宋本《尚书正义》，洋纸颇精。元板本。

经部三

《诗》类
《天禄后目》有宋刊活字本《毛诗》白文四卷，模印系蓝色。单《传笺》武英仿宋岳氏本。又葛本。又苏州近年刊本。又旌德立本斋刊本。阮《校勘记》所据有宋光宗时小字《传》、《笺》本。单刊《毛传》有段玉裁经韵楼本。

《诗序》二卷
注疏及各本，《小序》分冠各篇之首，朱《传》以后始合附卷末，然亦未尝离本经而别自为书也。《四库目》想因丛书中有单刻《书序》者，故别为一条，然《书小序》并未别著录，何独于《诗》而异之耶？《学津》本一卷。

《毛诗正义》四十卷
汉毛亨传，郑元笺，唐孔颖达疏。闽本。监本。毛本。殿本。江西本。明有程应衢刊本二十卷。

经部五

春秋类

《春秋左传正义》三十六卷
周左丘明撰，晋杜预注，唐孔颖达疏。闽、监、毛、殿、江西五本。钱氏《养心续录》称吴门朱文游家有宋刊《春秋正义》三十六卷，疑即阮氏《校勘记》所据。云宋庆元间，吴兴沈中宾刊本三十六卷也。又有南宋刊附释音注疏六十卷，有明正德修补之页。此后，闽、监、毛本皆分为六十卷。《爱日精庐藏书志》：《春秋左传正义》三十六卷，临金坛段氏校宋庆元本。段跋略云，此宋淳化庚寅官本，庆元庚申摹刻者也。凡宋本佳处，此本尽有。今日所存宋本，未能善于此，乃滋兰室朱文游物。陈芳琳借校一部，嘉庆壬戌，余借诸令嗣，命长孙美中细意临校。文游名奂，藏书最精。淳熙种德堂小字本，每页二十行，行大字十八，小字廿二。末卷尾有楷书木记云："依监本写作大字，附以《释文》，兼列图表。淳熙柔兆涒滩闽山阮仲猷刊。"则三年丙申也。《天禄后目》有北宋刻《集解》本三十卷，不附《音义》。自序后连卷一，不另篇。阙笔极严谨。如桓二年"斑"字，诸书从未见避。各本误字，一一无误。如昭二十年"赐北宫喜谥"，杜注"皆死而赐谥及墓田传终言之"，无"未"字"而"字，以为稀世之珍，非相台岳氏及诸宋本可及。又宋刊本四部。又宋刊附《释文》麻沙本二部。又元刊巾箱本一部。又明翻宋本一部。其所收宋本《集解》，已有七部，即彭文勤《读书跋尾》所记。

《春秋公羊传注疏》二十八卷

周公羊高传述，其元孙寿及胡毋子都录为书。汉何休注，唐徐彦疏。闽、监、毛、殿、江西五本。《天禄后目》宋本卷首有景德二年六月黑口本，每页二十行，行十七字。十行本、闽本皆不题撰、注、疏人姓名。徐彦作《公羊疏》，不见《唐志》。北监本始依《崇文总目》作徐彦疏。张氏志《春秋公羊经传解诂》十二卷，临何氏校余仁仲本后，有经传注、音义、字数三行，"余仁仲刊于家塾"一行。上方临惠氏评阅语。蜀大字校经注三卷，元板校疏，宋板官本校经注。全。唐石经校经。单何氏《解诂》有汪氏问礼堂仿宋绍熙辛亥刊本十二卷，宋刊《公羊注》余仁仲本也。同治二年，邵阳魏彦获其板于上海，补《校勘记》一卷刊附以行。今板归金陵书局，每页二十二行，行大字十九，小字双行二十七。

《春秋穀梁传疏》二十卷

周穀梁赤所述，晋范宁注，唐杨士勋疏。闽、监、毛、殿、江西五本。阮氏《校勘记》：《公羊》、《穀梁》疏，皆据何义门之弟煌依宋元诸刻精校本。又有不全影宋单疏，为明李中麓家抄本。《天禄后目》有宋刊监本附音《春秋穀梁传注疏》二十卷二部。宋板每半页十行，行大字十八字，小字二十三字。今归袁芳瑛漱六家。惠氏校宋余仁仲本《春秋穀梁传集解》十二卷，每页二十三行，行大字十九，小字双行，行二十七。又有建安余氏万卷堂刊本，与《公羊》同。卷末有经、传注、音义字数三行，及"国学进士余仁仲、刘子庚"等题名五行。又余氏万卷堂藏书记本记见张氏目。张金吾又有李中麓藏抄《穀梁疏》七卷，虽阙误不少，而远胜今本，为《校勘记》未采亦多。

◎《邵亭知见传本书目》卷四

史部一

《史记集解》一百三十卷

宋裴骃撰。汲古阁刊单《集解》。据北宋本，正文与各本多异。黄丕烈有蜀大字本。郁泰峰亦有蜀大字残本，为姚氏婉真芙初女史旧藏，初印绝精。半页九行，行十六字。注行二十一、二十二字不等。

《史记索隐》三十卷

唐司马贞撰。汲古阁单行本。顾抱冲有淳熙辛丑澄江耿秉刊本。黄荛圃有宋乾道三年蔡梦弼刊本。元中统本。半页十四行,行二十五字。注双行,字同。邵亭有明初游明校正重刊元中统二年平阳道段氏本。又有明正德刊本。皆有《集解》、《索隐》而无《正义》,俱百三十卷。韩筱亭有不全十二行、十四字本。钱遵王百衲本,归钱竹汀之孙桂昌,一归刘燕庭。柯维熊校金台汪谅本,前《序》云,陕西翻宋板无《正义》,白鹿洞本有《正义》,即柯所出。

《史记正义》一百三十卷

唐张守节撰。南监有四本。嘉靖张邦奇本,万历二年余有丁大字本、小字本,万历二十四年冯梦祯本。北监本。此五本注皆不全。明嘉靖四年震泽王延喆刊本,是年金台汪谅先刊柯维熊校本,十三年秦藩刊本,俱翻宋板。每半页十行,行大字十八,小字二十三。柯本《索隐序》后,有"绍兴三年四月十二日,右修职郎充提举茶盐司干办公事石公宪发刊,至四年十月二十日毕工"三行,知三本并从绍兴本出也。每卷尾总计史若干字、注若干字为二行,亦有不具者。三本悉同。王板所据本《周本纪》,脱第二十七页,柯板《秦本纪》,脱第三十一页,各以意补缀。注各有不全,然可以互补。秦藩本则两页并全,所以为胜也。凌稚隆评林本从柯本出,尚无大删节。又有翻本。乾隆四年殿本,各注皆全。又古香斋巾箱本,与殿板同。《凡例》言以宋本与王本详对,即柯本也。《崇文总目》有单行《正义》三十卷,今佚。

据成文出版社《书目类编·邵亭知见传本书目》

藏园群书经眼录

〔书名〕

"藏园"为作者傅增湘在北京的藏书室名,建于1919年后。取苏轼"万人如海一身藏"句意命名。

〔作者〕

傅增湘(1872—1949),字叔和,后改字沅叔,号润元,自署"藏园居士"、"双鉴楼主人"。四川江安人。清光绪进士。曾任翰林院编修、直隶提学使,创办北洋女子师范学堂和京师女子师范学堂。后任北洋政府教育总长、故宫博物院图书馆馆长等职。1927年后专事图书收藏、校勘和目录、版本研究,收藏达二十万卷,校书逾一万六千卷。编有《藏园群书经眼录》、《藏园群书题记》、《双鉴楼善本书目》等。辑刊有《双鉴楼丛书》等多种。

〔体例与内容〕

《藏园群书经眼录》是傅增湘据其祖父傅诚生平所见善本图书的记录和有关撰著,整理编纂而成的一部善本目录。全书收录各种善本约四千五百种,依四部分类。同一书有不同版本、写本和校本的,先刊本,后写本,校本随所用的底本,各按时代顺序排列。个别有朝鲜、日本等外国刊本、写本的,附在该书各本之后。各条内容绝大多数是:前标书名卷数,其下小字记作者和存卷;正文首时代、版本、版式、本书序跋、刻书牌记,次后人题识,次收藏印记,最后是作者的鉴定意见或评论。

〔版本〕

傅增湘. 藏园群书经眼录. 北京:中华书局,1983.
傅增湘. 藏园群书经眼录. 北京:中华书局,2009.

◎藏园群书经眼录(节选)

经部

经典释文三十卷　唐陆德明撰

宋刊递修本,半叶十一行,行十五至十七字不等,注约二十二三字,白口,左右双阑。板心上方记字数,下方记刊工人名,补板有重刊二字。

钤有明文渊阁大方印,又有"五福五代堂古稀天子宝"、"八徵耄念之宝"、"太上皇帝之宝"、"乾隆御览之宝"、"天禄琳琅"、"天禄继鉴"各宝。旁有"万历三十三年查讫"楷书大朱记。

余在文德堂睹首册及《周礼音义》上卷,计二册,因就校于通志堂本上。异日将以异字邮致曹君君直,俾一考其得失也。(壬戌十一月朔)

六经图残本

宋刊巾箱本,高四寸一分,宽二寸七分。存《毛诗图说》计一至三十七图,都三十九叶,《春秋图说》存六十七至百十四,计五十七图,都五十六叶,行格不一,十行十七字、十三行二十五字、十五行二十二字不等,四周单阑。宋讳贞、桓缺末笔。原跋录后:"书籍最重宋本,而初印袖珍尤足宝贵。予鄙人也,未尝学问,乌知此中奥义!缘辛未丙子六载之间,两荷翠华南幸,当事不察,谬与陈设书史之任,何识何知,悚惶孔亟,辞不或已。爰是勉力讲求,多方咨询,然终是门外汉也。计得宋本先后不下三十余种,幸邀天鉴,赏收十余种,余悉因公用支取无存。承办屡年,未得留存片纸,此中未免有情,复于书肆敝簏中捡得零落宋本百余叶,虽属断简残篇,实是袖珍善本,付工装成,聊以自娱,倘必完美是求,其不为大力攫取者几希,噫!凡事类然,宁独此哉!乾隆丙子岁夏四月古歙浯村水南乡杏鄙人朱嘉勤记。"(韩左泉送阅。丁卯)

说文解字十五卷　汉许慎撰　存木部残卷

唐写本,存六纸,九十四行,自木部柤字起,楬字止,一百八十八字。硬黄纸,坚韧似敦煌经卷。篆法绝精,楷法亦美。

有米友仁跋十八字,宝庆十年俞松妆池题记,并曾国藩、莫友芝题诗及刘毓崧、张文虎、方宗诚、莫氏父子跋语。莫氏曾摹刊行世,家有其书,不复具录。

按:此卷归莫氏后,其孙经农观察流寓维扬尚能守护勿失,其归匋斋也当在光绪季年督两江时。鼎革后为景樸孙所得,秘不示人,余屡造半亩园求一寓目,竟不可得,暮年海外乃获一见,题名卷尾,辍笔为之怃然。(日本内藤虎家藏书。己巳十月二十八日阅)

史部

史记一百三十卷　汉司马迁撰　褚少孙、唐司马贞补

明黄之寀刻白文本。有黄笔朱笔墨笔评点,并录归震州有光评点。有跋录后:"予旧有震川先生批本《史记》,乃蒋子遵太守家临本,甲辰借临一过。后又从晋陵杨农先前辈家借所藏本覆校,盖同出一本所临也。吴晚亭馆丈语次言崔侍御家亦有震川批本,人多从借临,盖崔君能不吝,以流布为喜故耳。因转借覆阅,颇有异同,其黄圈多得肯綮。先生与王子敬小柬,子长大手笔多于黄圈识之。意先生评本不一,两本或非一时所阅,因别用此本临之。丁未七月"

每册钤汪由敦印二方。(余藏)

古史六十卷　宋苏辙撰

宋刊本,半叶十一行,每行二十二字,注双行同,白口,左右双栏。版心上记字数,下记刊工姓名,版心题"古史本纪几",或"世家几",每卷以数目记数,全书更以千字文一字通记于上方。宋讳避至桓字止,慎字不避。当是绍兴时刊本。间有补版,在明正德以前。首自序,不题名氏,次总目,计本纪七,世家十六,列传三十七。本书小题在上,大题在下。收藏钤有"陆沆字冰筌"、"陆僎字树兰"、"吴中陆敬字俨若号爽泉所藏"、"平原敬印"、"思原斋收藏"、"陆沆之印"、"靖伯氏"等印。(丁巳岁收得)

三朝北盟会编二百五十卷　宋徐梦莘撰

旧写本,竹纸乌丝阑,十行二十一字。前绍熙五年徐梦莘自序,次书目十一叶。钞楷工雅,前后一律,旧人以朱笔校过,四库馆臣又以墨笔删改一通。据卷首跋语,知朱笔所校为吴瓯亭、朱映潊、江艮庭、吴小谷诸人。墨笔改窜则出平宽夫、陈伯恭二学士也。豫章陶君家瑶旧藏此本,光绪戊申许涵度任四川布政时曾开雕是书,即据此本校勘付梓,视粤中活字本远胜。今夕饮于陈幼挚家,陶君适同坐,携以相示,因记于册。沅叔。己卯十二月十九日。

原跋录左:"按梦莘字商老,临江人,入宋《儒林传》。是编起政和七年,终绍兴三十二年,一时事绩登载靡遗,可补正史之阙。名曰北盟,盖深有慨乎契丹之不可弃,女真之不可亲,自撤藩篱,谁为捍蔽?及乎戎马践郊,危如压卵,言和言战,讫无定论,青城之祸,海上之盟悉在哉!至绍兴则无所为盟矣。因人心之感发,将帅之忠勇,直抵黄龙,夫岂虚语?而匿怨忍耻,一和再和,直至海陵自毙,而始得偏安,此又作者所隐痛而不敢明言,姑托标题以示微旨欤!世无印本,传抄日久,脱落淆乱,不仅鲁鱼帝虎之憾。而编内所引群书存者又十不得三四,无从是正。其有散见文集、说部、志乘中者,悉行校勘,庶称善本云。乾隆己未冬日吴城记。"

"余校勘是编颇费岁月,今年夏江声先生借观,复改正不下百余字,其有功于是书不浅,而余前此开卷之疏忽不胜自愧云。乾隆乙丑中秋后三日瓯亭又记。"

"乾隆辛卯秋朱文藻校于汪氏书斋。"

"乾隆丙申夏小谷复校。"

"此书经武林吴氏、吴门朱氏传校数过,取证多本,予得之复有增益,世无剞劂,展转误钞,斯其最善矣。乾隆丁未详校《四库全书》,以此帙为底本,平宽夫、陈伯恭两学士删其偏谬之辞,对音改从钦定国语解,重钞入文渊阁者是也。既竟附志。重阳后七日元瑞并书。"

藏印有:"吴城"、"敦复"、"吴玉墀印"、"兰林"、"愿流传勿损污"、"南昌彭氏"、"知圣道斋藏书"、"遇者善读"。

按:此书余生平所见写本不下十许,涵芬楼藏明写本,大字阔行,源出宋刊,断推第一;次则周叔弢藏王肯堂郁冈斋写本;余皆得假校。此本虽传抄略晚,然经诸家详校,又为馆臣删削之底本,可以得其避忌窜易之迹,亦足贵矣。

子部

六子书六十二卷　明许宗鲁编

老子四卷　列子八卷　庄子十卷　荀子二十卷　杨子十卷　文中子十卷

明嘉靖六年许宗鲁、王鏊刊本,十行二十字,板心下方有"樊川别业"四字。前嘉靖六年许宗鲁序,同岁闽中王鏊后序。(丁巳)

孔子家语注十卷　题魏王肃撰

宋蜀大字本,九行十七字。萧孚敬旧藏,后归刘世珩氏,余曾见之。今已影刻行世。戊午秋刘氏携之行箧,在浦口客邸被毁,世间此书遂无宋本,深可痛惜。然恐是南宋翻蜀本耳。

外台秘要方四十卷　唐王焘撰

宋绍兴间两浙东路茶盐司刊本，半叶十三行，每行二十四字，白口，左右双阑，版心记刊工姓名。避宋讳至顼字止。后有皇佑三年内降指挥、熙宁三年镂版指挥及校正林億等衔名。各卷后有两浙东路提举茶盐司干办公事赵子孟校勘，张寔校勘各一行。

明高氏妙赏楼、项氏万卷堂旧藏。

按：此书《皕宋楼藏书志》称校明崇祯本可订正二万余字，惜匆遽不得一校。（日本静嘉堂文库藏书，己巳十一十二日阅。）

宣和书谱二十卷

元刊本，十行十九字，细黑口，左右双阑。字体劲整，"贞"字"遘"字皆缺末笔。钤有"珊瑚阁珍藏印"、"叶氏家藏"、"琅琊郡图书印"、"孔仁野泉"各印。

按：故宫养心殿所藏为《宣和画谱》，行格字体与此皆同，张庚楼允亮考为元大德六年吴文贵杭州刻本，与此正可称双璧也。（叶定侯藏，甲戌四月见。）

集部

楚辞章句十七卷　汉王逸撰

明正德十三年高第、黄省曾刊本，十行十八字，题"后学西蜀高第、吴郡黄省曾校正"。有正德戊寅王鏊序。盖高公次尹长洲时所刊也。（丁巳）

笺注陶渊明集十卷　晋陶潜撰　宋汤汉等笺注　**总论一卷**宋李公焕辑　卷九至十配清写本。序目亦抄配△一○五三

元刊本，九行十六字，黑口，左右双阑。首序，次目录，次总论。宋讳贞、慎缺末笔。

钤有："沈岱子华书画府印"。

附夹籖一张，如左方："南巡带来《陶渊明集》原一套四本，四十四年五月初一日　畅春园发下去衬纸，改插套一本。是晋彭泽令陶潜文集，未载刻书年月人名。　是宋板元印。"（见于徐星蜀处。癸亥）

黄氏补千家集注杜工部诗史三十六卷　唐杜甫撰　宋黄希、黄鹤注

旧写本，朱丝阑，九行二十一字。题"临川黄希梦得补注"、"临川黄鹤叔似补注"二行。卷中馆臣钩行改字甚多，粘有校签，盖四库馆钞书底本也。前有翰林院典籍厅关防。（景楀孙遗书。丁卯）

欧阳文忠公集一百五十三卷　宋欧阳修撰

明天顺六年海虞程宗吉州郡廨刊本，十行二十字，粗黑口，四周双阑，每卷后有"熙宁五年秋七月男发等编定""绍熙二年三月郡人孙谦益校正"二行。

钤有"燕翼堂印"、"王沅私印"、"芷桥氏"各印。

忠谟谨按：此书有跋，收入《藏园群书题记》三集卷六。

据中华书局1983年版《藏园群书经眼录》

书林清话

〔书名〕

《书林清话》为读者提供了关于古代雕版书籍的各项专门知识,诸如刻书源流、版本名称、校勘掌故、历代刻书家历史、刻书的逸闻甚至还谈到了书估的作伪手法等等。

〔作者〕

叶德辉(1864—1927),字奂彬(也作焕彬),号直山,别号郋园,光绪十八年(1892)进士,与张元济、李希圣为同年,三人均分部主事,叶德辉到吏部不久便辞官归湘里居,并以提倡经学自任。叶德辉是近代著名的版本目录学家,大半生从事版本目录学工作,撰有不少影响深远的版本目录学著作,代表作有《藏书十约》、《书林清话》、《书林余话》、《观古堂藏书目》、《郋园读书志》等等。叶氏为王先谦再传弟子,论学却不苟同,攻讦当时今文师说,排斥康、梁尤厉,在晚清为守旧派人物。

〔体例与内容〕

本书叙述刻书源流,于南宋临安陈氏、明代汲古阁毛氏、清代纳兰性德之通志堂等诸家最称详尽。剖析版本名称,如书之称册、书之称卷、书之称本、书之称叶、书之称函,阐述皆甚精当。在探讨雕版起源方面,亦都有充分的依据;在论述各类别本的特征及其鉴别方面,尤多经验之谈,正如张舜徽所说的"阅肆日久,藏书素丰,库掌毕生,不妨精熟,故版本之学,最能名世"(《清人文集别录》卷二十一——)。《书林清话》对一些文献学、文献学史上的重要问题,进行了详尽论述,对学习中国古典文献学有着重要的意义。

〔版本〕

(清)叶德辉. 书林清话. 上海:复旦大学出版社,2008年版.
(清)叶德辉. 书林清话. 扬州:广陵书社,2007年版.
(清)叶德辉. 书林清话. 北京:国家图书馆出版社,2009年版.
(清)叶德辉. 书林清话. 上海:上海古籍出版社,2008年年版.

◎ 自序

书籍自唐时镂版以来,到天水一朝,号为极盛。而其间分三类:曰官刻本,曰私宅本,曰坊行本。当时士大夫言藏书者,即已视为秘笈瑶函,争相宝贵。观于尤氏《遂初堂书目》,复收众本之多;岳氏刻《九经三传沿革例》,折衷各本之善,则当时之风尚,概可知矣。南宋人重北宋本,元明人重宋本,国朝收藏家并重元明本。旧刻愈稀,则近刻亦贵。犹之鉴赏书画,宣和二谱多收六朝唐人,吴氏《消夏记》、陶氏《红豆树馆书画记》兼取近代。后之视今，犹今之视昔，理固然已。往者宗人鞠裳编修昌炽撰《藏书纪事诗》七卷，于古今藏书家，上至天潢，下至方外、坊估、淮妓，搜其遗闻佚事，详注诗中，发潜德之幽光，为先贤所未有。即使诸藏书家目录有时散逸，而姓名不至灭如，甚盛德事也。顾其书限于本例，不及刻书源流与夫校勘家掌故，是固览者所亟欲补其缺略者。吾家累代楹书，足资取证，而生平购求之所获，耳目之所接，即撰《藏书十约》，挈其大纲，其有未详者，随笔书之。积久成帙，逾十二万言，编为十卷。引用诸家目录题跋，必皆注明原书。而于吾所私藏，非诸家所阙，概不阑入。盖一人独赏之物，不如千人共见之物之足征信，非秘藏亦非稗贩，固不欲贻人口实焉耳。二十年前，撰《四库全书板本考》一书，已成经史子三部，而集久未定。以四库著录之诗文集，但次时代，不别条流，且有应收未收，不应收而收，及禁毁销毁之功令，滥登不可，割爱不能，一掷云霄，几将覆瓿。然宋元明刻，约具此编。国朝汇刻仿雕，则有南皮张文襄《书目答问》、福山王文敏懿荣《补编汇刻书目》二书，十得七八，可备参考。吾书虽废于半途，藏书家固不患无考证也。嗟乎！五十无闻，河清难俟，书种文种，存此萌芽。当今天翻地覆之时，实有秦火胡灰之厄。语同梦呓，痴类书魔，贤者闵其癖好而纠其缪误，不亦可乎！宣统辛亥岁除，叶德辉自叙。

◎缪序

姑苏之山，峭岉而秀润；太湖之水，清驶而柔腻。故其人物颖异，风气敦朴。子美卜沧浪而居，贻上以渔洋自号，籍隶他省者，尚恋恋不忘兹土，况木本水源之所自出乎！叶焕彬吏部，宋石林先生之裔，世居洞庭东山。封公于道咸之交，避粤寇之乱，贸迁湖南，而卜居于会城长沙。焕彬以湘潭籍成进士，观政天官，而不乐仕进，养亲家居，精研经义，字学、舆地、文词，旁及星命、医术、堪舆、梵夹，无不贯通，凡经籍、金石、书画、陶瓷、钱币，无不罗致。手辟郋园，擅水木明瑟之胜，兄弟子侄相与赏鉴，为人生第一乐事，海内知好，莫不羡其清福。近岁湘省兵乱，湘民迁徙靡常，而焕彬遂还苏垣故居焉。夫苏垣固学术一大都会也。考订家自惠氏父子至宋于庭、陈硕甫，校勘家自陈景云至顾千里、张绍安，收藏家自徐传是至黄荛圃、汪阆原，均非天下人所几及。焕彬于书籍镂刻源流，尤能贯串，上溯李唐，下迄今兹，旁求海外，旧刻精钞，藏家名印，何本最先，何本最备，如探诸喉，如指诸掌。此《书林清话》一编，仿君家鞠裳之语石编，比俞理初之米盐簿，所以绍往哲之书，开后学之派别，均在此矣。荃孙于版本之学，亦有同嗜，丁卯川闱，策问文选一条受知李顺德师，以目录之学相勖，孜孜矻矻五十余年，未尝稍懈，读君《清话》所已言者，无不如吾所欲言，亦间有未及知者。守宋麋一民之微旨，薄重论文斋之陋说，则心心相印也。焕彬不以避兵为苦，而以还乡为乐。草窗侨居，莟上犹成鹊华之图；百诗久贯，山阳复以潜邱自号。昔人羁旅天涯，且寄慨于故里，如君实践，能有几人！然苏省学术，今已中衰，得君振而起之，是所望也。岁在著雍敦牂日长至江阴缪荃孙序。

◎卷一·板本之名称

先祖宋少保公《石林燕语》云："唐以前，凡书籍皆写本，未有模印之法，人以藏书为贵。

人不多有，而藏者精于雠对，故往往皆有善本。学者以传录之艰，故其诵读亦精详。五代冯道始奏请官镂《六经》板印行。国朝淳化中，复以《史记》、《前后汉》付有司摹印。自是书籍刊镂者益多，士大夫不复以藏书为意。学者易于得书，其诵读亦因灭裂。然板本初不是正，不无讹误。世既一以板本为正，而藏本日亡，其讹谬者遂不可正，甚可惜也。余襄公靖为秘书丞，尝言《前汉书》本谬甚，诏与王原叔同取秘阁古本参校，遂为《刊误》三十卷。其后刘原父兄弟，《两汉》皆有刊误。余在许昌，得宋景文用监本手校《西汉》一部，末题用十三本校，中间有脱两行者，惜乎今亡之矣。"据此而论，雕板谓之板，藏本谓之本。藏本者，官私所藏，未雕之善本也。自雕板盛行，于是"板"、"本"二字合为一名。(宋岳珂《九经三传沿革例·书本》内列有晋天福铜版本，此"板本"二字相连之文。然珂为南宋末人，是时版本之称沿用久矣。)而近人言藏书者，分目录、板本为两种学派。大约官家之书，自《崇文总目》以下，至乾隆所修《四库全书总目提要》，是为目录之学。私家之藏，自宋尤袤《遂初堂》、明毛晋《汲古阁》，及康雍乾嘉以来各藏书家，断断于宋元本旧钞，是为板本之学。然二者皆兼校雠，是又为校勘之学。本朝文治超轶宋元，皆此三者为之根柢，固不得谓为无益之事也。昔顾涧薲跋《蔡中郎文集》云："书以弥古为弥善，可不待智者而后知矣。乃世间有一等人(其人荛翁门下士也)，必谓书毋庸讲本子。噫！将自欺耶，欺人耶？敢书此以质荛翁。"跋载《黄记》。荛翁有此门下，亦可谓失传衣钵矣。同年友某尝与吾笑谈，谓平生不知板本，但见其书有字即读。吾戏语之曰：君所读书皆无字，是亦各明一义矣。

◎卷三·宋司库州军郡府县书院刻书

宋时官刻书有国子监本，历朝刻经、史、子部见于诸家书目者，不可悉举。而医书尤其所重，如王叔和《脉经》、《千金翼方》、《金匮要略方》、《补注本草》、《图经本草》五书，于绍圣元年牒准奉圣旨开雕，于三年刻成。当时所谓小字本，今传者有《脉经》一种，见《阮外集》。绍兴年间重刊，仍发各州郡学售卖。既见其刻书之慎重，又可知监款之充盈。天水右文，固超逸元、明两代矣。此外有：

崇文院本。咸平三年刻《吴志》三十卷，见《黄记》、《陆志》。天圣二年刻《隋书》八十五卷，见《陆志》。天圣中刻《齐民要术》十卷，见《杨志》。(存残本三卷。)天圣七年准敕雕造孙奭等《律》文十二卷、《音义》一卷，见《阮外集》、《瞿目》。(影钞宋本。)宝元二年刻贾昌朝《群经音辨》七卷，见《彭跋》。

秘书监本。元丰七年赵彦若校刻《张邱建算经》三卷，唐王孝通《缉古算经》一卷，见《四库书目提要》。

德寿殿本。刻刘球《隶韵》十卷，见《阮外集》。(云："第十卷末行有'御前应奉沈亨刊'七字。董其昌定为德寿殿本，似未真确。"德辉按：董说是也，沈亨当是御前供奉刻字匠人。)

左廊司局本。淳熙三年刻《春秋经传集解》三十卷，见《天禄琳琅后编》三、陈鳣《简庄随笔》。(后刻印记云："淳熙三年四月十七日，左廊司局内曹掌典秦玉桢等奏闻：《壁经》、《春秋》、《左传》、《国语》、《史记》等书，多为蠹鱼伤牍，不敢备进上览。奉敕用枣木椒纸各造十部。四年九月进览。监造臣曹栋校梓。司局臣郭庆验牍。")

两浙东路茶盐司本。熙宁二年刻《外台秘要方》四十卷,见《黄书录》、《陆志》、《陆跋》。绍兴三年刻《资治通鉴》二百九十四卷,见《瞿目》、《丁志》。刻扬雄《太玄经》十卷,见《四库书目提要》。绍兴丙辰(六年)刻《事类赋》三十卷,见《杨谱》。无年号刻《唐书》二百卷,见《黄书录》、《瞿目》。(宋刻残本)

两浙西路茶盐司本。绍兴辛未(二十一年)刻《临川王先生文集》一百卷,见《瞿目》(宋刻本)《丁志》(元刊本)

两浙东路安抚使本。乾道戊子(四年)洪适刻《元氏长庆集》六十卷,见《陆志》、《丁志》。(明仿宋本)

浙东庾司本。无年号刻桑世昌《兰亭考》十二卷,见《瞿目》。(影钞宋本)

浙右漕司本。刘敏士刻刘牧《易数钩隐图》三卷,附《遗论九事》一卷,见《四库书目提要》。

浙西提刑司本。淳熙己亥(六年)刻《作邑自箴》十卷,见《瞿目》、《缪续记》。(影钞宋本,云:卷末有"淳熙己亥中元浙西提刑司刊"一行。)

福建转运司本。绍兴十七年刻《太平圣惠方》一百卷,见《丁志》。(依宋刻钞本,云:太平兴国三年,内出亲验名方千余首,更诏医局各上家传方书,命王怀隐等校勘编类,淳化三年书成。绍兴中刻本,末载:"福建路转运司命将国子监《太平圣惠方》一部,一百卷,二十六册,计三千五百三十九版,对证内有用药分两及脱漏差误共壹万余字,各已修改开版,并无讹舛。于本司公使库印行。绍兴十七年四月日。"次列校刊各官名。)

潼州转运使本。淳熙乙巳(十二年)刻大字本《三国志》,见丰道生《真赏斋赋》。(未详卷数)

建安漕司本。绍兴癸酉(二十三年)黄訡刻其父伯思《东观余论》不分卷,(每叶二十行。每行二十字。)见傅沅叔增湘藏书。嘉定庚午(三年)刻黄伯思《东观余论》二卷,见《孙记》。(明项笃寿万卷堂仿宋刻本,云后有"建安漕司刻梓"六字。)开庆改元汤汉刻《西山先生真义忠公读书记》甲集三十七卷,乙集十六卷,丁集八卷,见《陆志》。

福建漕司本。无年号吴坚刻《胡子知言》一卷,《后录》一卷,见《天禄琳琅》六。(元翻宋本)《张子语录》三卷,《后录》三卷,《龟山先生语录》四卷,《后录》二卷,见《瞿目》。(云卷末有"后学天台吴坚刊于福建漕治"二行。)

淮南东路转运司本。淳祐庚戌(十年)刻徐积《节孝先生文集》三十卷,见《天禄琳琅后编》六。(前有王夬亨序,结衔称淮南东路提点刑狱公事兼淮南东路转运判官。)

荆湖北路安抚使本。绍兴十八年刻《建康实录》二十卷,见《张志》、《杨录》、《陆志》、《丁志》。(明影宋本)

湖北茶盐司本,亦称湖北庾司本。庆元二年修、淳熙二年补刻绍熙茶盐提举司本《汉书》一百二十卷,见《钱日记》、《陆志》、《陆跋》。

广西漕司本。绍圣三年刻王叔和《脉经》十卷,见《杨志》。

江东仓台本。淳熙庚子(七年)刻洪适《隶续》二卷,见《四库书目提要》。(云乾道戊子,始刻十卷于越。淳熙丁酉,范成大又为刻四卷于蜀。其后二年己亥,德清李彦颖又为增刻五卷于越。其明年庚子,尤袤又为刻二卷于江东仓台。辇其版归之越,前后合为二十一卷。)

江西计台本。淳熙八年钱佃刻《荀子》杨倞注二十卷,见《黄书录》。
　　江西漕台本。淳熙九年尤袤刻荀悦《申鉴》一卷,见《陆志》。(明翻宋本)邱宗卿刻《吕氏家塾读诗记》三十二卷,见《天禄琳琅后编》二、《瞿目》。
　　淮南漕廨本。嘉定乙亥(八年)王大昌刻钱文子《补汉兵志》一卷,见鲍廷博知不足斋重刻本。
　　广东漕司本。宝庆乙酉(元年)刻《新刊校定集注杜诗》三十六卷,见《天禄琳琅》三、《黄赋注》、《黄书录》、《瞿目》。(云即陈氏《书录》所谓福清曾噩刻板五羊漕司载为善本者也,每卷末有宝庆乙酉广东漕司锓梓及校勘各官衔名。)
　　江东漕院本。绍定辛卯(四年)赵善湘刻卫湜《礼记集说》一百六十卷,见《毛目》、(影钞宋本)《四库书目提要》、《丁志》。(影宋钞本)
　　江西提刑司本。嘉定壬申(五年)刻洪迈《容斋随笔》十六卷,《续笔》十六卷,《三笔》十六卷,《四笔》十六卷,《五笔》十卷,见《陆志》。(明会通馆活字本)以上各本,皆可称为:
　　公使库本。元符改元,苏州公使库刻朱长文《吴郡图经续记》三卷,见《黄书录》。(云绍兴四年孙佑补葺。)宣和四年吉州公使库刻《欧阳文忠六一居士集》五十卷,又《续刻》五十卷,见《天禄琳琅》三。绍兴十九年明州公使库刻《骑省徐公集》三十卷,见《张志》、《陆志》。(校宋钞本)绍兴戊寅(二十八年)沅州公使库刻孔平仲《续世说》十二卷,见《阮外集》。淳熙三年舒州公使库刻曾种《大易粹言》十二卷,见《四库书目提要》、《天禄琳琅后编》二。淳熙四年抚州公使库刻《礼记》郑注二十卷,见《杨录》;(嘉庆丙寅张敦仁翻刻)附《释文》四卷,见《瞿目》、《顾集》。淳熙六年春陵郡库刻《河南程氏文集》十卷,见《陆志》。(明刊本)淳熙七年台州公使库刻《颜氏家训》七卷,见《钱日记》、《黄书录》。(廉台田家刻本)淳熙八年台州公使库刻《荀子》二十卷,见《森志》。(光绪乙酉,黎庶昌《古逸丛书》翻刻)淳熙九年信州公使库刻李复《潏水集》十六卷,见《丁志》。(旧钞本)淳熙十年泉州公使库印书局刻《司马太师温国文正公传家集》八十卷,见《瞿目》、《黄记》。淳熙十四年鄂州公使库刻《花间集》十卷,见《杨录》。(已翻刻)凡此皆支领库钱所刻也。各州军郡府县亦然。故有:
　　州军学本。天圣七年江阴军军学刻《国语》韦昭注二十一卷,宋庠《国语音》三卷,见《陆志》、《陆跋》。(嘉庆五年,黄丕烈士礼居已仿刻,但未刻《音》)绍兴十年宣州军州学刻梅圣俞《宛陵集》六十卷,见《陆志》。(明翻宋本)绍兴十七年黄州州学刻王禹偁《小畜集》三十卷,见《陆志》。(明影宋本)又婺州州学教授沈斐校刻苏洵《嘉佑集》十六卷,见《四库书目提要》、《瞿目》、《杨录》、《陆跋》。(校宋钞本)绍兴二十一年惠州军州学刻《眉山唐先生文集》三十卷,见《陆志》。(旧钞本)绍兴壬申(二十二年)抚州州学刻谢薖《竹友集》十卷,见《四库书目提要》。(云州守赵士鹏勒其书于学宫。)绍兴二十七年南剑州州学刻孙甫《唐史论断》三卷,见《四库书目提要》、《天禄琳琅后编》八。又庐州州学刻《孝肃包公奏议集》十卷,见《张志》、(明刊本)《瞿目》。(明崇藩刻本)乾道初元建昌军学刻黄裳《演山集》六十卷,见《四库书目提要》、(云裳之季子玠裒辑,建昌军教授廖挺校订刻)《陆志》。(影宋钞本)乾道二年扬州州学教授汤修年刻沈括《梦溪笔谈》二十六卷,见《陆志》。乾道四年兴化军学教授蒋邕校刻《蔡忠惠集》三十六卷,见《四库书目提要》。乾道七年衢州军州学刻王溥《五代会要》三十卷,见《陆志》。(影宋钞本)邵武军学刻廖刚《高峰集》十二卷,见《陆志》。(旧钞本)淳熙二年抚州军学刻《谢幼盘集》十卷,见《陆志》。(旧钞本)淳熙三年泉州军州学刻沈与求《沈忠敏公龟溪集》十二卷,见《陆志》。(明刊本)淳熙辛丑(八年)泉州军州学刻程大昌《演繁露》六卷,见《天禄琳琅》二。又潭州州学刻贾谊《新书》十卷,见陆志。(明翻宋本)淳熙乙巳(十二年)至丁未(十四年)全州军州学刻《集韵》十卷,见《森志》、《杨志》。淳熙丙午(十三年)严州州学刻《唐柳先生集》四十五卷,《外集》一卷,《附录》一卷,(嘉定改元重刻)见《森志》。又象州军州学刻慕容彦逢《摘文堂集》十五卷,见《陆志》。(传钞阁本)绍熙壬子(三年)高邮军学刻秦观《淮海集》四十九卷,见《天禄琳琅后编》七。庆元庚申(六年)建昌军学南丰县主簿林宇冲刻《乐书》二百卷,见《森志》。嘉定改元台州州学刻林师葴《天台前集》三卷,(嘉定十六年刻林民表《别编》一卷,《拾遗》一卷。淳祐戊申刻《续集》二卷,庚戌刻《补遗》一卷,合前三卷。又《拾遗》一卷,《别编》一卷。)见《陆志》。嘉定壬申(五年)沈圻刻《范忠宣集》二十卷,见《陆志》、《陆续跋》。嘉定丙子(九年)兴国军学刻《春秋经传集解》三十卷,附陆德明《音义》五卷,闻人模《经传识异》三卷,见《天禄琳琅》一、《杨志》、《杨谱》。嘉定甲申(十七年)武冈军军学刻《温国文正司马公文集》八十卷,见《黄记》。绍定癸巳(六年)临江军学刻《朱文公校正昌黎先生集》四十卷,《外集》十卷,《遗文》一卷,见《天禄琳琅后编》六。端平元年临江军学刻张洽《春秋集注》十一卷,见《天禄琳琅后编》三。淳祐三年袁州军学刻程公说《春秋分纪》九十卷,附《例要》,(其弟公许刻)见《陆志》。(旧钞本)开庆元年福州州学刻《西山真文忠读书记》甲集三十六卷,乙集下二十卷,丁集八卷,见《四库书目提要》、《陆跋》。(云板心有"延祐五年补刊"六字及刊工名。德辉按:见前建安漕司本下,据《陆志》载入,与此实同一刻本。)景定甲子(五年)淮安州学刻徐积《节孝先生集》三十卷,见《四库书目提要》、《陆志》。(明刊本)咸淳辛未(七年)邵武军学补修乾道七年刻廖刚《高峰集》十二卷,见《陆志》。(旧钞本)无年号衢州州学刻《三国志》六十五卷,见《陆志》。赣州州学张之纲刻《文选》六十卷,见《天禄琳琅》十、又《后编》七、《瞿目》、《朱目》、《丁志》、(明嘉靖己酉袁褧嘉趣堂仿宋刻本。)《陆志》。(宋本。)袁州军学萍乡主簿主管学事江泰刻小字本《汉书》一百二十卷,见《森志》。

据上海书店 1990 年版《民国丛书·书林清话》

贩书偶记

〔书名〕

《贩书偶记》是一部主要收录清代著作的目录,为孙殿起编,1936 年出版,1982 年重印。主要收录清代著作间及 1911—1935 年间的有关古代文化的著作,共约万余种。其特点在于:凡见于《四库全书总目》者概不收录,录者必卷数不同的;非单刻本不录,间有在丛书者,必系初刻的单行本或抽印本。

〔作者〕

孙殿起(1894—1958),现代版本目录学家。字耀卿,别号贸翁,河北省冀县人。少年时,聪颖好学,博学强记。光绪三十四年(1908)经友人荐至北京琉璃厂宏京堂书坊做学徒,他深入学习掌握图书版本目录知识,勤奋敬业,经日埋头于古籍群书之间,视野扩大,学问长进,成为经营书业的行家。民国八年(1919)他自己创建了通学斋书店,经营规模逐渐扩大,由于他精识书籍版本,明辨优劣,生意也越来越好。

他贩书数十年,养就一种良好的习惯,凡经他过眼和贩过的书籍,均一一记录其书名、卷数、作者姓名、籍贯、刻印时间、刊印厂肆、书之序、跋、校勘等资料,日积月累,于民国二十三年(1934)编纂成为《丛书目录拾遗》12 卷,两年以后,又编纂了《贩书偶记》20 卷,这是清代以来的图书总目,相当于《四库全书》的续编,所以书目是《四库全书总目》不曾收入的,即使收入,在卷数、版本方面也有所不同的。书中所录,绝大部分是清代的著述,也有一些是辛亥革命以后至抗日战争以前(1935)的著述。

〔体例与内容〕

孙殿起根据多年经手及见知古旧书籍的经历,详记各书书名、著者及版刻事项,积万余条,并略考各书传授情况和内容差异,撰成《贩书偶记》20 卷。1936 年印行,1959 年中华书局出版附索引,1982 年重印时又增加了雷梦水的正误和补遗。1958 年,孙殿起还曾将所积材料 1 万余条交雷梦水整理成《贩书偶记续编》。1980 年由上海古籍出版社出版。

《贩书偶记》及《续编》主要收录清代以来在《四库全书》和各种丛书中未收录的单印本、稿本、抄本、校本等,偶尔收录 1911—1935 年间的有关古代文化的著作。两书还收录了一般书目所不收的禁毁书、明清白话小说和戏曲书。两书均按四部分类法分类,只对小类作了调整和补充。各书在书名、卷数、作者之后为注释,或简述作者经历,或附记作者其他著作名称,或明辨版刻特点、书名异同,或指出各篇(集)的内容,有时还对《四库总目》作补充著录,凡作者未见之书均加以说明。这一目录已成为查考清代作家作品及图书版刻的重要参考工具书。

〔版本〕

孙殿起《贩书偶记》二十卷，铅印本，民国二十五年(1936)借闲居排印。

孙殿起《贩书偶记》，中华书局上海编辑所1959年版。

孙殿起《贩书偶记》新1版，上海古籍出版社1982年版。

孙殿起《贩书偶记》影印本，上海书店1992年，据正中书局1948年版影印。

孙殿起《贩书偶记》附《续编》，上海古籍出版社1999年版。

◎贩书偶记（节选）

经部

易类

易经以俟录无卷数　明江汉瞿九思撰　无刻书年月，约万历间平阳史学选刊，案原编次作五卷

周易内传十二卷　清江金士升撰　道光间退思堂刊

周易补注十一卷易图解一卷　宗室德沛撰　乾隆六年精刊

俞氏读易举例三十五卷　江都俞大谟撰　嘉庆十年可仪堂刊　首三卷，上经十五卷，下经十七卷

书类

尚书副墨六卷　明金沙杨肇芳撰　其男胤奇删补　崇祯辛未集虚斋精刊

书经正解十二卷图一卷禹贡正解一卷　丹阳吴荃撰　康熙二十九年深柳堂刊

古文尚书考二卷　东吴惠栋撰　乾隆五十七年刊

书考辨二卷　三原刘绍颁撰　无刻书年月，约道光间刘氏传经堂刊

尚书集注音疏十二卷尚书经师系表一卷　吴县江声撰　乾隆五十八年刊篆字本　卷一第二页十三行"发公羊墨守箴左氏膏肓起穀梁废疾以难何休"等十九字后印本移在前十一行，错乱不堪，印工亦劣

尚书今古文集解三十卷　武进刘逢禄撰　传抄本　格版边线外刻有"艺风钞藏"四字

诗类

诗集传音释二十卷图一卷纲领一卷诗序辨说一卷附校勘札记一卷　明庐陵罗复撰　咸丰五年至七年海昌蒋氏衍芬草堂校刊　光绪己丑江南书局刊

诗经捷渡四卷　明古临徐奋鹏撰　天启乙丑金陵王凤祥刊朱墨套印本

朱子诗义补正八卷　桐城方苞撰　门人单作哲编　无刻书年月。约乾隆间刊

韩诗外传十卷补逸一卷　汉燕人韩婴撰　武进赵怀玉校补　乾隆五十五年亦有生斋刊

周礼类

周礼军赋说四卷　中吴王鸣盛撰　乾隆间颐志堂精刊

仪礼类

仪礼石经校勘记四卷　仪征阮元撰　乾隆乙卯七略书阁刊

礼记类

礼记郑注二十卷　汉郑玄撰　释文一卷　唐陆德明撰　考异二卷　阳城张敦仁撰　嘉庆丙寅阳城张氏摹宋抚州本精刊

续礼记集说一百卷　仁和杭世骏撰　光绪乙未至甲辰浙江书局刊

月令七十二候诗自注四卷　历城马国翰撰　光绪十五年绣江李氏重校刊

史部

正史类

汉书补注一百卷　长沙王先谦撰　光绪庚子虚受堂刊

汉书校证二十四卷　溧阳史学海撰　底稿本　卷六至卷十三。卷二十二至卷二十四佚

晋书札记五卷　会稽李慈铭撰　近北平图书馆铅字排印本

编年类

资治通鉴后编校勘记十五卷　武阳夏震武撰　光绪二十四年刊

国榷一百卷　明盐官谈迁撰　传抄本

东华录三十二卷　湘源蒋良骐撰　同治壬申聚锦堂刊

纪事本末类

辽史纪事本末四十卷金史纪事本末五十二卷　萍乡李有棠撰　光绪癸巳李樵鄂楼刊　光绪二十七年广雅书局刊

粤滇纪略十卷　九峰居士编　旧抄本　载永历元年至十五年之事。即顺治三年至十八年也。所述虽欠雅劲。而叙事极详明

古史类

周书解义十卷　仁和潘振撰　石门徐珩订　嘉庆十年月林堂刊

竹书纪年校补二卷　甘泉张宗泰撰　嘉庆二年石梁学署刊　又道光二十五年刊

子部

儒家类

孔子家语增注十卷　日本信阳太宰纯撰　宽保二年嵩山房刊即乾隆七年刊

荀子集解二十卷考证一卷　长沙王先谦撰　光绪辛卯刊

明夷待访录一卷　余姚黄宗羲撰　光绪甲辰甘肃文学堂刊　光绪戊戌丰城余氏宝墨斋刊

兵家类

司马法三卷音义一卷　东吴曹元忠辑　光绪二十年笺经室精刊

兵法史略学二卷　丹徒陈庆年撰　光绪二十五年两湖书院正学堂刊

法家类

管子纂诂二十四卷附纂诂考讹一卷　日本日南安井衡撰　庆应间精刊即同治六年刊　按衡字仲平。号息轩。博学多识。著书甚夥。尤长于管子一书,考证精洽,德清戴氏管子校正多出此书。近见一部,多补正一卷。明治间刊。

商君书斠诠五卷首一卷附录一卷　长沙王时润撰　民国四年铅字排印本

平冤录一卷　不著撰人姓名　无刻书年月，约明万历间金陵书坊王慎吾重刊

医家类

黄帝素问直解九卷　钱塘高世拭撰　康熙乙亥侣山堂刊

本草纲目拾遗十卷　钱塘赵学敏撰　乾隆间刊　卷九分上下　同治间吉心堂刊　光绪十一年合肥张氏味古斋重校刊。附本草纲目后

小说家类

精忠传八卷附图　不著撰人姓名　无刻书年月。约顺治间刊。有明万历间序

虞初新志二十卷　新安涨潮辑　乾隆庚辰诒清堂重刊袖珍本

阅微草堂笔记二十四卷　河间纪昀撰　嘉庆五年北平盛氏刊　案此书版心上有嘉庆五年校刊，下有北平盛氏藏板等十二字者。为原刊本也。　嘉庆丙子北平盛氏重刊　道光癸巳羊城重刊

聊斋志异十六卷　淄川蒲松龄撰　乾隆间青柯亭刊。即俗称鲍廷博刊本。此本有依样翻刻者。字劣。　道光壬寅广顺但氏刊。朱墨套印本。有但明伦新评。　道光癸卯花木长荣之馆刊。两截楼版，有江宁何垠注释。

集部

楚辞类

离骚经订注一卷　明高邑赵南星撰　万历癸丑刊

屈原赋注七卷通释二卷　休宁戴震撰　音义三卷　歙汪梧凤撰　乾隆庚辰刊

离骚经一卷　不著撰人姓氏　咸丰九年吴门刊后有诗樵自跋　按封面左边刊有"古汲郡三益斋贺氏读本"十字

别集类

曹子建诗笺二卷　梅县古直撰　民国十七年中华书局以古宋字排印本

陶渊明集注十卷　晋陶潜撰　明郴何孟春注　正德间绵眇阁刊

杜工部集笺注二十卷年谱一卷附录一卷　虞山钱谦益撰　康熙六年刊

亭林诗稿六卷　崐山顾炎武撰　无印书年月，约光绪间幽光阁以戴子高家藏潘次耕手抄铅字排印本。较他本多不同

小仓山房诗集二十六卷补遗一卷文集二十四卷附一卷外集六卷　钱塘袁枚撰　乾隆己丑刊　补遗系癸丑至癸巳删余改剩之作。此外集系骈文　枚著有随园三十种

总集类

文选李善注六十卷　梁昭明太子萧统编　唐李善注　考异十卷　鄱阳胡克家撰　嘉庆十四年鄱阳胡氏重刊宋淳熙本

唐文拾遗七十二卷　归安陆心源辑　光绪十四年刊

皇朝经世文续编一百二十卷　武进盛康辑　光绪二十三年思补楼刊巾箱本

玉台新咏笺注十卷　吴江吴兆宜原注　长洲程琰删补　乾隆甲午稻香楼精刊　光绪己卯宏达堂刊

据中华书局1959年版《贩书偶记》

中国版刻图录

〔书名〕

《中国版刻图录》,赵万里主编。开本 37.5*28 厘米,宣纸线装本,蓝布六合套装,磁青封皮,湖绫包角,一函八册全,无版权页,约 210 个印张,所收都是我国现存版刻的精华,系统地反映了我国版刻的发展过程,是研究古书版本、版刻艺术的必备工具书。

〔作者〕

赵万里(1905—1980),字斐云,别号芸盦、舜盦。1905 年 5 月 7 日生于浙江省海宁市盐官镇一个书香门第,著名文献学家、敦煌学家,精于版本、目录、校勘、辑佚之学,国学大师王国维的同乡兼门生。1921 年考入南京东南大学中文系,从吴梅习词学。1925 年毕业后任清华学校国学研究院助教,得王国维指导,在文史、戏曲、金石、版本、目录、校勘等学科打下坚实基础。1928 年转注北平北海图书馆(1929 年 8 月并入国立北平图书馆,即今中国国家图书馆)工作,历任中文采访组组长、善本考订组组长、编纂委员、《国立北平图书馆馆刊》编辑、善本部主任,兼中央研究院历史语言所特约及通讯研究员,故宫博物院图书馆和文献馆专门委员,并在北京大学、清华大学、中法大学、辅仁大学、中国大学等校任教,讲授中国史料目录学、目录学、校勘学、版本学、中国雕版史、中国戏曲史、中国俗文学史、词史等课程。1949 年后任北京图书馆(今国家图书馆)研究员,兼善本特藏部主任。

〔体例与内容〕

《中国版刻图录》是一部系统反映中国雕版印刷成就的大型书影图谱。该书选辑中国雕版印刷术发明以后历代雕版印刷的书籍中有代表性的作品的样页,按刻版时代和刻版地区编排,展示了各个时代刻版印刷技术的发展。本图录收历代善本书影和重要版画共五百五十种,图七百二十四幅,分三部分:一、刻版,收唐、五代、宋金、元、明、清各代刻版书影四百六十种,图五百九十八幅;二、活字版,收明清两代活字版书影四十种,图五十幅;三、版画,收宋元明清四朝版画五十种,图七十六幅。从中可看到同一时代在不同地区刻印的书在字体风格上的差异以及同一地区不同时代版刻风格的延续。该书在刻版书籍之后,还增加了活字印本与版画部分,各成系统。对所选之书,每种都撰有说明,内容为该书版刻特点、版本鉴定的依据、雕版源流、补版先后等。该书由文物出版社影印出版,1960 年初印,选书 500 种,有图版 662 幅,用宣纸印刷 300 部。1961 年增订再版,选书 550 种,有图版 724 幅,用道林纸印制 500 部。版画中彩色画面诸幅,以珂瓏版套印。

〔版本〕

赵万里. 中国版刻图录. 文物出版社(影印版),1960 年初印

中國版刻圖錄目錄

一 刻版 四百六十種

唐

陀羅尼經咒 唐成都府卞家刻本 成都 四川省博物館藏

匡高三一厘米，廣三四厘米。一九四四年出成都市內一唐墓人骨架臂上銀鐲內。四周雙邊。匡外鐫成都府㳂此三字已成都縣龍池坊下有五字已模糊大半 去大半 已模糊 。匡外鐫成都府㳂此三字已成都縣龍池坊下有五字已模糊。印本中央鐫一小佛像坐蓮座上，外刻梵文經咒，咒文外四角四周又圍刻小佛像。唐代民間流行迷信品。現時國內所存古刻本，當以此咒爲首。

匡高三一厘米，廣三四厘米。一九四四年出成都市內一唐墓人骨架臂上銀鐲內。四周雙邊。近卞下有數字印賣咒本一行。唐肅宗至德二年成都改稱府，因推知經咒板行，當在是年以後。

圖版一

文殊師利菩薩像 五代刻本 北京圖書館藏 以下各書不注藏處者，皆北京圖書館書。

匡高二六·八厘米，廣一五·八厘米。四周雙邊。分上下欄，上欄鐫文殊師利菩薩像，下欄鐫五字心眞言。刻工體勢與五代刻本韻書相近。清光緒年間出敦煌莫高窟。

圖版二

五代

宋 依刻版地區順序

一切如來心祕全身舍利寶篋印陀羅尼經 北宋開寶八年吳越國王錢俶刻本 杭州

匡高五·七厘米，長二○五·八厘米。一九二四年八月杭州西湖雷峯塔圮，甎孔中出此經。文多剝落殘缺，此獨完整可誦。首鐫天下兵馬大元帥吳越國王錢俶造此經八萬四千卷，捨入西關甎塔，永充供養，乙亥八月日紀三行。次鐫佛說法圖。又次鐫陀羅尼經全文。乙亥爲宋太祖開寶八年，吳越王錢俶在位之二十九年，世亦稱五代刻本。

圖版三

文紀第四　班固　漢書四

秘書監上護軍琅邪縣開國子顏　師古　注

孝文皇帝　荀悅曰諱恒之字曰常應
劭曰諡法慈惠愛人曰文
高祖中子也母曰薄
姬　如淳曰姬音怡衆妾之摠稱漢官儀曰姬妾數百外戚傳亦曰幸姬
姬内官也秩比二千石位次
婕妤下在八子上師古曰姬者本周之姓貴於衆國之女所以婦人美號
皆稱姬焉故左氏傳曰雖有姬姜無棄蕉萃姜亦大國女後因摠稱則近之
妾爲姬史記云高祖居山東時好美姬是也若姬是官號不應云幸
姬戚夫人且外戚傳備列后妃諸官無姬職也如云衆妾摠稱
不當音怡宜依字讀耳瓆說謬也
高祖十一年誅陳豨定代地立子恒
爲代王都中都十七年秋高后崩　張晏曰代王之十七年也
諸呂謀爲亂欲危劉氏丞相陳平大尉周勃朱虚侯劉
章等共誅之謀立代王語在高后紀高五王傳大

卷四　校勘著述文选

颜氏家训

〔书名〕

北齐黄门侍郎颜之推所撰，其目的为"整齐门内，提撕子孙"（《颜氏家训·序》），故名之。

〔作者〕

颜之推（531—约595），字介。祖籍琅琊临沂（今山东临沂北），世居梁朝建康（今江苏南京）。南北朝时期著名的教育家和文学家。出身于世业儒术的士族官宦之家。年十二，习《老》、《庄》、《礼传》。博览群书，无不该洽。年19岁（549）踏入仕途，后出任梁元帝萧绎的散骑常侍，奏舍人事，奉命校书。两年间尽览秘阁藏书。梁元帝承圣三年（554），西魏兴兵攻陷江陵，全家被掳至西魏。后逃奔北齐，颜之推不得已出仕北齐。在北齐度过20年相对稳定的生活，先后担任赵州功曹参军、通直散骑常侍、中书舍人、黄门侍郎等官职，主持文林馆工作并编纂《修文殿御览》。北齐幼主承光元年（577），北周军队攻灭了北齐，再次被俘，授以御史上士。隋文帝杨坚取代北周，被太子召为学士，"甚见礼重"，这时最终完成《颜氏家训》撰写工作。其卒年已不可考，从《家训·终制》篇中"吾已六十余，故心坦然，不以残年为念"的叙述来看，病逝时应为六十余岁，约在开皇十余年中。颜之推一生著作甚丰，有《文集》30卷、《笔墨法》1卷、《稽圣赋》3卷、《证俗音字》5卷、《训俗文字略》1卷、《集灵记》20卷、《急就章注》1卷、《还冤志》（又名《冤魂志》、《还冤记》）3卷。《颜氏家训》本不是他的主要著作，但因其他著作大多失传，存于世者仅《颜氏家训》、《还冤志》。

〔体例与内容〕

《颜氏家训》是我国历史上第一部内容丰富、体系宏大的家训，也是一部学术著作。始作于北齐，成书于隋朝。宋刊本七卷，明刊本二卷。现为七卷二十篇，依次是：卷第一，序致、教子、兄弟、后娶、治家六篇；卷第二，风操、慕贤两篇；卷第三，勉学一篇；卷第四，文章、名实、涉务三篇；卷第五，省事、止足、诫兵、养生、归心五篇；卷第六，书证一篇；卷第七，音辞、杂艺、终制三篇。以训子孙，兼论字画音训，考证典故，品第文艺。"大抵于世故人情，深明利害，而能文之以经训"（《四库提要》语），符合了儒家知识分子教育子孙的需要，因而得以广泛流传。被宋人陈振孙《直斋书录解题》视为"古今家训，以此为祖"。清代卢文弨

推崇为"立身之要，处世之宜，为学之方，盖莫善于是书"。(卢文弨注《颜氏家训序》见《抱经堂丛书》)

〔版本〕

王利器《颜氏家训集解》，上海古籍出版社1980年版。
黄永年《颜氏家训选译》，巴蜀书社1991年版。
程小铭《颜氏家训全译》，贵州人民出版社1993年版。

《颜氏家训》卷六·书证篇十七(节选)

【导读】

书证篇十七。通篇是考证，范围既有书籍中的，也有日常生活中的，草木鱼虫、山川村镇、文字形体、方言读音、天文地理、风土人情，古今南北，无所不包。主要是对经、史、文章所作的考证，考证古书近30种，共有47条，汇集成为《家训》中文字最长的一篇，约8 000字。从校勘的发展历史看，《书证篇》开创了一种脱离专书而广泛论述各种书籍所见错讹的笔记形式。校勘范围扩大，不仅有经典文献，还有古乐府、通俗文等。校勘资料丰富，开始使用出土文物等来校勘误字。校勘态度审慎："校定书籍，亦何容易。自扬雄、刘向方称此职耳。观天下书未遍，不得妄下雌黄。或彼以为非，此以为是，或本同末异。或两文皆欠。不可偏信一隅也。"(《颜氏家训·勉学篇》)书证贡献的校勘成果并不多，却表明了校勘开始出现独立为一种学术的发展趋势。因此清人黄叔琳认为"此篇系考证之学，当另为一书。"

◎书证第十七(节选)

"也"是语已及助句之辞，文籍备有之矣。河北经传，悉略此字，其间字有不可得无者，至如"伯也执殳"，"于旅也语"，"回也屡空"，"风，风也，教也"，及《诗传》云："不戢，戢也；不傩，傩也。""不多，多也。"如斯之类，傥削此文，颇成废阙。《诗》言："青青子衿。"《传》曰："青衿，青领也，学子之服。"按：古者，斜领下连于衿，故谓领为衿。孙炎、郭璞注《尔雅》，曹大家注《列女传》，并云："衿，交领也。"邺下《诗》本，既无"也"字，群儒因谬说云："青衿、青领，是衣两处之名，皆以青为饰。"用释"青青"二字，其失大矣！又有俗学，闻经传中时须也字，辄以意加之，每不得所，益成可笑。

《易》有蜀才注，江南学士，遂不知是何人。王俭《四部目录》，不言姓名，题云："王弼后人。"谢炅、夏侯该，并读数千卷书，皆疑是谯周；而《李蜀书》一名《汉之书》，云："姓范名长生，自称蜀才。"南方以晋家渡江后，北间传记，皆名为伪书，不贵省读，故不见也。

《礼·王制》云："赢股肱。"郑注云："谓搟衣出其臂胫。"今书皆作攘甲之攘。国子博士萧该云："攘当作搟，音宣，攘是穿著之名，非出臂之义。"案《字林》，萧读是，徐爰音患，非也。

《汉书》："田肎贺上。"江南本皆作"宵"字。沛国刘显，博览经籍，偏精班《汉》，梁代谓之《汉》圣。显子臻，不坠家业。读班史，呼为田肎。梁元帝尝问之，答曰："此无义可求，但臣家旧本，以雌黄改'宵'为'肎'。"元帝无以难之。吾至江北，见本为"肎"。

《汉书·王莽赞》云："紫色䵷声，馀分闰位。"盖谓非玄黄之色，不中律吕之音也。近有学士，名问甚高，遂云："王莽非直鸢髆虎视，而复紫色䵷声。"亦为误矣。

简策字，竹下施束，末代隶书，似"杞宋"之"宋"，亦有"竹"下遂为"夹"者；犹如"刺"字之傍应为"朿"，今亦作"夹"。徐仙民《春秋》、《礼音》，遂以"筴"为正字，以"策"为音，殊为颠倒。《史记》又作"悉"字，误而为"述"，作"妮"字，误而为"姤"，裴、徐、邹皆以"悉"字音"述"，以"妮"字音"姤"。既尔，则亦可以"亥"为"豕"字音，以"帝"为虎字音乎？

张揖云："虙，今伏羲氏也。"孟康《汉书》古文注亦云："虙，今伏。"而皇甫谧云："伏羲或谓之宓羲。"按诸经史纬候，遂无宓羲之号。虙字从虍，宓字从宀，下俱为必，末世传写，遂误以虙为宓，而《帝王世纪》因误更立名耳。何以验之？孔子弟子虙子贱为单父宰，即虙羲之后，俗字亦为宓，或复加山。今兖州永昌郡城，旧单父地也，东门有《子贱碑》，汉世所立，乃曰："济南伏生，即子贱之后。"是虙之与伏，古来通字，误以为宓，较可知矣。

《太史公记》曰："宁为鸡口，无为牛后。"此是删《战国策》耳。案：延笃《战国策音义》曰："尸，鸡中之主。从，牛子。"然则，"口"当为"尸"，"后"当为"从"，俗写误也。

应劭《风俗通》云："《太史公记》：'高渐离变名易姓，为人庸保，匿作于宋子，久之作苦，闻其家堂上有客击筑，伎痒，不能无出言。'"案：伎痒者，怀其伎而腹痒也。是以潘岳《射雉赋》亦云："徒心烦而伎痒。"今《史记》并作"徘徊"，或作"彷徨不能无出言"，是为俗传写误耳。

《太史公》论英布曰："祸之兴自爱姬，生于妒媚，以至灭国。"又《汉书·外戚传》亦云："成结宠妾妒媚之诛。"此二"媚"并当作"媢"，媢亦妒也，义见《礼记》、《三苍》。且《五宗世家》亦云："常山宪王后妒媢。"王充《论衡》云："妒夫媢妇生，则忿怒斗讼。"益知媚是媢之别名。原英布之诛为意贲赫耳，不得言媚。

《史记·始皇本纪》："二十八年，丞相隗林、丞相王绾等，议于海上。"诸本皆作山林之"林"。开皇二年五月，长安民掘得秦时铁称权，旁有铜涂镌铭二所。其一所曰："廿六年，皇帝尽并兼天下诸侯，黔首大安，立号为皇帝，乃诏丞相状、绾，法度量则不壹歉疑者，皆明壹之。"凡四十字。其一所曰："元年，制诏丞相斯、去疾，法度量，尽始皇帝为之，皆□刻辞焉。今袭号而刻辞不称始皇帝，其于久远也，如后嗣为之者，不称成功盛德，刻此诏□左，使毋疑。"凡五十八字，一字磨灭，见有五十七字，了了分明，其书兼为古隶。余被敕写读之，与内史令李德林对，见此称权，今在官库；其"丞相状"字，乃为状貌之"状"，犭旁作犬；则知俗作"隗林"，非也，当为"隗状"耳。

《汉书》云："中外禔福。"字当从示。禔，安也，音匙匕之匙，义见《苍雅》、《方言》。河北学士皆云如此。而江南书本，多误从手，属文者对耦，并为提挈之意，恐为误也。

或问："《汉书注》：'为元后父名禁，改禁中为省中。'何故以'省'代'禁'？"答曰："案：《周礼·宫正》：'掌王宫之戒令纠禁。'郑注云：'纠，犹割也，察也。'李登云：'省，察也。'张揖云：'省，今省詧也。'然则小井、所领二反，并得训察。其处既常有禁卫省察，故以'省'代'禁'。詧，古察字也。"

《汉明帝纪》:"为四姓小侯立学。"按:桓帝加元服,又赐四姓及梁、郑小侯帛,是知皆外戚也。明帝时,外戚有樊氏、郭氏、阴氏、马氏为四姓。谓之小侯者,或以年小获封,故须立学耳。或以侍祠猥朝,侯非列侯,故曰小侯,《礼》云:"庶方小侯。"则其义也。

《后汉书》云:"鹳雀衔三鳝鱼。"多假借为鳣鲔之鳣;俗之学士,因谓之为鳣鱼。案:魏武《四时食制》:"鳣鱼大如五斗奁,长一丈。"郭璞注《尔雅》:"鳣长二三丈。"安有鹳雀能胜一者,况三乎?鳣又纯灰色,无文章也。鳝鱼长者不过三尺,大者不过三指,黄地黑文;故都讲云:"蛇鳝,卿大夫服之象也。"《续汉书》及《搜神记》亦说此事,皆作"鳝"字。孙卿云:"鱼鳖鳅鳝。"及《韩非》、《说苑》皆曰:"鳝似蛇,蚕似蠋。"并作"鳝"字。假"鳣"为"鳝",其来久矣。

《后汉书》:"酷吏樊晔为天水郡守,凉州为之歌曰:'宁见乳虎穴,不入冀府寺。'"而江南书本"穴"皆误作"六"。学士因循,迷而不寤。夫虎豹穴居,事之较者;所以班超云:"不探虎穴,安得虎子?"宁当论其六七耶?

据上海古籍出版社 1990 年版《颜氏家训集解》

经典释文

〔书名〕

《经典释文》的书名为陆德明在此书序中所定。"研精六籍,采摭九流,搜访异同,校之《苍雅》,辄撰集五典《孝经》及《老》、《庄》、《尔雅》等音,合为三帙三十卷,号曰《经典释文》。"

〔作者〕

陆德明(约550—630),名元朗,以字行,苏州吴人。生于梁简文帝初年,历仕梁、陈、唐三朝,是著名的经学家、训诂学家。初受学于周弘正,善言玄理。陈太建中,后主为太子,集名儒入讲承光殿,陆氏以弱冠之年与国子祭酒徐孝克抗辨,屡夺其说,举坐咨赏。起官始兴王国左常侍,迁国子助教。陈亡归里。隋炀帝嗣位召为秘书学士,授国子助教。王世充称帝欲以为子师,严拒之。唐初,秦王辟为文学馆学士,以经授中山王承乾,补太学博士。高祖已释奠,召博士徐文远、浮屠慧乘、道士刘进喜等讲经,陆德明驳难,随方立义,遍析其要,众为屈。贞观初迁国子博士,封吴县男。著有《周易注》、《周易兼义》、《易释文》等。《经典释文》大约于陈后主至德元年(583)开始编撰,完成于隋末唐初。

〔体例与内容〕

《经典释文》是一部以注音为主,兼及释义和校勘的著作。共30卷,卷一为序录,包括"序"、"条例"、"次第"、"注解传述人"四个部分。卷二至卷三十依次为《周易》、《古文尚书》、《毛诗》、《周礼》、《仪礼》、《礼记》、《春秋左氏传》、《春秋公羊传》、《春秋谷梁传》、《孝经》、《论语》、《老子》、《庄子》、《尔雅》等十四部古籍考证字音。体例是"摘字为音",兼释"经"、"注"。《孝经》和《老子》二书则抄录全句。全书共为经文9992字,注文6129字加以音释,合计为16121字。《四库全书总目提要》评论这本巨著说:"所采汉魏六朝音切,凡二百三十余家,又兼载诸儒之训诂,证各本之异同,后来得以考见古义者,注疏以外,惟赖此书。真所谓残膏剩馥,沾溉无穷者也。"

〔版本〕

《经典释文》上海古籍出版社,1985年影宋元递修本;
黄焯《经典释文汇校》,中华书局2006年版。
吴承仕《经典释文序录疏证》,1984年中华书局重印点校本。

经典释文（节选）

【导读】

《经典释文》原是一部汇集经典文字注音的专著。注音必然与被注字的字义和字形密切相关，经典中有异文，由于不同的原因对同一字作了不同的音注。因此，汇集音注，不可避免地要同时汇集有关的异文。全书除了用反切或直音的方法给难字注音之外，也兼及辨别字义。同时对于经典异文也多所考证，并记载了多种版本的异同。《条例》中有关文字的论述，表明作者对于语音和语义、字形之间的关系有着透彻的理解，代表了南北朝学者在音韵、训诂、文字等学术上达到的成就，也反映了当时对于古籍校勘已经能够自觉的运用这些知识分析异文产生的原因、致误原因和判断依据。同时正文中保存了大量的经典异文，提供了许多分析判断异文正误的材料。所以其校勘，后人以"集汉以下校勘学之大成"（范希增语，转引自蒋伯潜《校雠目录学纂要》页36）之语誉之，亦不过分。

◎经典释文·序

夫书音之作，作者多矣。前儒撰著，光乎篇籍。其来既久，诚无间然。但降圣已远，不免偏尚，质文详略，互有不同。汉魏迄今，遗文可见，或专出己意，或祖述旧音，各师成心，制作如面。加以楚夏声异，南北语殊，是非信其所闻，轻重因其所习。后学钻仰，罕逢指要。夫筌蹄所寄唯在文言，差若毫厘，谬便千里。夫子有言："必也正名乎，名不正则言不顺，言不顺则事不成。"故君子名之必可言也，言之必可行也。斯富哉言乎大矣盛矣，无得而称矣。然人禀二仪之淳和，含五行之秀气，虽复挺生天纵，必资学以知道。故唐尧师于许由，周文学于虢叔，上圣且犹有学，而况其余乎。至于处鲍居兰，翫所先入；染丝斲梓，功在初变。器成采定，难复改移，一薰一莸，十年有臭，岂可易哉！岂可易哉！余少爱坟典，留意艺文，虽志怀物外，而情存著述。粤以癸卯之岁，承乏上庠，循省旧音，苦其太简，况微言久绝，大义愈乖，攻乎异端，竞生穿凿。不在其位，不谋其政，即职司其忧，宁可视成而已。遂因暇景，救其不逮，研精六籍，采摭九流，搜访异同，校之《苍雅》，辄撰集五典《孝经》、《论语》及《老》、《庄》、《尔雅》等音，合为三袠三十卷，号曰《经典释文》。古今并录，括其枢要，经注毕详，训义兼辩，质而不野，繁而非芜。示传一家之学，用贻后嗣，令奉以周旋，不敢坠失，与我同志，亦无隐焉。但代匠指南，固取消于博识，既述而不作，言其所用，复何伤乎云尔。

◎经典释文·条例

先儒旧音多不音注。然注既释经，经由注显。若读注不晓，则经义难明。混而音之，寻讨未易。今以墨书经本，朱字辩注，用相分别，使较然可求。旧音皆录经文全句，徒烦翰墨，今则各标篇章于上，摘字为音，虑有相乱，方复其录，唯《孝经》童蒙始学，《老子》众本多乖,是以二书特纪全句。《五经》人所常习,理有大宗,义行于世,无烦觐缕。至于《庄》《老》,读学者稀,故于此书,微为详悉。又《尔雅》之作,本释《五经》,既解者不同,故亦略存其异。文字音训,今古不同,前儒作音,多不依注,注者自读,亦未兼通今之所撰,微加斟酌,若典籍常用,会理合时,便即遵承,标之于首。其音堪互用,义可并行,或字有多音,众家别读苟有所取,靡不毕书,各题氏姓,以相甄识。义乖于经,亦不悉记。其或音一音者,盖出于浅近,示传闻见,览者察其哀焉。然古人音书,止为譬况之说。孙炎始为反语,魏朝以降渐繁。世变人移,音讹字替,如徐仙民反易为神石,郭景纯反燄为羽盐,刘昌宗用承音乘,许叔重读皿为猛,若斯之俦,今亦存之音内,既不敢遗旧,且欲俟之来哲。书音之用,本示童蒙,前儒或用假借字为音,更令学者疑昧。余今所撰,务从易识,援引众训,读者但取其意义,亦不全写旧文。与籍之文虽夫子删定,子思读诗,师资已别,而况其余乎。郑康成云,其始书之也,仓促无其字,或以音类比方假借为之,趣于近之而已。受之者非一邦之人,人用其乡,同言异字,同字异言,于兹遂生矣。战国交争,儒术用息,秦皇灭学,加以坑焚,先圣之风,扫地尽矣。汉兴改秦之弊,广收篇籍,孝武之后,经术大隆。然承秦焚书,口相传授,一经之学,数家竞爽,章句既异,蹐驳非一。后汉党人既诛,儒者多坐流废。后遂私行金贷,定兰台漆书经字,以合其私文。灵帝乃诏诸儒正定五经于石碑之上,为古文篆隶。三体书法,以相参检,树之学门,使天下取则,未盈一纪,寻复废焉。班固云:"后世经传既已乖离,传学者又不思多闻阙疑之义,而务碎义逃难,便词巧说,安其所习,毁所不见,终以自弊,此学者之大患也。"诚哉是言。

　　余既撰音,须定纰谬。若两本俱用,二理兼通,今并出之,以明同异。其泾渭相乱,朱紫可分,亦悉书之,随加刊正。复有他经别本,词反义乖,而又存之者,示博异闻耳。经籍文字,相承已久。至如"悦"字作"说","闲"字为"间","智"但作"知","汝"止为"女",若此之类,今并依旧音之。然音书之体,本在假借。或经中过多,或寻文易了,则翻音正字,以辩借音,各于经内求之,自然可见。其两音之者,恐人惑故也。

　　《尚书》之字,本为隶古。既是隶写古文,则不全为古字。今宋、齐旧本及徐、李等音,所有古字,盖亦无几。穿凿之徒,务欲立异,依傍字部,改变经文,疑惑后生,不可承用。今皆依旧为音。其字有别体,则见之音内。然亦兼采《说文》、《字诂》,以示同异者也。

　　《春秋》人名字氏族及地名,或前后互出,或经传更见,如此之类,不可具举。若国异名同及假借之字,兼相去辽远,不容疎略,皆斟酌折衷,务使得宜。

　　《尔雅》本释坟典,字读须逐五经。而近代学徒,好生异见,改音易字,皆采杂书。唯止信其所闻,不复考其本末。且六文八体,各有其义,形声会意,宁拘一撰?岂必飞禽即须安鸟,水族便应着鱼,虫属要作虫旁,草类皆从两中,如此之类,实不可依。今并校量,不从流俗。

　　方言差别,固自不同,河北江南,最为钜异,或失在浮清,或滞于沉浊,今之去取,冀祛兹弊,亦恐还是敩音,更成无辩。夫质有精麤,谓之好恶,(并如字)心有爱憎,称为好恶,(上呼报反,下乌路反)当体即云名誉(音预),论情则曰毁誉(音余),及夫自败(蒲迈反)败他(蒲败反)之殊,自坏(呼怪反)坏撤(音怪)之异。此等或近代始分,或古已为别,相仍积习,有自来矣。余承师说,皆辨析之。比人言者,多为一例。如而靡异,邪(不定之词)也(助句之词)弗殊,莫辩复(扶义反重)复(音复反也),宁论过(古禾反经过)过(古卧反超过)

又以"登""升""共"为一韵,"攻""公"分作两音,如此之俦,恐非为得,将来君子,幸留心焉。

五经字体,乖替者多。至如"黿鼉"从"龟","乱""辞"从"舌","席"下为"带","恶"上安"西","析"旁着"片","离"边作"禹",直是字谬,不乱馀读。如"宠"(丑陇反)字为"宠"(力孔反),"锡"(思历反)字为"锡"(音肠),用"支"(普卜反《字林》普角反)代文,(武云反),将无(音无)混无(音既)其之流,便成两失。又来旁作力,俗以为约勑字,《说文》以为劳倈之字,水旁作曷,俗以为饥渴字,字书以为水竭之字,如此之类,改便惊俗,止不可不知耳。

据上海古籍出版社1985年版《经典释文》

經典釋文第二

周易音義

周 代名也。周，至也，遍也，備也。今名書，義取周普。盈隻反。此經名也。虞翻注《參同契》云：字從「日」「勿」，正從日勿①。

易 上者，對下立名。經者，常也，法也，徑也，由也。直戀反。以傳述爲義，謂夫子《十翼》也，解見發題。

上經 第一 **乾** 卦名也。亦作「弟」。

傳 王弼注本亦作「王輔嗣註」，音張具反。今本或無「注」字，師說無者非。

☰ **乾** 渴然反。依字作「乹」②。下「乙」，乾從「日」「乚」。乹音偐。

乾 乾，健也。此八純卦，象天。元亨許庚反，卦德也，訓通也。

潛 捷鹽反。龍喻陽氣及聖人。

見龍 如字。下皆同。

大人 王肅云：聖人在位之目。

利見 下皆同。「見龍」皆同。

夕惕 他歷反，怵惕也。鄭云：懼也。《廣雅》同。《易》內皆作此，玄云：懼也。

若厲 力世反，危也。

无 音無。《易》內皆作此。

不偏 音篇。則過古卧反，諸經內音者放此。德施始豉反，與也。

離隱 力智反。處於昌呂反，眾經不音者放此。

克 ③亦作「尅」，同仙善反，少也。

幾既 依反。鄭云：移也。《廣雅》云：出也。

確乎 苦學反。鄭云：堅高之兒。

不成名 一本作「不成乎名」。

遯世 徒頓反。

无悶 門遜反。

樂則 音洛。

可拔 蒲八反。鄭云：移也。

庸行 下孟反。《說文》云：用也。

閑邪 似嗟反。

能 一本作「能令」。

解怠 佳賣反。上下

克 ③亦作「鮮」，同仙善反，少也。

雨施 始豉反。卦內皆同。後協句，辭皆放此。

象 翔丈反，精象，擬象也。服反。注同。本亦作「覆」。

大人造 鄭徂早反，爲也。王肅七到反，就也，至也。劉歆父子作「聚」。

文言 文飾卦下之言也，夫子之《十翼》也。

之幹 古旦反。

之長 張丈反。

利物 孟喜，京，荀，陸績作「利之」。

體仁 梁武帝云：《文言》是文王所制。

亂也 ④。

則佞 乃定反。

資始 鄭云：資取也。

之累 劣僞反。

乃統 鄭云：統，本也。《廣雅》云：高也，至也。

雲行 吐亂反，斷音都。

邪 字又作「耶」，似嗟反。象吐亂反，斷也。

亢 苦浪反，極也。《廣雅》云：高也。

與 音預。不謬靡幼反。本或作「繆」，音同。

夫位 音符。下皆同。猶以救反。

咎 其久反。《易》內。重剛直龍反。下同。

附近 之近。上也。「上音時掌反。所處一本作「可處」。竭知音智。

字 《說文》云：奇字無也；誦於無者，虛无道也。王述說：天屈西北爲无。

灼反 《廣雅》云：明也。或躍羊

① 「字從日勿正從日勿」作「字從日下月」。
② 「乹」作「乾」。
③ 「本」作「今」。

二五

廿二史考异

〔书名〕

作者认为"廿二家之书,文字烦多,义例纠纷。舆地则今昔异名,侨置殊所;职官则沿革迭代,冗要遂时。"因此"反复校勘",遂得此书。(序)

〔作者〕

钱大昕(1728—1804),字晓征,一字及之,号辛楣,又号竹汀,晚称潜研老人,江苏嘉定(今属上海市)人。清代史学家、汉学家。早年,以诗赋闻名江南。乾隆十六年(1751)清高宗弘历南巡,因献赋获赐举人,官内阁中书。十九年,中进士。复擢升翰林院侍讲学士。三十四年,入直上书房,授皇十二子书。后为詹事府少詹事,提督广东学政。四十年,父丧丁忧,引疾不仕。归田三十年,潜心著述课徒,历主钟山、娄东、紫阳书院讲席,出其门下之士多至二千人。参与编修《热河志》,又与修《音韵述微》、《续文献通考》、《续通志》、《一统志》及《天球图》诸书。与纪昀并称"南钱北纪"。年少时即专心读史,"偶有所得,写于别纸",四十岁开始撰写《廿二史考异》,"岁有增益,卷帙滋多",至五十五岁编定为一百卷。此后陆续修改并刊刻,至嘉庆二年(1797)全书方告刻成。一生著述宏富,另有《潜研堂文集》、《十驾斋养新录》等。江藩在《汉学师承记》中说:"先生学究天人,博览群籍,自开国以来,蔚然一代儒宗也。"

〔体例与内容〕

《廿二史考异》是清代三大考史名著之一。运用实证的方法,对历代正史作了系统考辨,补充遗漏,订正讹误,取得了很大的成就。该书共一百卷,包括《史记》五卷,《汉书》四卷,《后汉书》三卷,《续汉书》二卷,《三国志》三卷,《晋书》五卷,《宋书》二卷,《南齐书》、《梁书》、《陈书》各一卷,《魏书》三卷,《北齐书》、《周书》各一卷,《隋书》二卷,《南史》、《北史》各三卷,《唐书》十六卷,《旧唐书》四卷,《五代史》六卷,《宋史》十六卷,《辽史》一卷,《金史》二卷,《元史》十五卷。所考"廿二史",即从"二十四史"中除去《旧五代史》和《明史》。另外又将司马彪《续汉书》志从《后汉书》中单列出来,因此总目实可见"廿三史"。全书以严谨求实的治学态度,缜密完善的考证方法,"正传闻之误,订字句之舛",对廿二史进行全面考订。史书中的许多讹误得以纠正,许多疑问涣然冰释,正如王引之所言,"是书出而二千余年之史可读也"。(《王文简公文集》,江苏古籍出版社,2000年)对近代史家有深远的影响。

〔版本〕

《廿二史考异》,商务印书馆1955年版;

方诗铭,周殿杰校点《廿二史考异》,上海古籍出版社2004年版;

陈文和等注释《廿二史考异》,凤凰出版传媒集团凤凰出版社 2008 年版。

《廿二史考异》卷四十二(节选)

【导读】

钱大昕治学始终以"实事求是"、"无征不信"为宗旨,在考证中充分利用避讳学、金石学、音韵训诂学等知识校读史籍,考证史事。其校勘,主要是对史书正文及注文中出现的脱、衍、讹、误、省、重、倒等问题逐条考证并加以改订、增补或删除。同时,广征博引,类比举证,对史书中出现的讹误进行纠正。所著《廿二史考异》即是。在 100 卷的《廿二史考异》中,考证两《唐书》的成果共 20 卷,占全书的 1/5,其中《新唐书》16 卷,《旧唐书》4 卷,可见钱氏用力之所在。在考证两《唐书》时,对新、旧《唐书》的篇目进行了比勘,对于《新书》的增补删减以及人物传记的分合、人名之异同,依《新书》目录逐卷罗列说明。比勘后,分别依两《唐书》原有顺序考订研究,内容主要集中在两《唐书》的校勘、编纂得失以及有关问题的探幽发微三个方面。

◎卷四十二·唐书二(节选)

高祖纪

左才相起齐郡,号博山公。唐初群雄割据四十八人,或灭或降,皆见于《本纪》,惟才相后事失书,亦《纪》之疏也。

周文举据淮阳,号柳叶军。案:《纪》于武德四年十一月书"杞州人周文举杀其刺史王孝矩,叛附于黑闼",五年二月书"汴州总管王要汉败徐园朗于杞州,执周文举",岂别有一文举乎? 抑已降而复叛乎? 若文举于武德四年始叛,又不当预书于此也。

张长懋据五原。懋,古"逊"字,《列传》作"长逊"。

武德元年五月,命萧造兼太尉。《唐会要》,造官太保、梁国公,谥曰"安"。

二年九月,梁师都寇延州,鄜州刺史梁礼死之。《唐会要》,礼赠麟州总管、鄜城郡公,谥曰"壮"。

四年六月,营州人石世则执其总管晋文衍。《唐会要》,文衍赠礼部尚书、魏郡公,谥曰"恭"。

六年三月,左难当降。《唐会要》,难当封戴国公,赠左武卫大将军,谥曰"刚"。

十一月,张善安袭杀黄州总管周法明。《唐会要》,法明赠幽州都督道国公,谥曰"愍"。

太宗纪

贞观二十一年三月,左武卫大将军牛进达为青丘道行军大总管。《忠义传》作"左卫大将军"。《唐会要》,进达封琅琊郡公,赠幽州都督,谥曰"壮"。

二十三年五月,皇帝崩于含风殿,年五十三。案:《唐会要》,太宗以隋开皇十八年十二月戊午生于武功别馆;武德九年八月即位,年二十九;贞观二十三年五月二十六日崩于翠微宫含风殿,年五十二。《纪》云五十三,误也。

年二十九　原作"年二十七"。按《唐会要》卷一《帝号》作"年二十九",又据上下文推算,太宗自开皇十八年始生至武德九年即位,正二十九岁,据改。

纪云五十三"纪"字原作"传",按《唐会要》有《太宗纪》,无"太宗传",据改。

高宗纪

显庆元年,龟兹大将羯猎颠附于贺鲁,左屯卫大将军杨胄伐之。《唐会要》,胄封新城县侯,谥曰"壮"。

五年八月,左武卫大将军郑仁泰及悉结、拔也固、仆骨、同罗战,败之。《唐会要》,仁泰封同安郡公,赠代州都督,谥曰"襄"。"拔也固"亦作"拔野古",又作"勃曳固"。

龙朔二年二月,任雅相薨。《唐会要》,赠荆州大都督、乐安县男,谥曰"敬"。

光宅元年十月,追谥考魏王曰忠孝。案:《后妃传》追赠五代及谥,独不及"忠孝"之谥。其上文云"后见宗庙,再赠士彟至司徒,爵周国公,谥忠孝",是士彟之谥忠孝,乃在高宗朝,不在武氏临朝时也。

永昌元年十月,杀嗣郑王璥。案:《高祖诸子传》:"璥薨,子希高嗣。"不云武后杀之。

长安五年正月,库部员外郎朱敬则　此别一敬则。

检校司农少卿兼知总监翟世言《李憕传》末载功臣,有殿中监兼知总监汝南郡公翟无言,即其人也。唐人讳"世"字,当作"无言"为是。

睿宗纪

景云元年七月,追废安乐公主为勃逆庶人。"勃"即"悖"字。

玄宗纪

开元二十六年三月,吐蕃寇河西,崔希逸败之。《唐会要》,希逸官至河南尹、博陵县公,谥曰"成"。

天宝十四载十一月,右羽林军大将军王承业为太原尹。《唐会要》,承业赠太子少傅,谥曰"襄"。

肃宗纪

至德元载七月,安禄山寇扶风,太守薛景仙击败之。《唐会要》,景仙赠太子少傅,谥"忠烈"。

代宗纪

广德元年六月,同华节度使李怀让自杀。《唐会要》,赠司空,谥曰"勇"。

十一月,广州市舶使吕太一反。唐有两吕太一。《魏知古传》"荐洹水令吕太一,后有闻于时",《张嘉贞传》"荐中书舍人苗廷嗣吕太一、考功员外郎员嘉静、殿中侍御史崔训",所谓"令君四俊,苗、吕、崔、员"是也。《韦伦传》"宦者吕太一反岭南",杜子美诗云"自平宫中吕太一",即为市舶使者。

十四年五月辛酉崩,年五十三。案:《唐会要》,代宗以开元十四年十月十三日生,年五十四。

德宗纪

建中四年三月,李希烈寇鄂州,刺史李兼败之。《唐会要》,兼赠刊部尚书,谥曰"昭"。

文宗纪

太和元年　"太"当作"大"。予见唐石刻书文宗年号,皆是"大"字,与魏明帝、晋海西公、后魏孝文、吴杨溥称太和者各别。今刊本《新》、《旧史》皆误为"太"矣。

四年正月甲午，王播薨。《宰相表》失书。

开成三年十月，义武军节度使张璠卒，其子元益自称留后。案：《裴度传》"易定节度使张璠卒，军中将立其子元益，度遣使晓譬祸福，元益惧，束身归朝。"如《传》所言，则元益未尝自称留后，《纪》所书失其实矣。若从《纪》所书，则元益初未束身归朝，度在河东，虽尝遣使，于事无济，不足书也。二者恐有一误。

宣宗纪

大中九年十二月，成德军节度使王元逵卒，其子绍鼎自称留后。《藩镇传》作"大中八年"。

懿宗纪

大中十三年十二月，翰林学士承旨、兵部侍郎杜审权同中书门下平章事。案：《旧书·本纪》是岁十二月，以户部侍郎、翰林学士林审权为检校礼部尚书、河中晋绛节度等使；咸通元年二月，以河中节度使杜审权为兵部侍郎、判度支，寻以本官平章事，与此纪除授年月不合。

据上海古籍出版社 2004 年版《廿二史考异》

十七史商榷

〔书名〕

《十七史商榷》的书名为王鸣盛所定。"十七史者,上起《史记》,下讫《五代史》,宋时尝汇而刻之者也。商榷者,商度而扬榷之也。海虞毛晋汲古阁所刻行世已久,而从未有全校之一周者。予为改讹文、补脱文、去衍文;又举其中典制事迹,诠解蒙滞,审核舛驳,以成是书,故名曰《商榷》也。"(《十七史商榷·序》)

〔作者〕

王鸣盛(1722—1797),字凤喈,号礼堂、西庄,晚年改号西沚居士,嘉定(今上海市)人,乾嘉著名考史学家。幼奇慧,四五岁日识数百字,县令冯咏以神童目之。年十七,补诸生。以乾隆丁卯举江南乡试,中副榜,才名藉甚。入紫阳书院肄业。东南才俊咸出其下。在吴门,与王昶、吴泰来、赵文哲诸人唱和;沈归愚以为不下"嘉靖七子"。又与惠松岩讲经义,知训诂必以汉儒为宗。甲戌,会试,中式;殿试,以一甲第二人及第,投翰林院编修。戊寅,入考翰詹,特擢一等,超迁侍讲学士,充日讲起居注官。明年有内阁学士兼礼部侍郎之命。授光禄寺卿。丁未,遭母忧,去职;以父年高,遂不赴补。家居者三十年。定居苏州,"惟以考史为务",撰有《十七史商榷》、《尚书后案》、《蛾术编》、《续宋文鉴》80卷,《周礼军赋说》6卷等。

〔体例与内容〕

《十七史商榷》是中国传统史学走向总结时期的一部重要的历史考证学著作,是一部以校勘、考订为主,又兼有历史评论的史学著作。全书共一百卷,包括《史记》六卷,《汉书》二十二卷,《后汉书》十卷,《三国志》四卷,《晋书》十卷,《南史》合《宋书》、《南齐书》、《梁书》、《陈书》十二卷,《北史》合《魏书》、《北齐书》、《周书》、《隋书》四卷,新旧《唐书》二十四卷,新旧《五代史》六卷,《缀言》二卷。该书沿用了宋时汇刻十七史之名,其实涵盖了十九史,于宋人所谓"十七史"之外又加入了《旧唐书》和《旧五代史》。内容除校勘本文、改正讹误,考订史实外,尤详述舆地、职官、典章制度。特点是首先对一部正史作总体评价,然后考证各种具体问题,最后论及与此相关的其他史书。注重对历史人物、事件以及史书的评论,强调议论褒贬不能脱离史实,必须在考证详确的基础上谨慎进行。在史书的订伪、纠谬工作上取得了很多成就,其求实的宗旨和考辨的研究方法影响深远,与赵翼《廿二史札记》、钱大昕《廿二史考异》并称为乾嘉时期三大考史名著。

〔版本〕

《十七史商榷》(全二册),商务印书馆1959年版;

《十七史商榷》(全二十四册),四川人民出版社1957年版;

《十七史商榷》,台北乐天出版社1972年,影印广雅书局本;

《十七史商榷》,上海书店2005年版。

《十七史商榷》卷八十九（节选）

【导读】

王鸣盛认为:"好著书不如多读书,欲读书必先精校书。校之未精而遽读,恐读亦多误矣;读之不勤而轻著,恐著且多妄矣。"(《十七史商榷·序》)《十七史商榷》和《廿二史札记》、《廿二史考异》相比,成就突出表现在史书文字的考订、历史事迹的考订和地理、职官等典章制度的考订方面,为清理和总结中国古代史学作出了贡献。王鸣盛以金石文字校史,是对校勘上所使用之材料的扩大,以及校勘方法之延伸。大体而言,王鸣盛以碑石文字校史书甚为多见,所表现的内容大致为:碑是史非、碑史互歧、碑亦有误不可尽信等。在卷八十九、卷九十一中有多处体现。如碑是史非的"李光进战功"条、"牛僧孺新旧互异"条;碑亦有误不可尽信的"李晟大功旧传为详"条、"李愬平蔡功居其半"条。等等。王鸣盛以丰富的学识,使用碑史互纠互补方法,丰富了校勘的内容,对历史研究亦有启发,特别是"二重证据法"。

◎卷八十九·新旧唐书二十一（节选）

李怀光为部将所杀

《旧·李怀光传》:"怀光叛,朔方部将牛名俊斩其首以降。"《新书》本传同,而于《韩游瓌传》乃云:"怀光见势单蹙,乃缢死。"一书中自岐其说。《陆宣公集》制诰第三卷《诛李怀光后原宥河中将吏并招谕淮西诏》叙此事云:"渠魁授首,余众革心。制胜以谋,兵无血刃。"则知非擒获伏诛,亦非临阵斩之,但为部将所杀,与自缢有别,其事宜核实归一。诏中论平怀光为马燧、浑瑊、骆元光、韩游瓌、唐朝臣五人功,《新》《旧》《怀光》《游瓌传》皆作"瓌",陆《集》误。骆元光,后改赐姓名李元谅,诸人惟唐朝臣《新》《旧》皆无传。

李抱真传异同

《李抱真传》,《新》《旧书》稍不同,如叙田悦、朱滔、王武俊反,德宗出亡奉天之下,《旧》先言李怀光奔命,马燧、李芃归镇,然后朱泚汙宫阙,李希烈、李纳皆反,此下方言帝幸梁州,怀光亦叛,抱真独于扰攘倾溃中,以山东三州抗群贼,《新书》因如许节次与抱真无涉,于帝狩奉天下即并书希烈纳怀光反,文诚省净,却不显抱真之历尽群凶,危疑中赤心无贰一段血诚矣。"兴元初,检校左仆射、平章事"之下,《新书》有"由倪国公进义阳郡王"。《抱真德政碑》,董晋撰,班宏书,今在潞安府城内,予有拓本,其标题可识者有"昭义军"字,下空,有"支度营田兼泽潞"字,下空,有"邢"字,下空,有"州观察处置等使光禄大夫检校司"

221

字,下空,有"同中书门下平章事兼潞州大都督府长史上柱国义阳郡"字,下空,有"公"字,下空,有"铭"字,凡五十字。"军"下当是"节度"字,"潞"下当是"磁"字,"司"下当是"空"字,"郡"下当是"王"字"李"字,"公"下当是"德政碑"字,据史及赵明诚《金石录》知之,而碑文之首即有"唐元臣义阳郡"云云,其末端总叙有云"公历官十八政,再为侍御,中丞尚书常侍,三领郡守,一登亚相,两践端揆,封义阳郡王,食封六百户",然则碑与《新书》合,人臣封王者少,在抱真诚可无愧,《旧书》漏去,非也。"六百户",《新》同,《旧》作"五百",亦非。《新》《旧书》皆言抱真本姓安,武德功臣兴贵裔,而碑叙其先世云"某部尚书怀恪之孙,太子太保齐管之子",皆《新》《旧书》所无。初入朝,因策仆固怀恩败,授殿中少监,《新》《旧书》同,而碑则云:"拜殿中少监,兼御史中丞。"《新》《旧书》略去兼官,其余所历官大约皆与《新》《旧书》合,前半篇有肆其猖狂及理乱之道、福祸之门等语,案群贼皆反,抱真以数骑入王武俊营,说之曰:"泚、滔等欲陵驾,吾属足下舍九叶天子而臣反虏乎?"明日,武俊遂从抱真击破朱滔。"九叶"者,高、太、高、中、睿、玄、肃、代、德也,碑文所叙指此事,其余褒奖之词有曰:"威励霜雪,气凌云霓。"又曰:"德及苍生,忠贯白日。"又曰:"为国之桢,隐如长城。英风外驰,明谟内融。王度克遵,惠此罢人。以德代刑,废浇为淳。恢振皇纲,辅弼天业。帝曰抱真,允文允武。俾登鼎铉,锡之茅土。名高方召,道冠申辅。"以抱真之忠义勇略,功名政绩,碑词良非过誉,《文苑英华》既不载,石本又漫漶,可读者止于此,惜哉。碑立于贞元九年,而《旧书》言抱真即以贞元十年卒,《新书》略去卒年,亦谬。

李晟大功旧传为详

《旧·李晟传》:"吐蕃寇剑南,时节度使崔宁朝京师,三川震恐。"《新》改云:"吐蕃寇剑南,方崔宁未还,蜀土大震。"叙事一也,本无差别,乃必强删改之,突出崔宁,不知何人?混称"未还",究在何处?宋祁之妄大率如此。《旧传》最为详瞻,共七千余字,《新》无所增而多所删,只四千二百余字。《晟神道碑》,裴度撰,柳公权书,立于太和三年,赵崡所见石已泐,今本乃后人重刻者,其文简略之至,晟纯忠大功多所遗落,如破朱泚收京城,功之尤大者,亦甚略,殊不可解。《旧》《新传》皆言德宗自制纪功碑以赐,立石东渭桥,而《神道碑》云"嗣子听,以太和元年七月上疏言公之徽烈,则御制碑文于渭川矣。惟丘陇无碑,将刊石式表,乃命臣度"云云,则知度之所不详者,避重出也。所载历官,碑与史不同者凡七条,见《金薤琳琅》,诸子之名多少详略不同者见《金石录》、《石墨镌华》。

李愬平蔡功居其半

《旧》《李晟传》史臣论曰:"西平作善遗庆,诸子俱才,元和平贼之功,听、愬居其半。父子昆弟皆以功名始终,道家所忌,李氏以善胜矣。"又赞云:"愬事章武,诛蔡平齐。凌烟画图,父子为宜",平齐谓愬于擒吴元济平淮蔡之后又平淄青李师道也。《旧书》此论甚允,愬既大功臣之子,入蔡功又甚伟,自请橐鞬见裴度,使蔡人知上下分,事见《旧》本传,亦载钱希白《南部新书》丙。其公忠不伐如此。韩昌黎《平淮西碑》叙愬之功,实为太略,罗隐《逸书》第五卷《说石烈士》篇言:"魏人石孝忠事愬为前驱,蔡平,诏刑部韩侍郎撰碑,孝忠熟视其文,大恚,作力推其碑倾移,上召见,顿首曰:'吴季琳,蔡奸贼也,愬降之;李佑,蔡骁将也,愬擒之。蔡之爪牙脱落于是矣,及元济缚,丞相不能先知也。蔡平,刻石纪功,尽归丞相,愬名反与光颜、重允齿,愬固无言,不幸复有一淮西将略如愬者,复肯为陛下用乎?'宪宗复诏翰林段学士撰《淮西碑》,一如孝忠语。"《唐文粹》第五十九卷录段文昌作,不及韩作,《文苑英华》第八百七十二卷虽采韩作,而仍并列段作,其有见于此与?

据上海书店出版社 2005 年版《十七史商榷》

廿二史札记

〔书名〕

赵翼以历代正史为主,全面研究历代史书。遂成此书。取"有所得辄札记别纸,积久遂多"之意,成为书名。

〔作者〕

赵翼(1727—1814),字耘松,一字云崧,号瓯北,又号裘萼,晚号泮老人。江苏阳湖(今江苏省常州市)人。清代文学家、史学家。生三岁能识字,年十二,为文一日成七篇,人奇其才。乾隆十九年,先由举人中明通榜,授内阁中书,入直军机。后举进士,授编修。(翼殿试拟一甲第一,王杰第三,高宗谓陕西自国朝以来未有以一甲一名及第者,遂拔杰而移翼第三)后出知镇安府。傅恒至滇经略缅甸兵事,翼受命赴军赞画。寻调守广州,擢贵西兵备道,以广州谳狱旧案降级,遂乞归,不复出。主讲安定书院。长于史学,考据精赅。论诗主"独创",反摹拟。五、七言古诗中有些作品,嘲讽理学,隐寓对时政的不满之情,与袁枚、张问陶并称清代性灵派三大家。著《廿二史札记》、《皇朝武功纪盛》、《陔余丛考》、《檐曝杂记》、《瓯北诗集》。嘉庆十五年,重宴鹿鸣,赐三品衔。卒年八十六。

〔体例与内容〕

《廿二史札记》,三十六卷,补遗一卷,系对《史记》、《汉书》直至《明史》等历代正史进行考证之作。因《唐书》、《五代史》均为新旧两部,故书名虽称"二十二史",实际涉及到的为二十四部,即今天常说的"二十四史"。内容主要就史书的编撰(编撰过程、时间、史料来源、真伪)、体例(异同优劣)加以考据,兼论政事、制度、人物之优劣臧否。编目按二十四史之先后分卷,每卷以类相从,并各立标题,共为609题,题目大多标新立异,一针见血,如"东汉诸帝多不永年"、"武后纳谏知人"等等。于乾隆六十年出版。李慈铭评价此书"周密详慎,卓然可传"。

〔版本〕

王树民校证《廿二史札记校证》(订补本),中华书局1984年版;
《廿二史剳记》,凤凰出版传媒集团凤凰出版社2008年版;
董文武译《廿二史札记》,中华书局2008年版。

《廿二史札记》卷七(节选)

【导读】

　　《札记》运用排比和归纳的方法,将二十四部正史中的同类史料梳理成一条条的专题论述。全书36卷609条,其中考证160余条。考史的重点,不只停留在对史书文字的校订,也侧重于对史书内容异同和得失的考订。他考史的资料来源,大多为正史,兼或引证杂乘稗史。其考证方法多以正史证正史,兼用本证、互证及理证等方法。"多就正史纪、传、表、志中参互勘校,其有抵牾处,自见辄摘出,以俟博雅君子订正焉"(《廿二史札记小引》)。特别重视历史撰述中所记史事的真伪,提出撰史要谨慎从事,"草率荒谬,为史家最劣也"。认为不可将历代修史时弃而不取的史料,作为信征之用。不为猎奇而放弃严谨,是他治史的严肃之处。赵翼对"二十四史"的品评,"皆综其要义,铨其异闻,使首尾井然,一览可悉",历来被推举为读史的入门之书。在其对《三国志》的考证中就明显的反映出其特点。

◎卷七

汉复古九州

　　《后汉书》,"建安十八年,复禹贡九州。"《魏志》亦称,是年诏书"并十四州为九州"。《献帝春秋》谓"省幽、并州入于冀州;省司隶校尉及凉州入于雍州,于是有兖、豫、青、徐、荆、扬、冀、益、雍九州"。

　　按《荀彧传》,"建安九年,或说曹操宜复古九州。则冀州所制者广。或曰:'若是,则冀州当得河东、冯翊、扶风、西河、幽、并之地,所夺者众,关右诸将必谓以次见夺,将人人自保,恐大卜未易图也。'操乃寝九州议。"至是乃重复之。盖是时,幽、并及关中诸郡国皆已削平,操自为张本,欲尽以为将来王畿之地故也。观于是年之前,已割荡阴、朝歌、林虑、卫国、顿邱、东武、阳发、干廮、陶曲、周南、和任城、襄国、邯郸、易阳以益魏郡。是年又以冀州之河东、河内、魏郡、赵国、中山、常山、钜鹿、安平、甘陵、平原十郡,封操为魏公。可见复九州,正为禅代地也。

关张之勇

　　汉以后称勇者必推关张。其见于二公本传者:袁绍遣颜良攻刘延于白马。曹操使张辽、关羽救延。羽望见良麾盖,即策马刺良于万人之中,斩其首还,绍将莫能当者。当阳之役,先主弃妻子走,使张飞以二十骑拒后。飞据水断桥,瞋目横矛曰:"身是张益(翼)德也,可来共决死。"敌皆无敢近者。二公之勇,见于传记者止此。而当其时无有不震其威名者。魏程昱曰:"刘备有英名,关羽、张飞皆万人之敌。"(《魏志·昱传》)刘奕劝曹操乘取汉中之势进取蜀,曰:"若小缓之,诸葛亮明于治国而为相,关羽、张飞勇冠三军而为将,则不可犯矣!"(《魏志·奕传》)此魏人之服其勇也。周瑜密疏孙权曰:"刘备以枭雄之姿,而有关羽、张飞熊虎之将,必非久屈为人用者。"(《吴志·瑜传》)此吴人之服其勇也。不特此也。晋刘遐每击贼,陷坚摧锋,冀方比之关羽、张飞。(《晋书·遐传》)符秦遣阎负殊使于张玄靓,夸其本国将帅有王飞、邓羌者,关张之流,万人之敌。秃发辱檀求人才于宋敞,敞曰:"梁崧、赵昌,武同飞、羽。"李庠膂力过人,赵廞器之曰:"李元序,一时之关张也。"(皆《晋书》载记)宋檀道济有勇力,时以比关羽、张飞。(《宋书·道济传》)鲁爽反,沈庆之使薛安都攻之。安都望见爽,即跃马大呼直刺之,应手而倒。时人谓关羽之斩颜良,不是过也。(《南史·安都传》)齐垣历生,拳勇独出,时人以比关羽、张飞。(《齐书·文惠太子传》)魏杨大眼骁果,世以为关张弗之过也。(《魏书·大眼传》)崔延伯讨莫折念生,既胜,萧宝寅曰:"崔公,古之关张也。"(《魏书·延伯传》)陈吴明彻北伐高齐,尉破胡等十万众来拒,有西域人,矢无虚发。明彻谓萧摩诃曰:"若殪此胡,则彼军夺气。君有关、张之名,可斩颜良矣!"摩诃即出阵,掷铣杀之。(《陈书·摩诃传》)以上皆见于各史者。可见二公之名,不惟同时之人望而畏之,身后数百年,亦无人不震而惊之。威声所垂,至今不朽,天生神勇,固不虚也!

借荆州之非

借荆州之说,出自吴人事后之论,而非当日情事也。《江表传》谓"破曹操后,周瑜为南郡太守,分南岸地以给刘备。而刘表旧吏士自北军脱归者,皆投备,备以所给地不足供,从孙权借荆州数郡焉"。《鲁肃传》亦谓"备诣京见权,求都督荆州。肃劝权借之共拒操。操闻权以地资备,方作书,落笔于地。后肃邀关羽索荆州,谓羽曰:'我国以土地借卿家者,卿家军败远来,无以为资故也。'权亦论:'肃有二长,惟劝吾借玄德地,是其一短'"。此借荆州之说之所由来,而皆出吴人语也。夫借者,本我所有之物而假与人也。荆州本刘表地,非孙氏故物。当操南下时,孙氏江东六郡方恐不能自保,诸将咸劝权迎操,权独不愿。会备遣诸葛亮来结好,权遂欲藉备共拒操。其时但求敌操,未敢冀得荆州也。亮之说权也,权即曰:"非刘豫州莫可敌操者。"乃遣周瑜、程普等随亮诣备,并力拒操。(《亮传》)是且欲以备为拒操之主而己为从矣!亮又曰:"将军能与豫州同心破操,则荆、吴之势强,而鼎足之形成矣!"是此时早有三分之说,而非乞权取荆州而借之也。赤壁之战,瑜与备共破操。(《吴志》)华容之役,备独追操。(《山阳公载记》)其后围曹仁于南郡,备亦身在行间。(《蜀志》)未尝独出吴之力,而备坐享其成也。破曹后,备诣京见权,权以妹妻之。瑜密疏请留备于京,权不纳,以为正当延揽英雄。是权方恐备之不在荆州以为屏蔽也。操走出华容之险,喜谓诸将曰:"刘备,吾俦也,但得计少晚耳。"(《山阳公载记》)是操所指数者惟备,未尝及权也。程昱在魏,闻备入吴,论者多以为权必杀备,昱曰:"曹公无敌于天下,权不能当也,备有英名,权必资之以御我。"(《昱传》)是魏之人亦只指数备,而未尝及权也。即以兵力而论,亮初见权曰:"今战士还者及关羽精甲共万人,刘琦战士亦不下万人。"(《亮传》)而权所遣周瑜等水军亦不过三万人,则亦非十倍于备也。且是时,刘表之长子琦尚在江夏,破曹后,备即表琦为荆州刺史,权未尝有异词,以荆州本琦地也。时又南征四郡,武陵、长沙、桂阳、零陵皆降。琦死,群下推备为荆州牧。(《蜀先主传》)备即遣亮督零陵、桂阳、长沙三郡,收其租赋,以供军实。(《亮传》)又以关羽为襄阳太守荡寇将军驻江北。(《羽传》)张飞为宜都太守征虏将军在南郡。(《飞传》)赵云为偏将军,领桂阳太守。(《云传》)遣将分驻,惟备所指挥,初不关白孙氏,以本非权地,故备不必白权,权亦不来阻备也。迨其后三分之势已定,吴人追思赤壁之役,实藉吴兵力,遂谓荆州应为吴有,而备据之,始有借荆州之说。抑思合力拒操时,备固有资于权,权不亦有资于备乎?权是时但自救危亡,岂早有取荆州之志乎?

羽之对鲁肃曰："乌林之役，左将军寝不脱介，戮力破曹，岂得徒劳无一块土？"(《肃传》)此不易之论也。其后吴、蜀争三郡，旋即议和，以湘水为界，分长沙、江夏、桂阳属吴，南郡、零陵、武陵属蜀，最为平允。而吴君臣伺羽之北伐，袭荆州而有之，反捏一借荆州之说，以见其取所应得。此则吴君臣之狡词诡说，而借荆州之名，遂流传至今，并为一谈，牢不可破，转似其曲在蜀者，此耳食之论也。

三国之主用人各不同

人才莫盛于三国，亦惟三国之主各能用人，故得众力相扶，以成鼎足之势。而其用人亦各有不同者，大概曹操以权术相驭，刘备以性情相契，孙氏兄弟以意气相投。后世尚可推见其心迹也。

曹操以权术相驭

荀彧、程昱为操画策，人所不知，操一一表明之，绝不攘为已有，此固已足令人心死。刘备为吕布所袭，奔于操，程昱以备有雄才，劝操图之。操曰："今收揽英雄时，杀一人而失天下之心，不可也。"然此犹非与操有怨者。臧霸先从陶谦，后助吕布，布为操所擒，霸藏匿，操募得之，即以霸为琅邪相，青、徐二州悉委之。先是操在兖州，以徐翕、毛晖为将。兖州乱，翕、晖皆叛，后操定兖州，翕、晖投霸。至是，操使霸出二人，霸曰："霸所以能自立者，以不为此也。"操叹其贤，并以翕、晖为郡守。(《霸传》)操以毕谌为兖州别驾，张邈之叛，劫谌母妻去，操遣谌往，谌顿首无二，既出，又亡归从吕布。布破，操生得谌，众为之惧，操曰："人能孝于亲者，岂不忠于君乎？吾所求也。"以为鲁相。操初举魏种为孝廉。兖州之叛，操谓"种必不弃我"。及闻种走，怒曰："种不南走越，北走胡，不汝置也。"及种被擒，操曰："惟其才也。"释而用之。(《本纪》)此等先臣后叛之人，既已生擒，谁肯复贷其命？乃一一弃嫌录用。盖操当初起时，方欲藉众力以成事，故以此奔走天下。杨阜所谓："曹公能用度外之人也。"及其削平群雄，势位已定，则孔融、许攸、娄圭等，皆以嫌忌杀之。荀彧素为操谋主，亦以其阻九锡而胁之死。甚至杨修素为操所赏拔者，以厚于陈思王而杀之。崔琰素为操所倚信者，亦以疑似之言杀之。然后知其雄猜之性，久而自露，而从前之度外用人，特出于矫伪，以济一时之用。所谓以权术相驭也。

刘备以性情相契

至刘备，一起事即为人心所向。少时结交豪杰，已多附之。中山大商张世平、苏双等，早资以财，为纠合徒众之用。领平原相，刘平遣刺客刺之，客反以情告。救陶谦，谦即表为豫州刺史。谦病笃，命以徐州与备，备不敢当，陈登、孔融俱敦劝受之。后为吕布所攻，投奔于操，操亦表为左将军，礼之甚重。嗣以徐州之败奔袁谭，谭将步骑迎之。袁绍闻备至，出邺二百里来迓。及绍败，备奔刘表，表又郊迎，待以上宾之礼，荆州豪杰多归之。曹兵来讨，备奔江陵，荆州人士随之者十余万。是时身无尺寸之柄，而所至使人倾倒如此。程昱谓："备甚得人心。"诸葛亮对孙权亦谓"刘豫州为众士所慕仰，若水之归海"。此当时实事也。乃其所以得人心之故，史策不见。第观其三顾诸葛，咨以大计，独有傅岩爰立之风。关、张、赵云自少结契，终身奉以周旋，即羁旅奔逃，寄人篱下，无寸土可以立业，而数人者，患难相随，别无贰志。此固数人者之忠义，而备亦必有深结其隐微而不可解者矣。其征吴也，黄权请先以身尝寇。备不许，使驻江北以防魏。及猇亭败退，道路隔绝，权无路可归，乃降魏。有司请收权妻子，备曰："我负权，权不负我也。"权在魏，或言蜀已收其孥，权亦不信。君臣之相与如此。至托孤于亮，曰："嗣子可辅，辅之；不可辅，则君自取之。"千载下犹见其肝膈本怀，岂非真性情之流露。设使操得亮，肯如此委心相任乎？亮亦岂肯为操用乎！惜是时人才已为魏、吴二国收尽，故得人较少。然亮第一流人，二国俱不能得，备独能得之，亦可见以诚待人之效矣。

据中华书局 2008 年版《廿二史札记》

古书疑义举例

〔作者〕

俞樾(1821—1907),字荫甫,自号曲园居士,浙江德清人。清末著名学者、文学家、经学家、古文字学家、书法家。幼有夙慧,九岁即戏为书,而自注其下。著述等身,实兆于此。道光庚戌(1850年)进士,改庶吉士,授翰林院编修。咸丰乙卯,放河南学政,因人言罢归。既专以著书自娱,遂不复出。潜心学术40余载。治学以经学为主,旁及诸子学、史学、训诂学,乃至戏曲、诗词、小说、书法等,可谓博大精深。历主讲苏州紫阳、上海求志、德清清溪、归安龙湖等书院,而立杭州诂经精舍至三十一年,为从来所未有。章太炎、吴昌硕、日本井上陈政皆出其门下,号称"门秀三千"。所著凡五百余卷,统曰《春在堂全书》。除《群经平议》五十卷、《诸子平议》五十卷、《茶香室经说》十六卷、《古书疑义举例》七卷外,其《第一楼丛书》三十卷、《曲园俞楼杂纂》共百卷,并颇资考证。

〔体例与内容〕

《古书疑义举例》是一部训诂学及校勘学名著。本书共七卷,总结、概括了先秦典籍中语法、修辞、训诂、校勘等方面的规律88例。论说古书中造句特点、诠释方法、语言习惯、各种致误原因等,每说必详为例证,以明其意,使读者收到举一反三、触类旁通之效果,为研读秦汉古籍之初学者必读之书。语法方面如"蒙上文而省略例"、"实字活用例";修辞方面如"错综成文例"、"变文协韵例"等;训诂方面如"也邪通用例"、"虽唯通用例"等;校勘方面如"涉注文而衍例"、"不识古字而误解例"等都很精当。被梁启超称为"训诂学之模范名著"。自刊行之后,人们或是吸取俞氏的研究成果,或是借鉴俞氏的做法,或是为之增补、校订,从而形成了"古书疑义举例派"。有刘师培《举例补》,杨树达《举例续补》,马叙伦《举例校录》,姚维锐《举例增补》,可补俞氏之未尽,正其失误。

〔版本〕

《古书疑义举例》,商务印书馆1939年版;
《古书疑义举例五种》,中华书局1956年版;
《古书疑义举例》,上海古籍出版社,2007年版。

《古书疑义举例》卷五(节选)

【导读】

本卷及随后两卷共三十七条为校勘通例归纳。俞氏因周、秦、汉三代之书,用词造句与后世多有不同,抄传刊刻多有讹误,音义变易多有歧异,后人阅读、理解极为不便,遂博览古书诸经,分类总结概括,凡立七卷八十八目,撰成一部总结古书校释规律的专著。其校勘通例如"两字义同而衍例"、"两字形似而衍例"、"涉注文而误例"、"以注说改正文例"、"以旁记字入正文例"、"因误衍而误删例"、"因误衍而误倒例"等等,不仅看出用心之细,亦显出归纳之精。其归纳校勘通例的理论与方法和"高邮王氏"相同,但在致误原因方面,吸取二王之长,既具体又不繁琐,而且例证丰富、类型较多,因此影响更大,是古代校勘学发展的一个高峰。

◎卷五(节选)

五十二 两字义同而衍例

古书有两字同义而误衍者。盖古书未有笺注,学者守其师说,口相传受,遂以训诂之字误入正文。《周官·亨人》:"职外内饔之灶亨煮。"既言"亨",又言"煮",由古之经师相传,以此"亨"字乃"亨煮"之"亨",而非"亨通"之"亨",因误《经》文"灶亨"为"灶亨煮"矣。王氏念孙谓误始唐《石经》,非也。

《周易履》六三《象传》:"不足以与行也。"按:"以"字衍文。《传》文本云:"眇能视,不足以有明也;跛能履,不足与行也。古"与""以"二字通用。上句用"以"字,下句用"与"字,乃虚字变换之例,说见前。学者不知"与"字之即"以"字,而更加"以"字于"与"字之上,转为不辞矣。

隐元年《左传》:"有文在其手曰:'为鲁夫人。'"按:"曰"字,衍文也。闵二年《传》,"有文在其手曰'友'";昭元年《传》,"有文在其手曰'虞'"。彼传无"为"字,故有"曰"字;此传有"为"字,即不必有"曰"字。犹桓四年《公羊传》:"一曰乾豆,二曰宾客,三曰充君之庖。"《谷梁传》作"一为乾豆,二为宾客,三为充君之庖。"有"为"字则无"曰"字,是其例也。"曰""为"并用,亦两字同义而误衍。

《国语·晋语》:"若无天乎?云若有天,吾必胜之。"王氏念孙曰:"云字当在若字下,'若无天乎'为一句,'若云有天'为一句。"今按:王说是矣,而未尽也。古本盖止作"若无天乎?若云天,吾必胜之。"云,即有也。《广雅·释诂》曰:"云,有也。"文二年《公羊传》曰"大旱之日短而云灾,故以灾书。此不雨之日长而无灾,故以异书也。""云灾"、"无灾",相对为文,云灾,即有灾也。此以"无天"、"云天"相对为文,正与彼同。"云"、"有"二字同义而误衍,传写又误倒之耳。

《大戴记·五帝德篇》:"闇昏忽之义。"按《大戴》原文本作"闇忽之义",与上文"上世之传,隐微之说"文法一律。其衍"昏"字者,闇,即昏也。《礼记·祭义篇》《郑注》曰:"闇,昏时也。""闇"、"昏"二字同义而误衍。

《老子》第六十八章:"是谓配天古之极。"按:《老子》原文当作"是谓配古之极",与上文"是谓不争之德,是谓用人之力"文法一律。其衍"天"字者,古,即天也。《尚书·尧典》《郑注》曰:"古,天也。""天"、"古"二字同义而误衍。

《晏子春秋·谏下篇》:"声暗非害国家而如何也。"按:"如"字衍文,"而何"即"如何",有"而"字不必更有"如"字。

《管子·君臣上篇》:"非兹是无以理人,非兹是无以生财。"按:"是"字衍文,"非兹"即"非是",有"兹"字不必更有"是"字。

《墨子·备城门篇》"令吏民皆智知之。"按：智、知义同。《释名·释言语》曰："智，知也。"《墨子》原文本作"令吏民皆智之。"传其学者谓此"智"字乃知识之"知"，因相承而衍"知"字矣。《淮南子·人间篇》："晓然自以为智知存亡之枢机，祸福之门户。""知"字亦误衍，与《墨子》同。

五十三　两字形似而衍例

凡两字义同者，往往致衍，已见前矣。两字形似者，亦往往致衍。《荀子·仲尼篇》："求善处大重，理任大事，擅宠于万乘之国，必无后患之术。"按："处大重""任大事"相对为文，"重"下不当有"理"字。《杨注》曰，"大重，谓大位也，"亦不释理字之义。是"理"字衍文，盖即"重"字之误而衍者也。

《墨子·非攻下篇》："率不利和。"按："利"字衍文，"率"乃"将率"之"率"，言将率不和也。"利"即"和"字之误而衍者。

又，《天志下篇》："而况有踰人之墙垣，抇格人子女者乎？"按："抇"字衍文，"格人之子女"与"踰人之墙垣"相对成文，"抇"即"垣"字之误而衍者。

《列子·说符篇》："今赵氏之德行无所施于积。"按：《吕氏春秋·慎大篇》无"施"字，"施"即"于"字之讹而衍也。

《韩非子·诡使篇》："名之所以成，城池之所以广者。"按："池"乃"地"字之误，"名之所以成"，"地之所以广"相对成文，不当有城字，"城"即"成"字之讹而衍也。

《吕氏春秋·安死篇》："此言不知邻类也。"按：《听言篇》曰，"乃不知类矣；"《达郁篇》曰，"不知类耳；"并无"邻"字。此云"邻类"，义不可通。"邻"即"类"字之讹而衍也。

《商子·兵守篇》："四战之国，好举兴兵以距四邻者国危。""举"字即"兴"字之误而衍。《管子·事语篇》："彼壤狭而欲举与大国争者。""举"字即"与"字之误而衍。《吕氏春秋·异宝篇》："其主俗主也，不足兴举。""举"字亦即"兴"字之误而衍。《淮南子·泰族篇》："夫欲治之主不世出，而可与兴治之臣不万一。""兴"字亦即"与"字之误而衍。

《春秋繁露·考功名篇》："其先比二三分以为上中下以考进退。"按一句中因误而衍者二字。"比"即上"先"字之误，"二"即下"三"字之误。

《太玄·永次四》："子序不序。"按：上"序"字即上"子"字之误而衍者。《王注》云："子而不居子之次序。"是《王涯本》正作"子不序"也。又，《居·次三》："长幼序序子克父。"按：下"序"字即下"子"字之误而衍者。《宋陆王本》并作"长幼序子克父"，独《范望本》衍一"序"字。

五十四　涉上下文而衍例

古书有涉上下而误衍者。《既济·象辞》："亨小利贞。""小"字衍文，涉下文《未济》"亨小狐汔济"而误衍也。《礼记·檀弓篇》，"礼有微情者，有以故兴物者，有直情而径行者，"第三句"有"字衍文。"有微情者，有以故兴物者"，皆礼之所有；直情而径行者，戎狄之道也，本非礼之所有，安得言有乎？此"有"字涉上两"有"字而误衍也。

《周书·大匡篇》："乐不墙合。"按：墙、合二字无义，涉下句"墙屋有补无作"之文，误衍"墙"字也。卢氏文弨以宫县释之，则曲说矣。

《管子·正篇》："能服信政，此谓正纪；能服日新，此谓行理。"按：上文云："立常行政，能服信乎？中和慎敬，能日新乎？"此承上文而言，当作"能服信，此谓正纪；能日新，此谓行理。"上句政字，涉上文"临政官民"而衍；下句服字，即涉上句"能服信"而衍。

《墨子·尚同下篇》："故又使国君选其国之义,以义尚同于天子。"下"义"字涉上"义"字而衍,以上下文证之可见。

《吕氏春秋·侈乐篇》："遂而不返,制乎嗜欲;制乎嗜欲无穷,则必失其天矣。"下"制乎"字,涉上"制乎"字而衍。《适威篇》："子阳极也,好严有过;而折弓者恐必死,遂应猘狗而弑子阳,极也。"上"极也"字涉下"极也"字而衍。《壹行篇》："陵上巨木,人以为期,易知故也,又况于士乎?士义可知故也,则期为必矣。"下"故也"字涉上"故也"字而衍。又,《遇合篇》曰:"客有进状,有恶其名,言有恶状。"按:此十二字中衍三字,皆涉上下文而误衍者也。"客"字下,涉下而衍"有"字;"其"字下,涉上文"楚王怪其名"句而衍"名"字;末"状"字亦涉上而衍。吕氏原文本作"客进状有恶,其言有恶。"两"有"字均读为"又"。"状又恶,其言又恶,"即下文所谓"恶足以骇人,言足以丧国"也。今多衍字,致不可解,此古书之所以难读也。

五十五　涉注文而衍例

古书有涉注文而误衍者。《诗·丘中有麻篇》："将其来施。"传曰:"施施,难进之貌。"《笺》云:"施施,舒行伺間,独来见己之貌。"按《经》文止一"施"字,而《传》、《笺》并以"施施"释之,此以重言释一言之例,说见前。今作"将其来施施"即涉《传》、《笺》而误衍下"施"字。《颜氏家训·书证篇》曰:"江南旧本悉单为'施'。"

《大戴记·曾子制言篇》："其功守之义,有知之则愿也,莫之知苟吾自知也。"按:"其功守之义"五字,乃卢注之误入正文者,《孔本》、《阮本》均已订正。

《礼记·檀弓篇》："望反诸幽,求诸鬼神之道也。"按"反"字衍文。据《正义》曰:"望诸幽者,求诸鬼神之道也。"是《记》文本无"反"字,乃涉上注文"庶几其精气之反"因而误衍。又,《缁衣篇》："毋以嬖御士疾庄士大夫卿士。"注曰:"壮士亦谓士之齐壮得礼者,今为大夫卿士。"按:《礼记》原文本作"毋以嬖御士疾壮士",与上文"毋以嬖御人疾壮后"一律。《郑注》："今为大夫卿士,"本作"或为大夫卿士。"盖别本有作"毋以嬖御士疾大夫卿士"者,故郑记其异也。今正文作"壮士大夫卿士",即涉注文而衍;又改注文"或为"作"今为",而《正义》从而为之辞,失之甚矣。

《商子·垦令篇》："奸民无主,则为奸不勉;为奸不勉,则奸民无朴;奸民无朴,则农民不败。"《郑窠本》于"奸民无朴"下,有"朴根株也"四字,乃旧解之误入正文者。

《韩非子·难三篇》："且夫物众而智寡,寡不胜众,智不足以遍知物,故则因物以治物;下众而上寡,寡不胜众者,言君不足以遍知臣也,故因人以知人。"按《韩非》原文本作"且夫物众而智寡,寡不胜众,故因物以治物;下众而上寡,寡不胜众,故因人以知人。"旧注于上句"寡不胜众"云:"言智不足以徧知物也;"于下句"寡不胜众"云:"言君不足以遍知臣也。"传写误入正文,而又有错误,遂不可读。

据中华书局 1956 年版《古书疑义举例五种》

涉园序跋集录

〔书名〕

1956年,张元济90寿辰,中国著名版本目录学家、图书馆学家、原上海图书馆馆长顾廷龙蒐辑出版张元济历年所作序跋为《涉园序跋集录》,以为贺寿。

〔作者〕

张元济(1867—1959),字筱斋,号菊生,浙江海盐人。出生于藏书世家。其六世祖张宗松等即以涉园藏书闻名。光绪壬辰(1892)进士。曾任总理各国事务衙门章京。戊戌变法时光绪帝曾破格召见,政变后被革职。1896年和陈昭常等人创办教授西学的通艺学堂。1898年冬任南洋公学(交通大学)管理译书院事务兼总校,后任公学总理,1902年7月后辞职。1901年,以"辅助教育为己任",投资商务印书馆,并主持该馆编译工作。多方访求图书,陆续收入大批古籍,建立了藏书室,1908年命名为涵芬楼,1926年又扩充收藏建成东方图书馆。同年任董事长直至逝世。1949年被特邀参加中国人民政治协商会议,被选为全国委员会委员。后被选为第一届全国人民代表大会代表。1959年病逝。

张元济精于目录、版本和校勘之学,他主编影印的《四部丛刊》、《百衲本二十四史》、《续古逸丛书》等都经过精心选择,详细校勘,所写题跋细密详实。有不少独到的见解,已出版《校史随笔》(1938)、《涉园序跋集录》(1957)。所编书目出版的有《宝礼堂宋本书录》(1939)、《涵芬楼烬余书录》(1951)。商务印书馆整理出版的尚有《张元济诗文》(1986)、《张元济日记》、《张元济书札》(1981)、《张元济傅增湘论书尺牍》(1983)等。

〔体例与内容〕

《涉园序跋集录》是一部集版本、目录与校勘之著。张元济先生"经济文章,并为世重",数十年来"致力目录、校勘之学,而尤以流通古籍为己任"。先生"生平所为诗文,如论政、宣教、碑记、序跋诸作","词意并茂,语无空泛,洵足以信今而传后"。但所有这些均"散布简策,荟萃有待"。值先生九十寿辰之际,顾廷龙先生"举凡先生校印群籍,早播士林,读者于所撰各书跋文,咸谓探赜索隐,启发攸资。徒以分隶卷末,检阅不易。因谋之古典文学出版社辑为专集,以贻来者"。(以上均见顾廷龙先生《涉园序跋集录·后记》)

本书不分卷次,集先生历年精心之作共二百条。其中大部分选自先生为商务印书馆重印善本而写跋文,犹如今之《出版说明》,因而版本、目录、校勘之内容交代尤为清楚。如《龙龛手鑑》、《班马字类》条的版本鉴定,《影印百衲本二十四史序》及随后的二十四条中对二十四史的校勘与各种版本介绍,等等。这些都成为后学典范。其中还有部分"访书南北,留珍海外"的经历。"文字之福,金石同寿,盛世元音,胡可废乎!"(同上)

〔版本〕

《涉园序跋集录》，上海古典文学出版社1957年版。

涉园序跋集录（节选）

【导读】

顾廷龙先生在《涉园序跋集录·后记》中赞道："窃谓校雠之学，自汉刘氏向、歆父子遵夫先路，千载而下，文字形体之变迁，传写摹刻之讹误，递演益形纷繁，自非殚见洽闻，无能为之疏通证明。先生既创建涵芬楼，广蒐善本，间复留意乡邦文献，及先世遗泽，专精毕力于丹黄楮墨间，积累蕴蓄，倾吐心得于题跋文辞中，往往发前人所未发。方诸前贤如义门、抱经、荛圃、千里辈无以过之。"张舜徽先生在《中国文献学》一书把先生订正讹体误字的方法总结为："一、根据文字结构，以明讹体由形似而误；二、参证本书多篇，以明讹体由音近而误；三、按之情理，订正字形之误；四、稽之雅诂，订正字形之误；五、验以时制，而知形近之讹；六、核以经训，而知形近之讹。"

以下所选诸条，皆体现先生在校勘古籍中的成就。如"周易要义"条中，有关《周易要义》各种版本介绍、版本比较，再以众本校出误、脱、衍、错等。

◎周易要义（节选）

宋魏了翁撰《九经要义》，此为其一。《四库》著录，据黄登贤家藏本，为刻为抄，未详。阮文达《研经室外集》谓《四库》所采，乃天一阁旧抄，殆见《浙江采集遗书总录》，因而致误也。卷首，序凡十一段，首段题为"上《正义》人姓名正观讨覈永徽刊定"，其下即引长孙无忌《表》，《箓竹堂书目》载长孙无忌《要义》五册，凡十八卷，似属误认。全书十卷，卷一分上中下；卷二至七分上下，併子卷计之，实为十八卷。是本阙卷三、四、五、六，余均原刊。宋讳殷、恒、贞、桓、慎诸字均避。刻工姓名在所存卷内，有仁寿、季升、有成、时亨、安茂、游安、余子文、余文、文茂、季清、汝能、余才、时中诸人，其余或姓或名，有方、熊、唐、钟、程、晟、之、庆、宣、君、礼、京、宜、共、老等字。江苏书局有光绪丙戌刊本，不言其所自出，取以雠对，讹文夺句，不可胜数。其较甚者，如：《易目》三页全阙，宋本仅阙首半页。卷一阙第九页；又阙上标题，卷一上第九页阙"十三、大哉至利贞释四德，首出言圣人"十五字，第十一页阙"十六、六十四象不同，乾坤不显上下体"十五字，第十九页阙"二十六、以异于诸爻特称易曰，又云君德"十五字，第二十三页阙"三十二、爻为人，位为时，人不妄动时可知。三十三、经唯言时舍，注言时之通舍"二段凡二十八字；卷一中第二页阙"二、阴不为咄，故先迷后得主利。三、阴丧朋则吉，犹人阴柔而之刚正"二段凡二十六字，第三页阙"六、褚云，履霜初至三，坚冰四至上"十三字，第八页阙"十六、屯为坎宫二世卦，诸卦放此。十七、阴阳始交为难，利建侯以宁之。"二段凡二十七字，第十页阙"二十一、女子十年乃字，犹寇近应远，久乃合"十六字，第十二页阙"文义恐不如此"六字，第十三页阙"时中，张仲反，又如字"八字;卷一下第二页阙"三、讼虽不枉,而至于终竟亦凶"十二字,第三页阙"六、千里为成,定受田二百户"十一字,第八页阙"十六、阃外得夺,而言失合(令字之讹)有功不赦"十四字,第十二页阙"此未必然"四字,第十三页阙"此亦未然"四字,第十七页阙"三十一、凡大象,或取卦象,或取卦名"十三字,第十八页阙"三十三、大畜畜极而通,小畜积极而后能畜"十六字。卷二上第一页阙"如注意则当云天之道,地之宜"十二字;卷二下第十页首段"重"字下阙"者曰"二字,"甲"下阙"令"一字,次段阙"使令,然后诛,兼通责让"九字,第十二页阙"十九、八月子至未、寅至酉、丑至中凡三说"十六字。卷七上第五页阙"十一、三极有数说"七字,第十四页阙"三十、出处语默而心同,如断金兰臭"十五字。卷八第一页阙"疏以气谓之阴阳,体谓之柔刚"十二字,第三页阙"七、垂衣裳者,黄帝以前皮衣,制短"十三字,第九页阙"十八、豫六二得位居中,故守介于石"十四字,第十二页误一字("要"作"又"),阙"则句至吉凶"五字。卷九第七页阙"射,食亦反,贾陆董姚王音亦厌也"十三字,第二十页阙"牝一作牧"四字。卷十第十二页阙"二十六、得所据附,弱不惧敌,忧不惧乱。二十八、爻有承乘、外内、得失、辟趣、先后、晦明"二段凡三十字,第十三页阙"二十九、邂尚远,观贵近,比复好先,乾壮恶首。三十、夬阳同决小人,三独应之有凶"二段凡三十字,第十五页阙"三十三、位列贵贱之地,□所处则为位"十四字。又正文卷一上第三页后四行夺"故杜元凯注襄九年《传》遇艮之八及郑康成注《易》,皆称《周易》以变者占"二十八字,第五页前八行夺"七、乾六爻子至巳,谓正三五七九者非"十五字,第九页后四行夺"物之性命,性者,天生之质,若刚柔迟速之别,命者,人所禀受若"二十四字,第十页前一行夺"最尊高于物,以头首出于众物之上"十四字,第十八页后一行夺"言举世皆非,虽不见善而心亦无闷"十四字;卷一中第十四页后五行夺"象曰:利用刑人以正法者"十字;卷一下第二页后四行夺"相远而行"四字,第十九页前六行夺"君子以辩上下定民志者"十字。卷二下第六页后三行夺"以苟相从涉于朋党,故必须四德乃无咎也"十七字。卷七上第二页后九行夺"其辞以释其义,则卦之与爻,各有"十三字;卷七下第七页前七行夺"而后成也"四字,又衍"经营"二字,第十页前九行夺"韩氏云:四者存乎器象,故知章中三事,不得配章首四事"二十二字。卷八第一页前九行夺"变在其中矣、繇辞焉而命之,动在其中矣,刚柔相推"二十字,第三页前八行夺"致天下之民,聚天下之货,交易而退,各得其所,盖取诸噬嗑。嗑,合也,市人之所聚,异方之所合,设法以合物,噬、嗑之义也"四十六字,第七页前四行夺"故为君子之道者也"八字。卷九第一页后九行夺"发挥于刚柔而生爻,刚柔发散,变动相生"十六字,第四页前四行夺"故取奇于天,取耦于地,而立七八九六之数也"十八字。其字句之讹误者,则卷首第一页后三行"兼"字衍,四五行"兼修国史","兼"均作"监",第二页前一行"范义硕","硕"作"颛",第七页后一行"既造夬卦","造"作"象",第八页前三行"太卦","卦"作"卜",第十二页前五行"上下两篇","两"作"二",七行"本上下二经","本"作"分",九行"似纬文","似"作"但"。卷一上第五页前六行"及具六位","具"作"其",第六页后八行"今且以如解之","以"作"依",第七页前五行"至大而极盛","大"作"天上",后六行"无诋毁之类","之类"作"元吉",第八页后九行"品物流行","行"作"形",第十九页前九行"惟天运日行一度","行"作"过",第十五页前二行"使物嘉会之美聚",作"嘉美之会聚",第十八页前九行"使人知己","己"作"也",第二十一页后四行"应非片言可悉","应"作"广",第二十四页前六行"三阳用时","时"作"事",后二行"唯天乃然","乃然"二字衍;卷一中第二页前一行"而后得和","得"字衍,第四页前二行"九二居中得位","九"作"六",八行"其包三德","其"作"具",第七页后四行"而见血也","见血"作"成减",第十一页前二行"不拨其志","拨"作"揆",第十三页前四行"则童蒙闻之","则"作"即",第十四页后四行"则其事亦善矣","则"作"即","亦"作"益";卷一下第三页后八行"故祸患乃至","乃"作"来","若手自拾掇其物","其物"作"甚",第五页后四行"若卦由五位","由"作"中",六行"其二与五爻","二""五"互易,第八页后七行"必须有律者","有"作"以",第九页前三行,凡为师之礼,"礼"作"体",后九行"承命者","承"作"成",第十四页后五行"其气未畜","未"作"被",七行"出在我之西郊","出"作"由",第十八页前三行"犹不肯如坤之顺从","如"作"为",第十九页前四行"象言"上有"以"字。卷二上第七页前六行,后三行"不能忘楚","忘"作"亡",后七行"不日人亡弓","弓"作"之",卷二下第一页后三行"故叹之以示精","精"作"情",第三页后五行"雷出而奋","而"上有"地"字,第四页前一行"雷既出","出"下有"地"字,后五行"介则石焉不终日","则"作"如",第六页前一行"必利在得正","必"作"须",第九页九行"创制之令","制"作"造",第十页后三行"之顺反","顺"作"慎",卷七上第一页前六行"受辛者宜辩之,辞籀文辩字也",作"受辛者辩,辩籀文辞字也",第三页后九行"若诸卦","若"作"虽",第六页前六行"言辩所以明吉凶","辩"作"变",七行"吉凶之象","象"作"状",第九页后四行"皆无之谓也","皆"下有"虚"字,第十二页前四行"拟形容为之象,断吉凶为之爻","为"均作"谓",五行"而拟诸形容","诸"下有"其"字,第十二页后二行"错之乖於理","之"下有"则"字,第十四页前五行"言行难切,在於身","切"作"初",后四行"感应之时","时"作"事",卷七下第三页前五行"又作萁,音同","音"下有"基"字,第九页后一行"则能与行其事","与"作"兴",第十二页前三行"形乃谓之气者","气"作"器",第十三页前六行"河中图","中"作"出",前八行"洛龟书成","成"作"感"。卷八第二页后六行"因而制器","而"作"以",八行"今既尊韩氏之学","尊"作"遵",第三页前三行"耒耜之利","耜"作"耨",前七行"耒手耕曲木",作"耜曲木",第四页后二行"时以此象文取备豫之义","时"作"特","象"作"豫","豫"作"象",第五页前七行"下次远者","下"作"其",八行"故直言古也","也"作"者",第七页后八行第二句"龙蛇初蛰","龙"作"蛟",第十页后二行"况爻卦之辞也","卦"作"繇",第十一页后一行"不可立定准也","立"作"以",第十二页前九行"则总归於中爻,统摄一卦之义","爻"下有"言中爻"三字,第十四页前九行"则以周释为得也","以"作"似",第十六页后九行"虑诸物","虑"上有"思"。卷九第一页前八行"《鸿范五行》云","行"下有"传"字,第八页后六行"革物出乎震","革"作"万",第九页前八行"象地之卦,能生养万物","卦"下有"地"字,第十三页前五行"为瘠马者","者"字衍,前六行"有牙如锯",七行"《尔雅》云,锯牙","锯"均作"倨",第十五页前四行"的颡白颠","颠"作"额",第十八页后九行"瓜瓠之属","瓠"作"匏",第十九页前二行"果堕之字","字"作"果",后二行"取其西方,取其口舌",两"其"字衍,八行"荀爽本","本"下有"八卦"二字,第二十页前五行"为河","河"作"可"。卷十第一页后五行"故非物之始","非"作"为",第三页后八行"过莫大於不养","大"作"过",第四页前七行"言咸卦之意也","意"作"义",前八行"讬以明义","讬"作"记",第五页后三行"堕其时宜","时"作"事",第六页前二行"蛊则饬也",三行"饬整治也","饬"均作"饰",后七行"推辞咎悔","辞"作"辟",第九页前六行"远壑必盈","必"作"方",第十页后五行"应虽远而相追","追"作"感",第十三页后一行"羝羊触藩不能逐","藩"下有"不能退"三字,第十四页后五行"则空守签蹄","签"作"筌",第十六页前四行"虽无阴阳定位","定"作"本",凡此诸字,大都与阮氏《校勘记》所引《石经》、岳本、古本、足利本、钱本、宋本、监本相合。阮氏谓了翁所据,犹宋时善本,足资纠订,非虚语矣。

据上海古典文学出版社 1957 年版《涉园序跋集录》

校史随笔

〔书名〕

  1938年,张元济先生在友人的催促下,从"文字繁冗,丞待董理"的《百衲本二十四史校勘记》中选取了一批第一手资料,辑成此书。书名取"随读随校。"(自序)之意。

〔作者〕

〔体例与内容〕

  在商务印书馆出版《百衲本二十四史》的漫长过程中,张元济全力于《衲史》的精校精审。他在《校史随笔·自序》中说:"影本既成,随读随校。有可疑者,辄录存之。每毕一史,即摘要以书于后。……先后八载,中经兵燹,幸观厥成。余始终其事,与同人共成《校勘记》百数十册。"这就是长达174册的《百衲本二十四史校勘记》。《校勘记》以《衲史》所据宋、元、明旧本为底本,再参校众本,一字一笔之差,都网罗无遗。张元济对异文的是非,旁证博引,然后加断语,判定其正谬,说明致误原因。至于各本不误而宋元旧本独误者,不讳言宋本讹字,确有依据者,批上"修"字,将其改正。据统计,仅前四史就出校18 868条,已修3 524条。这正是张舜徽认为《衲史》是"全史最标准的本子"的真正原因。

  《校史随笔》就是从中选取了一批第一手资料,按照二十四史次序,撰成164篇平均四、五百字的短文所辑成。其中一部分是直接的基本素材,也有作了进一步的论述和考证。其中包括版本论证、校勘实例、校勘史研究、订正史实等内容。王绍增先生依据此书总结出《张元济校史十五例》(载《文献》1990年第2期):重阙疑、补缺脱、订错乱、厘卷第、校衍夺、斠臆改、证遗文、辨误读、勘异同、存古字、正俗字、明体式、决聚讼、揭删窜、匡前修。这"十五例"既是张氏校勘的条例也是校勘的内容。

〔版本〕

  商务印书馆1938年出版,线装本。
  上海古籍出版社1998年出版,《校史随笔(蓬莱阁文丛)》。

校史随笔·史记(节选)

【导读】

具备众本,既是古籍校勘的传统,也是古籍校勘的必备条件。具备众多的本子和好的底本,是校勘的基础。本节所选《校史随笔·史记》部分,主要表现了作者对不同版本的详细掌握。首先作者记述了所见的各种《史记》版本:从《史记》三家注《集解》、《索隐》、《正义》起。三家旧注最初都是单行,后也有《集解》、《索隐》并刻本。随后介绍三注俱全的宋刻黄善夫本。再是三种合刻明覆刻本的介绍,指出用黄善夫本覆刻的王延喆本的讹夺及王本《正义》的脱字。最后指出监本妄删、殿本校勘不精等情况。作者在全面研究了各种版本之后,得出黄善夫本为最佳的结论。涵芬楼藏有黄善夫本69卷残本,原准备以王延喆本配足,但张元济努力不懈,千方百计于1931年初从日本上杉侯爵家借到所阙部分,摄影补齐,使《史记》成为完整的宋刻。这一了不起的成就是建立在对版本的研究与掌握上的。

◎三家旧注

《史记》旧注,今存者三家:曰《集解》,宋中郎外兵曹参军闻喜裴骃撰;曰《索隐》,唐朝散大夫国子博士弘文馆学士河内司马贞撰;曰《正义》,唐诸王侍读宣义郎守右清道率府长史张守节撰。其始皆别自单行。《隋书·经籍志》、《旧唐书·经籍志》、《新唐书·艺文志》,《集解》均八十卷;《新唐·志》,《索隐》三十卷、《正义》三十卷。两书自序所述卷数同。《宋史·艺文志》,裴骃等《集注》已改为一百三十卷。《集注》当即《集解》,故王鸣盛《十七史商榷》谓:"以一篇为一卷,疑始于宋。"毛晋得宋刻《索隐》,覆刻行世,犹是三十卷之旧。独《正义》三十卷原本不可得见矣。

◎三家注刻本

就余所见,并征诸各藏家书目,《集解》单行者有宋淳化十行十九字本,有绍兴朱中奉十二行二十二字本,有淮南路九行十六、七字本,有十四行二十四至二十八字本,有十四行二十七至二十九字本,有九行十六字蜀大字本。凡此皆宋刻也。

其《集解》、《索隐》并刻者,有宋乾道蔡梦弼十二行二十二字本,有淳熙耿秉十二行二十三字本,有宋刻十二行二十五字无述赞本,有蒙古中统十四行二十五字本。明游明本即从中统本出。

其三注俱全者,宋刻有黄善夫本,首《集解》序,次补《史记》序,次《索隐》序、《索隐》后序,次《正义》序,次《正义论例谥法解》,次目录。《集解》序后有"建安黄善夫刊於家塾之敬室"木记二行;目录后有"建安黄氏刻梓"木记一方。半叶十行,每行二十字。小注二十三字。前有《三皇本纪》。老、庄二传,已升在《伯夷传》前。注云"依《正义》本",然目录却未改。无刊板年月。宋讳避至光宗嫌名当刊於绍熙之世。此本未见我国著录，惟日本涩江全善森立之《经籍访古志》载之。余为涵芬楼在京师收得半部，亦由日本来者。尚有安成郡彭寅翁刊本，亦三注俱全。半叶十行二十一字，小注同。不著年月。验其板式，为元刊本。

◎三家注覆刻本

明本三注合刻，为世所习见者。

一，金台汪谅本。莆田柯维熊校正。前有嘉靖四年九月费懋中序，谓："司马迁《史记》，近时苦乏善本。虽陕西有翻刻宋板本，江南有白鹿书院新刻本，差强人意，然弗可辄得。"又云："白鹿本无《正义》，陕西虽有之，而《封禅》、《河渠》、《平准》三书均缺焉。"（此未详何本）柯君悉为增入。柯氏有后跋，撰于嘉靖六年丁亥上元日。

二，震泽王延喆本。《索隐》后序末有木记七行，其文云："延喆不敏，尝闻先文恪公曰：'《国语》、《左传》，经之翼也；迁《史》、班《书》，史之良也。'今吴中刻《左传》，鄞中刻《国语》，闽中刻《汉书》，而《史记》尚未版行。延喆因取旧藏宋刊《史记》，重加校雠，刻於家塾，与三书并行。始嘉靖乙酉腊月，迄丁亥之三月。林屋山人王延喆，识于七十二峰深处。"按乙酉为嘉靖四年。柯本成於丁亥正月，此成於三月，相去仅两月耳。《集解》序后有"震泽王氏刻于恩褒四世之堂"木记，目录后有"震泽王氏刻梓"木记。

三，秦藩本。有嘉靖十三年秦藩鉴抑道人序，又有嘉靖庚戌秦藩允中道人修板序。序谓："叔考定王得苏本刻之，是又从震泽王氏本出也。"鉴抑为定王惟焯，允中即惟焯嗣子怀埢。按庚戌为嘉靖二十九年。

右三本，柯本最早，王本次之，秦藩本最后。行款均与黄善夫本相同。同此一书，不及十年，而翻刻者三，亦异事也。

近又见一明刻，行款版幅与黄本同。前有正德十二年丁丑闽中廖铠序，大旨谓："中统以后，翻刻者甚少。搜采十馀年，始获斯本。乙亥冬，随侍出镇关西，遂谋于梓。但有《纪》、《志》、《表》、《传》而无八书，补以缙绅所藏。讹文已甚，脱简弥滋。参眡群册，始在苟完。自丙子三月至此，踰岁刻成。"云云。原书本有补配，故目录行款略异。卷首无诸家序言及《正义论例谥法解》，当系遗佚而非原缺。揆其成书之日，早於金台汪氏、震泽王氏者八年。是则翻刻之本，当以此为较早，惜甚罕见耳。

天禄琳琅宋本《史记》三注合刻者，所谓元祐时槃张未校本及嘉定六年万卷楼本，经近人勘定皆伪造，不足论。独一本《索隐》后序有"绍兴三年四月十二日右修职郎充提举茶盐司干办公事石公宪发刊至四年十月二十日毕工"印记。钱警石《甘泉乡人稿》谓："书估持柯本来，《索隐》序后亦有此三十八字，凡三行。"并定为柯本从绍兴本翻刻。钱氏之言当可信，然何以与黄善夫本行款全同？岂黄本亦从石本出乎？天禄琳琅藏本今已不存。余所见柯本，亦均未有此印记，可勿论矣。

◎震泽王本之讹夺

震泽王氏用黄善夫本覆刻,宜必一一脗合矣,而抑知不然。

《孝武本纪》,"盖若兽为符"句注"晋灼曰盖"字下,脱"辞也或曰符谓瑞应也"九字,误增"是甘泉更"四字。湖北翻刻本已改正。

《宋微子世家》,"子悼公购由立"句下,脱"年表云四十九年《索隐》曰购音古候反悼公八年卒《索隐》曰纪年为十八年子休公田立休公田二十三年卒子辟公辟兵立"大字二十、小字二十四。湖北翻刻本已补。

《孟尝君列传》,"天下之游士凭轼结靷东入齐者"句下,脱"无不欲强齐而弱秦者凭轼结靷西入秦者"十七字。湖北翻刻本仍未补。

《信陵君列传》,"以公子之高义为能急人之困"句下,脱"今邯郸旦暮降秦而魏救不至安在公子能急人之困"二十一字。湖北翻刻本已补。

◎王本正义不全

王本《周本纪》,"虏褒姒尽取周赂而去"句下,脱《正义》二十六字;《孝武本纪》,"其北治大池渐台"句下,脱二十五字;《律书》,"律中仲吕"句下,脱二十二字;"北至于参"句下,脱四字;"即天地二十八宿"句下,脱五十八字;"十母"句下,脱十字;"十二子"句下,脱十二字;《甘茂列传》,"自崤塞及至鬼谷"句下,脱十字;《信陵君列传》,"赵王田猎耳非为寇也"句下,脱四字;《范睢列传》,"譬如木之有蠹也"句下,脱五字。余疑王氏所得宋本,必有残佚,不得已以他本配之,故视黄氏原本有所不同。

据上海古籍出版社1998年版《校史随笔》

校勘学释例

〔书名〕

《校勘学释例》原名《元典章校补释例》,于1931年写成并刊行于世。1959年5月作者"为同学讲校勘学,要举例说明","同人以为便于初学,因特重印以广其传"。重印时遂更此名。

〔作者〕

陈垣(1880—1971),历史学家、教育家。字援庵,广东新会人。1910年毕业于光华医学院。自幼好学,无师承,靠自学闯出一条广深的治学途径。在宗教史、元史、考据学、校勘学等方面,著作等身,成绩卓著,受到国内外学者的推重。从教70多年,任过46年大学校长,对广大青年学者热心传授,影响深远,造就了众多的人才。他曾任国立北京大学、北平师范大学、辅仁大学的教授、导师。1926—1952年,任辅仁大学校长;1952—1971年,任北京师范大学校长。1949年以前,还担任过京师图书馆馆长、故宫博物院图书馆馆长。1949年后,任中国科学院历史研究所第二所所长。历任第一、二、三届全国人民代表大会常务委员会委员。

主要著述有《元西域人华化考》、《校勘学释例》、《史讳举例》、《南宋河北新道教考》、《明季滇黔佛教考》、《清初僧诤记》、《中国佛教史籍概论》及《通鉴胡注表微》等,另有《陈垣学术论文集》行世。

〔体例与内容〕

全书共六卷五十类通例。其卷目和类目在层次上有隶属关系,这一结构形式吸取了《文苑英华辨证》的结构经验,而使之更合逻辑。前五卷列举错误诸例,卷一为"行款误例",下收十一类行款错误的通例。卷二为"通常字句误例",下收十类一般性字句错误的通例。卷三为"元代用字误例",下收五类通例。卷四为"元代用语误例",下收六类通例。卷五为"元代名物误例",下收九类通例。一、二大类所说固属古籍发生错误的通则,后三类中某些原则则可推之于其他古籍尤其是史部古籍。

第六卷校例是讲如何校勘的原则,其第四十三"校法四例"总结出四项校勘方法:对校法、本校法、他校法、理校法。第四十四至第五十条,具体说明校改原则,有一般意义。其校勘理论和方法则贯通运用清代校勘学的成果,而较为全面,并有显著提高。初步建立了校勘学的理论体系。

〔版本〕

北京大学国学研究所1931年印行《元典章校补释例》。

中华书局1959年重印《校勘学释例》。

中华书局2004年出版简体横排表达本新版《校勘学释例》。

《校勘学释例》卷六校例

【导读】

本篇选自《校勘学释例·卷六》。

卷六"校勘",总结了校勘方法和改字原则,是本书在校勘理论和方法上的突出贡献。其第四十三"校法四例"总结出四项校勘方法:对校法、本校法、他校法、理校法。已被公认为校勘的正规方法。第四十四至第五十条,具体说明校改原则,有一般意义。如第四十四"元本误字,经沈刻改正者,不校例";第四十五"元本借用字不校例";第四十六"元本通用字不校例";第四十七"通用字元本不用例";第四十八"从错简知沈刻所本不同例";第四十九"从年月日之增入,疑沈刻别有所本例";第五十"一字之误关系全书例"。以上诸例都阐明校改的原则,既有指导实践的通例作用,又具理论性质。而"校法四例"则更是方法的总结,理论的归纳,且有更为普遍的指导实践的作用。此卷是校勘学宣告建立的关键所在。

◎第四十三校法四例

昔人所用校书之法不一,今校《元典章》所用者四端:一为对校法。即以同书之祖本或别本对读,遇不同之处,则注于其旁。刘向《别录》所谓"一人持本,一人读书,若怨家相对者",即此法也。此法最简便,最稳当,纯属机械法。其主旨在校异同,不校是非,故其短处在不负责任,虽祖本或别本有讹,亦照式录之;而其长处则在不参己见,得此校本,可知祖本或别本之本来面目。故凡校一书,必须先用对校法,然后再用其他校法。

有非对校决不知其误者,以其文义表面上无误可疑也。

卷页

吏三十六	元关本钱二十定	元作"二千定"。
户六二	花银每两出库价钞二两五钱	元作"二两五分"。
户八八	博换到茶货共一百三十斤	元作"二百三十斤"。
户八八六	一契约取四十五定	元作"四五十定"。
兵三廿六	小铺马日差二三匹	元作"三二十匹"。
刑一五	延祐四年正月	元作"闰正月"。
刑一七	大德三年三月	元作"五月"。

有知其误,非对校无以知为何误者:

吏七九	常事五日程中事十日程大事十日程	元作"中事七日程"。
户七十二	每月五十五日	元作"每五月十五日"。
兵三七	该六十二日奏	元作"六月十二日奏"。
新刑三四	案牍都目各决一十七下司吏	元作"司吏决二十七下"。

决一十七下

二为本校法。本校法者,以本书前后互证,而抉摘其异同,则知其中之缪误。吴缜之《新唐书纠缪》,汪辉祖之《元史本证》,即用此法。此法于未得祖本或别本以前,最宜用之。予于《元典章》曾以纲目校目录,以目录校书,以书校表,以正集校新集,得其节目讹误者若干条。至于字句之间,则循览上下文义,近而数页,远而数卷,属词比事,抵牾自见,不必尽据异本也。

吏六四十	未满九个月不许预告迁转	上下文均作"九十个月"。
户十二三	里河千里百斤	上下文均作"千斤百里"。
刑七十四	犯奸放火大德五年	目作"至元五年"。
	犯奸休和理断大德六年	目作"至元六年"。
刑七十五	容奸受钱追给大德八年	目作"至元八年"。按编纂次第,均应以目为正。
刑八二	取受枉法二十贯以上至三十贯七十七下三十贯以上至一百贯八十七下	据表"三十"均应作"五十"。

三为他校法。他校法者,以他书校本书。凡其书有采自前人者,可以前人之书校之,有为后人所引用者,可以后人之书校之,其史料有为同时之书所并载者,可以同时之书校之。此等校法,范围较广,用力较劳,而有时非此不能证明其讹误。丁国钧之《晋书校文》,岑刻之《旧唐书校勘记》,皆此法也。

| 吏一廿七 | 荨麻林纳尖尖 | 元刻亦作"纳尖尖"。 |
| 吏一三四 | 荨麻林纳失失 | 元刻亦作"纳失失"。 |

欲证明此"纳尖尖"、"纳失失"之是非,用对校法不能,因沈刻与元刻无异也。用本校法亦不能,因全部《元典章》关于"纳失失"、"纳尖尖"止此二条也。则不能不求诸《元典章》以外之书。《元史》卷七七《祭祀志》国俗旧礼条:"舆车用白氈青缘,纳失失为帘,覆棺亦以纳失失为之。"卷七八《舆服志》冕服条:"玉环绶,制以纳石失。"注:"金锦也。"又:"履,制以纳石失。"《舆服志》中"纳石失"之名凡数见,则《元典章》"纳失失"之名不误,而"纳尖尖"之名为元刻与沈刻所同误也。

| 户九十二 | 五月二月以钩杙压下枝著地 | 元作"正月二月"。 |

此引《齐民要术》卷五语也,可以《齐民要术》证之。

| 礼三十一 | 始死如有穷 | 元作"始死充于有穷"。 |

此引《礼记·檀弓上》之文也,今《檀弓》作"始死充充如有穷",则沈刻、元刻皆误也。

| 刑十九十六 | 木忽回回每 | 元刻亦作"木忽"。 |
| 新户三五 | 回回也里可温竹忽答失蛮 | 元本同。 |

一"木忽",一"竹忽"必有一误。《元史》卷三三《文宗纪》:"天历二年三月,诏僧、道、也里可温、术忽、答失蛮为商者,仍旧制纳税。"卷四三《顺帝纪》:"至正十四年五月,募各处回回、术忽殷富者赴京师从军。"则"木忽"当作"术忽",而沈刻与元刻皆误也。又《元史》卷四

十《顺帝纪》:"至元六年十一月,监察御史世图尔言:禁答失蛮、回回、主吾人等叔伯为婚姻。"杨瑀《山居新话》载:"杭州砂糖局糖官,皆主鹘、回回富商。"主吾、主鹘,更可以证"木忽"之误。

四为理校法。段玉裁曰:"校书之难,非照本改字不讹不漏之难,定其是非之难。"所谓理校法也。遇无古本可据,或数本互异,而无所适从之时,则须用此法。此法须通识为之,否则卤莽灭裂,以不误为误,而纠纷愈甚矣。故最高妙者此法,最危险者亦此法。昔钱竹汀先生读《后汉书·郭太传》,太至南州过袁奉高一段,疑其词句不伦,举出四证,后得闽嘉靖本,乃知此七十四字为章怀注引谢承书之文,诸本皆傥入正文,惟闽本独不失其旧。今《廿二史考异》中所谓某当作某者,后得古本证之,往往良是,始服先生之精思为不可及。经学中之王、段,亦庶几焉。若《元典章》之理校法,只敢用之于最显然易见之错误而已,非有确证,不敢藉口理校而凭臆见也。

吏五四	合无减半支俸	"减半"当作"减半"。
吏六三七	年高不任部书愿不转部者	"部书"当作"簿书"。
吏八十六	也可扎忽赤	当作"扎鲁忽赤",元本亦漏。
户五三一	亡宋淳佑元年	"淳佑"当作"淳祐"。
户六二	赤银每两人库价钞一十四两八钱	"赤银"当作"赤金"。
户八一〇一	押运犁耳七百两经由施仁门入城	"两"当作"而"。
兵三十四	官人每根底要肚及	"肚及"当作"肚皮"。
刑一四	江西省行准中书省咨	"省行"当作"行省"。
刑十九四五	拜征怯薛第三日	"拜征"当作"拜住",元本亦误。

据中华书局2004年版《校勘学释例》

史讳举例

〔书名〕

"为避讳史作一总结束"的同时,为校勘古籍、考证史事提供一门辅助学科,从而"使考史者多一门路一钥匙"(《史讳举例·序》)。1928年,国内学界筹备钱大昕诞辰200周年纪念会,陈垣此书就是为这次纪念会而作的。

〔作者〕

〔体例与内容〕

避讳是中国历史上特有的一种制度,从先秦到满清灭亡,先后实行了两千余年。古代文献典籍中因为避讳而将文字改易的地方非常多,使古书淆乱不清,极易造成误解,给读书治学带来许多困难。陈垣曾说:"不讲避讳学,不足以读中国史。"到了清代,一些学者投入相当多的精力进行研究,尤以钱大昕的研究最为深入。陈垣在许多方面深受钱大昕的影响和启发,学界也多认为陈垣是钱大昕之后的第一人。陈垣撰写《史讳举例》时,在很多地方借鉴并利用了钱大昕的研究成果,其中直接引用的内容就超过三十条。但钱大昕等人研究避讳的成果,"因散在诸书,未能为有系统之董理"(《史讳举例·序》),显得零散而不全面。至《史讳举例》出版,才使避讳研究成为一门相对独立的学问,成为古籍整理和学术研究的一门辅助学科。

《史讳举例》全书共八卷,八十二类例,基本上概括了避讳的所有方面。

卷一"避讳所用之方法"。将历代所用之各种避讳方法概括为四类:第一避讳改字例,第二避讳空字例,第三避讳缺笔例,第四避讳改音例。卷二"避讳之种类"。将历史上和古籍中常见的避讳现象归纳为十七类。第五至第二十一例。卷三"避讳改史实"。当代人为了避讳,将前代史实强加改易,大致有七种类型。第二十二至第二十八例。卷四"因避讳而生之讹异"。避讳改易史实,淆乱古籍,给后人读书治学带来很大麻烦,因此而产生的各种讹误所在皆有,将这些讹误划分为十四种类型。第二十九至第四十二例。卷五"避讳学应注意之事项"。避讳问题很复杂,虽然有规律可循,但对于不同历史时期的一些特殊情况,不能简单地套用现成的原则和通例,应该具体问题具体分析,这是必须要引起注意的。就此例举了十一个问题。第四十三至第五十三例。卷六"不讲避讳学之贻误"。例举不通避讳学而出现错误的七种类型。第五十四至第六十例。卷七"避讳学之利用"。举十一范例。卷八"历朝讳例"。历述自秦汉至清末共十一个时期的避讳历史。

全书仅9万字,而引用各类文献多达140种,涉及经、史、子、集四部和很多金石资料。

〔版本〕

1928年12月刊登在《燕京学报》第4期。

1933年收入《励耘书屋丛刻》第2集。
1958年1月中华书局出版。
1997年6月上海书店出版。

《史讳举例》卷七（节选）

【导读】

  本篇节选自《史讳举例·卷七》
  陈垣作《史讳举例》的重大贡献之一，就是通过发掘避讳知识在史学研究中的作用，通过对利用避讳进行校勘考证等手段的总结，第一次构建了避讳学的科学体系。他的目的不仅是"为避讳史作一总结束"，而更为重要的是为"使考史者多一门路一钥匙"，因此，特别强调如何把避讳学知识用于读书治学。在《史讳举例》卷七"避讳学之利用"中，就避讳学在十一个方面的应用一一举例说明，反复论证，不厌其烦。这是全书最精彩的部分。分别将避讳学用于校勘古籍与史事考证；利用避讳学知识推知史书的材料来源；利用避讳学知识纠正前人错误；利用避讳学知识辨伪；利用避讳学知识考订目录，鉴定版本等。

◎避讳学之利用

第六十一 因讳否不画一知有后人增改例

  《史记·高祖纪》于孝惠不书名，《文帝纪》于景帝不书名。乃文帝名再见于《高祖纪》，一见于《吕后纪》，此必后人所加。《景帝纪》："四年，立皇子彻为胶东王。""七年，立胶东王为太子，名彻。"亦后人所加。

  杜佑撰《通典》，在唐贞元中，故称德宗为今上。而一七八《州郡篇》书恒州为镇州，且云"元和十五年改为镇州"，此后人附益，本书于恒字初不避也。一六五《刑制篇》"十恶"："六曰大不恭。"注云："犯庙讳，改为恭。"按唐诸帝无名敬者。前卷即有大不敬字，此条必宋人添入，非本文也。《州郡篇》改豫州为荆河州，或称蔡州，改豫章郡为章郡，括苍县曰苍县，皆避当时讳。今本或于荆河下添豫字，又有直书豫州、豫章者，皆校书人妄改也。书中虎牢，皆避讳作武牢，而《州郡篇》汜水县下，直书虎牢，且有获虎字，皆后人妄改，又改之不尽也。

  《通鉴稽古录》，于古人姓名犯宋讳者，往往易以他字，或二名减一，或以字易名。然其中如刘弘、桓玄、徐圆朗、许敬宗、敬晖、马殷、朱守殷、李匡威、乐彦贞之类，又直书不避。而李敬玄作李敬贞，于玄字敬字，一避一否。末卷书仁宗建储事，于英宗庙讳皆称"讳"，而卷中陈曙一人凡三见，恐出后人擅易，非本文矣。

第六十二 因讳否不画一知有小注误入正文例

  《后汉书·郭太传》，称郭太为郭林宗，唯传末一段，忽书太名，曰："初，太始至南州，过袁奉高不宿而去，从叔度累日不去，或以问太，太曰：'奉高之器，譬之泛滥，虽清而易挹；叔度之器，汪汪若千顷之陂，澄之不清，挠之不浊，不可量也。'已而果然。太以是名闻天下。"竹汀先生曰："蔚宗避其父名，篇中前后，皆称林宗，即他传亦然，此独书其名；且其事已载《黄宪传》，不当重出；叔度书字而不书姓；前云'于是名震京师'，此又云'以是名闻天下'，词意重沓。后得闽中旧本,乃知此七十四字,本章怀注引谢承《后汉书》之文。叔度不书姓者,蒙上'入汝南则交黄叔度'而言也。今本皆搀入正文,惟闽本犹不失其旧。"【乃和案:钱说见《后汉书考异》三。】此则因讳否不画一,而知其有小注误入正文也。

第六十三 因讳否不画一知有他书补入例

《魏书·肃宗纪》,及《景穆十二王彝兄顺传》,李崇、崔光、辛纂、贺拔胜、儒林、文苑等传,俱有广阳王渊,而《太武五王传》作广阳王深。盖《魏书·太武五王传》已亡,后人取《北史》补之,《北史》避唐讳,校者不知追改也。《通鉴》一五〇梁普通五年,亦作广阳王深。《考异》云:"《魏》帝纪作渊,今从列传及《北史》。"此则误从避讳之名者也。

《北齐书》纪传中,于齐诸帝或称高祖、世宗、显祖、肃宗、世祖,或称神武、文襄、文宣、孝昭、武成,晁公武谓:"百药避唐讳,不书世祖世宗之类。"不知百药修史在贞观初,其时世字并不必避。《梁、陈、周书》皆不避世祖世宗字,百药与思廉、德棻同时,何独异其例?盖《北齐书》久已残阙,后人取《北史》补之,其称世祖世宗者,百药旧文;其称文襄文宣者,《北史》之文也。然此非关避讳,晁氏以为例有不一,非也。

《北史·高颎传》:"俄而上柱国王积以罪诛。"即王世积也。王懋竑曰:"《北史》例不避世字,此卷世室作代室,王世积去世字,与他卷例异。《李德林传》称晋王讳而不名,亦与他传异。每卷末各有总论,而此卷无之。"疑《北史》阙此卷,后人别据他书补之。

杨守敬《跋隋太仆卿元公墓志》云:"六世祖遵,高祖熹,曾祖忠,并见《魏书》及《北史》。唯祖昺,徐州刺史,《魏书》、《北史》无昺名,而有忠子寿兴,亦徐州刺史,为其兄晖所潜死,临刑自作墓志铭曰:'洛阳男子,姓元名景,有道无时,其年不永。'"竹汀先生云:"寿兴名景,不见于史,当由名犯唐讳,故书其字。此铭作韵语,不可称字,乃以景代之。"【乃和案:钱说见《北史考异》一。】今证以此志,实由李延寿避唐讳,以景代昺。《魏书》多阙,后人取《北史》补之,故仍以景代昺,而以寿兴标目也。然《魏书·崔亮传》:"徐州刺史元晒,抚御失和,诏亮驰驿安抚。亮至劾晒,处以大辟。"即此元景。《北史·崔亮传》同。《北史》避唐讳,不应作晒,此晒字又后人据《魏书》回改也。

第六十四 因讳否不画一知书有补版例

《十驾斋养新录》十三《东家杂记》条云:"卷中管勾之勾皆作勺,避宋高宗嫌名。间有不缺笔者,元初修改之叶。辨宋板者当以此决之。"

又卷十三《论语注疏正德本》条云:"首叶板心有正德某年刊字,但遇宋讳,旁加圈识之。疑本元人翻宋板,中有避讳不全之字,识出令其补完耳。若明刻前代书籍,则未见此式,必是修补元板也。"

又卷十四《颜氏家训》条云:"淳熙中,高宗尚在德寿宫,故卷中构字,皆注太上御名,而阙其文。前序后有墨长记云'廉台田家印'。宋时未有廉访司,元制乃有之。意者元人取淳熙本印行,间有修改之叶,则于宋讳不避矣。"

又卷十四《韦苏州集》条云:"后有拾遗三叶,其目云:'熙宁丙辰校本添四首,绍兴壬子校本添三首,乾道辛卯校本添一首。'验其款式,当即是乾道椠本。而于宋讳初不回避,盖经元人修改,失其真矣。"

第六十五 因避讳断定时代例

《潜研堂文集》卅四《答卢学士书》:"读阁下所校《太玄经》云:向借得一旧本,似北宋刻,末署右迪功郎,充两浙东路提举茶盐司干办公事张寔校勘。大昕案:宋时寄禄官分左右,唯东都元祐,南渡绍兴至乾道为然。盖以进士出身者为左,任子为右也。而建炎初避思陵嫌名,始改勾当公事为干办公事。此结衔有干办字,则是南宋刻,非北宋刻矣。《宋史》遇勾当字,多易为干当,此南渡史臣追改,非当时本文也。"

又卷廿五:"《宝刻类编》,不著撰人姓名。考其编次,始周秦,讫唐五代。其为宋人所撰无疑。宋宝庆初避理宗嫌名,改江南西路之筠州为瑞州。此编载碑刻所在,有云瑞州者,又知其为宋末人也。"

又卷廿八:"《宋太宗实录》八十卷,吴门黄孝廉荛圃所藏。仅十二卷,有脱叶。每卷末有书写人及初对复对姓名,书法精妙,纸墨亦古。于宋讳皆阙笔,即慎、敦、廓、筠诸字亦然。予决为南宋馆阁钞本,以避讳验之,当在理宗朝也。刘廷让避太宗讳改名,《宋史》阙而不书,亦当依《实录》增入。"

又卷廿八:"《大金集礼》四十卷,不知纂辑年月,要必成于大定之世,故于雍字称御名,而不及明昌以后事。独补阙文一叶,有明昌、承安、泰和及世宗庙号,盖后人取他书搀入,非《集礼》元文也。"

《潜研堂金石文跋尾》十四:"程闳中等题名凡七行,文云:'程闳中点青田常役,廖君宪漕台校试还,摄永嘉管勾,邂逅游,己卯闰月二十三日。'何梦华自青田石门山拓以见赠,并贻书询己卯系何年号。予考漕司校试起于宋时,若今之乡试,此题当是宋刻。南渡后避高宗嫌名,易管勾为干办,而此刻称管勾,则必北宋刻矣。"

又卷十一:"《祈泽寺残碑》,寺在江宁通济门外三十里,碑已碎裂,仅存中间一段。有云:'保大三年起首,迄于四载兴功。'又云:'升元岁末,保大惟新。'知其为南唐碑也。予初见碑中有宋代字,疑为宋初刻,及读元僧伯元所撰记云:'寺建于宋营阳王义符景平元年。'始悟碑云宋代,乃追叙之词,谓刘宋,非赵宋也。观碑文匡字并未回避,其为南唐石刻无疑。"

又卷十三:"《石林亭诗》,永兴军路安抚使兼知军府事刘敞作。次其韵者,守大理评事签书凤翔府节度判官厅公事苏轼也。嘉祐七年十二月十五日,守凤翔府麟游县令郭九龄建。按签署改为签书,本是避英宗嫌名。嘉祐七年之冬,英宗尚未即位,无缘先为改易,殆刻于次年三月以后也。"

《雪堂校刊群书叙录》下,《跋敦煌本残道书》云:"文中'民归于主',民字改作人,避唐太宗讳。而治字屡见不讳,盖书于贞观之世也。书法清健,有钟薛风。唐室肇造之初,崇尚道术,至祖老子,而以明老之学诏天下,故此书写于是时。"然考唐之崇尚道术,莫甚于会昌。高宗讳,元和元年以后已不讳,安知此卷不出于晚唐耶?

又《跋唐写本卜筮书残卷》云:"卷中别构字甚多,与六朝碑版合。凡丙丁之丙皆作景,白虎皆作白兽,而隆字不缺笔,乃初唐写本之证。"然考玄宗讳,宝历元年,准故事已祧迁不讳,见《册府元龟》卷三。隆字不缺笔,似亦不足为初唐写本之证。

据中华书局 2004 年版《史讳举例》

经义述闻

〔书名〕

《经义述闻》的书名为王引之所定。自序称"旦夕趋庭,闻大人讲授经义,退而录之。终然成帙,命曰《经义述闻》"。多半是作者自己的见解。

〔作者〕

王引之(1766—1834),清代汉学家。字伯申,号曼卿。江苏高邮人。父念孙、祖安国,皆以治名物训诂称著。早年承其家学,究心《尔雅》、《说文》、《音学五书》等,以求文字、音韵、训诂之学。嘉庆四年(1799)一甲进士,授翰林院编修,大考一等,擢侍讲。后擢升至礼部左侍郎。参与纂修《词林典故》,任实录馆、国史馆副总裁。道光七年(1827),晋工部尚书。曾奉旨勘订《康熙字典》讹误,辑为《考证》十二册。逝世后,谥号文简。其学力主通核,不尚墨守,以文字训诂最为专精,与其父王念孙齐名,并称"高邮二王"。乾嘉之世,汉学中以惠栋为代表的吴派,以戴震为代表的皖派与高邮二王鼎足而立,同为汉学旗帜。所撰《经义述闻》、《经传释词》为其代表作。其书札短篇,后人辑为《王文简公文集》刊行。

〔体例与内容〕

《经义述闻》是一部从经学、小学和校刊学角度研究中国古代经典的著作。所述均为训释经典中的讹字、衍文、脱简、句读等疑难问题,纠正毛、郑、马、贾、服、杜之旧注,陆、孔、贾之旧疏,解决了自汉以来很多不易解决的问题。共三十二卷,二千多条,其中《易》一百零六条、《尚书》一百零五条、《毛诗》一百五十条、《周官》九十六条、《仪礼》七十四条、《大戴礼记》二百二十一条、《礼记》二百一十二条、《左传》二百一十六条、《国语》一百七十一条、《春秋名字解诂》二百九十条、《公羊传》五十四条、《谷梁传》六十一条、《尔雅》二百一十八条、太岁考二十八条、通说五十三条。为读经的重要参考书。最大的价值在校勘与训诂,对于研究文字、音韵学也有重要参考价值。与《经传释词》、《读书杂志》、《广雅疏证》并称"王氏四种"。

〔版本〕

《经义述闻》,台北世界书局影印本,1975年;
《经义述闻》,江苏古籍出版社影印本,1985年。

《经义述闻》卷三十二通说下(节选)

【导读】

　　《经义述闻》最后部分,撰写了《通说》,更进一步归纳整理经籍中存在的共同问题,探讨其中通有的规律性问题。《通说下》共总结了二十条。前六条总结解经的错误原因,主要从小学角度即文字、音韵、训诂及辞章的范围进行探讨,但有助于了解经籍的错误原因:包括经文假借;语词误解以实义;经义不同,不可强为之说;经传平列二字,上下同义;经文数句平列,上下不当歧义;经文上下两义,不可合解。后六条总结经籍文字错误的原因:包括衍文;行讹;上下相因而误;上文因下而省;增字解经及后人改注疏释文。前四条属于校勘通例,后二条为辨析注疏释文与经义异同,是校勘学的理论探讨。

　　　　　　　　　　　　　　　　据商务印书馆1936年版《经义述闻》

经义述闻（书影）

据江苏古籍出版社 1985 年版

卷五　辨伪著述文选

诸子辨

〔书名〕

《诸子辨》是论述诸子学术、强调和鼓吹儒家正统思想的一部力著,也是在中国文献学史特别是辨伪学史上占有一席之地的一部著作。

〔作者〕

宋濂(1310—1381),字景濂,号潜溪。浙江潜溪人。幼好学,曾从散文大家吴莱、柳贯、黄溍等人学习。元至正时被荐为翰林编修,以亲老辞不就,隐居龙门山著书十余年。朱元璋起兵取婺州,召见宋濂,命他为五经师。朱元璋称帝后又命他为文学顾问、江南儒学提举,授太子经。洪武二年(1369)奉命修《元史》,为总裁官。当时朝廷祭祀、朝会、诏谕、封赐文章大多由他执笔。累官至学士承旨知制诰,被誉为"开国文臣之首"。洪武十年(1377)年老辞官还家。后因长孙犯法,又牵涉胡惟庸案,全家谪茂州,中途病故于夔州。正德时追谥文宪。生平著书甚多,散文以简洁著称。后人编有《宋学士全集》。

〔体例与内容〕

《诸子辨》考辨的书,自《鬻子》至《子程子》,共四十种,按各书的著作时代或假托时代的顺序排列,一一作出简单的评论。这些评论主要用儒家思想作为衡量诸子思想的尺度和取舍标准,表达了董仲舒的"大一统"思想。因此,他所谓"辨",乃是辨其"各奋私知而戾大道"的殊说,目的是为了"使道术咸出于一轨",这是卫道的态度,浅薄的功利思想。严格说来,是求善而不是求真,因而在很多地方,无法得出正确的结论。但是,就专辨诸子而言,这毕竟是辨伪学史上第一部专书,其中对《孙子》、《尉缭子》、《亢仓子》等条,都提出了很好的见解,有一定的学术价值。

〔版本〕

(明)宋濂. 宋文宪公全集. 清刻本. 金华:严荣,1810(嘉庆十五年).

(明)宋濂. 诸子辨.《古籍考辨丛刊》第一集. 北京:中华书局,1955.

(明)宋濂. 宋学士全集. 丛书集成初编. 北京:中华书局,1985.

诸子辨（节选）

【导读】

《鬻子》为第一篇，"盖子书之始也"。

《管子》因思想和记事出于管仲之后认定为伪作。

《晏子》考《汉书·艺文志》、《隋书·经籍志》、《旧唐书·经籍志》和《崇文总目》记载不一，且旁举柳宗元观点为证。

《老子》从年代的先后上指出其成书不能提前至周平王四十二年（前729），因孔子（前551—477）曾问礼于老子。

《关尹子》从用词说明《关尹子》与《老子》同时之伪。因为《关尹子》书中多用释氏及神仙方技家言，至于"婴儿、蕊女、金楼、绛宫、青蛟、白虎、宝鼎、红炉"等，绝不是老子时代所能有的词语。

《亢仓子》也是从辞句的体裁方面辨伪的，认为《亢仓子》是剽袭《老》、《庄》、《文》、《列》诸书而成，又以"人"易"民"，以"代"易"世"，显而易见是唐人避唐太宗的讳。

《子华子》辨为伪书的依据是史料的年代先后。《子华子》里说："秦襄公（前777—766）方启西戎，子华子观政于秦"，而《庄子》上称子华子见韩昭僖侯（前358—333）是一条可信的同时代人的记载。

《列子》辨伪主要从思想和事实的异同，《列子》书中说到"西方圣人"，暗指释迦摩尼，佛教里的大乘圆行、修习教观、幻化生灭、轮回不息、寂灭为乐、圆觉四大诸说在《列子》中都有表述，而"西方圣人之事，皆出御寇后"。

《孙子》以确信史料辨伪，采《史记》关于篇数的说明，与今本正和。

《尉缭子》以目录学著作与今本篇数、结合已确论的伪书作出判定。

《淮南鸿烈解》既从目录学著作考证，又从所述思想和事实"前后有自相矛盾者，有乱言而乖事实"认定为伪书。

《文中子中说》从史实推断《隋唐通录》所载为伪；从年代的先后，认为"王通始至长安，李德林卒已九岁，而书有'德林请见'之语"等不足信，因此断定《文中子中说》撰者是王通的说法为伪。

◎诸子辨·序

诸子辩者何？辩诸子也。

通谓之诸子何？周秦以来，作者不一姓也。

作者不一姓而其立言何？人人殊也。

先王之世，道术咸出于一轨，此其人人殊何？各奋私知而或鏊大道也。由或鏊大道也，其书虽亡，世复有依仿而托之者也。

然则子将奈何？辞而辩之也。

曷为辩之？解惑也。

◎诸子辨·跋

至正戊戌春三月丙辰，西师下睦州，浦阳壤地与睦境接，居民震惊，多扶挈耄倪走傍县。予亦遣妻孥入句无山，独留未行。日坐环堵中，块然无所为，乃因旧所记忆者作《诸子辩》数十通；九家者流颇具有焉。

孔子门人之书宜尊而别之；今亦俯就其列者，欲备儒家言也。始之以《鬻子》而终之以周、程者，欲读者有所归宿也。其中疏剔觗排，亦窃自谓有一发之见；第以家当屡徙之余，书无片牍可以稽质，不能必其无矛盾也。

夏六月壬午，仅克脱稿。越三日乙酉而浦阳平矣，余遂竭蹷趋句无。惊悸稍定，俾仲子璲录之如右。

於戏！九家之徒竞以立异相高，莫甚于衰周之世：言之中道者则吾圣贤之所已具，其悖义而伤教者固不必存之以欺世也。於戏！邪说之害人惨于刀剑，虐于烈火：世有任斯文之寄者尚忍淬其锋而膏其焰乎！

予生也贱，不得伸其所欲为之志，既各为之辩，复识其私于卷末。学孔氏者其或有同予一嘅者夫！

秋七月丁酉朔，潜溪宋濂记。

◎《鬻子》

《鬻子》一卷，楚鬻熊撰。熊为周文王师，封为楚祖；著书二十二篇，盖子书之始也。《艺文志》属之道家，而小说家又别出十九卷。今世所传者，出祖无择所藏，止十四篇。《崇文总目》谓其八篇已亡，信矣。

其文质，其义弘，实为古书无疑。第年代久邈，篇章舛错，而经汉儒补缀之手，要不得为完书。黄氏疑为战国处士所托，则非也。序称熊见文王时年已九十，其书颇及三监曲阜时事，盖非熊自著，或者其徒名"政"者之所记欤？不然，何有称"昔者文王有问于鬻子"云！

◎《管子》

《管子》二十四卷，齐大夫管夷吾撰。夷吾字仲，其书经刘向所定，凡九十六篇；今亡十篇。自《牧民》至《幼官图》九篇为《经言》。《五辅》至《兵法》八篇为《外言》。《大匡》至《戒》九篇为《内言》。《地图》至《九变》十八篇为《短语》。《任法》至《内业》五篇为《区言》。《封禅》至《问霸》十三篇为《杂篇》。《牧民解》至《明法解》五篇为《管子解》。《臣乘马》至《轻重庚》十九篇为《管子轻重》。予家又亡《言昭》、《修身》、《问霸》、《牧民解》、《轻重庚》五篇，止八十一篇。题云"唐司空房玄龄注"；或云非也，尹知章注。

是书非仲自著也，其中有绝似《曲礼》者，有近似老庄者，有论伯术而极精微者，或小智自私而其言至卑汙者，疑战国时人采掇仲之言行，附以他书成之；不然，"毛嫱西施"、"吴王好剑","威公之死,五公子之乱",事皆出仲后,不应豫载之也。朱子谓仲任齐国之政,又有"三归"之溺,奚暇著书。其说是矣。

先儒之是仲者,称其谨政令,通商贾,均力役,尽地利,既为富强,又颇以礼义廉耻化其国裕如;《心术》《白心》之篇亦尝侧闻正心诚意之道:其能一匡天下,致君为五伯之盛,宜矣。其非仲者,谓先王之制,其盛极于周;后稷、公刘、大王、王季、文、武、成、康、周公之所以制周者,非一人之力,一日之勤,经营之难,积累之素;况又有出于唐、虞、夏、商之旧者矣;及其衰也而仲悉坏之,何仲之不仁也!呜呼,非之者固失,而是之者亦未为得也!何也?仲之任术立伯,假义济欲,纵其致富强,而汲汲功利,礼义俱丧,其果有闻正心诚意之道乎!周自平王东迁,诸侯僭王,大夫僭诸侯,文、武、成、康、周公之法一切尽坏,列国尽然,非止仲一人而已也!

然则仲何如人?曰:人也,功首而罪魁者也。

曰:齐之申、韩、鞅、斯之列,亦有间乎?曰:申、韩、鞅、斯刻矣,而仲不至是也。原其作俑之意,仲亦乌得无罪焉,薄乎云尔。

◎《晏子》

《晏子》十二卷,出于齐大夫晏婴。《汉志》八篇,但曰《晏子》;《隋》《唐》七卷,始号《晏子春秋》,与今书卷数不同。

《崇文总目》谓其书已亡,世所传者盖后人采婴行事而成;故柳宗元谓墨氏之徒有齐人者为之,非婴所自著。诚哉是言也!

◎《老子》

《老子》二卷,《道经》、《德经》各一,凡八十一章,五千七百四十八言,周柱下史李耳撰。耳字伯阳,一字聃——聃,耳漫无轮也。

或称周平王四十二年,以其书授关尹喜。今按平王四十九年,入《春秋》,实鲁隐公之元年;孔子则生于襄公二十二年。自入《春秋》,下距孔子之生,已一百七十二年;老聃,孔子所尝问礼者,何其寿欤?岂《史记》所言"老子百有六十余岁",及"或言二百余岁"者果可信欤?

聃书所言,大抵敛守退藏,不为物先,而壹返于自然。由其所该者甚广,故后世多尊之行之。"视之不见名曰夷,听之不闻名曰希,搏之不得名曰微",道家祖之。"谷神不死,是谓玄牝;玄牝之门,是谓天地根",神仙家祖之。"吾不敢为主而为客,不敢进寸而退尺,是谓行无行,攘无臂,扔无敌,执无兵;祸莫大于轻敌,轻敌几丧吾宝,故抗兵相加,哀者胜矣",兵家祖之。"道冲而用之或不盈,渊乎似万物之宗,挫其锐,解其纷,和其光,同其尘,湛兮似若存,吾不知谁之子,象帝之先",庄、列祖之。"将欲翕之,必固张之;将欲弱之,必固强之;将欲废之,必固兴之;将欲夺之,必固与之",申、韩祖之。"以正治国,以奇用兵,以无事取天下",张良祖之。"我无为而民自化,我好静而民自正,我无事而民自富,我无欲而民自朴",曹参祖之。聃亦豪杰士哉!伤其本之未正,而末流之弊至贻士君子有"虚玄长而晋室乱"之言,虽聃立言之时亦不自知其祸若斯之惨也。

呜呼!此姑置之。道家宗黄老,黄帝书已不传,而老聃亦仅有此五千言。为其徒者乃弃而不习,反依仿释氏经教以成书。开元所列《三洞琼纲》固多亡缺,而祥符《宝文统传》所记,若《大洞真》,若《灵宝洞元》,若《太上洞神》,若《太真》,若《太平》,若《太清》,若《正一》诸部,总四千三百五十九卷,又多杂以符咒、法箓、丹药、方技之属,皆老氏所不道。米巫祭酒之流犹自号诸人曰:"吾盖道家,吾盖道家"云。

◎《关尹子》

《关尹子》一卷,周关令尹喜所撰。喜与老聃同时,著书九篇,颇见之《汉志》,自后诸史无及之者:意其亡已久矣。今所传者,以《一宇》、《二柱》、《三极》、《四符》、《五鉴》、《六匕》、《七釜》、《八筹》、《九药》为名,盖徐藏子礼得于永嘉孙定;未知定又果从何而得也。前有刘向序,称盖公授曹参,参薨,书葬;孝武帝时,有方士来上,淮南王安秘而不出;向父德治淮南王事,得之。文既与向不类,事亦无据,疑即定之所为也。

间读其书,多法释氏及神仙方技家,而藉吾儒言文之。如"变识为智"、"一息得道"、"婴儿蕊女,金楼绛宫,青蛟白虎,宝鼎红炉"、"诵咒土偶"之类,聃之时无是言也。其为假托,盖无疑者。或妄谓二家之说实祖于此,过矣。然其文虽峻洁,亦颇流于巧刻;而宋象先之徒乃复尊信如经,其亦妄人哉!

◎《亢仓子》

《亢仓子》五卷,凡九篇。相传周庚桑楚撰。

予初苦求之不得;及得之,终夜疾读,读毕叹曰:"是伪书也!剿《老》、《庄》、《文》、《列》及诸家言而成之也。"其言曰:"危代以文章取士,则剪巧绮纚益至,而正雅典实益藏。"夫文章取士,近代之制,战国之时无有也。其中又以"人"易"民",以"代"易"世":世民,太宗讳也,伪之者其唐士乎? 予犹存疑而未决也。后读他书,果谓天宝初,诏号《亢桑子》为《洞灵真经》,求之不获;襄阳处士王士元采诸子文义类者撰而献之:其说颇与予所见合。复取读之,益见其言词不类,因弃去不复省。

《农道》一篇虽可读,古农家书具有之。或者谓可孤行,吾亦不知其为何说也。

◎《子华子》

《子华子》十卷,程本撰。本字子华,晋人;曰魏人者非也。《艺文志》不录。

予尝考其书,有云:"秦襄公方启西戎,子华子观政于秦";又稽庄周所载子华子事,则云"见韩昭僖侯":夫秦襄公之卒在春秋前,而昭僖之事在春秋后,前后相去二百余年,子华子何其寿也? 其不可知者一。《孔子家语》言"孔子遭齐程子于郯",程子盖齐人。今子华子自谓"程之宗君受封于周,后十一世国并于温"。程本商季文王之所宅,在西周当为畿内小国。温者,周司寇苏忿生之所封;周襄王举河内、温、原以赐晋文公,温固晋邑也。孰谓西周之程而顾并于河内之温乎？地之远迩，亦在可疑。其不可知者二。后序称子华子为鬼谷子师：鬼谷，战国纵横家也。今书绝不似之，乃反类道家言；又颇剿浮屠、老子、庄周、列御寇、孟轲、荀卿、《黄帝内经》、《春秋外传》、司马迁、班固等书而成。其不可知者三。刘向校定诸书咸有序，皆渊懿明整：而此文独不类。其不可知者四。以此观之，其为伪书无疑。或传王铚性之、姚宽令威多作赝书，而此恐由其手，理或然也。

然其文辞极春容，而议论焕发，略无窘涩之态，故尤善惑人；人溺文者，孰觉其伪哉！

◎《列子》

《列子》八卷，凡二十篇，郑人列御寇撰。刘向校定八篇，谓御寇与郑缪公同时。柳宗元云："郑缪公在孔子前几百载，御寇书言郑杀其相驷子阳，则郑缪公二十四年，当鲁缪公之十年：向盖因鲁缪公而误为郑尔。"其说要为有据。高氏以其书多寓言而并其人疑之，"所谓御寇者有如鸿蒙、列缺之属"；误矣。

书本黄老言，决非御寇所自著，必后人会萃而成者。中载孔穿、魏公子牟及"西方圣人"之事，皆出御寇后。《天瑞》、《黄帝》二篇虽多设辞，而其"离形去智，泊然虚无，飘然与大化游"，实道家之要言。至于《杨朱》、《力命》则"为我"之意多；疑即古杨朱书，其未亡者剿附于此。御寇先庄周，周著书多取其说；若书事简劲宏妙则似胜于周。

间尝熟读其书，又与浮屠言合。所谓"内外进矣，而后眼如耳，耳如鼻，鼻如口，无弗同也；心凝形释，骨肉都融，不觉形之所倚，足之所履"，非"大乘圆行说"乎？"鲵旋之潘（合作番）为渊；止水之潘为渊；流水之潘为渊；滥水之潘为渊；沃水之潘为渊；沈水之潘为渊；雍水之潘为渊；汧水之潘为渊；肥水之潘为渊"，非"修习教观说"乎？"有生之气，有形之状，尽幻也：造化之所始，阴阳之所变者，谓之生，谓之死，穷数达变，因形移易者，谓之化，谓之幻；造物者，其巧妙，其功深，故难穷难终；因形者，其巧显，其功浅，故随起随灭；知幻化之不异生死也，始可以学幻"，非"幻化生灭说"乎？"厥昭生乎湿，醯鸡生乎酒，羊奚比乎不笋；久竹生青宁，青宁生程，程生马，马生人；人久入于机；万物皆出于机，皆入于机"，非"轮回不息说"乎？"人胥知生之乐，未知生之苦；知死之恶，未知死之息"，非"寂灭为乐说"乎？"精神入其门，骨骸反其根，我尚可存？"非"圆觉四大说"乎？中国之与西竺，相去一二万里，而其说若合符节，何也？岂其得于心者亦有同然欤？近世大儒谓华、梵译师皆窃庄、列之精微以文西域之卑陋者，恐未为至论也。

◎《孙子》

《孙子》一卷，吴孙武撰，魏武帝注。自《始计》至《用间》，凡十三篇。《艺文志》乃言八十二篇。杜牧信之，遂以为武书数十万言，魏武削其繁剩，笔其精粹，以成此书。按《史记》："阖闾谓武曰：'子之十三篇，吾尽观之。'"其数与此正合。《汉志》出《史记》后，牧之言要非是。

武，齐人，吴阖闾用以为将，西破强楚，入郢，北威齐、晋，显名诸侯。叶适以不见载于《左传》，疑其书乃春秋末、战国初山林处士之所为。予独不敢谓然。春秋时，列国之事赴告者则书于策，不然则否。二百四十二年之间，大国若秦、楚，小国若越、燕，其行事不见于经传者有矣，何独武哉！

或曰："《风后握奇经》实行兵之要，其说实合乎伏羲氏之卦画，奇正相生，变化不测；诸葛亮得之以为"八阵"，李靖得之以为"六花阵"；而武为一代论兵之雄，顾不及之，何也？"曰："《兵势》篇不云乎？'战者以正合，以奇胜；战势不过奇正，奇正之变不可胜穷；奇正相生，如循环之无端。'《九地》篇又不云乎？'用兵者譬如率然——率然者常山之蛇也，——击其首则尾至，击其尾则首至，击其中则首尾俱至。'"斯固风后之遗说也，曾谓其不及之，可乎？

呜呼！古之谈兵者有仁义，有节制。至武一趋于权术变诈，流毒至于今未已也。然则武者固兵家之祖，亦兵家之祸首欤？

◎《尉缭子》

《尉缭子》五卷，不知何人书。或曰魏人，以《天官》篇有"梁惠王问"知之；或曰齐人也：未知孰是。其书二十四篇，较之《汉志》杂家二十九篇已亡五篇。

其论兵曰："兵者凶器也，争者逆德也，将者死官也，故不得已而用之。无天于上，无地于下；无王于后，无敌于前。一人之兵，如狼如虎，如风如雨，如雷如霆。震震冥冥，天下皆惊。"由是观之，其威烈可谓莫之婴矣！及究其所以为用，则曰："兵不攻无过之城，不杀无罪之人；夫杀人之父兄，利人之货财，臣妾人之子女，此皆盗也。"又曰："兵者，所以诛暴乱，禁不义也。兵之所加者，农不离其田业，贾不离其肆宅，士大夫不离其官府，故兵不刃血而天下亲。"呜呼，又何其仁哉！战国谈兵者有言及此，君子盖不可不与也！

宋元丰中，是书与孙、吴二子，司马穰苴《兵法》、黄石公《三略》、吕望《六韬》、李卫公《问对》颁行武学，号为《七书》。《孙》、《吴》当是古书。司马《兵法》本古者司马兵法而附以田穰苴之说，疑亦非伪。若《三略》、《六韬》、《问对》之类则固后人依仿仿而托之者也。而杂然浑称无别，其或当时有司之失欤？

◎《淮南鸿烈解》

《淮南鸿烈解》二十一卷，汉刘安撰。安，淮南厉王长之子，招致苏飞、李尚、左吴、田由、雷被、毛披、伍被、晋昌等八人，及诸儒大山、小山之徒，讲论道德，总统仁义，著《内书》二十一篇。《李氏书目》云："第七、第十九亡。"《崇文总目》云："存者十八篇。"今所传《原道》、《俶真》、《天文》、《地形》、《时则》、《冥览》、《精神》、《本经》、《主术》、《缪称》、《齐俗》、《道应》、《汜论》、《诠言》、《丘略》、《说山》、《说林》、《人间》、《务修》、《泰族》等训，连卷末《要略》，共二十一篇，似未尝亡也。又有《中篇》八卷，言神仙黄白之术。又有《外书》三十三篇；《汉志》与《内书》同列于杂家。《中》、《外》书余皆未见。

《淮南子》多本《文子》，而出入儒、墨、名、法诸家，非成于一人之手，故前后有自相矛盾者，有乱言而乖事实者。既曰"武王伐纣，载尸而行，海内未定，故不为三年之丧"，又曰"武王欲昭文王之令德，使夷狄各以其贿来贡，辽远未能至，故治三年之丧，殡两楹以俟远方"。

三代时无印，周官所掌之玺节，郑氏虽谓如今之印章，其实与玉、角、虎、人、龙、符、旌诸节并用，不过手执之以表信耳；今乃曰"鲁国召子贡，授以大将军印"。如是之类，不能尽举也。

昔吕不韦相秦，亦致辩士，使人人著所闻集论，以为《十二纪》、《六论》、《八览》：其说虽未纯，要其首尾以类，粲然成一家言，非《淮南》之杂也。古人论立言者，汉不如秦，秦不如周，信矣哉！

据中华书局1955年版《诸子辨》

四部正讹

〔书名〕

《四部正讹》辨经部（卷上）、辨子部（卷中）、辨史部与集部（卷下）之伪书共一百零四种，因之名曰《四部正讹》。

〔作者〕

胡应麟（1551—1602），字元瑞，后改字明瑞，号石羊生，又号少室山人。浙江兰溪人，明万历举人，喜读书、校书和藏书。王世贞说他"自言于世无所嗜，所嗜独书"，他爱书甚至到了废寝忘食的程度，"忧藉以释，忿藉以平，病藉以起"的程度（《二酉山房记》）。他筑室山中，聚书四万余卷，亭午夜分，就笔于砚，取丹铅校雠。其著述证引广博，诗文承七子余风，由重视格律而转向神韵。本以文学知名，同时也长于目录学。对于校勘、辨伪亦多贡献。著作有《少室山房类稿》一百二十卷以及《诗薮》、《少室山房笔丛》等。

〔体例与内容〕

《四部正讹》很多地方取材于马端临的《文献通考》，但他在考辨伪书方面，却用力甚勤，条分缕析，初步形成了较为完整的辨伪学理论体系。卷首把伪书产生的原因和伪书的性质归纳为二十类。卷末又把伪书在经、史、子、集四部中的分布情况作了分析，指出："凡四部书之伪者，子为盛，经次之，史又次之，集差寡。凡经之伪，易为盛，纬候次之；凡史之伪，杂传记为盛，璅说次之；凡子之伪，道为盛，兵及诸家次之；凡集全伪者寡，而单篇列什借名窜匿甚众。"这些分析和判断，大致都比较切合实际。接着，他又把各书致伪的程度归纳为全伪、真错以伪、伪错以真、真伪错者多种，也都举例加以说明。胡应麟在辨伪方面最大的贡献，则是把历代学者从事辨伪的经验和实际采用过的方法，结合他自己的辨伪实践，加以归纳总结，使之条理化、系统化，从而成为具有规律性的方法论，这就是载于《四部正讹》卷末的著名的"辨伪八法"："凡核伪书之道：核之《七略》，以观其源；核之群志，以观其绪；核之并世之言，以观其称；核之异世之言，以观其述；核之文，以观其体；核之事，以观其时；核之撰者，以观其托；核之传者，以观其人。"虽然上述归类未尽合理，"八法"也较为简略，但它对于后世辨伪的实践及辨伪学理论的发展有很大的促进作用，对清代辨伪学影响尤大。

〔版本〕

（明）胡应麟. 四部正讹. 少室山房笔丛. 明刻本. 新安：吴勉学，1606（明万历三十四年）。

（明）胡应麟. 四部正讹. 少室山房笔丛. 清刊本. 广州：广雅书局，1875—1908（清光绪间）。

(明)胡应麟著. 顾颉刚校点. 四部正讹. 北京:朴社,1929(民国十八年).
(明)胡应麟. 四部正讹.《古籍考辨丛刊》第一集. 北京:中华书局1955.
(明)胡应麟. 四部正讹. 少室山房笔丛. 上海:上海书店,2001.

《四部正讹》卷上(节选)

【导读】

《叙论》胡应麟将伪书产生的原因和伪书的性质,归纳为以下十类:(1)有伪作于前代而世率知之者;(2)有撰古人之事而伪者;(3)有傅古人之名而伪者;(4)有惮于自名而伪者;(5)有袭取于人而伪者;(6)有恶其人,伪以祸之者;(7)有本非伪,人托之而伪者;(8)又有伪而非伪者;(9)又有当时知其伪后世弗传者;(10)又有本无撰人,后人因近似而伪托者。每类之下,皆举例说明。

《连山易》从唐以前史书中未载推断为伪书。

《子夏易》从史籍中著录的情况和该书的内容推断为伪书。

《周易干凿度》、《乾坤凿度》认为应为一书且假托汉魏之旧。首先从史籍著录情况看,应是宋人伪造,并有王子充《丛录》为证。其次,内有文字是部分抄录《列子·天瑞》的,据此该书成书应在《列子》之后。

◎《叙论》

凡赝书之作,情状至繁;约而言之。殆十数种。

有伪作于前代而世率知之者,风后之《握奇》,岐伯之《素问》是也。有伪作于近代而世反惑之者,卜商之《易传》,毛渐之《连山》是也。

有撰古人之事而伪者,仲尼倾盖而有《子华》,柱史出关而有《尹喜》是也。有挟古人之文而伪者,伍员著书而有《越绝》,贾谊赋鹏而有《鹖冠》是也。

有傅古人之名而伪者,尹负鼎而《汤液》闻,戚饭牛而《相经》著是也。有蹈古书之名而伪者,汲冢发而《师春》补,《梼杌》纪而楚史传是也。

有惮于自名而伪者,魏泰《笔录》之类是也。有耻于自名而伪者,和氏《香奁》之类是也。

有袭取于人而伪者,法盛《晋书》之类是也。有假重于人而伪者,子瞻《杜解》之类是也。

有恶其人,伪以祸之者,僧孺《行纪》之类是也。有恶其人,伪以诬之者,圣俞《碧云》之类是也。

有本非伪,人托之而伪者,《阴符》不言三皇而李荃称黄帝之类是也。有书本伪,人补之而益伪者,《乾坤凿度》及诸纬书之类是也。

又有伪而非伪者,《洞灵真经》本王士元所补而以伪亢仓,《西京杂记》本葛稚川所传而以伪刘歆之类是也。又有非伪而曰伪者,《文子》载于刘歆《七略》,历梁隋皆有其目,而黄东发以为徐灵府;《抱朴》纪于勾漏本传,历唐宋皆志其书,而黄东发以非葛稚川之类是也。又有非伪而实伪者,《化书》本谭峭所著而宋齐丘窃而序传之,庄注本向秀所作而郭子玄取而点定之之类是也。(二说尚难信:谭事仅羽流所述;向子期与嵇、阮诸文士友而绝不为言;姑据前人载此。)

又有当时知其伪而后世弗传者,刘炫《鲁史》之类是也。又有当时记其伪而后人弗悟者,司马《潜虚》之类是也。(《潜虚》,司马公属草未成,后人赝补行世,见朱紫阳《语录》,黄东发《日钞》。世以数学,无辩其非是者。)

又有本无撰人,后人因近似而伪托者,《山海》称大禹之类是也。又有本有撰人,后人因亡逸而伪题者,《正训》称陆机之类是也。

右诸伪书外,又有此十余种:世或以非伪而信之,或概以伪而疑之,皆弗深考故也。余故详为别白,俾撰者弗湮其实,非撰者弗蒙其声,于经籍或有补云。

◎《连山易》

《连山易》十卷,见《唐·艺文志》。案班氏六经首《周易》,凡夏商之易绝不闻。隋牛弘购求宇内遗书至三十七万卷,魏玄成等修《隋史》,晋梁以降亡逸篇名无不具载,皆不闻所谓《连山》者。而至唐始出,可乎?《北史·刘炫传》:"隋文蒐访图籍,炫因伪造《连山》及《鲁史记》上之。"马端临据此,以为炫作;或有然者。盖炫后事发除名,故《隋志》不录,而其书尚传于后:开元中盛集群书,仍入禁中耳。郑渔仲谓此书当时不存,则宋世已无可考;今亦未能必其炫也。(《归藏》今亦不传,故二书惟论其大概,不能致详。)

◎《归藏易》

《归藏易》十三卷,晋太尉参军薛贞、唐司马膺各有注。案《七略》无《归藏》;《晋中经簿》始有此书;《隋志》因之;至宋,仅存《初经》、《齐母》、《本蓍》三篇。郑渔仲以为:"其文质,其义古,后学以其不文则疑而弃之。连山所以亡者,要当复过于此。"噫,连山,夏易也,归藏,商易也,禹贡之文,千古叙事宗焉,《商书》简洁而明肃,或有过于周者:孰谓夏殷之文不郁郁也!《隋志》称此书惟载卜筮,不类圣人之旨;盖唐世固疑其伪。若郑以晚出为辩,则马端临之说尽之矣。(薛贞,晋人,载于《隋志》;郑以为隋人,亦误。五经,易最多依托,以卜筮易于传讹也。)

◎《子夏易》

《子夏易》十卷:陈振孙云:"《汉志》无卜氏易;至《隋志》始有《子夏易》二卷,其为依托甚明。且隋唐时已残缺,宋安得有十卷。其经文、彖、象、爻辞,俱用王弼本;又陆德明所引隋《子夏易》语,今本十卷中皆无:岂直非汉世书,并非隋唐之旧矣。"余案,《子夏易》载《通考》者今亦不传。据陈氏所论推之,当是汉末人依托,至隋残缺,唐、宋人复因隋目,取王氏本伪撰此书;正犹《乾坤凿度》本汉世伪撰,至隋、唐亡逸,宋人复伪撰以行,伪之中又有伪者也。(晁景迂以此书张弧撰。案弧,唐大理评事,今有《素履子》传于世,晁岂误记此耶?)

◎《周易乾凿度》、《乾坤凿度》

《周易乾凿度》二卷,又《乾坤凿度》二卷,今合为一,实二书也。《乾坤凿度》称黄帝撰,而《乾凿度》皆假孔子为言,其伪固无容辩说;然亦匪《凿度》本书也。案诸纬,《汉·艺文志》绝不经见,《隋志》始备详之。盖哀、平末其端已兆;光武赤伏定基,魏晋以还,禅受亡不援藉符命。自隋文禁绝,其目犹数十家。宋世但七纬,传说者咸以好事掇拾类书补缀而成,非汉魏之旧。今七纬又仅《凿度》传,余读之信矣。王子充《丛录》所见正同,则元末已亡久也。(是书余尚疑为近人掇拾者:读《黄氏日钞》,详载其言,政与今传本合,乃信其为宋世书。)

《乾凿度》曰:"求卦主岁术,常以太岁为岁纪。岁七十六为一纪,二十纪为一蔀首。即置积蔀首岁数,加所入纪岁数,以三十二除之;不足除者,以《乾坤》始数二卦而得一岁未算,即主岁之卦也。"案此条见《后汉·黄琼传》注中,盖非宋人伪撰者;要之,亦魏晋之文也。

又《乾坤凿度》云:"有太易;有太初;有太始;有太素。太易者,未见气也。太初者,气之始也。太始者,形之始也。太素者,质之始也。气形质具而未离,故曰浑沦。浑沦者,言万物相混成而未相离,视之不见,听之不闻,故曰易也。易变而为一;一变而为七;七变而为九。九者,气变之究也,乃复变而为一。一者,形变之始。清轻者上为天;浊重者下为地。"右俱《凿度》中孔子所云,实全写《列子·天瑞》一节,稍增损数字,遂不成语言。又《列子》"重浊者下为地"之后,有"冲和气者为人,故天地含精,万物化生"三语,意乃完足;今划去后三语,而以"物有始,有壮,有究,故三画成乾"接之,文义顿断缺,可笑。盖《元包》、《洞极》之类犹是稍能文者所为;此特荒陋俚儒伪撰耳。然《三坟》又出此下矣。

据中华书局 1955 年版《四部正讹》

尚书古文疏证

〔书名〕

《尚书古文疏证》，亦名《古文尚书疏证》，清阎若璩撰，确证东晋梅赜所献《古文尚书》和《尚书孔氏传》出于伪作。

〔作者〕

阎若璩(1636—1704)，字百诗，号潜邱(一作潜丘)。山西太原人，迁居江苏淮安。康熙十七年(1678)应证博学鸿词科，不第，后受涂乾学聘纂《大清一统志》、《明史》等。长于考据，撰《尚书古文疏证》，黄宗羲、纪昀、钱大昕、梁启超、胡适等学者皆以为"伪古文《尚书》"的"定案"实归功于是书；又撰《四书释地》、《释地余论》，校正前人关于古地名附会的错误。曾补正顾炎武所撰《日知录》五十余条。另有《潜邱劄记》、《毛朱诗说》、《孟子生卒年月考》等著述。

〔体例与内容〕

《尚书古文疏证》以一百二十八条证据，论证了东晋梅赜所献《古文尚书》为后出伪书。其方法是将《古文尚书》与古代典籍中著录及引用《尚书》篇数、篇名、文句相比较，证明晚出之书多有前人所未见者；又以古文易懂、今文难解，指出不合语言发展规律；并从地理沿革变化、官制礼制差异、音韵训诂错误等方面加以论证。自该书出，《古文尚书》为伪书一说遂成定论。该书对清代以后辨伪学的兴起、发展有重要意义。因阎若璩生前未及修订，故编次较乱，内容亦多枝蔓。王鸣盛《尚书后案》有所匡正。

〔版本〕

(清)阎若璩.尚书古文疏证.清刻本.平阴:朱氏眷西堂.1745(清乾隆十年).

(清)阎若璩.尚书古文疏证.聚学轩丛书.清刻本.贵池:刘氏,1895(清光绪二十一年).

(清)阎若璩.尚书古文疏证.上海:上海古籍出版社,1987.

《尚书古文疏证》卷一(节选)

【导读】

《尚书古文疏证》对《孔传古文尚书》中的《孔传》与经文等各方面作了全面细致的辨伪工作，将作伪证据非常详细地罗列了出来，包涵了极其丰富的资料。共分八卷，一百二十八条论证，从篇目、卷数、文字、征引、篇章分合、史实、典章制度、历法、地理、文体、语言风格等各个方面对《孔传古文尚书》进行了考辨。每涉及一个问题都有一条实例论证,其中第二十八条至三十、三十三至四十八、一百零八至一百一十、一百二十二至一百二十九条已佚,凡现存者都引证繁复、论证严密,反映了阎若璩深厚的考证功底和求真求实的学术态度。

◎第一　言两汉书载古文篇数与今异

《汉书·儒林传》:"孔氏有《古文尚书》,孔安国以今文字读之,因以起其家逸《书》,得十余篇,盖《尚书》兹多于是矣。"《艺文志》:"《古文尚书》者,出孔子壁中。武帝末,鲁共王坏孔子宅,得《古文尚书》及《礼记》、《论语》、《孝经》凡数十篇,皆古字。孔安国者,孔子后也,悉得其书,以考二十九篇,得多十六篇。安国献之,遭巫蛊事,未列于学官。"《楚元王传》:"鲁恭王坏孔子宅,欲以为宫,而得《古文》于坏壁之中,《逸礼》有三十九,《书》十六篇。天汉之后,孔安国献之。"夫一则曰得多十六篇,再则曰逸《书》十六篇,是《古文尚书》篇数之见于西汉者如此也。《后汉书·杜林传》:"林前于西州得漆书《古文尚书》一卷,常宝爱之,虽遭艰困,握持不离身。"后出示卫宏等,遂行于世。同郡贾逵为之作训,马融、郑康成之传注解,皆是物也。夫曰《古文尚书》一卷,虽不言篇数,然马融《书序》则云"逸十六篇",是《古文尚书》篇数之见于东汉者又如此也。此书不知何时遂亡。东晋元帝时豫章内史梅赜忽上《古文尚书》,增多二十五篇,无论其文辞格制迥然不类,而只此篇数之不合,伪可知矣。

按《古文尚书》实多十六篇,惟《论衡》所载其说互异,其《正说》篇云:孝景帝时,鲁共王坏孔子教授堂以为殿,得百篇《尚书》于墙壁中。武帝使使者取视,莫能读者,遂秘于中,外不得见。至孝成皇帝时,张霸伪造百两之篇,帝出秘百篇以校之。愚谓成帝时校理秘书,正刘向刘歆父子,乃东京班固亦典其职,岂有亲见《古文尚书》百篇而乃云尔者乎?刘则云"十六篇逸",班则云"得多十六篇",确然可据。至王充《论衡》,或得于传闻,传闻之与亲见,固难并论也。且云"武帝使使者取视",不云"安国献之"而云"武帝取视",此何据也?惟云"孝景时鲁共王坏孔子宅",较《汉志》"武帝末"三字则确甚,何也?鲁恭王以孝景前三年丁亥徙王鲁,徙二十七年薨,则薨当于武帝元朔元年癸丑,武帝方即位十三年,安得云武帝末乎?且恭王初好治宫室,季年好音,则其坏孔子宅以广其宫,正初王鲁之事,当作"孝景时"三字为是。愚尝谓传记杂说往往足证史文之误,要在识者决择之耳。

又按孔壁书出于景帝初,而武帝天汉后孔安国始献,遭巫蛊仓卒之难,未及施行,则其相去已六十余年,而安国之寿必且高矣。及考《孔子世家》"安国为今皇帝博士,至临淮太守,蚤卒",则孔壁之书出,安国固未生也。故《大序》亦云"悉以书还孔氏,科斗书废已久,时人无能知者"。愚意书藏屋壁中,不知几何年,书出屋壁之外,又几六十余年,孔安国始以隶古字更写之,则其错乱摩灭弗可复知,岂特《汨作》、《九共》诸篇已也。即安国所云"可知者二十五篇",亦必字画脱误,文势龃龉,而乃明白顺易,无一字理会不得,又何怪吴氏朱子及草庐辈切切然议之哉?

266

◎第三　言郑康成注古文篇名与今异

《尚书》百篇序,原自为一篇,不分置各篇之首。其分置各篇之首者,自孔安国传始也。郑康成注《书序》,尚自为一篇,唐世尚存,孔颖达《尚书疏》备载之,所云《尚书》亡逸篇数,迥与孔传不合。孔则增多于伏生者二十五篇,郑则增多于伏生者十六篇。二十五篇者,即今世所行之《大禹谟》一、《五子之歌》二、《胤征》三、《仲虺之诰》四、《汤诰》五、《伊训》六、《太甲》三篇九、《咸有一德》十、《说命》三篇十三、《泰誓》三篇十六、《武成》十七、《旅獒》十八、《微子之命》十九、《蔡仲之命》二十、《周官》二十一、《君陈》二十二、《毕命》二十三、《君牙》二十四、《冏命》二十五是也。十六篇者,即永嘉时所亡失之《舜典》一、《汩作》二、《九共》九篇三、《大禹谟》四、《益稷》五、《五子之歌》六、《胤征》七、《典宝》八、《汤诰》九、《咸有一德》十、《伊训》十一、《肆命》十二、《原命》十三、《武成》十四、《旅獒》十五、《冏命》十六是也。十六篇亦名二十四篇,盖《九共》乃九篇,析其篇而数之,故曰二十四篇也。郑所注《古文》篇数,上与马融合,又上与贾逵合,又上与刘歆合。歆尝校秘书,得《古文》十六篇,传问民间,则有安国之再传弟子胶东庸生者学与此同。逵父徽实为安国之六传弟子,逵受父业,数为帝言《古文尚书》与经传《尔雅》诂训相应,故《古文》遂行。此皆载在史册,确然可信者也。孔颖达不信汉儒授受之《古文》,而信晚晋突出之《古文》,且以《舜典》、《汩作》、《九共》二十四篇为张霸之徒所伪造,不知张霸所伪造乃百两篇,在当时固未尝售其欺也。百两篇不见于《艺文志》,而止附见《儒林传》,传云：文意浅陋,篇或数简,帝以中书校之,非是。霸辞受父,父有弟子樊并,诏存其书,后樊并谋反,乃卒黜之。曾谓马融郑康成诸大儒而信此等伪书哉？大抵孔颖达纂经翼传,不为无功,而第曲徇一说,莫敢他从,如《毛诗》、《戴记》则惟郑义之是从,至于《尚书》,则又黜郑而从孔,是皆唐人稡章句为义疏,欲定为一是者之弊也。噫！孰知此一是者竟未尝是也哉？

按郑康成注《书序》,于今安国传所见存者《仲虺之诰》、《太甲》三篇、《说命》三篇、《微子之命》、《蔡仲之命》、《周官》、《君陈》、《毕命》、《君牙》十三篇,皆注曰亡。于今安国传所绝无者《汩作》、《九共》九篇、《典宝》、《肆命》、《原命》十三篇,皆注曰逸。不特此也,又于安国传所分出之《舜典》、《益稷》二篇,皆注曰逸。是孔郑之《古文》,不独篇名不合者,其文辞不可得而同,即篇名之适相符合者,其文辞亦岂得而尽同哉？然则豫章晚出之《书》,虽名为源流于郑冲,正未必为孔壁之旧物云。

又按孔郑之《古文》既如此其乖异矣,乃说者必欲信梅所献之孔,而不信郑所受之孔,遂以郑所受之孔为张霸之徒伪撰。今张霸书已不传,而见于王充《论衡》所引者,尚有数语,曰：“伊尹死。大雾三日。”此何等语,而可令马郑诸儒见耶？伪《泰誓》三篇,历世既久,马融尚起而辨其非。若张霸百两篇,甫出而即败,已著于人耳目者,王充浅识,亦知未可信,而马郑诸儒识顾出王充下耶？然则《汩作》、《九共》二十四篇,必得之于孔壁,而非采左氏、按《书叙》者之所能作也。

又按《隋书·经籍志》云：“有《尚书》逸篇二卷,出于齐、梁间,考其篇目,似孔壁中书之残缺者,故附尚书之末。”今亦不传,但不知其篇目可是《汩作》、《九共》等否？果是《汩作》、《九共》等,必晋乱之余,雕磨零落,尚什存其一二于人间者,当其时孔传方盛行,而世又无好古之士能取康成所注逸篇之数以一一校对，使康成之言为可信，而竟不复有只字存矣，惜哉！不然则是齐、梁间好事者为之也。《尚书》五十八篇，原无《嘉禾篇》，而《王莽传》有引《书》逸《嘉禾篇》曰："周公奉鬯，立于阼阶，延登，赞曰：'假王莅政，勤和天下。'"此必王莽时所伪作，何也？汉人尚灾异，故张霸《书》有"伊尹死，大雾三日"之说。王莽欲居摄，故群臣奏有"周公为假王"之说。盖作伪《书》者多因其时之所尚与？文辞格制，亦限于时代，虽极力洗刷出脱，终不能离其本色，此亦可以类推也。

又按《新唐书·艺文志》有《尚书》逸篇三卷，为晋徐邈注，宋初犹存，李昉等修《太平御览》曾引用之。余约见其四条，其一条重出，其三条云："尧子不肖，舜使居丹渊为诸侯，故号曰丹朱"，又"呜呼！七世之庙，可以观德"，又"太社惟松，东社惟柏，南社惟梓，西社惟栗，北社惟槐，天子社广五丈，诸侯半之"。余窃谓"尧子不肖，舜使居丹渊"云云，即本《汉书·律历志》"尧让天下于虞，使子朱处于丹渊为诸侯"；"呜呼！七世之庙，可以观德"，即用《吕氏春秋》引《商书》曰"五世之庙，可以观怪"，而易五为七，怪为德，亦同孔传；"太社惟松"云云，即用《白虎通德论》引《尚书》曰"太社唯松"五句，而下连"天子社广五丈"，乃别出《春秋》文义。以所见如此，则所不见者谅亦多傅会可知矣。余故曰此齐、梁间好事者为之也，而又假托晋儒者徐邈注以自重。呜呼！事莫大于好古，学莫善于正讹，韩昌黎以识古书之正伪为年之进，岂欺我哉！

又按伏生胜《尚书大传》三卷，郑康成注者今亦不传，仅散见他书。宋王伯厚《困学纪闻》云："虞传有《九共》篇，引《书》曰'予辨下土，使民平平，使民无傲'，殷传有《帝告篇》，引《书》曰'施章乃服明上下'，岂伏生亦见古文逸篇耶？"余谓王氏之说非也，壁中逸《书》有《九共》而无《帝告》，纵使伏生及见，亦不应有"施章乃服明上下"一语，窃意伏生于正记二十八篇外，又有残章剩句未尽遗忘者，口授诸其徒。而胜殁之后，其徒张生、欧阳生各杂记所闻，以纂成斯传。不然郑康成固见《九共》逸《书》者，苟非真出《九共》，康成宁为之作注耶？但又引《盘庚》曰"若德明哉，汤任父言卑应言"，又引《酒诰》曰"王曰封"、"唯曰若圭璧"，皆《古文》所无，岂《今文》独有乎？今无可考。然刘向以中古文校所传今文，《酒诰》有脱简一，谅业为补正，未闻《酒诰》复有增文也。疑或出后人傅会，未必一一受诸伏生云。

又按今《汲冢周书》，《汉志》正名《周书》，班固以为周史记，颜师古云："盖孔子所论百篇之余。"六朝人亦谓之《尚书》逸篇，观《南史·刘显传》可见，传云："任昉尝得一篇缺简，文字零落。诸人无能识者，显一见，曰：'是《古文尚书》所删逸篇。'昉检《周书》，果如其说。"

◎第四　言古文书题卷数篇次当如此

《汉书·艺文志》载《尚书古文经》四十六卷，即安国所献之壁中书也。次载经二十九卷，即伏生所授之今文书也。班固于四十六卷之下自注曰："为五十七篇。"颜师古又于五十七篇之下引郑康成《叙赞注》曰："本五十八篇，后又亡其一篇，故五十七。"愚尝疑不知所亡何篇，后见郑康成有言"《武成》逸书建武之际亡"，则知所亡者乃《武成》篇也。今依此五十七篇叙次之，则《尧典》一、《舜典》二、《汨作》三、《九共》九篇十二、《大禹谟》十三、《皋陶谟》十四、《益稷》十五、《禹贡》十六、《甘誓》十七、《五子之歌》十八、《胤征》十九，是为虞夏书。《汤誓》二十、《典宝》二十一、《汤诰》二十二、《咸有一德》二十三、《伊训》二十四、《肆命》二十五、《原命》二十六、《盘庚》三篇二十九、《高宗肜日》三十、《西伯戡黎》三十一、《微子》三十二，是为商书。《伪泰誓》二篇三十五、《牧誓》三十六、《洪范》三十七、《旅獒》三十八、《金縢》三十九、《大诰》四十、《康诰》四十一、《酒诰》四十二、《梓材》四十三、《召诰》四十四、《洛诰》四十五、《多士》四十六、《无逸》四十七、《君奭》四十八、《多方》四十九、《立政》五十、《顾命》五十一、《康王之诰》五十二、《冏命》五十三、《费誓》五十四、《吕刑》五十五、《文侯之命》五十六、《秦誓》五十七，是为周书。以五十七篇厘为四十六卷，则《尧典》卷一、《舜典》卷二、《汩作》卷三、《九共》九篇卷四、《大禹谟》卷五、《皋陶谟》卷六、《益稷》卷七、《禹贡》卷八、《甘誓》卷九、《五子之歌》卷十、《胤征》卷十一、《汤誓》卷十二、《典宝》卷十三、《汤诰》卷十四、《咸有一德》卷十五、《伊训》卷十六、《肆命》卷十七、《原命》卷十八、《盘庚》三篇卷十九、《高宗肜日》卷二十、《西伯戡黎》卷二十一、《微子》卷二十二、《伪泰誓》三篇卷二十三、《牧誓》卷二十四、《洪范》卷二十五、《旅獒》卷二十六、《金縢》卷二十七、《大诰》卷二十八、《康诰》卷二十九、《酒诰》卷三十、《梓材》卷三十一、《召诰》卷三十二、《洛诰》卷三十三、《多士》卷三十四、《无逸》卷三十五、《君奭》卷三十六、《多方》卷三十七、《立政》卷三十八、《顾命》卷三十九、《康王之诰》卷四十、《冏命》卷四十一、《费誓》卷四十二、《吕刑》卷四十三、《文侯之命》卷四十四、《秦誓》卷四十五、百篇序合为一篇卷四十六，凡此皆按之史传，参之注疏，反复推究，以求合乎当日之旧。始之而不得其说，则茫然以疑，既之而忽得其说，则不觉欣然以喜。以为虽寡昧如予，犹得与闻于斯文也，讵不快哉！唐贞观中，诏诸臣撰五经义训，而一时诸臣不加详考，猥以晚晋梅氏之书为正，凡汉儒专门讲授的有源委之学，皆斥之曰妄，少不合于梅氏之书者即以为是不见《古文》。夫史传之所载如此，先儒之所述如此，犹以为是不见《古文》，将两汉诸儒尽凿空瞽语，而直至梅赜始了了耶？呜呼！其亦不思而已矣。世之君子，由予言而求之，平其心，易其气，而不以唐人义疏之说为可安，则古学之复也其庶几乎。

按百篇次第，郑与今安国传亦殊不同。郑以《咸有一德》在《汤诰》后，孔则在《太甲》后；郑以《费誓》在《吕刑》前，孔则在《文侯之命》后；郑依贾逵所奏《别录》为次，而孔则自为之说也。他若《益稷》或名《弃稷》，其小小抵牾，兹固未暇厘正云。

又按四十六卷之分，郑以同题者同卷，异题者异卷，已厘次之上矣。孔则以同序者同卷，异序者异卷。其同序者《太甲》、《盘庚》、《说命》、《泰誓》皆三篇共序，凡十二篇，只四卷。《大禹谟》、《皋陶谟》、《益稷》、《康诰》、《酒诰》、《梓材》亦各三篇共序，凡六篇，只二卷。外四十篇，篇各有序，凡四十卷，通共序者六卷，故为四十六卷也。然郑注四十六卷，原无《武成》，而以百篇序实为末卷，孔则有《武成》一篇，篇自为序，已足四十六卷之数，故不便以百篇序复为一卷，只得引之各冠其篇首，曰宜相附近，此则迁就之辞云。

又按虞书、夏书之分，实自安国传始。马融、郑康成、王肃、《别录》题皆曰虞夏书，无别而称之者。孔颖达所谓以虞夏同科，虽虞事亦连夏是也。即伏生虞传、夏传外，仍有一虞夏传。郑康成序又以虞夏书二十篇，商书四十篇，周书四十篇，赞曰："三科之条，五家之教"，是虞夏同科也。及余观扬子《法言》，亦曰"虞夏之书浑浑尔，商书灏灏尔，周书噩噩尔"，则可证西汉时未有别虞书夏书而为二者。杜元凯《左传注》僖公二十七年引夏书"赋纳以言，明试以功"三句，注曰："《尚书》虞夏书也"，则可证西晋时未有别虞书夏书而为二者。逮东晋梅氏书出，然后书题卷数篇名尽乱其旧矣。

◎第八十七　言汉金城郡乃昭帝置安国传突有

应劭有言，自秦用李斯议分天下为三十六郡，至汉又复增置。凡郡或以列国，陈、鲁、齐、吴是也；或以旧邑，长沙、丹阳是也；或以山陵，泰山、山阳是也；或以川原，西河、河东是也；或以所生，金城之下得金，酒泉之味如酒，豫章樟树生庭，雁门雁之所育是也；或以号令，禹合诸侯，大计东冶之山，因名会稽是也。因考《汉·昭帝纪》，始元六年庚子秋，以边塞阔远，置金城郡。《地理志》"金城郡"班固注并同。不觉讶孔安国为武帝时博士，计其卒当于元鼎末、元封初，方年不满四十，故太史公谓其蚤卒，何前始元庚子三十载辄知有金城郡名，传《禹贡》曰"积石山在金城西南"耶？或曰：郡名安知不前有所因，如陈、鲁、长沙之类。余曰：此独不然，应劭曰："初筑城得金，故名金城。"臣瓒曰："称金取其坚固，故《墨子》言，虽金城汤池。"一说"以郡置京师之西，故名金城，金，西方之行"。则始元庚子以前此地并未有此名矣，而安国传突有之。固注："积石山在西南羌中"，传亦云"在西南"，宛出一口。殆安国当魏晋，忘却身系武帝时人耳。

按孔传颇有苦心弥缝处，如郑康成注："荥，今塞为平地，荥阳民犹谓其处为荥泽，在其县东。"此是王莽时大旱，济渎枯竭已久，故为是云。孔传实出郑后，却云："济水入河，并流数里，溢为荥泽，在敖仓东南。"若不曾有大旱之事也者。《禹贡》有北江、中江，而无南江，班《志》北江在昆陵县北东入海。中江，出芜湖县西南，东至阳羡入海。补出南江，在吴县南东入海。孔传云："有北，有中，则南可知。"非暗与班《志》相关合乎？余尤爱其改《尔雅》二处：一"广平曰原"，《释地》文也。孔传云："高平曰太原，今以为郡名。"其实吾郡隘于东西皆山，不可云广，祇觉高而平，安国语确。一"一成曰岯"，《释山》文也。及余登浚县东南二里大伾山，臣瓒所谓黎阳县山临河者，览其形，实再重，觉安国改之为是，作伪者亦不可没哉。

又按《史记·大宛列传》元狩二年庚申，"金城、河西西并南山至盐泽"，是时已有金城之名。然《通鉴》胡三省注："金城郡，昭帝于始元六年方置，《史》追书也。"余亦谓骞卒元鼎三年丁卯，尤先始元庚子三十三载，安得有金城郡乎？果属追书。

又按黄子鸿误信伪孔传者，向胡胐明难余曰："安知传所谓金城非指金城县而言乎？"胐明曰："不然，安国卒于武帝之世，昭帝始取天水陇西张掖郡各二县置金城郡，此六县中不知有金城县否？班《志》积石山系河关县下，而金城县无之。观'羌中'、'塞外'四字，则积石山不可谓在金城郡界明矣，况县乎？且郦注所叙金城县，在郡治允吾县东，唐为五泉县，兰州治，宋曰兰泉，即今临洮府之兰州也，与积石山相去悬绝。传所谓金城，盖指郡言，而郡非武帝时有，此岂身为博士具见图籍者之手笔与？"

古今伪书考

〔书名〕

《古今伪书考》考辨伪书,扩大了《诸子辨》、《四部正讹》的辨伪范围,提出了"古今伪书"的名目,敢于把前人不敢置疑的经书,如《易传》、《尔雅》一并列入伪书。

〔作者〕

姚际恒(1647—1715),字立方,号首源。安徽人,寄居浙江仁和。专究经学,曾越十四年撰成《九经通论》,敢于批评前人不敢怀疑的经书,认为《古文尚书》为伪,力主《诗》废《序》。另撰《庸言录》,杂论以史、理学、诸子,末附《古今伪书考》。治学注重从多方考证,不盲目信古,多发前人所未发。又撰《好古堂书目》等。

〔体例与内容〕

《古今伪书考》分经、史、子三类,考辨伪书九十一种,并将伪书类型分成真中有伪、伪托撰人、撰人混淆、书不伪而书名伪、不能定作者五类。每书之下,先列前人之说,后列己说,辨语较略,又多采自前人,体例类笔记,本身学术价值有限;就全书而论,姚氏之考辨不免有失误之处,近人顾实撰《重考古今伪书考》、黄云眉撰《古今伪书考补正》,加以订正。但是,其勇于疑古的精神对后世的影响超过了本身的价值。

〔版本〕

(清)姚际恒.古今伪书考.知不足斋丛书.歙西:鲍廷博.

(清)姚际恒著.顾颉刚校点.古今伪书考.北京:朴社,1929(民国十八年).

(清)姚际恒.古今伪书考.《古籍考辨丛刊》第一集.北京:中华书局,1955.

古今伪书考·经类

【导读】

姚际恒为经学家,该书中经部之书考辨较他书为精。

《易传》自姚际恒始列入伪书。举欧阳修的观点:《系辞》、《文言》、《说卦》而下都不是圣人之作;另有赵汝谈曾专辨《十翼》非孔子所作。别著有《易传通论》六卷讨论这部书。

《子夏易传》《汉志》无,《隋志》始有,并引《崇文总目》、晁公武、陈振孙、胡应麟的说法。

《关朗易传》对陈振孙的观点进行了更深的论证。

《麻衣正易心法》对朱熹的说法加以肯定,认为当为伪书固自无疑。

《焦氏易林》进一步发挥了顾炎武的观点,认为此书的作者应是梁敬王刘定国。

《易乾凿度》伪托孔子作。应是宋人掇拾类书而成，不是原来的《易乾凿度》。

《古文尚书》和《尚书汉孔氏传》是东晋梅赜所献，伪称孔壁所出。另有《通论》十卷讨论这两部伪书。

《古三坟书》采晁公武、陈振孙、胡应麟之说，认为应出于宋。

《诗序》《汉志》无，汉末并没有引《序》的说法，至魏方有。大致小、大序都出于东汉。

《子贡诗传》和《申培诗说》应是明丰坊伪撰。中多暗引朱熹《诗集传》以与《诗序》不同，又引《诗序》中朱熹不辨的。

《周礼》出于西汉末。另有《通论》十卷讨论这部书。

《大戴礼》现流传的已不是原书，是后人的伪作。

《孝经》从因袭、书名、文义等方面考察，认为这部书出于汉儒之手，不但不是孔子所作，而且也并非是周秦时代的语言。

《忠经》托名马融作，其伪无疑。

《孔子家语》《唐志》有王肃注《家语》十卷，这部书就是王肃掇拾多部传记伪作的。

《小尔雅》引用陈振孙的说法，大概是《孔丛子》的第十一篇，是好事者抄出伪作的。

《家礼仪节》大概是明清时期书商谋利刻印的。这部书假托杨升庵作序，讹谬不通。

造伪书者，古今代出其人，故伪书滋多于世。学者于此，真伪莫辨，而尚可谓之读书乎！是必取而明辨之，此读书第一义也。予辄不自量，以世所传伪书分经、史、子三类，考证于后。明宋景濂有《诸子辨》；予合经、史、子而辨之。凡今世不传者，与夫琐细无多者，皆不录焉。其有前人辨论精确者，悉载于前，以见非予之私说云。四部有集：集者，别集人难以伪，古集间有一二附益伪撰，不足称数，故不之及。子类中二氏之书，亦不及焉。

◎易　传

宋王景山开祖《儒志编》曰："或曰：'《易系辞》果非圣人之言乎？'曰：'其原出于孔子而后相传于《易》师，其来也远，其传也久，其间失坠而增加者不能无也。'"又欧阳永叔有《易童子问》三卷，其下卷专言《系辞》、《文言》、《说卦》而下皆非圣人之作。其书具在文集，兹不详。又陈直斋振孙《书录解题》曰："赵汝谈《南塘易说》三卷，专辨《十翼》非夫子作。"今此书无传。予别有《易传通论》六卷，兹亦不详。

◎《子夏易传》

《汉志》无。《隋志》始有《子夏易传》二卷。《崇文总目》曰："此书篇第略依王弼式，决非子夏之文。又其言近而不笃。然学者尚异，颇传习之。"晁子止公武《读书志》曰："景迂云：'张弧伪作。'"陈直斋曰："隋唐时久残阙，宋安得有十卷！陆氏《释文》所引隋《子夏易传》，今本皆无之。岂直非汉世书，并非隋唐之书矣！"恒按：胡元瑞《笔丛》曰："《子夏易》载《通考》者今亦不传。"今昆山徐氏新刊有之，胡盖未见云。

◎《关朗易传》

陈直斋曰："唐赵蕤注。然隋唐志皆不载；或云阮逸伪作。"恒按：《文中子》，阮逸所注，人疑即其伪造。关朗称元魏孝文时人，王通祖同州刺史彦师事之；尝为彦筮，得夬之革，决百年中当有达人出，修洙泗之教；历数周齐陈隋事，无不悬合：盖寓意于通也。如此牵合证佐，故人知《易传》亦逸伪造也。

◎《麻衣正易心法》

出于宋，称麻衣道者以授陈希夷。朱仲晦曰："此书辞意凡近，不类一二百年文字，且多无理妄谈。守南康时，有前湘阴主簿戴师愈求谒，即及《麻衣易》。因复扣之，宛然此老所作。"案：此乃朱所亲见，其说固自无疑。

◎《焦氏易林》

顾宁人《日知录》曰："《易林》疑是东汉以后人撰。延寿在昭宣之世，(《汉书·京房传》曰：'延寿以好学得幸梁王。'案此梁敬王定国也。以昭帝始元二年嗣，四十年薨，当元帝之初元三年。)其时左氏未立学官；今《易林》引左氏语甚多。又往往用《汉书》中事：如云：'彭离既东，迁之上庸'，事在武帝元鼎元年。曰：'长城既立，四夷宾服；交和结好，昭君是福'，事在元帝竟宁元年。曰：'火入井口，杨芒生角，犯历天门，窥用太微，登上玉床'，似用《李寻传》语。曰：'新作初陵，蹢陷难登'，似用成帝起昌陵事。又曰：'刘季发怒，命灭子婴'，又'大蛇当路，使季畏惧'，则又非汉人所宜言也。"

◎《易乾凿度》

此纬书，伪托孔子作。案：纬书自隋末禁绝，宋世犹传《七纬》，今传者仅《乾凿度》而已。然亦宋人掇拾类书而成，非本书也。晁子止曰："《崇文书目》无，《元祐田氏书目》始载：当是国朝人为之。使真者尚存，犹不足信；况此又非其真也。"恒又案：后人以《乾坤凿度》二卷合之为一书，然实二书也。合之者又称黄帝撰，并无稽。

◎《古文尚书》

《古文尚书》二十五篇，并孔安国传出于东晋；梅赜上之朝，伪称孔壁所出，安国为传。予别有《通论》十卷，兹不更详。

◎《尚书汉孔氏传》

说见上。

◎《古三坟书》

出于宋。晁子止曰:"张天觉言得之比阳民家。……《七略》、《隋志》皆无之;世以为天觉伪撰。"陈直斋曰:"元丰中,毛渐奉使京西,得之唐州民舍。其辞诡诞不经,盖伪书也。"胡元瑞曰:"世以隋购《三坟》,刘炫伪造《连山》等百余篇上之,即此书。然炫在隋号大儒,其造《连山》,虽伪妄,必有过人者。……今此书至浅陋,炫岂至是?……盖即序者毛渐所为;其序与书正相类。"

◎《诗序》

《汉志》无。但云:"又有毛公之学,自谓子夏所传;而河间献王好之,未得立。"迄东汉,《毛传》始行,而《诗序》亦出。《后汉·儒林传》曰:"卫宏,字敬仲,东海人。初,九江谢曼卿善《毛诗》,宏从受学,作《毛诗序》。"《隋志》曰:"先儒相承,谓《毛诗序》子夏所作,毛公及卫敬仲更加润色。"《郑诗谱》谓:"《大序》是子夏作,《小序》是子夏、毛公合作;卜商意有不尽,毛公更足成之。"案:世以序发端一二语谓之《小序》,以其少也;以下续申者谓之《大序》,以其多也。又以《小序》为古序,为前序;《大序》为后序。今皆从之。《郑谱》所谓《大序》,今所谓《小序》也;所谓《小序》,今所谓《大序》也。今不用其说。其谓子夏作者,徒以孔子有"起予者商也"一语。此明系附会,绝不可信。谓毛公作者,亦妄也。毛公作传,何尝作序乎!郑玄又谓《诗序》本一篇,毛公始分以置诸篇之首;则亦信《序》而为此说,未必然也。世又谓《大序》自是宏为之,《小序》则系古序。案:汉世未有引《序》一语,魏世始引之;及梁萧统《文选》直以为子夏作,固承前人之讹也。郑玄且以《小序》为孔子作,王安石且以《小序》为诗人自制,益可笑矣。大抵《小、大序》皆出于东汉;范晔既明指卫宏,自必不谬。其《大序》固宏为之,《小序》亦必汉人所为。何以知之?《序》于《周颂·潜诗》曰:"季冬献鱼,春献鲔。"全本月令之文,故知为汉人也。宋儒辨《序》之妄,自晁说之、程泰之、郑渔仲而朱文公承之。是《小、大序》本皆非伪;后人以《小序》为子夏作,《大序》为毛公作,遵之者俨如功令,不敢寸尺易:是虽非伪书而实亦同于伪书也,故列之于此。

◎《子贡诗传》、《申培诗说》

以上二书,明丰坊伪撰。钱牧斋《列朝诗集》记丰坊曰:"子贡《诗传》,即其伪撰也。"钱未及《诗说》耳。从未闻有《子贡诗传》;徒以孔子有"可与言诗"一语,遂附会为此,其诞妄固不必言。若申培者,《汉志》有《鲁故》、《鲁说》;《隋志》云:"《鲁诗》亡于西晋",则亡佚久矣。坊之作此,明为二书,实则相辅而行,彼此互证,若合一辙;中多暗袭《朱子集传》以与

《诗序》异者,又袭《诗序》为朱之所不辨者。其他自创,虽不无一二合理,然妄托古人以欺世,其罪大矣。嘉靖中,庐陵郭相奎家忽出此二书,以为得之香山黄佐;佐所得为晋虞喜于秘阁石本传摹者,故其书有篆隶诸体。坊善书,其所优为也。于是当时人几于一哄之市:张元平刻之成都,李本宁刻之白下,凌蒙初为《传诗适冢》,邹忠彻为《诗传阐》,姚允恭为《传说合参》,使得以尽售其欺,可叹也夫!坊又自为《鲁诗世学》,专宗《诗说》而间及于《传》意,以《说》之本于《传》也;又多引黄泰泉说,泰泉即佐,乃坊之师,有《诗经通解》行世,二书亦多与暗合,故谓出于佐家,以佐得见此二书,用其义为解也。其狡狯如此。坊又伪造魏政始《石经大学》。武林张氏订刻陶九成《说郛》,名曰《大学古本》,列之卷首。

◎《周礼》

出于西汉之末。予别有《通论》十卷,兹不更详。

◎《大戴礼》

陈直斋曰:"汉信都王太傅戴德,九江太守圣,皆受《礼》于后仓。汉初以来,迄于刘向校定中书,诸家所记殆数百篇。戴德删其繁重,为八十五篇。圣又删为四十九篇。相传如此。今小戴之书行于世,而大戴之书止此。……篇第自三十九而下,止于八十一,前阙三十八篇,末阙四篇;中间又有阙有重。意其阙者即圣所删耶?然《哀公问》、《投壶》二篇,与今《礼记》文不异;他亦间有同者。《保傅》篇,世言贾谊书所从出也;今考《礼察》篇'汤武秦定取舍'一则,尽出谊疏中,反若取谊语剿入其中者。《公符》篇至录汉昭帝冠辞。则此书殆后人好事者采获诸书为之,故驳杂不经,决非戴德本书也。题'九江太守戴德撰':九江太守乃戴圣所历官,尤非是。"(予前作《古文尚书通论》,其中辨《大戴记》非本书,乃后人之伪,未见直斋此论也。今从《通考》中阅之,正相合。)

◎《孝经》

《汉志》曰:"汉兴,长孙氏,博士江翁,少府后仓,谏大夫翼奉,安昌侯张禹传之。"《隋志》曰:"遭秦焚书,为河间人颜芝所藏。汉初,芝子贞出之,凡十八章;而长孙氏、江翁、后仓、翼奉、张禹,皆名其学。"案:是书来历出于汉儒,不惟非孔子作,并非周秦之言也。其《三才》章"夫孝,天之经"至"因地之义",袭《左传》子太叔述子产之言,惟易"礼"字为"孝"字。《圣治》章"以顺则逆"至"凶德",袭《左传》季文子对鲁宣公之言;"君子则不然"以下,袭《左传》北宫文子论仪之言。《事君》章"进思尽忠"二语,袭《左传》士贞子谏晋景公之言。《左传》自张禹所传后始渐行于世;则《孝经》者盖其时之人所为也。勘其文义,绝类《戴记》中诸篇,如《曾子问》、《哀公问》、《仲尼燕居》、《孔子闲居》之类,同为汉儒之作。后儒以其言孝,特为撮出,因名以《孝经》耳。案,诸经古不系以"经"字,惟曰《易》、曰《诗》、曰《书》,其经字乃俗所加也。此名《孝经》,自可知非古;若去经字,又非如《易》、《诗》、《书》之可以一字名者矣。班固似亦知之,曰:"夫孝,天之经,地之义,民之行也。举大者言,故曰《孝经》。"此曲说也。安有取"天之经""经"字,配"孝"字以名书,而遗去"天"字,且遗去"地之义"诸句之字者乎?书名取章首之字或有之,况此又为第七章中语耶?至谓孔子所作,本不必辨;今姑以数端言之。篇首云"仲尼居",便非自作矣。又《论语》,曾子曰:"吾闻诸夫子,人未有自致者也,必也亲丧乎?"向称曾子志存孝道,故孔子授以《孝经》,则此二语,曾子亲述其闻者,何以反见遗乎?又孔子曰:"事父母几谏,见志不从,又敬不违,劳而不怨。"多少低徊曲折!今《谏争》章云:"父有争子,……故当不义,子不可不争于父;……从父之令,焉得为孝!"又何其径直而且伤于激也?其言绝不伦类。孟子曰"父子之间不责善",此深合天理人情之言。使此为孔子言,孟子岂与之相异如是耶!朱仲晦亦尝疑之,而作《孝经刊误》。然疑信相参,妄以意分经传,皆附会牵合。其不能牵合者,则曰"此不解经,别发一义",可笑也。其论文义,如谓"《三才》章用《左传》,易'礼'为'孝',文势反不若彼之贯通,条目反不若彼之完备,明是此袭彼,非彼袭此也。"又谓"'先王见教之可以化民',与上文不相属;故温公改'教'为'孝',乃得粗通。然谓圣人见孝可以化民而后以身先之,于理又已悖矣;况先之以博爱,亦非立爱惟亲之序,若之何能使民不遗其亲耶?"此数处辨驳皆是,可以参观。至于移易其文,实以本文原自重复及不连接,非脱误也。又据称"衡山胡侍郎疑《孝经》引《诗》,非经本文;(所引实本文也)玉山汪端明亦以此书多出后人附会。"是胡也,汪也,朱也,固尝疑之若此矣,非自予始也。予著《通论》止九经,其《别伪类》不及《孝经》,故特著于是焉。又归熙甫曰:"昔孔子尝不对或人之问禘矣,其言明王之以孝治天下,至于刑四海,事天地,言大而理约,意所以告曾子者如此哉?虽然,其书非孔氏之旧也。宋元大儒,其所去者是矣,而所存者亦未必孔氏之旧也。"其言盖亦遵朱及吴临川之意云。

◎《忠经》

托名马融作,其伪无疑。张溥辑《汉魏六朝文集》,列于融集中,何也?

◎《孔子家语》

《汉志》:"《孔子家语》二十七卷。"颜师古曰:"非今所有《家语》也。"案:《唐志》有王肃注《家语》十卷,此即肃掇拾诸传记为之,托名孔安国作序,即师古所谓今之《家语》是也。今世所传《家语》,又非师古所谓今之《家语》也。司马贞与师古同为唐人,贞作《史记索隐》,所引《家语》,今本或无,可验也。元王广谋有《家语注》。明何孟春亦注《家语》,其言曰:"未必非广谋之庸妄,有所删除而致然。"此言良是。然则今世《家语》殆元王广谋本也。

◎《小尔雅》

称孔鲋撰。陈直斋曰:"《汉志》有此书,亦不著名氏。今《馆阁书目》云孔鲋撰。盖即《孔丛子》第十一篇也。……当是好事者抄出为之。"余详子类《孔丛子》。

◎《家礼仪节》

似近世坊贾射利而刻。是书假杨升庵作序，讹谬不通。序以为邱琼山纂辑《家礼》而为《仪节》，亦未有据。

据朴社 1929 年版《古今伪书考》

伪书通考

〔书名〕

《伪书通考》是将宋濂《诸子辨》、胡应麟《四部正讹》、姚际恒《古今伪书考》三部书拼合起来,再搜集其他材料,特别是《四库全书总目》有关辨伪的文字,加以汇编而成,所以名为"通考"。

〔作者〕

张心澂(1887—1973),字仲清,号冷然。广西桂林人。1910年以举人身份毕业于京师大学堂译学馆。1932年任南京国民政府交通部第一任会计长,1934年任广西省经济委员会委员,1937年任广西省政府会计长,其间创办了广西第一所会计人员养成所。1949年转任广西大学会计银行系教授,1953年担任广西文史研究馆馆员。会计学方面著作较多,有《政府会计原理与实务》、《政府会计实务》等;辨伪书、考古史为业余的学术爱好,著作有《伪书通考》、《中国封建时代的开始》等。

〔体例与内容〕

《伪书通考》初版时,辨书一千零五十九部,修订本辨书一千一百零四部,增加四十五部,内容也有增删,作了些调整。书前"总论"内容有:为什么要辨别伪书、伪的程度、伪书的产生、作伪的原因、伪书的发现、伪书的范围、辨伪的发生、辨伪的规律、辨伪的方法、辨伪的条件等,对前人辨伪学理论作了总结。正文辨伪每书标题下注有伪、疑伪、误认撰者等字样。每一书之下,凡古今辨伪之说,均以年代先后排列,末加按语,述编者之意。全书分经史子集及道藏、佛藏六类,重点在经子两部。书后有书名及著者所引。

〔版本〕

张心澂. 伪书通考. 上海:商务印书馆,1939.
张心澂. 伪书通考. 上海:商务印书馆,1954.
张心澂. 伪书通考. 北京:商务印书馆,1957.

伪书通考(节选)

【导读】

《史记》认为内容部分为伪。采用了刘知几《史通》的观点,并引用叶大庆、赵翼、康有为及崔述的说法作为补充。

总 论

辨伪之缘由

吾人为何而须辨别伪书？梁启超在清华大学讲演《古书真伪及其年代》言之甚详。本书亦毋庸另行撰述,致与之雷同,即将其所言之大纲叙述如左：

不辨伪书,则有下列结果：(甲)史迹方面：(一)进化系统紊乱,(二)社会背景混淆,(三)事实是非倒置,(四)由事实影响于道德及政治；(乙)思想方面：(一)时代思想紊乱,(二)学术源流混淆,(三)个人主张矛盾,(四)学者枉费精神；(丙)文学方面：(一)时代思想紊乱,进化源流混淆,(二)个人价值矛盾,学者枉费精神。

此辨别伪书之所以为必要也。至辨伪之历史,则《古书真伪及其年代》中总论第三章辨伪学的发达,及《古史辨》第二册中曹养吾所撰之《辨伪学史》言之已详,故本书亦毋须叙述,祇将关于辨伪应知者,分叙如下各节。

伪之程度

(一)全伪者　如《连山》、《归藏》、《子夏易传》、《三坟》、《六韬》、《七纬》、《关尹子》、《子华子》、《素书》、《洞极真经》、《李靖问答》、《麻衣心法》,武侯诸策、王通诸经皆全部为伪作者。

(二)真杂以伪者　如《庄子》中有伪篇为后人所掺入,《韩非》载李斯驳议为后学所缀辑,《列子》乃自《庄子》书中取列御寇之思想行事杂错以他文而成,《司马法》、《通玄经》亦真杂以伪者。

(三)伪杂以真者　如《鹖冠子》为伪作,而贾谊之《鵩赋》为真。《黄石公》、《燕丹子》亦此类,皆杂取他书之文,易其名号而成。

(四)真伪杂者　如《管子》、《晏子》、《文中子》,皆有其本人之言行思想,后人附会增益以成书。

(五)真伪疑者　如《潜虚》为后人赝补而成,其中孰真孰伪,相杂而在疑似之间。《元包》、《孔丛》亦此类也。

(六)伪中伪者　如《乾坤凿度》及诸纬本伪书,人补之而益伪。

辨伪方法

胡应麟核伪书之八法如下：

(一)核之《七略》以观其源。

(二)核之群志以观其绪。

(三)核之并世之言以观其称。

(四)核之异世之言以观其述。

(五)核之文以观其体。

(六)核之事以观其时。

(七)核之撰者以观其托。

(八)核之传者以观其人。(《四部正讹》)

胡适撰《中国哲学史大纲》,所言审定史料之法,亦可用之以核伪书。其法:凡审定史料的真伪,须有证据。其证据大概可分五种如下:

(一)史事　书中之史事是否与作书人之年代相符,如不相符,即可证此书或此篇为假。

(二)文字　一时代有一时代之文字,不致乱用,作伪书者多不知此理,故往往露作伪之迹。

(三)文体　不但文字可作证,文体亦可作证。

(四)思想　凡能著书立说成一家言者,其思想学说皆有一系统可寻,决不致有大相矛盾冲突之处;故观一书内之学说是否能连络贯串,亦可藉以证明是书之真伪。

(五)旁证　以上四证皆可谓之内证,因其皆从本书所寻得;尚有证据从他书寻出者,故名旁证。旁证之重要,有时竟与内证相等。

以上五证所举之例,详见原书。

梁启超撰《中国历史研究法》,所言鉴别伪书之公例如下:

(一)其书前代从未著录,或绝无人征引,而忽然出现者,十有九皆伪。

(二)其书前代虽已著录,然久已散佚,忽有一异本突出,篇数及内容等与旧本完全不同者,十有九皆伪。

(三)其书不问有无旧本,但今本来历不明者,即不可轻信。

(四)其书流传之绪,从他方面可以考见,而因以证明今本题某人旧撰为不确者。

(五)真书原本经前人称引,确有佐证,而今本与之歧异者,则今本必伪。

(六)其书题某人撰,而书中所记事迹在某人后者,则其书或全伪或一部分伪。

(七)其书虽真,然一部分经后人窜乱之迹既确凿有据,则对于其书之全体须慎加鉴别。

(八)书中所言确与事实相反者,则其书必伪。

(九)两书同载一事,绝对矛盾者,则必有一伪或两俱伪。

以上九例,皆据具体的反证而施鉴别也。尚有可以据抽象的反证而施鉴别者:

(十)各时代之文体,盖有天然界画,多读书者自能知之,故后人伪作之书,有不必从字句求枝叶之反证,但一望文体即能断其伪者。

(十一)各时代之社会状态,吾侪据各方面之资料,总可以推见崖略;若某书中所言其时代之状态与情理相去悬绝者,即可断为伪。

(十二)各时代之思想,其进化阶段自有一定,若某书中所表现之思想,与其时代不相衔接者,即可断为伪。

以上各条所举例证,详见原书。

梁启超在清华大学讲演《古书之真伪及其年代》,其所讲辨伪方法更为详密,兹录其纲领如下,其详见原书。

(甲)就传授统绪上辨别:

(一)从旧志不著录,而定其伪或可疑;

(二)从前志著录,后志已佚,而定其伪或可疑;

(三)从今本与旧志所说之卷数篇数不同,而定其伪或可疑;

（四）从旧志无著者姓名，而定后人所题姓名为伪；

（五）从旧志或注家已明言为伪书，而信其说；

（六）后人谓某书出现于某时，而彼时人未见此书，可断其为伪；

（七）书初出现时已生问题，或有人证明为伪造，则不能信其真；

（八）从书之来历暧昧不明，而定其伪。

（乙）从文义内容上辨别：

（一）从字句罅漏处辨别：

（子）人之称谓：

（A）书中引述某人语，则必非某人作，若书是某人作，必无某某曰之词；

（B）书中称谥者，出于作者之后，可知是书非作者自著；

（C）甲朝人之书却避乙朝之帝讳，可知是乙朝人作。

（丑）用后代之人名、地名、朝代名。

（寅）用后代之事实或法制：

（A）用后代之事实：

（a）事实显然在后；

（b）预言将来之事，显露伪迹；

（c）伪造事实。

（B）用后代之法制。

（二）从抄袭旧文处辨别：

（子）由古书聚敛而成：

（A）全篇抄自他书；

（B）一部分抄自他书。

（丑）剽窃前文。

（寅）抄袭晚出之书。

（三）从佚文上辨别：

（子）前已为佚文，现反有全书，可知是伪；

（丑）在甲书未佚之前，乙书有引用，而甲书今本却无乙书所引之文，可知今本为伪。

（四）从文章上辨别：

（子）名词，

（丑）文体，

（寅）文法，

（卯）音韵。

（五）从思想上辨别：

（子）从思想系统及传授家法辨别。

（丑）从思想系统与时代的关系辨别。

（寅）从专门术语与思想的关系辨别。

（卯）从袭用后代学说辨别。

瑞典人高本汉（Bernhard Karlgren 即著《左传真伪考》者。在《左传真伪考》译其名为珂罗倔伦。)著《中国古籍辨伪法》(The Authenticity of Ancient Chinese Texts),提出我国所惯用之考证方法研究之。今摘录其大旨如下,其详见原著。(《北强杂志》第一卷第三期)。

(一)书中所述之史事与作者之年代不符,则此书之一部或全部必为伪作。此法仅能证明一段文之时代错误,而非全书之问题。如只一处有时代不符,或为后人所羼入;如有多处如此,即属伪作之铁证。

(二)其他古书所引此书之原文,为今本所无,则今本必为作伪。但书籍有脱落之可能,所引佚文或正为今本脱落之部份,则考证不能认为正确无误。

(三)内容浅陋,必为伪作。但此法常引起意见冲突,可摒诸辨伪学之外。

(四)文体不古,必为伪作。但不当以个人之印象而武断之,应指出所决定之文体之特点。此种武断之考据,虽甚通行,亦可置于辨伪学之外。

(五)后世之编者与注者所述此书之"作者"云云,与事实不符,则此书必为伪作。考证关于作者之传说错误,与本书无关,此法如何而可以辨正某书为伪作,殊难明了也。

(六)各书之著录每有不同,汇集一处,便可见某书是否伪作。运用此法,须特别留意。一人之精力有限,而书籍甚多,未免偶有遗漏。

(七)各书著录之篇数卷数不同,则此书必为后人割裂增改或伪作者。此法常不可靠,只能用于纯粹特殊的情形。

(八)书中援引已证明为伪书之文句,则此书必为伪作。难免伪书作者不以伪书之语羼入真书,以为伪书之根据。

(九)书中所载各事亦见于其他各古书中,则此书必为后人辑各书中事复杂以伪作而成者。作者援引古书之法不外三种:(甲)援引原书,不加更改;(子)所引文句与本书的体例句法很不相同,使人一见便知系由他书引来;(丑)所引文句与本书的体例句法并无明显区别,则两书比较不能判其孰先孰后。(乙)援引原书,稍加修改,俾合于本书,则仅比较两书,不能判其孰先孰后。(丙)援引原书,只采其意,而更其辞,将罕见难识之字改成通俗,冗长晦涩之句改成简明,则易判其孰先孰后。以上各项,只甲项子款及丙项可作辨伪之法,甲项丑款及乙项在辨伪学中则无价值。

以上九项为高氏对于我国学者辨伪方法之意见,至其作《左传真伪考》所用之方法如下:

每一书文法组织都有其特点,如此书保有出乎后世作伪者想象与模拟之外的特点,则此书不伪。伊用此法,发见《左传》所用之虚字和代词,与其他古书不同,与鲁国其他各书亦不同,因《左传》系用一种方言,而鲁国其他书籍所用又属另一种方言也。故认为《左传》非孔子作,亦非孔门弟子作,亦非司马迁所谓鲁君子作;因其所用非鲁语,当系另一人或同一学派中同乡者数人所作。(详见《左传真伪考》。)

史记(一百三十篇　有增益)

汉司马迁撰

《史记·太史公自序》曰:"凡百三十篇,五十二万六千五百字。"又曰:"余述历黄帝以来至太初而讫,百三十篇。"

《汉书·艺文志》有"太史公百三十篇",注云:"十篇有录无书"。

范晔曰:"武帝时司马迁著《史记》,自太初以后阙而不录;后好事者颇或缀集时事,然多鄙俗,不足以踵继其书。"(《后汉书·班彪传》)

裴骃曰:"按《汉书音义》曰:'十篇缺,有录无书。'张晏曰:'迁没之后,亡《景纪》、《武纪》、《礼书》、《乐书》、《兵书》、《汉兴以来将相年表》、《日者列传》、《三王世家》《龟策列传》、《傅靳蒯列传》。元成之间,褚先生补缺,作《武帝纪》《三王世家》《龟策、日者列传》言辞鄙陋,非迁本意也。'"(《史记集解》)

司马贞曰:"案《景纪》取班书补之,《武纪》专取《封禅书》,《礼书》取荀卿《礼论》,《乐书》取《礼乐记》,《兵书》亡不补,略述律而言兵,遂分历述以次之。《三王世家》空取其策文以续此篇,何率略且重? 非当也。《日者》不能记诸国之同异,而论司马季主龟策,直太卜所得占龟非杂说,而无笔削功,何芜鄙也?"(《史记索隐》)又曰:"惜哉残缺,非才妄续。"(《史记索隐·述赞》)

刘知几曰:"十篇未成,有录而已。"[原注:"张晏《汉书注》云:'十篇迁没后亡失。'此说非也。"(浦起龙注云:'王本此注作大书。')]元成之间,褚先生更补其缺,作《武帝纪》《三王世家》《龟策》《日者》等传(浦注云:"古本脱'等'字,今本于'等传'下有'其《龟策》《日者》'五字。"又云:"《太史公自序》裴注及汉颜注所引张晏语并同。晏语原无'《龟策》《日者》'复句,张守节别引则有。)辞多鄙陋,非迁本意也。"(《史通》)

又曰:"《史记》所书年止汉武太初,已后阙而不录。其后刘向、向子歆及诸好事者,若冯商、卫衡、扬雄、史岑、梁审、肆仁、晋冯、段肃、金丹、冯衍、韦融、萧奋、刘恂等相次撰续,迄于哀平间,犹名《史记》。"(《史通》)

叶大庆曰:"司马迁作《史记》,班固作《汉书》,然《汉书》季布、萧何、张耳、袁盎及张骞、李广、卫霍等赞,大略多与《史记》同,或全取本文或改易数字。此无他,马作于前,班述于后;观史固无可疑。然窃怪《司马相如传赞》乃固所作,而《史记》乃谓:'太史公曰',全与《汉书》同。夫迁之所作,在固容或承袭之;如固之所作,迁安得预同之哉? 且迁在武帝时,扬雄生于汉末,今《相如传》后且引:'扬雄以为靡丽之赋,劝百讽一。'此班固作赞晓然矣。何为《史记》乃以为太史公之语而杂于其间耶? 诸家注释,并不及此,大庆读至于此,窃尝惑之。遍假诸本校之,又皆一同。因反复而究之,《公孙弘传》乃载平帝元始中王元后诏赐弘子孙爵,徐广注云:'后人写此',及班固所称:'以续益后',乃知相如之赞,亦后人写入,而托之太史公也。"(《考古质疑》)

赵翼曰:"十篇之外,尚有少孙增入者。如《外戚世家》增尹、邢二夫人相避不相见,及钩弋夫人生子,武帝将立为太子,而先赐钩弋死;又卫青本平阳公主骑奴,后贵为大将军,而平阳公主寡居,遂以青为夫等事。《田仁传》后增仁与任安皆由卫青舍人选入,见帝,二人互相举荐,帝遂拔用之,等事。又《张苍、申屠嘉传》后增记:'征和以后为相者,车千秋之外有韦贤、魏相、丙吉、黄霸皆宣帝时也,韦元成、匡衡则元帝时也。'此皆少孙别有传闻,缀于各传之后。今《史记》内各有'褚先生曰'以别之,其无'褚先生曰'者,则于正文之下另空一字以为识别,此少孙所补显然可见者也。

"又有就史迁原文而增改者。《楚元王世家》后叙其子孙有地节二年者,则宣帝年号也。《齐悼惠王世家》后叙朱虚侯子孙有至建始三年者,则成帝年号也。此则皆在迁后,而迁书内见之,则亦少孙所增入也。

"又《史记·匈奴传》太初四年且鞮侯单于立,其明年浞野侯亡归,又明年汉使李广利击右贤王于天山,又使李陵出居延,陵败降匈奴,则天汉二年也。又二年,汉使广利出朔方,与匈奴连战十余日,广利闻家已灭族,遂降匈奴,则应是天汉四年事。然《汉书·武帝纪》:天汉二年李陵降匈奴,与此传同;而广利之降,则在征和三年,距天汉四年尚隔七年,殊属岐互。不知者必以史迁为及身亲见,与班固事后追书者不同,自应以《史记》为准;然征和元年巫蛊事起,二年太子斩江充,战败自杀,而广利之降,则以太子既死之明年。广利出击匈奴,丞相刘屈牦饯于郊外,广利以太子既死,属屈牦劝上立昌邑王为太子。昌邑王者,广利妹李夫人所生子,广利甥也。此语为人所告发,帝遂诛其家,广利闻之,乃降匈奴。是广利之降,在卫太子死后,而太子之死,实在征和二年。此等大事,《汉书》本纪编年记载,断无差误。则广利之降,必不在天汉四年明矣。再以《汉书·匈奴传》核对,则李陵降匈奴以前,皆与《史记·匈奴传》同。陵降后二年,广利出兵,与单于连战十余日,无所得,乃引还,并未降匈奴也。又明年,匈奴且鞮侯单于死,狐鹿姑单于立,是为汉太始元年。狐鹿姑立六年,遣兵入寇上谷、五原、酒泉,汉乃又遣广利出塞,战胜追北,至范夫人城,闻妻子坐巫蛊事被收,乃降匈奴。计其岁年,正是征和三年之事,与《武帝纪》相合。则知《史记·匈奴传》末所云'天汉四年广利降匈奴'者,非迁原本也。迁是时目击其事,岂有错年岁至此?盖迁所作传,仅至李陵降后二年,广利出塞,不利引还,便止。(迁自叙谓讫于太初,则并在陵降匈奴之前。)而褚少孙于数十年后,但知广利降匈奴之事,不复细考年代,即以系于天汉四年出兵之下,故年代错误也。

"《史记·田儋传赞》,忽言蒯通辨士,著书八十一篇,项羽欲封之而不受,此事与儋何涉而赞及之?《司马相如传赞》谓,'相如虽多虚辞滥说,然其要归,引之节俭。扬雄以为靡丽之赋,劝百讽一,犹驰骋郑卫之音,曲终而奏雅,不已亏乎?余采其语可论者著于篇'云云。按雄乃哀平王莽时人,史迁何由预引其语?此并非少孙所补,而后人窜入者也。《汉书·相如传赞》正同,岂本是班固引雄言作赞,而后人反移作《史记》传赞耶?《外戚世家》叙卫子夫得幸之处,不曰'今上'而曰'武帝',或是少孙所改耳。"(《廿二史札记》)

康有为撰《新学伪经考》谓《史记》经刘歆窜乱。兹摘录其言如下:

《儒林传》虽粹然完书,然云:"秦时焚书,伏生壁藏之,其后兵大起,流亡。汉定,伏生求其书,亡数十篇,独得二十九篇。即以教于齐、鲁之间。"又云:"孔氏有《古文尚书》,而安国以今文读之,因以起其家《逸书》得十余篇。盖《尚书》滋多于是矣。"又云:"《礼》固自孔子时,而其经不具。及至秦焚书,书散亡益多,于今独有《士礼》,高堂生能言之。"此三条是刘歆窜乱以惑人者。

考六经之传,有书本,有口说。博士所职,孔庙藏书,是传本也。然吴佑写书,汗青盈车,其子辄以薏苡之谤为谏,则当时写本甚难,颇赖口说。伏生于《尚书》是其专门,即有百篇,皆所熟诵。当时《春秋》赖口说流传,《诗》则以其讽诵,皆至公羊寿、申公、辕固生、韩婴乃著竹帛。以故《公》、《谷》二传,齐、鲁、韩三家《诗》,文字互异,良由口说之故。且古人字仅三千,理难足用,必资通假,重义理而不重文字,多假同音为之,与今泰西文字相近。譬由翻译,但取得音,不能定字。一"英吉利"也,而可作"英圭黎";一"法兰西"也,而可作"佛狼机";一"西班牙"也,而可作"日思巴尼亚"。汉儒之尊,以其有专辄之权,得擅翻经之事。《诗》不过三百五篇,《书》不过二十八篇,为文甚简,人人熟诵,诚不赖书本也。若专赖壁藏之简，而后二十九篇得存，则《诗》、《春秋》未闻有壁藏之简，何以三百五篇之文、二百四十二年之事得全乎？若谓《诗》有韵语，讽诵易存，《书》文聱牙，非简不存；则《春秋》及二传岂有韵语乎？故《隋志》之言曰："至汉，唯济南伏生口传二十八篇，又河内女子得《泰誓》一篇献之。"曰"口传"，曰"二十八篇"，曰"河内女子得《泰誓》一篇"，其说出《论衡》。此必今学家之说，足以破壁藏流亡失数十篇之谬，并足破伏生得二十九篇之误矣。（今学以《尚书》二十八篇比二十八宿，以后得《泰誓》一篇比北斗，其说可据。）且伏生为秦博士，秦虽焚书，而博士所职不焚，则伏生之本无须藏壁而致亡也。知此，则壁藏亡失之说，更不待攻，而二十八篇为孔子未经秦火之《书》愈明矣。云"二十九篇"者，盖《太誓》后得，后人忘其本，轻改《史记》"八"字为"九"字，必非史迁原文，并非歆窜原文；犹戴圣《礼记》本四十六篇，马融增三篇为四十九篇，而《后汉书》曹褒、桥仁传《礼记》皆四十九篇，盖亦后人追改之辞也。

若云"孔氏有《古文尚书》"，所谓"孔氏"者，《汉志》所谓鲁共王坏壁所得之《书》也。《史记》于《鲁共王世家》何以无之？且其时河间献王亦得古文《书》，同异若何，史公于《河间世家》何以无之？史公尊经，河间、鲁共有此巨典，岂其疏脱若是？若谓安国以今文读之，《逸书》得十余篇，则安国兄延年、延年子霸、霸子光，世治《尚书》，应传古文，而刘歆欲立《古文尚书》，光不肯助，何也？安国古文传都尉朝，朝传胶东庸生，然安国又传儿宽，宽授欧阳生之子，世世传之。则今古文同出一师，何以今文无十余篇之《逸书》？且史迁尝从安国问故，而所闻亦无出二十八篇外者。夫《共王传》不著坏壁得书之事，孔光不助古文《书》之立，儿宽、司马不见《逸书》之文，则此条之为窜入，无可疑矣。

《礼》十七篇已为足本，此云《礼》固自孔子时，而其《经》不具，《周礼》无可考，今《礼经》皆孔子所作，昔之具不具，无可考。歆盖言其不具，以为伪作地耳。高堂生所传十七篇，除《冠》、《昏》、《相见》、《丧》四篇外，余皆大夫、诸侯、天子之礼，安得曰"士礼"乎？歆伪作《明堂》、《巡狩》者三十九篇，《逸礼》及《周官》五篇，皆天子、诸侯之礼。其作《七略》，曰："犹愈仓等推《士礼》而致于天子之说"，则此《士礼》，歆所改也。若《仪礼》之名，又述歆者改抑之辞，西汉前但曰《礼》而已。

难者曰："《儒林传》全篇粹完，若歆能窜入，则歆为《毛诗》、《逸礼》、《周官》、《费易》、《左传》，何不并窜入？"释之曰："若歆能将诸伪经全行窜入，则证据坚确，吾诚无如之何，今日更无以发明其伪矣。但《史记·儒林传》人人共读，若骤窜群经之名，诸儒骤起按旧本而力争，则其伪更易露。唯略为点缀一二语，使无大迹，非唯不攻，且足为其征助矣。如王肃既伪《古文尚书》，而偏缺《舜典》一篇，又缺"粤若稽古帝舜"二十八字，待姚方兴得于大桁头而后补之。其缀缉诸书，皆与原文少异，或增或漏，故示缺略。凡此皆作伪者之伎俩，欲使人疑信参半，而凭托既深，卒不能去，则其术售矣。古今作伪如出一轨，《儒林传》所以独窜《古文尚书》而不他及，犹《封禅书》之窜《周官》，《十二诸侯年表》之窜《左氏春秋》，皆于旁见侧出，以乱人耳目。作伪之诀皆如是，一经勘破，肺肝如见。今将刘歆窜乱之文条列于下：

古文八条：

《五帝本纪》曰："总之不离古文者近是"，《五帝本纪》依《五帝德》《帝系姓》而作。古文如《周官》、《左传》、《国语》，则添出伏羲、神农、少昊，与《史记》大相违谬。何以忽以古文为近是，得无自相矛盾乎！其添设之迹，不攻自破。

《三代世表》曰："余读《谍记》,黄帝以来皆有年数,稽其历、谱、谍、《终始五德》之传,古文咸不同,乖异。"此言《谍记》与邹衍《终始五德》之传不同乖异,如何著得"古文"二字?

《十二诸侯年表》曰："于是谱十二诸侯,自共和讫孔子,表见《春秋》、《国语》,学者所讥盛衰大指著于篇,如成学治古文者(徐广曰:"一云'治国闻者也。')要删焉。"上云"著盛衰之大指",其为"治国闻者"之要删无可疑,忽插"古文"二字,作何解?徐广所见,犹为原本。其余可推。

《封禅书》曰"群儒既已不能辨明封禅事,又牵拘于《诗》、《书》古文,而不能骋。""群儒牵拘于《诗》、《书》,而不能骋",则文从矣,插"古文"二字,其"古文"何文邪?若即《诗》、《书》邪?则已该之;其《逸礼》邪?则何不别举之乎?其为添窜,不待问矣!

《吴世家》曰："余读《春秋》古文",《春秋》古文者,《左氏传》耳,《儒林传》、《河间献王世家》无之。此忽出之,其为谰言易见。

《仲尼弟子传》曰："则论言弟子籍出孔氏古文近是",孔氏古文者,殆指鲁共王坏壁所得之古文《论语》也。无如《共王世家》无是事何!

《太史公自序》曰："年十岁则诵古文",又曰:"秦拨去古文",《史记·贾生传》称:"以能诵《诗》属《书》"。《汉书·东方朔传》亦称:"学《诗》、《书》,诵二十二万言。"无言诵古文者。且古文者,如《索隐》以为《古文尚书》邪?如刘氏以为《左传》、《国语》、《世本》邪?则其妄已辨之矣。若秦只云烧《诗》、《书》,何以云"拨古文"乎?其窜乱至显也。

《诗》《书》六条:

《三代世表》曰："至于序《尚书》,则略无年月,或颇有,然多阙不可录。"《孔子世家》曰:"孔子之时,周室微,而《礼》、《乐》废,《诗》、《书》缺。追迹三代之礼,序《书》传上纪唐、虞之际,下至秦缪,编次其事。"或据此二条,以为孔子有《书序》之证。不知为刘歆所窜入也。此"序"字当亦次序之辞,此"序《书》"即不伪窜,亦非今《书序》可知也。

《六国表》曰："秦既得意,烧天下《诗》、《书》,诸侯史记尤甚,为其有所刺讥也。《诗》、《书》所以复见者,多藏人家。"歆云"藏人家"者,暗指古文而言,忘却博士之职不失也。

《封禅书》曰："群儒采《封禅》、《尚书》、《周官》、《王制》之望祀射牛事",《周官》一篇,《史记》自《河间献王世家》、《儒林传》皆不著,一部《史记》无之,唯《封禅书》有此二字,其为歆窜入何疑焉。

《孔子世家》曰："孔子晚而喜《易》,序《彖》、《系》、《象》、《说卦》、《文言》。"《说卦》:"帝出乎震……坎者,正北方之卦也。"与焦京《卦气图》合。盖宣帝时说《易》者附之入经,田何、丁宽之传无之也。史迁不知,焦京必无之,此二字不知何时窜入。

《陈世家》曰："周太史过陈,陈厉公使以《周易》筮之,卦得《观》之《否》。(贾逵曰:"《坤》下《巽》上,《观》;《坤》下《乾》上,《否》。"《观》爻在六四变而之《否》。"按:六爻有"变象",有"互体",是谓"观国之光,利用宾于王。(《田敬仲完世家》略同。)《晋世家》曰:"初,毕万卜仕于晋国,遇《屯》之《比》。(贾逵曰:'《震》下《坎》上,《屯》;《坤》下《坎》上,《比》。《屯》初九变之《比》。')辛廖占之曰:"吉。《屯》固《比》入。吉孰大焉!其后必蕃昌。"按:"互体"之说,实创于刘歆,经无之也。歆窜入《左传》,则惑人深矣。史公受杨何之《易》必无之,盖亦歆所窜入也。

《十二诸侯年表》曰："鲁君子左丘明惧弟子人人异端,各安其意,失其真,故因孔子《史记》具论其语,成《左氏春秋》。……"按:今博士谓左氏不传《春秋》,《儒林传》述《春秋》有《公羊》、《谷梁》而无《左氏》。迁征引《左氏》至多,如其传经,安有不叙?此表骤言"左氏",且称丘明为"鲁君子","惧弟子各安其意,而失其真",抑《公》、《谷》而尊《左氏》如此!考文翁《孔庙图》、《史记·仲尼弟子传》,无左丘明名,且《左传》称"悼四年"。据《史记·六国表》,悼公之薨,在获麟后五十余年。则丘明在孔子后远矣。岂七十子学成德尊所存者,不足据;而非弟子之丘明反足据乎?此又不待辨也。下杂叙《铎氏微》、《虞氏春秋》、《吕氏春秋》诸书,各体既杂而不类。又《吕氏春秋》于十二诸侯年月事无关,《虞氏春秋》在"儒家",于十二诸侯年月事亦必无关。以此例之,不过歆以《史记·儒林传》彰著难于窜乱,故旁窜于《十二诸侯年表》,以为《左传》之证。又多窜数书,故为繁重,以泯其迹。"安意失真"之说,与《七略》同,其为歆言无疑义矣。

《历书》曰:"少皞氏之衰也,九黎乱德,民神杂扰,不可放物,祸菑荐至,莫尽其气。"考五帝无少皞之说。《逸周书·尝麦解》……少皞与蚩尤为二卿,同受帝命,则少皞亦古之诸侯,与蚩尤同非五帝,更非黄帝之子甚明。刘歆欲臆造三皇,变乱五帝之说,以与今文家为难,因跻黄帝于三皇,而以少皞补之。其造《世经》,以太皞帝、炎帝、黄帝、少皞帝、颛顼、帝喾、唐帝、虞帝为次,隐寓三皇、五帝之说。又惧其说异于前人,不足取信,于是窜入《左传》、《国语》之中,一则曰:"我高祖少皞挚之立也。"(《左传·昭十七年》)再则曰:"少皞有四叔。"(《左传·昭十九年》)三则曰:"而封于少皞之虚。"(《左传·定四年》)四则曰:"及少皞之衰也。"(《国语·楚语》)。又伪作《月令》,以孟秋为其帝少皞,皆所以证成其《世经》之说,而不知犹有《逸周书》遗文,不能弥缝也。夫出于一己者,则较若画一,偶见他书者,则判然不同,其为己所私造,尚待辨邪?歆又窜之《史记·历书》中,曰:"少皞氏之衰也。"即《国语·楚语》之文,《史记》纪五帝用《大戴礼》、《世本》之说,若《左传》、《国语》有少皞事,史公于二书素所引用,何以遗之?其为伪窜益无疑矣。

《吴世家》曰:"昔有过氏杀斟灌以伐斟寻,灭夏后帝相。帝相之妃后缗方娠,逃于有仍,而生少康。少康为有仍牧正,有过又欲杀少康,少康奔有虞。有虞思夏德,于是妻之以二女,而邑之于纶。有田一成,有众一旅,后遂收夏众,抚其官职。使人诱之,遂灭有过氏,复禹之绩,祀夏配天,不失旧物。今吴不如有过之强,而句践大于少康,今不因此而灭之,又将宽之,不亦难乎!"《夏本纪》无夏中亡而少康中兴事,此何事也,而史公于述《本纪》若不知,而于《吴世家》乃叙之邪?其谬不待言。然此事亦非全无来历,《离骚》:"夏康娱以自纵,不顾难以图后兮,五子用失乎家巷。羿淫游以佚田兮,又好射夫封狐。固乱流其鲜终兮,浞又贪夫厥家。浇身被服强圉兮,纵欲而不忍。日康娱而自忘兮,厥首用夫颠陨。""及少康之未家兮,留有虞之二姚。"盖战国多杂说,史迁所谓"言不雅驯"者,歆入之于《左传》,并窜之于《史记》耳。《夏本纪》称禹后有斟寻氏,亦所自出也。但恐歆校诗赋,并《离骚》亦歆所窜入,不然何此一事叙至十二句邪?

《鲁世家》曰:"四十六年惠公卒,长庶子息摄当国行君事,是为隐公。初,惠公适夫人无子,公贱妾声子生息,息长为娶于宋,宋女至而好,惠公夺而自妻之,生子允登。宋女为夫人,以允为太子。及惠公卒,为允少,故鲁人共令息摄政,不言即位。"按:《汉书·王莽传》,莽奏曰:"《尚书·康诰》:'王若曰:"孟侯,朕其弟,小子封。"'此周公居摄称王之文也。《春秋》:'隐公不言即位,摄也。'此二经,周公、孔子所定,盖为后法。"观此,知歆之伪撰《左传》书法,所以翼成王莽居摄而篡位者也,不闻《公》、《谷》有是义。史迁闻《春秋》于董仲舒,述《儒林》无《左氏》。若真有《左氏》解经语,岂容没之? 足见歆之窜伪也。

《宋世家》曰:"穆公九年,病,召大司马孔父,谓曰:'先君宣公舍太子与夷而立我,我不敢忘。我死,必立与夷也。'孔父曰:'群臣皆愿立公子冯。'穆公曰:'毋立冯,吾不可以负宣公。'于是穆公使冯出居于郑。八月庚辰,穆公卒。兄宣公子与夷立,是为殇公。君子闻之曰:'宋宣公可谓知人矣,立其弟以成义,然卒其子复享之。'"又"太史公曰:'《春秋》讥宋之乱自宣公废太子而立弟,国以不宁者十世。襄公之时,修行仁义,欲为盟主,其大夫正考父美之,故追道契、汤、高宗,殷所以兴,作《商颂》。襄公既败于泓,而君子或以为多伤中国,阙礼义,褒之也。宋襄之有礼让也。'"按:《世家》叙宣公事,以为立弟成义,子复享之;;叙襄公事,讥其得祸致怨;皆用《左氏》义。汉人之学皆有家法,何以同一《世家》,《赞》讥宣公之乱宋,褒襄公之礼让,独用《公羊》义? 一文矛盾,何至于是? 其为歆所窜入,最为易见。以此推之,《秦本纪》、《鲁世家》之"君子",亦为窜入无疑矣。

凡所引《史记》窜入诸条,皆确凿无可疑者。考《史记》一书,《太史公自序》称:"凡百三十篇,五十二万六千五百字。"本自完具。唯班固所见,已云十篇"有录无书",而褚少孙补之。……《后汉书·班彪传》谓:"……好事者颇或缀集时事",《史通》谓:"刘向、向子歆及诸好事者……相次撰续"。若杨终之删《太史公书》为十余万言(《后汉书·杨终传》),犹不数也。当成帝时,东平王寓以叔父之尊,上疏求《太史公书》,朝廷不与(《汉书·东平思王传》)。则外人见者绝少,其唯刘歆肆行窜入至易也。《太史公自序集解》引张晏曰:"迁没之后,亡《景纪》、《武纪》、《礼书》、《乐书》、《兵书》、《汉兴以来将相年表》、《日者列传》、《三王世家》、《龟策列传》、《傅靳蒯成列传》。"则张晏见本,序目有《兵书》也。颜师古注《汉书·司马迁传》曰:"序目本无《兵书》,张云'亡失',此说非也。"刘奉世曰:"《兵书》即《律书》,盖当时有尔。"盖史迁有《兵书》,无《律书》,师古据所见歆本误言之,盖《律书》亦歆所窜补者也。赵氏翼论《史记》为后人增窜甚详,惜未知即为刘歆所窜,而频疑褚少孙耳。(《新学伪经考》)

崔适著《史记探源》八卷,以《史记》为刘歆故意窜乱,以为颠倒五经之佐证。兹摘录其卷一《序证》如下,余详本书。

要略 《史记》者,五经之橐籥,群史之领袖也。乃《汉书》已云其缺,于是续者纷起。见于本书者,曰褚先生;见于《七略》者,曰冯商;见于《后汉书·班彪传》注及《史通》者,有刘歆等十六人。案《汉书》亦有自言出自刘歆者。《艺文志》曰:"录《七略》",《律历志》曰:"录《三统历》"。是也。乃《儒林传》言经师受授,与《七略》相表里,《律历志》言六历五德,与《郊祀志》、《张苍传》相牵属;《天文》、《地理志》言分野,与五德相印证;皆可知其为歆作。(黄省曾《西京杂记序》谓:班固《汉书》,全取刘歆。则不必然。《五行志》上曰:歆治《左氏传》,其《春秋》意亦已乖矣。与《艺文志》专称《左氏传》为得《春秋》真意相反。岂歆语乎?《白虎通义》多主今文说,惟今文家所无,乃取古文说补之。则《五行志》乃班固所自作明矣。《后汉书》本传曰:"固著《汉书》,自永平中始受诏。潜精积思二十余年,至建初中乃成。"岂有积思二十余年所成之书,不著一字,而袭取前人者乎? 当由歆固各有《汉书》,后人杂录两家之言,遂成今之《汉书》,乃至宗旨岐出尔。

《史记》之文,有与全书乖,与此合者,亦歆所续也。至若年代悬隔,章句割裂,当是后世妄人所增，与钞胥所脱。其幸免乎此，又有误衍误倒误改误解诸弊，要不若窜乱之祸为剧烈。

窜乱　刘歆之续《史记》，非不足于太史公也。亦既颠倒五经，不得不波及龙门以为佐证，而售其为新室典文章之绝技也。其所以颠御五经者，刘向在成帝世，刺取《春秋》灾异，作《洪范五行传》，端赭虽纷，要以讥切世卿，比例王氏为宗旨。歆主翊戴新室，务与向说相反，于是夺孔子之《春秋》而归之鲁史。自造《书序》百篇，而托之孔子。说皆详下。如是则孔子之宗旨顿渝，而刘向之传说皆谬矣。又须多造古文经传，广树证据；而辞繁旨博，非歆一人之力所能胜任也。乃征天下有通《逸礼》、《古书》、《毛诗》、《周官》、《尔雅》、《天文》、《图谶》、《钟律》、《月令》、《兵法》、《史篇》文字者，皆诣公车。至者前后千数，皆令记说廷中，将令正乖谬，壹异说云。此文载《王莽传》，适案歆所谓正乖谬者，即正其父向之乖谬；壹异说者，以齐鲁韩《诗》、欧阳夏侯氏《书》为异说，而壹之于所托之孔安国、毛公云尔。《逸礼》以下书名，亦刘歆所造。此千数人者，孰不仰体国师嘉新公之意旨，向壁虚造妖诬之言，以备采纳。于是群经皆受其窜乱，而《史记》为五经门户，则亦不得不窜乱矣。

据商务印书馆1957年版《伪书通考》

新学伪经考

〔书名〕

《新学伪经考》亦名《伪经考》,撰者康有为认为古文经学帮助王莽夺取政权,建立"新朝",当称"新学";古文经传出自刘歆伪造,故称"伪经";考辨新学伪经用以反对"恪守祖训"的封建顽固派和古文经学"述而不作"的旧说。

〔作者〕

康有为(1858—1927),又名祖诒,字广厦,号长素,又号明夷、更甡、西樵山人、游存叟、天游化人等,广东南海人,人称"康南海"。光绪朝进士,官授工部主事。近代著名思想家、政治家和书法家。先后七次上书光绪皇帝请求变法图强。与梁启超等人创办《万国公报》,建立强学会,发行《强学报》,为变法制造舆论。光绪二十四年(1898)与梁启超等人发动戊戌变法运动。变法失败后,流亡国外。其后,他的思想日趋保守,反对革命。辛亥革命后,主编《不忍》杂志,宣扬尊孔,反对共和,后半生致力于将儒家学说改造为可以适应现代社会的国教,曾担任孔教会会长。著作有《新学伪经考》、《孔子改制考》、《戊戌奏稿》、《大同书》、《康南海先生诗集》等。

〔体例与内容〕

《新学伪经考》包括辨伪、纠谬、互证等内容,认为古文经都是刘歆窜乱伪撰,为王莽篡位制造舆论。古文经认为六经是周公旧制,今文经则认为创自孔子。康有为力攻古文经,也就奠定了"孔子改制"说的经学基础,故有"刘歆之伪不黜,孔子之道不著"之语。书中考辨古书,虽有创见,亦多武断。

〔版本〕

(清)康有为. 新学伪经考. 清刻本. 广州:康氏万木草堂,1891(光绪十七年).
(清)康有为. 新学伪经考. 北京:北平文化学社,1931.
(清)康有为. 新学伪经考. 北京:古籍出版社,1956.
(清)康有为. 新学伪经考. 北京:中国人民大学出版社,2010.

新学伪经考·史记经说足证伪经考第二

【导读】

以《史记》中的诸篇证刘歆窜乱伪撰古文经学。
《孔子世家》:确记孔子传经,且六经完全,皆无缺失。

《河间献王世家》、《鲁共王世家》：所记生平甚少，并未提及古文之事。

《儒林传》：《诗》、《书》、《礼》、《易》、《春秋》都仅有今文经学派的记载。

经学纷如乱丝，于今有汉学、宋学之争，在昔则有今学、古学之辨，不知古学皆刘歆之窜乱伪撰也。凡今所争之汉学、宋学者，又皆歆之绪余支派也。经歆乱诸经，作《汉书》之后，凡后人所考证，无非歆说。征应四布，条理精密，几于攻无可攻，此歆所以能欺绐二千年而无人发其覆也。今取西汉人之说证之，乃知其伪乱百出。而司马迁《史记》，统《六艺》，述儒林，渊源具举，条理毕备，尤可信据也。察迁之学，得于《六艺》至深：父谈既受《易》于杨何，迁又问《书故》于孔安国，闻《春秋》于董生，讲业于齐、鲁之都，观孔子之遗风，乡射邹峄，其于孔门渊源至近。孔子一布衣耳，而于《周本纪》、《十二国世家》，迁皆书"孔子卒"，因尊孔子为世家。《太史公自序》曰："周室既衰，诸侯恣行，仲尼悼礼废乐崩，追修经术以达王道，匡乱世反之于正，见其文辞，为天下制仪法，垂《六艺》之统纪于后世。"《孔子世家》赞曰："言《六艺》者皆出于夫子，可谓至圣矣。"《自序》曰："孔子卒后，至于今五百岁，有能绍明世，正《易传》，继《春秋》，本《诗》、《书》、《礼》、《乐》之际，意在斯乎，意在斯乎，小子何敢让焉！"其预闻《六艺》，至足信矣。虽其书多为刘歆所窜改，而大体明粹，以其说与《汉书》相校，真伪具见。孔子《六经》之传，赖是得存其真。史迁之功，于是大矣。《儒林传》详传经之人，今以为主，而《孔子世家》、《河间献王》、《鲁共王世家》附焉。窜附之说，并辨于后。

◎《孔子世家》

孔子之时，周室微而礼、乐废，《诗》、《书》缺。追迹三代之礼，序《书传》，上纪唐、虞之际，下至秦缪，编次其事。曰："夏《礼》吾能言之，杞不足征也；殷礼吾能言之，宋不足征也。足则吾能征之矣。"观殷、夏所损益，曰："后虽百世可知也。"以一文一质，"周监二代，郁郁乎文哉，吾从周。"故《书传》、《礼记》自孔氏。孔子语鲁太师："乐其可知也，始作翕如，纵之纯如，皦如，绎如也以成。""吾自卫反鲁，然后《乐》正，《雅》、《颂》各得其所。"古者，《诗》三千余篇，及至孔子，去其重，取可施于礼义，上采契、后稷，中述殷、周之盛，至幽、厉之缺，始于衽席，故曰："《关雎》之乱以为《风》始，《鹿鸣》为《小雅》始，《文王》为《大雅》始，《清庙》为《颂》始。"三百五篇，孔子皆弦歌之以求合《韶》、《武》、《雅》、《颂》之音，礼、乐自此可得而述，以备王道，成《六艺》。孔子晚而喜《易》，序《彖》、《系》、《象》、《说卦》、《文言》。读《易》，韦编三绝，曰："假我数年，若是，我于《易》则彬彬矣。"孔子以《诗》、《书》、《礼》、《乐》教，弟子盖三千焉。乃因史记作《春秋》，上至隐公，下讫哀公十四年，十二公。据鲁，亲周，故殷，运之三代，约其文辞而指博。故吴、楚之君自称王，而《春秋》贬之曰"子"；践土之会实召周天子，而《春秋》讳之曰："天王狩于河阳。"推此类以绳当世贬损之义，后有王者举而开之，《春秋》之义行，则天下乱臣贼子惧焉。孔子在位听讼，文辞有可与人共者，弗独有也。至于为《春秋》，笔则笔，削则削，子夏之徒不能赞一辞。弟子受《春秋》，孔子曰："后世知丘者以《春秋》，罪丘者亦以《春秋》。"鲁世世相传，以岁时奉祠孔子冢，而诸儒亦讲礼、乡饮、大射于孔子冢。孔子冢大一顷，故所居堂弟子内，后世因庙藏孔子衣、冠、琴、车、书，至于汉二百余年不绝。高皇帝过鲁,以太牢祠焉。诸侯卿相至,常先谒,然后从政。孔子生鲤,字伯鱼。伯鱼年五十,先孔子死。伯鱼生伋,字子思,年六十二,尝困于宋。子思作《中庸》。子思生白,字子上,年四十七。子上生求,字子家,年四十五。子家生箕,字子京,年四十六。子京生穿,字子高,年五十一。子高生子慎,年五十七,尝为魏相。子慎生鲋,年五十七,为陈王涉博士,死于陈下。鲋弟子襄,年五十七,尝为孝惠皇帝博士,迁为长沙太守,长九尺六寸。子襄生忠,年五十七。忠生武。武生延年及安国。安国为今皇帝博士,至临淮太守,蚤卒。安国生卬。卬生驩。

太史公曰:《诗》有之,"高山仰止,景行行止"。虽不能至,然心乡往之。余读孔氏书,想见其为人。适鲁,观仲尼庙堂、车服、礼器,诸生以时习礼其家,余低回留之,不能去云。天下君王至于贤人众矣,当时则荣,没则已焉。孔子布衣,传十余世,学者宗之。自天子、王侯,中国言《六艺》者,折中于夫子,可谓至圣矣!

史迁所述《六经》篇章旨义、孔氏世家传授,齐、鲁儒生讲习如此,《六经》完全,皆无缺失,事理至明。史迁去圣不远,受杨何之《易》于父谈,问《书故》于安国,闻《春秋》于董生,讲业齐、鲁之都,亲登孔子之堂,观藏书、礼器,若少有缺失,宁能不言邪!此为孔子传经存案,可为铁证。

◎《河间献王世家》

河间献王德,以孝景帝前二年用皇子为河间王,好儒学,被服造次必于儒者,山东之儒多从之游。二十六年,卒。

◎《鲁共王世家》

鲁共王余,以孝景前二年用王子为淮阳王。二年,吴、楚反。破后,以孝景前三年徙为鲁王。好治宫室、苑囿、狗马。季年好音,不喜辞辩,为人吃。二十六年,卒。

古文诸伪经,皆托于河间献王、鲁共王,以史迁考之,寥寥仅尔。若有搜遗经之功,立博士之典,史迁尊信《六艺》,岂容遗忽!若谓其未见,则《左氏》乃其精熟援引者,天下遗文古事靡不毕集太史公,不容不见矣。辨详于下。此为无古文之存案,并《儒林传》考之,古文经之出于伪撰,"铁案如山摇不动,万牛回首丘山重"矣。

◎《儒林传》

太史公曰:余读功令,至于广厉学官之路,未尝不废书而叹也,曰:嗟乎!夫周室衰而《关雎》作,幽、厉微而礼、乐坏,诸侯恣行,政由强国。故孔子闵王路废而邪道兴,于是论次《诗》、《书》,修起《礼》、《乐》。适齐闻《韶》,三月不知肉味。自卫返鲁,然后《乐》正,《雅》、《颂》各得其所。世以混浊莫能用。是以仲尼干七十余君无所遇,曰:"苟有用我者,期月而已矣。"西狩获麟,曰:"吾道穷矣!"故因史记作《春秋》,以寓王法,其辞微而指博,后世学者多录焉。

自是之后，言《诗》于鲁则申培公，于齐则辕固生，于燕则韩太傅，言《尚书》自济南伏生。言《礼》自鲁高堂生，言《易》菑川田生，言《春秋》于齐、鲁自胡母生，于赵自董仲舒。

申公者，鲁人也。高祖过鲁，申公以弟子从师入见高祖于鲁南宫。吕太后时，申公游学长安，与刘郢同师。已而郢为楚王，令申公傅其太子戊。戊不好学，疾申公。及王郢卒，戊立为楚王，胥靡申公。申公耻之，归鲁，退居家教，终身不出门，复谢绝宾客，独王命召之乃往。弟子自远方至受业者百余人。申公独以《诗经》为训以教，无传疑，疑者则阙不传。兰陵王臧既受《诗》，以事孝景帝为太子少傅，免去。今上初即位，臧乃上书，宿卫上，累迁，一岁中为郎中令。及代赵绾亦尝受《诗》申公，绾为御史大夫。绾、臧请天子，欲立明堂以朝诸侯，不能就其事，乃言师申公。于是，天子使使束帛加璧，安车驷马迎申公，弟子二人乘轺传从至。见天子，天子问治乱之事。申公时已八十余，老，对曰："为治者不在多言，顾力行何如耳。"是时天子方好文辞，见申公对，默然。然已招致，则以为太中大夫，舍鲁邸，议明堂事。太皇窦太后好老子言，不说儒术，得赵绾、王臧之过，以让上。上因废明堂事，尽下赵绾、王臧吏，后皆自杀。申公亦疾免以归，数年卒。弟子为博士者十余人，孔安国至临淮太守，周霸至胶西内史，夏宽至城阳内史，砀鲁赐至东海太守，兰陵缪生至长沙内史，徐偃为胶西中尉，邹人阙门庆忌为胶东内史。其治官民，皆有廉节，称其好学。学官弟子，行虽不备，而至于大夫、郎中、掌故以百数。言《诗》虽殊，多本于申公。

清河王太傅辕固生者，齐人也。以治《诗》，孝景时为博士，与黄生争论景帝前。黄生曰："汤、武非受命，乃弑也。"辕固生曰："不然。夫桀、纣虐乱，天下之心皆归汤、武。汤、武与天下之心而诛桀、纣。桀、纣之民不为之使而归汤、武，汤、武不得已而立，非受命为何？"黄生曰："冠虽敝，必加于首；履虽新，必关于足；何者？上下之分也。今桀、纣虽失道，然君上也；汤、武虽圣，臣下也。夫主有失行，臣下不能正言匡过以尊天子，反因过而诛之，代立践南面，非弑而何也？"辕固生曰："必若所云，是高帝代秦即天子之位非邪？"于是景帝曰："食肉不食马肝不为不知味；言学者无言汤、武受命不为愚。"遂罢。是后学者莫敢明受命、放杀者。窦太后好《老子》书，召辕固生问《老子》书。固曰："此是家人言耳。"太后怒曰："安得司空城旦书乎！"乃使固入圈刺豕。景帝知太后怒，而固直言无罪，乃假固利兵，下圈刺豕，正中其心，一刺豕应手而倒。太后默然，无以复罪，罢之。居顷之，景帝以固为廉直，拜为清河王太傅。久之，病免。今上初即位，复以贤良征固。诸谀儒多疾毁固，曰："固老。"罢归之，时固已九十余矣。固之征也，薛人公孙弘亦征，侧目而视固。固曰："公孙子，务正学以言，无曲学以阿世！"自是之后，齐言《诗》皆本辕固生也。诸齐人以《诗》显贵，皆固之弟子也。

韩生者，燕人也。孝文帝时为博士，景帝时为常山王太傅。韩生推《诗》之意而为内、外《传》数万言，其语颇与齐、鲁间殊，然其归一也。淮南贲生受之。自是之后，而燕、赵间言《诗》者由韩生。韩生孙商，为今上博士。

按：申公为荀卿再传弟子，高祖至鲁，已能从师而见。辕固生至景帝时罢归，年九十余，当秦时，年已二十余矣。韩生为文帝博士，必为当时耆儒。三家盖皆读秦焚前书者。齐、鲁诸儒生千百，而三家所传，"其归一也"，其为孔子之传确矣。三家之外，史公无一字。此为孔子《诗》学存案，而后有舍三家而言《诗》者，其真伪可引此案决之。

伏生者，济南人也。故为秦博士。孝文帝时，欲求能治《尚书》者，天下无有，乃闻伏生能治,欲召之。是时伏生年九十余,老不能行,于是乃诏太常,使掌故晁错往受之。秦时焚《书》,伏生壁藏之。其后兵大起,流亡。汉定,伏生求其《书》,亡数十篇,独得二十九篇,即以教于齐、鲁之间。学者由是颇能言《尚书》,诸山东大师无不涉《尚书》以教矣。伏生教济南张生及欧阳生,欧阳生教千乘儿宽。儿宽既通《尚书》,以文学应郡举,诣博士受业,受业孔安国。儿宽贫无资用,常为弟子都养,及时时间行佣赁以给衣食。行常带经,止息则诵习之。以试第次补廷尉史。是时张汤方乡学,以为奏谳掾,以古法议决疑大狱,而爱幸宽。宽为人温良,有廉智自持,而善著书,书奏敏于文,口不能发明也。汤以为长者,数称誉之。及汤为御史大夫,以儿宽为掾,荐之天子。天子见问,说之。张汤死后六年,儿宽位至御史大夫,九年而以官卒。宽在三公位,以和良承意,从容得久,然无有所匡谏于官,官属易之,不为尽力。张生亦为博士。而伏生孙以治《尚书》征,不能明也。自此之后,鲁周霸、孔安国、雒阳贾嘉颇能言《尚书》事。

按:伏生当孝文时年九十余,计当焚书时,年已六七十矣。从始皇三十四年焚书之时上推,鲁灭于楚,当庄襄王元年,仅三十七年,正值春申君为相之时。荀卿自齐归春申君,伏生当其时已二三十岁矣,上距孟子亦不过数十年。齐、鲁诸儒生千百,而治《尚书》者唯伏生为首,藏书之禁仅数年,藏书之刑仅城旦,不能害也。然则伏生之《书》为孔子之正传确矣。此为孔子《书》学存案。而后有舍伏生而言《书》者,其真伪可引此案决之。

孔氏有《古文尚书》,而安国以今文读之,因以起其家,《逸书》得十余篇,盖《尚书》兹多于是矣。

诸学者多言《礼》,而鲁高堂生最本。《礼》固自孔子时而其经不具,及至秦焚书,书散亡益多,于今独有《士礼》,高堂生能言之。而鲁徐生善为容。孝文帝时,徐生以容为礼官大夫,传子,至孙徐延、徐襄。襄,其天姿善为容,不能通《礼经》;延颇能,未善也。襄以容为汉礼官大夫,至广陵内史;延及徐氏弟子公户满意、桓生、单次,皆常为汉礼官大夫;而瑕丘萧奋以《礼》为淮阳太守。是后能言《礼》为容者由徐氏焉。

按:《礼》以高堂生为最本,而高堂生传《礼》凡十七篇。《孔子世家》所言诸儒习《乡饮》、《大射》在其中,《王制》所言冠、昏、丧、祭、乡、相见在其中,《礼运》、《昏义》所言冠、昏、丧、祭、射、乡、朝、聘在其中。孔子传十余世不绝,诸生以时习《礼》其家,其为孔子之传确矣。此为孔子《礼》学存案。而后有舍高堂生之《礼》而言《礼》者,其真伪可引此案决之。

自鲁商瞿受《易》孔子,孔子卒,商瞿传《易》,六世至齐人田何,字子庄,而汉兴。田何传东武人王同子仲,子仲传川人杨何。何以《易》元光元年征,官至中大夫。齐人即墨成以《易》至城阳相。广川人孟但以《易》为太子门大夫。鲁人周霸、莒人衡胡、临淄人主父偃皆以《易》至二千石。然要言《易》者本于杨何之家。

《易》不经焚为完书,上自商瞿为嫡派,下至田何、杨何。太史迁为杨何再传弟子,其为孔子之传尤确矣。此为孔子《易》学存案。而后有舍田何、杨何而言《易》者,其真伪可引此案决之。

董仲舒,广川人也。以治《春秋》,孝景时为博士。下帷讲诵,弟子传以久次相受业,或莫见其面。盖三年董仲舒不观于舍园,其精如此。进退容止,非礼不行,学士皆师尊之。今上即位,为江都相。以《春秋》灾异之变,推阴阳所以错行。故求雨,闭诸阳,纵诸阴;其止雨反是。行之一国,未尝不得所欲。中废为中大夫,居舍著《灾异之记》。是时辽东高庙灾,主父偃疾之,取其书奏之天子。天子召诸生示其书,有刺讥。董仲舒弟子吕步舒不知其师书,以为下愚。于是下董仲舒吏,当死,诏赦之。于是董仲舒竟不敢复言灾异。董仲舒为人廉直。是时方外攘四夷,公孙弘治《春秋》不如董仲舒,而弘希世用事,位至公卿。董仲舒以弘为从谀,弘疾之,乃言上曰:"独董仲舒可使相胶西王。"胶西王素闻董仲舒有行,亦善待之。董仲舒恐久获罪,疾免居家,至卒,终不治产业,以修学著书为事。故汉兴至于五世之间,唯董仲舒为明于《春秋》,其传,公羊氏也。

胡毋生,齐人也,孝景时为博士,以老归教授。齐之言《春秋》者,多受胡毋生。公孙弘亦颇受焉。

瑕丘江生为《谷梁春秋》。自公孙弘得用,尝集比其义,卒用董仲舒。仲舒弟子遂者,兰陵褚大,广川殷忠,温吕步舒。褚大至梁相。步舒至长史,持节使决淮南狱,于诸侯擅专断,不报,以《春秋》之义正之,天子皆以为是。弟子通者至于命大夫,为郎、谒者、掌故者以百数。而董仲舒子及孙皆以学至大官。

《春秋》但有《公》、《谷》二家。胡毋生,孝景时为博士,且以老归矣,其传《春秋》必在秦前。上述《春秋》云"学者多录焉",则齐、鲁诸生传《春秋》之盛可知。其为孔子之传确矣。此为孔子《春秋》学存案。而后有舍《公》、《谷》而言《春秋》者,其真伪可引此案决之。

或疑诸经古文不列学官,以《儒林传》从功令、依博士叙之,其不列学官者自不能及。释之曰:若古文为真,《古文逸书》亦不列学官,而《儒林传》已言之。同为不列学官,于《古文逸书》则详之,于《毛诗》、《逸礼》、《周官》、《左传》则略之,岂情理乎?此可一言断也。

按:史迁述《六艺》之序,曰:"《诗》、《书》、《礼》、《乐》、《易》、《春秋》。"凡西汉以前之说皆然。《论语》曰:"兴于《诗》,立于《礼》,成于《乐》。"又曰:"《诗》、《书》执《礼》,皆雅言也。"《王制》:"顺先王《诗》、《书》、《礼》、《乐》以造士。"《经解》:"其为人也温柔敦厚,《诗》教也;疏通知远,《书》教也;恭俭庄敬,《礼》教也;广博易良,《乐》教也;絜静精微,《易》教也;属辞比事,《春秋》教也。"《庄子·天运篇》:"丘治《诗》、《书》、《礼》、《乐》、《易》、《春秋》。"《徐无鬼篇》:"横说之,则以《诗》、《书》、《礼》、《乐》;纵说之则以《金板》、《六弢》。"《天下篇》:"《诗》以道志,《书》以道事,《礼》以道行,《乐》以道和,《易》以道阴阳,《春秋》以道名分。"《列子·仲尼篇》:"曩吾修《诗》、《书》,正《礼》、《乐》。"又曰:"吾始知《诗》、《书》、《礼》、《乐》无救于治乱。"《荀子·儒效篇》:"故《诗》、《书》、《礼》、《乐》之归是矣。《诗》言是其志也,《书》言是其事也,《礼》言是其行也,《乐》言是其和也,《春秋》言是其微也。"《商君书·农战篇》:"《诗》、《书》、《礼》、《乐》。"《春秋繁露·玉杯篇》:"《诗》、《书》,序其志;《礼》、《乐》,纯其养;《易》、《春秋》明其知。"诸所言《六艺》之序如是,皆以《诗》、《书》为称首,无以《易》为先者,更无以《书》先《诗》者。《王制》:"冬、夏教以《诗》、《书》。"《秦本纪》:"天下敢有藏《诗》、《书》、百家语者,悉诣守尉杂烧之。有敢偶语《诗》、《书》者弃市。"举《诗》、《书》者至繁,诚不胜数,聊举数条例之,从无异说。此为孔门《六经》之序存案,可为铁证。其有舍史迁《儒林传》而颠倒其序者,其真伪可引此案决之。

又按:《史记·外戚世家》:"《易》基《乾》、《坤》,《诗》始《关雎》,《书》美厘降,《春秋》讥不亲迎。"《滑稽列传》:"孔子曰:《六艺》于治一也,《礼》以节人,《乐》以发和,《书》以道事,《诗》以达意,《易》以神化,《春秋》以道义。"《太史公自序》:"有能绍明世,正《易传》,继《春秋》,本《诗》、《书》、《礼》、《乐》之际。"又曰:"《易》著天地、阴阳、四时、五行,故长于变;《礼》

经纪人伦,帮长于行;《书》记先王之事,故长于政;《诗》记山川、溪谷、禽兽、草木、牝牡、雌雄,故长于风;《乐》乐所以立,故长于和;《春秋》辩是非,故长于治人。"又曰:"伏羲至纯厚,作《易·八卦》;尧、舜之盛,《尚书》载之,礼乐作焉;汤、武之隆,诗人歌之;《春秋》采善贬恶,推三代之法。"史公于此数条,皆有颠倒,此则行文无定之笔,于传经体式次叙无关者也。

据中国人民大学出版社 2010 年版《新学伪经考》

古史辨

〔书名〕

《古史辨》考辨中国古代史事和史料真伪的论文总集。

〔作者〕

顾颉刚(1893—1980),原名诵坤,字铭坚,江苏苏州人。1920年毕业于北京大学。先后执教于厦门、北京、燕京、中山、复旦等十余所大学,为中央研究院院士、北平研究院研究员及中山大学历史语言研究所主任。1927年创办民俗学会和《民俗周刊》。1934年创办《禹贡》半月刊,并发起组织禹贡学会。1949年以后任中国科学院历史研究所研究员,主持《资治通鉴》、二十四史点校工作。另著有《秦汉的方士和儒生》、《汉代学术史略》、《史林杂识初编》、《孟姜女故事研究集》、《妙峰山》等。

〔体例与内容〕

《古史辨》共七册,汇集三百五十余篇文章。

第一册出版于1926年,顾颉刚编著。分上、中、下三编收录顾颉刚、胡适、钱玄同、刘掞藜、胡堇人、丁文江、柳诒徵、魏建功、容庚、王国维、李玄伯等人讨论古史的书函和文章,共六十四篇,以禹为讨论的中心问题,兼及历代的辨伪运动。

第二册出版于1930年,顾颉刚编著。分上、中、下三编收录顾颉刚、傅斯年、张荫麟、刘复、魏建功、马衡、周予同、冯友兰等人的文章四十五篇。上编讨论古史问题,中编讨论孔子和儒家问题,下编主要是时人对第一册的评论。书前有编者自序。

第三册出版于1931年,顾颉刚编著。分上、下两编收录顾颉刚、李镜池、容肇祖、俞平伯、刘大白等人的文章五十一篇。上编讨论《易经》,下编讨论《诗经》,"其中心思想是破坏《周易》的伏羲、神农的圣经地位,而恢复它原来的卜筮书的面貌;破坏《诗经》的文、武、周公的圣经地位,恢复它原来的乐歌面貌"。书前另有编者自序一篇。

第四册出版于1932年,罗根泽编著。副题为"诸子丛考",分上、下两编收录胡适、罗根泽、钱穆、梁启超、王正己、高亨、刘盼遂等人的文章六十八篇。上编讨论儒家和墨家,下编讨论道家和法家。书前有顾颉刚序、钱穆序和编者自序各一篇。

第五册出版于1935年,顾颉刚编著。分上、下两编收录钱玄同、钱穆、顾颉刚、刘节、谢扶雅等人的文章二十八篇。上编讨论汉代经学上的今古文问题,下编讨论阴阳五行说起源问题及其与古帝王系统的关系问题。书前有刘节序、编者自序各一篇,以及《史汉儒林传及释文叙录传经系统异同表》、《五德终始说残存材料表》。

第六册出版于1937年,罗根泽编著,是第四册诸子丛考的续编。分上、下两编收录罗根泽、孙次舟、杨筠如、张西堂、唐钺、李峻之、刘汝霖、叶青、唐兰等人的文章五十篇。上编通考先秦诸子,下编专考《老子》。书前有冯友兰序、张西堂序及编者自序各一篇。

第七册出版于1941年,吕思勉、童书业编著。分上、中、下三编收录顾颉刚、杨宽、杨向奎、吕思勉、童书业、蒙文通、缪凤林、陈梦家、吴其昌等人的文章二十五篇。上编为古史传说的通论,中编为三皇五帝考,下编是唐、虞、夏史考。其中上编刊载了杨宽《中国上古史导论》一书。全书前有柳存仁《纪念钱玄同先生》、杨宽序、编者吕思勉自序和童书业自序各一篇。

〔版本〕

顾颉刚.古史辨(第一册).北京:景山书社1926.
顾颉刚.古史辨(第二册).北京:景山书社1930.
顾颉刚.古史辨(第三册).北京:景山书社1931.
罗根泽.古史辨(第四册).北京:景山书社1932.
顾颉刚.古史辨(第五册).北京:景山书社1935.
罗根泽.古史辨(第六册).上海:开明书店,1937.
吕思勉,童书业.古史辨(第七册).上海:开明书店,1941.
顾颉刚等.古史辨(第一至七册).上海:上海古籍出版社,1982.

古史辨(节选)

【导读】

《论今文〈尚书〉著作年代书》主要考证了《禹贡》、《尧典》、《皋陶谟》。认为:《禹贡》是战国之世走向统一前夕由当时地理学家所作的总结性的地理记载;对《尧典》和《皋陶谟》的著作年代,从地理、意义、文辞、制度、疆域等方面,指出并非唐、虞时代之作品,而是汉人所作。

《询〈禹贡〉伪证书》顾颉刚从九个方面认为《禹贡》作于战国,但是证据未足,因此向丁文江征询。

◎四七 论《今文尚书》著作时代书

适之先生:

承告古史分期大旨,极感。将来讨论当秉著此旨做去。

九鼎的来源固是近于神话,但不可谓没有这件东西。看《左传》上楚子问鼎,《国策》上秦兴师求鼎,《史记》上秦迁九鼎,没于泗水,恐不见全假。九鼎不见于《诗》、《书》,兴国迁鼎的话自是靠不住。或者即是周朝铸的,置于东都,以为观耀;后人不知其所自来,震于其大,(《国策》云:"一鼎九万人挽之。")遂编造出许多说话耳。九鼎没于泗水而非销毁,将来尽有复出的可能。

关于铜器时代的问题,哈同花园印有一部《殷文存》,我想买来看看,不知和甲骨文字比较之下相像否。我觉得周代始进入铜器时代的假设颇可成立,因为发现的鼎彝多半是封国后或嗣位后铸的宗器,可见当时看铸金是很珍贵的。又看春秋时铸兵器皆用铜,铁器始见于《左传·昭公二十九年》晋赵鞅以铁铸刑鼎,继见于《孟子》"以铁耕乎",可见用途不广。又看古代金铜不分,银锡二物到汉代还分不清楚,可见冶金的工艺是进得很迟的。

先生要我重提《尚书》的公案,指出《今文尚书》的不可信,这事我颇想做。前天把二十八篇分成三组,录下:

第一组:(十三篇)

《盘庚》《大诰》《康诰》《酒诰》《梓材》《召诰》《洛诰》《多士》《多方》《吕刑》《文侯之命》《费誓》《秦誓》

这一组,在思想上,在文字上,都可信为真。

第二组:(十二篇)

《甘誓》《汤誓》《高宗肜日》《西伯戡黎》《微子》《牧誓》《金滕》《无逸》《君奭》《立政》《顾命》

这一组,有的是文体平顺,不似古文,有的是人治观念很重,不似那时的思想。这或者是后世的伪作,或者是史官的追记,或者是真古文经过翻译,均说不定。不过决是东周间的作品。

第三组:(三篇)

《尧典》《皋陶谟》《禹贡》

这一组决是战国至秦汉间的伪作,与那时诸子学说有相连的关系。那时拟《书》的很多,这三篇是其中最好的;那些陋劣的(如《孟子》所引"舜浚井"一节)都失传了。

但我虽列出这个表,一时还不能公布。因为第三组我可以从事实上辨它们的伪,第一组与第二组我还没有确实的把握把它们分开。我想研究古文法,从文法上指出它们的差异。但这是将来的事情。

对于第三组,我想做两篇文字——《〈禹贡〉作于战国考》,《〈尧典〉、〈皋陶谟〉辨伪》——登在《国学季刊》的二卷或三卷上。文字的大纲如下:

(一)《〈禹贡〉作于战国考》:

(1) 古代对于禹的神话只有治水而无分州。

(2) 古代只有种族观念而无一统观念。

(3) 古代的"中国"地域甚不大。

(4) 战国七雄的疆域开辟得大了,故有一统观念;交通便了,种族糅杂得多了,故无种族观念。因此九州岛之说得以成立,而秦始皇亦得成统一之功。

(5) 驺衍"大九州"之说即紧接九州岛之说而来。

(6) "分野"之说亦由九州之说引起。

(7) 九州州名及各地名之初见在何时,何书?

(8) 九州州名的来历(取义)。

(9) 九州疆域与七国疆域的比较。

(10) 九州州名未尝统一,贡赋服属之说亦未尝统一,故《吕氏春秋》、《尔雅》、《周官》(《逸周书》)与《禹贡》之说均不同。

(11) 所以考定《禹贡》为战国时书而非秦汉时书之故。(一、禹尚是独立而非臣于舜;

二、每州尚无一定的一个镇山;三、不言"南交"。)

(二)《〈尧典〉、〈皋陶谟〉辨伪》:

(1) 尧舜之说未起前的古史。

(2) 春秋时的尧舜与战国时的尧舜。

(3) 一时并作的《尧典》、《舜典》(《论语·尧曰》篇及《孟子·万章》篇所引)。

(4) 今本《尧典》、《皋陶谟》的出现:

1. 取事实于秦制。

2. 取思想于儒家(禅让)与阴阳家(五行)。

3. 取文材于立政(三宅、九德)与吕刑(降三后,绝苗民)。

(5)《尧典》、《皋陶谟》与他书的比较:

1.《尧典》上的舜臣与《论语》上的舜臣。

2.《尧典》、《皋陶谟》上的禹与《诗经》、《周书》、《论语》、《楚词》、《禹贡》上的禹。

3.《尧典》上的后稷与《诗经》、《论语》上的后稷。

4.《尧典》上的伯夷与《吕刑》上的伯夷。

5.《尧典》上的鲧与《洪范》、《楚词》上的鲧。

6.《尧典》、《皋陶谟》上的苗与《吕刑》上的苗。

7.《尧典》上的五服与《周书》上的侯甸男卫。

(6)《尧典》、《皋陶谟》的批评:

1. "倒乱千秋"式的拉拢。

2. 思想进化程序的违背:

(一) 商周人的先王和上帝的神权思想与《尧典》等的人治思想。

(二) 商周人的威力思想与《尧典》等的德化思想。

(三) 商周人的大邦小邦并立思想与《尧典》等的中央集权思想

(7) 所以考定为秦汉时书之故(此条或可并入第四条):

1. "南交"即秦之象郡,交趾至秦始入版图。

2. 羲和四宅,惟西无地名,这因秦都咸阳,已在国境西偏了。

3. 帝号的作为职位和称谓始于秦。

4. 巡狩封禅始于秦。

5. 秦以六纪,而此之山、州、师亦均以六纪。

(8)《尧典》、《皋陶谟》杂评

1. "蛮夷猾夏"系春秋时成语。

2. "金作赎刑"由吕刑来。

3. 甲骨文只有"十三月"而无闰,闰名当始于周。

4. "日中星鸟"、"日永星火",话说得太简单,不能断为纪元前二千四百年时确是如此。——这须请教天文学家。

5. 启与禹的关系,启与夏的关系。

6. 皋陶与益在春秋战国间的传说。

7. 契与玄王。

以上写的节目很杂乱。请先生审定一下，如此做法适宜否？这两篇文字我所以要慢一点做，因为牵涉的地方太多了，非多下些苦工，不易做得惬心。好在我在《努力》上既引起了这问题，将来讨论的事正多，一方面在报上与人讨论，一方面即可将讨论的结果随时加入文中。到此二文刊入《国学季刊》时，尧舜禹在历史上的位置不由得不推倒了。

　　《郊祀志》虽说汉高祖加一黑帝，但《吕氏春秋》上已把天上五帝分配好，颇不可解。我意，战国时五行之说如此盛，天上不容不有五帝，既有青黄白赤四色，不容不有黑色。必待汉高而具五帝，诚为可疑。或者秦王称帝，代周而标水德，衣服旄旌节旗皆上黑，乃自居于黑帝乎？

学生顾颉刚。十二，六，一。

据上海古籍出版社1982年版《古史辨》（第一册）

卷六　辑佚著述文选

诗　考

〔书名〕

《诗考》，是对齐、鲁、韩三家诗的搜辑考订之作。汉时，传《诗》者有鲁、齐、韩、毛四家，齐、鲁、韩为今文，毛为古文，各有著述。自郑玄笺《毛诗》，调和今古文之后，今文三家诗衰微。《鲁诗》亡于西晋，《齐诗》亡于魏，《韩诗》亡于宋，仅存《韩诗外传》。宋代辑佚大家王应麟感于汉人经注逐渐佚亡，无法参考，遂检诸书所引，集以成帙，以存三家逸文。又旁搜广讨，曰《诗异字异义》，曰《逸诗》，以附缀其后。卷末别为《补遗》，以掇拾所阙，其搜辑颇为勤挚，因此书是对三家诗的搜辑考订之作，故又称《三家诗考》。

〔作者〕

王应麟(1223—1296)，字伯厚，号深宁居士，又号厚斋。祖籍河南开封，后迁居庆元府鄞县(今浙江鄞县)，理宗淳祐元年进士，宝祐四年复中博学宏词科。历官太常寺主簿、通判台州，召为秘书监、权中书舍人，知徽州、礼部尚书兼给事中等职。其为人正直敢言，屡次冒犯权臣丁大全、贾似道而遭罢斥，后辞官回乡，专意著述二十年。为学宗朱熹，涉猎经史百家、天文地理，熟悉掌故制度，长于考证。一生著述颇富，计有二十余种、六百多卷，相传《三字经》乃其所作。

〔体例与内容〕

《诗考》共一卷，分韩诗、鲁诗、齐诗、诗异字异义、逸诗和补遗六个部分。《诗考》撰写有前、后序，《韩》、《鲁》、《齐》三部分又各撰有小序。"三家诗"所录都是经传史书中所已明言，其中以韩诗最多，鲁、齐诗都只有寥寥十数条。"诗异字异义"所录是经传史书中不明言属何家诗的。"逸诗"所录是秦汉典籍中不属于《诗经》范围的零章碎句。"补遗"则是掇拾前几个部分所阙漏者。每一条下，王应麟均注出处，且兼注异文，或作解释，间或有简单的考订，使人一目了然。王应麟于三家诗辑佚有首创之功，《四库全书总目提要》对其评价为："古书散佚，搜采为难。后人踵事增修，较创始易于为力。筚路蓝缕，终当以应麟为首庸也。"

〔版本〕

《诗考》通行有《四库全书》本、《津逮秘书》本、《学津讨原》本、《丛书集成初编》本。

诗考·自序

【导读】

本篇选录王应麟所作《诗考》"自序",序中对朱熹《诗集传》参考三家佚诗,推崇备至,多举例以说明,认为朱熹一洗前人说诗陋习,其法可采,故为此辑佚之作。

汉言《诗》者四家,师异指殊。贾逵撰《齐鲁韩与毛氏异同》,梁崔灵恩采三家本为《集注》,今惟《毛传郑笺》孤行。《韩》仅存《外传》,而《鲁》、《齐》诗亡久矣。诸儒说诗,一以毛、郑为宗,未有参考三家者。独朱文公《集传》闳意眇指,卓然千载之上。言《关雎》则取匡衡;《柏舟》妇人之诗,则取刘向;笙诗有声无辞,则取《仪礼》;"上天甚神",则取《战国策》;"何以恤我",则取《左氏传》;《抑》,戒自儆;《昊天有成命》,道成王之德,则取《国语》;"陟降庭止",则取《汉书注》;《宾之初筵》,饮酒悔过,则取《韩诗序》;"不可休思"、"是用不就"、"彼岨者岐",皆从《韩诗》;"禹敷下土方",又证诸《楚辞》。一洗末师专己守残之陋,学者讽咏涵濡而自得之,跃如也。文公语门人:"《文选注》多《韩诗章句》,尝欲写出。"应麟窃观传记所述三家绪言,尚多有之。网罗遗轶,傅以《说文》、《尔雅》诸书,粹为一编,以扶微学,广异义,亦文公之意云尔。读《集传》者,或有考于斯。王应麟伯厚甫自序。

诗考·韩诗(节选)

【导读】

本篇为《韩诗》部分节选,原书已有概述,如下。

燕韩婴作《内外传》数万言,颇与齐、鲁间殊,然归一也。《汉·艺文志》:《韩故》三十六卷、《内传》四卷、《外传》六卷、《说》四十一卷。《隋·经籍志》:《韩诗》二十二卷,薛氏章句。后汉薛汉世习《韩诗》,父子以章句著名。《韩诗翼要》十卷,汉侯苞撰。梁有《韩诗谱》二卷。《唐·艺文志》:《韩诗》,卜商序,韩婴注,二十二卷,又《外传》十卷。《隋志》:《韩诗》存,无传者。《崇文总目》:韩婴之书,至唐犹在,今存《外传》十篇,非婴传《诗》之详者,遗说时见于他书,与《毛说》绝异。《正义》云:齐、韩之徒,以《诗经》为章句,与毛异耳,非有壁中旧本可据。晁说之曰:说《韩诗》者,谓其序子夏所作。晁公武曰:《外传》虽非其解经之深者,然文辞清婉,有先秦风。

关雎 诗人言雎鸠贞洁慎匹,以声相求,隐蔽乎无人之处。故人君退朝,入于私宫,后妃御见有度,应门击柝,鼓人上堂,退反燕处,体安志明。今时大人内倾于色,贤人见其萌,故咏关雎,说淑女,正容仪,以刺时。《薛君章句》。《后汉书》:明帝诏:应门失守,关雎刺世。《注》。又《冯衍传》注:《薛夫子章句》曰云云,以声相求,必于河之洲蔽隐无人之处,故人君动静退朝云云。妃后御见,去留有度云。大人见其萌。窈窕,贞专貌。淑女奉顺坤德,成其纪纲。《文选注》:晁说之论云:齐、鲁、韩以《关雎》、《葛覃》、《卷耳》、《鹊巢》、《采蘩》、《采𬞟》、《驺虞》、《鹿鸣》、《四牡》、《皇皇者华》皆为文王诗。

葛覃 萋萋,盛也。《文选注》。刈,取也。濩,瀹也。《释文》。

卷耳 顷筐,欹筐也。罍,天子以玉饰,诸侯、大夫皆以黄金饰,士以梓。《释文》。金罍,大夫器也。天子以玉,诸侯大夫皆以金,士以梓。一升曰"爵",爵,尽也,足也。二升曰"觚",觚,寡也,饮当寡少。三升曰"觯",觯,适也,饮当自适也。四升曰"角",角,触也,不能自适,触罪过也。五升曰"散",散,讪也,饮不自节,为人所谤讪也。总名曰"爵",其实曰"觞",觞者,饷也。觥亦五升,所以罚不敬。觥,廓也,所以著明之貌。君子有过,廓然著明,非所以饷,不得名觞。《韩诗说正义》,又《仪礼疏》。觥容五升。《释文》。云。辞也。《文选注》。

朴木 《释文》:《正义》云:毛氏字与三家异者,动以百数。

兔置 施于中逵。逵中九交之道也。《薛君章句》、《文选注》。

苤苢 伤夫有恶疾也。《文选注》。晁说之论《韩诗序》:伤夫也。直曰车前,瞿曰苤苢。《释文》。苤苢,木名,实似李。《说文通释》。苤苢,泽写也。苤苢,臭恶之菜,诗人伤其君子有恶疾,人道不通,求已不得,发愤而作。以事兴苤苢,虽臭恶乎,我犹采取而不已者,以兴君子虽有恶疾,我犹守而不离去也。《薛君章句》、《文选注》。

汉广 悦人也。《文选注》。《韩诗序》。不可休思。《外传》。游女,谓汉神也。言汉神时见,不可求而得之。《薛君章句》、《文选注》。江之漾矣,漾,长也。同上。薛君曰。《说文》作瀁。

汝坟 辞家也。《后汉书注》。惄如调饥。《释文》。王室如燬。虽则如燬。赪,亦也;燬,烈火也;孔,甚也;迩,近也。言鲂鱼劳则尾赤,君子劳苦则颜色变。以王室政教如烈火矣,犹触冒而仕者,以父母甚迫近饥寒之忧,为此禄仕。《薛君章句》。后汉周盘诵《诗》至《汝坟》之卒章,慨然而叹注云。

◎诗考·逸诗

【导读】

本篇为《逸诗》部分节选,内容辑自《论语》《左传》《汉书》《管子》等书,为诸书所载而《诗》所无者;亦有与《诗》无关者,如《穆天子传》"黄竹"、《尚书》"卿云"等。

　　巧笑倩兮,美目盼兮,素以为绚兮。
　　唐棣之华,偏其反而。岂不尔思,室是远而。《论语》。
　　翘翘车乘,招我以弓,岂不欲往,畏我友朋。
　　虽有丝麻,无弃菅蒯。虽有姬姜,无弃蕉萃。凡百君子,莫不代匮。
　　周道挺挺,我心扃扃。讲事不令,集人来定。
　　俟河之清,人寿几何。兆云询多,职竞作罗。《周诗》有之曰。
　　我无所监,夏后及商,用乱之故,民卒流亡。

礼义不愆,何恤于人言。淑慎尔止,无载尔伪。

我之怀矣,自诒伊戚。《左传》。

相彼盍旦,尚犹患之。

昔吾有先正,其言明且清。国家以宁,都邑以成,庶民以生。谁能秉国成,不自为正,卒劳百姓。《礼记》。

皇皇上天,其命不忒。天之以善,必报其德。《家语》。

四牡翼翼,以征不服。九变复贯,知言之选。《汉书》。

浩浩者水,育育者鱼。未有室家,而安召我居。《管子》。

浩浩白水,儵儵之鱼。君来召我,我将安居。国家未定,从我焉如。《列女传》:古有《白水》之诗。

凤凰秋秋,其翼若干。其声若箫,有凤有凰,乐帝之心。

如霜雪之将将,如日月之光明。为之则存,不为之则亡。国有大命,不可以告人,妨其躬身。

长夜漫兮,永思骞兮。大古之不慢兮,礼义之不愆兮,何恤人之言兮。

涓涓源水,不壅不塞。毂既破碎,乃大其辐。事以败矣,乃重大息。

墨以为明,狐狸而苍。《荀子》。

将欲毁之,必重累之。将欲踣之,必高举之。唯则定国。君君子则正,以行其德。君贱人则宽,以尽其力。无过乱门。《吕氏春秋》。

鱼在在藻,厥志在饵。《大戴礼》。

青青之麦,生于陵陂。《庄子》。

必择所堪,必谨所堪。《墨子》。

乐矣君子,直言是务。《晏子春秋》。

木实繁者披其枝,披其枝者伤其心。大其都者危其国,尊其臣者卑其主。

服难以勇,治乱以知,事之计也。立傅以行,教少以学,义之经也。树德莫如滋,除害莫如尽。

行百里者,半于九十。大武远宅不涉。《战国策》。

緜緜之葛,在于旷野。良工得之,以为絺纻。良工不得,枯死于野。皇皇上帝,其命不忒。天之与人,必报有德。《说苑》。

舟张辟雍,鸧鸧相从。八风回回,凤皇喈喈。《尚书大传》:《乐》曰云云。

登彼西山兮,采其薇矣。以暴易暴兮,不知其非矣。神农虞夏,忽焉没兮,我安适归矣?吁嗟徂兮,命之衰矣。《史记》:伯夷、叔齐作歌,太史公曰:睹轶诗可异焉。

良弓之子,必先为箕。良冶之子,必先为裘。《列子》古诗言。

佞人如蜩。《集韵》。

得人者兴,失人者崩。《史记》。

驾辩《楚辞·大招》:伏羲驾辩,楚好商只。古曲名。《文选注》:伏羲作琴,始造此曲。

网罟《隋·乐志》:伏羲有《网罟》之咏。夏侯玄《辩乐论》:伏羲氏因时兴利,教民田鱼,天下归之,有《网罟》之歌。

丰年《辩乐论》:神农教民食谷,有《丰年》之咏。

八阕《吕氏春秋》：葛天氏歌《八阕》，一曰《载民》，二曰《玄鸟》，三曰《遂草木》，四曰《奋五谷》，五曰《敬天常》，六曰《达帝功》，七曰《依地德》，八曰《总万物之极》。

卿云 舜。《尚书大传》。

南风 舜。《家语》。《尸子》。

皙阳、南阳、初虑、朱于、苓落、归来、缦缦《尚书大传·虞传》：维元祀，巡狩四岳八伯。每至其方，各贡两伯之乐，其歌名云云。后阙其一。立我烝民，莫匪尔极。不识不知，顺帝之则。《列子》以为尧《康衢童谣》。大夫曰：古诗也。普天之下，莫非王土；率土之滨，莫非王臣。《吕氏春秋》以为舜自为诗。

破斧《吕氏春秋》：夏孔甲作，为《破斧》之歌，实始为东音。

燕燕同上。有娀氏二女作歌一终，曰"燕燕往飞"，实始作为北音。

晨露同上。汤命伊尹作，为《大濩》，歌《晨露》。

黄竹穆王。《穆天子传》。

据上海古籍出版社《文渊阁四库全书》2003年版

汉魏遗书钞

〔书名〕

《汉魏遗书钞》,王谟于乾隆四十五年开始辑佚,增辑明何镗、何允中的《汉魏丛书》,五十六年刊成《增订汉魏丛书》。后继续辑成《汉魏遗书钞》,成于嘉庆初年。原计划将所辑四五百种,分经翼、别史、子余、载籍四大类逐次整理刊行,至嘉庆十一二年才印出107种,即现今所见的《汉魏遗书钞》,实为原计划的"经翼"部分,故又称《经翼钞》。

〔作者〕

王谟(约1731—1817),字仁圃,一字汲麋,晚称汲上老人,江西金溪人。乾隆四十三年(1778)进士,本授县令,但不重功名,志在治学,遂请改学职,任建昌府学教授,历二十年。王谟才识雄伟,精力过人,好博览考证,雅慕郑樵、马端临之学(均为考据学家),任职期间终日采经摘传,从事辑佚,成果丰硕。其所辑佚之书对地理学、方志学、文学、经学的研究提供了丰富的资料,功绩显著。

〔体例与内容〕

《汉魏遗书钞》共四集一百十二种(原刻第一集缺刘叔嗣《尚书亡篇序》、郭璞《毛诗拾遗》,第二集缺何承天《礼论》,第三集缺孙毓《贾服异同略》,上皆有目无书。合存者所附七种,实得一百十二种。而范氏《书目答问补正》云一百八种,然不计所附,亦仅一百五种,未知何所云然。)拟分经史子集四部,而刻成行世者,止经翼一种。是书多收汉魏佚书,素为学者所重。

〔版本〕

上海古籍出版社1996年影印嘉庆三年刻本。

伏胜《尚书大传》序录

【导读】

本篇选录了王谟所辑《尚书大传》"序录",篇末有王谟案语,略述此书版本及其所据。
隋志伏生撰尚书大传三卷,郑康成注(汉志四十一篇)。
《汉书·儒林传》曰:伏生济南人也,故为秦博士,孝文时求能治《尚书》者,天下亡有,闻伏生治之,欲召。时伏生年九十余,老不能行,于是诏太常使掌故晁错往受之。秦时禁书,伏生壁藏之,其后大兵起,流亡。汉定,伏生求其书,亡数十篇,独得二十九篇,即以教于齐鲁之间,齐学者由此颇能言《尚书》。

《玉海·中兴书目》曰："伏生为秦博士，至孝文时年且百岁，张生欧阳生从其学而授之音声，犹有讹误，先后犹有差舛，重以篆隶之殊，不能无失。生终后，数子各论所闻，以己意弥缝其阙，别作章句，又特撰大义，因经属指，名之曰《传》。刘向校书，得而上之，凡四十一篇，至康成始诠次为八十三篇。"

《文献通考》陈氏曰："《大传》凡八十有三篇，当是其徒欧阳张生之徒杂记所闻，然亦未必当时本书也，印板刓阙，合更求完善本。"

谟案：据陈氏云印板刓阙，合更求完善本，明此书宋时尚有板本也，而朱氏《经义考》直以为佚，则并此刓阙板本俱未得见。近德州卢氏《雅雨堂丛书》内有《尚书大传》四卷，仁和卢学士文弨为撰《考异》一卷、《补遗》二卷于后。其序有云：虽非隋唐以来之完书，然阙佚殆亦尠矣，以谟考之，则自隋唐后，人所编辑之书，搜采略尽，至于汉魏诸书中所引大传，殊多遗漏，今惟就卢本更加考正，凡句字有异同详略，悉分注本文下，其全阙者，又自为补遗于末，凡钞出注疏八条，《白虎通》二条，《风俗通》二条，《群辅录》一条，《山海经》注二条，《水经注》一条，《史记注》二条，《后汉书》传一条，《文选注》二条，《通典》一条，《书钞》五条，《御览》二条，《广韵》一条，《路史注》一条，《困学纪闻》一条。

《孟子章指》卷上（节选）

【导读】

本篇为王谟所辑赵歧著《孟子章指》部分内容，间有王谟所下按语，以见版本不同。

孟子见梁惠王至何必曰利

言治国之道，明当以仁义为名，然后上下和亲，君臣集穆，天经地义不易之道，故以建篇立始也。谨按：足利本集作辑，同。穆睦通用。

孟子见梁惠王至岂能独乐哉

言圣王之德，与民共乐，恩及鸟兽，则忻戴其上，大平化兴；无道之君，众怨神怒，则国灭祀绝，不得保守其所乐也。

梁惠王曰至天下之民至焉

言王化之本，在于使民，养生丧死之用备足，然后导之以礼义，责己矜穷则斯民集矣。

梁惠王曰至民饥而死也

言王者为政之道，生民为首，以政杀人，人君之咎，犹以白刃疾之甚也。

梁惠王曰至王请勿疑

言以百里行仁，天下归之，以政伤民，民乐其亡，以梃服强，仁与不仁也。谨按：足利本也上有者字。

孟子见梁襄王至谁能御之

言定天下者一道而已，不嗜杀人，人则归之，是故文王视民如伤，此之谓也。谨按：足利本一道作仁政。

齐宣王问曰至未之有也

典籍攸载，帝王道纯，桓文之事，谲正相纷，拨乱反正，圣意弗称，故曰后世无传未闻。仁不施人，犹不成德，衅钟易性，民不被泽，王请尝试，欲践其路；答以反本，惟是为要。此盖孟子不屈道之言也。谨按：弗称，足利本作弗珍，古本称作称，字相似误。性恐牲误。路，足利本作迹，似是。

庄暴见孟子至同乐则王矣

言人君田猎以时，钟鼓有节，发政行仁，民乐其事，则王道之阶在于此矣，故曰天时不如地利，地利不如人和也。谨按：足利本也作矣。

齐宣王问曰至不亦宜乎

言讥王广囿专利，严刑陷民也。

齐宣王问曰至王之不好勇也

言圣人乐天，贤者知时，仁必有勇，勇以讨乱而不为暴，则百姓安之。

齐宣王见至畜君者好君也

言与天下同忧者，不为慢游之乐，不循四溢之行，是以文王不敢盘于游田也。

齐宣王问曰至于王何有

夫子恂恂然诱人，以进于善也。齐王好货好色，孟子推以公刘、大王，所谓"责难于君谓之恭"者也。

孟子谓齐宣王至顾左右而言他

言君臣上下，各勤其职，无堕其职。乃安其身也。

据上海古籍1996年影印本

汉学堂丛书(黄氏逸书考)

〔书名〕

《汉学堂丛书》为黄奭辑佚书较早汇编印本,收所辑佚书二百十五种。黄奭编辑时,每成一种即以付刊,随刊随印存样,以备校勘;刊成适值太平天国军兴,版存樊汊镇僧舍,其后黄奭逝世,存版亦散失。光绪时,黄奭之子黄灏将存版购归,未及整理旋即谢世,灏弟黄沣谋继先志,思以印本行世,委人印成,名《汉学堂丛书》。是黄奭在日此书并未行世,故未刊全目。版片屡经易手,重编补刊,以是书名不一,内容子目亦有出入。今通行本有《汉学堂丛书》与《黄氏逸书考》二种,实系黄氏所刻辑佚书之不同印本。黄氏平生以辑刊古佚书为业,总数近三百种。

今传本题名两异,皆为后世印行者所臆题,与诸家序跋、时人记称有歧。据冀淑英先生撰序言知,其辑佚书有《逸书考》、《黄氏逸书考》、《汉学堂逸书考》、《汉学堂丛书》等四名。其中,《汉学堂丛书》之名,始见于清张之洞《书目答问》,光绪十九年(1893),书客某(佚名)据原版印行时袭用此名,是为最早的印行本,《中国丛书综录》有著录;《汉学堂逸书考》之名,见于光绪间印本《汉学堂丛书》卷首。

〔作者〕

黄奭(1809? —1853),字右原,江苏甘泉(今江都)人,监生,以赀入为刑部郎中,道光十二年以顺天府尹吴杰荐,得赐举人。《清史列传》(卷六十九)、同治《扬州府志》、民国《甘泉县志》俱有传。黄奭少年时肄业安定书院,后师从江藩,自是专精汉学,尤服膺郑玄之学,辑有《高密遗书》十余种。黄氏先世业盐商,奭独好学,家富藏书,所辑佚书传本有二百八十余种,全部书版雕刻甫竣,适逢太平军战争,未及正式汇印而卒。

〔体例与内容〕

《汉学堂丛书》有重编目录,计收"经解逸书考八十五种、通纬逸书考五十六种、子史钩沈逸书考七十四种",附《高密遗书十一种》,共二百二十六种。此书于光绪年间印行之后,黄澧亦下世,书版辗转为王鉴所得,王与秦更年又相与辑补校勘,经整理补刊,共得二百八十五种,于1925年重印流通。王鉴以"逸书考"是原书所题,"汉学堂"不足以概全书,因改名《黄氏逸书考》。此本收《汉学堂经解一百十二种》、《通纬七十二种》、《子史钩沈八十四种》、《通德堂经解十七种》,共二百八十五种。"通德堂经解"即《汉学堂丛书》中之"高密遗书",其中《郑司农年谱》一种,《汉学堂丛书》列为"高密遗书"第一种,《黄氏逸书考》编附"通德堂经解"之后,盖以其为孙星衍所撰,不在黄氏辑佚之列。黄奭在世时,全书并未正式编印行世,黄氏逝世后,书版亦历沧桑,屡经易手,又重编补刊,因此书名不一,子目复有增益,实则《汉学堂丛书》与《黄氏逸书考》都是以黄奭辑逸书道光原版为基础,经过补刊的不同印本。

今出《汉学堂知足斋丛书》二百十五种，由四部分组成，计知足斋丛书六十六种、通纬五十五种、子史钩沉八十九种、汉学堂经解五种，后附诸书序跋若干篇。编入各书见于《汉学堂丛书》和《黄氏逸书考》的只占少部分，其中多数在这两部书中都没有收入。《知足斋丛书》六十六种，在这两部书中均未收入。此本开卷有内封面，镌《知足斋丛书》，书中附《知足斋丛书目录》，系小红格纸抄写，书的编排据此目顺序。原书半叶九行，行二十字，版心上下黑口，四周单边，与《通纬》等各种半叶九行十七字，少有不同。卷中有些地方还有墨钉未刻，当是已刊未定之本。

〔版本〕

《汉学堂知足斋丛书》，书目文献出版社，1992年版。

汉学堂丛书（黄氏逸书考）序

【导读】

本文为王鉴所作序，详细叙述丛书辑佚及印行的前后过程，涉及黄奭和其二子，及同里秦更年，其中对黄氏辑佚此书所付出的精神与精力，颇多感叹。

黄右原先生世为富商，独矫然以读书稽古为乐，曾辑佚书二百八十余种，工甫竣，值咸丰兵燹，避乱乡居，板存萧寺，先生旋捐馆舍，寺僧不知护惜，散失数十种。先生为先君挚友，余生也晚，不克亲承謦欬，而获交长君辉山（灏）、次君叔符（澧），两君言当日编辑时，每成一种，即以付刊，现存样本一部，仍有刊成而未经印样者，如千种。已而辉山下世，光绪年间，有书客请于叔符，为之经理印行，讳言板缺，以冀易售。沿张香涛《书目答问》之误，名曰《汉学堂丛书》，张实未见原书也。叔符《通德堂经解》跋尾谓为《汉学堂逸书考》，逸书考是也，汉学堂则误矣，叔符能读父书，不应悖谬若是，此跋必为赝作。按原书分四类，属于经者曰《汉学堂经解》，属于纬者曰《通纬》谶附焉，属于子史者曰《子史钩沉》，属于郑氏之学者曰《通德堂经解》，各类篇首下方统曰"逸书考"，是不得以"汉学堂"概全书也明矣。比时样本尚存，叔符欲俟补刊完全，再为行世，遽尔印行非其意也，故一切听客所为。无何，叔符又作古人，板亦售出，样本亦散失。曩在粤中，有以此板求售者，因购得之，仅存二百二十六种，叔符曾示手钞原目，以之相校，缺五十余种，窃意此五十余种必尚在人间，冀旦暮获之。数年以来，果续得残板数十种，惟缺叶甚多，姑留以有待。同里秦君曼青更年，博雅士也，癸亥春间得样本于沪上，飞函见告，属将所缺叶数开示钞录见惠，于以复还旧观，统计二百八十五种，亟命（孙）承霖分任校雠，以付剞劂，凡再期而蒇事，名曰《黄氏逸书考》，庶不悖先生本旨。顾先生辑是书也，聚书数十万卷，积数十年精力而后成书，阨于兵燹，几致湮没，乃散而复聚，缺而复完，斯文不坠，冥冥中有呵护之者。盖先生编辑之苦心，天固不欲负之也，是役也，秦君实为先生功臣，而余得假手附以不朽，用此自多矣。乙丑孟夏王鉴识。

汉学堂丛书(黄氏逸书考)凡例

【导读】

本文叙述了丛书的分类,其中于缺漏残伪多有考证,于分类不宜之处亦条陈理据。

是书分四类,曰《汉学堂经解》一百一十二种,曰《通纬》七十二种,曰《子史钩沉》八十四种,曰《通德堂经解》十七种,共二百八十三种,可七千三百九十三篇。

是书当先生在日,未经行世,只印样本一部,以备校勘。

样本之外,仍有已刊而未印者十余种,故全目未刊,光绪年间印行时所编目录,非先生之旧也,兹仍用叔符手钞者,以存庐山真面,秦君所补计完书三种,曰《河图》,曰《河图圣洽符》,曰《京房易杂占条例法》,并各种阙叶二百数十篇。

王隐《晋书》,叔符在日板尚存,书客因缺十数叶,未经印行,此板后来不知落于谁氏之手。谢君少华(锡恩),叔符中表也,曾与印书事宜,以一部见赠,十年前(孙)承霖因事到郡,于书肆残书中见有王隐《晋书》,亟购归,以少华所赠本比对,除原缺十数叶外,又缺三十余叶,共缺五十余叶,削去右原先生之名,易为汪中,其骑缝记数之字,挨次更改,使阅者不觉其缺,原书标题下有"附《地道记》"四小字,亦削去,《地道记》板现存,可知此书非容甫先生所辑(容甫先生著作甚富,从未闻有辑书之举),其缺叶亦由秦君补全,兹特重刊,俾和璧仍归赵氏,以免诬前人而惑后学。

《康成年谱》本载《高密遗书》中,《高密遗书》板已无存,姑附《通德堂经解》之末,阮文达公《〈高密遗书〉序》亦附焉。

唐明皇《月令注解》或谓当入经类,按《月令》在《礼记》次第六,明皇删改郑注,俾李林甫、陈希烈等为之解,升为篇首,殊失注经体例,惟《开成石经》从之,当时但单行耳,先生退之于子史类,谁曰不宜?

据书目文献出版社 1992 年版

玉函山房辑佚书

〔书名〕

《玉函山房辑佚书》,"玉函山房"之名取自济南南郊之玉函山。清末济南学者马国翰在此地时开始辑书,故以玉函山房命名。该书辑佚书594种,为辑书史上的空前巨著,但因马国翰去世未能刊行。1870年,在丁宝桢协助下,泺源书院从马国翰亲属处借出《玉函山房辑佚书》的书板,整理后分订一百册印刷行世。

〔作者〕

马国翰(1794—1857),字词溪,号竹吾,道光十二年(1832)恩科进士,曾任陕西敷城等县知县,后任陇州知州,因"政绩卓越",曾被道光皇帝召见,但他却是以学问成名。道光十八年(1938)马国翰从知县任上请假回家,集中精力辑佚。道光二十四年(1844),辑佚工作基本完成。咸丰三年(1853),马国翰告病还乡,4年后病逝,享年63岁,葬于济南东郊之九里山南麓。

〔体例与内容〕

《玉函山房辑佚书》708卷,又续补14卷,如已佚的《乐经》、《记胜之书》、《终军书》等均辑出。共分经、史、子三编,辑佚书594四种,附有马国翰著《目耕帖》31卷。所辑书,每种均亲为之序,介绍该书散佚情形与辑佚来源。该书为学术研究提供了一定方便,受到较高评价。清末李慈铭在其日记里谈及此书为《古经解钩沉》及张介侯《二酉堂丛书》等蓝本,而"博稽广搜,较之王氏《汉魏遗书》,详略远判"。此书虽因弘篇巨制,难免有失审慎,但就整体而言,足称清代辑佚第一书。

〔版本〕

清光绪九年(1883)长沙嫏嬛馆刊本;

清光绪十年(1884)章邱李氏据马氏刊版重印本;

清光绪十年(1884)楚南书局刊本。

玉函山房辑佚书序

【导读】

本篇为泺源讲院匡源所作总序,简述《玉函山房辑佚书》的成书过程及内容体例,对前朝典籍散佚搜辑工作亦略作梳理。马国瀚去世后,匡源将其书参校汉隋唐志,补编了目录,并作此序。

玉函山房辑佚书,凡五百八十余种,为卷六百有奇,吾乡马竹吾先生之所辑也。先生悯今世学者不见古籍,乃遍校唐以前诸儒撰述,其名氏篇第列于史志及他书可考者,广引博征,自群经注疏音义旁及史传类书,片辞只字罔弗搜辑,分经史诸子为三编,又各因所得多少为卷,作序录以冠于篇。六百卷内惟经编为稍全,史编则所得仅八卷,子编自儒家农家外俱无目,颠倒舛错,漫无条理,盖当时随编随刊,书未成而先生卒,故其体例未能画一也。余得其书,乃参校汉隋唐志,补为目录如次,因为之序曰:

　　昔孔子没而大道微,汉兴,六艺仅得于焚灭之余,学者各以闻见相授受,专立门户,各抱一经。历东汉魏晋,诸儒迭出,其所为书,若传注笺解训故之类,愈辨而愈不胜其烦焉。六经支流衍为诸子,纷然殽乱,各自为书,虽究其所蔽,好恶乖方,然博识多闻,苟或一言可采,则君子犹存之而弗废也。自汉时刘歆、班固《录》、《书》序六艺为九种,历代因之,史官列有经籍艺文志,大率叙其篇次存亡,以备稽考。当隋唐之世,古籍犹未尽湮,然唐人为诸经定义疏,仅存汉注,所兼采者南北数十家外,诸儒略存梗概而已。《隋志》修于唐初,所著录汉儒旧籍,视班书篇目十已亡其六七,其幸而存者,魏晋诸子卷数虽繁,然有其名而无其书者尤多也。盖自书遭秦火,至隋而已更五厄,及其后凋零磨灭,不可胜数,非夫笃信好学、深耆先圣之道者,岂能独为是旁搜远绍哉。我朝文教昌明,远迈前代,乾隆时启秘书之馆,诏在事诸臣即《永乐大典》中编辑世所未见书,多至二百七十部,好古之士,欣然向风,于是海内佚书,稍稍复聚,百余年来学者务为搜扬,如《皇清经解》中诸家所辑古义,彬彬乎称极盛焉。竹吾先生家贫好学,自为秀才时,每见异书,手自钞录,及成进士为县令,廉俸所入悉以购书,所积至五万七千余卷,簿书之暇,殚心搜讨,不遗余力,晚归林下,犹复矻矻孜孜,纂辑无虚日,其津逮后学之心,可谓勤矣。先生没后,板归章邱李氏,已有散失。稚玉驾部印行数十部,其书始显于世,既而求者日多,丁中丞稚璜、文中丞质夫先后为补刊其残缺若干篇,而有目无书者尚少四十余种,其散见各序中所谓已有著录者,如陆希声《周易传》,刘向《洪范五行传记》,刘歆《洪范五行传》,卫宏《尚文训旨》,李轨《尚书音》,孙毓《春秋左氏传》、《贾服异同略》,蒋济《郊邱议》,干宝《司徒仪注》,杨泉《物理论》,凡九种,亦皆不存,为仍存其目,以待后之博学君子搜补焉。先生自著书有《目耕帖》三十一卷,皆编辑经训时所札记,起《周易》至《周礼》,以附是书之后。同治十有三年秋九月后学匡源谨序于泺源讲院。

《玉函山房辑佚书·归藏》自序

【导读】

　　本篇是马国翰为辑佚书《归藏》所作序,论述《连山》、《归藏》关系及历代流传情况。

　　马序:《归藏》一卷,残阙。《周礼·春官·太卜》:"掌三易之法,一曰《连山》,二曰《归藏》,三曰《周易》。"郑玄注:"《归藏》者,万物莫不归而藏于中。"杜子春曰:"《连山》,宓牺;《归藏》,黄帝。"贾公彦疏引郑志答赵商云:"非无明文,改之无据,且从子春。"近师皆以为夏殷也。《礼记·礼运》:"孔子曰:'吾欲观殷道,是故之宋,而不足征也,吾得坤乾焉。'"郑注云："殷阴阳之书,存者有《归藏》。"是亦以《归藏》为殷《易》矣。《汉书·艺文志》不著录,晋《中经簿》始有之,阮孝绪《七录》云:"《归藏》杂卜筮之书杂事。"《隋书·经籍志》有十三卷,晋太尉参军薛贞注,《唐书·艺文志》卷同,宋《中兴书目》载有《初经》、《齐母》、《本蓍》三篇,诸家论说多以后出,疑其伪作,郑樵《通志略》云:"言占筮事,其辞质,其义古,后学以其不文,则疑而弃之,独不知后之人能为此文乎?"杨慎亦云:"《连山》藏于兰台,《归藏》藏于太卜。"见桓谭《新论》,则后汉时《连山》、《归藏》犹存,未可以《艺文志》不列其目而疑之。今玩其遗爻,如"瞿:有瞿有觚,宵梁为酒,尊于两壶。两瀚饮之,三日然后稣。士有泽,我取其鱼"、"良人得其玉,君子得其粟"、"有凫鸳鸯,有雁鹈鹉"之类,皆用韵语,奇古可诵,与《左氏传》所载诸繇辞相类,《焦氏易林》源出于此,虽"毕日"、"奔月"颇涉荒怪,然"龙战于野"、"载鬼一车",《大易》以之取象,亦无所嫌也,但殷《易》而载"武王枚占"、"穆王筮卦",盖周太卜掌其法者推记占验之事,附入篇中,其文非汉以后人所能作为也。今并宋时三篇亦佚,朱太史《经义考》搜辑甚详,据以为本,间有遗漏,为补缀之,并附诸家论说为一卷,以此与世传《三坟书》所谓《气坟归藏》者互较参观,其真赝可以立辨矣。历城马国翰竹吾甫。

宋会要辑稿

〔书名〕

"会要"属政书类的断代典志体史书,是专门记载一代典章制度的史学著作。《宋会要辑稿》,清代徐松根据《永乐大典》中收录的宋代官修《宋会要》加以辑录而成,内容丰富,其中十之七八为《宋史》各志所无,是研究宋朝法律典制的重要资料。

〔作者〕

徐松(1781—1848),字星伯,原籍浙江上虞人,清代著名地理学家。徐松少年得志,自举人而进士,曾入值南书房,派入全唐文馆,又充文颖馆总纂。嘉庆十七年(1812)受人劾奏,戍守伊犁,为期六年。徐松谪戍伊犁,受伊犁将军孙筠重任,继续清初著名西北史地学人祁韵士编写《伊犁总统事略》的工作,并且能够实地调查,最终成就《西域水道记》等边疆之书,以西域五大水系(流域)为纲,综合记载了沿途山脉、城堡、史迹、民族语言及风俗等等,翔实可信,为代表作。新疆归来,大多时候居京治学,因其亲历边疆实地考察,成就边疆著述,又积极召集志同道合者探讨边疆问题,营造了一个良好的研治边疆学问的氛围。官至礼部郎中,道光二十八年(1848)卒。

〔体例与内容〕

《宋会要辑稿》(以下简称《辑稿》)分帝系、后妃、乐、礼、舆服、仪制、瑞异、运历、崇儒、职官、选举、食货、刑法、兵、方域、蕃夷、道释等17类。类下分门,各门篇首有简短的序言加以概括,然后按年、月、日顺序,摘取有关诏令、奏章等等。如此,不仅眉目清晰,而且处置政务的事例,以及典章制度的得失兴废,均分类归纳,使得事件发生、发展过程中的利弊得失及不同意见,都得以较为完整地反映出来。《辑稿》较之原书,虽已大有残阙,但它保存了大量的元修《宋史》诸志及其他有关史籍所未载的宋代史料,如食货类"限田杂录"、"造水碓"、"修理堰、闸、渠、斗门、堤岩"、"各路产物买银价"、"量衡"、"诸郡进贡"、"船战船附"、"民产杂录"、"置市"诸门,皆为《辑稿》之独有。以《宋史》诸志与《辑稿》的卷数相比,前者合计不过162卷,而后者则为376卷。《宋史·职官志》仅12卷,《辑稿》职官则为83卷;《宋史·食货志》仅14卷,《辑稿》食货类则有70卷。可见《辑稿》所存史料,远超《宋史》诸志。《辑稿》所载史事,一般均详于《宋志》,其记述原始详细,且注注能够校订《宋史》各志之纰谬与疏略,甚具史料价值。

〔版本〕

1935年上海大东书局将原稿先行影印,名之曰《宋会要稿》,以线装200册行世。

1957年中华书局以四合一版再度影印,名之曰《宋会要辑稿》,以精装8大册发行。

1964年,台湾世界书局以《宋会要辑本》之名,以《中国学术名著》第六辑,影印装成16

册发行。

1976年,台湾新文丰出版公司又以四合一版影印装成8册本发行。

选举一·贡举(节选)

【导读】

本篇为《贡举》部分节选,起自宋孝宗淳熙元年,迄于淳熙十六年,多为与贡举相关之诏书原文。

贡 举

孝宗淳熙元年二月二日,诏曰:"盖闻君唯急于求贤,国莫强于得士。校其行艺,在周尝谨于宾兴;试以文辞,至唐尤备于科举。永念累朝之制,具存三岁之常。翕受群英,明熙庶绩。朕祗承体绪,丕阐大猷。纯化懿纲,将踵帝皇之盛;通儒硕学,尚虞岩穴之遗。肆因大比之期,率用有司之典。爰加诏谕,咸俾朋来。业有尔勤,爵无予吝。谅浑涵于素蕴,当淬励于宏图。考诸乡而献书,党闻定论;造于庭而亲策,敢缓详延。布告多方,使知朕意。"

二年正月九日,以翰林学士、知制诰兼太子詹事兼侍读王淮知贡举,给事中胡元质、侍御史范仲芑同知贡举,得合格奏名进士章颖以下二百四十四人。

四年二月一日,诏曰:"朕惟四术以造士,三年而兴贤。崇化厉俗,未有或先于此者。粤予凉菲,痞瘰毳隽。郡国诏书,凡五下矣,期无愧于前闻,有补于当世,此岂为虚文也哉?兴言大比,今复其时。乃饬攸司,申谕朕志。其各以贤能之书来上,朕将亲策于廷,使在吾选中者,皆足以章明治教,振宣事功。岂惟予一人以宁时,尔多士亦与有无穷之闻。"

五年正月七日,以权礼部尚书范成大知贡举,试尚书刑部侍郎兼侍讲程大昌、试右谏议大夫萧燧同知贡举,得合格奏名进士黄焕以下二百二十六人。

七年二月二日,诏曰:"盖闻人材众而邦国宁,儒术行而治化美。思皇多士,周并命于六卿;间出异人,汉旁开于数路。洪惟圣代,丕阐文风,既通才硕学之攸兴,乃巨德元勋之相望。逮予菲质,率是彝章。属览有司之陈,当修贡士之制。爰加诏谕,咸俾言扬。献贤能之书,倪精求而上达;陈治安之策,庶延进以周询。岂袭虚文,尚图实用。布告中外,明识朕怀。"

八年正月八日,以吏部尚书兼侍读兼修玉牒官王希吕知贡举,礼部侍郎郑丙、侍御史黄洽同知贡举,得合格奏名进士俞烈以下三百人。

十年三月一日,诏曰:"国家侧席竢贤,辟门吁俊。三年大比,仿周制之宾兴;百郡群招,集汉科之茂异。咸副明明之选,用隆济济之风。岁属启于举闱,求弥先于艺实。俾升名于外府,仍论秀于春官。朕将延对大庭,周询上务,庶博收于翘彦,期协济于功荣。咨尔庶邦,体予至意。"

十一年正月九日,以户部尚书兼侍读王佐知贡举,中书舍人兼侍讲王蔺、右正言蒋继周同知贡举,得合格奏名进士邵康以下二百四十六人。

十三年二月四日,诏曰:"周以三年而考艺,礼重贤能之兴;汉由数路而得人,制严郡国之选。粤我朝之取士,参前代之设科。崇太常讲劝之功,广司马论升之法。网罗该备,秀茂群臻。自朕初元,再涉周星之纪;若时常宪,八登乡老之书。菁菁方喜于人材,济济盖生于王国。属当大比,敢后旁招。饬秋计以偕来,即春官而明试。公卿多文学之士,要皆出于此涂;英俊陈治平之原,将更勤于亲策。勉修素业,期副至怀。"

十四年正月二十日,以翰林学士、知制诰兼侍讲兼修国史洪迈知贡举,权刑部尚书兼侍讲兼太子詹事葛邲、右谏议大夫陈贾同知贡举,得合格奏名进士汤璹以下二百七十九人。

十六年正月二十六日,诏曰:"国家以科目取士,以三岁宾兴,得人之盛,视古亡愧。朕谨守成法,靡所变更,故于大比之年,首下详延之令,非直应故事,为文具而已。夫奔轶绝尘之才,或窘于声律;穷经嗜古之士,或昧于世务。宜令有司考核,核其长吏二千石以时劝驾,俾预计偕。朕将试之春官,亲策于庭,拔其尤异,縻以好爵。布告天下,使明知之。"

以上《孝宗会要》。

职官一·三省(节选)

【导读】

本篇为《职官》部分有关三省制度的内容节选,详细记述三省制度的演变及其职能。

旧《会要》系中书门下,今依元丰官制改为三省。

《两朝国史志》中书门下:中书令、侍中、同平章事、参知政事。中书令,国朝罕除。侍中,虽常除,亦罕预政事。同平章事是为宰相之职,掌邦国之政令,弼庶务,和万邦,佐天子,执大政。无常员,有二人则分日知印,以丞郎以上至三师为之。其上相为昭文馆大学士、监修国史,亦有不带昭文馆大学士而为监修国史者。其次为集贤殿大学士。或置三相,则昭文、集贤两学士并监修国史,并除焉。参知政事贰宰相,批大政,参庶务,以中书舍人以上至尚书为之。亲王、枢密使、留守、节度使兼中书令、侍中、同平章事者谓之"使相",不预政事,不书敕,惟宣制除授者敕尾存其衔而已。中书在朝堂西,是为政事堂。其属有舍人,专职诰命。阙则以他官知制诰,或直舍人院,院在中书之西南。舍人六员,与学士对掌内外制。朝廷有除拜,中书吏赴院纳词头。其大除拜,亦有宰相召舍人面受词头者。凡大诰命,中书并敕进入,从中而下,余则发敕官受而出之。其吏史则有堂后官、主事、录事、主书、守当官。其吏舍则曰制敕院。堂后官八人。旧制:自选人入为堂后官,转至五房提点,始得佩鱼。至和元年,诏:"中书提点五房公事,自今虽无出身,亦听佩鱼。"主事七人,录事十人,主书十四人,守当官二十人。分掌五房:一曰孔目房,二曰吏房,三曰户房,四曰兵房、礼房,五曰刑房。又有生事、勾销二房。其给使则有沿堂五院行首一人,副行首二人,通引官九人,堂门官七人,直省官十一人,发敕官五人,驱使官二十二人。其舍人院则有楷书二人,装裁匠二人。

自中兴之初,循旧制,置尚书左、右仆射各一员,门下、中书侍郎各一员,尚书左、右丞各一员。凡除左、右仆射依序,或兼门下、中书侍郎。建炎四年,制以左、右仆射并加兼同中书门下平章事,改门下、中书侍郎为参知政事,而废左、右丞。又以左、右仆射兼枢密使,或兼知枢密院事。

《神宗正史·职官志》:中书门下在朝堂西,榜曰"中书",为宰相治事之所,印文行敕曰"中书门下"。尚书、中书令、侍中、丞郎以上带同平章事,并为宰相,而参知政事为之贰,与枢密院通谓之执政。又有中书省、门下省者,存其名,列皇城外,两庑官舍各数楹。中书省但掌册文,覆奏考帐。门下省主乘舆八宝、朝会位版、流外较考,诸司附奏挟名而已。中书令、侍中不任职。官制行,悉厘正之,遂以寔正名。废中书、门下省舍之在皇城外者,并朝堂之西中书堂为门下、中书两省,以左、右仆射兼门下、中书侍郎,又以两侍郎副之。

神宗治平四年(未改元)六月,诏令中书、枢密院应细务合归有司者,逐旋条陈取旨。初,侍御史张纪言:"政府不当侵有司之职,有司不当溷政府之严。若沟洫当决诸水监,漕运当决之三司,其礼乐征伐、号令损益,自系朝廷议论,有司得以奉行。"故有是诏。

世 本

〔书名〕

世本一名最初见于《周礼·春官·小史》:"掌邦国之志,奠系世,辨昭穆"。其中,系是指天子的帝系,而诸侯的世系则称为世本。而《世本》一书直到西汉末年时才经刘向校理后定为现名,后来在唐朝时为避唐太宗李世民讳,又一度改名为《系本》。《世本》,又作世或世系。世是指世系;本则表示起源。是一部由先秦时期史官修撰的,主要记载上古帝王、诸侯和卿大夫家族世系传承的史籍。

〔作者〕

《世本》的作者不见于史,书中所记载的时代,在古人的记载中有三种说法:始于黄帝,不知止于何时;始于黄帝,止于春秋;楚汉之际好事者所作,录自古帝王公诸卿大夫之世,终于秦末。而现代有学者因书中称赵王迁为"今王迁"认为此书是由战国末年的赵国人所作。成书年代约为秦王政十三年至十九年(公元前 234 年—前 228 年),比《竹书纪年》要晚六七十年。

〔体例与内容〕

世本,根据《汉书·艺文志》:"世本十五篇,古史官记黄帝以来讫春秋时诸侯大夫。"全书可分《帝系》、《王侯世》、《卿大夫世》、《氏族》、《作篇》和《居篇》及《谥法》等十五篇。司马迁的《史记》、韦昭《国语注》、杜预的《春秋经传集解》、司马贞的《史记索隐》、张守节的《史记正义》、林宝《元和姓纂》和郑樵的《通志》都曾引用和参考书中内容。南朝时,《世本》已缺《谥法》一篇,到唐朝又有更多篇目散佚,直至南宋末年全部丢失。后世的学者们根据其他书籍所引内容进行辑补,共分为八种不同辑本,商务印书馆在 1957 年将以上八种版本合为《世本八种》出版。

〔版本〕

从清中期开始,因为当时风气喜好辑佚,从事《世本》辑补工作的不下十余家,而现存的则主要有八种,分别为:王谟辑本;孙冯翼辑本;陈其荣补订孙本;秦嘉谟世本辑补;张澍稡集补注本;雷学淇辑本;茆泮林辑本;王梓材《世本集览》。

商务印书馆于 1959 年将辑本集合而印成《世本八种》。

中华书局 1985 年《丛书集成初编》本。

辑《世本》序

【导读】

本篇选录了张澍所作《世本》序,叙述《世本》传世源流,于《世本》书名演变、成书年代及内容均有所考证。

赐进士出身翰林院庶吉士知贵州玉屏县事武威张澍粹集补注。

《周礼》"瞽蒙掌讽诵诗,世奠系"。郑注云:奠或为帝。杜子春云:帝读为定,其字为奠,书亦或为奠。世奠系,谓帝系、诸侯卿大夫世本之属。又小史定世系,辨昭穆,注谓帝系世本之属。天子曰帝系,诸侯曰世本。杜子春谓小史主次序先王之世。昭穆之系,述其德行也。《楚语》:庄王使士亹傅太子箴。申叔时曰:教之世,而为之昭明德而废幽昏焉,以休惧其动。注,世,先王之世系也,为之陈有德者世显而暗乱者世废也。后郑云,世之而定其系,谓书于《世本》,以世与系为一事解之。贾公彦云:"王谓之帝系,诸侯卿大夫谓之世本。"又分言之,其实散则通称矣。汉太史公司马迁修《史记》,因周谱,明世家,多采《世本》。然《春秋正义》云:"今之《世本》,与司马迁言不同。"刘向云:"《世本》,古史官明于古事者所记,录黄帝以来至春秋时王侯诸国世卿大夫系谥名号,与左氏合也。"《唐史·柳冲传》载柳芳言亦然。颜之推据皇甫谧《帝王世纪说》,为左丘明所篡,刘知几《史通》云:"楚汉之际,有好事者,录自古帝王公侯卿大夫之世,终乎秦末,号曰《世本》。"又曰:"《世本》辩姓,著自周室。"刘恕《通鉴外纪》以为《世本》经秦汉儒者改易,孔颖达《尚书正义》,以《世本》经暴秦,为儒者所乱,是此诸本已,晋杜预采《世本》以为春秋世族谱,然亦旁引传记,不尽依《世本》也。要之,系秦汉以前书,中垒、孟坚以为出古史官者近之,班彪以为十五篇,刘向校录中秘书,以十五篇为二卷,《索隐》亦以为十五篇,《隋经籍志》因之云:"《世本》王侯大夫谱二卷,刘向篹",篡云者,篡集之,非作也,观更生自言为古史官所记可知矣。《隋志》又有《世本》四卷,宋衷篡,衷盖注而广之也。《王侯大夫谱》云:"赵孝成王丹生悼襄王偃,偃生今王迁",是作者犹值赵王迁时,且司马迁已采用,岂刘宋二人所作乎,然其书自宋时已不传,郑樵《氏族略》,王伯厚《姓氏急就篇》,所引寥寥,皆采获他处,不见本书故耳。余翻阅缃帙,有引用者辄著录之,乃集得《作篇》、《居篇》、《氏姓篇》、《帝系篇》、《王侯大夫谱篇》共五篇,聊以管穴,裨益宋注,其有听莹,亦从阙如,庶几存此一线,异日博雅之士,因其绵蕤,增补缺略,亦古籍之幸也。若颜之推谓此书有燕王喜汉高祖,殆非本文,盖亦如神农《本草》,有豫章、朱崖、赵国、常山等郡县,《归藏》黄帝书,而坤启筮,有尧降二女以妃舜之语,化益《山海经》,有长沙、零陵、桂阳诸地名,周公作《尔疋》,有张仲孝友,孔子作《春秋》,而曰孔丘卒,李斯作《苍颉篇》,有汉兼天下海内,并厕豨、黥、韩覆,讨畔灭残,皆为后人所羼云。

《世本》后序

【导读】

本篇后序讨论姓氏相关之诸多问题，特别阐述《世本》于古史氏族变迁之价值，其所以辑佚《世本》，因"痛锡土之义不著，常补风俗之佚文"。

吾观天老、五姓之对，《河图》记姓之篇，《中侯》赐姓之文，《家语》本姓之解，咸言氏姓，卓乎有闻。盖古者圣人歔律定姓以协五音，司商掌旅协姓以定其名，瞽蒙世奠系，小史复辨其昭穆，宗伯掌礼秩，宗祝复等其亲疏，厥事綦重，本原系焉。楚三闾掌王族以厉国士，晋九宗叙世系以守宗祏，史伯之述祝融以柔生嘉材，申叔之告太子以昭明废昏，此能言吾祖。郯子见师，不识其先，籍谈见笑与！司马迁为《史记》，既效周谱，实依《世本》，《大戴礼记·帝德》，虽次《帝系》，亦原《世本》；韦昭注《国语》，根氏以考其流；士安作《世纪》，采择以溯其源；中垒言其记《春秋》名氏，与《左传》相符，孟坚谓其叙黄帝以来，为古史所录，盖得其实矣。汉初得之，仿为刘氏承尧；皇甫著书，出于丘明之手。绥和元年，以《世本》相发明，封孔子之后，康成驳议，以《世本》言姓氏，分上下之别，亦复援以为据，信其有征也，而或指为刘向所纂，何以腐迁先采其言，或又以为宋衷所编，不知仲子实广其注，故刘昫以为经秦汉儒者改易，斯为确论，傅巽乃谓秦汉好事者所作，未为知言矣。若孙卿血脉，子云家牒，聊谋姓谱，薛综宗图，幼安姓氏之歌，潜夫姓氏之志，仲远姓氏之篇，挚虞族姓之记，杜预世族之书，承天姓苑之譔，贾家之要状英贤，王俭之百家集谱，皆因袭此书，非同剏造也。至元魏徒尚门地，是三桓贤于四科矣；李唐竞夸阀阅，而冠冕混于皂隶矣。彼林宝纂《元和》，不知已姓之由来，夹漈以为叹息，义府广类例，乃以军功升谱限，荐绅目为勋格，何能如鲁之众仲，晋之胥臣，郑之子羽，楚之射父乎。余既痛锡土之义不著，常补风俗之佚文，念肉谱之说不明，用传《世本》之古籍云尔。

《世本》卷第一·作篇（节选）

【导读】

本文节选《世本》卷一的部分内容，选文说明见按语如下。

澍按：《论衡·对作篇》云："言苟有益，虽作何害，仓颉之书，世以纪事，奚仲之车，世以自载，伯余之衣，以辟寒暑，桀之瓦屋，以辟风雨。夫不论其利害，而徒讥其造作，则仓颉之徒有非，《世本》十五家皆受责也。"又按《周礼》注："智者创物，谓始开端造器物，若《世本》作者也，明堂位正义云。"《世本》书名，有《作篇》，其篇记诸作事。

伏羲制以俪皮嫁娶之礼。《礼记·月令》疏

澍按：《古史考》云："伏羲制嫁娶，以俪皮为礼，俪，鹿皮也。"《通典》《唐志》皆作俪，《白

322

虎通》作离,云双皮也,婚聘荐皮为裘服,不忘古也。何休云:俪皮玄纁,取其顺天地也,鹿皮所以重古也。又《楚词》云:"命蹇修以为理",王逸注:伏羲臣,谓为媒理主婚姻,洪庆善以为宓妃,伏羲之女,故使臣以为理,修明嫁娶,礼始伏羲也。《风俗通》亦云:"女娲祷祠神示而为女媒,因置昏姻",一云黄帝始制嫁娶。

伏羲作琴。《山海经注》

澍桉:《通鉴·前编·音释》引《世本》云:"伏羲氏削桐为琴,面圆法天,底平法地,龙池八寸通八风,凤池四寸,象四时,五弦象五行,长七尺二寸,以修身理性,反天真也,达灵成性,象物昭功也。"系宋衷注文。又桉:《太平御览》:"伏羲之琴名离。"《琴谱》:"伏羲琴名龙吟。"《乐录》:"伏羲琴二十七弦。"《古今注》以为二十五弦,郭璞云十弦,《琴操》言五弦,并失之,当以二十七弦为是。《广雅》:"伏羲琴七尺二寸,或云三尺六寸六分"。《楚词》"伏羲驾辩"。刘渊林曰:"伏羲作琴制此曲"。

伏羲作瑟。《初学记》,《通志乐略》,《广韵》,

澍桉:《通典》引《世本》云:"庖羲瑟五十弦,黄帝使素女鼓瑟,哀不自胜,乃破为二十五弦,具二均声。"《风俗通》引《世本》云:"宓羲作瑟,八尺一寸,四十五弦。"《黄帝书》:"泰帝使素女鼓瑟而悲,帝禁不止,故破其瑟为二十五弦。"《书钞》《玉海》引《世本》:"伏羲作瑟,五十弦,瑟,洁也,使人清洁于心,淳一于行也。"皆系宋衷注文,孙愐引云"庖牺作瑟"。

神农作琴。《风俗通》,《初学记》

澍桉:《博雅》引《世本》云:"神农氏琴长三尺六寸六分,上有五弦,曰宫商角征羽,文王增二弦,曰少宫商伏羲琴长七尺二寸,上有五弦。"当系宋衷注文。扬雄《琴清英》云:"昔者神农造琴以定神,禁淫僻,去邪欲,反其天真。"又桉《说文》云:"琴,神农所作。"桓谭《新论》亦云"神农作琴"。

神农作瑟。《山海经注》

澍桉:《路史》:"神农度瑶瑟,而保合太和,闲民欲。"

女娲作笙簧。《文选·长笛赋》注,《太平御览》,《明堂位疏》,《书钞》,《风俗通》,宋衷注:女娲,黄帝臣也。

澍桉:女娲,太昊氏之女弟,此言黄帝臣,误矣。卢仝以为伏羲妇,尤非。《博雅》引《世本》云:"女娲作笙簧。笙,生也,象物贯地而生,以匏为之,其中空而受簧也。"当系宋注。《帝王世纪》:"女娲氏,风姓,承庖羲制度,始作笙簧。"《唐乐志》:"女娲作笙,列管于匏上,纳簧其中。"《风俗通》《书钞》引无笙字。

据中华书局1985年《丛书集成初编》本

全上古三代秦汉三国六朝文

〔书名〕

《全上古三代秦汉三国六朝文》主要取材明梅鼎祚的《文纪》及张溥的《汉魏六朝百三家集》,共收唐代以前作者3 497人,分代编次为十五集。因嘉庆十三年(1808),清朝开馆辑《全唐文》,严氏认为唐以前文章亦应编集,遂发愤独自编纂,毕27年之功始成。原稿156册,共741卷,该书编成之后,因卷帙浩繁,又有不少谬误,一直未能刊行。清人蒋壑编有本书篇名目录103卷,并抄录每篇出处,还编有作者索引,又正式将书名改为《全上古三代秦汉三国晋南北朝文》。

〔作者〕

严可均(1762—1843),字景文,号铁桥,清浙江乌程(今浙江湖州)人,嘉庆五年(1800)举人,道光二年曾任官严州建德县教谕。好藏书,精于考据。后称疾辞官,专心著述,精通金石小学,长于辑轶,著作极多,著有《说文校议》、《说文声类》、《铁桥漫稿》等书。

〔体例与内容〕

《全上古三代秦汉三国六朝文》,按时代先后为序,共分十五集:《全上古三代文》《全秦文》《全汉文》《全后汉文》《全三国文》《全晋文》《全宋文》《全齐文》《全梁文》《全陈文》《全后魏文》《全北齐文》《全后周文》《全隋文》《先唐文》,共收录唐以前作者三千四百九十七人(或作三千五百二十人),每人附有小传,是迄今为止收录唐以前文章最全的一部总集,同时也是中国古代文献中涵盖时间最长的一部文学总集。对唐以前历史、文学、宗教、语言等研究,具有极其重要的学术价值。

《全上古三代秦汉三国六朝文》从别集、总集、史书、类书到金石拓片等,莫不广搜博采。全书以"文"为编选对象,载文而不载诗;按朝代先后排序,分为《全上古三代文》至《全隋文》14集,朝代不明的文章则别为《先唐文》一集列后,直与清官修的《全唐文》相接。同一朝代的作者,以帝后、宗室、贵族、百官、群雄、士庶、列女、释道、阙名等次序排列。编成《全上古三代秦汉三国六朝文》741卷,作为《全唐文》的前接部分。本书占有资料相当广泛,鸿篇巨制,佚文断句,都加辑录,搜罗唐以前散文较完备。

〔版本〕

光绪十八年(1892)广雅书局初刻于广州。

1929年丁福保影印出版。

1958年中华书局据广雅书局本影印出版4册,并附《全上古三代秦汉三国六朝文篇名目录及作者索引》。

全上古三代秦汉三国六朝文总叙

【导读】

本篇选录了严可均所作的《全上古三代秦汉三国六朝文》总叙。《全上古三代秦汉三国六朝文》原编于嘉庆、道光年间,当时未刻印,张之洞主持粤政,设广雅书局,命王毓藻主持刊刻事宜,经过八年八次校雠,光绪十八年(1892)才由王毓藻主持的广雅书局刻印。

嘉庆十三年,开《全唐文》馆。不才越在草茅,无能为役,慨然曰:"唐之文盛矣哉!唐已前要当有总集。斯事体大,是不才之责也。"其秋始草创之。广搜三分书,与夫收藏家秘籍金石文字,远而九译,旁及释道鬼神,起上古迄隋,鸿裁巨制,片语单辞,罔弗综录,省并复选,联类畴零。作者三千四百九十七人,分代编次为十五集,合七百四十六卷。肆力九年,草创粗定,又肆为十八年,拾遗补阙,抽换之,整齐之,画一之,已,于事乃竣。挚五厄之散亡,扬万古之天声。唐已前文,咸萃于此,可缮写。乌程严可均。

《全上古三代文》卷一(节选)

【导读】

本文节选《全上古三代文》卷一内容,涉及上古帝王太昊、炎帝,载其名号及相关事迹,如"神农之禁""神农之数""神农之法""神农之教"等。

太昊

太昊,亦作太皞,风姓,号伏戏氏。以木德王,是为春皇。一云伏羲氏,一云宓牺氏,一云包羲氏,一云庖牺氏,都陈。在位百十一年,一云百六十四年。

◇十言之教

乾、坤、震、巽、坎、离、艮、兑、消、息。《左传·定四年》正义引《易》云:"伏羲作十言之教。"

炎帝

帝生于姜水。(《说文》)因姓姜,以火德王,称炎帝。一云赤帝。一云有焱氏。始作耒耜,号神农氏。一云农皇。以起烈山,亦号烈山氏。一云厉山氏。一云连山氏,一云朱襄氏。初都陈,后居曲阜,在位百二十年,传八世五百三十年。一云传十七世,一云七十世。谨案:《汉·艺文志》:"农家有《神农》二十篇。"本注云:"六国时,诸子疾时怠于农业,道耕农事,托之神农。"师古引刘向《别录》云:"疑李悝及商君所说。"兵阴阳家又有《神农兵法》一篇,五行家有《神农大幽五行》二十七卷,杂占家有《神农教田相土耕种》十四卷。经方家有《神农黄帝食禁》七卷,《周礼·医师》疏引《食禁》作《食药》。神仙家有《神农杂子技道》二十三卷,独《本草》不见,见《平帝纪》及《楼护传》,盖《食禁》、《食药》即《本草》矣。仓颉造字在黄帝时,前此未有文字。神农之言,皆后人追录。晁错所引,显是六国时语。即《六韬》及《管子》、《文子》所载，亦不过谓神农之法，相传如是。岂谓神农手撰之文哉。今除《本草》见存外，皆入录。

◇神农之禁

春夏之所生，不伤不害。《群书治要》、《六韬·虎韬篇》引《神农之禁》

◇神农之数

一谷不登，减一谷，谷之法什倍。二谷不登，减二谷，谷之法再什倍。夷疏满之，无食者予之陈，无种者贷之新。《管子·揆度》

◇神农之法

丈夫丁壮不耕，天下有受其饥者。妇人当年不织，天下有受其寒者。《文子·上义》、《淮南子·齐俗训》"不耕不织"上皆有"而"字。又《吕氏春秋·爱类》引《神农之教》曰："士有当年而不耕者，则天下或受其饥矣。女有当年而不织者，则天下或受其寒矣。"

◇神农之教

有石城十仞，有汤池百步，带甲百万，而亡粟，弗能守也。《汉食货志》晁错引《神农之教》

《全汉文》卷十四（节选）

【导读】

本篇选文内容为韩信、萧何、张良、陈平四人生平及相关事迹。

韩信

信，淮阴人。仕项为郎中。亡归汉，为连敖，迁治粟都尉，拜大将军。汉四年立为齐王。五年更立为楚王。六年为高帝所执，封淮阴侯。十一年谋反，夷三族。有《兵法》三篇。

◇上尊号疏

楚王韩信、韩王信、淮南王英布、梁王彭越、故衡山王吴芮、赵王张敖、燕王臧荼昧死再拜言，大王陛下：先时秦为亡道，天下诛之。大王先得秦王，定关中，于天下功最多。存亡定危，救败继绝，以安万民，功盛德厚。又加惠于诸侯王有功者，使得立社稷。地分已定，而位号比拟，亡上下之分，大王功德之著，于后世不宣。昧死再拜上皇帝尊号。《汉书·高纪》下：五年正月诸侯上疏。

大王起于细微，灭乱秦，威动海内。又以辟陋之地，自汉中行威德，诛不义，立有功，平定海内，功臣皆受地食邑，非私之也。大王德施四海，诸侯王不足以道之，居帝位甚实宜，愿大王以幸天下。《汉书·高纪》下

萧何

何，沛人。秦时为县主吏掾郡卒史。高帝起兵，以为沛丞。及王汉中，以为丞相。汉五年即皇帝位，封酂侯。十一年拜相国。惠帝二年卒，谥曰文终侯。

◇令诸大夫

进不满千钱,坐之堂下。《史记·高纪》:"吕公避仇,因家沛,沛中豪杰吏闻令有重客,皆往贺。萧何为主吏,主进,令诸大夫。"又见《汉书·高纪》。

◇天子所服议

丞相臣何、御史大夫臣昌,谨与将军臣陵、太子太傅臣通等议:"春夏秋冬,天子所服,当法天地之数,中得人和。故自天子、王侯有土之君,下及兆民,能法天地,顺四时,以治国家,身亡祸殃,年寿永究,是奉宗庙、安天下之大礼也,臣请法之。"《汉书·魏相传》

张良

良字子房,韩人。高帝起沛,拜为厩将。项梁以为韩司徒。汉六年封留侯。惠帝六年卒,谥曰文成侯。

◇遗项王书。

汉王失职,欲得关中如约,即止不敢复东。《汉书·张良传》,又见《高纪》,无"王失职"三字。

◇又以齐反书遗项王,齐与赵欲并灭楚。《汉书·张良传》

陈平

平,陈留阳武人。仕魏王咎为太仆。去从项王入关,赐爵卿,寻封信武君,拜都尉。去从高帝,仍拜都尉、典护军,为亚将,寻拜护军中尉。汉六年封户牖侯,七年更封曲逆侯。高帝崩,为郎中令,惠帝六年为左丞相。高后元年徙右丞相。文帝即位,复为左丞相。二年卒,谥曰献侯。

◇奏议定列侯功次

丞相臣平言:谨与绛侯臣勃、曲周侯臣商、颍阴侯臣婴、安国侯臣陵等议,列侯幸得赐餐钱奉邑,陛下加惠,以功次定朝位,臣请臧高庙。《汉书·高后纪》:二年,诏差次列侯功,其与列侯议定奏之,丞相臣平云云,奏可。

◇上代王即位议

丞相臣平、太尉臣勃、大将军臣武、御史大夫臣苍、宗正臣郢、朱虚侯臣章、东牟侯臣兴居、典客臣揭再拜言大王足下:子弘等皆非孝惠皇帝子,不当奉宗庙。臣谨请阴安侯、顷王后、琅邪王、列侯、二千石议,大王高皇帝子,宜为嗣。愿大王即天子位。《汉书·文帝纪》:闰月己酉,入代邸。群臣从至,上议。

◇奉诏除连坐法议

陛下幸加大惠于天下,使有罪不收,无罪不相坐,甚盛德,臣等所不及也。臣等谨奉诏,尽除收律相坐法。《汉书·刑法志》:孝文二年诏议收律相坐法。左右丞相周勃、陈平奏言如其故便,帝复曰"宜孰计之",平、勃乃曰云云。

据1958年中华书局影印本

古本竹书纪年辑校

〔书名〕

《竹书纪年》是战国时魏国的史书,晋武帝太康二年(281年)在汲郡(治所在今河南汲县西南)的一座古墓里出土。这部史书书写在竹简上,被称为《竹书》;由于它按年编次,又被称为《纪年》。有时还冠上出土的地点,被称为《汲冢竹书》或《汲冢纪年》。一般称为《竹书纪年》。这座古墓出土了一批古书,《竹书纪年》仅是其中的一种。

〔作者〕

王国维(1877—1927),字静安,浙江海宁人。主要辑佚成果有《古本竹书纪年辑校》一卷、《今本竹书纪年疏证》一卷、《重辑仓颉篇》一卷等。其中《古本竹书纪年辑校》辑得佚文428条,堪称《竹书纪年》的最佳辑本。

〔体例与内容〕

《竹书纪年》原共十三篇,叙述夏、商、西周和春秋、战国史事。周幽王以后用晋国纪年,三家分晋以后用魏国纪年,至魏襄王二十年(前299年)为止。所记与传统的记载颇多违异,但是有些记载却与甲骨文和青铜器铭文相符合。如《尚书·无逸》中提到商朝的"中宗",《史记·殷本纪》等典籍都认为中宗是商王太戊,但《竹书纪年》却以为中宗是祖乙,后在清朝末年发现的甲骨文中就有"中宗祖乙"的称谓,证明《竹书纪年》是正确的。

《竹书纪年》的原简早已散佚,晋代学者荀勖、和峤、束皙等人所作的释文,也逐渐失传。现存的《竹书纪年》是后人重编的,不是已失传的《竹书纪年》的本来面目。但在南北朝至北宋的一些古书的注释,以及某些类书中,还引用了较多的原本《竹书纪年》的佚文。清代学者朱右曾曾将部分佚文汇辑起来,编为《汲冢纪年存真》。近代学者王国维又在《存真》的基础上重辑为《古本竹书纪年辑校》。后范祥雍先生又对《辑校》加以校订增补,编为《古本竹书纪年辑校订补》。

〔版本〕

王国维著,黄永年校《古本竹书纪年辑证》,辽宁教育出版社1997年版。
范祥雍编《古本竹书纪年辑校补正》,上海人民出版社1957年版。

古本竹书纪年辑校自序

【导读】

本篇选文略述前人辑佚《竹书纪年》之成果,及作者辑校《古本竹书纪年》之由,并言其辑校之法。

汲冢《竹书纪年》,佚于两宋之际。今本两卷,乃后人搜辑,复杂采《史记》、《通鉴外纪》、《路史》诸书成之,非汲冢原书。然以世无别本,故三百年来,学人治之甚勤,而临海洪氏颐煊、栖霞郝氏懿行、闽县林氏春溥三校本尤为雅驯。最后嘉定朱氏右曾复专辑古书所引《纪年》,为《汲冢纪年存真》二卷,顾其书传世颇希。余前在上虞罗氏大云书库假读之,独犁然有当于心。丁巳二月,余既作《殷先公先王考》毕,思治此书,乃取今本《纪年》一一条其出处,注于书眉。既又假得朱氏辑本,病其尚未详备,又所出诸书异同亦未尽列,至其去取亦不能无得失。乃取朱书为本,而以余所校注者补正之,凡增删改正若干事。至于余读此书有所考证,当别为札记,将继是而写定焉。

古本竹书纪年辑校(节选)

【导读】

本篇选录了王国维所作的《古本竹书纪年辑校》五帝至少康部分,备载上古帝王事迹。

《古本竹书纪年辑校》　嘉定朱右曾辑录　海宁王国维校补
五帝
昌意降居若水,产帝乾荒。(《山海经·海内经》注。)
帝王之崩曰陟。(《韩昌黎集·黄陵庙碑》)
国维案:此昌黎隐括本书之语,非原文如是。
黄帝既仙去,其臣有左彻者,削木为黄帝之像,帅诸侯朝奉之。(《太平御览》七十九引《抱朴子》曰:"汲郡中竹书"云云。今《抱朴子》无此文。)
黄帝死七年,其臣左彻乃立颛顼。(《路史·后纪》六。)
颛顼产伯鲧,是维若阳,居天穆之阳。(《山海经·大荒西经》注。)
帝尧元年丙子。(《隋书·律历志》引,丙作景,避唐讳。《路史·后记》十引,无帝字。)
后稷放帝朱于丹水。(《山海经·海内南经》注。《史记·高祖本纪》正义引"后稷放帝子丹朱于丹水"。《五帝本纪》正义引"后稷放帝子丹朱"。)
命咎陶作刑。(《北堂书钞》十七。)
三苗将亡,天雨血,夏有冰,地坼及泉,青龙生于庙,日夜出,昼日不出。(《通鉴外纪》一注引《随巢子》、《汲冢纪年》。《路史·后纪》十二注云《纪年》、《墨子》言"龙生广,夏冰,雨血,地坼及泉,日夜出,昼不见",与《外纪》所引小异。)

夏后氏

禹

居阳城。(《汉书·地理志》注、《续汉书·郡国志》注。)

黄帝至禹,为世二十。(《路史·发挥》三。)

国维案:此亦罗长源隐括本书之语,非原文。

禹立四十五年。(《太平御览》八十二。)

启

启曰会。(《路史·后纪》十三"启曰会",注见《纪年》。)

益干启位,启杀之。(《晋书·束晳传》。《史通·疑古篇》《杂说篇》两引"益为后启所诛"。)

九年,舞九韶。(《路史·后纪》十三注引"启登后九年舞九韶"。《大荒西经》注引"夏后开舞九招也"。)

二十五年,征西河。(《北堂书钞》十三引"启征西河"四字。《路史·后纪》十三云"既征西河",注:"《纪年》在二十五年。")

即位三十九年亡,年七十八。(《真诰》十五。《路史·后纪》十三注引作"二十九年,年九十八"。)

国维案:《太平御览》八十二引《帝王世纪》"启升后十年,舞九韶。二十五年,征河西。"而《通鉴外纪》引皇甫谧曰:"启在位十年。"则《世纪》不得有"启三十五年"之文,疑本《纪年》而误题《世纪》也。此与《真诰》所引"启三十九年亡"符同。《路史》注既引《纪年》启在位二十九年,故征西河亦云在二十五年矣。未知孰是。

大康

大康居斟鄩。(《水经·巨洋水注》、《汉书·地理志》注、《史记·夏本纪》正义引傅瓒曰:"《汲冢古文》大康居斟鄩,羿亦居之,桀亦居之。")

乃失邦。(《路史·后纪》十三注。)

(羿居斟鄩。)(《水经·巨洋水注》、《汉书·地理志》注、《史记·夏本纪》正义。)

仲康

相

后相即位,居商丘。(《太平御览》八十二。)

国维案:《通鉴外纪》"相失国,居商丘",盖亦本《纪年》。《通鉴地理通释》(四)云:"商丘当作帝丘。"

元年,征淮夷、畎夷。(《后汉书·西羌传》引"后相即位年,乃征畎夷"。《太平御览》八十二引"元年征淮夷"。《路史·后纪》十三"征淮、畎",注:"淮夷、畎夷,《纪年》云元年。")

二年,征风夷及黄夷。(《太平御览》八十二。《路史·后纪》十三"二年征风、黄夷",注:"并《纪年》。"《后汉书·东夷传》注及《通鉴外纪》二均引"二年征黄夷"。)

七年,于夷来宾。(《后汉书·东夷传》注、《路史·后纪》十三注。《通鉴外纪》二引"于"作"干"。)

相居斟灌。(《水经·巨洋水注》、《汉书·地理志》注、《路史·后纪》十三引臣瓒所述《汲冢古文》。)

少康

少康即位，方夷来宾。（《后汉书·东夷传》注。《路史·后纪》十三注引此下有"献其乐舞"四字，疑涉帝发时事而误。）

杼

帝宁居原，自原迁于老丘。（《太平御览》八十二、《路史·后纪》十三注。《御览》作"自迁于老丘"。《路史》注"宁"作"予"，"丘"作"王"。）

柏杼子征于东海，及三寿，得一狐九尾。（《山海经·海外东经》注。《太平御览》九百九引"夏伯杼子东征，获狐九尾"。《路史·后纪》十三："帝杼五岁，征东海，伐三寿"，注："本作王寿，"《纪年》云："夏伯杼子之东征，获狐九尾。"又《国名纪》己云："后杼征东海，伐王寿。"）

芬

后芬即位，三年，九夷来御。（《后汉书·东夷传》注、《太平御览》七百八十、《通鉴外纪》二、《路史·后纪》十三。《御览》"芬"作"方"，又此下有"曰畎夷、于夷、方夷、黄夷、白夷、赤夷、玄夷、风夷、阳夷"十九字，郝兰皋曰："疑本注文，误入正文也。"）

后芬立四十四年。（《太平御览》八十二、《路史·后纪》十三注。）

荒

后荒即位，元年，以玄珪宾于河，命九东狩于海，获大鸟。（《北堂书钞》八十九。《初学记》十三引"珪"作"璧"，"鸟"作"鱼"，无"命九东"三字。《太平御览》八十二引"荒"作"芒"，"鸟"作"鱼"，无"命九"二字。国维案："九"字下或夺"夷"字，疑谓后芬时来御之九夷。）

后芒陟位，五十八年。（《太平御览》八十二。《路史·后纪》十三注引作"后芒陟，年五十八"。）

泄

后泄二十一年，命畎夷、白夷、赤夷、玄夷、风夷、阳夷。（《后汉书·东夷传》注。《通鉴外纪》二引"帝泄二十一年如畎夷等爵命"。《路史·后纪》十三注引下有"鯀是服从"四字。）

据辽宁教育出版社 1997 年版

古小说钩沉

〔书名〕

《古小说钩沉》是鲁迅先生于1909年秋至1911年底辑录的古小说佚文集,共收自周至隋的散佚小说36种。该书的取材来源广泛,有见于《汉书·艺文志·小说家》著录者,有见于《隋书·经籍志·小说家》著录者,有见于《新唐书·艺文志·小说家》著录者,有见于上述三志"小说家"之外著录者,还有不见于史志著录者。

〔作者〕

鲁迅(1881—1936),本名周树人,字豫才,浙江绍兴人。年少时即对辑录古佚书颇感兴趣。宣统二年(1910)自日本回国,在故乡绍兴府中学堂任监学兼授课,恢复因出国而中断的辑佚工作。主要成果有《会稽郡故事杂集》八种十卷、《古小说钩沉》三十六种三十六卷、《嵇康集》辑校等。

〔体例与内容〕

古小说佚文集。共辑录先秦至隋代古小说三十六种。收罗宏富,且加以校勘,为研究唐代以前小说的重要参考书。书中引用及用以参考的古书共80种左右,所辑内容非常丰富。从唐宋有关众多书籍中辑录自周代的《青史子》至隋代杜宝的《水饰》等已佚的小说达36种之多,且每种所辑佚文相当丰富,超越前人。此书为作者撰写《中国小说史略》作了重要的准备。

〔版本〕

《古小说钩沉》最早编入1938年版《鲁迅全集》中,后由鲁迅先生纪念委员会编入全集单行本"著述之部24",人民文学出版社于1973年出版。

单行本的版本还有:大连光华书店1947年版;人民文学出版社1951年版。

◎古小说钩沉·序

小说者,班固以为"出于稗官","闾里小知者之所及,亦使缀而不忘,如或一言可采,此亦刍荛狂夫之议"。是则稗官职志,将同古"采诗之官,王者所以观风俗知得失"矣。顾其条撮诸子,判列十家,复以为"可观者九",而小说不与;所录十五家,今又散失。惟《大戴礼》引有青史氏之记,《庄子》举宋鈃之言,孤文断句,更不能推见其旨。去古既远,流裔弥繁,然论者尚墨守故言,此其持萌芽以度柯叶乎!

余少喜披览古说,或见诧舛,则取证类书,偶会逸文,辄亦写出。虽丛残多失次第,而涯略故在。大共琐语支言,史官末学,神鬼精物,数术波流;真人福地,神仙之中驷;幽验冥征,释氏之下乘。人间小书,致远恐泥,而洪笔晚起,此其权舆。况乃录自里巷,为国人所白心;出于造作,则思士之结想。心行曼衍,自生此品,其在文林,有如舜华,足以丽尔文明,点缀幽独,盖不第为广视听之具而止。然论者尚墨守故言。惜此旧籍,弥益零落,又虑后此闲暇者尠,爰更比辑,并校定昔人集本,合得如干种,名曰《古小说钩沉》。

归魂故书,即以自求说释,而为谈大道者言,乃曰:稗官职志,将同古"采诗之官,王者所以观风俗知得失"矣。

◎青史子

【导读】

本篇选录了钱侗所作的《古小说钩沉》"青史子"。鲁迅先生对材料的取舍非常审慎,而且重视去伪存真,务求有科学依据。

古者胎教之道:(二字依《新书》引补)王后腹之七月而就宴室,(《新书》引作"王后有身之七月而就蒌室"。)太史持铜而御户左,太宰持斗而御户右,太卜持蓍龟而御堂下,诸官皆以其职御于门内。(太卜已下依《新书》引补比及三月者,比及二字《新书》引作此)王后所求声音非礼乐,则太史缊瑟(新书引作抚乐)而称"不习";所求滋味者(新书引无者字)非正味,则太宰倚斗而不敢煎调,(《新书》引有已上五字又倚作荷)而言曰:"(《新书》引无言字)不敢以待(《新书》引作侍)王太子。"太子生而泣,太史吹铜曰:"声中某律。"太宰曰:"滋味上某。"太卜曰:"命云某。"然后为王太子悬弧之礼义:东方之弧以梧,梧者,东方之草,春木也,其牲以鸡,鸡者,东方之牲也;南方之弧以柳,柳者,南方之草,夏木也,其牲以狗,狗者,南方之牲也;中央之弧以桑,桑者,中央之木也,其牲以牛,牛者,中央之牲也;西方之弧以棘,棘者,西方之草也,秋木也,其牲以羊,羊者,西方之牲也;北方之弧以枣,枣者,北方之草,冬木也,其牲以彘,彘者北方之牲也。五弧五分矢,东方射东方,南方射南方,中央射中央,西方射西方,北方射北方,皆三射;其四弧具,其余各二分矢,悬诸国四通门之左,中央之弧亦具,余二分矢悬诸社稷门之左。(太卜曰至此已上依《新书》引补)然后卜王太子名:(《大戴礼记》引作然后卜名)上无(《新书》引作毋下放此)取于天,下无取于坠,(《新书》引作地)中无取于名山通谷,无拂(《新书》引作悖)于乡俗。是故君子名难知而易讳也;此所以养恩(《新书》引作息之道也。《新书》引有也字《大戴礼记三·保傅篇》贾谊《新书·十胎教杂事》)

古者年八岁而出就外舍;学小艺焉,履小节焉。束发而就大学;学大艺焉,履大节焉。居则习礼文,行则鸣佩玉,升车则闻和鸾之声,是以非僻之心无自入也。在衡为鸾,在轼为和;马动而鸾鸣,鸾鸣而和应,声曰和,和则敬,此御之节也。上车以和鸾为节,下车以佩玉为度,上有双衡,下有双璜,冲牙,玭珠以纳其闲,琚瑀以杂之,行以采茨,趋以肆夏,步环中规,折还中矩,进则揖之,退则扬之,然后玉锵鸣也。古之为路车也:盖圆以象天,二十八橑以象列星,轸方以象地,三十辐以象月。故仰则观天文,俯则察地理,前视则睹鸾和之声,侧听则观四时之运,此巾车教之道也。(《大戴礼记三·保傅篇》)

鸡者,东方之牲也,岁终更始,辨秩东作,万物触户而出,故以鸡祀祭也。(《风俗通义》八)

据《鲁迅全集》人民文学出版社 1973 年版

宋诗话辑佚

〔书名〕

诗话佚文集。据《自序》是作者1927年"搜辑《中国文学批评史》的材料"时的附带产品之一。"拟仿昔人辑佚书之例,把唐宋已佚的诗话,采集编订,使昔人辑佚的范围更为廓充一些。……以后来拟编《宋代诗论史》讲义的关系,于是先就宋诗话加以整理,辑成《宋诗话辑佚》。"

〔作者〕

郭绍虞(1893—1984),原名希汾,字绍虞,江苏省苏州市人。中国语言学家、文学家、文学批评史家。郭绍虞主要致力于中国古典文学、中国文学批评史、中国语言学、音韵学、训诂学等方面的研究。著有《中国文学批评史》、《沧浪诗话校释》、《宋诗话考》、《宋诗话辑佚》。郭绍虞先生以照隅室作为斋名。晚年印有《照隅室古典文学论集》、《照隅室语言文字论集》、《照隅室杂著》三种。

〔体例与内容〕

《宋诗话辑佚》分上下卷。上卷为补辑,即"虽有传本而不全"者,有《王直方诗话》、《古今诗话》、《陈辅之诗话》(以上三者,原有《类说》本)、《潘子真诗话》、《潜溪诗眼》、《汉皋诗话》、《桐江诗话》、《漫叟诗话》(以上五者,原有《说郛》本)。下卷为全辑,即"完全散佚之著",其中《洪驹父诗话》等6种,分别为《遂初堂书目》、《通志》、《宋史·艺文志》、《福建通志》所著录;《三莲诗话》、《李若翁诗话》等17种,不见著录,仅为其它诗话、笔记诸书称引。《蔡宽夫诗话》兼有补辑、全辑二例,亦收入下卷。另有附辑三种:一为《艺苑雌黄》,其中有论学论文之语,前人已以诗话相视;一为《童蒙诗训》,原为《童蒙训》的一部分,明代已有辑本;一为《诗学规范》,原出《仕学规范》,明代亦已著录。搜辑较为完备,但亦偶有遗漏。此书于所辑诗话,分别标号,加适当标题。文字讹误和重要异文,则列入校记。每则之末间加案语,对有关问题进行说明和考订。全书条理分明。

〔版本〕

1937年燕京学社排印本。
1980年中华书局重排本。

唐宋名贤诗话

【导读】

《唐宋名贤诗话》二十卷，简称《名贤诗话》、《唐宋诗话》，不著撰人。原书久佚，《缃素杂记》、《艺苑雌黄》、《古今类总诗话》，有所称引，作《名贤诗话》；《集诸家老杜诗评》、《事实类苑》，亦有称引，作《唐宋诗话》。郭绍虞曾辑其佚文，得五条。《遂初堂书目》著录于集部，作《唐宋诗话》；《宋史·艺文志》著录于集部，作《唐宋名贤诗话》，二十卷。辑者当为北宋人，成书亦较早。

是书为北宋出现最早之诗话总集，辑"唐宋名贤"论诗文字多种。所存五条，多记奇人异事。《石曼卿》条，称石延年以诗"豪于一时"，其《寄尹师鲁》一篇"意深词美"，赖《迷仙引》以传世。关咏，字永言，"永言"盖谐音，言诗须永言，谐以声韵，始可动人。

一、阮昌龄

阮思道子昌龄，丑陋吃讷，聪敏绝人。年十七八，海州试《海不扬波赋》，即席一笔而成，文不加点。其警句云："收碣石之宿雾，敛苍梧之夕云。八月灵槎，泛寒光而静去；三山神阙，湛清影以遥连。"（《皇朝事实类苑》卷四十）

二、刘遁

晋公旧有园在保康门外，园内有仙游亭、仙游洞，景趣潇洒，有道士刘遁相往来。遁作《仙游亭诗》赠公云："屡上游仙亭上醉，游仙洞里杳无人。他时驾鹤游沧海，同看蓬莱岛上春。"公南迁，遁往见公于崖，公方思其诗，乃知遁异人也。与之泛舟海上而饮，公曰："今日之游，成子之诗意也。"（《类苑》卷四十三）

三、僧无梦

有僧法名无梦，自云鄜州人，多教化村落间，手持一木牌，上书诗二首，一云："身为车兮心为轼，车动轼随何计息。交梨火枣是谁无？自是不除荆与棘。"二云："身为客兮心为主，主人平和客安堵。若还主客不康宁，精神管定随君去。"后至封丘县富固村，曰："此一片地，可以寄吾身。"乃坐化去。（《类苑》卷四十四）

四、石曼卿

石曼卿，天圣宝元间以诗歌豪于一时，尝于平阳会中，代作《寄尹师鲁》一篇，词意深美，曰："十年一梦花空委，依旧山河损桃李。雁声北去燕西飞，高楼日日春风里。眉背石州山对起，娇波泪落妆如洗。汾河不断天南流，天色无情淡如水。"曼卿死后数年，故人关咏字永言，忽梦曼卿曰："延年平生作诗多矣，独常以平阳《代意》一篇最为得意，而世人罕称之，能令余此诗盛传于世，在永言尔！"咏觉后，增演其词，隐度以入《迷仙引》声韵，于是天下争歌之。他日复梦曼卿致谢。（《类苑》卷四十六）

五、诗谶

丁晋公在中书，总领真宗山陵事。李维在翰林，援其亲识为挽郎者恳请于谓曰："更在陶铸。"丁应声曰："陶铸复陶铸，齐郎又挽郎。"李继曰："自然堪下泪，何必更斜阳。"未几丁败。（《类苑》卷四十六）

潜溪诗眼（节选）

【导读】

范温（生卒年不详），字符实，华阳（今四川双流）人。名臣范祖禹幼子，秦观婿。蔡绦《铁围山丛谈》载其轶事。

《潜溪诗眼》，不知卷数，原书久佚。《苕溪渔隐丛话》前集、《诗话总龟》后集、《诗人玉屑》等皆有录存。郭绍虞、罗根泽均曾辑其佚文，郭得二十九条，罗得二十七条。《郡斋读书志》著录于子类小说类，作《诗眼》；《直斋书录解题》著录于集部文史类，作今名。

《郡斋读书志》称范温"学于黄庭坚"，《潜溪诗眼》根据黄庭坚尊杜重法之说，着重阐述杜诗的艺术风格、诗学渊源、谋篇布局、造句炼字等问题，为江西诗派重要诗学著作之一。

范温论诗法，强调"以识为主"。所谓"识"，即善于体察"古人用意处"，明辨"一篇命意"和"句中命意"之底蕴。范温的"命意"，出于黄庭坚的"立意"，即依题而立意制作，与苏轼"有意而言"、"意在笔先"之"意"不同。所谓"一篇命意"，即谋篇布局的法则："古人律诗亦是一片文章，语或似无伦次，而意若贯珠"。杜甫五古《奉赠韦左丞丈二十二韵》、七律《闻官军收河南河北》"平易委曲"，"布置最得正体"，为其典型。所谓"句中命意"，即造句炼字的法则："句中当无虚字"，应"以一字为工"，尤为重视"诗眼"。"玉花却在御榻上，榻上庭前屹相向"，是句无虚字的范例；"因惊四月雨声寒"、"轻燕受风斜"等句中的"月"字、"受"字，则是一字为工的范例。这种艺术分析，已经越出江西诗派"来处"的窠臼。

范温尊杜，在于示人以法度规范。杜甫的"自然法度行乎其间"，学者可以力而致，范温以为诗之"正体"；而苏轼的"行云流水，初无定质"，出自天分，学者难臻其妙，故以为"变体"。正变之别，在于可致与不可致，其间并无轩轾。

范温于尊杜之外，还推许柳宗元的"深远"，李商隐的"高情远意"，批评温庭筠"理不胜而词有余"和刘禹锡的"浅近"，其论诗主旨重在思想内容，而以词藻为次。

书中并将诗分为"形似之语"和"激昂之语"两体。前者，"如镜取形，灯取影也"，是对审美对象的真实摹写；后者，"初不可形迹考，然如此乃见一时之意"，则重在审美主体的情致表达，包括艺术夸张。

《潜溪诗眼》间以"悟门"、"正法眼"等禅家术语论诗，如以杜甫《樱桃诗》似禅家之"信手拈来，头头是道者"，实近于严羽的"以禅喻诗"。

据中华书局 1980 年《宋诗话辑佚》录校

一、樱桃诗

老杜《樱桃诗》云："西蜀樱桃也自红，野人相赠满筠笼。数回细写愁仍破，万颗匀圆讶许同。"此诗如禅家所谓信手拈来，头头是道者。直书目前所见，平易委曲，得人心所同然，但他人艰难，不能发耳。至于"忆昨赐沾门下省，退朝擎出大明宫。金盘玉筋无消息，此日尝新①任转蓬。"其感兴皆出于自然,故终篇遒丽。② 韩退之有《赐樱桃诗》云:"汉家旧种明光殿,炎帝还书《本草经》。岂似满朝承雨露,共看转③赐出青冥。香随翠笼擎偏重,④色照⑤银盘写⑥未停。食罢自知无补⑦报,空然惭汗仰皇扆。"盖学老杜前诗,然搜求事迹,排比对偶,其言出于勉强,所以相去甚远。若非老杜在前,人亦安敢轻议?(《说郛》本、《丛话》前二十三、《总龟》后二十七、《竹庄》六)

二、橄榄诗

东坡《橄榄诗》云:"纷纷青子落红盐,气味森森苦且严。待得微甘回齿颊,已输崖蜜十分甜。"范景仁言橄榄木高大难采,以盐擦木身,则其实自落,所以有"落红盐"之语。南人夸橄榄,北人夸枣。(《说郛》本)

案:此则见《王直方诗话》,疑《说郛》本误引。又《耆旧续闻》引此作徐师川语。

三、都梁香

古诗云:"博山炉中百和香,郁金苏合及都梁。"又云:"甄甄五水香,⑧迷迭及都梁。"按《广志》:"都梁香出交广,形如藿香。迷迭出西域。魏文帝有《迷迭香赋》。"(《说郛》本、《百家诗话》抄本)

案:此则亦见《王直方诗话》,疑《说郛》本误引。

四、诗宗建安

建安诗辩而不华,质而不俚,风调高雅,格力遒壮。其言直致而少对偶,指事情而绮丽,得风雅骚人之气骨,最为近古者也。⑨ 一变而为晋宋,再变而为齐梁。唐诸诗人,高者学陶谢,下者学徐庾。惟老杜、李太白、韩退之早年皆学建安,晚乃各自变成一家耳。如老杜《崆峒》、《小麦熟》、《人生不相见》、《新安》、《石壕》、《潼关吏》、《新婚》、《垂老》、《无家别》、《夏日》、《夏夜叹》,皆全体作建安语。今所存集第一、第二卷中颇多。韩退之《孤臣昔放逐》、《暮行河堤上》、《重云》、《赠李观》、《江汉》、《答孟郊》、《归彭城醉赠张秘书》、《送灵师惠师》,并亦皆此体,但颇自加新奇。李太白亦多建安句法,而罕全篇,多杂以鲍明远体。东坡称蔡琰诗笔势似建安诸子。前辈皆留意于此,近来学者遂不讲尔。(《丛话》前一、《竹庄》二)

五、渊明出处

东坡《和贫士诗》云:"夷齐耻周粟,高歌诵虞轩。禄产⑩彼何人?能致绮与园。古来避世士,死灰或余烟。末路益可羞,朱墨手自研。渊明初亦仕,弦歌本诚言。不乐乃径归,

---

① 《诗林》"尝新"作"伤心"。
② 《竹庄》"丽"作"健",又《竹庄》吟至此。
③ 《诗林》、《全唐诗》十二"转"作"传"。
④ 《昌黎集》"偏重"作"初到"。
⑤ 《昌黎集》"照"作"映"。
⑥ 《诗林》"写"作"泻"。
⑦ 《昌黎集》"补"作"所"。
⑧ 日人所刊《百家诗抄》无以上诸语。
⑨ 《竹庄》引至此。
⑩ 《竹庄》"禄产"作"产禄"。

视世嗟①独贤。"此诗言夷齐自信其去,虽武王周召不能挽之使留,若四皓自信其进,虽禄产之聘亦为之出。〔盖古人无心于功名,通道而进退,举天下万世之是非,不能回夺。伯夷之非武王,绮园之从禄产,自合为世所笑,不当有名,偶然圣贤辨论之于后,乃信于天下,非其始望。故其名之傅〕②如死灰之余烟也。后世君子,既不能以道进退,又不能忘世俗之毁誉,多作文以自明其出处,如《答客难》《解嘲》之类皆是也,故曰"朱墨手自研"。〔韩退之亦云:"朱丹自磨研。"〕③若"渊明初亦仕,弦歌本诚言",盖无心于名,虽晋末亦仕,合于绮园之出。其去也亦不待以微罪行,"不乐乃径归",合于夷齐之去。〔其事虽小,其不为功名累〕④其进退,盖相似。使其易地,未必不追踪二子也。东坡作文工于命意,必超然独立于众人之上,非如昔人称渊明以退为高耳。故又发明如此。(《丛话》前四、《玉屑》六、《竹庄》十、《东坡诗话录》下)

六、九十行带索

《贫士诗》云:"九十行带索,饥寒况当年。"近一名士作诗云:"九十行带索,荣公老无依。"余谓之曰:〔"陶诗本非警策,因有君诗,乃见陶之工。"或讥余贵耳贱目,使错举两联,人多不能辨其孰为陶,孰为今诗也。则为解曰:〕⑤荣启期事近出列子,不言荣公可知;九十,则老可知;行带索,则无依可知:五字皆赘也。若渊明意谓至于九十犹不免行而带索,则自少壮至于长老,其饥寒艰苦宜⑥如此,穷士之所以可深悲也。此所谓"君子于其言,无所苟而已矣"。古人文章,必不虚设耳。(《丛话》前四、《玉屑》十三、《历代》三十一)

七、学诗贵识

山谷言学者若⑦不见古人用意处,但得其皮毛,所以去之更远。如"风吹柳花满店香",若人复能为此句,亦未是太白。至于"吴姬压酒劝客尝","压酒"字他人亦难及。⑧"金陵子弟来相送,欲行不行各尽觞",益不同。"请君试问东流水,别意与之谁短长",至此乃真太白妙处,〔当潜心焉。〕⑨故学者〔要〕⑩先以识为主,〔如〕⑪禅家所谓正法眼〔者〕。⑫直须具此眼目,方可入道。(《丛话》前五、《竹庄》五、《诗林》一)

---

① 《竹庄》"嗟"作"差"。
② 《竹庄》无"盖古人无心计于功名"至"故其名之传"十余句。
③ 《竹庄》无"韩退之"二句。
④ 《竹庄》无"其事虽小其不为功名累"十字。
⑤ 《历代》无"陶诗本非警策"至些数语。
⑥ 《历代》"宜"作"若常";案此句似应于"如"字断句,宜"似"当作"何"。
⑦ 《竹庄》"若"作"苦"。
⑧ 案:赵彦卫《云麓漫钞》十谓"此乃吴人方言耳,至今酒家有旋压酒子相待"之语。
⑨ 《诗林》无此四字。
⑩ 《诗林》有"要"字。
⑪ 《诗林》有"如"字。
⑫ 《诗林》有"者"字。

先秦汉魏晋南北朝诗

〔书名〕

《先秦汉魏晋南北朝诗》，中国先秦至隋的诗歌总集。今人逯钦立编，共135卷。

〔作者〕

逯钦立（1910—1973），字卓亭，山东巨野人。1939年毕业于北京大学中文系，随即考入北大文科研究所，专门研习汉魏六朝文学。曾在前中央研究院历史语言研究所、广西大学（桂林）、东北师范大学任职。逯先生对于汉魏六朝文学造诣颇深，撰述浪多。1940年，他感到明人冯惟讷所辑《诗纪》、近人丁福保所辑《全汉三国晋南北朝诗》，虽然"搜括靡遗"，有功于世，但仍存在严重缺失，遂在前书基础上重新撰摭上古迄隋末的歌谣，另谋新编。工作时断时续，直至1964年，始编定《先秦汉魏晋南北朝诗》这部百卷巨轶。其中《隋诗》10卷，为目前收录隋诗最为全备的总集。另有《陶渊明集校注》（中华书局）等。

〔体例与内容〕

此书的优点是：① 取材广博。隋代以前的作品，除《诗经》、《楚辞》外，凡歌诗谣谚，悉数编入。② 出处详明。每诗必注明见于何书何卷，无一例外。③ 异文翔实。各书的异文，或一书不同版本的异文，乃至前人的校勘成果，凡足资参考者统予记录。④ 考订精审。书中按断多有独到见解。⑤ 编次得当。依据作者生卒先后分卷编次。该书在同类总集中是最完善和使用最方便的一部。

〔版本〕

1983年由中华书局排印出版。

◎先秦诗卷一（节选）

【歌上】

【弹歌】

【《吴越春秋》曰：越王欲谋复吴。范蠡进善射者陈音。音。楚人也。越王请音而问曰：孤闻子善射。道何所生。音曰：臣闻弩生于弓。弓生于弹。弹起于古之孝子。不忍见父母为禽兽所食。故作弹以守之。歌曰：○《诗纪》注。刘勰云。黄歌断竹。质之至也。又曰断竹黄歌。乃二言之始。又注。黄。黄帝也。○逯案。《吴越春秋》所载越歌。率类汉篇。惟此歌质朴。殆是古代逸文。刘勰谓为《黄歌》。当别有据。今仍照《诗纪》列此。】

断竹续竹。（《书钞》作属木。《类聚》、《白帖》、《御览》同。）飞土逐宍。（《书钞》作肉。《白帖》、《御览》同。《吴越春秋》误作害。《类聚》同。《诗纪》云。宍，古肉字。今《吴越春秋》作害。非。○《吴越春秋》九。《书钞》百二十四。《类聚》六十。《白帖》五。《御览》三百五十。《诗纪·前集》一。）

【击壤歌】

【《礼记经解正义》引《尚书传》曰：民击壤而歌。凿井而饮。耕田而食。帝力何有。《类聚》引《帝王世纪》曰：天下大和。百姓无事。有五十老人击壤于道。观者叹曰：大哉。帝之德也。老人曰云云。于是景星曜于天。甘露降于地。】

日出而作。日入而息。凿井而饮。耕田而食。帝力于我何有哉。（《类聚》作"帝何力于我哉"。《乐府》、《诗纪》同。《初学记》作"帝力何有于我哉"。《御览》或作"帝何德于我哉"。○《类聚》十一。《御览》五百六引《高士传》。又五百七十二、七百五十五引《逸士传》。《乐府诗集》八十三。《诗纪·前集》一。）

【赓歌】

【《尚书》曰：帝庸作歌曰：敕天之命。惟时惟几。乃歌曰云云。皋陶拜手稽首扬言曰：念哉。率作兴事。慎乃宪。钦哉。乃赓载歌曰云云。又歌曰云云。帝拜曰：俞。往。钦哉。】

股肱喜哉。元首起哉。百工熙哉。（《白帖》作元首起哉。百工喜哉。万事熙哉。○《尚书·益稷篇》。《史记·夏本纪》。《白帖》十八。《御览》五百七十。《诗纪·前集》一。）

元首明哉。股肱良哉。庶事康哉。○（《尚书·益稷篇》、《史记·夏本纪》。《类聚》四十三作舜作歌。《文选》一两都赋注。《御览》九百五十一。《诗纪·前集一》。）

元首丛脞哉。股肱惰（《御览》或误作隋。）哉。万事堕（《御览》或作隳。）哉。○（《尚书·益稷篇》。《史记·夏本纪》作《舜又歌》。《类聚》四十三。《御览》五百七十、五百九十。《诗纪·前集一》。）

【南风歌】

【《家语》曰：昔者舜弹五弦之琴。造南风之诗。其《诗》曰云云。《史记·乐书》曰：舜弹五弦之琴。歌南风之诗。而天下治。南风之诗者。生长之音也。舜乐好之。乐与天地同意。得万国之欢心。故天下治也。】

南风之熏兮，可以解吾民（《初学记》、《白帖》作人。《御览》或同。）之愠兮。南风之时兮。可以阜吾民（《白帖》作人。《御览》或同。）之财兮。（上下两联《御览》或颠倒。○《家语》辨乐篇。《类聚》四十三。《白帖》一。《御览》五百七十一、五百九十二。《诗记·前集四》作《南风操》。又《尸子·绰子篇》、《初学记》一、《御览》九并引熏、愠二韵。○《史记·乐书》又云。昔者舜作五弦之琴以歌南风。《正义》云。郑玄曰：其辞未闻也。《索隐》云。此诗之辞出于《尸子》及《家语》。○逯案。《史记》已言歌南风之诗。冯衍《显志赋》又云咏南风之高声。步骘《上疏》亦言弹五弦之琴，咏南风之诗。俱证《尸子》以后。此诗传行已久。谓为王肃伪作。非是。）

【大唐歌】

【《尚书大传》曰：惟五祀。定钟石。论人声。鸟兽咸变。于是勃然兴韶于大麓之野。执事还归。二年谬然。乃作大唐之歌。以声帝美。声成而彩凤至。故其乐曰：】

舟张辟雍，鸧鸧相从。八风回回，凤皇喈喈。○（《尚书大传》一。《路史·后记》十二。

《诗纪·前集》九。○逯案。《诗纪》原作辟雍诗。《卮林》已辨其非。今改正列此。）

【卿云歌】

【《尚书大传》曰：舜将禅禹。于时俊乂百工。相和而歌卿云。帝乃倡之曰云云。八伯咸进。稽首曰云云。帝乃载歌旋持衡曰云云。】

卿（《尚书考河命》作庆。）云烂兮。纠（《类聚》作礼。《御览》、乐府同。）缦缦（《乐府》作漫漫。）兮。日月光华。旦（《类聚》或缺此字。）复（《类聚》作或。《御览》作咸。）旦兮。○（《尚书大传》一。《尚书·考河命》。《宋书》二十七。《书钞》一百六。《类聚》一、四十三。《御览》五百七十一。《乐府诗集》八十三。《诗纪前集》一。）

明明上天。烂然星陈。日月光（《类聚》无光字。）华。弘于（《尚书考河命》作予。《宋书》、《御览》同。《类聚》作兮。）一人。○（《尚书大传》。《尚书考河命》。《宋书》二十七。《类聚》四十三。《御览》五百七十一。《乐府诗集》八十三。《诗纪·前集一》。）

日月有常，星辰有行。四时从（光府作顺。《诗纪》同。）经，万姓允诚。于予（《御览》作施子。）论乐。配天之灵。迁于贤圣。（《尚书考河命》作圣贤。《宋书》同。《乐府》作贤善。《诗纪》同。又注。一作圣。）莫不咸听。鼚（《御览》作长。）乎鼓（《御览》作歌。）之。轩乎舞（《御览》作儛。）之。精（《诗纪》作菁）华已（《尚书·考河命》作以。《宋书》同。）竭。褰裳去之。○（《尚书大传》。《尚书·考河命》。《宋书》二十七。《御览》五百七十一。《乐府诗集》八十三。《诗纪·前集一》。又《类聚》四十三引常、行、经、诚、灵五韵。）

【涂山歌】

【《吕氏春秋》曰：禹年三十未娶。行涂山。恐时暮失嗣。辞曰：吾之娶必有应也。乃有白狐九尾而造于禹。禹曰：白者。吾服也。九尾者。其证也。于是涂山人歌曰云云。于是娶涂山女。】

绥绥白狐。九尾庞庞。成于家室。（《书钞》作成家成室。《御览》同。）我都攸（《书钞》作彼。《御览》同。）昌。○（《书钞》一百六。《类聚》九十九、《御览》五百七十一并引《吕氏春秋》。○逯案。今本《吕氏春秋》脱此条。又《吴越春秋·越王无余外传》载涂山之歌云。绥绥白狐。九尾厖厖。我家嘉夷。来宾为王。成家成室。我造彼昌。天人之际。于兹则行。盖据吕书又有增加。《乐府诗集》八十三引《吴越春秋》此歌"成家成室"二句作"成于家室。我都攸昌"。文字略异。《诗纪·前集一》据《乐府诗集》以《吴越春秋》之歌为正文。而以吕书佚文附之。非是。又刘师培《吕氏春秋斠补·自序》谓《书钞》所引系《吴越春秋》之误。亦非是。）

【涂山女歌】

【《吕氏春秋》曰：禹行功。见涂山氏之女。禹未之遇。而巡省南土。涂山氏之女。乃令其妾候禹于涂。女乃作歌。歌曰：候人猗兮。】《吕氏春秋》作兮猗。○《吕氏春秋·音初篇》。《文选四·南都赋》注。《文选五·吴都赋》注。）

据中华书局1983年版

◎魏诗卷七(节选)

陈思王曹植

【诗】

【献诗】【并疏】

【《魏志》本传云。黄初四年。徙封雍邱王。其年朝京师。上疏云云。○《文选》作上责躬应诏诗表。下列疏文。《诗纪》无此题。无疏文。直题上责躬诗应诏诗。】

臣植言。臣自抱衅归藩。刻肌刻骨。追思罪戾。昼分而食。夜分而寝。诚以天网不可重罹。圣思难可再恃。窃感《相鼠》之篇。无礼遄死之义。形影相吊。五情愧赧。以罪弃生。则违昔贤夕改之劝。忍垢苟全。则犯诗人胡颜之讥。伏惟陛下。德象天地。恩隆父母。施畅春风。泽如时雨。是以不别荆棘者。庆云之惠也。七子均养者。鸤鸠之仁也。舍罪贵功者。明君之举也。矜愚爱能者。慈父之恩也。是以愚臣徘徊于恩泽而不敢自弃者也。前奉诏书。臣等绝朝。心离志绝。自分黄耇永无执珪之望。不图圣诏猥垂齿召。至止之日。驰心辇毂。僻处而馆。未奉(《魏志》作拜。)阙庭。踊跃之怀。瞻望反侧。不胜犬马恋主之情。谨奉表并献诗二篇。词旨浅末。不足采览。贵露下情。冒颜以闻。臣植诚惶诚恐。顿首顿首。死罪死罪。(○《文选》二十。又《魏志》本传。)

【责躬】

于穆显考。时惟武皇。受命于天。宁济四方。朱旗所拂。九土披攘。玄化滂流。荒服来王。超商越周。与唐比踪。笃生我皇。奕世载(《魏志》作再。)聪。武则肃烈。文则时雍。受禅于(《魏志》作炎。)汉。君临万邦。万邦既化。率由旧则。(本集作章。)广命懿亲。以藩王国。帝曰尔侯。君兹青土。奄有海滨。方周于鲁。车服有辉。旗章有叙。济济隽(六臣本《文选》作俊。)乂。我弼我辅。伊予(本集作尔)小子。恃宠骄盈。举挂时网。动乱国经。作藩作屏。先轨是隳。(《魏志》作坠。本集作堕。六臣本《文选》注云。善本作堕。)傲我皇使。犯我朝仪。国有典刑。我削我绌。(《文选》作黜。本集同。)将寘干理。元凶是率。明明天子。时惟笃类。(《魏志》作时笃同类。《诗纪》云。一作时笃同类。)不忍我刑。暴之朝肆。违彼执宪。哀予小臣。(《魏志》作子。本集同。六臣本《文选》注云。善本作臣字。)改封兖邑。于河之滨。股肱弗置。有君无臣。荒淫之阙。谁弼予身。茕茕仆夫。于彼冀方。嗟予小子。乃罹斯殃。赫赫天子。恩不遗物。冠我玄冕。要我朱绂。光光大(《诗纪》云。一作天。)使。我荣我华。(《魏志》作朱绂光大。使我荣华。)剖符授玉。(李善本《文选》作土。《诗纪》云。一作土。)王爵是加。仰齿金玺。俯执圣策。皇恩过隆。只承怵惕。诒(六臣本《文选》注云。五臣作启。)我小子。顽凶是婴。逝惭陵墓。存愧阙庭。(《魏志》作廷。)匪敢傲德。实恩是恃。威灵改加。足以没齿。昊天罔极。生(《魏志》作性)命不图。常惧颠沛。抱罪黄垆。愿蒙矢石。建旗东岳。庶立毫厘。微功自赎。危躯授命。知足免戾。甘赴江湘。奋戈吴越。天启其衷。得会京畿。迟奉圣颜。如渴如饥。心之云慕。怆矣其悲。天高听卑。皇肯照微。(○《三国志》本传。《文选》二十。本集六。《诗纪》十四)

【应诏】

肃承明诏。应会皇都。星陈夙驾。秣马脂车。命彼掌徒。肃我征旅。朝发鸾台。夕宿兰渚。芒芒原隰。祁祁士女。经彼公田。乐我稷黍。爰有樛木。重阴匪息。虽有糇粮。饥不遑食。望城不过。面邑不（《魏志》作匪。）游。仆夫警策。平路是由。玄驷蔼蔼。扬镳漂（《魏志》作潎。）沫。流风翼衡。轻云承盖。涉涧之滨。缘由之隈。遵彼河浒。黄阪是阶。西济（《诗纪》作跻。）关谷。或降或（《类聚》作忽。）升。騑骖倦路。载（《文选》作再。）寝载（《魏志》、《文选》作再。）兴。将朝圣皇。匪敢晏（《类聚》作燕。）宁。弭节长骛。指日遄征。前驱举燧。后乘抗旌。轮不辍运。鸾（本集作銮。）无废声。爰暨帝室。税此西墉。嘉诏未赐。朝觐莫从。仰瞻城阈。俯惟阙庭。长怀永慕。忧心如酲。（○《三国志》本传。《文选》二十。本集五。《诗纪》十四。又《艺文类聚》三十九引旅、渚、黍、升、兴、宁、旌、酲八韵。《文选六·魏都赋》注作《责躬诗》。引一句。《御览》七百七十五作应制诗。引声一韵。）

【朔风诗】【五章】

仰彼朔风。用怀魏都。愿骋代马。倏忽北徂。凯风永至。思彼蛮方。愿随越鸟。翻飞南翔。

四气代谢。悬景运周。别如俯仰。脱若三秋。昔我初迁。朱华未晞。（本集作希。）今我旋止。素雪云飞。俯降千仞。仰登天阻。风飘蓬飞。载离寒暑。千仞易陟。天阻可越。昔我同袍。今永乖别。

子好芳草。岂忘尔贻。繁华将茂。秋霜悴之。君不垂眷。岂云其诚。秋兰可喻。桂树冬荣。

弦歌荡思。谁与销忧。（本集作愁。）临川慕思。何为泛舟。岂无和乐。游非我邻。（本集误作怜。）谁忘（《御览》作何以。）泛舟。愧无榜人。（○《文选》二十九。本集五。《诗纪》十四。又《御览》七百七十引人一韵。）

据中华书局 1983 年版

卷七　古文献学理论著述文选

通　志

〔书名〕

《莆田县志》载郑樵绍兴二十七年奏对云:"臣处山林三十余年,修书五十种,皆已成。其未成者,臣取历代之籍,始自三皇,终于五季,通为一书,名曰《通志》。参用马迁之体,而异马迁之法。"

郑樵在其《自序》中更明确地指出:"古者记事之史谓之志。《书大传》曰:'天子有问无以对,责之疑。有志而不志,责之丞。'是以宋、郑之史皆谓之志。太史公更志为记,今谓之志,本其旧也。"

〔作者〕

郑樵(1104—1162),字渔仲,别号溪西遗民,世称夹漈先生,宋兴化军莆田(今福建莆田)人。出生于官宦家庭,父亲郑国器曾为太学生。自幼天资聪颖,勤奋好学,从16岁开始,便谢绝人事,闭门苦读,立志"欲读古今之书,欲通百家之学,欲讨六艺之文而为羽翼,如此一生则无遗憾"(《夹漈遗稿》卷2《献皇帝书》)。因为家境贫寒,藏书也有限,他便"搜奇访古,遇藏书家,必借留读尽乃去"。郑樵虽出生于官宦之家,但无心于仕途,一生不应科举,深居夹漈山三十余年,著书千余卷,"自负不下刘向、扬雄"(《宋史·郑樵传》)。在经旨、礼乐、文字、天文、地理、虫鱼、草木、方书等方面都取得令人瞩目的成就,一生著作颇丰,有《氏族志》、《动植志》等八十余种,但多已亡失,今存除《通志》外,仅余《尔雅注》、《夹漈遗稿》等。其中《通志》是他的代表作,此书博大精深,涉及面广,堪称世界上最早的一部百科全书。清著名学者章学诚在《文史通义·释通》对《通志》赞曰:"若郑氏《通志》,卓识名理,独见别裁,古人不能任其先声,后代不能出其规范;虽事实无殊旧录,而辨名正物,诸子之意,寓于史裁,终为不朽之业矣。"

〔体例与内容〕

《通志》是继《史记》之后的又一部大型纪传体通史。

《通志》共二百卷,包括帝纪十八卷、年谱四卷、略五十二卷、世家三卷、载记八卷、列传一百一十五卷。体例多仿《史记》,但改表称谱,改书志称略,又取法《晋书》作载记。记事上起传说中的三皇,下迄于隋,惟有部分内容延伸至唐。该书的纪传部分多袭旧史,精华则在"二十略":氏族、六书、七音、天文、地理、都邑、礼、谥、器服、乐、职官、选举、刑法、食货、艺文、校雠、图谱、金石、灾祥、昆虫草木。郑樵于其中多有创造,发前人所未发。二十略内容之广,门类之全,前所未有,郑樵自谓乃"总天下之大学术",扩大了史学的研究范围。

郑樵在《通志》中提出"会通"思想,反对"后代与前代之事不相因依"的断代史,主张史书要能贯通古今,揭示历代的相因变化。在史书撰述上,他还强调据事直书,反对曲笔及"妄学"《春秋》笔法。《通志》的体例和编纂方法,对后世产生了较大的影响,清乾隆年间修有《续通志》和《清通志》。

〔版本〕

《通志》现存最早刻本为元至治元年(1321)摹印元大德本。商务印书馆的万有文库本为流行的版本,其中"二十略"有单行本。

浙江古籍出版社2007年重印。

通志·序(节选)

【导读】

本篇节选自郑樵《通志·总序》。《总序》是《通志》一书编纂的总纲和指导思想,也是郑樵对自己史学思想的概括。在本篇中,作者强调编写通史的重要性,批判班固断代为史失去了会通之旨;他虽赞扬司马迁的《史记》"擅制作之规模",但又批评他博雅不足。这些说法,有些是对的,但有些不一定妥当。

"二十略"是作者用功最深的得意之作,文中,作者逐一说明写作"二十略"的目的,并声称:"凡二十略,百代之宪章,学者之能事,尽于此矣。"它对后世史学发展有较大的影响。

此外,作者还主张据事直书,寓褒贬于史事中,把那些脱离史实而空谈理论,任情褒贬的史家比作"不事饔飧,专鼓唇舌"的"当家之妇"。

百川异趋,必会于海,然后九州无浸淫之患;万国殊途,必通诸夏,然后八荒无壅滞之忧。会通之义大矣哉! 自书契以来,立言者虽多,惟仲尼以天纵之圣,故总诗、书、礼、乐而会于一手,然后能同天下之文;贯二帝三王而通为一家,然后能极古今之变。是以其道光明百世之上,百世之下不能及。

仲尼既没,百家诸子兴焉,各效《论语》,以空言著书(《论语》,门徒集仲尼语),至于历代实迹,无所纪系。迨汉建元、元封之后,司马氏父子出焉。司马氏世司典籍,工于制作,故能上稽仲尼之意,会《诗》、《书》、《左传》、《国语》、《世本》、《战国策》、《楚汉春秋》之言,通黄帝、尧、舜至于秦、汉之世,勒成一书,分为五体。本纪纪年,世家传代,表以正历,书以类事,传以著人,使百代而下,史官不能易其法,学者不能舍其书,六经之后,惟有此作。故谓:"周公五百岁而有孔子,孔子五百岁而在斯乎。"是其所以自待者已不浅。

然大著述者必深于博雅,而尽见天下之书,然后无遗恨。当迁之时,挟书之律初除,得书之路未广,亘三千年之史籍,而局蹐于七八种书。所可为迁恨者,博不足也。凡著书者,虽采前人之书,必自成一家言。左氏,楚人也,所见多矣,而其书尽楚人之辞。公羊,齐人也,所闻多矣,而其书皆齐人之语。今迁书全用旧文,间以俚语,良由采摭未备,笔削不遑。故曰:"予不敢堕先人之言,乃述故事,整齐其传,非所谓作也。"刘知几亦讥其多聚旧记,时插杂言。所可为迁恨者,雅不足也。

大抵开基之人不免草创,全属继志之士为之弥缝。晋之《乘》,楚之《梼杌》,鲁之《春秋》,其实一也。《乘》、《梼杌》无善后之人,故其书不行。《春秋》得仲尼挽之于前,左氏推之于后,故其书与日月并传。不然,则一卷事目,安能行于世?自《春秋》之后,惟《史记》擅制作之规模。不幸班固非其人,遂失会通之旨,司马氏之门户,自此衰矣。班固者,浮华之士也,全无学术,专事剽窃。肃宗问以制礼作乐之事,固对以在京诸儒必能知之,倪臣邻皆如此,则顾问何取焉。及诸儒各有所陈,固惟窃叔孙通十二篇之仪以塞白而已。倪臣邻皆如此,则奏议何取焉?肃宗知其浅陋,故语窦宪曰:"公爱班固,而忽崔骃,此叶公之好龙也。"固于当时已有定价。如此人材,将何著述。《史记》一书,功在《十表》,犹衣裳之有冠冕,木水之有本原。班固不通旁行邪上,以古今人物强立差等,且谓汉绍尧运,自当继尧,非迁作《史记》厕于秦、项,此则无稽之谈也。由其断汉为书,是致周、秦不相因,古今成间隔。自高祖至武帝,凡六世之前,尽窃迁书,不以为惭。自昭帝至平帝,凡六世,资于贾逵、刘歆,复不以为耻。况又有曹大家终篇,则固之自为书也几希。往往出固之胸中者,古今人表耳,他人无此谬也。后世众手修书,道傍筑室,掠人之文,窃钟掩耳,皆固之作俑也。固之事业如此,后来史家,奔走班固之不暇,何能测其浅深。迁之于固,如龙之于猪,奈何诸史弃迁而用固,刘知几之徒尊班而抑马。

且善学司马迁者莫如班彪,彪续迁书自孝武至于后汉,欲令后人之续已,如已之续迁,既无衍文,又无绝绪,世世相承,如出一手,善乎其继志也。其书不可得而见,所可见者,元、成二帝赞耳,皆于本纪之外,别记所闻,可谓深入太史公之阃奥矣。凡左氏之有君子曰者,皆经之新意。《史记》之有"太史公曰"者,皆史之外事,不为褒贬也。间有及褒贬者,褚先生之徒杂之耳。且纪传之中既载善恶,足为鉴戒,何必丁纪传之后更加褒贬?此乃诸生决科之文,安可施于著述,殆非迁、彪之意,况谓为赞,岂有贬辞?后之史家,或谓之论,或谓之序,或谓之铨,或谓之评,皆效班固,臣不得不剧论固也。

司马谈有其书,而司马迁能成其父志。班彪有其业,而班固不能读父之书。固为彪之子,既不能保其身,又不能传其业,又不能教其子,为人如此,安在乎言为天下法。范晔、陈寿之徒继踵,率皆轻薄无行,以速罪辜,安在乎笔削而为信史也。

孔子曰:"殷因于夏礼,所损益,可知也;周因于殷礼,所损益,可知也。"此言相因也。自班固以断代为史,无复相因之义,虽有仲尼之圣,亦莫知其损益,会通之道,自此失矣。语其同也,则纪而复纪,一帝而有数纪;传而复传,一人而有数传;天文者,千古不易之象,而世世作《天文志》;《洪范五行》者,一家之书,而世世序《五行传》。如此之类,岂胜繁文。语其异也,则前王不列于后王,后事不接于前事;郡县各为区域,而昧迁革之源;礼乐自为更张,遂成殊俗之政。如此之类,岂胜断绠。曹魏指吴、蜀为寇,北朝指东晋为僭,南谓北为索虏,北谓南为岛夷。《齐史》称梁军为义军,谋人之国,可以为义乎?《隋书》称唐兵为义兵,伐人之君,可以为义乎?房玄龄董史册,故房彦谦擅美名。虞世南预修书,故虞荔、虞寄有嘉传。甚者桀犬吠尧，吠非其主。《晋史》党晋而不有魏，凡忠于魏者目为叛臣，王凌、诸葛诞、毋邱俭之徒，抱屈黄壤。《齐史》党齐而不有宋，凡忠于宋者目为逆党，袁粲、刘秉、沈攸之之徒，含冤九原。噫！天日在上，安可如斯。似此之类，历世有之，伤风败义，莫大乎此。

迁法既失，固弊日深，自东都至江左，无一人能觉其非。惟梁武帝为此慨然，乃命吴均作《通史》。上自太初，下终齐室，书未成而均卒。隋杨素又奏令陆从典续《史记》，讫于隋，书未成而免官。岂天之靳斯文而不传与？抑非其人而不佑之与？

自唐之后，又莫觉其非，凡秉史笔者，皆准春秋，专事褒贬。夫《春秋》以约文见义，若无传释，则善恶难明。史册以详文该事，善恶已彰，无待美刺。读萧、曹之行，事岂不知其忠良？见莽、卓之所为，岂不知其凶逆？夫史者，国之大典也。而当职之人不知留意于宪章，徒相尚于言语，正犹当家之妇不事饔飧，专鼓唇舌，纵然得胜，岂能肥家？此臣之所深耻也。

江淹有言，修史之难，无出于志。诚以志者，宪章之所系，非老于典故者，不能为也。不比纪、传，纪则以年包事，传则以事系人，儒学之士皆能为之。惟有志难。其次莫如表，所以范晔、陈寿之徒，能为纪、传，而不敢作表、志。志之大原，起于《尔雅》。司马迁曰书，班固曰志，蔡邕曰意，华峤曰典，张勃曰录，何法盛曰说，余史并承班固谓之志，皆详于浮言，略于事实，不足以尽《尔雅》之义。臣今总天下之大学术而条其纲目，名之曰略，凡二十略。百代之宪章，学者之能事，尽于此矣。其五略，汉、唐诸儒所得而闻；其十五略，汉、唐诸儒所不得而闻也。

生民之本，在于姓氏。帝王之制，各有区分，男子称氏，所以别贵贱；女子称姓，所以别婚姻，不相紊滥。秦并六国，姓氏混而为一，自汉至唐，历世有其书，而皆不能明姓氏。原此一家之学，倡于左氏，因生赐姓，胙土命氏，又以字、以谥、以官、以邑命氏，邑亦土也。左氏所言，惟兹五者；臣今所推，有三十二类，左氏不得而闻。故作《氏族略》。

书契之本，见于文字。独体为文，合体为字。文有子母，主类为母，从类为子。凡为字书者，皆不识子母。文字之本，出于六书。象形，指事，文也。会意，谐声，转注，字也。假借者，文与字也。原此一家之学，亦倡于左氏。然"止戈为武"，不识谐声。"反正为乏"，又昧象形。左氏既不别其源，后人何能别其流？是致小学一家皆成卤莽，经旨不明，穿凿蠭起，尽由于此。臣于是驱天下文字尽归六书，军律既明，士乃用命。故作《六书略》。

天籁之本，自成经纬，纵有四声以成经，横有七音以成纬。皇颉制字，深达此机。江左四声，反没其旨，凡为韵书者，皆有经无纬。字书眼学，韵书耳学，眼学以母为主，耳学以子为主。母主形，子主声，二家具失所主。今欲明七音之本，扩六合之情，然后能宣仲尼之教，以及人面之俗，使裔夷之俘皆知礼义。故作《七音略》。

天文之家，在于图象，民事必本于时，时序必本于天。为天文志者，有义无象，莫能知天。臣今取隋丹元子《步天歌》，句中有图，言下成象，灵台所用，可以仰观。不取甘石本经，惑人以妖妄，速人于罪累。故作《天文略》。

地理之家，在于封圻。而封圻之要，在于山川。《禹贡》九州岛岛，皆以山川定其经界。九州岛岛有时而移，山川千古不易，是故《禹贡》之图至今可别。班固《地理》，主于郡国，无所底止，虽有其书，不如无也。后之史氏，正以方隅，郡国并迁，方隅颠错，皆因司马迁无

《地理书》，班固为之创始，致此一家，俱成谬学。臣今准《禹贡》之书而理川源，本《开元十道图》以续今古。故作《地理略》。

都邑之本，金汤之业，史氏不书，黄图难考。臣上稽三皇五帝之形势，远探四夷八蛮之巢穴，仍以梁汴者，四朝旧都，为痛定之戒；南阳者，疑若可为中原之新宅。故作《都邑略》。

谥法一家，国之大典。史氏无其书，奉常失其旨。周人以讳事神，谥法之所由起也。古之帝王，存亡皆用名，自尧、舜、禹、汤至于桀、纣，皆名也。周公制礼，不忍名其先君，武王受命之后，乃追谥太王、王季、文王，此谥法所由立也。本无其书，后世伪作《周公谥法》，欲以生前之善恶为死后之劝惩。且周公之意，既不忍称其名，岂忍称其恶？如是则《春秋》为尊者讳，为亲者讳，不可行乎周公矣，此不道之言也。幽、厉、桓、灵之字本无凶义，谥法欲名其恶，则引辞以迁就，其意何为？皇颉制字，使字与义合，而周公作法，使字与义离。臣今所纂，并以一字见义，削去引辞，而除其曲说。故作《谥略》。

祭器者，古人饮食之器也。今之祭器，出于礼图，徒务说义，不思适用，形制既乖，岂便歆享？夫祭器尚象者，古之道也。器之大者莫如罍，故取诸云山；其次莫如尊，故取诸牛象；其次莫如彝，故取诸鸡凤。最小者莫如爵，故取诸雀。其制皆象其形，凿项及背，以出内酒。惟刘杳能知此义，故引鲁郡地中所得齐子尾送女器有牺尊，及齐景公家中所得牛尊、象尊以为证。其义甚明，世莫能用。故作《器服略》。

乐以诗为本，诗以声为用。风土之音曰风，朝廷之音曰雅，宗庙之音曰颂。仲尼编《诗》，为正乐也。以风、雅、颂之歌为燕享祭祀之乐，工歌《鹿鸣》之三，笙吹《南陔》之三，歌间《鱼丽》之三，笙间《崇邱》之三，此大合乐之道也。古者丝竹有谱无辞，所以六笙但存其名。序《诗》之人不知此理，谓之有其义而亡其辞，良由汉立齐、鲁、韩、毛四家博士，各以义言《诗》，遂使声歌之道日微。至后汉之末，《诗》三百仅能传《鹿鸣》、《驺虞》、《伐檀》、《文王》四篇之声而已。太和末，又失其三，至于晋室。《鹿鸣》一篇又无传。自《鹿鸣》不传，后世不复闻《诗》。然诗者人心之乐也，不以世之兴衰而存亡，继风、雅之作者，乐府也。史家不明仲尼之意，弃乐府不收，乃取工伎之作以为志。臣旧作《系声乐府》，以集汉魏之辞，正为此也。今取篇目以为次，曰《乐府正声》者，所以明风、雅；曰《祀享正声》者，所以明颂；又以琴操明丝竹，以遗声准逸《诗》。语曰：“《韶》尽美矣，又尽善也。《武》尽美矣，未尽善也。”此仲尼所以正舞也。《韶》即文舞，《武》即武舞，古乐甚希，而文、武二舞犹传于后世，良由有节而无辞，不为义说家所惑，故得全仲尼之意。五声、八音、十二律者，乐之制也。故作《乐略》。

学术之苟且由源流之不分，书籍之散亡由编次之无纪。《易》虽一书，而有十六种学，有传学，有注学，有章句学，有图学，有数学，有谶纬学，安得总言《易》类乎？《诗》虽一书，而有十二种学，有诂训学，有传学，有注学，有图学，有谱学，有名物学，安得总言《诗》类乎？道家则有道书，有道经，有科仪，有符箓，有吐纳内丹，有炉火外丹，凡二十五种，皆道家，而浑为一家，可乎？医方则有脉经，有灸经，有本草，有方书，有炮炙，有病源，有妇人，有小儿，凡二十六种，皆医家，而浑为一家，可乎？故作《艺文略》。

册府之藏，不患无书，校雠之司，未闻其法。欲三馆无素餐之人，四库无蠹鱼之简，千章万卷，日见流通。故作《校雠略》。

河出图，天地有自然之象，图谱之学由此而兴。洛出书，天地有自然之文，书籍之学由此而出。图成经，书成纬，一经一纬，错综而成文。古之学者，左图右书，不可偏废。刘氏作《七略》，收书不收图，班固即其书为《艺文志》。自此以还，图谱日亡，书籍日冗，所以困后学而隳良材者，皆由于此。何哉？即图而求易，即书而求难，舍易从难，成功者少。臣乃立为二记：一曰记有，记今之所有者，不可不聚。二曰记无，记今之所无者，不可不求。故作《图谱略》。

方册者，古人之言语。款识者，古人之面貌。方册所载，经数千万传，款识所勒，犹存其旧。盖金石之功，寒暑不变，以兹稽古，庶不失真。今艺文有志而金石无纪，臣于是采三皇五帝之泉币，三王之鼎彝，秦人石鼓，汉、魏丰碑，上自苍颉石室之文，下逮唐人之书，各列其人而名其地。故作《金石略》。

《洪范五行传》者，巫瞽之学也，历代史官皆本之以作《五行志》。天地之间，灾祥万种，人间祸福，冥不可知，若之何一虫之妖，一物之戾，皆绳之以五行？又若之何晋厉公一视之远，周单公一言之徐，而能关于五行之渗乎？晋申生一衣之偏，郑子臧一冠之异，而能关于五行之渗乎？董仲舒以阴阳之学倡为此说，本于《春秋》，牵合附会。历世史官自愚其心目，俛首以受笼罩而欺天下。臣故削去五行而作《灾祥略》。

语言之理易推，名物之状难识。农圃之人识田野之物而不达诗书之旨，儒生达诗书之旨而不识田野之物。五方之名本殊，万物之形不一，必广览动植，洞见幽潜，通鸟兽之情状，察草木之精神，然后参之载籍，明其品汇。故作《昆虫草木略》。

凡十五略，出臣胸臆，不涉汉、唐诸儒议论。《礼略》所以叙五礼，《职官略》所以秩百官，《选举略》言抡材之方，《刑法略》言用刑之术，《食货略》言财货之源流，凡兹五略，虽本前人之典，亦非诸史之文也。

古者记事之史谓之志。《书大传》曰："天子有问无以对，责之疑。有志而不志，责之丞。"是以宋、郑之史皆谓之志。太史公更志为记，今谓之志，本其旧也。桓君山曰："太史公《三代世表》，旁行邪上，并效周谱。"古者纪年，别系之书，谓之谱。太史公改而为表，今复表为谱，率从旧也。然西周经幽王之乱，纪载无传，故《春秋》编年，以东周为始。自皇甫谧作《帝王世纪》及《年历》上极三皇，谯周、陶弘景之徒皆有其书，学者疑之，而以太史公编年为正，故其年始于共和，然共和之名，已不可据，况其年乎。仲尼著书，断自唐虞，而纪年始于鲁隐，以西周之年无所考也。今之所谱，自春秋之前称世，谓之世谱。春秋之后称年，谓之年谱。太史公纪年以六甲，后之纪年者以六十甲，或不用六十甲而用岁阳岁阴之名。今之所谱，即太史公法，既简且明，循环无滞。《礼》言临文不讳，谓私讳不可施之于公也。若庙讳，则无所不避。自汉至唐，史官皆避讳，惟《新唐书》无所避。臣今所修，准旧史例，间有不得而避者，如谥法之类，改易本字则其义不行，故亦准唐旧（汉景帝名启，改"启"为"开"。安帝名庆，改"庆"为"贺"。唐太祖名虎，改"虎"为"武"。高祖名渊，改"渊"为"水"。若章怀太子注《后汉书》，则濯龙渊不得而讳，杜佑作《通典》，则虎贲不得而讳。）。

夫学术超诣，本乎心识，如人入海，一入一深。臣之二十略，皆臣自有所得，不用旧史之文。纪传者，编年纪事之实迹，自有成规，不为智而增，不为愚而减，故于纪传，即其旧文从而损益，若纪有制诏之辞，传有书疏之章，入之正书，则据实事，置之别录，则见类例。《唐书》、《五代史》皆本朝大臣所修，微臣所不敢议。故纪传讫隋。若礼乐政刑，务存因革，故引而至唐云。

呜呼！酒醴之末自然浇漓，学术之末自然浅近。九流设教，至末皆弊，然他教之弊，微有典刑，惟儒家一家，去本太远。此理何由？班固有言："自武帝立五经博士，开弟子员，设科射策，劝以官禄。讫于元始，百有余年，传业者寝盛，枝叶繁滋，一经说至百余万言，大师众至千余人。盖禄利之路然也。"且百年之间，其患至此，千载之后，弊将若何？况禄利之路，必由科目，科目之设，必由乎文辞。三百篇之《诗》，尽在声歌，自置《诗》博士以来，学者不闻一篇之《诗》。六十四卦之《易》，该于象数，自置《易》博士以来，学者不见一卦之《易》。皇颉制字，尽由六书，汉立小学，凡文字之家，不明一字之宗。伶伦制律，尽本七音，江左置声韵，凡音律之家，不达一音之旨。经既苟且，史又荒唐。如此流离，何时返本？道之污隆存乎时，时之通塞存乎数，儒学之弊，至此而极。寒极则暑至，否极则泰来，此自然之道也。臣蒲柳之质，无复余龄，葵藿之心，惟期盛世。谨序。

◎通志·二十略（节选）

【导读】

  本篇选自《通志·二十略》中的"校雠略"。

  《校雠略》是《艺文略》、《金石略》和《图谱略》的说明书，系统集中地反应了郑樵的文献学思想。《校雠略》是《通志·二十略》最富有创造性的部分。文字不多，但内容丰富，对文献资料的搜访、典藏、整理、使用等问题的看法都包括在内。在我国学术史上，将校雠之学写成专著，是从《校雠略》开始的，郑樵的发轫之功，不可抹煞。

  《校雠略》共69篇，较早对目录学的理论方法作了比较完整和系统的阐述。在图书的搜集方法上，提出了"求书八道"，并对"亡书"的各种情况进行了具体分析。在目录编制和著录方法上，明确指出：图书编目必须记录"亡书"；应以书名作标目，不应以人名作标目；书有应释，有不应释，泛释无义。在图书分类方面，冲破了传统四部分类法的束缚，推出了"十二类"的新分类体系。同时，批评了以前和当时的一些目录书在分类方法上的不妥之处，主张一类之书必须集中在一处，同类之书编次必须有一定顺序；应当根据图书的学科内容进行分类，通过图书分类，辨明学术源流。这些观点和主张对后世的图书馆工作和目录学的发展都产生了深远的影响。

  《通志·二十略》包括《氏族略》、《六书略》、《七音略》、《天文略》、《地理略》、《都邑略》、《礼略》、《谥略》、《器服略》、《乐略》、《职官略》、《选举略》、《刑法略》、《食货略》、《艺文略》、《校雠略》、《图谱略》、《金石略》、《灾祥略》、《昆虫草木略》，为《通志》中郑樵用功最深、创造性最大的部分。

  《通志·二十略》作为专题学术编纂之作，颇具考索之功，只是它的考索主要不体现在某一部题的原始结论上，而是体现在对有关材料和考索成果的归纳、综合、按断、抉择、类编等方面，从而达到百科学术史的高度。因此可以说《通志·二十略》是独断、考索、比次三者兼备的极有价值的学术著作。章学诚在《文史通义·释通》中评说此书："总古今之学术，而纪传一规乎史迁，郑樵《通志》作焉。……郑樵著《略》，虽变史志章程，自成家法；但《六书》、《七音》，原非沿革；《昆虫草木》，何尝必欲易代相仍乎？惟通前后而勒成一家，则例由义起,自就隐括。""卓识名理,独见别裁,古人不能任其先声,后代不能出其规范;虽事实无殊旧录,而辨名正物,诸子之意,寓于史裁,终为不朽之业矣。"在《申郑》中又说:"独取三千年来遗文故册,运以别识心裁,盖承通史家风,而自为经纬,成一家言者也。……若夫二十略中,《六书》、《七音》与《昆虫草木》三略,所谓以史翼经,本非断代为书,可以递续不穷者比,诚所谓专门绝业,汉、唐诸儒不可得闻者也。"

《四库提要》卷五十评说:"其平生之精力,全帙之菁华,惟在二十略而已。……其《氏族》、《六书》、《七音》、《都邑》、《草木昆虫》五略,为旧史所无。案《史通·书志篇》曰:'可以为志者,其道有三:一曰都邑志,二曰氏族志,三曰方物志。'樵增《氏族》、《都邑》、《草木昆虫》三略,盖窃据是文。至于《六书》、《七音》,乃小学之支流,非史家之本义,矜奇炫博,泛滥及之,此于例为无所取矣。余十五略虽皆旧史所有,然《谥》与《器服》,乃《礼》之子目,《校雠》、《图谱》、《金石》,乃《艺文》之子目,析为别类,不亦冗且碎矣?且《氏族略》多挂漏,《六书略》多穿凿,《天文略》亦只载丹玄子《步天歌》,《地理略》则全抄杜佑《通典·州郡总序》一篇,前虽列水道数行,仅杂取《汉书·地理志》及《水经注》数十则,即《禹贡》山川,亦未能一一详载。……其《礼》、《乐》、《职官》、《食货》、《选举》、《刑法》六略,亦但删录《通典》,无所辨证。至于《职官略》中,以《通典》注所引之典故,悉改为案语大书,更为草率矣。《艺文略》则分门大繁。……《金石略》则钟鼎碑碣,核以《博古》、《考古》二图,《集古》、《金石》二录,脱略至十之七八。《灾祥略》则悉抄诸史《五行志》,《草木昆虫略》则并《诗经》、《尔雅》之注疏亦未能详核。盖宋人以义理相高,于考证之学,罕能留意。……特其采摭既已浩博,议论亦多警辟。虽纯驳互见,而瑕不掩瑜,究非游谈无根者可及。至今资为考镜,与杜佑、马端临书并称'三通',亦有以焉。"

校雠略
秦不绝儒学论二篇
陆贾,秦之巨儒也。郦食其,秦之儒生也。叔孙通,秦时以文学召,待诏博士。数岁,陈胜起,二世召博士诸儒生三十余人而问其故,皆引《春秋》之义以对,是则秦时未尝不用儒生与经学也。况叔孙通降汉时,自有弟子百余人,齐鲁之风亦未尝替。故项羽既亡之后,而鲁为守节礼义之国,则知秦时未尝废儒,而始皇所坑者,盖一时议论不合者耳。

萧何入咸阳,收秦律令图书,则秦亦未尝无书籍也。其所焚者,一时间事耳。后世不明经者,皆归之秦火,使学者不睹全书,未免乎疑以传疑。然则《易》固为全书矣,何尝见后世有明全《易》之人哉!臣向谓秦人焚书而书存,诸儒穷经而经绝,盖为此发也。《诗》有六亡篇,乃六笙诗本无辞,《书》有逸篇,仲尼之时已无矣,皆不因秦火。自汉已来,书籍至于今日,百不存一二,非秦人亡之也,学者自亡之耳。

编次必谨类例论六篇
学之不专者,为书之不明也。书之不明者,为类例之不分也。有专门之书则有专门之学,有专门之学则有世守之能。人守其学,学守其书,书守其类,人有存没而学不息,世有变故而书不亡。以今之书校古之书,百无一存,其故何哉?士卒之亡者,由部伍之法不明也。书籍之亡者,由类例之法不分也。类例分则百家九流各有条理,虽亡而不能亡也。巫医之学亦经存没而学不息,释老之书亦经变故而书常存。观汉之《易》书甚多,今不传,惟卜筮之《易》传。法家之书亦多,今不传,惟释老之书传。彼异端之学能全其书者,专之谓矣。

十二野者，所以分天之纲，即十二野不可以明天。九州者，所以分地之纪，即九州不可以明地。《七略》者，所以分书之次，即《七略》不可以明书。欲明天者在于明推步，欲明地者在于明远迩，欲明书者在于明类例。嘻！类例不明，图书失纪，有自来矣。臣于是总古今有无之书为之区别，凡十二类：经类第一，礼类第二，乐类第三，小学类第四，史类第五，诸子类第六，星数类第七，五行类第八，艺术类第九，医方类第十，类书类第十一，文类第十二。经一类分九家，九家有八十八种书，以八十八种书而总为九种书，可乎？礼一类分七家，七家有五十四种书。以五十四种书而总为七种书，可乎？乐一类为一家，书十一种。小学一类为一家，书八种。史一类分十三家，十三家为书九十种。朝代之书则以朝代分，非朝代书则以类聚分。诸子一类分十一家，其八家为书八种。道、释、兵三家书差多，为四十种。星数一类分三家，三家为书十五种。五行一类分三十家，三十家为书三十三种。艺术一类为一家，书十七种。医方一类为一家，书二十六种。类书一类为一家，分上、下二种。文类一类分二家，二十二种，别集一家为十九种书，余二十一家二十一种书而已。总十二类，百家，四百二十二种。朱紫分矣。散四百二十二种书可以穷百家之学，敛百家之学可以明十二类之所归。

《易》本一类也，以数不可合于图，图不可合于音，谶纬不可合于传注，故分为十六种。《诗》本一类也，以图不可合于音，音不可合于谱，名物不可合于诂训，故分为十二种。《礼》虽一类而有七种，以《仪礼》杂于《周官》，可乎？《春秋》虽一类而有五家，以唊、赵杂于《公》、《谷》，可乎？乐虽主于音声，而歌曲与管弦异事。小学虽主于文字，而字书与韵书背驰，编年一家而有先后。文集一家而有合离。日月星辰岂可与风云气候同为天文之学？三命元辰岂可与九宫太一同为五行之书？以此观之，《七略》所分，自为苟简，四库所部，无乃荒唐。

类书犹持军也，若有条理，虽多而治。若无条理，虽寡而纷。类例不患其多也，患处多之无术耳。

今所纪者，欲以纪百代之有无。然汉、晋之书，最为希阔，故稍略；隋、唐之书，于今为近，故差详。崇文四库及民间之藏，乃近代之书，所当一一载也。

类例既分，学术自明，以其先后本末具在。观图谱者可以知图谱之所始，观名数者可以知名数之相承。谶纬之学盛于东都，音韵之书传于江左，传注起于汉、魏，义疏成于隋、唐，睹其书，可以知其学之源流。或旧无其书而有其学者，是为新出之学，非古道也。

编次必记亡书论三篇

古人编书，皆记其亡阙。所以仲尼定《书》，逸篇具载。王俭作《七志》，已，又条刘氏《七略》及二汉《艺文志》、魏《中经簿》所阙之书为一志。阮孝绪作《七录》，已，亦条刘氏《七略》及班固《汉志》、袁山松《后汉志》、魏《中经》、晋四部所亡之书为一录。隋朝又记梁之亡书。自唐以前，书籍之富者，为亡阙之书有所系，故可以本所系而求。所以书或亡于前而备于后，不出于彼而出于此。及唐人收书，只记其有，不记其无，是致后人失其名系，所以崇文四库之书，比于隋唐亡书甚多，而古书之亡尤甚焉。

古人亡书有记，故本所记而求之。魏人求书有《阙目录》一卷，唐人求书有《搜访图书目》一卷，所以得书之多也。宋嘉佑中，下诏并书目一卷，惜乎行之不远，一卷之目亦无传焉。臣今所作《群书会纪》，不惟简别类例，亦所以广古今而无遗也。

古人编书，必究本末，上有源流，下有沿袭，故学者亦易学，求者亦易求。谓如隋人于历一家最为详明，凡作历者几人，或先或后，有因有革，存则俱存，亡则俱亡。唐人不能记亡书，然犹纪其当代作者之先后，必使具在而后已。及崇文四库，有则书，无则否，不惟古书难求，虽今代宪章亦不备。

书有名亡实不亡论一篇

书有亡者，有虽亡而不亡者，有不可以不求者，有不可求者。《文言》略例虽亡，而《周易》具在。汉、魏、吴、晋鼓吹曲虽亡，而乐府具在。《三礼目录》虽亡，可取诸三礼。《十三代史目录》虽亡，可取诸十三代史。常鼎宝《文选著作人名目录》虽亡，可取诸《文选》。孙玉汝《唐列圣实录》虽亡，可取诸《唐实录》。《开元礼目录》虽亡，可取诸《开元礼》。《名医别录》虽亡，陶隐居已收入《本草》。李氏《本草》虽亡，唐慎微已收入《证类》。《春秋括甲子》虽亡，不过起隐公至哀公甲子耳。韦嘉《年号录》虽亡，不过起汉后元至唐中和年号耳。《续唐历》虽亡，不过起续柳芳所作至唐之末年，亦犹《续通典》续杜佑所作至宋初也。《毛诗虫鱼草木图》盖本陆机《疏》而为图，今虽亡，有陆机《疏》在，则其图可图也。《尔雅图》盖本郭璞注而为图，今虽亡有郭璞注在，则其图可图也。张频《礼粹》出于崔灵恩《三礼义宗》，有崔灵恩《三礼义宗》则张频《礼粹》为不亡。《五服志》出于《开元礼》，有《开元礼》则《五服志》为不亡。有杜预《春秋公子谱》，无顾启期《大夫谱》可也。有《洪范五行传》，无《春秋灾异应录》可也。丁副《春秋三传同异字》可见于杜预《释例》、陆淳《纂例》。京相璠《春秋土地名》可见于杜预《地名谱》、桑钦《水经》。李腾《说文字源》不离《说文》，《经典分毫正字》不离《佩觿》。李舟《切韵》，乃取《说文》而分声，《天宝切韵》即《开元文字》而为韵。《内外转归字图》、《内外传铃指归图》、《切韵枢》之类，无不见于《韵海镜源》。书评、书论、书品、书诀之类，无不见于《法书苑墨薮》。唐人小说多见于《语林》，近代小说多见于《集说》。《天文横图》、《圆图》、《分野图》、《紫微图》、《象度图》，但一图可该。《大象赋》、《小象赋》、《周髀星述》、《四七长短经》、《刘石甘巫占》，但一书可备。《开元占经》、《象应验录》之类，即《古今通占鉴》、《乾象新书》可以见矣。李氏《本草拾遗》、《删繁本草》，徐之才《药对》、《南海药谱》、《药林》、《药论》、《药忌》之书，《证类本草》收之矣。《肘后方》、《鬼遗方》、《独行方》、《一致方》及诸古方之书，《外台秘要》、《太平圣惠方》中尽收之矣。纪元之书，亡者甚多，不过《纪运图》、《历代图》可见其略。编年纪事之书，亡者甚多，不过《通历》、《帝王历数图》可见其略。凡此之类，名虽亡而实不亡者也。

编次失书论五篇

书之易亡，亦由校雠之人失职故也。盖编次之时失其名帙，名帙既失，书安得不亡也。按《唐志》于天文类有星书，无日月风云气候之书，岂有唐朝而无风云气候之书乎，编次之时失之矣。按《崇文目》，有风云气候书，无日月之书，岂有宋朝而无日月之书乎，编次之时失之矣。《四库书目》并无此等书，而以星禽洞微之书列于天文，且星禽洞微，五行之书也，何与于天文？

射覆一家，于汉有之，世有其书。《唐志》、《崇文目》并无。何也？

轨革一家，其来旧矣，世有其书。《唐志》、《崇文目》并无，《四库》始收入五行类。

医方类自有炮灸一家书，而隋、唐二志并无，何也？

人伦之书极多，《唐志》只有袁天纲七卷而已。婚书极多，《唐志》只有一部，《崇文》只有一卷而已，《四库》全不收。

见名不见书论二篇

编书之家，多是苟且，有见名不见书者，有看前不看后者。《尉缭子》，兵书也，班固以为诸子类，置于杂家，此之谓见名不见书。隋、唐因之，至《崇文目》始入兵书类。颜师古作《刊谬正俗》，乃杂记经史，惟第一篇说《论语》，而《崇文目》以为《论语》类，此之谓看前不看后。应知《崇文》所释，不看全书，多只看帙前数行，率意以释之耳。按《刊谬正俗》当入经解类。

按《汉朝驳议》、《诸王奏事》、《魏臣奏事》、《魏台访议》、《南台奏事》之类，隋人编入刑法者，以隋人见其书也。若不见其书，即其名以求之，安得有刑法意乎？按《唐志》见其名为奏事，直以为故事也，编入故事类。况古之所谓故事者，即汉之章程也，异乎近人所谓故事者矣，是之谓见名不见书。按《周易参同契》三卷，《周易五相类》一卷，炉火之书也，《唐志》以其取名于《周易》，则以为卜筮之书，故入《周易》卜筮类，此亦谓见名不见书。

收书之多论一篇

臣尝见乡人方氏望壶楼书籍颇多，问其家，乃云，先人守无为军日，就一道士传之，尚不能尽其书也，如唐人文集无不备。又尝见浮屠慧邃收古人简牍，宋朝自开国至崇观间，凡是名臣及高僧笔迹无不备。以一道士能备一唐朝之文集，以一僧能备一宋朝之笔迹，况于堂堂天府，而不能尽天下之图书乎，患不求耳。然观国家向日文物全盛之时，犹有遗书，民间所有，秘府所无者甚多，是求之道未至耳。

阙书备于后世论一篇

古之书籍，有不足于前朝而足于后世者。观《唐志》所得旧书，尽梁书卷帙而多于隋。盖梁书至隋所失已多，而卷帙不全者又多。唐人按王俭《七志》、阮孝绪《七录》搜访图书，所以卷帙多于隋，而复有多于梁者。如《陶潜集》，梁有五卷，隋有九卷，唐乃有二十卷，诸书如此者甚多。孰谓前代亡书不可备于后代乎。

亡书出于后世论一篇

古之书籍，有不出于当时，而出于后代者。按萧何律令，张苍章程，汉之大典也，刘氏《七略》、班固《汉志》全不收。按晋之故事即汉章程也，有《汉朝驳议》三十卷，《汉名臣奏议》三十卷，并为章程之书，至隋、唐犹存，奈何阙于汉乎？刑统之书本于萧何律令，历代增修，不失故典，岂可阙于当时乎？又况兵家一类，任宏所编，有韩信《军法》三篇，《广武》一篇，岂有韩信《军法》犹在，而萧何律令、张苍章程则无之，此刘氏、班氏之过也。孔安国《舜典》不出于汉而出于晋，《连山》之《易》不出于隋而出于唐，应知书籍之亡者，皆校雠之官失职矣。

亡书出于民间论一篇

古之书籍，有上代所无，而出于今民间者。《古文尚书音》，唐世与宋朝并无，今出于漳州之吴氏。陆机《正训》，《隋》、《唐》二志并无，今出于荆州之田氏。《三坟》自是一种古书，至熙丰间始出于野堂村校。按漳州《吴氏书目》算术一家有数件古书，皆三馆四库所无者，臣已收入求书类矣。又《师春》二卷，甘氏《星经》二卷，《汉官典义》十卷、《京房易钞》一卷，今世之所传者皆出吴氏。应知古书散落人间者，可胜计哉！求之之道未至耳。

求书遣使校书久任论一篇

求书之官不可不遣,校书之任不可不专。汉除挟书之律,开献书之路久矣,至成帝时,遣谒者陈农求遗书于天下,遂有《七略》之藏。隋开皇间,奇章公请分遣使人搜访异本,后嘉则殿藏书三十七万卷。禄山之变,尺简无存,乃命苗发等使江淮括访,至文宗朝,遂有十二库之书。唐之季年,犹遣监察御史诸道搜求遗书。知古人求书欲广,必遣官焉,然后山林薮泽可以无遗。司马迁世为史官,刘向父子校雠天禄,虞世南、颜师古相继为秘书监,令狐德棻三朝当修史之任,孔颖达一生不离学校之官。若欲图书之备,文物之兴,则校雠之官岂可不久其任哉。

求书之道有八论九篇

求书之道有八:一曰即类以求,二曰旁类以求,三曰因地以求,四曰因家以求,五曰求之公,六曰求之私,七曰因人以求,八曰因代以求。当不一于所求也。

凡星历之书,求之灵台郎。乐律之书,求之太常乐工。灵台所无,然后访民间之知星历者。太常所无,然后访民间之知音律者。眼目之方多,眼科家或有之;疽疡之方多,外医家或有之。紫堂之书多亡,世有传紫堂之学者。九曜之书多亡,世有传九星之学者。《列仙传》之类,《道藏》可求。此之谓即类以求。

凡性命道德之书,可以求之道家。小学文字之书,可以求之释氏。如《素履子》、《玄真子》、《尹子》、《鹖子》之类,道家皆有。如《苍颉篇》、《龙龛手鉴》、郭迻《音诀图字母》之类,释氏皆有。《周易》之书,多藏于卜筮家。《洪范》之书,多藏于五行家。且如邢璹《周易略例正义》,今《道藏》有之。《京房周易飞伏例》,卜筮家有之。此之谓旁类以求。

《孟少主实录》,蜀中必有。《王审知传》,闽中必有。《零陵先贤传》,零陵必有。《桂阳先贤赞》,桂阳必有。《京口记》者,润州记也。《东阳记》者,婺州记也。《茅山记》必见于茅山观。《神光圣迹》必见于神光寺。如此之类,可因地以求。

《钱氏庆系图》可求于忠懿王之家。《章氏家谱》可求于申公之后。黄君俞尚书《关言》虽亡,君俞之家在兴化。王棐《春秋讲义》虽亡,棐之家在临漳。徐寅文赋,今莆田有之,以其家在莆田。潘佑文集,今长乐有之,以其后居长乐。如此之类,可因家以求。

礼仪之书,祠祀之书,断狱之书,官制之书,版图之书,今官府有不经兵火处,其书必有存者。此谓之求公。

书不存于秘府而出于民间者甚多,如漳州吴氏,其家甚微,其官甚卑,然一生文字间,至老不休,故所得之书多蓬山所无者。兼藏书之家例有两目录,所以示人者未尝载异书,若非与人尽诚尽礼,彼肯出其所秘乎?此谓求之私。

乡人李氏曾守和州,其家或有沈氏之书,前年所进褚方回《清慎帖》,蒙赐百匹两,此则沈家旧物也。乡人陈氏尝为湖北监司,其家或有田氏之书,臣尝见其有荆州《田氏目录》,若迹其官守,知所由来,容或有焉。此谓因人以求。

胡旦作《演圣通论》,余靖作《三史刊误》。此等书卷帙虽多,然流行于一时,实近代之所作。书之难求者,为其久远而不可迹也,若出近代人之手,何不可求之有?此谓因代而求。

编次之讹论十五篇

《隋志》所类，无不当理，然亦有错收者。谥法三部，已见经解类矣，而汝南君《谥议》又见仪注，何也？后人更不考其错误而复因之。按《唐志》经解类已有谥法，复于仪注类出《魏晋谥议》，盖本《隋志》。

一类之书当集在一处，不可有所间也。按《唐志》谥法见于经解，一类而分为两处置。《四库书目》以入礼类，亦分为两也。

《唐志》于仪注类中有玉玺、国宝之书矣，而于传记类中复出此二书。《四库书目》既立命书类，而三命、五命之书复入五行卜筮类。

遁甲，一种书耳，《四库书目》分而为四类，兵书见之，五行卜筮又见之，壬课又见之，命书又见之。既立壬课类，则遁甲书当隶壬课类中。

月令，乃礼家之一类，以其书之多，故为专类，不知《四库书目》如何见于礼类，又见于兵家，又见于农家，又见于月鉴。按此宜在岁时类。

《太玄经》，以讳故《崇文》改为《太真》。今《四库书目》分《太玄》、《太真》为两家书。

货泉之书，农家类也。《唐志》以顾烜《钱谱》列于农，至于封演《钱谱》又列于小说家，此何义哉。亦恐是误耳。《崇文》、《四库》因之，并以货泉为小说家书。正犹班固以《太玄》为扬雄所作而列于儒家，后人因之，遂以《太玄》一家之书为儒家类。是故君子重始作，若始作之讹，则后人不复能反正也。

有历学，有算学，《隋志》以历数为主，而附以算法，虽不别条，自成两类。后人始分历、数为两家。不知《唐志》如何以历与算二种之书相滥为一，虽曰历算同归乎数，各自名家。

李延寿《南北史》，《唐志》类于集史是，《崇文》类于杂史非。《吴纪》九卷，《唐志》类于编年是，《隋志》类于正史非。《海宇乱离志》，《唐志》类于杂史是，《隋志》类于编年非。

《唐艺文志》与《崇文总目》既以外丹煅法为道家书矣，奈何《艺文》又于医术中见《太清神丹经》诸丹药数条，《崇文》又于医书中见《伏火丹砂》、《通玄秘诀》数条？大抵炉火与服饵两种，向来道家与医家杂出，不独《艺文》与《崇文》，虽《隋志》亦如此。臣今分为两类，列于道家，庶无杂糅。

岁时自一家书。如《岁时广记》百十二卷，《崇文总目》不列于岁时而列于类书，何也？类书者，谓总众类不可分也，若可分之书，当入别类。且如天文有类书，自当列天文类，职官有类书，自当列职官类，岂可以为类书而总入类书类乎？

谏疏时政论与君臣之事，《隋》、《唐志》并入杂家，臣今析出。按此当入儒家。大抵《隋》、《唐志》于儒、杂二家不分。

古今编书所不能分者五：一曰传记，二曰杂家，三曰小说，四曰杂史，五曰故事。凡此五类之书，足相紊乱。又如文史与诗话，亦能相滥。

凡编书，每一类成，必计卷帙于其后。如何《唐志》于集史计卷而正史不计卷，实录与诏令计卷而起居注不计卷？凡书计帙皆有空别，《唐志》无空别，多为抄写所移。

《隋志》最可信，缘分类不考，故亦有重复者。《嘉瑞记》、《祥瑞记》二书，既出杂传，又出五行。《诸葛武侯集诫》、《众贤诫》、《曹大家女诫》、《正顺志》、《娣姒训》、《女诫》、《女训》，凡数种书，既出儒类，又出总集。《众僧传》、《高僧传》、《梁皇大捨记》、《法藏目录》、《玄门宝海》等书，既出杂传，又出杂家。如此三种，实由分类不明，是致差互。若乃陶弘景

《天仪说要》，天文类中两出。赵政《甲寅元历序》，历数中两出；《黄帝飞鸟历》与《海中仙人占灾祥书》，五行类中两出；庾季才《地形志》，地里类中两出。凡此五书，是不校勘之过也。以《隋志》尚且如此，后来编书出于众手，不经校勘者可胜道哉！于是作《书目正讹》。

《崇文》明于两类论一篇

《崇文总目》，众手为之，其间有两类极有条理，古人不及，后来无以复加也。道书一类有九节，九节相属而无杂糅。又杂史一类，虽不标别，然分上下二卷，即为二家，不胜冗滥。及睹《崇文》九节，正所谓大热而濯以清风也。杂史一类，《隋》、《唐》二志皆不成条理，今观《崇文》之作，贤于二志远矣。此二类往往是一手所编，惜乎当时不尽以其书属之也。

泛释无义论一篇

古之编书，但标类而已，未尝注解，其著注者，人之姓名耳。盖经入经类，何必更言经；史入史类，何必更言史。但随其凡目，则其书自显。惟《隋志》于疑晦者则释之，无疑晦者则以类举。今《崇文总目》出新意，每书之下必著说焉。据标类自见，何用更为之说？且为之说也，已自繁矣，何用一一说焉？至于无说者，或后书与前书不殊者，则强为之说，使人意怠。且《太平广记》者，乃《太平御览》别出，《广记》一书，专记异事，奈何《崇文》之目所说不及此意，但以谓博采群书，以类分门。凡是类书，皆可博采群书，以类分门，不知《御览》之与《广记》又何异？《崇文》所释，大概如此，举此一条，可见其他。

书有不应释论三篇

实录自出于当代。按《崇文总目》有《唐实录》十八部，既谓《唐实录》，得非出于唐人之手，何须一一释云"唐人撰"？

凡编书皆欲成类，取简而易晓。如文集之作甚多，唐人所作，自是一类，宋朝人所作，自是一类，但记姓名可也，何须一一言"唐人撰"，一一言"宋朝人撰"？然《崇文》之作所以为衍文者，不知其为几何。此非不达理也，著书之时元不经心耳。

有应释者，有不应释者，《崇文总目》必欲一一为之释，间有见名知义者，亦强为之释。如郑景岫作《南中四时摄生论》，其名自可见，何用释哉。如陈昌胤作《百中伤寒论》，其名亦可见，何必曰"百中者，取其必愈"乎？

书有应释论一篇

《隋志》于他类只注人姓名，不注义说，可以睹类而知义也。如史家一类，正史、编年，各随朝代易明，不言自显。至于杂史，容有错杂其间，故为之注释，其易知者则否。惟霸史一类，纷纷如也，故一一具注。盖有应释者，有不应释者，不可执一概之论。按《唐志》有应释者而一概不释，谓之简；《崇文》有不应释者而一概释之，谓之繁，今当观其可不可。

不类书而类人论三篇

古之编书，以人类书，何尝以书类人哉。人则于书之下注姓名耳。《唐志》一例削注，一例大书，遂以书类人。且如别集类自是一类，总集自是一类，奏集自是一类。《令狐楚集》百三十卷，当入别集类，《表奏》十卷，当入奏集类，如何取类于令狐楚，而别集与奏集不分？皮日休《文薮》十卷，当入总集类，《文集》十八卷，当入别集类，如何取类于皮日休，而总集与别集无别？诗自一类，赋自一类。陆龟蒙有诗十卷，赋六卷，如何不分诗、赋，而取类于陆龟蒙？

按，《隋志》于书，则以所作之人或所解之人，注其姓名于书之下，文集则大书其名于上曰"某人文集",不著注焉。《唐志》因《隋志》,系人于文集之上,遂以他书一概如是。且春秋一类之学,当附《春秋》以显,如曰刘向,有何义?易一类之学,当附《易》以显,如曰王弼,有何义?

《唐志》以人置于书之上而不著注,大有相妨。如管辰作《管辂传》三卷,《唐》省文例去"作"字,则当曰"管辰管辂传",是二人共传也。如李邕作《狄仁杰传》三卷,当去"作"字,则当曰"李邕狄仁杰传",是二人共传也。又如李翰作《张巡姚訚传》三卷,当去"作"字,则当曰"李翰张巡姚訚传",是三人共传也。若文集置人于上则无相妨,曰"某人文集"可也,即无某人作某人文集之理,所志惟"文集"置人于上,可以去"作"字,可以不著注而于义无妨也。又如卢槃佐作《孝子传》三卷,又作《高士传》二卷,"高士"与"孝子"自殊,如何因所作之人而合为一?似此类极多。《炙毂子杂录》注解五卷,乃王叡撰,若从《唐志》之例,则当曰"王叡炙毂子杂录注解五卷",是王叡复为注解之人矣。若用《隋志》例,以其人之姓名著注于其下,无有不安之理。

编书不明分类论三篇

《七略》惟兵家一略任宏所校,分权谋、形势、阴阳、技巧为四种书,又有图四十三卷,与书参焉。观其类例,亦可知兵,况见其书乎。其次,则尹咸校数术,李柱国校方技,亦有条理。惟刘向父子所校经传、诸子、诗赋,冗杂不明,尽采语言,不存图谱,缘刘氏章句之儒,胸中元无伦类。班固不知其失,是故后世亡书多,而学者不知源别。凡编书惟细分难,非用心精微,则不能也。兵家一略极明,若他略皆如此,何忧乎斯文之丧也。

史家本于孟坚。孟坚初无独断之学,惟依缘他人以成门户。纪、志、传则追司马之踪,律历、艺文则蹑刘氏之迹,惟《地里志》与《古今人物表》是其胸臆。地里一学,后代少有名家者,由班固修书之无功耳。《古今人物表》又不足言也。

古者修书,出于一人之手,成于一家之学,班、马之徒是也。至唐人始用众手,《晋》、《隋》二书是矣。然亦皆随其学术所长者而授之,未尝夺人之所能,而强人之所不及。如李淳风、于志宁之徒,则授之以志;如颜师古、孔颖达之徒,则授之纪传。以颜、孔博通古今,于、李明天文、地里、图籍之学,所以《晋》、《隋》二志高于古今,而《隋志》尤详明也。

编次有叙论二篇

《隋志》每于一书而有数种学者,虽不标别,然亦有次第。如《春秋》三传,虽不分为三家,而有先后之列,先《左氏》,次《公羊》,次《谷梁》,次《国语》,可以次求类。《唐志》不然,三传《国语》可以浑而杂出。四家之学,犹方圆冰炭也,不知《国语》之文可以同于《公》、《谷》,《公》、《谷》之义可以同于《左氏》者乎?

《隋志》于礼类有丧服一种,虽不别出,而于《仪礼》之后,自成一类,以丧服者《仪礼》之一篇也。后之议礼者,因而讲究,遂成一家之书,尤多于三礼,故为之别异,可以见先后之次,可以见因革之宜,而无所紊滥。今《唐志》与三礼杂出,可乎?

编次不明论七篇

班固《艺文志》,出于《七略》者也。《七略》虽疏而不滥,若班氏步步趋趋,不离于《七略》,未见其失也。间有《七略》所无而班氏杂出者,则颣矣。扬雄所作之书,刘氏盖未收,而班氏始出,若之何以《太玄》、《法言》、《乐箴》三书合为一总,谓之"扬雄所序三十八篇",入于儒家类。按儒者旧有五十二种,固新出一种,则扬雄之三书也。且《太玄》易类也,《法言》诸子也，《乐箴》杂家也，奈何合而为一家？是知班固胸中元无伦类。

旧类有道家，有道书，道家则《老》、《庄》是也。有法家，有刑法，法家则《申》、《韩》是也。以道家为先，法家次之，至于刑法、道书，别出条例。刑法则律令也，道书则法术也，岂可以法术与《老》、《庄》同条，律令与《申》、《韩》共贯乎？不得不分也。《唐志》则并道家、道书、释氏三类为一类，命以"道家"，可乎？凡条例之书，古人草昧，后世详明者有之，未有弃古人之详明，从后人之紊滥也。其意谓释氏之书难为，在名、墨、兵、农之上，故以合于道家。殊不知凡目之书只要明晓，不如此论高卑，况释、道二家之书自是矛盾，岂可同一家乎。

《汉志》于医术类有经方，有医经，于道术类有房中，有神仙，亦自微有分别。奈何后之人更不本此，同为医方，同为道家者乎？足见后人之苟且也。

《唐志》别出明堂经脉一条，而《崇文总目》合为医书。据明堂一类亦有数家，以为一条，已自疏矣，况合于医书，而其类又不相附，可乎？

《汉志》以《司马法》为礼经，以《太公兵法》为道家，此何义也？疑此二条非任氏、刘氏所收，盖出班固之意，亦如以《太玄》、《乐箴》为儒家类也。

《汉志》以《世本》、《战国策》、秦大臣《奏事》、《汉著记》为春秋类，此何义也？

《唐志》以《选举志》入职官类，是。《崇文总目》以《选举志》入传记，非。

据浙江古籍出版社 2007 年版

文献通考

〔书名〕

《文献通考》,元朝马端临撰,以杜佑的《通典》为蓝本,将《通典》上之八门增扩为二十四门,记载上古至宋宁宗嘉定末年历代典章制度的政书,"十通"之一。

〔作者〕

作者马端临,字贵与,号竹洲,饶州乐平(今江西乐平)人。生于南宋理宗宝祐二年(1254),卒于元英宗至治三年(1323),元代杰出的史学家。由于明代修的《元史》没有为他立传,近代柯劭忞著《新元史》把他与胡三省合立一传,缺乏原始材料,全传只216个字,也没有年月,再加《文献通考·自序》中也没叙述自己的经历,因而他的详细事迹不得而知。其父马廷鸾,宋末官至右丞相。马端临早年师从朱熹学派的曹泾,所受影响很大。度宗咸淳中,漕试第一,以荫补承事郎,以后因父被贾似道排挤,同父回原籍侍养。宋亡,拒招,隐居不仕。父卒,出任慈湖、柯山二书院山长,台州儒学教授。

《文献通考》是马端临在父亲去世前后,大约历时20年勤奋编成的。著书具体年月,史无明文记载。大约于元世祖至元二十二年(1285),正式开始撰写,到元成宗大德十一年(1307),全书完成。马端临撰写《文献通考》,是由于他认为:历代典章制度实相因袭,不可切断。他虽盛赞司马光继承了司马迁的"会通因仍之道",但又指出其书"详于理乱兴衰,而略于典章经制"。认为只有唐杜佑的《通典》"纲领宏大,考订该洽","凡历代因革之故,粲然可考"。但杜书止于唐天宝年间,"天宝以后盖缺焉",有待续编,因此他决心以《通典》为蓝本,重编一部叙述历代典章制度的通史。

〔体例与内容〕

《文献通考》是记述历代典章制度的典志体通史。论述了从上古至南宋宁宗嘉定末年典章制度的沿革,全书分24门,门下又分若干子目,共348卷。24门有:《田赋考》、《钱币考》、《户口考》、《职役考》、《征榷考》、《市籴考》、《土贡考》、《国用考》、《选举考》、《学校考》、《职官考》、《郊社考》、《宗庙考》、《王礼考》、《乐考》、《兵考》、《刑考》、《经籍考》、《帝系考》、《封建考》、《象纬考》、《物异考》、《舆地考》、《四裔考》。其中钱币、户口等十九门是沿袭《通典》的,但内容上有很大增补。经籍、帝系、封建、象纬、物异等五门是马端临的自创,全书内容比《通典》更广泛,门类也更详细。

在《通典》的基础上广泛地搜集史料,详细地加以考证,去伪存真,归类分目,按时代先后排列比较。全书有"文"、"献"、"考"三种。"文"是文献网罗与考订,"献"是指前人之议论,"考"主要是马端临的按语。马端临的按语,贯串古今,折衷恰当,力求从历史事实出发,作出审慎的结论,尤其对于土地制度、兵役制度所发表的见解为前人所未有。马端临生活在宋末元初,深知南宋政治腐败是导致王朝灭亡的主要原因。因此,他对宋代制度的研究功夫最深,对宋代的典章制度,记载也特别详细,对两宋政治的黑暗面进行了揭露,从而使书中有关宋代的记录较为真实可靠,史料价值超过了同类的其它著作。

《通考》的具体体例是:每门有小序,合载于卷首。每门之下又分为若干子目(类),每一目的内容按时间先后排列。《通考》除了排比材料,还有叙述以及考证和论断。《通考》的每一条目,凡是顶格排行的,就是"叙事"部分,这也就是《文献通考》中的所谓"文"。马端临说:"本之经史,而参之以历代会要,以及百家传记之书。"《通考》中凡是低一格排行的,就是"论事"的部分,就是《文献通考》中的所谓"献"。对于这一部分,马端临的设计是"先取当时臣僚之奏疏,次及近代诸儒之评论,以至名流之燕谈、稗官之纪录"。《通考》中凡是低两格排行的,是马端临自己的议论,"其载诸史传之纪录而可疑,稽诸先儒之论辨而未当者,研精覃思,悠然有得,则窃著己意,附其后焉"。一般认为这一部分就是《文献通考》中的所谓"考"。

〔版本〕

《文献通考》最初刻于元泰定元年(1324),有西湖书院刊本,现已不存。现存的有元后至元五年(1339)余谦补修本,明正德十六年(1521)慎独斋刘洪刊本,嘉靖四年(1525)冯天驭刊本,清乾隆十三年(1748)武英殿刊"三通"合刻本,光绪二十二年(1896)浙江书局刊本。

今比较常见的是商务印书馆1936年的万有文库"十通"本。其中以晚出的浙江书局本错误较少。现在中华书局、浙江古籍出版社都有影印本出版。

文献通考·总序(节选)

【导读】

本篇节选自《文献通考·总序》。在这篇序言中,作者阐明了他撰写此书的目的:首先,他要从历代典章的沿革来总结历史经验教训,作为以后施政的张本。其次,他认为历代典章制度实相因袭,不可切断,虽然司马光的《资治通鉴》继承了司马迁的"会通因仍之道",但它"详于理乱兴衰,而略于典章经制",因而只有写一部像杜佑《通典》那样的典章制度专史,才能弥补这一不足。再其次,《通典》只论述到唐朝天宝年间,而这之后到马端临时的五百多年的空白也需继续填补。因此,他在《通典》的基础上,写出了《文献通考》。

他在这篇序言中,还阐述了写此书的方法和全书的内容结构,这对我们阅读此书和研究作者的思想,都有帮助。

昔荀卿子曰:"欲观圣王之迹,则于其粲然者矣,后王是也。君子审后王之道,而论于百王之前,若端拜而议。"然则考制度,审宪章,博闻而强识之,固通儒事也。《诗》、《书》、《春秋》之后,惟太史公号称良史,作为纪、传、书、表。纪、传以述理乱兴衰,八书以述典章经制,后之执笔操简牍者,卒不易其体。然自班孟坚而后,断代为史,无会通因仍之道,读者病之。至司马温公作《通鉴》,取千三百余年之事迹,十七史之纪述,萃为一书,然后学者开卷之余，古今咸在。然公之书详于理乱兴衰，而略于典章经制，非公之智有所不逮也，编简浩如烟埃，著述自有体要，其势不能以两得也。

窃尝以为理乱兴衰，不相因者也，晋之得国异于汉，隋之丧邦殊乎唐，代各有史，自足以该一代之始终，无以参稽互察为也。典章经制，实相因者也，殷因夏，周因殷，继周者之损益，百世可知，圣人盖已预言之矣。爰自秦汉以至唐宋，礼乐兵刑之制，赋敛选举之规，以至官名之更张，地理之沿革，虽其终不能以尽同，而其初亦不能以遽异。如汉之朝仪、官制，本秦规也，唐之府卫、租庸，本周制也，其变通张弛之故，非融会错综，原始要终而推寻之，固未易言也。其不相因者，犹有温公之成书，而其本相因者，顾无其书，独非后学之所宜究心乎！

唐杜岐公始作《通典》，肇自上古，以至唐之天宝，凡历代因革之故，粲然可考。其后，宋白尝续其书，至周显德，近代魏了翁又作《国朝通典》。然宋之书成而传习者少，魏尝属稿而未成书，今行于世者，独杜公之书耳，天宝以后盖阙焉。有如杜书纲领宏大，考订该洽，固无以议为也。然时有古今，述有详略，则夫节目之间未为明备，而去取之际颇欠精审，不无遗憾焉。盖古者因田制赋，赋乃米粟之属，非可析之于田制之外也。古者任土作贡，贡乃包篚之属，非可杂之于税法之中也。乃若叙选举则秀、孝与铨选不分，叙典礼则经文与传注相汨，叙兵则尽遗赋调之规而姑及成败之迹，诸如此类，宁免小疵。至于天文、五行、艺文，历代史各有志，而《通典》无述焉。马、班二史各有诸侯王、列侯表，范晔《东汉书》以后无之，然历代封建王侯未尝废也。王溥作唐及五代会要，首立帝系一门，以叙各帝历年之久近，传授之始末，次及后妃、皇子、公主之名氏封爵，后之编会要者仿之，而唐以前则无其书。凡是二者，盖历代之统纪，典章系焉，而杜书亦复不及，则亦未为集著述之大成也。

愚自蚤岁盖尝有志于缀辑，顾百忧熏心，三余少暇，吹竽已涩，汲绠不修，岂复敢以斯文自诡？昔夫子言夏、殷之礼，而深慨文献之不足征，释之者曰："文，典籍也。献，贤者也。"生乎千百载之后，而欲尚论千百载之前，非史传之实录具存，何以稽考？儒先之绪言未远，足资讨论，虽圣人亦不能臆为之说也。窃伏自念：业绍箕裘，家藏坟索，插架之收储，趋庭之问答，其于文献盖庶几焉。尝恐一旦散轶失坠，无以属来哲，是以忘其固陋，辄加考评。旁搜远绍，门分汇别，曰田赋，曰钱币，曰户口，曰职役，曰征榷，曰市籴，曰土贡，曰国用，曰选举，曰学校，曰职官，曰郊社，曰宗庙，曰王礼，曰乐，曰兵，曰刑，曰舆地，曰四裔，俱效《通典》之成规。自天宝以前，则增益其事迹之所未备，离析其门类之所未详；自天宝以后，至宋嘉定之末，则续而成之。曰经籍，曰帝系，曰封建，曰象纬，曰物异，则《通典》元未有论述，而采摭诸书以成之者也。

凡叙事，则本之经史，而参之以历代会要，以及百家传记之书，信而有证者从之，乖异传疑者不录，所谓"文"也。凡论事，则先取当时臣僚之奏疏，次及近代诸儒之评论，以至名流之燕谈、稗官之纪录，凡一话一言可以订典故之得失，证史传之是非者，则采而录之，所谓"献"也。其载诸史传之纪录而可疑，稽诸先儒之论辨而未当者，研精覃思，悠然有得，则窃以己意，附其后焉。命其书曰《文献通考》，为门二十有四，为卷三百四十有八，而其每门著述之成规，考订之新意，各以小序详之。

昔江淹有言：修史之难，无出于志。诚以志者，宪章之所系，非老于典故者不能为也。

陈寿号善叙述，李延寿亦称究悉旧事，然所著二史，俱有纪传而独不克作志，重其事也。况上下数千年，贯串二十五代，而欲以末学陋识，操觚窜定其间，虽复穷老尽气，刿目鉥心，亦何所发明？聊辑见闻，以备遗忘耳！后之君子，傥能芟削繁芜，增广阙略，矜其仰屋之勤，而俾免于覆车之愧，庶有志于经邦稽古者，或可考焉。

……

昔秦燔经籍而独存医药、卜筮、种树之书，学者抱恨终古。然以今考之，《易》与《春秋》二经首末具存，《诗》亡其六篇，或以为笙诗元无其辞，是《诗》亦未尝亡也。《礼》本无成书，《戴记》杂出汉儒所编，《仪礼》十七篇及《六典》最晚出，《六典》仅亡《冬官》，然其书纯驳相半，其存亡未足为经之疵也。独虞、夏、商、周之书，亡其四十六篇耳。然则秦所燔，除《书》之外，俱未尝亡也。若医药、卜筮、种树之书，当时虽未尝废锢，而并无一卷流传至今者，以此见圣经贤传终古不朽，而小道异端虽存必亡，初不以世主之好恶为之兴废也。汉、隋、唐、宋之史，俱有《艺文志》，然《汉志》所载之书，以《隋志》考之，十已亡其六七，以《宋志》考之，隋唐亦复如是，岂亦秦为之厄哉？昌黎公所谓为之也易，则其传之也不远，岂不信然。夫书之传者已鲜，传而能蓄者加鲜，蓄而能阅者尤加鲜焉。宋皇祐时，命名儒王尧臣等作《崇文总目》，记馆阁所储之书而论列于其下方，然止及经、史，而亦多缺略，子集则但有其名目而已。

近世昭德晁氏公武有《读书记》，直斋陈氏振孙有《书录解题》，皆聚其家藏之书而评之。今所录先以四代史志列其目，其存于近世而可考者，则采诸家书目所评，并旁搜史传、文集、杂说、诗话。凡议论所及，可以纪其著作之本末，考其流传之真伪，订其文理之纯驳者，则具载焉，俾览之者如入群玉之府，而阅木天之藏。不特有其书者，稍加研穷，即可以洞究旨趣；虽无其书者，味兹题品，亦可粗窥端倪，盖殚见洽闻之一也。作《经籍考》第十八，经之类十有三，史之类十有四，子之类二十有二，集之类六。凡七十六卷。

◎文献通考·经籍考（节选）

【导读】

《文献通考·经籍考》是《文献通考》24考中的第19考，共76卷。著录自古迄宋现存图书约5000种，按经、史、子、集4部分类编排。各部及各类之首有大小序，节引汉、隋、唐3代艺文志及宋代4部国史艺文志的大小序。每类列入4部国史艺文志所著录的图书。每条款目均有辑录体提要，辑录各种书目中的评论及其他有关资料，其中主要采用的是宋晁公武的《郡斋读书志》和陈振孙的《直斋书录解题》等。该书收罗繁富，体制完备，是著名辑录体提要目录，为后世所推重，清代朱彝尊的《经义考》、章学诚的《史籍考》和谢启昆的《小学考》均仿其例。

●卷一百九十三　经籍考二十
○史编年
《汉纪》三十卷
　　晁氏曰：汉荀悦撰。班固作《汉书》，起高祖，终孝平王莽之诛，十二世、二百四十二年，为纪、表、志、传,凡八十余万言。献帝以其文繁,诏悦举要撮总,通比其事,列系年月,为纪三十篇,凡八万三千四百三十二字。辞约事该,时称嘉史。

陈氏曰:献帝诏悦依《左氏传》体以为《汉纪》,诏尚书给笔札。辞约事详,论辨多美。其自序曰:立典有五志焉,曰达道义、章法式、通古今、著功勋、表质能。

巽岩李氏曰:某家有写本一、印本一,写本不记其时,而印本乃天圣间益州市所摹刻者。大抵皆差误,而印本尤甚,衍文助语乱布错置,往往不可句读,或又增以子注音切,并非所当有。而近岁江、浙印本,号为曾经校雠,其实与天圣市刻相似,间用班固《书》窜改悦语,而又非固《书》本文。按悦为此《纪》,固不出班《书》,然亦时有所删润,而谏大夫王仁、侍中王闳谏疏,班《书》皆无之,不知悦何从得此也。如《张骞传赞》以"所有放哉"为"有所放焉"之类,颜师古亦尝辨其误,又不知悦何以云也。司马光编集《资治通鉴》,书太上皇崩葬及五凤郊泰畤之月,皆舍班而从荀。盖以悦修《纪》时,固《书》犹未讹舛,而"君兰"、"君简"、"端"、"瑞"、"兴"、"誉"、"宽"、"竟"等字犹两存之,疑以传疑,先儒盖慎之也。由此观之,古书虽残缺不伦,非证验明白,要未可妄下雌黄尔。然乡所谓子注音切,可削去不疑,而演文助语,亦当参考班《书》句读,略加是正。其他差误,尚或有之,固不敢以胸臆定也。昔人谓校误书犹风庭扫叶,随扫随有,讵不信邪?自司马迁创改《春秋》记事之体为本纪、世家、表、志、列传,而班固因之,至悦始能复古,学者甚重其书,袁宏、干宝以下皆祖述焉。事日月年之相系,在史家固良法也,而传录岁久,卒未得其真,可为太息者矣!

……

《资治通鉴》二百九十四卷,《目录》三十卷,《考异》三十卷

晁氏曰:皇朝治平中,司马光奉诏编集历代君臣事迹,许自辟官属,藉以馆阁书籍,在外听以书局自随,至元丰七年,凡十七年始奏御。上起战国,下终五代,凡一千三百六十二年。又略举事目,年经国纬,以备检阅,别为《目录》;参考异同,俾归一途,别为《考异》,各一编。公自谓精力尽于此书。神宗赐名《资治通鉴》,御制序以冠其首,且以为贤于荀悦云。公武心好是书,学之有年矣,见其大抵不采俊伟卓异之事,如屈原怀沙自沈、四皓羽翼储君、严光足加腹、姚崇十事开说之类,皆削去不录,然后知公忠信有余,盖陋子长之爱奇也。

陈氏曰:初,光尝约战国至秦二世,如左氏体,为《通志》八卷以进。英宗悦之,遂命论次历代君臣事迹,起周威烈王,讫于五代。《目录》仿《史记年表》,年经国纬,用刘羲叟《长历》气朔,而撮新书精要,散于其中。《考异》参诸家异同,正其谬误而归于一。

公子康公休告其友晁说之曰:此书成,盖得人焉。《史记》、《前》、《后汉》则刘贡父,《三国》历九朝而《隋》则刘道原,《唐》迄《五代》则范纯甫。其在正史外,楚汉事则司马彪,荀悦、袁宏,南北则崔鸿《十六国春秋》、萧方等《三十国春秋》、李延寿《南北史》,《太清记》亦足采,《建康实录》以下无议焉。柳芳《唐历》最可喜,唐以来神官野史暨百家谱录、正集、别集、墓志、碑碣、行状、别传,亦不敢忽也。苟不先读正史,则《资治通鉴》果何有邪?

武夷胡氏曰:昔闻赠谏大夫陈公言,因读《资治通鉴》,然后知司马文正公之有相业也。余自志学以来,涉猎史篇,文词汗漫,莫知统纪,徒费精神而无所得。及读此书,编年纪事,先后有伦。凡君臣治乱、成败安危之迹,若登乎乔岳,天宇澄清,周顾四方,悉来献状。虽调元宰物、辅相弥论之业,未能窥测,亦信其为典刑之总会矣。

致堂胡氏曰：司马公六任冗官，皆以书局自随，岁月既久，又数应诏上书，论新法之害。小人欲中伤之，而光行义，无可訾者，乃倡为浮言，谓书之所以久不成，缘书局之人利尚方笔墨，绢帛及御府果饵、金钱之赐耳。既而承受中贵人阴行检校，乃知初虽有此旨，而未尝请也。光于是严课程，省人事，促修成书。其表有云："日力不足，继之以夜。简牍盈积，浩如渊海，其间牴牾，不敢自保。"今读其书，盖自唐及五代，采取微冗，日月或差，良有由也。光以议论不合，辞执政而不居，舍大藩而不为，甘就冗散，编集旧史，尽愿忠之志。而憸险细夫，顾谓眷恋匪颁之人。孟子曰："如使予欲富，何为辞十万而受万乎？"小人以己臆度君子，类皆如是。夫编集旧史，欲人君、学者便于观览，其功不细矣，以久之故，尚有谗口，又况矫世拂俗，兴复先王之治哉！呜呼，悲夫！

高氏《纬略》曰：公与宋次道书曰："某自到洛以来，专以修《资治通鉴》为事，于今八年，仅了得晋、宋、齐、梁、陈、隋六代以来奏御。唐文字尤多，托范梦得将诸书依年月编次为草卷，每四丈截为一卷，自课三日删一卷，有事故妨废则追补。自前秋始删，到今已二百余卷，至大历末年耳。向后卷数又须倍此，共计不减六七百卷，更须三年，方可粗成编，又须细删，所存不过数十卷而已。"其费工如此。温公居洛十五年，故能成此书。今学者观《通鉴》，往往以为编年之法，然则一事用三四处出处纂成，是其为功大矣。不观正史精熟，未易决《通鉴》之功绩也。《通鉴》采正史之外，其用杂史诸书凡二百二十二家。

容斋洪氏《随笔》曰：司马公修《资治通鉴》，辟范梦得为官属，尝以手帖论缵述之要，大抵欲如《左传》叙事之体。又云："凡年号皆以后来者为定。如武德元年，则从正月，便为唐高祖，更不称隋义宁二年；梁开平元年正月，便不称唐天祐四年。"故此书用以为法。然究其所穷，颇有窒而不通之处。公意正以《春秋》定公为例，于未即位，即书正月为其元年，然昭公以去年十二月薨，则次年之事，不得复系于昭，故定虽未立，自当追书。然经文至简，不过一二十字，一览可以了解。若《通鉴》则不侔，隋炀帝大业十三年，便以为恭皇帝上，直至下卷之末，恭帝立，始改义宁；后一卷则为唐高祖。盖凡涉历三卷，而炀帝固存，方书其在江都时事。明皇后卷之首，标为肃宗至德元载，至一卷之半，方书太子即位。代宗下卷云"上方励精求治，不次用人"，乃是德宗也。庄宗同光四年便系于天成，以为明宗；而卷内书命李嗣源讨邺，至次卷首，庄宗方殂。潞王清泰三年，便标为晋高祖，而卷内书石敬瑭反，至卷末始为晋天福。凡此之类，殊费分说。此外，如晋、宋诸胡僭国所封建王公，及除拜卿相，纤悉必书，有至二百字者。又如西秦丞相南川宣公出连乞都卒，魏都坐大官章安侯封懿，天部大人白马文正公崔宏、宜都文成王穆观、镇远将军平舒侯燕凤、平昌宣王和其奴卒，皆无关于社稷治乱。而周勃薨，乃不书。及书汉章帝行幸长安，进幸槐里、岐山，又幸长平，御池阳宫，东至高陵，十二月丁亥还宫；又乙未幸东阿，北登太行山，至天井关，夏四月乙卯还宫。又书魏主七月戊子如鱼池，登青冈原，甲午还宫；八月己亥如弥泽，甲寅登牛头山，甲子还宫。如此行役，无岁无之，皆可省也。

巽岩李氏曰：左邱明传《春秋》，自隐至成八公，凡百五十年，为十三卷；自襄至哀四公，凡百五年，为十七卷。年近则事详，远则略，理势固然，无足怪者。温公与范太史议修《唐纪》，初约为八十卷，此帖云已及百卷，既而卒为八十卷，删削之功盛矣。卷数细事，前辈相与平章犹严若此，则其他肯轻下笔哉？吁，可敬畏也！然今以《唐纪》视《汉纪》，其纸叶盖多八九，视《周纪》滋益多，于斯文奚累焉！而或者弗察，强以繁省论文，晋张辅遂谓孟坚不及子长。孟坚不及子长固也,岂在文之繁省乎? 此儿童之见耳!

先公曰:张新叟言洛阳有《资治通鉴》草稿,盈两屋。黄鲁直阅数百卷,讫无一字草书(见李巽岩集),此温公所谓平生精力尽于此书也。如人之不能读何! 公尝谓:"吾此书惟王胜之尝读一遍,余人不能数卷,已倦睡矣!"公此书历英宗、神宗二世,凡十九年而书成。

据中华书局 2011 年版

澹生堂藏书约

〔书名〕

为什么取名"澹生堂"？它是祁承㸁的一种精神寄托，大致意思是主张淡泊人生，不追求荣华富贵。他自己的解释是："盖热闹世中，本自有一种冷淡滋味，特为艳心人所汩没耳。释言食蜜，中边皆甜，天下之无中边者，惟澹为然，此其味宁从舌根入者乎。夫不从根起，澹者，是以生淡世而非籍世以淡生者矣，不然，将从境求淡，何必浓为累乎？……主人日涠世中，日咀其味，求一入口，而甘了不可得，所谓未能脱俗复尔尔者，斯主人之淡矣。"

〔作者〕

祁承㸁(1563—1628)，字尔光，号夷度，一号旷翁，浙江山阴(今绍兴)人。万历三十二年(1604)进士，官至江西右参政。乐于汲古，藏书极富。初建"旷园"于梅里，另建藏书楼名"澹生堂"，又辟"旷亭"为游息之所，有"东书堂"为读书之处。他的藏书甲于江左。又喜抄书，多世人未见之本，版刻精湛，纸墨优良。撰《澹生堂藏书目》一书，著录所藏图书9 000余种，10万余卷。采用"互著"、"别裁"之法，分别著录其书名、卷数、著者和出处于有关各类中。又在《庚申整书略例》中，提出"因、益、互、通"的理论，阐明图书著录通、互的关系。通者，流通于四部之内；互者，互见于四部之中，所以在《澹生堂书目》中，改制四部44类、235子目的图书分类体系，类目详明，增删恰当。其他著述还有《国朝征信丛录》，收书123种；《澹生堂余苑》，收书188种。《诸史艺文抄》30卷。著有《名存录》、《苦购录》、《广梓录》，今存有《澹生堂集》、《澹生堂外集》、《宋贤杂佩》、《藏书训约》、《牧津集》等。

〔体例与内容〕

《澹生堂藏书约》一书是总结平生聚书、读书、购书经验的专集，分为读书训、聚书训、购书训、鉴书训。在购书训中，崇尚郑樵求书八法之外，新增三法为辑佚法、别出法、序跋法。提出鉴别图书的标准是"审轻重，辨真伪，核名实，权缓急，别品类"。他的图书馆学思想和理论在于深化了图书的购求与鉴别、藏书的校勘与分编方面内容，提出了比较系统的理论和方法，至今仍有可借鉴之处。

〔版本〕

传世的《澹生堂藏书约》有明刻本，书中有万历四十一年至四十四年(1613—1616)郭子章、周汝登、沈㴶、李维桢、杨鹤、钱允治等人序，附刻"庚申〔万历四十八年(1620)〕整书小记"、"庚申整书略例"四则，书当刻于万历末年。抄本流传甚多，清干、嘉间鲍氏刻入《知不足斋丛书》，后缪荃孙刻入《藕香零拾》，又有《笔记小说大观》石印本。1957年上海古典文学出版社以此书与孙从添《藏书纪要》合为一册，排印流通。

《澹生堂藏书约》(节选)

【导读】

叙自己搜书之苦心,记丁酉烧失事等,戒子孙之读,禁藏书携入私室,亲友欲借观,务以副本应之。正文有读书训、聚书训、藏书训略(购书、鉴书)三部分,前二者举古人之逸话,冠自序。鉴书项有真伪之论、异名同书、分类法等。

◎藏书约

余十龄背先君子时,仅习句读,而心窃慕古。通奉公在仕二十余年,有遗书五七架,庋卧楼上,余每入楼,启钥取观阅之,尚不能举其义。然按籍摩挲,虽童子所喜,吸笙摇鼓者,弗乐于此也。先孺人每促之就塾,移时不下楼,继之以呵责,恋恋不能舍。比束发就婚,即内子奁中物,悉以供市书之值。时文士竞尚秦汉,语为比耦,益沾沾自喜,每至童子试,不前,亦夷然不屑也。及舞象而后,更沈酣典籍,手录古今四部,取其切近举业者汇为一书,卷以千计,十指为裂。然性尤喜史书,生欲得一全史,为力甚艰。偶闻盱江邓元锡有《函史隐括》,颇悉郭相奎使君以活版模行于武林者百许部,一时竞取殆尽。遂亟渡钱塘,购得其一,惊喜异常,不啻贫儿骤富矣!时方馆于富春山中,昼夜展读,一月而竟。遂苦怔忡,不成寐者数月,至有性命之忧。癸巳,读书云门僧房,与柳贞之共处讲席,贞之好谈宗乘事,正与病忤,乃稍稍戒观书。然而蠹鱼之嗜,终不解也,凡试事过武林,遍问坊肆所刻,便向委巷深衢。觅有异本,即鼠余蠹剩,无不珍重市归,手为补缀。十余年来,馆谷之所得,饘粥之所余,无不归之书者,合之先世,颇逾万卷,藏载羽堂中。丁酉冬夕,小奴不戒于火,先世所遗及半生所购,无片楮存者。因叹造物善幻,故欲锻炼人性情乃尔,遂北入成均。燕市虽经籍渊薮,然行囊萧索,力不能及此。每向市门,倚楗看书,友人辄以"王仲任"见嘲。辛丑下第归,稍葺一椽,寻欲聚书其中,而旋以释褐为令。初吏宁阳,掌大一城,即邑乘且阙,安有余书?及更繁茂苑,其为经籍渊薮,虽犹之燕市乎,然而吏事鞅掌,呼吸不遑,初非畏风流之罪过,实迫于晷刻之无暇耳。闻有见贻,概以坊梓,且多重复,奇书异本无从得而寓目焉。自入白门,力寻蠹好,询于博雅,觅之收藏,兼以所重易其所阙,稍有次第,然而汉唐人之著述则不能得十一于千百也。癸丑,偶以行役之便,经岁园居,复约同志互相裒集,广为搜罗。夏日,谢客杜门,因率儿辈,手自插架,编以综纬二目,总计四部,其为类者若干,其为帙者若干,其为卷者若干,以视旧蓄,似再倍而三矣。

夫余之嗜书,乃在于不解文义之时,至今求之,不得其故,岂真性生者乎?昔人饥以当食,寒以当衣,寂寥以当好友,余岂能过之。第所谓胸中久不用古今浇灌,便尘俗生其间,照镜则面目可憎,对人则语言无味,殆为是耳。然而聚散自是恒理,余三十年来聚而散,散而复聚,亦已再见轮回矣。今能期尔辈之有聚无散哉?要以尔辈目击尔翁一生精力,耽耽简编,肘敝目昏,虑衡心困,艰险不避,讥诃不辞,节缩饔餐,变易寒暑,时复典衣销带,犹所不顾,则尔辈又安忍不竭力以守哉?至竭力以守而有非尔辈之所能守者,夫固有数存乎间矣。今与尔辈约:及吾之身则月益之,及尔辈之身则岁益之。子孙能读者则以一人尽居之,不能读者则以众人递守之。入架者不复出,蠹啮者必速补。子孙取读者,就堂检阁,阅竟即入架,不得入私室。亲友借观者,有副本则以应,无副本则以辞,正本不得出密园外。书目视所益多寡,大较近以五年,远以十年一编次。勿分析,勿覆瓿,勿归商贾手。如此而已。

虽然,元美有言:世有勤于聚而俭于读者,即所聚穷天下书,犹亡聚也。世有侈于读而俭于辞者,即所读穷天下书,犹亡读也。吾岂能必尔辈之善读,读而且饶于辞哉?盖有味于黄鲁直之言也:四民皆当世业,士大夫家子弟能知忠信孝友斯可矣,然不可令读书种子断绝,有才气者出,便名世矣。斯余藏书之意乎?因杂取古人聚书读书足为规训者,列于后,而并示以购书鉴书之法,令儿辈朝夕观省焉。

◎读书训并序

人亦有言,养子弟如养芝兰,既积学以培植之,又积善以滋润之。自幼律之以严,绳之以礼,则长无不肖之悔。然积学岂易言哉?子弟之学,非取其名学之而已也。颜氏之训曰:士大夫子弟数岁以上莫不被教,及至冠婚,性体稍定,有志尚者遂能磨砺以就素业,无履立者自兹堕慢,便为凡人,饱食醉酒,忽忽无事,以此销日,以此终年。及有吉凶大事,议论得失,蒙然开口,如坐云雾;公私宴集,谈古赋诗,塞默低头,欠伸而已,有识旁观,代其入地。何惜数年勤学,长受一生愧辱哉?梁朝全盛之时,贵游子弟无不熏衣剃面,傅粉施朱,驾长檐车,跟高齿屐,坐棋子方褥,凭斑丝隐囊,列器玩于左右,从容出入,望若神仙。当尔之时,亦快士也。及时异势殊,求诸身而无所得,施之世而无所用,披褐而丧珠,失皮而露质,兀若枯木,泊若穷流。当尔之时,诚驽才矣。若能常保数百卷,千载终不为小人。谚曰:"积财千万,不如薄伎在身。"伎之易习,而可贵者无过读书。世皆欲识人之多,见事之广,而不肯读书,是犹求饱而懒营馔,欲暖而懒裁衣也。之推之言,其警人者至矣!尔辈时读一过,能无惕然?要以所贵读书,非仅涉猎便可自足。王僧虔之戒其子也:汝开《老》、《易》卷头五尺许,未知辅嗣何所道,平叔何所说,马、郑何所异,指例何所明,而便盛于麈尾,自呼谈士,此最险事。且百家诸子皆言家口实,如客至之有设也,汝皆未经拂耳瞥目,岂有庖厨不修而欲延大宾者哉?张衡思侔造化,郭象言类悬河,不自劳苦,何由至此?旨哉斯言,世传六季,徒尚虚浮,而其教子弟者乃谆谆务实若此。琅琊王氏,世传青箱学,有以也。夫尔辈读书,务须奋志法古。古人足尚者,安可枚举,姑疏记二十三则,以示例焉。

范文正公少时,多延贤士胡瑗、孙复、石介、李觏之徒与之游,昼夜肄业帐中,夜分不寝。后公贵,夫人李氏收其帐,顶如墨色,时以示诸子曰:"此尔父少时勤学,灯烟迹也。"

朱穆年五岁便有孝称,父母有病,辄不饮食,差乃复常。及壮耽学,锐意讲诵。或时思至,不自知亡失衣冠,颠坠阬岸。其父常以为专愚,几不知马之几足。穆愈更精笃。

江总幼笃学,有词彩。家传《易》,有赐书数千卷,总读未尝释手。

广汉朱仓,仅携钱八百文之蜀,从处士张宁受《春秋》。籴小豆十斛,肩之为粮,闭户精诵。宁矜怜之,敛得米二十石给仓,仓固不受。

贾逵好《春秋》、《左传》,常自课月读一遍。

孟公武少从南阳李肃学，其母为作厚褥大被。或问其故，母曰："小儿无德致客，学者多贫，故为广被，庶可得与气类接也。"公武读书，昼夜不懈，肃奇，以为宰相之器。

荀慈明幼而好学，年十二，能通《春秋》、《论语》。太尉杜乔见而称之可为人师。爽遂耽思经书，庆吊不行，征命不应。颍川为之语曰："荀氏八龙，慈明为最。"

沈攸之晚好读书，常叹曰："早知穷达有命，恨不十年读书。"

王充少孤，乡里称孝，师事扶风班彪。好博览而不守章句。家贫无书，常游洛阳市肆间，阅所卖书，一见辄能诵忆，遂博通众流百家之言。后归乡里，屏居教授。

沈麟士织帘诵书，口手不息，乡里咸号为"织帘先生"。

董遇性质讷而好学。兴平间，关中扰乱，与兄季中采稆负贩，而常挟持经书，投闲习读，其兄笑之，而遇不改。喜《老子》，作训注；又喜《左氏传》，更作朱墨别异。人有从学者，必先读百遍。言"读书百遍而自见也"。

扬子云工赋，王君大习兵，桓谭欲从二子学。子云曰："能读千赋则善赋。"君大曰："能观千剑则晓剑。"谚曰："习服众神，巧者不过习者之门。"

刘峻自课读书，常燎麻炬，从夕达旦。时或昏睡，爇其鬓发，及觉复读。闻有异书，必往祈借。崔慰祖谓之"书淫"。

顾欢贫，乡中有学舍，无资受业，欢于舍壁后倚听，无遗忘者。夕则燃松而读，或燃糠自照。

梁元帝在会稽，年始十二，便知好学。时又患疥，手不得拳，膝不得屈，闭斋张葛帏避蝇独坐，贮山阴甜酒，时复进之，以自宽痛。率意自读史书，一日二十卷。既未师授，或不识一字，或不解一语，要自重之，不知厌倦。

刘松作碑铭以示卢思道，思道多所不解，乃感激读书，师邢子才。后为文示松，松复不能解，乃叹曰："学之有益，岂徒然哉！"

魏甄琛举秀才入都，颇事弈棋，令苍头执烛，或睡顿，则加杖，奴不胜痛楚，乃曰："郎君辞父母博官，若为读书，执烛所不敢辞。今弈何事也？如此日夜不息，岂是向京之意。"琛惕然大惭，遂发愤研习经史，假书于许赤彪，闻见日富，仕至侍中。

陈莹中好读书，至老不倦。每观百家文及医卜等书，开卷有得，则片纸记录，黏于壁间。环坐既遍，即合为一编，几数十册。

左太冲欲作《三都赋》，乃诣著作郎，访岷邛之事。构思十稔，门庭藩溷，皆著笔札，遇得句即疏之。

王彪之练悉朝仪，家世相传。并著《江左旧事》，缄之青箱，世谓"王氏青箱学"。

叶廷珪为儿时，便知嗜书。自入仕四十余年，未尝一日释卷。士大夫家有异书无不借，借无不读，读无不终篇而后止。尝恨无赀，不能传写。间作数十大册，择其可用者录之，名《海录》。

韦敬远少爱文史，留情著述，手自钞录数十万言。晚年虚静，惟以体道会真为务，旧所著述，咸削其稿。

李永和杜门却扫，绝迹下帷，弃产营书，手自删削，每叹曰："丈夫拥书万卷，何假南面百城。"

◎聚书训序

余阅《殿阁词林记》，恭述成祖视朝之暇，辄御便殿阅书，或召儒臣，讲论弗辍也。尝问："文渊阁经、史、子籍皆备否？"学士解缙对曰："经、史粗备，子籍尚多阙。"上曰："士人家稍有余赀，便欲积书，况于朝廷，其可阙乎？"遂召礼部尚书郑旸，令择通知典籍者，四出求遗书，且曰："书值不可较价直，惟其所欲与之，庶奇书可得。"复顾缙等曰："置书不难，须常览阅，乃有益。凡人积金玉，亦欲遗子孙。金玉之利有限，书籍之利岂有穷也？"大哉圣谟！非臣庶所宜恪遵者乎？然前人聚而后人弗能守，犹弗聚也；即后人勉为守而不能重，犹弗守也。司马温公文史万余卷，置读书堂，晨夕取阅，虽累数十年，皆手若未触者。尝语其子公休曰："贾竖藏货贝，儒宗惟此耳！然当知宝惜。吾每岁以上伏及重阳间，视天气晴明，设几案于当日所，侧群书其上，以暴其脑，所以年月虽深，终不损动。至启卷，先视几案洁净，藉以裀褥，然后端坐展看。或欲行，即承以方版，非惟免手汗渍及，亦恐触动其脑。每竟一版，即侧右手大指面，衬其沿，而覆以次指面，捻而挟过。每见汝辈轻以两指爪撮起，是爱书不如爱货贝也。"尔辈惟法温公之珍惜，斯称能守者乎！至于钞录、校雠，更不可废。因举古人聚书足法者列之后。

◎藏书训略

购书

夫购书无他术，眼界欲宽，精神欲注，而心思欲巧。盖今世所习为文人，守一经从博士弟子业者也，如古之著书立言不求闻达者，千百中不一二见焉。习俗溺人，为毒滋甚。每见子弟于四股八比之外略有旁览，便恐妨正业，视为怪物；即子弟稍窃窥目前书一二种，便自命博雅，沾沾自喜，不知宇宙大矣。古今载籍，如刘氏《七略》、王俭《七志》、阮孝绪《七录》，俱在人耳目者无论已，其最盛莫如隋大业中，柳𩔰等校定总目三十七万卷，而正本进御，亦三万七千余卷。嗣后则唐开元中总目五万六千四百七十六卷，而释道二家不与，及唐人自著者不全入。以视大业，不啻倍之。此亦四部中天之际乎。然犹曰帝皇之籍，非士庶所能望见也。乃唐吴兢家藏书一万三千四百六十八卷，此镂板未行之前，已戛戛乎难为力矣。若荆南之田氏，藏书三万卷，昭德晁氏旧藏二万四千八百卷，邯郸李献臣所藏图籍五十六类，一千八百三十六部，二万三千三百八十六卷，而艺术、道书及书画之目不存焉。莆田郑子敬家所藏书，仍用《七录》，而卷帙不减于李。濡须秦氏，且以奏请于朝，宅舍、文籍令子孙不得分析，盖崇重极矣。然犹曰前代之遗事云耳。若胜国兵火之后，宋文宪公读书青萝山中，便已聚书万卷。如云间陆文裕公、娄江王大司马、吴门刘子威，此其家藏书皆不下数万卷。更闻杨仪部君谦，性最嗜书，家本素封，以购书故，晚岁赤贫。所藏书十余万卷，纂其异闻，为《冥囊手镜》。若金陵之焦太史弱侯，藏书两楼，五楹俱满，余所目睹，而一一皆经校雠探讨，尤人所难。婺州胡元瑞以一孝廉，集书至四万二千三百八十四卷。此皆近日士绅家事也，安可以须眉男子，竟同三家村担板汉乎？余故略一拈出，令汝辈知旷然宇宙，自有大观。所谓眼界欲宽者，此也。若曰六经皆注脚，何必乃尔？余与汝辈未至此位地,不得作欺人语。

夫所谓精神欲注者,正以人非大豪杰,安能澹无嗜好?倘嗜好一著于博饮、狭邪、驰马、试剑,伤生败业固不必言。即染翰临池,鼎彝金石,非不称清事,然右军竟以书概其品,而阎立本且悔恨流汗,戒子孙勿复工绘事。至于玩古之癖,令人憔悴欲死,又不足言矣。惟移此种种嗜好注于嗜书,余亦不遽望尔辈以冥心穷讨,苦志编摩。惟姑以此书日置几席间,视同玩器,装潢校雠,朝斯夕斯,随意所喜,阅其一端;一端偶会,此卷自不忍不竟。一卷既洽,众卷复然。此书未了,恨不能复及一书。方读其已见,恨不能读其所未见,自然饮食寝处,口所嗫嚅,目所营注,无非是者。如阮之屐,嵇之锻,刘伶之饮,非此不复知人生之乐矣。如此则物聚于所好,奇书秘本多从精神注向者得之。使尔辈为向上之士,自足成其博雅;即以庸人自安,亦定不作白丁。余每见市中卖药翁,晚年未有不谈医者;而书肆老贾,往往多哆口言文字。盖近朱近墨,强作解事,自是恒情。而古今绝世之技,专门之业,未有不由偏嗜而致者,故曰精神欲注者,此也。

郑渔仲论求书之道有八:一即类以求,二旁类以求,三因地以求,四因家以求,五曰求之公,六曰求之私,七因人以求,八因代以求。可谓典籍中之经济矣!然自有书契以来,名存而实亡者十居其九,如丁宽、孟喜之《易》,《尚书》之牟长章句,周防《杂记》,韩婴仅存《诗外传》,而亡其《内传》。董仲舒《春秋繁露》虽存,而《春秋决疑》二百三十二事竟不可得。夫经传犹日星之丽天,尚多湮没,况其他一人一家之私集乎?若此之类,即国家秘府尚不能收,民间亦安从得之?纵欲因地因人以求,无益也。

余于八求之外,更有三说。如书有著于三代而亡于汉者,然汉人之引经多据之;书有著于汉而亡于唐者,然唐人之著述尚存之;书有著于唐而亡于宋者,然宋人之纂集多存之。每至检阅,凡正文之所引用,注解之所证据,有涉前代之书,而今失其传者,即另从其书各为录出。如《周易坤灵图》、《禹时钩命诀》、《春秋考异邮》、《感精符》之类,则于《太平御览》中间得之;如《会稽典录》、张璠《汉纪》之类,则于《北堂书钞》间得之;如《晋简文谈疏》、《甘泽谣》、《会稽先贤传》、《渚宫故事》之类,则于《太平广记》间得之。诸如此类,悉为裒集。又如汉唐以前残文断简,皆当收罗,此不但吉光片毛自足珍重,所谓举马之一体,而马未常不立于前也,是亦一道也。又如一书之中,自宜分析,如杜氏《通典》著于唐,惟唐之故典可按耳,乃后人取欧阳永叔、吕伯恭辈议论附其后,不几淄渑乎?如《水经》一书,注乃多于其经,奇诡宏丽,后人但知郦道元之有注,而桑钦著经之名反隐矣。又如《世说》,词旨本自简令,已使人识晋人丰度于眉宇间。若刘孝标之注,援引精核,微言妙义,更自灿然,可与《世说》各为一种,以称快书。如此之类,析而为两,使并存于宇宙之间,是亦一道也。若夫前代遗书,见有镂板,或世家所秘,省郡所藏,即同都共里尚难兼收,况粤有刻而吴未必知,蜀有本而越未能遍,如此者更多也,又安能使其无翼而飞,不胫而走哉?且购书于书未集之先易,何也?凡书皆可购也,即因地因人因家因代,无不可者。购书于书稍集之后难,何也?海内通行之书,大都此数十百种耳,倘一概求之,或以千里邮至,或以重值市归,乃开箧而已有在架矣,有不意兴索然者乎?余谓古书之必不可求,必非昭代所梓行者也。若昭代之所梓行,则必见序于昭代之笔,其书即不能卒得,而其所序之文则往往载于各集者可按也。今以某集有序某书若干首,某书之序刻于何年,存于何地,采集诸公序刻之文,而录为一目,自知某书可从某地求也,某书可向某氏索也。置其所已备,觅其所未有,则异本日集，重复无烦。斯真夜行之烛，而探宝之珠也，是又一道也。即此三端，可以触类。总之，一巧以用八求，故曰心思欲巧者，此也。

鉴书

夫藏书之要在识鉴，而识鉴所用者在审轻重，辩真伪，核名实，权缓急而别品类，如此而已。夫垂于古而不能续于今者，经也；繁于前代而不及于前代者，史也；日亡而日逸者，子也；日广而日益者，集也。前有所亡而后有所益，聚散略相当者，类书、杂纂之流也；前者尚存，后者愈蔓，纷逻诙谲而不可律者，杂史与小说之类也。故得史十者，不如得一遗经；得今集百者，不如得一周秦以上子；得百千小说者，不如得汉唐实录一。此其书之不相及也。购国朝之书十，不能当宋之五也；宋之书十，不能当唐之三也；唐之书十，不能当汉与六朝之二也；汉与六朝之书十，不能当三代之一也。此其时之不相及也。总之，所谓审轻重者是也。

夫所谓辩真伪者，经不易伪，史不可伪，集不必伪，而所伪者多在子。且非独伪也，孙文融有言：诸子至秦绝矣。古操术，今饰文，其深不当也；古初见奇，今奇尽，其精不当也；古殚一生精力，今以余技骋，其工不当也。故曰绝也！夫自汉而后，即真者，尚不能与周秦并，况其伪哉？然又混淆而难别。如《盐铁论》之言食货也，史也，而儒之；杜周士之《广人物》，志也，而子之。至温庭筠之著《乾撰子》，录谐也；刘崇远之著《金华子》，纪杂也，且滥以子称矣。故子之杂也，史之稗也，说之璊也，易相溷者也，惟辩其真则得矣。要而言之，四部自不能无伪。有伪作于前代，而世率知之者，风后之《握奇》，岐伯之《素问》是也。有伪作于近代，而世反惑之者，卜商之《易传》，毛渐之《连山》是也。有掇古人之事而伪者，仲尼倾盖而有《子华》，柱史出关而有《尹喜》是也。有挟古人之文而伪者，伍员著书而有《越绝》，贾谊赋鹏而有《鹖冠》是也。有傅古人之名而伪者，尹负鼎而《汤液》闻，戚饭牛而《相经》著是也。有蹈古书之名而伪者，汲冢发而《师春》补，《梼杌》纪而楚史传是也。有惮于自名而伪者，魏泰《笔录》之类是也。有耻于自名而伪者，和氏《香奁》之类是也。有袭取于人而伪者，法盛《晋书》之类是也。有假重于人而伪者，子瞻《杜解》之类是也。有恶其人伪以祸之者，僧孺《行纪》之类是也。有恶其人伪以诬之者，圣俞《碧云騢》之类是也。有本非伪，人托之而伪者，《阴符》不言三皇，而李荃称皇帝之类是也。有书本伪，人补之而益伪者，《乾坤凿度》及诸纬书之类是也。又有伪而非伪者，《洞灵真经》本王士元所补，而以伪亢仓；《西京杂记》本葛稚川所传，而以伪刘歆之类是也。有非伪而曰伪者，《文子》载于刘歆《七略》，历梁、隋皆有其目，而黄东发以为徐灵府；《抱朴》纪于勾漏本传，历唐宋皆志其书，而黄东发以为非葛稚川之类是也。又有非伪而实伪者，《化书》本谭峭所著，而宋齐邱窃而序传之；庄注本向秀所作，而郭子玄取而点定之类是也。又有当时知其伪，而后世弗传者，刘炫《鲁史》之类是也。又有当时纪其伪，而后人弗悟者，司马《潜虚》之类是也。又有本无撰人，后人因近似而伪托者，《山海》称大禹之类是也。又有本有撰人，后人因亡逸而伪题者，《正训》称陆机之类是也。辩哉胡元瑞之言乎！余故详述之，令尔辈展卷时庶具眼焉。

书籍与代日增，而亦与代日亡之物也。概按籍而求，固已有虚用其力者矣。乃有实同而名异者，有名亡而实存者。有得一书而即可概见其余者，有得其所散见，而即可凑合其全文者。又有本一书也，而故多析其名以示异者。如颜师古之《南部烟花》，即《大业拾遗》

也;李绰之《尚书谈录》,即《尚书故实》也;刘珂之《帝王历歌》,即《帝王镜略》也。此所谓实同而名异者也。如蔡蕃节《太平广记》之事,而为《鹿革事类》三十卷,《广记》在,《鹿革事类》即湮轶可也。如司马温公之编《资治通鉴》也,先具丛目,次修长编,删削成书;《通鉴》行,则丛目、长编废,弗录可也。此所谓名亡而实存者也。又如汉人之谈经在训诂,读注疏,而汉之释经可概也;晋人之词旨尚隐约,阅《世说》,而晋之谈论可想也。所谓得其一而概可见其余者也。如《北梦琐言》、《酉阳杂俎》之类,今刊本虽盛行矣,然悉括《太平广记》之所载,更有溢其全帙之外者。此所谓得其所散见,而即可凑合其全文者也。至如陶弘景之《真诰》,而析以《协昌期》、《甄授命》之名。冯贽之《云仙散录》,而托以诡秘之目。又如近日偶从友人王堇父家借得《比事摘录》一卷,中所引用,如《毕辜》、《厉厨》等录。初不晓其何书,及按其文,乃知即《余冬序录》,所以分别卷帙者也。且刊者讹谬,以"极如"为"橘如",以"毕相"为"终相",事同儿戏,殊为可笑。此所谓故析其名,以示博者也。诸如此类,尔辈须逐一研核,不为前人所谩,则既不至虚用其力,而亦不至徒集其名,得一书,始得一书之实矣。

  吾儒聚书,非徒以资博洽,犹之四民,所业在此,业为世用,孰先经济,古人经济之易见者,莫备于史。夫执经术以经世,自汉而下,何可多得?即荆公亦一代异人,且以祸宋。至如考见得失,鉴观兴亡,决机于转盼之间,而应卒于呼吸之际,得史之益,代实多人,故尊经尚矣。就三部而权之,则子与集缓,而史为急。就史而权之,则霸史、杂史缓,而正史为急。就正史而权之,唐以前作史者,精专于史,以文为史之余波,故实而可循。唐以后能文者,泛滥于文,以史为文之一体,故蔓而少实。然唐任李淳风等于志表,则有专门于汉者矣;宋采范祖禹等之持论,则有核实于唐者矣。所急各有在也。溯而言之,《檀弓》之于《左传》,意胜也;《左传》之于《史记》,法胜也;《史记》之于《汉书》,气胜也;《汉书》之于《后汉》,实胜也;《后汉》之于《三国》,华胜也;《三国》之于《六朝》,朴胜也。其他若颜师古之精于《汉》也,司马贞之核于《史》也,刘知几之辩于《通》也,魏元成之该于《志》也,皆史之所宜急者也。至如李仁父之《长编》,缵《涑水》者乎;陆文裕之《史通》,削繁刊谬,而有功刘氏者乎。邱文庄之《续史纲》,引伸曲畅而善嗣朱氏者乎。此皆聚书所宜首及。虽然,学不通今,安用博古?昭代虽右文,而史统不一,致稗官璅说,月盛日繁,是非刺谬,闻见抵牾,令人莫知所适。至于大礼大狱,宗藩边疆之事,学者益无可考,即如《双溪暇笔》之说行,而非有《视朝余录》以参观,则当时宸藩之护卫与迎立之大典,文忠几不能自白矣。诸如此类,安可枚举!故凡涉国朝典故者,不特小史宜收,即有街谈巷议,亦当尽采。此尤从周之士所宜亟图者也,故特示儿辈,以知所急焉。

  区别品流,始于《七略》,嗣此而后,代有作者。王俭之《七志》,多本刘氏,特易诗赋为文翰,易术数为阴阳,易方技为术艺,无辑略而有图谱,及益以佛、道二书,名虽七而实九也。阮孝绪之《七录》,又本王氏,而加以纪传,史书之盛,始与经子并列矣。四部之分,实始荀勖。以甲部纪六艺、小学等书,以乙部纪诸子、兵术等书,以丙部纪《史记》、《皇览》等书,以丁部纪诗赋、图籍等书。然史固宜居子上,孝绪之以纪传次经典,得矣。若历朝正史志、艺文、经籍者,惟班氏规模《七略》,刘昫沿袭《隋书》,《新唐》校益《旧唐》,《宋史》多因《崇文》、《四库》,《隋志》简编,虽多散佚,而类次可观。《旧唐》之录,本朝多缺,而《新书》褒益,颇自精详,《宋志》紊乱,元人制作无足深求。然总之可深惜者,刘、王、荀、阮仅存其标目,竟轶其全书。即史志所载,简编在列,然而湮轶者十九,其间存十一于千百者,亦非寻常可得寓目,是亦画龙之类耳。若谢客、王亮、任昉诸人,虽有纂修,而类列不传。如《崇文》、《四库》、《中兴馆阁》,即有书目,而世不易得。学者所可考览,独有郑渔仲之《艺文略》十有二类,马贵与之《经籍考》七十六卷,王伯厚之《玉海·艺文》二十八卷及焦弱侯太史《经籍志》六卷、王宪副所编《续经籍考》十二卷、邓元锡《经籍志》一卷。此其所载,皆班班可考。然焦氏之志国史也,是宜简严,不及著书之纤悉是矣。郑氏《通志》概征往籍,而昔人著作之旨无所发明。王伯厚之纂述,大都为应宏词博学之用,故略存梗概而无所折衷。且既以御制之文自为一类,则承诏撰述宜缀其后,而复列于别集,殊不可解。邓志之议论颇详,而书目未备;《续通考》之收罗未广而编辑尚淆。至于条贯灿然、始末毕具,莫精于马氏之一书。其为经者十三类,为史者十三类,为子者二十一类,为集者四类,一一准中垒父子校书之法,撮其指意而列于下,即所据者多晁氏、陈氏之遗言,然而其编摩采辑之功,精且详矣。余每遇嗜书之癖发不可遏,即取《通考》翻阅一过,亦觉快然,庶几所谓过屠门而大嚼者乎。但其所载者皆当时见行之书,而古人遗轶者无从考究耳。总而言之,书有定例,而见不尽同,且亦有无取于同者。如王伯厚以圣文冠经籍,陆文裕仿之,而焦氏亦首列制书。余以国史一代之典章,自宜尊王;而家籍一人之私藏,不妨服圣,仍以六经冠之群书,而特以文由圣翰,事关昭代者,每列于各类之首,则既不失四部之体,而亦足表尊周之心,是亦一见也。宋儒理学之言,概收于子,似矣;然强半皆解经语也。汉之训诂,何以列于经而独宋儒之子乎?如《正蒙》、《皇极》及《程朱语录》、《近思》、《传习》之类,余欲仿小学之例而别类以理学,是又一见也。礼乐之从六籍,固也。但后世之所谓礼者,多仪注之类耳,叔孙通之《绵蕞》,其可以言经乎?且《胡笳》、《羯鼓》、《教坊》、《杂录》之类,直小说耳!概以言乐,非浅儒之所能识也。余谓一代之礼乐,犹一代刑政,从典故仪注之后而附之史,是亦一见也。又如《汴水滔天录》言朱温篡弑事甚悉,虽小说而实史也。如《灌畦暇语》等书,漫述前人,虽似子而实小说也,各宜从其类者也。又如《厚德录》、《自警编》、《颜氏家训》之类,虽列于子而实垂训者也,余欲别纂训为一类,而附于《小学》之后,是又一见也。

古之词命,所以通上下者也,自以奏疏为对君之体,而与书记分。夫奏疏既以列于集之外,书记何以独混于集之中?余以为宜仿奏疏之例,别以书记一类,附文集后。是又一见也。夫类书之收于子也,不知其何故?岂以包宇宙而罗万有乎?然而类固不可以概言也。如《山堂考索》,六经之源委,纤备详明,是类而经者也。杜氏《通典》、马氏《通考》、郑氏《通志》,历朝令甲、古今故典,实在于此,是类而史者也。又如《艺文类聚》之备载词赋,《合璧事类》之详引诗文,是皆类而集矣。又如一人一时偶以见闻杂笔成书,无门类可分,无次第可据,如《野客丛谈》、戴氏《鼠璞》、《梦溪笔谈》、《丹铅》诸录、《学圃萱苏》、《焦氏笔乘》之类,既不同于小说,亦难目以类书,此正如王元美所谓骚与诗赋,若竹与草木,自为一类者也。余谓宜名以杂纂,而与类书另附四部之后。是又一见也。要以一人之闻见有限,既不能穷览载籍,一时之意见难凭,又未必尽当古今。即不欲同矮人之观场,亦终似盲者之说日。尔辈能知品别甚难,博询大方,参考同异,使井井不谬于前人,亦聚书一快事也。

已上五则,虽总归识鉴,而别品类为难,别品类于史则尤难。盖正史之外,有偏记,有小录,有逸事,有琐言,有郡书,有家史,有别传,有杂记,有地里,有都邑簿。如陆贾之《楚汉春秋》、乐资之《山阳载记》、王韶之《晋安陆记》、姚梁之《后略》,是谓偏记;戴逵之《竹林名士》、王粲之《汉末英雄》、萧世诚之《怀旧志》、卢志行之《知己传》，是谓小录。乃有好奇之士，乐为补亡，如和峤《汲冢记年》、葛洪《西京杂记》、顾协《璅语》、谢绰《拾遗》，此之谓逸事。又如刘义庆之《世说》、裴荣期之《语林》、孔思尚之《语录》、阳松玠之《谈薮》，此之谓琐言。若夫乡人学士之所编记，如圈称之《陈留耆旧》、周斐之《汝南先贤》、陈寿之《益都耆旧》、虞预之《会稽典录》，此之谓郡书。如扬雄《家谱》、殷敬《世传》、《孙氏谱记》、《陆氏宗系》，历此皆出其子孙，以显先烈，所谓家史者也。如刘向之录列女，梁鸿之录逸民，赵采之录忠臣，徐广之录孝子，此皆博采前史，稍加新言，所谓别传者也。若志怪之述于祖台之，《搜神》之著于干宝，刘义庆之《幽明》，刘敬叔之《异苑》，皆属杂记。若盛宏之记荆州，常璩之志《华阳》，辛氏《三秦》、罗含《湘中》，皆地里之书也。潘岳《关中》、陆机《洛阳》、《三辅黄图》、《建业宫殿》，皆都邑之簿也。夫偏记、小录，大抵笔时事于见闻，恒多实录，然词旨不文，而事无伦次，则其短也。逸事皆前史之所遗，非不可补撰述之未备，然事取奇异，而语多构虚，则不足凭也。琐言以莞尔之麈谈，每不乏毅然之孤史，然而至于亵狎鄙猥，出自床第，则有伤于风教矣。郡书行于一方，家史行于一家，易世之后，便多湮没。别传可以兴吊古之思，杂记足以新耳目之玩。然而摭实行于古人，杜末流之好怪，则君子惟正史之取裁耳。地里之述风物于一时，都邑之备制度于前代，虽史之不可阙者，而欲其言皆雅正，事无侈张，则古今不多见焉。夫史之流派，类约十端，而类之支分，更且千百，故曰：别品类于史则尤难也。余是以取陆文裕流品之论，存其梗概，而并示以鉴书之所急焉。

据上海古典文学出版社 1957 年版

文史通义

〔书名〕

章学诚在《上晓征学士书》中论述了古今著述渊源、文章流别以及他初撰《文史通义》的旨趣,即"学诚自幼读书无他长,惟于古今著术渊源,文章流别,殚心者盖有日矣。……而班史《艺文》独存。《艺文》又非班固之旧,特其叙例犹可推寻。故今之学士,有志究三代之盛,而溯源官礼,纲维古今大学术者,独汉《艺文志》一篇而已。……然赖其书,而官师学术之源流,犹可得其仿佛。故比者校雠其书,申明微旨,又取古今载籍,自六艺以降,讫于近代作者之林,为之商榷利病,讨论得失,拟为《文史通义》一书。分内、外、杂篇,成一家言。"

〔作者〕

章学诚(1738—1801),字实斋,号少岩,浙江会稽(今绍兴市)人,清代杰出的史学评论家、方志学家。少年时酷爱文史书籍,且能举其得失。后寓居北京,游于内阁学士朱筠之门,得以遍览群书,并与钱大昕、邵晋涵、戴震诸名流往还甚密,讨论学术源流及异同。乾隆四十三年(1778)中进士,其后历主保定莲池、归德文正等书院讲席,纂修和州、永清、亳州等方志。晚年,得到湖广总督毕沅的器重,入其幕参与《续资治通鉴》纂修,又主修《湖北通志》。章氏著有《史籍考》、《文史通义》、《校雠通义》等。

章氏史学代表作,首推《文史通义》,此书既不叙述事迹,也非从事考据,而是自成系统地说明他对"史"的见解,议论"史"的学术。就此而言,章氏有别于一般的传统史家,堪称是一位具开创性的"史学"家。

〔体例与内容〕

章学诚从乾隆三十六年(1771)开始撰写《文史通义》,直至嘉庆六年(1801)去世时尚未写完,历时30年。共8卷,分内外篇。内篇5卷,外篇3卷。其中内篇涉及哲学、史学、文学、社会学等领域,外篇为方志论文集。

该书远承先秦诸子学术思想,近承明末清初进步思想家的经世致用传统,纵论文史,创见迭出,成一家言。于史学理论贡献尤多。提出阐明六经皆史之旨,反对空谈义理和繁琐考据,强调经世致用。主张历史学家除具有才、学、识外,还必有史德,论文亦有文德,撰写史书应通古今之变,成一家之言。把方志提高到与国史同等重要的地位,创立一套修志义例和理论,使方志理论更趋完备。此外,该书对学术、文学、哲学的一系列基本问题的论述多有独到见解,被梁启超称为"乾嘉后思想解放之源泉"。作者在逝世前嘱萧山王宗炎代为校定,今流传的《章氏遗书》即刘承干依王氏编目补订刊刻。最早的刊本为道光十二年(1832)在开封的刻本,即大梁本。

〔版本〕

《文史通义》是章学诚探讨古今学术、文史、教育等文章和论学书的汇编,原无固定体例,章学诚生前也没有编成定本。今所见的最早刻本,为道光十二年(1832)在开封的刻本,亦称大梁本,其中内篇 5 卷,外篇 3 卷,另有《校雠通义》3 卷,收录的文章不完备。章学诚之女章华绂在序文中说:"尚有杂篇,及《湖北通志》检存稿并文集等若干卷,当俟校定,再为续刊。"1920 年吴兴刘承干所刻《章氏遗书》中的《文史通义》内篇 6 卷,外篇 3 卷。1956 年古籍出版社出版标点排印本的《文史通义》11 卷,其中内篇 6 卷、外篇 3 卷、补遗与续补遗各一卷。1985 年中华书局出版叶瑛的《文史通义校注》本亦 11 卷,其中《内篇》5 卷。《外篇》3 卷,附《校雠通义》3 卷。

《文史通义》(节选)

【导读】

本篇节选自《校雠通义》内篇一"易教上"、内篇三"史德"、"篇卷"。

"史德"篇主要论史家修养。所谓"史德",指史家之"心术",心术不正,固然不能写出真实的历史,而不具备一定的心术也不能达到史学"致其道"、"达于天"的完美境界。只有慎于"心术",才有"史德"可言。章氏的"史德"说比刘知几的"直书"论更深入一层,不仅包含据事直书、书法不隐的思想,还提出应慎重对待主观思想与客观事实之间关系的问题,他主张史家应培养史德,令学养淳粹,尽量避免将主观情感掺杂到史实中,以达到客观写史的目的。由"史德"而论及"心术",是章学诚在史学理论上的重要贡献。当然,章氏所谓"心术"要求合于"名教",这又是其局限之处。选文采用中华书局本。

◎卷一

内篇一
易教上

六经皆史也。古人不著书,古人未尝离事而言理,六经皆先王之政典也。或曰:《诗》、《书》、《礼》、《乐》、《春秋》,则既闻命矣。《易》以道阴阳,愿闻所以为政典,而与史同科之义焉。曰:闻诸夫子之言矣。"夫《易》开物成务,冒天下之道。""知来藏往,吉凶与民同患。"其道盖包政教典章之所不及矣。象天法地,"是兴神物,以前民用。"其教盖出政教典章之先矣。《周官》太卜掌三《易》之法,夏曰《连山》,殷曰《归藏》,周曰《周易》,各有其象与数,各殊其变与占,不相袭也。然三《易》各有所本,《大传》所谓庖羲、神农与黄帝、尧、舜是也。(《归藏》本庖羲,《连山》本神农,《周易》本黄帝。)由所本而观之,不特三王不相袭,三皇、五帝亦不相沿矣。盖圣人首出御世,作新视听,神道设教,以弥纶乎礼乐刑政之所不及者,一本天理之自然,非如后世托之诡异妖祥,谶纬术数,以愚天下也。

夫子曰:"我观夏道,杞不足徵,吾得夏时焉。我观殷道,宋不足徵,吾得坤乾焉。"夫夏时,夏正书也。坤乾,《易》类也。夫子憾夏、商之文献无所徵矣,而坤乾乃与夏正之书同为观于夏、商之所得;则其所以厚民生与利民用者,盖与治历明时,同为一代之法宪;而非圣人一己之心思,离事物而特著一书,以谓明道也。夫悬象设教,与治历授时,天道也。《礼》、《乐》、《诗》、《书》,与刑、政、教、令,人事也。天与人参,王者治世之大权也。韩宣子之聘鲁也,观书于太史氏,得见《易》象、《春秋》,以为周礼在鲁。夫《春秋》乃周公之旧典,谓周礼之在鲁可也,《易》象亦称周礼,其为政教典章,切于民用而非一己空言,自垂昭代而非相沿旧制,则又明矣。夫子曰:"《易》之兴也,其于中古乎?作《易》者,其有忧患乎?"顾氏炎武尝谓《连山》、《归藏》,不名为《易》。太卜所谓三《易》,因《周易》而牵连得名。今观八卦起于伏羲,《连山》作于夏后,而夫子乃谓《易》兴于中古,作《易》之人独指文王,则《连山》、《归藏》不名为"易",又其徵矣。

或曰:文王拘幽,未尝得位行道,岂得谓之作《易》以垂政典欤?曰:八卦为三《易》所同,文王自就八卦而系之辞,商道之衰,文王与民同其忧患,故反覆于处忧患之道,而要于无咎,非创制也。周武既定天下,遂名《周易》,而立一代之典教,非文王初意所计及也。夫子生不得位,不能创制立法,以前民用;因见《周易》之于道法,美善无可复加,惧其久而失传,故作《彖》、《象》、《文言》诸传,以申其义蕴,所谓述而不作:非力有所不能,理势固有所不可也。

后儒拟《易》,则亦妄而不思之甚矣!彼其所谓理与数者,有以出《周易》之外邪!无以出之,而惟变其象数法式,以示与古不相袭焉,此王者宰制天下,作新耳目,殆如汉制所谓色黄数五,事与改正朔而易服色者为一例也。扬雄不知而作,则以九九八十一者,变其八八六十四矣。后代大儒,多称许之,则以其数通于治历,而蓍揲合其吉凶也。夫数乃古今所共,凡明于历学者,皆可推寻,岂必《太玄》而始合哉?蓍揲合其吉凶,则又阴阳自然之至理。诚之所至,探筹钻瓦,皆可以知吉凶;何必支离其文,艰深其字,然后可以知吉凶乎?《元包》妄托《归藏》,不足言也。司马《潜虚》,又以五五更其九九,不免贤者之多事矣。故六经不可拟也。先儒所论仅谓畏先圣而当知严惮耳。此指扬氏《法言》,王氏《中说》,诚为中其弊矣。若夫六经,皆先王得位行道,经纬世宙之迹,而非托于空言。故以夫子之圣,犹且述而不作。如其不知妄作,不特有拟圣之嫌,抑且蹈于僭窃王章之罪也,可不慎欤!

内篇三
史德

才、学、识三者,得一不易,而兼三尤难,千古多文人而少良史,职是故也。昔者刘氏子玄,盖以是说谓足尽其理矣。虽然,史所贵者义也,而所具者事也,所凭者文也。孟子曰:"其事则齐桓、晋文,其文则史,义则夫子自谓窃取之矣。"非识无以断其义,非才无以善其文,非学无以练其事,三者固各有所近也,其中固有似之而非者也。记诵以为学也,辞采以为才也,击断以为识也,非良史之才、学、识也。虽刘氏之所谓才、学、识,犹未足以尽其理也。夫刘氏以谓有学无识,如愚估操金,不解贸化。推此说以证刘氏之指,不过欲于记诵之间,知所决择,以成文理耳。故曰:古人史取成家,退处士而进奸雄,排死节而饰主阙,亦曰一家之道然也。此犹文士之识,非史识也。能具史识者,必知史德。德者何?谓著书者之心术也。夫秽史者所以自秽,谤书者所以自谤,素行为人所羞,文辞何足取重。魏收之矫诬,沈约之阴恶,读其书者,先不信其人,其患未至于甚也。所患夫心术者,谓其有君子之心,而所养未底于粹也。夫有君子之心,而所养未粹,大贤以下,所不能免也。此而犹患于心术,自非夫子之《春秋》,不足当也。以此责人,不亦难乎？是亦不然也。盖欲为良史者,当慎辨于天人之际,尽其天而不益以人也。尽其天而不益以人,虽未能至,苟允知之,亦足以称著述者之心术矣。而文史之儒,竞言才、学、识,而不知辨心术以议史德,乌乎可哉？

夫是尧、舜而非桀、纣,人皆能言矣。崇王道而斥霸功,又儒者之习故矣。至于善善而恶恶,褒正而嫉邪,凡欲托文辞以不朽者,莫不有是心也。然而心术不可不虑者,则以天与人参,其端甚微,非是区区之明所可恃也。夫史所载者事也,事必藉文而传,故良史莫不工文,而不知文又患于为事役也。盖事不能无得失是非,一有得失是非,则出入予夺相奋摩矣。奋摩不已,而气积焉。事不能无盛衰消息,一有盛衰消息,则往复凭吊生流连矣。流连不已,而情深焉。凡文不足以动人,所以动人者,气也。凡文不足以入人,所以入人者,情也。气积而文昌,情深而文挚;气昌而情挚,天下之至文也。然而其中有天有人,不可不辨也。气得阳刚,而情合阴柔。人丽阴阳之间,不能离焉者也。气合于理,天也;气能违理以自用,人也。情本于性,天也;情能汨性以自恣,人也。史之义出于天,而史之文,不能不藉人力以成之。人有阴阳之患,而史文即忤于大道之公,其所感召者微也。夫文非气不立,而气贵于平。人之气,燕居莫不平也。因事生感,而气失则宕,气失则激,气失则骄,毗于阳矣。文非情不深,而情贵于正。人之情,虚置无不正也。因事生感,而情失则流,情失则溺,情失则偏,毗于阴矣。阴阳伏沴之患,乘于血气而入于心知,其中默运潜移,似公而实逞于私,似天而实蔽于人,发为文辞,至于害义而违道,其人犹不自知也。故曰心术不可不慎也。

夫气胜而情偏,犹曰动于天而参于人也。才艺之士,则又溺于文辞,以为观美之具焉,而不知其不可也。史之赖于文也,犹衣之需乎采,食之需乎味也。采之不能无华朴,味之不能无浓淡,势也。华朴争而不能无邪色,浓淡争而不能无奇味。邪色害目,奇味爽口,起于华朴浓淡之争也。文辞有工拙,而族史方且以是为竞焉,是舍本而逐末矣。以此为文,未有见其至者。以此为史,岂可与闻古人大体乎？

韩氏愈曰:"仁义之人,其言蔼如。"仁者情之普,义者气之遂也。程子尝谓:"有《关雎》、《麟趾》之意,而后可以行《周官》之法度。"吾则以谓通六艺比兴之旨,而后可以讲春王正月之书。盖言心术贵于养也。史迁百三十篇,《报任安书》,所谓"究天地之际,通古今之变,成一家之言"。自序以谓"绍名世,正《易传》,本《诗》、《书》、《礼》乐之际",其本旨也。所云发愤著书,不过叙述穷愁,而假以为辞耳。后人泥于发愤之说,遂谓百三十篇,皆为怨诽所激发,王允亦斥其言为谤书。于是后世论文,以史迁为讥谤之能事,以微文为史职之大权,或从羡慕而仿效为之;是直以乱臣贼子之居心,而妄附《春秋》之笔削,不亦悖乎！今观迁所著书,如《封禅》之惑于鬼神,《平准》之算及商贩,孝武之秕政也。后世观于相如之文,桓宽之论,何尝待史迁而后著哉？《游侠》、《货殖》诸篇,不能无所感慨,贤者好奇,亦间有之。余皆经纬古今,折衷六艺,何尝敢于讪上哉？朱子尝言,《离骚》不甚怨君,后人附会有过。吾则以谓史迁未敢谤主,读者之心自不平耳。夫以一身坎轲,怨诽及于君父,且欲以是邀千古之名,此乃愚不安分,名教中之罪人,天理所诛,又何著述之可传乎？夫《骚》与《史》,千古之至文也。其文之所以至者,皆抗怀于三代之英,而经纬乎天人之际者也。所遇皆穷,固不能无感慨。而不学无识者流,且谓诽君谤主,不妨尊为文辞之宗焉,大义何由得明,心术何由得正乎? 夫子曰:"《诗》可以兴。"说者以谓兴起好善恶恶之心也。好善恶恶之心,惧其似之而非,故贵平日有所养也。《骚》与《史》,皆深于《诗》者也。言婉多风,皆不背于名教,而梏于文者不辨也。故曰必通六艺比兴之旨,而后可以讲春王正月之书。

篇卷

《易》曰:"艮其辅,言有序。"《诗》曰:"出言有章。"古人之于言,求其有章有序而已矣。著之于书,则有简策。标其起讫,是曰篇章。孟子曰:"吾于《武城》,取二三策而已矣。"是连策为篇之证也。《易·大传》曰:"二篇之策,万有一千五百二十。"是首尾为篇之证也。左氏引《诗》,举其篇名,而次第引之,则曰某章云云。是篇为大成,而章为分阕之证也。要在文以足言,成章有序,取其行远可达而已。篇章简策,非所计也。后世文字繁多,爰有校雠之学。而向、歆著录,多以篇卷为计。大约篇从竹简,卷从缣素,因物定名,无他义也。而缣素为书,后于竹简,故周、秦称篇,入汉始有卷也。第彼时竹素并行,而名篇必有起讫;卷无起讫之称,往往因篇以为之卷;故《汉志》所著几篇,即为后世几卷,其大较也。然《诗经》为篇三百,而为卷不过二十有八;《尚书》、《礼经》,亦皆卷少篇多,则又知彼时书入缣素,亦称为篇。篇之为名,专主文义起讫,而卷则系乎缀帛短长,此无他义,盖取篇之名书,古于卷也。故异篇可以同卷,而分卷不闻用以标起讫。至班氏《五行》之志、《元后》之传,篇长卷短,则分子卷。是篇不可易,而卷可分合也。嗣是以后,讫于隋、唐,书之计卷者多,计篇者少。著述诸家,所谓一卷,往往即古人之所谓一篇;则事随时变,人亦出于不自知也。惟司马彪《续后汉志》,八篇之书,分卷三十,割篇徇卷,大变班书子卷之法,作俑唐、宋史传,失古人之义矣。(《史》、《汉》之书,十二本纪、七十列传、八书、十志之类,但举篇数,全书自了然也。《五行志》分子卷五,《王莽传》分子卷三,而篇目仍合为一,总卷之数,仍与相符,是以篇之起讫为主,不因卷帙繁重而苟分也。自司马彪以八志为三十卷,遂开割篇徇卷之例,篇卷混淆,而名实亦不正矣。欧阳《唐志》五十,其实十三志也,年表十五,其实止四表也。《宋史》列传二百五十有五,《后妃》以一为二,《宗室》以一为四,李纲一人,传分二卷,再并《道学》、《儒林》,以至《外国》、《蛮夷》之同名异卷,凡五十余卷,其实不过一百九十余卷耳。

至于其间名小异而实不异者,道书称号,即卷之别名也,元人《说郛》用之。蒯通《隽永》称首,则章之别名也,梁人《文选》用之。此则标新著异,名实故无伤也。唐、宋以来,卷轴之书,又变而为纸册;则成书之易,较之古人,盖不啻倍蓰已也。古人所谓简帙繁重,不可合为一篇者,(分上中下之类。)今则再倍其书,而不难载之同册矣。故自唐以前,分卷甚短。六朝及唐人文集,所为十卷,今人不过三四卷也。自宋以来,分卷遂长。以古人卷从卷轴,势自不能过长;后人纸册为书,不过存卷之名,则随其意之所至,不难巨册以载也。以纸册而存缣素为卷之名,亦犹汉人以缣素而存竹简为篇之名,理本同也。然篇既用以计文之起讫矣,是终古不可改易,虽谓不从竹简起义可也。卷则限于轴之长短,而并无一定起讫之例。今既不用缣素而用纸册,自当量纸册之能胜而为之界。其好古而标卷为名,从质而标册为名,自无不可,不当又取卷数与册本,故作参差,使人因卷寻篇,又复使人挟册求卷,徒滋扰也。夫文之繁省起讫,不可执定;而方策之重,今又不行;(古人寂寥短篇,亦可自为一书,孤行于世。盖方策体重,不如后世片纸,难为一书也。)则篇自不能孤立,必依卷以连编,势也。卷非一定而不可易,既欲包篇以合之,又欲破册而分之,使人多一检索于离合之外,又无关于义例焉,不亦扰扰多事乎?故著书但当论篇,不当计卷。(卷不关于文之本数,篇则因文计数者也。故以篇为计,自不忧其有阙卷,以卷为计,不能保其无阙篇也。)必欲计卷,听其量册短长,而为铨配可也。不计所载之册,而铢铢分卷,以为题签著录之美观,皆是泥古而忘实者也。《崇文》、《宋志》,间有著册而不详卷者。明代《文渊阁目》,则但计册而无卷矣。是虽著录之阙典,然使卷册苟无参差,何至有此弊也。(古人已成之书,自不宜强改。)

据中华书局 1985 年版

校雠通义

〔书名〕

　　章学诚的《校雠通义》是一部从目录文献入手探寻目录学义理的会通之作。其开篇即称:"校雠之义,盖自刘向父子部次条别,将以辨章学术,考镜源流;非深明于道术精微、群言得失之故者,不足与此。"章学诚关于书目当部次条别、辨考学术源流的论述与郑樵关于书目当明类例、究本末、探源流沿袭的思想几乎如出一辙,所以他说:"郑樵生千载而后,慨然有会于向、歆讨论之旨,因取历朝著录,略其鱼鲁豕亥之细,而特以部次条别,疏通伦类,考其得失之故而为之校雠。盖自石渠天禄以还,学者所未尝窥见者也。"

〔体例与内容〕

　　《校雠通义》是章氏系统阐述目录学思想之专著。此书写成于乾隆四十四年(1779),因仿郑樵《通志·校雠略》,故原题《续通志校雠略》,4卷。1781年遇盗失去原稿,前3卷因友人抄有副本得以保留,遗第4卷,1788年改写。该书总结了自汉代刘向、刘歆以来目录学的优良传统,继承与发展了宋代郑樵的目录学理论,是通过亲身编纂地方志与书目的实践经验而写成的。在理论与方法上有新创见,明确提出校雠学的根本任务是"辨章学术,考镜源流",提倡图书编目的应用辅助著录法"互著与别裁",主张编制索引。王重民言其校雠学论述的正是目录学的方法理论,其"校雠心法正代表着这一时期我国目录学方法和理论中的最高成就"。

〔版本〕

　　此书于道光二十三年(1833)由章学诚次子华绂刊印行世。后有1922年吴兴刘承干嘉业堂据王宗炎校订本刊入《章氏遗书》。《遗书》本除《内篇》三卷外,还有《外篇》一卷,辑入章氏论文二十一篇。1956年上海古籍出版社据《章氏遗书》本标点印行,1987年又出版了王重民《校雠通义通解》删去《外篇》,另代以附录一卷,附录《章学诚目录论文选》和《章学诚大事年表》二种。

校雠通义(节选)

【导读】

　　《校雠通义》意在"宗刘"(继承刘向、刘歆的校雠事业)、"补郑"(弥补郑樵的不足)和"正俗"(纠正时弊),指出校雠之义,是为了"辨章学术、考镜源流",推阐大义,条别学术异同,使人由委溯源。他十分重视大序、小序和提要,认为这些可以讨论群书之旨,辨明流别。章学诚还主张文献分类应随文献增长变化和学术演变而加以改变,认为中国古代文献分类从"七略"发展成"四部"是势所必然。他主张编制目录时不仅要对文献分门别类地加以编排,而且还要全面叙述著述源流。他运用道器说研究分类原则,认为目录应能使求书者"即器而明道"。他大力提倡采用"互著"、"别裁"的方法,并还介绍索引的方法和功用。

总之,《校雠通义》全面继承和发展了刘向、刘歆、郑樵的目录学思想,用"辨章学术、考镜源流"概括了中国古典目录学的精华和优良传统。

叙曰:校雠之义,盖自刘向父子部次条别,将以辨章学术,考镜源流;非深明于道术精微、群言得失之故者,不足与此。后世部次甲乙,纪录经史者,代有其人;而求能推阐大义,条别学术异同,使人由委溯源,以想见于坟籍之初者,千百之中,不十一焉。郑樵生千载而后,慨然有会于向、歆讨论之旨,因取历朝著录,略其鱼鲁豕亥之细,而特以部次条别,疏通伦类,考其得失之故而为之校雠。盖自石渠天禄以还,学者所未尝窥见者也。顾樵生南宋之世,去古已远,刘氏所谓《七略》、《别录》之书,久已失传;(《唐志》尚存,《宋志》已逸,嗣是不复见矣。)所可推者,独班固《艺文》一志。而樵书首讥班固,凡所推论,有涉于班氏之业者,皆过为贬驳之辞。盖樵为通史,而固则断代为书,两家宗旨,自昔殊异,所谓道不同不相为谋,无足怪也。独《艺文》为校雠之所必究,而樵不能平气以求刘氏之微旨,则于古人大体,终似有所未窥。又其议论过于骏利。隋唐史志,甲乙部目,亦略涉其藩,而未能推阐向、歆术业,以究悉其是非得失之所在。故其自为《通志》、《艺文》、《金石》、《图谱》诸略,牴牾错出,与其所讥前人著录之谬,未始径庭,此不揣本而齐末者之效也。又其论求书之法,校书之业,既详且备。然亦未究求书以前,文字如何治察,校书以后,图籍如何法守;凡此皆郑氏所未遑暇。盖其涉猎者博,又非专门之精,钜编鸿制,不能无所疏漏,亦其势也。今为折衷诸家,究其源委,作《校雠通义》,总若干篇,勒成一家,庶于学术渊源,有所甄别。知言君子,或有取于斯焉。

原道第一

宗刘第二

互著第三

别裁第四

辨嫌名第五

补郑第六

校雠条理第七

著录残逸第八

藏书第九

原道第一

古无文字。结绳之治,易之书契,圣人明其用曰:"百官以治,万民以察。"夫为治为察,所以宣幽隐而达形名,盖不得已而为之,其用足以若是焉斯已矣。理大物博,不可殚也,圣人为之立官分守,而文字亦从而纪焉。有官斯有法,故法具于官;有法斯有书,故官守其书;有书斯有学,故师传其学;有学斯有业,故弟子习其业。官守学业皆出于一,而天下以同文为治,故私门无著述文字。私门无著述文字,则官守之分职,即群书之部次,不复别有著录之法也。

——右一之一

后世文字,必溯源于六艺。六艺非孔氏之书,乃《周官》之旧典也。《易》掌太卜,《书》藏外史,《礼》在宗伯,《乐》隶司乐,《诗》颂于太师,《春秋》存乎国史。夫子自谓述而不作,明乎官司失守,而师弟子之传业,于是判焉。秦人禁偶语《诗》、《书》,而云"欲学法令者,以吏为师"。其弃《诗》、《书》,非也。其曰"以吏为师",则犹官守学业合一之谓也。由秦人以吏为师之言,想见三代盛时,《礼》以宗伯为师,《乐》以司乐为师,《诗》以太师为师,《书》以外史为师;三《易》、《春秋》,亦若是则已矣。又安有私门之著述哉?

——右一之二

刘歆《七略》,班固删其《辑略》而存其六。颜师古曰:"《辑略》谓诸书之总要。"盖刘氏讨论群书之旨也。此最为明道之要,惜乎其文不传;今可见者,唯总计部目之后,条辨流别数语耳。即此数语窥之,刘歆盖深明乎古人官师合一之道,而有以知乎私门初无著述之故也。何则?其叙六艺而后,次及诸子百家,必云某家者流,盖出古者某官之掌,其流而为某氏之学,失而为某氏之弊。其云某官之掌,即法具于官,官守其书之义也。其云流而为某家之学,即官司失职,而师弟传业之义也。其云失而为某氏之弊,即孟子所谓"生心发政,作政害事",辨而别之,盖欲庶几于知言之学者也。由刘氏之旨,以博求古今之载籍,则著录部次,辨章流别,将以折衷六艺,宣明大道,不徒为甲乙纪数之需,亦已明矣。

——右一之三

宗刘第二

《七略》之流而为四部,如篆隶之流而为行楷,皆势之所不容已者也。史部日繁,不能悉隶以《春秋》家学,四部之不能返《七略》者一。名墨诸家,后世不复有其支别,四部之不能返《七略》者二。文集炽盛,不能定百家九流之名目,四部之不能返《七略》者三。钞辑之体,既非丛书,又非类书,四部之不能返《七略》者四。评点诗文,亦有似别集而实非别集,似总集而又非总集者,四部之不能返《七略》者五。凡一切古无今有、古有今无之书,其势判如霄壤,又安得执《七略》之成法,以部次近日之文章乎?然家法不明,著作之所以日下也;部次不精,学术之所以日散也。就四部之成法,而能讨论流别,以使之恍然于古人官师合一之故,则文章之病,可以稍救;而《七略》之要旨,其亦可以有补于古人矣。

——右二之一

二十三史,皆《春秋》家学也。本纪为经,而志表传录,亦如左氏传例之与为终始发明耳。故刘歆次《太史公》百三十篇于《春秋》之后,而班固叙例亦云,作春秋考纪十二篇,明乎其继《春秋》而作也。他如仪注乃《仪礼》之支流,职官乃《周官》之族属,则史而经矣。谱牒通于历数,记传合乎小说,则史而子矣。凡此类者,即于史部叙录,申明其旨,可使六艺不为虚器,而诸子得其统宗,则《春秋》家学,虽谓今日不泯可也。

——右二之二

名家者流,后世不传。得辨名正物之意,则颜氏《匡谬》,丘氏《兼明》之类,经解中有名家矣。墨家者流,自汉无传。得尚俭兼爱之意,则老氏贵啬,释氏普度之类,二氏中有墨家矣。讨论作述宗旨,不可不知其流别者也。

——右二之三

汉、魏、六朝著述,略有专门之意。至唐宋诗文之集,则浩如烟海矣。今即世俗所谓唐宋大家之集论之，如韩愈之儒家，柳宗元之名家，苏洵之兵家，苏轼之纵横家，王安石之法家，皆以生平所得，见于文字，旨无旁出，即古人之所以自成一子者也。其体既谓之集，自不得强列以诸子部次矣。因集部之目录，而推论其要旨，以见古人所谓言有物而行有恒者，编于叙录之下，则一切无实之华言，牵率之文集，亦可因是而治之。庶几辨章学术之一端矣。

——右二之四

类书自不可称为一子，隋唐以来之编次，皆非也。然类书之体亦有二：其有源委者，如《文献通考》之类，当附史部故事之后；其无源委者，如《艺文类聚》之类，当附集部总集之后；总不得与子部相混淆。或择其近似者，附其说于杂家之后，可矣。

——右二之五

钞书始于葛稚川。然其体未杂，后人易识别也。唐后史家，无专门别识，钞撮前人史籍，不能自擅名家；故《宋志》艺文史部，创为史钞一条，亦不得已也。嗣后学术，日趋苟简，无论治经业史，皆有简约钞撮之工；其始不过便一时之记忆，初非有意留青；后乃父子授受，师弟传习，流别既广，巧法滋多；其书既不能悉畀丙丁；惟有强编甲乙；弊至近日流传之残本《说郛》而极矣。其书有经有史，其文或墨或儒，若还其部次，则篇目不全；若自为一书，则义类难附。凡若此者，当自立书钞名目，附之史钞之后，可矣。

——右二之六

评点之书，其源亦始锺氏《诗品》，刘氏《文心》。然彼则有评无点；且自出心裁，发挥道妙；又且离诗与文，而别自为书，信哉其能成一家言矣。自学者因陋就简，即古人之诗文，而漫为点识批评，庶几便于揣摩诵习。而后人嗣起，囿于见闻，不能自具心裁，深窥古人全体，作者精微，以致相习成风，几忘其为尚有本书者，末流之弊，至此极矣。然其书具在，亦不得而尽废之也。且如《史记》百三十篇，正史已登于录矣。明茅坤、归有光辈，复加点识批评，是所重不在百三十篇，而在点识批评矣，岂可复归正史类乎？谢枋得之《檀弓》，苏洵之《孟子》，孙鑛之《毛诗》，岂可复归经部乎？凡若此者，皆是论文之末流，品藻之下乘，岂复有通经习史之意乎？编书至此，不必更问经史部次，子集偏全，约略篇章，附于文史评之下，庶乎不失论辨流别之义耳。

——右二之七

凡四部之所以不能复《七略》者，不出以上所云；然则四部之与《七略》，亦势之不容两立者也。《七略》之古法终不可复；而四部之体质又不可改，则四部之中，附以辨章流别之义，以见文字之必有源委，亦治书之要法。而郑樵顾删去《崇文》叙录，乃使观者如阅甲乙簿注，而更不识其讨论流别之义焉，乌乎可哉？

——右二之八

互著第三

古人著录，不徒为甲乙部次计。如徒为甲乙部次计，则一掌故令史足矣。何用父子世业，阅年二纪，仅乃卒业乎？盖部次流别，申明大道，叙列九流百氏之学，使之绳贯珠联，无少缺逸；欲人即类求书，因书究学。至理有互通、书有两用者，未尝不兼收并载，初不以重复为嫌；其于甲乙部次之下，但加互注，以便稽检而已。古人最重家学。叙列一家之书，凡有涉此一家之学者，无不穷源至委，竟别其流，所谓著作之标准，群言之折衷也。如避重复而不载,则一书本有两用而仅登一录,于本书之体,既有所不全;一家本有是书而缺而不载,于一家之学,亦有所不备矣。

——右三之一

刘歆《七略》亡矣,其义例之可见者,班固《艺文志》注而已。(班固自注,非颜注也。)《七略》于兵书权谋家有《伊尹》、《太公》、《管子》、《荀卿子》(《汉书》作《孙卿子》)、《鹖冠子》、《苏子》、《蒯通》、《陆贾》、《淮南王》九家之书,而儒家复有《荀卿子》、《陆贾》二家之书,道家复有《伊尹》、《太公》、《管子》、《鹖冠子》四家之书,纵横家复有《苏子》、《蒯通》二家之书,杂家复有《淮南王》一家之书。兵书技巧家有《墨子》,而墨家复有《墨子》之书。惜此外之重复互见者,不尽见于著录,容有散逸失传之文。然即此十家之一书两载,则古人之申明流别,独重家学,而不避重复著录,明矣。自班固以省部次,而后人不复知有家法,乃始以著录之业,专为甲乙部次之需尔。郑樵能讥班固之胸无伦次,而不能申明刘氏之家法,以故《校雠》一略,工诃古人而拙于自用;即矛陷盾,樵又无词以自解也。

——右三之二

著录之创为《金石》、《图谱》二略,与《艺文》并列而为三,自郑樵始也。就三略而论之,如《艺文》经部有三字石经、一字石经、今字石经、《易》篆石经、郑玄《尚书》之属凡若干种,而《金石略》中无石经;岂可特著金石一略,而无石经乎?诸经史部内所收图谱,与《图谱略》中互相出入,全无伦次。以谓钜编鸿制,不免牴牾,抑亦可矣。如《艺文》传记中之祥异一条,所有地动图、瑞应翎毛图之类,名士一条之文翁学堂图、忠烈一条之忠烈图等类,俱详载《艺文》而不入图谱,此何说也?盖不知重复互注之法,则遇两歧牵掣之处,自不觉其牴牾错杂,百弊丛生;非特不能希踪古人,即仅求寡过,亦已难矣。

——右三之三

若就书之易淆者言之,经部《易》家与子部之五行阴阳家相出入,乐家与集部之乐府、子部之艺术相出入,小学家之书法与金石之法帖相出入,史部之职官与故事相出入,谱牒与传记相出入,故事与集部之诏诰奏议相出入,集部之词曲与史部之小说相出入,子部之儒家与经部之经解相出入,史部之食货与子部之农家相出入,非特如郑樵之所谓传记、杂家、小说、杂史、故事五类,与诗话、文史之二类,易相紊乱已也。若就书之相资者而论,《尔雅》与《本草》之书相资为用,地理与兵家之书相资为用,谱牒与历律之书相资为用,不特如郑樵之所谓性命之书求之道家,小学之书求之释家,《周易》藏于卜筮,《洪范》藏于五行已也。书之易混者,非重复互注之法,无以免后学之牴牾;书之相资者,非重复互注之法,无以究古人之源委。一隅三反,其类盖亦广矣。

——右三之四

别类叙书,如列人为传,重在义类,不重名目也。班、马列传家法,人事有两关者,则详略互载之。如子贡在《仲尼弟子》为正传,其入《货殖》,则互见也。《儒林传》之董仲舒、王吉、韦贤,既次于经师之篇,而别有专传。盖以事义标篇,人名离合其间,取其发明而已。部次群书,标目之下,亦不可使其类有所阙,故详略互载,使后人溯家学者,可以求之无弗得,以是为著录之义而已。自列传互详之旨不显,而著录亦无复有互注之条,以至《元史》之一人两传,诸史《艺文志》之一书两出,则弊固有所开也。

——右三之五

别裁第四

《管子》，道家之言也，刘歆裁其《弟子职》篇入小学。七十子所记百三十一篇，《礼经》所部也，刘歆裁其《三朝记》篇入《论语》。盖古人著书，有采取成说，袭用故事者。（如《弟子职》必非管子自撰，《月令》必非吕不韦自撰，皆所谓采取成说也。）其所采之书，别有本旨，或历时已久，不知所出；又或所著之篇，于全书之内，自为一类者；并得裁其篇章，补苴部次，别出门类，以辨著述源流；至其全书，篇次具存，无所更易，隶于本类，亦自两不相妨。盖权于宾主重轻之间，知其无庸互见者，而始有裁篇别出之法耳。

——右四之一

《夏小正》在《戴记》之先，而《大戴记》收之，则时令而入于《礼》矣。《小尔雅》在《孔丛子》之外，而《孔丛子》合之，则小学而入于子矣。然《隋书》未尝不别出《小尔雅》以附《论语》，《文献通考》未尝不别出《夏小正》以入时令，而《孔丛子》、《大戴记》之书，又未尝不兼收而并录也。然此特后人之幸而偶中，或《尔雅》、《小正》之篇，有别出行世之本，故亦从而别载之尔。非真有见于学问流别，而为之裁制也。不然，何以本篇之下，不标子注，申明篇第之所自也哉？

——右四之二

辨嫌名第五

部次有当重复者，有不当重复者。《汉志》以后，既无互注之例，则著录之重复，大都不关义类，全是编次之错谬尔。篇次错谬之弊有二，一则门类疑似，一书两入也；一则一书两名，误认二家也。欲免一书两入之弊，但须先作长编，取著书之人与书之标名，按韵编之，详注一书源委于其韵下；至分部别类之时，但须按韵稽之，虽百人共事，千卷雷同，可使疑似之书，一无犯复矣。至一书两名误认二家之弊，则当深究载籍，详考史传；并当历究著录之家，求其所以同异两称之故，而笔之于书，然后可以有功古人，而有光来学耳。

——右五之一

《太史公》百三十篇，今名《史记》。《战国策》三十三篇，初名《短长语》。《老子》之称《道德经》，《庄子》之称《南华经》，《屈原赋》之称《楚词》，盖古人称名朴，而后人入于华也。自汉以后，异名同实，文人称引，相为吊诡者，盖不少矣。《白虎通德论》删去德论二字，《风俗通义》删去义字，《世说新语》删去新语二字，《淮南鸿烈解》删去鸿烈解而但曰《淮南子》，《吕氏春秋》有十二纪八览六论，不称《吕氏春秋》，而但曰《吕览》。盖书名本全，而援引者从简略也。此亦足以疑误后学者已。郑樵精于校雠，然《艺文》一略，既有《班昭集》，而复有《曹大家集》，则一人而误为二人矣。晁公武善于考据，然《郡斋》一志，张君房《脞说》，而题为张唐英，则二人而误为一人矣。此则人名字号之不一，亦开歧误之端也。然则校书著录，其一书数名者，必当历注互名于卷帙之下；一人而有多字号者，亦当历注其字号于姓名之下，庶乎无嫌名歧出之弊矣。

——右五之二

补郑第六

郑樵论书，有名亡实不亡，其见甚卓。然亦有发言太易者，如云："郑玄《三礼目录》虽亡，可取诸三《礼》。"则今按以《三礼正义》，其援引郑氏《目录》，多与刘向篇次不同，是当日必有说矣,而今不得见也。岂可曰取之三《礼》乎？又曰："《十三代史目》虽亡,可取诸十三代史。"考《艺文》所载《十三代史目》,有唐宗谏及殷仲茂两家；宗谏之书凡十卷,仲茂之书止三卷,详略如此不同,其中亦必有说。岂可曰取之十三代史而已乎？其余所论,多不出此,若求之于古而不得,无可如何,而旁求于今有之书,则可矣。如云古书虽亡而实不亡,谈何容易耶？

——右六之一

若求之于古而不得,无可如何,而求之今有之书,则又有采辑补缀之成法,不特如郑樵所论已也。昔王应麟以《易》学独传王弼,《尚书》止存伪《孔传》,乃采郑玄《易》注《书》注之见于群书者,为郑氏《周易》,郑氏《尚书》注；又以四家之《诗》,独《毛传》不亡,乃采三家《诗》说之见于群书者,为《三家诗考》。嗣后好古之士,踵其成法,往往缀辑逸文,搜罗略遍。今按纬候之书,往往见于《毛诗》、《礼记》注疏及《后汉书》注；汉魏杂史,往往见于《三国志》注；挚虞《流别》及《文章志》,往往见于《文选》注；六朝诗文集,多见采于《北堂书钞》、《艺文类聚》；唐人载籍,多见采于《太平御览》、《文苑英华》；一隅三反,充类求之,古逸之可采者多矣。

——右六之二

郑樵论书,有不足于前朝而足于后世者,以为《唐志》所得旧书,尽《梁书》卷帙而多于隋,谓唐人能按王俭《七志》、阮孝绪《七录》以求之之功,是则然矣。但竟以卷帙之多寡,定古书之全缺,则恐不可尽信也。且如应劭《风俗通义》,劭自序实止十卷,《隋书》亦然,至《唐志》乃有三十卷,又非有疏解家为之离析篇第,其书安所得有三倍之多乎？然今世所传《风俗通义》,乃属不全之书,岂可遽以卷帙多寡定书之全不全乎？

——右六之三

校雠条理第七

郑樵论求书遣官、校书久任之说,真得校雠之要义矣。顾求书出于一时,而求之之法,亦有善与不善；徒曰遣官而已,未见奇书秘策之必无遗逸也。夫求书在一时,而治书在平日。求书之要,即郑樵所谓其道有八,无遗议矣。治书之法,则郑樵所未及议也。古者同文称治；汉制,吏民上书,字或不正,辄举劾。蔡邕正定石经,以谓四方之民,至有贿改兰台漆书,以合私家文字者。是当时郡国传习,容有与中书不合者矣。然此特就小学字体言之也。若纪载传闻,《诗》、《书》杂志,真讹纠错,疑似两淆；又书肆说铃,识大识小,歌谣风俗,或正或偏；其或山林枯槁,专门名家,薄技偏长,稗官脞说；其隐显出没,大抵非一时徵求所能汇集,亦非一时讨论所能精详；凡若此者,并当于平日责成州县学校师儒讲习,考求是正,著为录籍,略如人户之有版图。载笔之士,果能发明道要,自致不朽,愿托于官者听之。如是,则书掌于官,不致散逸,其便一也。事有稽检,则奇邪不衷之说,淫诐邪荡之词,无由伏匿,以干禁例,其便二也。求书之时,按籍而稽,无劳搜访,其便三也。中书不足,稽之外府；外书讹误,正以中书；交互为功,同文称盛,其便四也。此为治书之要,当议于求书之前者也。（书掌于官,私门无许自匿著述,最为合古。然数千年无行之者,一旦为之,亦自不易。学官难得通人,馆阁校雠未必尽是,向、歆一流,不得其人,则窒碍难行,甚或渐启挟持讹诈、骚扰多事之渐,则不但无益而有损矣。然法固待人而行,不可因一时难行,而不存其说也。）

——右七之一

校书宜广储副本。刘向校雠中秘,有所谓中书,有所谓外书,有所谓太常书,有所谓太史书,有所谓臣向书,臣某书。夫中书与太常太史,则官守之书不一本也。外书与臣向臣某,则家藏之书不一本也。夫博求诸本,乃得雠正一书,则副本固将广储,以待质也。夫太常领博士,今之国子监也。太史掌图籍,今之翰林院也。凡官书不特中秘之谓也。

——右七之二

古者校雠书,终身守官,父子传业,故能讨论精详,有功坟典。而其校雠之法,则心领神会,无可传也。近代校书,不立专官,众手为之,限以程课,画以部次,盖亦势之不得已也。校书者,既非专门之官,又非一人之力,则校雠之法,不可不立也。窃以典籍浩繁,闻见有限,在博雅者,且不能悉究无遗,况其下乎?以谓校雠之先,宜尽取四库之藏,中外之籍,择其中之人名地号,官阶书目,凡一切有名可治,有数可稽者,略仿《佩文韵府》之例,悉编为韵,乃于本韵之下,注明原书出处及先后篇第,自一见再见以至数千百,皆详注之,藏之馆中,以为群书之总类。至校书之时,遇有疑似之处,即名而求其编韵,因韵而检其本书,参互错综,即可得其至是。此则渊博之儒,穷毕生年力,而不可究殚者,今即中才校勘,而坐收于几席之间,非校雠之良法欤?

——右七之三

古人校雠,于书有讹误,更定其文者,必注原文于其下;其两说可通者,亦两存其说;删去篇次者,亦必存其阙目,所以备后人之采择,而未敢自以谓必是也。班固并省刘歆《七略》,遂使著录互见之法,不传于后世;然亦幸而尚注并省之说于本文之下,故今犹得从而考正也。向使自用其例,而不顾刘氏之原文,今日虽欲复刘歆之旧法,不可得矣。

——右七之四

《七略》以兵书、方技、数术为三部,列于诸子之外者,诸子立言以明道,兵书、方技、数术皆守法以传艺,虚理实事,义不同科故也。至四部而皆列子类矣。南宋郑寅《七录》,犹以艺、方技为三门,盖亦《七略》之遗法。然列其书于子部可也;校书之人,则不可与诸子同业也。必取专门名家,亦如太史尹咸校数术,侍医李柱国校方技,步兵校尉任宏校兵书之例,乃可无弊。否则文学之士,但求之于文字语言,而术业之误,或且因而受其累矣。

——右七之五

著录残逸第八

凡著录之书,有当时遗漏失载者,有著录残逸不全者。《汉书·艺文志》注,卷次部目,与本志不符;颜师古已云"岁月久远,无由详知"矣。今观萧何律令、叔孙朝仪、张霸《尚书》、尹更始《春秋》之类,皆显著纪传,而本志不收。此非当时之遗漏,必其本志有残逸不全者矣。《旧唐书·经籍志》集部内,无韩愈、柳宗元、李翱、孙樵之文,又无杜甫、李白、王维、白居易之诗,此亦非当时之遗漏,必其本志有残逸不全者矣。校雠家所当历稽载籍,补于艺文之略者也。

藏书第九

孔子欲藏书周室,子路以谓周室之守藏史老聃,可以与谋;说虽出于《庄子》,然藏书之法,古有之矣。太史公抽石室金匮之书,成百三十篇,则谓"藏之名山,副在京师"。然则书之有藏,自古已然,不特佛老二家,有所谓道藏、佛藏已也。郑樵以谓性命之书,往往出于道藏，小说之书，往往出于释藏。夫儒书散失，至于学者已久失其传，而反能得之二氏者，以二氏有藏，以为之永久也。夫道藏必于洞天，而佛藏必于丛刹；然则尼山、泗水之间，有谋禹穴藏书之旧典者，抑亦可以补中秘之所不逮欤。

据上海古籍出版社 1956 年版